교과서
밖,
한국사

교과서
밖,
한국사

초판 1쇄 발행 2024년 7월 22일

지은이 김대웅
펴낸이 김형호
펴낸곳 아름다운날
편집책임 조종순
북디자인 Design이즈

출판등록 1999년 11월 22일
주소 (05220) 서울시 강동구 아리수로 72길 66-19
전화 02) 3142-8420
팩스 02) 3143-4154
e-mail arumbooks@gmail.com
ISBN 979-11-6709-033-1 (03900)

교과서 밖,
한국사

김대웅 지음

아름다운날

과거에서 배우지 못한 사람은
과거를 되풀이한다.

   음수사원(飮水思源), 물을 마실 때 그 근원을 생각한다는 말로, 자신이
존재한다는 사실과 주어진 것에 감사하고, 또 그것이 있게 한 원천을 잊
지 말자는 뜻이다.

   무릇 근원이 없는 것은 없다. 나를 포함한 인류, 곁에 있는 풍요로운
자연, 우리가 발을 딛고 사는 지구 등 모든 것에는 근원이 있으며, 아득
한 과거의 근원부터 현재까지의 자취를 역사라고 한다.

   역사를 더듬어보는 일은 중요하다. 물론 학자가 아닌 이상 지나치게 넓
게 또는 자세히 알 필요는 없지만, 적어도 우리나라와 우리의 조상이 살
아온 발자취를 알아보는 것은 동족으로서의 의무라고 할 수 있다. 과거
를 바탕으로 현재를 알 수 있고, 미래는 어떻게 변해 갈지 예측할 수 있
기 때문이다.

   한국의 효(孝)와 경로사상, 가족제도 등에 대한 설명을 듣고 눈물을 흘
렸다는 영국의 석학 아놀드 토인비(Arnold Joseph Toynbee, CH, 1889~1975)는 자
신의 저서 《역사의 연구》에서 '역사는 도전과 응전'이라고 했다.

또한 《역사란 무엇인가?》라는 위대한 저술을 남긴 영국의 역사학자이자 국제정치학자 에드워드 카(E. H. Carr)는 '역사란 역사가와 사실 사이의 부단한 상호작용이며, 현재와 과거의 끊임없는 대화'라고 역설했다.

두 석학의 말에서, 역사란 '인류가 사회와 정치 그리고 문화와 환경 등의 변화에 대해 반응하고, 새로운 방향으로 나아가는 움직임'이라는 것임을 알 수 있다. 역사 자체가 목적과 방향성을 가지고 있진 않지만, 역사의 주체인 인류는 목적과 방향성을 가지고 있기에 문화는 발전하고, 인류는 보다 나은 방향으로 나아가는 것이다.

그러나 인류가 나아가고자 하는 방향과 선택이 늘 옳지만은 않기에 역사에는 얼룩진 부분도 적지 않다. 하지만 그 또한 인류가 걸어온 길임을 부정할 수는 없다.

역사의 진보를 믿는 것은 인간의 이성이 지속적으로 발전하고 있다는 사실을 믿기 때문이다.

아우슈비츠 강제수용소 추모 현장 등에도 새겨져 있는 스페인의 철학자 조지 산타야나가 자신의 저서 《이성의 삶 속에서(In the Life of Reason)》에서 언급한 "과거에서 배우지 못한 사람은 과거를 되풀이한다(Those who cannot remember the past are condemned to repeat it)"라는 말을 되새겨 보자.

머리말·4

01 선사시대 · 11
지질학적, 인류학적, 문화적 선사시대·12

02 고조선 · 15
한반도 최초의 국가·16 | 기자조선과 위만조선·17 | 한사군·18

03 삼국시대 · 21

1. 삼국의 정립(鼎立) · 22

1) 고구려 건국 · 22
시조 동명성왕·22 | 유리왕과 황조가·24 | 호동왕자와 낙랑공주·25 | 명재상 을파소·26 | 왕비가 된 후녀·27

2) 백제의 건국과 성장 · 28
온조의 십제·28 | 백제의 체제정비·29

3) 신라의 건국과 성장 · 30
박혁거세·30 | 남해차차웅, 유리이사금, 탈해이사금, 미추이사금·31 | 내물마립간과 눌지마립간·34

2. 가야연맹 · 36
구지가와 수로왕·36 | 야유타국 공주 허황옥·37 | 전기가야연맹(금관가야)·38 | 후기 가야연맹(대가야)·39

3. 삼국의 발전과 흥망 · 41

1) 백제의 발전과 왜 · 41
백제 전성기의 근초고왕과 왜(倭)·41 | 개로왕과 바둑·44 | 남부여·45 | 백제의 재도약·46 | 서동요와 선화공주·49

2) 고구려의 발전과 융성 · 51
소금장사 미천왕·51 | 율령반포와 불교공인·52 | 광개토대왕과 장수왕·52 | 바보 온달과 평강공주·56 | 강서대묘·57

3) 신라의 전성기 · 59
국호를 정한 지증왕·60 | 이차돈의 순교·61 | 진흥왕과 순수비·62 | 신라의 힘 화랑도·64 | 진평왕과 귀신 비형랑·65 | 김유신과 기생 천관·66 | 최초의 여왕 선덕여왕·68 | 김춘추의 친당외교·70

4) 고구려의 수·당 항쟁 · 72
고구려의 대수 항쟁·72 | 고구려의 대당 항쟁·77

5) 백제·고구려의 멸망과 부흥운동 · 81
해동증자 의자왕의 몰락·81 | 황산벌 전투, 계백장군과 화랑 관창·84 | 백제의 멸망·86 | 백제 부흥운동·87 | 백제 왕족과 왜의 천황가·89 | 고구려의 멸망·90 | 고씨의 부흥운동·92 | 나당전쟁·94

04 남북국 시대와 후삼국 · 97

1. 발해 · 98

고구려 유민 대조영·98 | 당나라에서 위세를 떨친 고구려 유민 고선지와 이정기·100 | 해동성국의 발해와 멸망·104

2. 통일신라 · 108

강수와 설총·108 | 만파식적·109 | 혜초의 『왕오천축국전』·111 | 수로부인과 헌화가·112 | 신라방과 신라소·114 | 불국사와 김대성·114 | 에밀레종의 전설·115 | 원성왕과 독서삼품과·118 | 장보고의 등장·120 | 진성여왕·123 | 최치원과 6두품·125

3. 후삼국시대 · 128

지렁이의 아들 견훤·128 | 후백제 개창·129 | 신라 왕의 서자, 궁예·131 | 태봉 건국·133 | 왕건과 승려 도선·135 | 왕건과 오씨 부인·136 | 궁예의 몰락·137 | 태조 왕건·140 | 후백제와의 결전·142 | 신라의 멸망과 마의태자·144 | 후백제의 멸망과 고려의 통일·145

05 고려 · 149

1. 고려의 성장과 호족의 집권기 · 150

호족의 포섭과 '훈요십조'·150 | 왕규의 난·152 | 노비안검법과 과거제도·153 | 거란의 1차 침입과 서희·156 | 천추태후와 '강조의 변(變)'·158 | 거란의 2차 침입·160 | 거란의 3차 침입과 귀주대첩·162 | 고려에서 코리아로·164

2. 문벌귀족들의 득세와 동요 · 166

문벌귀족들의 등장·166 | 해동공자 최충과 대각국사 의천·167 | 9성을 쌓은 윤관 장군·170 | 이자겸과 척준경·174 | 묘청과 서경천도운동·176

3. 무신정권의 등장과 여몽항쟁 · 180

1) 100년 동안의 무신정권 · 180

정중부의 난·180 | 반(反) 무신의 난·181 | 경대승과 이의민·182 | 최충헌의 무신정권·184

2) 여몽전쟁과 삼별초 · 186

강화 천도·186 | 승려 출신 장군 김윤후·188 | 무신정권의 종말·192 | 삼별초의 대몽항쟁·196 | 삼별초와 유구국·197

4. 권문세족의 성쇄와 신진사대부의 등장 · 200

원의 내정간섭·200 | 공민왕의 개혁·202 | 개혁파 신돈과 권문세족 이인임·206 | 화약왕 최무선과 화통도감·210 | 황산대첩과 퉁두란·213 | 요동 정벌과 최영·216 | 위화도 회군과 정도전의 등장·219 | 정몽주를 제거한 이방원·221

06 조선 · 223

1. 조선의 건국과 발전 · 224

변방에서 떠오른 별, 이성계 · 224 | 이성계와 무학대사 · 225 | 1차 왕자의 난 · 228 | 2차 왕자의 난 · 229 | 함흥차사와 태조 이성계의 승하 · 231 | 태종 이방원의 선택 · 233 | 세종의 두 보좌관 맹사성과 황희 정승 · 235 | 〈집현전〉과 한글 창제 · 237 | 천재 과학자 이천과 장영실 · 239 | 최윤덕과 대호장군 김종서 · 241 | 문종의 동생, 수양대군과 안평대군 · 244 | 칠삭둥이 한명회와 계유정난 · 247 | 단종 복위 운동과 사육신, 생육신 · 249 | 남이 장군과 모사꾼 유자광 · 252 | 성종과 폐비 윤씨 · 255 | 사림파의 거두 김종직과 「조의제문」 · 257 | 연산군과 무오사화 · 259 | 흥청망청과 장녹수 · 261 | 갑자사화 · 262 | 중종반정과 기묘사화 · 264 | 을사사화와 정난정 · 268 | 대도 임꺽정 · 270 | 퇴계 이황 · 271 | 율곡 이이와 신사임당 · 273 | 시대를 앞선 정여립과 정철의 두 모습 · 277 | 백사 이항복과 한음 이덕형 · 280

2. 조선 중기의 위기 · 284

1) 두 차례의 왜란과 호란 · 284

조선통신사와 토요토미 히데요시 · 284 | 임진왜란 · 287 | 명나라의 참전 · 290 | 의암 논개 · 291 | 행주대첩 · 293 | 성웅 이순신 · 295 | 두 번째 백의종군 · 299 | 정유재란 · 300 | 일본인이 본 이순신 장군 · 305 | 나라를 구한 의병들 · 307 | 서산대사 휴정과 사명대사 유정 · 309 | 유성룡과 『징비록』 · 311 | 광해군과 인조반정 · 314 | 붕당의 형성과 분당 · 317 | 정묘호란과 병자호란 · 319 | 삼전도의 굴욕 · 324 | 임경업과 김자점 · 326 | 효종의 북벌계획 · 330

2) 붕당의 심화 · 332

숙종의 환국정치 · 332 | 인현왕후와 장희빈 · 334

3. 조선의 마지막 중흥과 실학파 · 337

1) 조선의 마지막 중흥기 · 337

계몽군주 영조와 사도세자 · 337 | 보검의 손잡이 박문수 · 339 | 정조와 화성행차 · 341 | 김홍도와 신윤복 · 345

2) 실학파의 등장 · 348

실학파의 형성과 국학의 발달 · 348 | 추사 김정희 · 351 | 다산 정약용과 형제들 · 353 | 순조와 천주교 박해 · 355 | '홍경래의 난'과 거상 임상옥 · 357 | 강화도령 철종과 안동 김씨의 세도정치 · 361

4. 대한제국과 열강의 침략 · 363

흥선대원군의 쇄국정책 · 363 | 김대건 신부, 그리고 절두산 성지 · 366 | 19세기말 동북아 정세와 서세동점 · 368 | 명성황후의 개항정책 · 370 | 임오군란과 갑신정변 · 372 | 동학 농민혁명 · 377 | 갑오경장과 청일전쟁 · 379 | 을미사변과 아관파천 · 381 | 러일전쟁과 을사늑약 · 385 | 헤이그 만국평화회의와 3인의 열사 · 387 | 안중근 의사와 이토 히로부미 · 388 | 국채보상운동과 동양척식주식회사 · 392 | 스티븐스의 친일성명서 · 393 | 경술국치 · 395

07 34년 11개월 16일간의 일제강점기 · 399

1. 데라우치의 무단통치 · 400

20세기 초 동아시아 정세 · 400 | 3·1 독립운동 · 401 | 상해 임시정부 · 404

2. 민족분열통치와 항일무장투쟁 · 407

만주의 항일 투쟁과 자유시 참변 · 407 | 관동대지진과 조선인 학살 · 411 | 6·10 만세운동 · 412 | 윤봉길 열사 · 413 | 항일의거 독립투사들 · 415 | 광주 학생 항일운동 · 419

3. 민족말살정책과 태평양전쟁 · 420

내선일체와 창씨개명 • 423 | 조선어학회 사건 • 425 | 중일전쟁과 태평양전쟁 • 427 | 세계 최초의 원자폭탄, '리틀보이'와 '팻맨' • 430

08 대한민국 · 433

1. 해방공간(1945-48) · 434

미군정 때까지 한반도의 혼란 • 434 | 백범 김구와 초라한 '상해임시정부'의 귀국 • 437 | 징용자 귀국선 '우키 시마호' 폭침 사건 • 442 | 비상국민회의 • 443 | 제주 4·3사건 • 448 | 여순사건 • 450

2. 한민족 최대의 비극, 한국전쟁 · 453

소련군과 일본의 참전 • 459 | 정전협정 • 460 | '한국전쟁' 중 벌어진 '4대 민간인 학살사건' • 462

3. 이승만 정권의 막바지 · 467

황당한 개헌논리 '사사오입' • 467 | 민주주의를 향한 첫걸음, 4·19혁명 • 469

4. 5·16 군사 쿠데타와 박정희 시대 · 472

5·16 군사 쿠데타 • 472 | 군정기의 혼란 • 474 | 제3공화국의 탄생 • 477 | 한일국교 정상화 • 478 | 인혁당 사건 • 480 | 베트남전 참전 • 481 | 장기 집권을 위한 포석, '3선 개헌' • 483 | 노동운동과 전태일 • 486 | 제4공화국과 7·4남북공동성명 • 488 | 유신헌법의 탄생 • 490 | 2인자 제거의 본보기, 윤필용 사건 • 492 | 김대중 납치 사건과 민청학련 사건 • 494 | 박정희 암살 미수사건 • 497
박정희 몰락의 조짐들 • 498 | 10·26 시해사건 • 503

5. 신군부의 등장과 제5공화국 · 506

12·12 하극상과 신군부의 등장 • 506 | 전두환에 대한 미국의 태도 • 509 | 5·18 광주민주화운동 • 511 | 삼청교육대와 언론탄압 • 514 | 탄생해서는 안 될 제5공화국의 탄생 • 515 | 언론 통폐합과 '당근' 정책들 • 516 | 김영삼의 단식투쟁과 김대중 석방 • 518 | 아웅산 폭파 사건 • 519 | 이산가족찾기와 남북이산가족 상봉 • 521 | 김근태, 이을호 고문사건 • 523 | 인천 5·3 운동, 그리고 성고문사건과 남영동 고문사건 • 524 | '6월 항쟁'의 기폭제, 박종철과 이한열의 죽음 • 526

6. 노태우의 제6공화국 · 529

제13대 대통령 선거와 총선 • 529 | '86아시안 게임'과 '88올림픽' • 530 | 7·7선언 • 531 | 문익환, 임수경의 평양 방문 • 532 | 3당 연합 민주자유당 • 534 | 남북고위급회담 • 535 | 전국교직원노동조합의 탄생 • 536

7. 김영삼 대통령의 문민정부 · 538

금융실명제 실시 • 539 | 하나회 해체 • 540 | 역사 바로 세우기 • 541 | 지방자치제 실시 • 542 | IMF위기 • 544 | 제1차 북핵위기 • 545

8. 김대중 대통령과 국민의 정부 · 546

남북공동선언문 • 548 | 한국 최초 노벨평화상 수상 • 549 | 금강산 관광개발사업 • 550 | 2002 한·일 월드컵 • 551

01

선사시대

지질학적, 인류학적, 문화적 선사시대

미국 시카고대학 해리슨 브라운 교수의 연구에 따르면, 지구의 나이는 대략 46억 년 정도라고 한다. 이는 태양계 형성 후에 남은 행성의 찌꺼기인 운석에 포함된 납을 통해 측정한 것이다.

그렇다면 한반도의 나이는 얼마나 될까? 한반도에서 가장 오래된 바위는 서울에서 북동쪽인 연천군의 지질로, 지구의 지사(地史)를 구성하는 11개 기(紀) 중에서 가장 오래된 5억4천2백만 년 전의 고생대 캄브리아(Cambria; 영국 웨일즈의 별칭)기 이전에 존재한 것으로 보인다.

중생대에 이르러 한반도는 활동적인 지질학적 시대를 거치면서 많은 산맥이 형성되었고, 신생대에 이르러 점차 안정되었다.

인간이라는 용어는 현생인류와 직계 조상을 포함하는 분류로서, 오스트랄로피테쿠스(남방 유인원, 500만~100만 년 전) → 호모하빌리스(손을 쓴 사람, 250만~170만 년 전) → 호모에렉투스(직립원인, 160만~30만 년 전) → 호모사피엔스(지혜 있는 사람, 30만~5만 년 전)의 순서로 진화해 왔다.

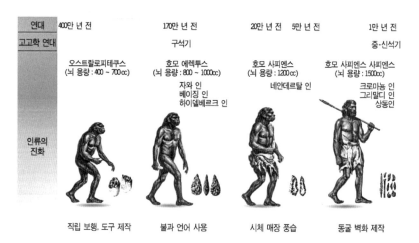

한반도에 거주한 첫 번째 인류는 베이징원인으로 알려진 30만 년 전의 호모에렉투스로, 사냥감인 매머드가 시베리아에서 한반도로 이동하자 함께 이동한 것으로 보인다. 철저한 고증과 학자들의 의견을 수렴하여 EBS가 제작한 다큐멘터리 「한반도의 인류」에 따르면, 호모에렉투스는 직립보행을 하고, 불을 사용했으며, 인류 최초의 도구라 할 수 있는 주먹도끼를 사용했다고 한다.

미국의 고고학자이자 하버드대학 교수인 모비우스(H. L. Movius, 1907~1987)는 1948년에 구석기 문화를 '주먹도끼 문화권'과 '찍개 문화권'으로 분류했다. 그는 인도를 기준으로 서쪽인 유럽, 아프리카, 서아시아 등지를 '아슐리안 문화', 동쪽인 동아시아와 아메리카를 '찍개 문화'라고 정의했다.

'아슐리안 문화(Acheulean culture)라는 말은 1859년 프랑스의 생 아슐(St. Acheul)에서 발견된 주먹도끼에서 유래했는데, 유럽과 아프리카에서만 발견되었다. 그래서 모비우스 교수는 동아시아 지역이 문화적으로 열등하다고 주장했다. 그러나 1970년대 경기 연천군 전곡리에서 주먹도끼가 발견되어 이 같은 학설을 뒤집었고, 모비우스 이론은 폐기되었다.

✦주먹도끼   ✦경질무문토기

한반도의 구석기시대는 BC 1만 년 이전이며, 중석기시대는 BC 1만 ~BC 2000년 정도로 빙하기가 끝나고 자연환경이 바뀐 시기로 본다.

신석기시대는 BC 2000년경으로, 지표가 되는 것은 간석기와 빗살무늬토기로 대표되는 토기이다. 신석기시대 후기에는 초기 농경단계로 들어간 곳도 있을 것으로 여겨진다.

청동기시대는 BC 3500년경(약 5,000년전) 관개(灌漑)농업 발달, 도시국가 출현, 문자사용이 특징인 소위 '4대 문명권(메소포타미아,이집트,인도,황하)'에서 시작하여 BC 1500~400년경 중국에서 한반도로 전해진 것으로 알려져 있다. 한반도에서는구리와 주석에 아연을 섞어 만든 청동기를 사용한 시대이며, 무문(민무늬)토기와 비파형 동검이 대표적 유물이다.

계급 분화가 시작된 이 시기에는 지배층의 권력과 경제력을 반영한 고인돌(支石墓, dolmen)-이 만들어진 것으로 추측된다. 아시아와 유럽, 북아프리카에 6만 기 정도가 분포하며, 우리나라에는 남북한을 합쳐 4만 기 정도가 있다.

철기시대는 BC 400~BC 1년을 전기, AD 1~300년을 후기로 보며, 이 시기에 고대국가인 위만조선이 있었다. 또한 삼국시대 전기와 삼한시대는 선사시대와 역사시대의 중간인 원사(原史)시대 말과 역사시대 초에 해당한다고 할 수 있다.

✿ BC와 AD, 서기와 단기

BC는 Before Christ의 약칭으로 기원전을 뜻한다. AD는 라틴어 Anno Domini의 줄임말로 '주의 해[年]', 즉 예수가 탄생한 해를 기점으로 기원 후를 가리킨다. 최근에는 종교적 색채를 빼고 BCE(Before Common Era: 공통시대 이전)와 CE(Common Era: 공통시대)로 표기하기도 한다.

1970년대 중반까지 우리나라에서는 서기와 단기를 혼용했다. 서기(西紀)는 현재 우리가 사용하는 AD이고, 단기(檀紀)는 단군이 조선을 세운 해로. 서기보다 2333년 빠르다. 따라서 서기 2024년은 단기 4357년이다.

02

고조선

한반도 최초의 국가

「고기(古記)」에 따르면, 하늘을 다스리는 환인(桓因: 제석천왕)의 아들 환웅(桓雄)이 하계(下界)에 뜻을 두어 인간을 구하고자 했다. 아버지는 아들의 의중을 알고 천부인(天符印) 3개를 주며 인간세상으로 내려가도록 했다.

환웅은 바람과 비와 구름을 다스리는 풍백(風伯), 우사(雨師), 운사(雲師)와 무리 3,000명을 거느리고 태백산(현 묘향산) 정상 신단수 아래로 내려와 그곳을 '신시(神市)'라 칭하고, 곡식, 수명, 질병, 형벌, 선악 등 360여 가지 일을 주관하며 인간세상을 다스리고 교화시켰다. 그후 환웅은 곰에서 사람이 된 웅녀(熊女)와 혼인을 하여 아들을 얻고 단군왕검(壇君王儉)이라고 이름지었다고 한다.

BC 2333년, 단군왕검은 아사달(阿斯達: 평양으로 추정)에 도읍하고, 인간세상을 널리 이롭게 한다는 홍익인간(弘益人間)을 이념으로 나라를 세우고, 국호를 '조선(朝鮮)'이라 했으니, 이것이 바로 한반도 최초의 국가이다. 고조선(1392년 건국한 조선과 구분하기 위해 고조선이라 부른다) 건국 시기를 요 임금 즉위 25년인 무진년(戊辰: B.C. 2333)이라 한 것은 『제왕운기』와 『조선왕조실록』, 「동국통감」 등의 기록에 따른 것이다.

단군설화는 『삼국유사』, 『제왕운기』, 「세종실록지리지」, 「동국여지승람」, 「응제시주」 등에 수록되어 있는데, 환웅의 무리는 발전된 문화를 가진 신흥정치세력이나 이민족, 곰은 곰을 섬기는 부족을 상징하기 때문에 부족의 통합으로 이해하면 될 것이다. 단군은 '제사장', 왕검은 '정치 지도자'라는 뜻이니 당시는 '제정일치(祭政一致)' 사회임을 말해준다. 그리고 『삼국유사』에 단군이 1908세에 세상을 떠났다고 했으나, 이는 단군이 특정인이 아니라 대대로 이어온 직책임을 말해준다.

단군은 고려시대에 이르러 민족 공동의 시조로 받들어졌으며, 조선 세종 때도 국조로 모시고 평양에 사당을 지어 고구려 시조인 동명왕과 함께 모셨다. 구월산에는 환인, 환웅, 단군을 모시는 삼성사(三聖祠)가 세워졌고, 강동에는 단군의 묘가 있었다고 전한다.

고조선은 '8조 금법(八條禁法)'에 의해 다스려졌는데, 후한(後漢)시대의 반고(班固)가 지은 「한서(漢書)」 '지리지'에 "사람을 죽인 자는 사형에 처한다", "남에게 상해를 입힌 사람은 곡물로 갚는다", "남의 물건을 훔친 자는 노비로 삼는다"는 3조만이 전하고 있다.

역사학계는 전기 청동기문화를 기반으로 한 고조선이 현 중국 동북부 랴오닝성(遼寧省)을 중심으로 성장하여 후에 BC 3세기 초 연나라의 침략을 받아 대동강 지역(평양)으로 수도를 옮긴 후 평안도, 함경도, 강원도 등지에 걸쳐 발전한 것으로 보고 있다.

기자조선과 위만조선

주(周)나라의 무왕이 상나라(은나라)를 빼앗자 기자(箕子)는 BC 1122년에 조선으로 와서(箕子東來說) 백성을 교화시키고 군주가 되었으니, 이를 기자조선이라고 한다. 그러나 우리나라 역사학계는 이를 인정하지 않고 고조선을 단군 조선-위만 조선의 2개 시기로 구분하고 있다.

BC 221년 진시황이 최초로 중국을 통일했던 진(秦)이 BC 206년 멸망하자, BC 202년 한나라가 들어서기까지 중국은 큰 혼란에 빠졌다. 이때 연(燕)나라 위만(衛滿)은 무리 1,000여 명을 이끌고 고조선으로 망명했다. 준왕(準王)의 신임을 얻은 위만은 서쪽 변경 수비를 맡고, 박사(博士)에 임명되어 땅을 하사받았다. 하지만 세력을 불린 위만은 준왕을 쫓아내고 정권을 장악하니, 이를 위만조선이라고 부른다(BC 194). 준왕은 남쪽의 한(韓)으로 망명하여 후에 왕이 되었다고 한다.(진수, 『삼국지』 '위자 동이전')

한(漢)나라의 7대 황제 무제(武帝: 재위 BC 141-87)는 장건(張騫)을 시켜 실크로드를 건설한 다음 흉노를 치고, 이어 남방의 남월(南越)과 동북방의 위만조선을 차례로 공격했다. 산둥반도와 요동에서 각각 왕검성(王儉城)으로 진격한 위만조선의 거센 저항으로 밀려나고 말았다. 한무제는 사신을 보내 화의를 시도했지만, 위만조선이 거절하자 다시 공격을 해왔다.

위만의 손자 우거왕은 한나라와 치열한 접전을 벌였다. 그러나 장기화된 전쟁에 지친 신하들은 주전파와 주화파로 분열되었고, 주화파가 득세하여 우거왕을 살해한 뒤 항복하고 한나라로 망명했다. 결국 지배층의 배신과 분열로 인해 고조선은 BC 108년에 멸망하고 말았다.

한사군

한나라는 옛 고조선 지역에 한사군(漢四郡), 즉 낙랑군, 임둔군, 진번군, 현도군 등 4군을 설치했다. 임둔군과 진번군은 BC 82년에 폐지되었고, 관할지역은 낙랑군과 현도군에 소속되었다. BC 75년 현도군은 신흥세력의 저항을 이겨내지 못하고 만주의 홍경 방면으로 밀려났다. 4군 외에도 낙랑군 남부지역의 일부를 관할하기 위해 요동의 공손씨는 폐지된 진번 자리에 대방군을 설치했다. 그러나 학계에서는 이 한사군의 위치에 대해 논쟁을 벌이고 있는데, 기존의 북한 땅이 아니라 요동반도 쪽이라는 설이 제기되고 있다.

후한 말, 한족과 예족이 세력을 키우면서 한나라는 군의 통제권을 거의 상실했고, 313년에 낙랑군과 대방군이 각각 고구려와 백제에 의해 소멸되었다.

한사군이 설치된 뒤, 우리 민족은 지속적인 저항을 했고, 새로이 받아들인 철기문화가 이 같은 변화에 힘입어 북쪽 송화강 유역을 중심으로 동명왕이 부여를 세웠고, 해모수가 세운 북부여와 해부루가 세운 동부여, 압록강 중류와 동가강 유역을 중심으로 고주몽이 고구려 등 여러 부족 국가들이 생겨났다.

한강 이남에는 마한, 진한, 변한의 삼한이 있었는데, 마한은 서남쪽인 경기도, 충청도, 전라도에 걸쳐 있었으며, 진한은 동남쪽인 대구와 경주 지역에, 변한은 남쪽인 김해와 마산 지역에 자리 잡았다. 이들은 여러 소국의 연맹체로, 후일 마한은 백제, 진한은 신라, 변한은 가야가 되었다.

삼한에는 지도자 외에 제사장인 천군(天君)이 있었으며, 천군이 다스리는 소도(蘇塗)는 신성한 곳으로 죄인이 몸을 피해도 함부로 잡으러 들어가지 못했다. 그리고 철제 농기구를 사용하고, 벼농사가 발달해 여러 개의 저수지 축조가 축조되었다(김제 벽골제, 제천 의림지, 밀양 수산제, 상주 공검지, 의성 대제지). 특히 변한에서는 철 생산량이 많아 낙랑과 왜(倭)에 수출하기도 했다.

03

삼국시대

1
삼국의 정립(鼎立)

1) 고구려 건국

시조 동명성왕

고구려를 세운 동명성왕(東明聖王)-또는 추모왕-의 성은 고(高), 이름은 주몽(朱蒙)이다. 주몽에 대한 기록은 「구삼국사」와 「고구려 본기」 등에 나타나는데, 천제의 아들 해모수와 '물의 신' 하백(河伯, 또는 河泊)의 딸 유화(柳花) 사이에서 태어났다고 한다.

❋

해모수왕(解慕漱王)은 부여와 고구려의 건국신화에 등장하는 천신(天神) 또는 천신의 아들이다. 부여의 신화에서는 해부루왕(解夫婁王)의 아버지이며, 고구려의 신화에서는 주몽의 아버지이다.『삼국사기』와『삼국유사』에서는 주몽의 아버지로 나와 있는데. 해부루왕의 아들 금와왕은 고주몽의 조카뻘이라 두 개의 설이 다르다. 광개토왕릉비나『위서(魏書)』에는 해모수가 등장하지 않기 때문에 원래는 부여의 건국 신화였으나. 부여가 병합된 뒤에 고구려의 건국 신화에 결합된 것으로 보는 것이 일반적이다.

북부여(일반적으로 부여는 북부여를 가리킨다.)의 초대왕 해모수(解慕漱)의 아들 해부루(解夫婁)왕은 상제(上帝)의 명으로 도읍을 동부여로 옮겨 초대 왕이 되었다. 그의 아들 2대 금와왕(金蛙王; 금개구리)이 유화를 궁궐로 데려왔을 때 알에서 아이가 태어났다. 7세가 된 아이는 스스로 활을 만들어 쏘니 백발백중이라 '활을 잘 쏘는 사람'을 뜻하는 주몽이라 불렸다. 그러나 태자 대소(帶素)를 비롯한 금와왕의 아들 7명은 주몽을 시기하여 해치려 들었다. 결국 주몽은 협보, 마리, 오이 등 3명의 벗과 함께 동부여를 떠났다. 하지만 대소는 군사들을 이끌고 그를 추격했다.

주몽 일행은 압록강 동북쪽 엄체수(淹遞水)-엄호수, 엄수라고도 한다-에 이르렀으나, 강물이 깊고 배가 없어 도저히 건널 수가 없었다. 대소가 이끄는 군사들이 점점 가까이 다가오자, 위기를 느낀 주몽이 강을 바라보며 외치자 신기하게도 물고기와 자라가 몰려들어 다리를 만들었고, 주몽 일행은 그 위를 달려 무사히 강을 건널 수 있었다. 강을 건넌 주몽 일행은 모둔골에서 무골, 재사, 묵거 등 뛰어난 사람들을 만났고, 그들의 도움을 받아 BC 37년 졸본(卒本: 광개토왕비문에는 홀본(忽本)으로 되어 있으며, 오녀산성(五女山城)으로 추정된다.)에 나라를 세우고, 이름을 '고구려(高句麗)'라고 했다.

부여(夫餘)는 고조선에 이어 우리 역사의 두 번째 국가이다. 장춘과 송화강 상류 벌판을 기반으로 한 부여는 비록 494년 고구려 문자왕에 의해 복속되었으나 고구려와 백제 모두 부여가 뿌리이다. 백제 왕족은 모두 부여씨이며, 마지막 도읍지 사비성은 지금도 부여라 불리고 있다.

유리왕과 황조가

고주몽이 송양(松讓)이 다스리는 비류국(沸流國: 졸본성 북서쪽), 행인국 (荇人國: 길림성 남쪽 무송현), 북옥저(행인국 동쪽 훈춘 지역) 등을 정복해 세력을 키워 가고 있을 무렵, 동부여에 있던 주몽의 부인 예씨부인(禮氏夫人)은 아들 유리(琉璃)를 낳았다. 하지만 아비 없는 자식이라고 멸시를 받자 유리는 어머니에게 자신의 출생에 대해 물었다. 어머니는 그동안 숨겨 왔던 이야기를 유리에게 들려주자 유리는 아버지를 만나러 고구려로 향했다. 고구려에 다다른 유리가 주몽에게 증표인 부러진 칼을 보이자, 주몽은 자신이 간직하고 있던 나머지 부분과 맞춰 보고 아들임을 확인시켜주었다.

B.C. 19년, 주몽의 뒤를 이어 고구려의 두 번째 왕이 된 유리(재위 BC 19 - AD 18)는 이웃 비류국 송양의 딸을 왕비로 맞았고, 졸본을 떠나 국내성(길림성 집안현 통구성 通溝城)으로 도읍을 옮기고 위나암성(尉那巖城)을 쌓았다.

세월이 흘러 왕비 송씨가 죽자, 유리왕은 자치구인 골천 사람 화희(禾姬)와 한나라 여인 치희(雉姬)를 부인으로 맞아들였지만, 두 여인은 질투가 심해 날마다 싸움을 했다. 어느 날, 유리왕이 기산으로 사냥을 나간 사이 치희는 한나라로 돌아가 버렸다. 유리왕은 급히 뒤를 쫓아 치희를 만나 달랬지만, 그녀는 고집을 부리고 돌아오지 않았다. 결국 혼자 돌아오던 유리왕이 나무 밑에서 잠시 쉬다가, 짝을 지어 하늘을 노니는 꾀꼬리 한 쌍을 보고 자신의 마음을 담아 시를 읊었다. 이것이 우리나라 최초의 서정요라 할 수 있는 「황조가(黃鳥歌)」이다.

유리왕은 부왕의 뜻을 이어받아 북만주의 선비족(鮮卑族)과 전쟁을 벌였고, 부여를 정복하여 영토를 넓혔다.

호동왕자와 낙랑공주

호동(好童)은 고구려 제3대 대무신왕의 둘째 왕비 해씨가 낳은 아들로 얼굴이 준수하고 용맹스런 청년이었다. 호동왕자는 낙랑국과 고구려의 중립지대인 옥저에 갔다가 우연히 낙랑의 마지막 왕 최리(崔理)와 만났다. 최리는 호동이 고구려 대무신왕의 아들임을 알고 자신의 딸과 혼인시켰다. 강대국 고구려와 화친을 도모하기 위한 처사였지만, 그럼에도 불구하고 대무신왕은 낙랑국을 정복하려는 야망을 포기하지 않았다.

낙랑국에는 적이 쳐들어오면 저절로 울리는 자명고(自鳴鼓)라는 신묘한 북이 있었다. 이 때문에 좀체 공격의 기회를 잡지 못하던 대무신왕은 호동을 불러 아내의 도움을 얻어 낙랑국의 자명고를 없애도록 하라고 명을 내렸다.

왕명을 받은 호동은 부인에게 사실을 알렸고, 남편의 말을 거스를 수 없었던 공주는 낙랑국으로 돌아가 몰래 자명고를 칼로 찢어버렸다. 얼마 후 고구려의 군사가 쳐들어왔지만, 자명고가 울리지 않아 낙랑국은 방어를 할 수 없었다.

나중에 자신의 딸이 자명고를 찢어 나라를 위험에 빠뜨렸다는 사실을 안 최리는 공주를 처형했고, 그사이 고구려 군사는 궁궐에까지 들이닥쳤다. 고구려 병사들이 적을 제압하는 동안 호동은 공주를 찾았으나 낙랑은 이미 싸늘한 시체로 변한 뒤였다. 고구려 대무신왕과 신하들은 모든 것이 왕자의 공이라고 칭찬했지만, 아내를 희생시킨 호동의 가슴은 찢어질 듯 아팠다.

한편 호동의 세력이 커지는 것을 시기한 왕비는 대무신왕에게 호동왕자가 왕위를 노린다고 거짓을 고했다. 결국 아내를 잃은 슬픔에 아버지의 의심까지 받게 된 호동은 스스로 목숨을 끊어 비극적인 짧은 생을 마감했다.

명재상 을파소

고구려 제9대 고국천왕 13년(191), 외척 어비류(於卑留)와 좌가려(左可慮)가 반란을 일으켰다. 이를 진압한 왕은 5부에 영을 내려 인재를 천거하도록 했다.

❀

고구려를 형성한 여러 부족 가운데 핵심은 소노부(연노부), 계루부, 절노부, 관노부, 순노부 등 5부족이었다. 6대 태조왕 때부터 왕위 계승권이 소노부에서 계루부로 옮겨진(형제상속제) 후 고국천왕 때는 관료체제를 갖춘 동·서·남·북·중 5부로 개편되었고, 족장들은 중앙귀족으로 편입되었다. 그리고 왕위 계승이 '형제상속제'에서 '부자상속제'로 전환되었다.

동부(東部)에서 추천한 인재는 안류(晏留)였다. 하지만 안류는 정중히 사양하며 유리왕 때의 대신 을소의 후손 을파소(乙巴素)를 추천했다. 왕은 그를 불러 중외대부(中畏大夫)와 우태(于台)로 임명하고, 나랏일을 돌볼 것을 명했다.

하지만 을파소는 머리를 조아리며 사양했다. 그 정도의 벼슬로는 자신이 뜻하는 바를 이루기에 부족하다는 것을 돌려 말한 것이다. 비천한 가문 출신이라 명문 귀족들은 거세게 반대했으나 그의 뜻을 알아챈 왕은 국상(國相)의 벼슬을 내렸고, 힘을 얻은 을파소는 충심으로 나라를 받들고 상벌을 신중히 하니, 백성들이 편안하고 나라 안팎이 무사했다.

❀

국상은 초기의 최고 관직. 이후 중후기의 대대로, 대막리지로 이어진다. 2세기 경(8대 신대왕과 9대 고국천왕 시기) 시작된 '제가회의' 때 고구려의 국정 전반을 운용하는 최고 실력자로서, 왕권이 약했던 초기 실무적인 의미로 고구려를 총괄했다. '제가회의(諸加會議)'는 귀족들이 국가의 중대사를 논의하고 결정한 회의. 신라의 '화백 회의(和白會議)', 백제의 '정사암 회의(政事巖會議)'와 성격이 비슷하다.

194년 7월 서리가 내려 흉년이 들었고, 백성들의 삶이 어려워지자 을파소는 봄에 곡식을 빌려 주었다가 가을에 이자와 함께 갚도록 하는 진대법(賑貸法)을 실시했다. 이는 최초의 사회보장제도라 할 수 있다. 을파소를 얻어 나라를 잘 다스

✛고국천왕과 을파소

리게 된 왕은 안류에게 공을 치하하는 뜻에서 대사자(大使者)직을 하사했다. 고국천왕의 동생 산상왕 7년 가을 을파소가 세상을 떠나자 모든 백성들이 슬퍼하며 곡을 했다.

왕비가 된 후녀

제9대 고국천왕-국양왕(國壤王)이라고도 한다-이 후사 없이 세상을 떠나자, 왕후 우씨는 고국천왕의 동생, 즉 시동생인 연우(延優)를 왕위에 오르도록 하니 고구려 제10대 산상왕(山上王)이다.

고구려의 형사취수(兄死娶嫂: 형이 죽으면 동생이 형수와 혼인하는 제도) 풍습에 따라 우씨는 산상왕의 아내가 되어 다시 왕후가 되었다. 그러자 연우의 형이자 고국천왕의 바로 밑의 동생 발기(發岐)는 자신이 왕이 되지 못한 데 불만을 품고 군사를 동원하여 왕궁을 공격했지만, 백성들이 따르지 않자 결국 요동으로 망명했다.

208년 겨울 어느날, 왕이 사냥을 하던 중 멧돼지가 달아나는 일이 발

생했다. 멧돼지를 쫓던 왕과 수하들은 주통촌(酒桶村)이라는 마을에 이르렀지만 멧돼지가 날뛰는 터라 섣불리 접근하지 못했는데, 한 여인이 떡으로 멧돼지를 유인한 덕분에 잡을 수 있었다.

그날 왕은 후녀(后女)라는 그 여인과 하룻밤을 보냈다. 이 사실을 알게 된 왕후 우씨는 크게 노하여 후녀를 죽이려 자객을 보냈으나 실패하고, 세월이 흘러 산상왕은 후녀를 궁으로 불러들여 왕후로 삼았다. 후녀는 209년 9월에 아이를 낳았는데, 산상왕은 교외로 나가 멧돼지를 잡다가 얻은 아들이라는 뜻인 '교체(郊彘)'라는 이름을 지어 주고 태자로 책봉하니 그가 바로 제11대 동천왕(東川王)이다.

2) 백제의 건국과 성장

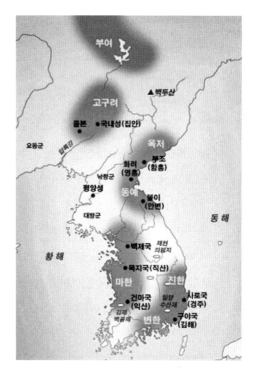

온조의 십제

주몽이 북부여에서 졸본부여로 왔을 때, 왕에게는 3명의 딸이 있었다. 왕은 주몽을 둘째 딸 소서노(召西奴)와 혼인시켰다. 그 사이에서 맏아들 비류(沸流)와 둘째 온조(溫祚)가 태어났지만, 북부여에서 예씨부인의 아들 유리가 증표인 부러진 칼을 들고 찾아오자 주몽은 그를 태자로

✛3세기경의 한반도

삼았다.

이에 비류와 온조는 오간과 마려 등 10여 명의 신하와 함께 고구려를 떠나 남쪽으로 내려왔다. 한강을 접한 하남 위례에 이르자 신하들이 입을 모아 이곳을 도읍으로 정하자고 했다. 하지만 비류는 말을 듣지 않고 한 무리의 백성을 이끌고 미주홀(彌鄒忽; 인천)로 떠나자, 결국 온조는 BC 18년에 하남위례성(풍납토성)에 도읍을 정하고 나라 이름을 '십제(十濟)'라고 했다.

십제는 삼국시대 전부터 존재한 54개 부족국가 연맹체인 마한의 일부였으나 우수한 철기문화를 바탕으로 지배층이 되었다. 이후 미주홀로 갔던 비류가 사망하자 다시 돌아온 그의 백성들까지 수용한 십제는 더욱 강성해져, 국호를 10의 10배인 100, 즉 '백제(百濟)'로 바꾸었다.

백제의 체제정비

제8대 고이왕(재위; 234-86)은 3국 중 맨 먼저 율령을 반포하고 중앙집권제를 이루었다. 왕위의 형제상속을 이룬 그는 왕과 귀족이 모여 국사를 논하는 남당(南堂; 사비성 천도 후에는 정사암회의)을 설치했다. 이후 목지국(目支國; 『삼국지』 위지, '동이전(魏志 東夷傳)'에는 '월지국(月支國)'으로 기록되어 있으며, 충남과 전라도 지역으로 알려져 있다)을 몰아내고 한강 유역을 장악함으로써 국가로서의 면모를 갖추었다.

3) 신라의 건국과 성장

박혁거세

진한에는 알천의 양산촌(촌장 알평)과 돌산의 고허촌(소벌공), 취산의 진지촌(지백호), 무산의 대수촌(구례마), 금산의 가리촌(지타) 및 명활산의 고야촌(호진) 등 마을 6곳이 있었다. 촌장들의 회의는 연장자이자 경험이 풍부한 고허촌(高墟村)의 소벌공(蘇伐公)이 이끌었다. 『삼국유사』 및 『제왕운기』에는 다음과 같은 이야기가 전한다.

BC 69년, 촌장들은 알천의 동쪽 언덕에 모여 회의를 열었는데, 갑자기 하늘에서 밝은 빛이 비쳤다. 소벌공이 빛이 비치는 양산의 기슭을 바라보니 나정(蘿井) 옆의 숲 사이에 말이 꿇어앉아 울고 있었다. 가까이 다가가자 말은 홀연히 사라져 보이지 않고 큰 알이 남아 있었다. 거기서 아이가 나왔는데, 사람들은 아이가 나온 알이 커다란 박처럼 생겼기에 성을 박(朴)으로 하고, 세상을 밝게 다스린다는 뜻의 '혁거세(赫居世)'라고 이름 지었다. BC 57년 박혁거세가 13세가 되던 해 촌장들은 그를 옹립하여 즉위시키고 왕호를 거서간(居西干), 국호를 '서라벌(徐羅伐)'이라 했다.

+박혁거세

박혁거세가 세상에 태어날 무렵, 양산마을의 알영정(閼英井)이라는 우물로 용이 구름을 타고 내려와 여자아이를 낳고는 승천했다. 사람들이 가서 보니 여자아이는 입술이 새부리처럼 튀어나와 있었는데, 마을 할머니가 아이를 안고 북천(北泉)에서 얼굴을 씻겼더니 부리가 없어지고 예쁜 입술이 나타났다. 할머니는 이 아이에게 '알영'이라는 이름을 지어주었고, 처녀로 성장하자 박혁거세는 그녀를 왕비로 삼았다.

BC 38년에는 수도에 성을 쌓고 금성(金城)이라 했다.(이 해에 고구려의 시조 동명이 왕위에 올랐다.) 즉위 30년 4월에는 낙랑 군사들이 변경을 침범했으나 물리쳤고 백성들은 태평성대를 노래했다. 그러다 즉위 60년인 AD 3년 9월, 두 마리의 용이 금성의 우물에 나타나더니 우레와 벼락이 치고 폭우가 쏟아졌다. 이듬해 그는 승하했고 담암사(曇巖寺) 북쪽 사릉(蛇陵)에서 장사를 지냈다. 즉위 61년 만인 AD 4년 3월이었다.

남해차차웅, 유리이사금, 탈해이사금, 미추이사금

박혁거세의 뒤를 이어 장남 남해차차웅(南解次次雄)이 2대 왕위에 올랐으며, 왕비는 운제부인이다. 차차웅 혹은 자충(慈充)은 '무당'을 이르는 말이므로, 당시는 제사와 정치 모두를 왕이 관장하는 제정일치 사회였음을 알 수 있다.

즉위 3년인 AD 8년 정월 동해 쪽에서 들어온 석탈해를 맏사위로 받아들였고, 10년에는 그를 대보(大輔)로 삼아 군사와 국정에 대한 일을 맡겼다. 그가 궤짝에 담겨 떠내려올 때 까치(鵲)가 함께 있었기에 한자의 왼쪽을 따 '석(昔)', 궤짝을 열고 나와서 '탈해(脫解)'라는 이름을 얻었다. 남해차차웅은 즉위 21년째인 24년에 사망하여 경주 사릉원에서 장사를 지냈다.

남해차차웅이 서거 직전, 아들 유리(儒理)와 사위 석탈해를 불러 연장자가 왕위를 잇도록 하라고 유언을 남겼다. 이에 석탈해는 지혜가 많은 자는 이가 많다고 하니, 서로 이를 비교해 보자고 제안했다. 두 사람은 떡을 깨물어 치아의 개수를 비교해 보니 유리가 더 많아 유리에게 왕위를 양보했다. 3대 왕위에 오른 유리는 왕호를 이사금(尼師今)이라 했는데, 이는 '잇자국'을 뜻하는 '잇금'에서 비롯된 말로 나중에 '임금'이 되었다.

유리이사금의 통치로 신라의 백성들은 편안한 생활을 했고, 풍년이 들자 백성들은 〈도솔가(兜率歌)〉를 지어 불렀다(경덕왕 때 '월명도솔가'와 다르다.). 이 도솔가는 부족국가로부터 귀족 왕국으로 전환한 이 시기에 종교적 색채를 벗어나 집단적인 서사 문학과 개인적인 서정요의 다리 역할을 한 신라 최초의 가요이다.

유리이사금 9년(32) 봄에 17관등제의 제도를 실시하는 한편 6부의 이름을 고치고, 각각 성씨를 하사했다. 양산부는 양부로 고치고 이씨 성을, 고허부는 사량부로 고치고 최씨 성을, 대수부는 모량부로 고치고 손씨 성을, 가진부는 본피부로 고치고 정씨 성을, 가리부는 한지부로 고치고 배씨 성을, 명활부는 습비부로 고치고 설씨 성을 내렸다.

또한 6부의 여자를 양편으로 나누어 두 명의 공주가 각각 편을 거느리고, 7월 16일부터 길쌈을 시작하여 8월 15일에 승부를 가르도록 했는데, 패한 쪽이 술과 음식을 마련했다. 길쌈짜기를 당시 말로 '가배(嘉排)'라 했는데, 이후 '가위'로 변했고 오늘날 '한가위'가 되었다. 이때 패한 편의 한 여인이 춤추며 '회소회소'라고 탄식을 하자 나중에 사람들이 그 소리로 노래를 지어 '회소곡(會蘇曲)'이라 했다. 이날 달 밝은 밤에 임금과 백관 대신을 비롯해 만백성이 지켜보는 가운데 왕녀와 부녀자들이 밤새도록 강강술래를 돌았다.

57년 9월 유리이사금은 병이 깊어지자 신료들에게 석탈해가 왕위를 잇도록 하라고 유언을 남겼고, 겨울 음력 10월에 붕어하자 사릉원에서 장사를 지냈다.

4대 탈해이사금(脫解尼師今)은 즉위 초에 외교에 힘을 기울여 59년에는 왜(倭)와 수교했으며, 61년에는 마한의 장수 맹소가 복암성을 바치고 항복했다. 당시 신라와 백제는 계속 전쟁 상태였는데, 63년 10월 백제의 2대 다루왕(재위 28-77)이 낭자곡성까지 땅을 개척하고 만날 것을 제안했으나 신라가 거부했다. 64년 8월에는 백제가 와산성을, 10월에는 구양성을 공격했으나 기병 2,000명으로 몰아냈다.

65년 시림에서 닭이 울어 가보니 궤 속에 아이가 있었는데, 그가 김해 김씨의 시조 김알지(金閼智)이다. 그래서 시림을 '계림(鷄林)'으로 개칭한 뒤 국호로 삼았다. 79년에는 장군 거도(居道)를 파견하여 우시산국(울주군)과 거칠산국(동래구)을 병합했으며, 이듬해 80년 가을 승하하자 성 북쪽의 양정구에서 장사를 지냈다.

13대 미추이사금(味鄒泥師今)이 261년에 즉위했다. 『삼국사기』는 12대 첨해이사금에게 아들이 없고, 또 갑자기 죽었기 때문에 사람들이 그를 추대했다고 기록한 반면에, 『삼국유사』는 첨해이사금의 선양(禪讓: 혈통상 아무런 관계가 없는 사람에게 왕위를 물려주는 것)을 받아 왕위를 이었다고 적고 있다.

김알지 7대손인 미추이사금이 김씨로서 처음 왕위에 오를 수 있었던 것은 이때 비로소 김씨족이 박씨족이나 석씨족보다 더 큰 세력을 점유했으며, 미추가 11대 조분이사금의 사위였기 때문이며, 당시에는 사위나 아들의 자격이 동등했기 때문이라고 보는 견해도 있다.

하지만 미추이사금이 재위 23년에 서거하자 왕위가 다시 석씨인 14대 유례이사금으로 넘어간 것을 보면 김씨족이 석씨족을 압도할 만큼 지속적으로 권력 강화를 하지 못했던 것으로 보인다. 하지만 김씨족의 정치적 위상에 근본적인 문제가 있었던 것은 아니었다. 김씨족은 이후 석씨 왕대에도 지속적으로 강한 정치적 영향력을 행사하고 있었다.

유례이사금(儒禮泥師今) 14년, 이서고국(伊西古國; 청도)이 금성으로 쳐들어왔다. 「신라본기」에 따르면, 귀에 대나무 잎을 꽂은 죽엽군이 나타나 신라군을 도와 적을 물리쳤는데, 병사들이 사라진 곳에 대나무 잎이 잔뜩 쌓여 있어 선왕의 음덕이라는 것을 알았다고 한다. 이 설화에서 죽엽군은 미추이사금과 연관된 군사를 은유적으로 표현한 것인데, 미추로 대표되는 김씨족이 석씨왕 대에도 지속적인 영향력을 행사했던 것으로 볼 수 있다. 결국 17대 내물마립간부터는 다시 김씨 세습으로 되돌아와 경순왕까지 이어졌다.

❀

신라는 군주의 칭호가 거서간, 차차웅, 이사금, 마립간, 왕 등 여러 차례 바뀌었는데, 이 같은 변화는 국가의 발전 과정을 나타낸 것으로 정치적 군장과 제사장의 기능이 분리되면서 거서간과 차차웅으로 나뉘었고, 박·석·김의 세 부족이 교대로 연맹장에 선출되면서 이사금이라 칭했다.

이후 김씨가 왕위세습권을 독점하면서 왕권 강화를 위해 '대군장'이란 의미의 마립간으로 바뀌었으며, 왕위상속제를 확립하고, 6부를 개편하여 중앙집권화를 추진한 22대 지대로 마립간 때부터 왕과 혼용하여 지증왕이란 칭호를 사용했다.

내물마립간과 눌지마립간

마립간(麻立干)은 신라 제17대 내물(奈勿)마립간(356-402)부터 제21대 소지(炤知)마립간(479-500)까지 사용한 군주의 호칭이며 이때부터 김씨가 왕위세습권을 독차지했다. 「화랑세기」 등의 저술을 남긴 김대문에 따르면, 마립간은 '말뚝의 왕'이라고 한다. 여기서 말뚝은 조선시대의 품석(品石)과 같은 것으로, 마립간은 곧 '으뜸가는 품계'라는 뜻이다.

내물마립간 45년(400) 신라는 위기에 처해 있었다. 백제는 신라와 경쟁 관계였던 가야를 부추겨 그들의 영향력 하에 있던 왜의 소국들을 동원해 신라를 공격하도록 했다. 연이은 천재지변과 왜의 침략으로 국력이 소진된 신라는 남천에서 크게 패하고, 가야와 왜의 연합군에게 서라벌까지 함락될 지경에 이르렀다. 다급해진 내물마립간은 백제와의 전쟁을 위해 평양에 진주해 있던 광개토왕에게 구원을 청해 겨우 가야와 왜군을 물리칠 수 있었다.(401) 고구려 덕분에 신라는 오랜 숙적 가야를 패퇴시키고 낙동강 하구 지역을 손에 넣을 수 있었지만, 고구려에 볼모까지 보내며 제휴하는 등 고구려의 속국으로 전락하는 신세가 되었다.

내물마립간 37년(392)에 고구려로 볼모로 잡혀갔던 조카 실성(實聖)은 401년 귀국했고 내물마립간이 402년 5월에 붕어하자 '화백회의'의 결정으로 18대 마립간에 올랐다. 자기를 볼모로 보낸 것에 한을 품었던 그는 내물마립간의 장남 눌지(訥祗)를 몰아내고 소위 '인질외교'의 일환으로 삼남 미사흔(未斯欣)을 왜(402)에, 차남 복호(卜好)를 고구려(412)에 볼모로 보냈다. 그 후 고구려 사람을 시켜 눌지를 살해하려 했으나, 오히려 눌지가 고구려의 도움을 받아 실성을 시해하고 19대 마립간에 올랐다. 418년 눌지는 고구려에 볼모로 간 복호를 탈출시켰고, 왜에 가 있던 미사흔은 박제상을 시켜 돌아오게 했는데, 그와 관련된 '망부석 설화'가『삼국유사』에 전한다. '망부석 설화'는 왜로 떠난 박제상(朴堤上) -『삼국유사』에는 김제상(金堤上) -을 그리워한 그의 부인에 얽힌 이야기이다.

2
가야연맹

구지가와 수로왕

부락을 다스리는 구간(九干: 아홉 족장)들이 모여서 제사를 지내는데, 갑자기 하늘에서 산봉우리의 흙을 파고 거북 노래를 부르며 춤을 추면 반드시 나라를 다스릴 왕자를 만날 것이라는 소리가 들렸다. 족장들은 하늘에서 시키는 대로 춤을 추며 거북 노래인 구지가(龜旨歌)를 불렀다.

구하구하(龜何龜何) 거북아, 거북아.

수기현야(首其現也) 머리를 내놓아라.

약불현야(若不現也) 만약 내놓지 않으면,

번작이끽야(燔灼而喫也) 잡아서 구워 먹으리.

그러자 하늘에서 무지개가 드리우더니 보자기에 싼 궤짝이 내려왔다. 구간이 궤짝에 절을 올린 뒤 뚜껑을 여니 6개의 황금색 알이 들어 있었다. 구간의 우두머리인 아도간(我刀干)이 6개의 알을 가지고 가서 정성을 들여 보살핀 덕분에 6개의 알에서 각각 사내아이들이 나왔고, 얼마가 지나자 모두 어른의 모습으로 변했다.

그들 중 가장 먼저 나온 아이를 '수로'라 하고, 금궤에서 나왔다고 해서 성을 '김(金)씨'로 정했다. 이로써 김수로는 김해 김씨의 시조가 되었고, 구간은 김수로를 금관가야-후일 가락국-의 왕으로 받들었다. 수로왕과

함께 알에서 나온 아이들도 각기 흩어져서 왕이 되었다. 신라에서 유리
이사금 즉위 19년인 42년이었다.

야유타국 공주 허황옥

어느 날, 수로왕이 왕후가 될 공주가 곧 바닷가에 이를 것이니 마
중토록 하라고 신하들에게 말했다. 왕명을 받은 신하들이 바닷가에 이
르자 시종을 거느린 공주가 커다란 배에 보물을 가득 싣고 이미 도착해
있었다.

신하들은 인도 야유타
국의 공주로 성은 허씨이
고 이름은 황옥이라는
이 16세 처녀를 궁으로
모셔 갔다. 얼마 지나지
않아 수로왕과 혼례를
치러 왕후가 되어 김해
허씨의 시조가 되었다.
허왕후는 태자 거등공을
낳았으며 188년에 57세

로 사망한 뒤 구지봉 동북쪽 언덕에 장사를 지냈다. 그런데 허황옥이 인
도 아유타국에서 왔다는 것은 불교가 들어온 이후에 이야기가 덧붙여졌
다고 보는 게 타당하다. 현재 경상남도 김해시 구산동의 고분이 허왕후
의 능이라고 전해진다.

전기가야연맹(금관가야)

　가야는 변한(弁韓)의 12소국, 소국 연맹체, 초기 고대 국가 등의 단계를 거쳤다. 서기전 1세기 낙동강 유역에 세형동검(細形銅劍) 관련 청동기 및 초기 철기문화(初期鐵器文化)가 유입되면서 가야의 문화 기반이 성립되었다. 서기 2세기경에는 이 지역에 소국들이 나타나기 시작하여 3세기에는 12개의 변한 소국들이 성립되었으며, 그중에 김해의 구야국(狗邪國: 金官加耶)이 문화 중심으로서 가장 발전된 면모를 보였다. 이를 변한 소국 연맹체 또는 전기 가야연맹(加耶聯盟)이라고 부른다.

　전기 가야연맹은 철 공급권을 이용해 왜의 소국들로부터 병력을 수입하여 신라를 공격했는데, 특히 가야에서 생산되는 철은 품질이 좋았고 제철기술도 발달하여 중국과 왜도 이곳의 철을 수입할 정도였다. 그래서 4세기 중반까지는 신라보다 국력이 강했다. 전기 가야연맹의 맹주 구야국, 즉 금관가야는 지금의 김해평야와 맞닿은 김해만에 항구를 두고 여러 나라와 교역을 한 전형적인 상업국가로 외국의 선진문물을 받아들여 문화를 발전시켰으며, 각종 문물을 왜와 변한에 공급하여 이득을 보면서 영향력을 행사했다. 당시 왜는 육로 통행을 해야 하는 신라보다 해상무역만으로도 충분한 가야와 무역이 성행했다.

　그러나 3세기를 전후하여 금관가야가 무역을 독점함으로써 다른 소국들과 부의 불균형이 생기면서 내부 결속이 깨지기 시작했다. 골포국(창원), 고사포국(고성), 사물국(사천) 등의 전기 가야연맹의 소국들과 침미다례의 불미국 등 남해안의 8개 국가가 전기 가야연맹에서 이탈해 '포상팔국(浦上八國)'을 결성했다. 포상팔국은 아라가야(安羅國: 함안)을 침공하고 심지어 신라와도 항쟁하는 등 한때 극성했지만, 결국 전쟁에서 패하여 쇠퇴하기 시작하고, 신라의 도움으로 전기 가야연맹이 이들을 간신히 평정할 수 있었다. 포상팔국 전쟁에서 신라를 끌어들이고 전기 가야연맹의 맹주였던 금관가야의 지위가 흔들리면서 소국들과의 관계는 소원해졌다. 더구나 백제가 중국 요서와 평양 남쪽으로 진출하면서 금관가야를 중심으로 짜인 해상무역을 위협하고, 신라까지 낙동강 연안으로 진출한 이후부터는 낙동강 수로의 지배권을 놓고 분쟁이 벌어졌다.

4세기 말, 고구려와의 항쟁에서 연패한 백제는 고구려와 제휴한 신라에 앙심을 품었고, 결국 백제의 부추김을 받은 전기 가야동맹과 왜국이 신라를 대대적으로 침공했다. 초기에는 서라벌 남쪽의 남천에서 신라군을 격파한 뒤 서라벌을 함락했지만, 고구려 광개토왕이 원군을 보내자 궤멸당하고 남쪽으로 후퇴했다. 결국 고구려와 신라의 연합군이 금관가야를 패망시킴으로써 신라 23대 법흥왕 19년에 전기 가야연맹은 와해되고 말았다.(532) 이로써 남부 가야는 신라와 백제가 분할 점령했으며, 이후 고령지방의 대가야가 후기 가야연맹의 주도권을 갖게 된다.

후기 가야연맹(대가야)

금관가야가 패망하자 옛 변한지역은 한동안 혼란을 겪었다. 그때까지 변한의 일각을 차지하고 있던 내륙(고령)의 반파국(伴跛國)이 가락국의 망명객을 받아들여 급속히 세력을 팽창하면서 후기 가야의 맹주 대가야를 형성했다.

중앙집권적 국가체제를 정비한 대가야는 신라의 낙동강 수로와 백제의 섬진강 유역까지 장악하고 새로운 무역항을 만들어 활발한 교역을 시작했다. 이와 함께 전남 동부지역을 장악해 전성기를 구가했다. 특히 섬진강 하류 섭라(涉羅) 지방에서 캐낸 옥은 고구려로 수출되었는데, 옥은 북위와의 무역에서 중요한 결제 수단으로 사용되었다. 479년 대가야는 중국의 남제(南齊)에 사신을 보내고 국제사회에 이름을 알렸으며, 481년에는 신라가 고구려와 벌인 전쟁에 백제와 연합하여 신라를 돕기도 했다. 더구나 522년에는 법흥왕과 결혼동맹을 맺기도 했다.

그러나 신라와 백제의 대립 속에서 백제의 성왕을 도와 소위 '관산성 전투(554)'에 참전했으나 대패하고 말았다. 결국 562년 9월 진흥왕이 파견한 이사부 장군에 의해 대가야는 멸망하고 말았으며, 나머지 가야국들도 신라에 병합함으로써 가야연맹은 완전히 해체되었다.

결과적으로 발달된 농업기술과 빼어난 철기문화를 가진 가야의 편입은 신라를 더욱 강성하게 만들었으며, 금관가야의 왕족이었던 김유신, 가야금을 만든 대가야의 우륵 등 많은 인재들이 귀순함으로써 신라 발전의 원동력이 되었다.

3
삼국의 발전과 흥망

1) 백제의 발전과 왜

백제 전성기의 근초고왕과 왜(倭)

1세기에서 3세기에 걸쳐 백제는 한반도 남부의 소국 및 한사군과 대립했고, 4세기부터는 전라도 지역으로 세력을 확장했다. 4세기 중엽에는 인근의 부족국가 일부를 멸망시키고, 고구려와 대립하기도 했다. 346년 비류왕(比流王)의 둘째 아들이 왕위에 오르니 13대 근초고왕(近肖古王; 346-75)이다. 근초고왕은 고구려에 대한 경계를 철저히 하고, 군사 훈련에 열중했다. 강성해진 백제는 남으로는 마한의 일부를 진압하고, 낙동강 유역의

✦4세기 백제 전성기

가야도 침략했으며, 탐라를 복속시켰다.

371년 근초고왕은 태자(14대 근구수왕近仇首王)로 하여금 3만의 대군을 지휘하여 고구려 평양성 공격에 나서도록 했고, 고구려에서는 고국원왕이 직접 출정했다. 패수(浿水: 청천강)를 사이에 두고 백제군과 고구려군의 전투가 시작되었고, 양측에 수많은 사상자가 생겨났다. 그러던 중 고구려 군사를 직접 지휘하던 고국원왕(故國原王)이 치양(雉壤: 황해도 배천白川) 전투에서 백제군의 화살을 맞고 절명했다.

당시 백제는 오늘날의 경기도, 충청도, 전라도와 낙동강 중류 지역, 강원도의 일부를 포함하는 넓은 영토를 확보했으며, 일찍 해외로 눈을 돌려 중국 및 일본과 교역을 시작했다.

❀

"고구려가 요동(遼東, 랴오둥)을 차지하니 백제가 요서(遼西, 랴오시)를 차지하고, 백제가 통치한 곳을 진평(晉平)군 진평현이라고 한다." - 『송서(宋書)』. 『송서』는 488년에 남제(南濟)의 심약(沈約)이 편찬한 역사서로. 동진의 뒤를 이은 남조의 왕조인 유송(劉宋, 420년-479년)의 역사를 담았다.

"백제는 원래 고구려와 더불어 요동 동쪽에 있었다. 고구려가 요동을 차지하니 백제도 요서의 진(晉), 평(平) 두 고을을 차지하고 스스로 백제군을 두었다." - 『양서(梁書)』. 『양서』는 중국 남조 양나라(梁, 502- 557) 시대의 기록을 한 역사서이다.

그러나 삼국사기와 삼국유사에는 백제의 요서 지역 진출에 대한 기록이 없다. 그래서 중국 사람들이 항상 부여와 백제를 혼동해 일컫기 때문이라는 주장이 제기되고 있다.

근초고왕 때부터는 부자상속제(이후 扶餘氏가 세습)가 확립되었으며, 375년 박사 고흥(高興)을 시켜 백제의 역사를 기록한 『서기(書記)』를 편찬하도록 했다.

『일본서기』에 따르면, 침류왕의 아들 17대 아신왕 때 백제에서 아직기(阿直岐)가 왜(倭)로 건너가 말 두 필을 전했고, 죽기 전 405년에는 왕인(王仁)이 『논어』와 『천자문』을 전해주었다고 한다.(그러나 『천자문』은 중국 남조의 양

(梁) 무제(武帝: 502~549) 시기 주흥사(周興嗣)에게 명하여 편찬된 것으로 5세기 초 왕인의 도래 시기와 연대적으로 맞지 않는다.)

✦칠지도는 앞에는 34자, 뒤에는 27자로 총 61자의 한자가 새겨져 있다. 이를 해석하면 다음과 같다. "백번이나 단련한 강철로 칠지도를 만들었다. 이 칼은 온갖 적병을 물리칠 수 있으니 제후국의 왕에게 나누어 줄 만하다. 지금까지 이런 칼은 없었는데 백제 왕세자가 왜왕을 위해 만들었으니 후세에 전하여 보아라."

408년에는 일본 나라현(奈良縣)의 이소노카미신궁(石上神宮)에 소장된 일본 국보 칠지도(七支刀)도 선물한 것으로 알려져 있다.(『일본서기』에는 369년 제작, 372년 왜신 천웅장언(千熊長彦)이 왜(倭)로 가져갔다고 주장한다.)

제15대 침류왕(枕流王)은 근구수왕의 장남이다. 원년(384)에는 인도의 중 마라난타(摩羅難陀)가 중국의 진(晉)을 거쳐 백제로 들어와 불교를 전했다. 침류왕은 마라난타를 궁궐에 머물도록 하여, 정권을 사상적으로 확고히 하기 위해 불교를 공인하고, 여러 사찰을 지었다.

제16대 진사왕(辰斯王)은 근구수왕의 차남으로 침류왕의 태자가 너무 어려 숙부가 왕이 되었다. 나태한 진사왕은 정사는 돌보지 않고 사냥에 빠져 나날을 보냈다. 왕이 장기간 궁을 비우고 행궁에서 지내는 일이 많아지자, 백제의 국력은 눈에 띄게 약해졌고, 고구려의 남진에 따른 군사적 압박으로 시종 고전을 면하지 못하였고 많은 영토를 상실했다. 『삼국사기』에 진사왕은 사냥하다가 죽은 것으로 되어 있다. 하지만 『일본서기』에는 침류왕의 태자이자 17대 아신왕(阿莘王, 392-405)의 세력에 의해 제거된 것으로 나온다. 393년 년 가을, 아신왕은 외삼촌 진무(眞武)를 좌장으로 임명하고 1만 명의 군사를 동원하여 고구려의 남쪽 변경을 치도록 했고, 5곳의 성을 회복하기 위하여 먼저 관미성을 포위했는데, 고구려 군사들의 군은 방어로 함락시키지 못했다. 이후 아신왕은 거의 매년 고구려를 공격하자 이에 분노한 광개토대왕은 396년 직접 수군을 이끌고 백제를 향해 전격적으로 진격, 백제의 수도 위례성을 비롯한 수십 개의 성을 함락시켜버린 뒤 기어이 아신왕에게 항복 선언을 받아냈다. 이때 아신왕이 직접 광개토대왕 앞에 무릎을 꿇고 이제부터 영원히 노객(신하)이 되겠다고 외쳤으며, 왕의 아우와 대신 10명이 고구려에 볼모로 끌려갔고, 덤으로 58성 700촌을 고구려에게 빼앗겼다.

개로왕과 바둑

『삼국사기』 백제 본기에는 개로왕(蓋鹵王; 455-75)에 관한 흥미로운 이야기가 실려 있다. 개로왕은 백제의 제21대 왕으로 근개루왕이라고도 한다. 남쪽으로 영토를 넓히려는 고구려 장수왕은 개로왕의 관심을 다른 곳으로 돌려 나랏일에 소홀해지도록 만들기 위해 승려 도림(道琳)을 첩자로 보냈다. 백제에서 아부를 잘 하는 간신을 만난 도림은 자신을 고구려에서 도망친 승려이자 바둑의 고수라고 소개했다.

개로왕이 바둑을 즐긴다는 사실을 잘 알고 있던 간신은 도림을 왕에게 데려가 소개했다. 바둑을 너무 좋아했던 개로왕은 무척 기뻐하며 도림과 바둑을 두기 시작했다.

첫판과 둘째 판을 이긴 뒤 셋째 판에서 져주자 개로왕은 매일 도림과 바둑을 두었다. 자연히 나랏일은 뒷전이요, 도림이 부탁하는 일이라면 무엇이건 다 들어 주었다.

도림으로부터 전갈을 받은 고구려는 백제를 공격하여 파죽지세로 밀고 나갔다. 고구려가 침략하자 개로왕의 아들 문주는 신라에게 원병을 요청했고, 신라는 군사 1만 명을 보냈다. 그러나 개로왕은 지원군이 도착하기도 전에 고구려에 투항한 신하들에게 의해 살해당했다. 결국 백제는 중심부인 한강 유역 일대를 고구려에 빼앗기고, 쇠퇴 일로를 걷기 시작했다.

✿

개로왕 461년 10월 막내 동생 곤지(昆支)의 백제 내 세력을 억제하고 자신의 자식에게 왕위를 계승시키기 위해 그를 왜국으로 보냈다. 이곳에 정착한 그는 현지의 백제계 이주민들을 보호·결속시키면서 경제적 기반을 구축했다. 곤지는 왜국에 체재하면서 후손을 형성하고, 백제내 세력과도 관계를 맺으면서 국내외적으로 지지기반을 형성한 것으로 보인다. 이러한 기반을 바탕으로 웅진 초기 대내외적 혼란한 속에서도 그의 아들인 동성왕이 즉위할 수 있었다. 왜국 내에서는 아스카베노미야츠코(飛鳥戸造)라는 후예 씨족이 곤지의 명맥을 잇게 된다. 이들은 가와치 아스카군(河内安宿郡)에 기반을 두고 야마토(大和) 왕권과 밀접한 관계를 형성하면서 성장해나간다. 이후 나라·헤이안(奈良·平安)시대에 이르러서는 율령관인들을 다수 배출하는 등 곤지의 후손들은 고대 일본에 백제풍의 문화를 형성시키는데 중요한 역할을 해냈다. 물론 고구려에서도 왜에 화살촉과 방패 등을 전했으며, 일본과 가장 가까운 거리에 있는 신라에서는 저수지를 만드는 기술을 전하여 일본의 농업 발전에 큰 도움을 주었다. 왜로 건너간 이들은 '백제촌', '고구려촌', '신라촌'을 건설하여 집단거주함으로써 각기 특색 있는 문화를 발전시켰다.

개로왕의 뒤를 이어 태자가 왕위에 오르니 제22대 문주왕(文周王; 475-77)이다. 문주왕은 도읍을 웅진(熊津; 공주)으로 옮기고 부왕의 복수 기회를 노리고 있었으나, 477년 좌평인 해구(解仇)에게 살해당하고 말았다.

남부여

문주왕의 뒤를 이은 제23대 삼근왕(三斤王; 477-79)은 불과 13세였기에, 역시 해구가 권력을 장악하고 있었다. 하지만 해구의 횡포를 견디다 못한 대신들이 그를 제거하려 했고, 결국 해구는 대두성에서 반란을 일으켰다. 진로(真老)가 군사 500명을 이끌고 가서 해구를 척살하고 반란군을 토벌했지만, 함께 난을 일으켰던 연신(燕信)은 고구려로 달아났다.

삼근왕이 재위 3년 만에 세상을 떠나고, 479년 그의 사촌이 왕위에 오르니 제24대 동성왕(東城王; 479-501)이다. 무예가 뛰어나고 성격이 호탕한 동성왕은 고구려를 막기 위해 신라와 동맹관계를 튼튼히 하기 위해 혼인 관계를 맺으려 했다. 동성왕이 신라의 소지마립간에게 사신을 보내 뜻을 전하자, 신라에서는 왕족인 이찬 비지(比智)의 딸과 혼인하도록 했다(493; '2차 나제동맹'). 이듬해 고구려가 신라를 공격한다는 말을 듣고 동성왕은 1,000명의 군사를 신라에 보내 도왔고, 고구려가 백제의 치양성을 공격하자, 신라는 덕지(德智) 장군을 보내 백제를 돕도록 했다.

동성왕이 병력 증강을 위해 군사와 말을 징발하고, 훈련을 강화하자 백성들의 삶은 피폐해졌다. 게다가 흉년이 들어 곳곳에서 도적의 무리가 일어났고, 많은 백성들이 신라와 왜로 도망쳤다. 결국 좌평 벼슬에 있던 백가(苩加)가 왕을 살해하고 말았다.

백제의 재도약

즉위 14년 만에 동성왕이 사망하고, 둘째 아들이 왕위에 오르니 제25대 무령왕(武寧王; 501-23)이다. 『삼국사기』의 '백제본기'에는 무령왕은 동성왕의 둘째 아들로 나오지만, 「무령왕릉지석(武寧王陵誌石)」에 인용된 『백제신찬(百濟新撰)』을 종합하면, 개로왕의 동생 곤지의 아들이고, 동성왕은 이복형이다. 개로왕이 임신한 후궁을 동생 곤지에게 주어 왜로 보냈고, 461년 규슈 쓰쿠시(筑紫)의 가카라시마(各羅島 또는 加唐島)에 도달할 즈음 후궁이 산기를 느끼고 무령왕을 출산했다고 한다. 『일본서기』 14권 '웅략기' 5편에 의하면 그가 태어난 이 섬을 백제인들은 니마무세마(主島), 즉 '임금의 섬'이라 불렀다 한다. 또 무령왕릉 지석에 의하면, 그가 섬에서 태어났다 하여 사마(斯麻)라고 지었다고 한다.

40살에 즉위한 해에 반란을 일으킨 백가를 처단한 무령왕은 강국재건을 위해 우선 502년 11월 달솔 우영(優永)에게 5,000명의 군사를 주어 고구려 수곡성(水谷城; 황해도 신계)을 치는 등 영토 확장에 힘썼고, '22담로(지방행정구역)'를 설치해 체제를 정비했다. 521년 남조의 양(梁)과 외교관계를 맺었던 백제는 521년 다시 사신을 보내 나라를 안정시키기 위해 애썼다. 이에 대한 기록이 『양직공도』이다. 그리고 왜에서 태어난 인연으로 그는 일본과 가까이 지냈는데, 516년 『역경』·『시경』·『서경』·『예기』·『춘추』 등 다섯 경서에 능통한 '오경박사' 단양이(段楊爾)와 고안무(高安茂)를 일본으로 보내 유교문화를 전파하기도 했다.

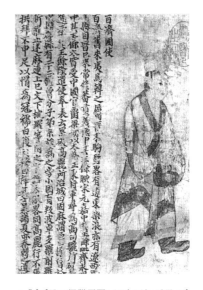

✦ 『양직공도(梁職貢圖)』(526-39)는 중국 〈남경 박물관〉에 소장된 한 장의 직공도 職貢圖 (또는 사신도 使臣圖)를 가리키는 것으로, 백제를 비롯한 12명의 각국 사신들의 모습을 그리고 각 사신의 형상 뒤에 그 나라의 상황과 역대 중국과의 교류에 대한 간단한 설명이 있다. 백제에 관한 설명은 193자에 불과하지만, 백제의 역사, 중국과의 교통, 고구려와의 관계, 정치제도, 주변 지역에 대한 서술, 언어, 풍속 등 다양한 내용을 담고 있다.

하지만 계속되는 고구려와 말갈 등과의 전쟁으로 제대로 뜻을 펴지 못하고 523년에 사망했다. 1971년 음력 7월 충청남도 공주군 공주읍 송산리에서 발견된 왕릉(성왕 3년인 525년에 안장)의 지석에는 능의 축조연대와 함께 무령왕 나이가 기록되어 있다.

무녕왕의 뒤를 이은 제26대 성왕(聖王; 523-54)은 신라와의 동맹 관계를 더욱 튼튼히 했다. 하지만 고구려의 침입에 견디지 못하고, 538년 도읍을 웅진에서 사비성(泗沘城; 부여)으로 옮기고, 국호도 '남부여(南扶餘)'로 바꾸었다. 백제가 새로 천도한 사비성 뒤쪽에는 금강이 흘러 수로를 이용할 수 있었다. 성왕은 이를 이용하여 중국 양(梁)나라와의 교역에 힘썼고, 남조(南朝)의 문화를 받아들여 백제 문화는 한층 더 발전할 수 있었다. 또 552년(성왕 30년)에는 노리사치계(怒利斯致契)를 통해 일본에 금동불상을 전하기도 했는데, 이뿐만 아니라 불상과 기와 제조 기술자 등도 보내 지금까지 일본이 자랑하는 소위 '아스카문화(飛鳥文化)'의 토대를 만들어주었다.

그러나 국력이 크게 강해진 신라의 24대 진흥왕은 553년 국경을 침범하여 백제의 한산주와 삼년산성을 빼앗고, 옥천까지 진격했다. 이로써 '나제동맹'은 완전히 결렬되었다. 동맹을 맺었던 신라의 도발에 성왕은 대노하여 554년 7월에 직접 대군을 이끌고 관산성(管山城; 충북 옥천)으로 가서 싸웠지만 신라 장군 김무력(金武力; 김유신의 할아버지)의 공격을 받아 전사하고 말았다.

일찍부터 국정에 참여했고, 신라가 한강 유역을 정복했을 때는 정벌론을 펼치기도 했던 태자 창은 죄책감에 시달려 승려가 되고자 했다. 하지만 신하들이 강력하게 만류하자 포기하고, 부친 성왕의 상을 치른 뒤 즉위 3년만인 557년 왕위를 정식 승계하여 제27대 위덕왕(威德王; 554-98)이 되었다. 위덕왕은 가야에 밀사를 파견하여 신라에게 빼앗긴 가야 땅을 다시 빼앗을 방법을 모색했고, 결국 561년 7월에 신라를 공격했다. 그러나 신라의 반격에 밀려 1,000명의 사망자를 내고 패주했다.

남부여를 물리친 신라는 승기를 타고 가야를 공격했다. 562년 이사부(異斯夫)가 이끈 신라 정예군은 화랑 사다함(斯多含)을 앞세워 단기간에 가야 전역을 휩쓸어버렸고, 신라는 가야연맹 전체를 정복했다.

신라가 승리를 거두자, 위덕왕은 고구려의 남침 위기를 벗어나기 위해 고구려를 고립시키는 전략을 썼다. 수나라가 진(晉)을 몰락시킬 당시, 수나라의 전함 한 척이 탐라에 표류해 왔는데, 위덕왕은 배를 수리해 주고, 조공을 가득 채워서 돌려보냈다. 수문제 양견(楊堅)은 이 일로 위덕왕을 중히 여기고, 굳이 사신까지 보내 조공을 바치지 않아도 된다는 조서를 내리기도 했다.

598년 수나라와 고구려가 요동을 놓고 전쟁을 벌이자, 위덕왕은 사신을 파견해 수를 돕겠다고 전했다. 그러나 양견은 수나라가 아직 고구려를 재침할 여력이 없다고 판단하고, 위덕왕의 제의를 거절했다. 한편 고구려 침공을 위해 백제가 수나라를 선동하고 있다는 사실을 전해들은 고구려는 즉시 병력을 동원하여 보복을 감행하고 돌아갔다. 곤경에 빠진 위덕왕은 아우에게 선위한 후 74세의 나이로 눈을 감았다.

서동요와 선화공주

백제의 제30대 무왕인 서동은 제27대 위덕왕의 서자, 또는 제29대 법왕(法王)의 아들이라는 설도 있는데, 고려의 승려 일연이 편찬한 『삼국유사』에는 서동(薯童)과 신라 선화공주(善花公主)의 이야기가 실려 있다.

서동은 신라 진평왕의 셋째 딸 선화공주가 대단한 미인이라는 소문을 듣고 서라벌로 들어가 노래를 지어 동네 아이들에게 부르도록 했다.

"선화공주님은 남 몰래 짝을 맞춰 두고, 서동 서방을 밤에 몰래 안고 간다."

이 노래가 널리 퍼져 궁궐에까지 이르게 되었고, 내용이 사실이라고 믿은 모든 관료들의 주장에 따라 공주는 먼 곳으로 귀양을 가게 되었다. 공주가 유배지로 가는데 서동이 나타나 공손히 인사를 했다.

"귀하신 분이 먼 길을 가시는데 제가 보필할까 합니다."

공주는 그가 누군지는 몰랐지만 믿음직한 모습이 마음에 들어 수행을 허락했다. 길을 가는 동안 두 사람은 친숙해졌고, 비로소 서동의 이름을 알게 된 선화공주는 노래의 내용을 진심으로 믿게 되었다. 자신의 뜻대로 선화공주와 혼인한 서동은 제30대 무왕(武王; 600-41)이 되었다. 무왕이 부인과 함께 사자사에 행차하던 중 용화산 아래 큰 연못가에 이르렀다. 그때 미륵삼존이 연못 속에서 나타나자 왕은 수레를 멈추게 하고 경의를 표했다. 그래서 이곳에 미륵사-또는 왕흥사-를 지었는데, 당시 동양 최대의 절이었다.

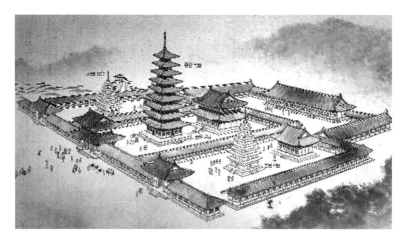

✛당시 백제의 건축·공예 등 각종 문화 수준이 최고도로 발휘된 미륵사는 무왕 40년(639)에 세워져 백제불교에서 미륵신앙의 구심점이었다. 2009년 발굴된 금판 앞뒷면에 194자로 된 사리 봉안 기록판에는 시주자의 신분이 무왕의 왕비로, 좌평(백제의 최고 관직)인 사택적덕(沙宅積德)의 딸이라는 사실이 새겨져 있어 선화공주가 세웠다는 설이 논란이 되고 있다.

무왕은 전사한 성왕의 원수를 갚기 위해 02년 4만여 군사를 이끌고 신라의 아막산성(阿莫山城; 남원)을 공격하여 승리를 거두었다. 그 후 신라의 도읍 인근 옥문곡(玉門谷; 합천)까지 진격했지만, 명장 김유신의 활약으로 공격은 성공하지 못했다. 그리고 고구려의 남진을 견제하기 위해 무왕은 수나라에 조공을 바쳤는데, 수나라가 멸망하고 당나라가 건국(618)한 뒤에도 친선정책을 전개했다.

2) 고구려의 발전과 융성

소금장사 미천왕

293년, 을불(乙弗)은 아버지 돌고(咄固)가 큰아버지 봉상왕에게 반역죄로 처형당하자, 몰래 궁궐을 빠져나왔다. 간신히 몸을 피한 을불은 살아남기 위해 신분을 숨기고 음모(陰牟)라는 자의 집에서 머슴으로 살았는데, 일이 고된 것은 물론 터무니없는 학대를 견디지 못하고 결국 집을 뛰쳐나왔다. 그 후로 을불은 압록강을 오가며 소금장수를 했으나 이 또한 쉽지 않았다. 을불이 가끔 들르는 주막의 노파가 소금을 조금 더 달라고 했지만 거절하자, 노파는 그의 짐 속에 자신의 신발을 감춰 두고 도둑이라며 관아에 발고하여 고초를 치르기도 했다.

300년 국상 창조리(倉助利)가 폭정을 일삼는 봉상왕을 폐위하고, 을불을 찾아 왕으로 옹립하니 고구려 제15대 미천왕(美川王) 또는 호양왕이다. 머슴 일과 소금장수를 하며 민초들의 삶을 직접 겪은 미천왕은 자신의 경험을 바탕으로 백성들을 아끼고 사랑했으며, 재위 중 진(晉)나라가 와해되는 국제정세를 이용해 적극적인 대외팽창정책을 추진했다.

302년에는 현도군을 공격해서 적 8,000명을 사로잡았고, 311년에는 요동 서안평을 점령했으며, 313년과 314년에는 낙랑군과 대방군을 각각 병합했고, 317년 다시 현도성을 공격하는 등서남방으로 영토를 확장했다.

율령반포와 불교공인

미천왕의 아들 16대 고국원왕(故國原王: 331-71)은 고초가 너무 심했
다. 342년 선비족이 세운 전연(前燕)의 모용황(慕容皝)이 침공하자 평양성
동쪽 동황성으로 피신했고(아버지 미천왕 시신을 탈취당함) 고구려 백성 5만여
명을 포로로 잡혀갔다. 371년에는 평양성에서 백제의 근초고왕에게 죽임
을 당했다. 그의 아들이 바로 제17대 소수림왕(小獸林王) 혹은 해미류왕(解
味留王)이다. 즉위 2년(372)에 전진(前秦, 351-394)의 왕 부건이 승려 순도(順道)
를 통해 고구려에 불경과 불상을 전했다. 그해 소수림왕은 불교를 법률
로 정하여 공포하고, 375년 순도(順道)에게는 초문사, 일행인 아도(阿道)에
게는 이불란사 등의 절을 지어 주어 불교가 널리 퍼지도록 했다. 그밖에
도 금강사, 평양구사, 반룡사 등의 절이 지어져 고구려에서는 불교가 중
흥했다.

이처럼 불교를 호국사상으로 삼은 소수림왕은 귀족 자제들의 유학 교
육기관인 〈태학(太學: 우리나라 최초의 국립대학)〉을 설립(372)하여 중앙집권에 적
합한 관리를 양성했으며, 373년에는 국가통치와 사회질서 유지를 위한
율령을 반포하여 효율적인 국가 운영의 기반을 마련했다. 이처럼 튼튼한
바탕이 있었기에 고구려는 광개토대왕 때 전성기를 누릴 수 있었다.

광개토대왕과 장수왕

제18대 고국양왕의 아들로 왕위에 오른 제19대 광개토왕은 광활
한 만주를 차지하여, 고구려를 동북아시아 최고의 국가로 만들었다. 본
래 호칭은 광개토왕이지만, 업적이 위대하고 광활한 영토를 지배했기에
광개토대왕(廣開土大王: 391-412)이라고도 한다. 죽은 뒤 시호(諡號)는 '국강상

광개토경평안호태왕(國岡上廣開土境平安好太王)'이다.

　광개토왕의 어릴 적 이름은 담덕(談德)으로, 지혜가 뛰어나고 활을 쏘아 호랑이를 잡을 만큼 용맹스러웠다. 담덕은 12세 때 태자로 책봉되어 18세인 391년에 왕위에 올랐다. 아버지 고국양왕 때는 중국의 후연(後燕)이 고구려를 넘보자 군사를 일으켜 요동을 점령했지만, 385년 후연의 반격으로 요동에서 후퇴했다.

　어린 시절부터 전란을 겪은 광개토왕은 반드시 선조들의 수치를 씻겠다는 마음을 가졌고, 왕위에 오른 뒤 국가의 주체성을 확보하기 위해 우리나라 최초로 '영락(永樂)'이라는 연호를 사용했기에 백성들은 그를 영락대왕이라고 불렀고, 중국과 일본 등지에서는 호태왕(好太王)이라고 불렀다.

　392년에는 북으로 눈을 돌려 거란을 정벌하여 소수림왕 8년(378)에 포로로 잡혀 갔던 1만여 명의 백성들을 구출해 돌아왔다. 393년 백제가 침공해 왔으나 관미성을 굳게 방어하여 물리쳤으며, 394년에는 수곡성(水谷城; 황해도 신계)에서 백제군을 격퇴했다. 그리고 백제의 침략에 대비하여 남쪽 변경에 7개의 성을 쌓았다. 395년에는 패수에서 백제군 8,000여 명을 생포하거나 죽이는 대승을 거두었다.

　396년 고구려는 대대적으로 백제를 공격하여 한강 이북의 성 58곳, 촌락 700여 곳을 점령하고 하남위례성을 포위했다. 궁지에 몰린 백제의 아신왕이 항복했다. 광개토왕은 아신왕의 동생과 백제의 대신 10명을 인질로 잡고 개선했다. 이후 백제는 왜에 태자 전지를 보내 동맹을 맺고 고구려에 대적할 준비를 한다.

　400년에 백제가 왜와 힘을 합쳐 신라를 공격해 오자, 신라는 평양으로 사신을 보냈다. 이에 광개토왕은 신라에 5만 명의 군사를 파견하여 왜군을 물리쳤다. 왜군은 금관가야 종발성(從拔城; 김해)까지 퇴각했지만, 고구려군은 끝까지 쫓아가 적을 섬멸했다. 이 전쟁으로 금관가야의 세력이 급속도로 약해져 전기 가야 연맹이 붕괴하고, 대가야가 주도하는 후기 가야연맹이 시작되었다.

　광개토왕은 또한 신라를 구원하면서 신라의 왕을 내물마립간에서 실성마립간으로 교체하고, 신라 땅에 군사를 주둔시켜 영향력을 행사했다. 이어 404년에 고구려는 대방 지역으로 쳐들어온 백제와 왜군을 궤멸시켰다.

　광개토왕이 남쪽에 신경을 쓰는 사이, 후연(後燕; 384-407)의 모용희(慕容熙)가 3만 명의 대군을 이끌고 내려와 고구려의 북방 요새인 신성(新城)과 남소성(南蘇城)을 점령했다. 이에 대한 보복으로 광개토왕은 402년에 후연 정벌 길에 올랐다. 고구려 군사는 요하를 건너 후연의 장수 모용귀가 지키는 숙군성(宿軍城)으로 향했다. 마침내 양쪽 군사의 맹렬한 싸움이 시작되었고, 고구려 군사가 성안으로 쳐들어가자 모용귀는 북문으로 달아났다. 숙군성이 함락되었다는 소식을 들은 후연의 다른 성주들도 달아났으므로, 고구려군은 쉽게 현도성과 요동성도 차지할 수 있었다. 407(영락 17년)년에도 5만 대군을 앞세워 후연을 공격해 멸망시켰다. 그러자 북쪽에 있던 동부여는 스스로 항복을 해왔다. 이어 광개토왕은 얼어붙은 목단강을 건너 숙신(肅愼; 여진, 말갈의 전신)까지 정벌하여, 만주의 드넓은 땅을 거의 고구려의 영토로 만들어 동북아의 패자로 등극했다.

✦5세기 고구려 전성기의 영토

　광개토대왕은 39세가 된 412년에 세상을 떠났고, 뒤를 이어 장남 거련

(巨連)이 왕위에 올라 제20대 장수왕이 되었다. 그는 광개토왕의 장자로 394년 출생하여 98세에 이르도록 오래 살았기에 장수왕이라는 시호가 붙었다. 장수왕은 427년 수도를 평양으로 천도하여 남진정책을 추진했고 (이를 저지하기 위해 신라 눌지마립간과 백제의 비유왕은 433년 '羅濟同盟'을 맺었다), 475년에는 마침내 백제 수도 한성을 함락하여 개로왕을 참수시켰다. 또 백성들을 위한 민간 교육기관인 〈경당(局堂)〉을 세웠으며, 외교에도 힘써 중국의 남북조와 교류를 통해 고구려의 전성기를 구가했다. 그리고 뒤를 이은 장수왕의 손자 문자왕(文咨王: 491-519)에 이르러서는 부여를 복속시켜 (494) 고구려 최대 영토를 확보했다.

414년 광개토왕의 아들 장수왕이 세운 광개토왕릉비는 현재 중화인민공화국 길림성 집안시 태왕진(太王鎭)에 있으며, 중국과 일본에서는 호태왕비라 부른다. 응회암으로 만들어진 비의 높이는 6.39m, 면의 너비는 1.38~2.00m이고, 측면은 1.35~1.46m로 4면에 걸쳐 1,775자가 예서로 새겨져 있는데, 150여 자는 판독이 어렵다. 고구려의 역사와 광개토왕의 업적이 주된 내용이며, 고구려사 연구에서 중요한 사료이며, 또한 전한(前漢) 예서체로 새겨져 있어 금석문 연구의 좋은 자료가 된다.

✦동양의 피라미트로 불리는 장수왕의 무덤 장군총. 기단부 4면에 12개(12支 상징)의 돌을 기대어 놓았다(지금은 11개). 그리고 충주(중원) 고구려비(55cm x 2m 3cm). 우리나라 유일의 고구려비로 장수왕의 업적을 기록하고 있는데, 고구려의 남쪽 영역을 알 수 있게 해준다.(1979년 2월 25일 문화재 애호 단체에서 발견)

그런데 1888년 일본의 요코이 다다나오(横井忠直)가 이 비문을 왜곡 해석하여 한때는 '임나일본부설(任那日本府說)'을 내세우기도 했다. 즉 "신묘년(391년)에 왜가 바다를 건너 백제와 신라를 격파하고 신민으로 삼았다"는 해석을 가해 4세기 말에서 6세기 중엽까지 야마토(大和) 정권이 가야(任那)에 일본부를 두고 신라와 백제를 지배했다는 것이다. 하지만 이는 변조된 것으로 학계에서는 인정하지 않고 있다.

바보 온달과 평강공주

고구려 25대 평원왕(平原王; 559-90)의 딸 평강공주(平岡公主)는 어릴 때 걸핏하면 울음을 터뜨렸고, 도무지 멈추지 않았다. 견디다 못한 왕은 공주가 울 때마다 야단을 치며 바보 온달에게 시집보낸다고 으박질렀다. 당시 온달(溫達)은 잘나서가 아니라 못나서 유명한 청년이었다.

세월이 흘러 평강공주는 16세가 되었다. 딸이 혼인할 나이가 되자 평원왕은 혼처를 알아보려 했지만 어릴 적부터 '바보 온달에게 시집보내겠다'는 말을 귀에 못이 박히도록 들어온 공주는 바보로 소문난 온달에게 시집을 가겠다고 했다. 화가 난 평원왕이 호통을 치며 당장 대궐에서 나가라고 했다.

대궐을 나온 평강공주는 곧바로 온달의 집을 찾아가 그간의 사정을 이야기하고, 그날부터 가족과 함께 기거하며 며느리처럼 행동했다. 함께 지내면서 평강공주는 온달에게 글을 가르치는 한편 대궐에서 나올 때 가지고 온 폐물을 팔아 집도 새로 마련하고, 말을 사서 온달에게 주어 기마술을 익히고 무예를 닦도록 했다.

고구려에서는 매년 음력 3월 3일 사냥대회를 열었는데, 그동안 무예와 기마술을 갈고닦은 온달이 참가하여 좋은 성적을 올렸다. 상을 내리던 평원왕은 수여자가 온달임을 알고 기뻐하며, 평강공주를 불러서 정식으로 혼인 잔치를 열어 주었다.

온달은 577년 북주(北周)의 무제(武帝)가 요동으로 쳐들어오자, 병사를 이끌고 나아가 승리를 거둬 대형(大兄)이라는 작위를 받았다. 26대 영양왕(590-618)이 즉위한 해, 온달 장군은 신라에게 빼앗긴 옛 영토를 되찾고자 결의를 다졌다. 그러나 국경의 상징인 계립령과 죽령 서쪽의 땅을 회복하지 않으면 돌아오지 않겠다고 다짐한 온달은 안타깝게도 아단성(阿旦城; 아차산성) 밑에서 신라 진평왕의 군사들이 쏜 화살에 맞아 숨지고 말았다.

서울특별시 광진구 중곡동과 중랑구 면목동에 걸쳐 있는 아차산(峨嵯山)에는 온달장군의 전설과 함께 '온달샘'이라 불리는 약수터 그리고 온달이 가지고 놀았다는 지름 3m의 거대한 공기돌이 있다.

강서대묘

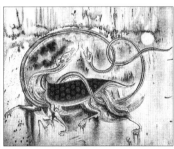

✦ 『조선고적도보』(1915년)에 실린 강서대묘 전경과 현무도

강서3묘(江西三墓)는 북한의 평남 강서군에서 발견한 고분인데, 가장 큰 것을 '강서대묘(江西大墓)'라 부른다. 7세기 초에 조성된 것으로 보이는 이 고분 내부에는 도교의 영향을 받아 죽은 자의 사후 세계를 지켜주리라는 믿음에서 도교의 방위신인 청룡(靑龍; 동벽), 백호(白虎; 서벽), 주작(朱雀; 남벽

양쪽), 현무(玄武; 북벽)의 사신도(四神圖)가 당초(唐草) 무늬와 함께 그려져 있다. 이 4신은 하늘에 있는 별자리 28수(宿) 중 7별 씩 맡아서 방향을 정하는 상상적인 신수(神獸)이지만 나중에는 수호신 역할을 맡았다.

특히 북벽에 그려져 있는 현무는 목과 꼬리가 뱀의 형상을 한 상상의 동물인데, 뱀이 거북 몸통과 다리를 지나 꼬리를 휘감는 유연한 모습을 자랑한다. 거북의 머리가 뱀의 머리와 마주하는 모습은 매우 신비하며, 거북과 뱀의 입에서는 붉은 불꽃이 뿜어져 나와 현무가 지닌 강한 기운을 표현해 북방 고구려인의 유목민적 기질을 잘 드러내 보이기에 웅혼한 기상과 생동감을 느끼게 하는 최고작으로 꼽힌다.

3국의 정립과 발전 시기인 3세기에서 6세기 말까지의 중국 '위진 남북조 시대'

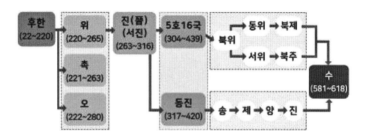

한나라 왕족 광무제가 세운 후한(동한)이 220년에 망하고 위·촉·오, 소위 '삼국시대'가 열리나 사마염의 진(晉)이 중국을 통일시킨다. 하지만 오래지 않아 북방의 5호(5胡; 5개의 오랑캐, 즉 흉노, 갈, 저, 강, 선비)가 화북(華北; 황하 북쪽)지역을 장악하고 16개의 나라를 세웠기에 이를 '5호 16국 시대'라고 부른다. 진의 황족 잔당들은 강남지역으로 쫓겨 다시 진나라를 세우니, 이전의 진을 '서진(西晉)'이라 칭하고, 다시 세운 진을 '동진(東晉)'이라 부른다. 581년 이를 통일시킨 나라가 바로 수나라(선비족 양견楊堅, 즉 수문제가 초대 황제)이다.

3) 신라의 전성기

19대 눌지마립간(417-58)은 고구려의 내정간섭에서 벗어나고자 백제 20대 비유왕(427-54)과 '나제동맹'을 맺었다.(433) 그리고 고구려에서 온 승려 묵호자(墨胡子)가 신라에 불교를 전해주었는데, 쉽게 소용되지 못하고 민간 사이에 비밀리에 포교되었다.

20대 자비마립간(慈悲麻立干) 때 일화로는 옷을 100군데나 기워 입었다는 백결(百結) 선생 이야기가 유명하다. 『삼국사기』에는 가문의 이력을 알 수가 없다고 했으나, 박제상이 엮은 『징심록(澄心錄)』의 일부로 알려져 있는 「부도지(符都誌)」 및 「영해 박씨 족보」 등에 따르면, 백결은 눌지마립간 당시의 문신 박제상의 아들로 본명은 박문량(朴文良)이며, 실성마립간 13년(414)에 태어났다고 나와 있다.

당시 섣달그믐에는 조상에게 제사를 지내고, 새해를 맞이하기 위해 떡을 만들어 먹는 풍습이 있었다. 하지만 가세가 빈한하여 떡을 만들 쌀이 없자 백결의 아내는 한숨을 내쉬었다. 이때 갑자기 방안에서 방아찧는 소리가 들려 놀라서 방문을 열어 보니 백결이 거문고를 타고 있었다. 떡방아 소리는 바로 거문고에서 흘러 나왔던 것이다. 백결 선생이 소리로나마 아내를 위로하기 위해 만든 대악(碓樂), 즉 '방아타령'은 이렇게 만들어졌다고 한다.

자비마립간의 뒤를 이은 제21대 소지마립간(炤知麻立干) 때는 고구려와 자주 충돌이 있어서 무엇보다도 국방에 신경을 썼다. 493년에는 고구려에 대항하기 위해 백제 동성왕과 결혼동맹을 맺기도 했다. 경제에도 상당히 신경을 썼는데, 그 자취가 바로 오늘날 시장인 시사(市肆)를 개설한 것이다.

국호를 정한 지증왕

소지마립간은 아들이 없었으므로, 17대 내물왕의 증손이자 소지 마립간의 6촌동생인 지대로(智大路)가 500년에 왕위에 올라 제22대 지증 마립간(智證麻立干)이 되었다. 지증마립간은 제도와 체제 개편을 추진했다. 부족한 노동력을 확보하기 위해 순장(殉葬; 한 집단의 지배층 계급에 속하는 인물이 사망했을 때 그 사람의 뒤를 따라 강제적으로 혹은 자발적으로 죽은 사람을 함께 안치하는 매장 법)을 금지하고, 농사를 권장했으며 처음으로 소를 부려 논밭을 갈았다.

503년에는 왕호를 마립간에서 왕(王)으로 바꾸고, 신로(新盧), 사라(斯 羅), 서나(徐那), 서야(徐耶), 서라(徐羅), 서벌(徐伐) 등 여러 가지였던 국호를 '신라'로 통일했다. 『삼국사기』에 의하면, 신(新)은 '날마다 덕을 새로이 한 다(德業日新)'는 뜻이며, 라(羅)는 '사방으로 뻗어 나간다(網羅四方)'는 뜻이라 고 한다.

509년에는 시사(市肆)를 관리 감독하는 관청인 동시전(東市典)을 설치하 여 무역과 상인들의 거래를 단속·통제했다. 또한 파리, 미실, 진덕, 골화 등 12성을 쌓는 등 고대 국가로서의 기반을 다졌다. 이 시기에 처음으로 지방에 군주를 두었는데, 512년 실직주(悉直州; 삼척)의 군주 이사부(異斯夫) 로 하여금 우산국(于山國; 울릉도)을 복속시켜 해마다 토산물을 공물로 바 치게 했다.

『삼국사기』와 『삼국유사』에 따르면, 지증왕은 기골이 장대하고 체구가 컸는데, 특히 성기가 어른 팔뚝만 해서 궁녀나 왕족, 귀족의 딸 중 궁합 이 맞는 여인을 찾지 못했다고 한다. 신하들이 왕비가 될 여성을 물색하 러 다니던 중 경주 남산의 연못에 큰 똥덩이가 떠 있는 것을 보고, 그 주 인이 여성이라면 왕을 감당할 것이라 여겼다. 신하들은 수소문한 끝에 이찬 박등흔의 딸이라는 사실을 알아낸 후 왕비로 들였고 연제부인(延帝 夫人 朴氏)이 되었다고 한다.

❀ 화백 제도(和白制度)

진골 이상의 귀족들이 모여 나라의 중대사를 의논하고 만장일치를 통해 결정을 내리던 제도. 왕권과 귀족 세력 사이의 권력을 조절하는 기능을 수행했다. 우리 역사책이 아니라 중국의 『신당서(新唐書)』 '동이전', '신라조'에 기록이 남아 있는데, "국가가 일이 있으면 반드시 여러 사람과 의논해 결성한다. 이를 화백이라 했으니 한 사람이라도 이의가 있으면 그만두었다(事必與衆議, 號「和白」, 一人異則罷)"라고 했다.

화백회의 초기에는 국왕이 직접 주재를 했던 것으로 추정된다. 이는 지증왕 대의 포항 냉수리 신라비와 법흥왕대의 울진 봉평리 신라비에서 확인되고 있다. 하지만 531년에 진골 귀족의 우두머리격 '상대등'이 처음 임명된 후부터 왕은 화백회의에서 벗어났고, 대신 상대등이 회의를 주재했던 것으로 보인다.

이차돈의 순교

지증왕에 이어 왕위에 오른 제23대 법흥왕(法興王; 514-40)은 불교를 공인하려 했으나 대신들의 반대로 뜻을 이루지 못하고 있었다. 귀족인 그들은 평등을 기본이념으로 하는 불교를 쉽게 받아들일 수 없었던 것이다. 이때 사인(舍人; 비서) 이차돈(異次頓)이 나서서 불교를 받아들이는 것을 찬성했다. 왕은 대신들이 모두 반대하는데 이차돈 혼자서 찬성하는 것은 부당하다며 그를 처형할 것을 명했다.

✦이차돈 순교비에 새겨진 순교 모습(왼쪽)과 그것의 모사도(오른쪽) 이차돈의 목에서 흰 피가 솟아오르면서, 주위에 꽃비가 떨어지고 있다.

그의 목이 베여지는 순간, 붉은색이 아닌 흰색의 피가 한 길 넘게 높이 솟구쳤고, 태양이 빛을 감추고 하늘이 어두워지면서 땅이 세차게 흔들렸다. 신하들은 모두가 깜짝 놀라 감히 반대하지 못했고, 법흥왕은 비로소 뜻을 펼 수 있었다. 이차돈의 아내는 남편의 시신을 북망산 서쪽 고개에 묻고 명복을 빌기 위해 자추사(刺楸寺)라는 절을 지었는데, 나중에는 백률사(柏栗寺)라 불렸다. 우리나라 역사상 최초의 순교자로 꼽히는 이차돈은 거차돈(居次頓)이라고도 부른다.

결국 528년 법흥왕은 불교를 국교로 정해서 백성들이 믿도록 하고, 불교식 왕명을 사용했다. 더구나 신라 최초로 '건원(建元)'이라는 연호를 사용하고 율령을 공포하여 모든 벼슬아치의 공복을 정하는 등 고대 국가 체제를 완성시켰다.

진흥왕과 순수비

지증왕의 손자인 제24대 진흥왕(眞興王; 540-76) 때는 이사부와 거칠부(居柒夫) 등의 명신이 신라를 더욱 발전시켰다. 지증왕 때 우산국을 정벌했던 이사부는 진흥왕이 즉위한 이듬해(541)에 병부령이 되어 신라의 국정을 총괄했고, 545년에는 왕에게 국사 편찬을 건의했으며, 550년에는 백제와 고구려 국경에 있는 도살성과 금현성을 빼앗고, 성을 증축하여 고구려의 탈환을 막았다.

+6세기 진흥왕 순수비 위치로 본 신라의 영토

또한 '단양 신라적성비(551)'에 따르면, 이사부는 파진찬 두미, 아찬 비차부, 이찬 김무력과 함께 한강 상류 일대를 신라 영토에 편입시켰다고 한다. 진흥왕 23년(562) 9월, 이사부는 반란을 일으킨 대가야를 치기 위해 출정했고, 휘하에 있던 화랑 사다함(斯多含)의 활약에 힘입어 대가야를 신라에 복속시켰다.

이 무렵, 고구려는 왕위 다툼으로 인해 국력이 쇠퇴하고 있었다. 신라는 이를 기회로 여기고 북쪽으로 쳐들어가서 한강 연안 점령에 성공했다. 수로를 장악한 신라는 중국과 교역을 활발히 할 수 있었으며, 중국의 문물이 들어오자 문화가 더욱 발달했다.

영토를 넓힌 진흥왕은 북한산(555; 국보3호)을 돌아보고 진흥왕순수비(眞興王巡狩碑)를 세웠고, 나아가 서남쪽으로 가야국을 합쳤으며, 지금의 창녕 부근(561; 국보 111호)과 함경남도의 황초령(568; 북한 국보 110호) 및 함경남도 이원군에 있는 마운령(568; 북한 국보111호)에도 순수비를 세웠다. 이로써 6촌 중심의 작은 부락에서 출발한 신라는 거대 국가의 틀을 갖추게 되었다.

진흥왕순수비는 신라 진흥왕이 재위 기간 중 영토를 확장하면서 정복지에 신라의 영토임을 알리기 위해 세운 비석이다. 이들 중 북한산비는 조선 후기의 금석학자인 김정희에 의해 고증되었으며, 황초령비와 마운령비는 일제강점기에 최남선이 조사했다.

✿ 갈문왕(葛文王)

박(朴)·석(昔)·김(金)과 같은 신라 최고 성씨집단의 씨족장, 왕의 아버지, 왕의 동생, 왕비의 아버지, 왕의 외할아버지, 여왕의 남편 등 왕과 일정한 혈연관계를 가진 인물들에게 준 칭호이다. 이사금 시대에는 '갈문'이라고 부르다가 중국식의 "왕"이라는 호칭이 사용된 후에는 '갈문왕'이라 부른 것으로 보인다.

신라에서 갈문왕이 가지는 존재 의의는 왕과 일정한 관계를 가진 지배세력 내의 중요인물들이 갈문왕이라는 이름으로 정치적·사회적 위치를 재확인함으로써 왕권의 지지기반을 확대하고 왕을 중심으로 한 신라 지배세력간의 안정을 도모하는 데 있었다.

신라의 힘 화랑도

신라는 오랫동안 씨족제도가 지속되었으므로 협동심이 강했고, 일족의 명예를 중히 여겨 희생을 아끼지 않는 기풍이 있었으며, 강한 육체와 올바른 정신을 숭상하는 풍조가 있었다.

삼국 간의 대립이 격해지자 신라는 진흥왕 37년(576)에 청소년 수련단체를 만들었다. 인재를 선발하기 위해 남모(南毛)와 준정(俊貞)이라는 두 여성을 원화(源花, 原花)로 삼아 300여 명의 젊은이들을 이끌도록 하고, 행실을 보아 등용하려 했다. 자기를 따르는 남자들 사이에서 마치 여왕처럼 행동했던 두 여자는 서로를 시기했고, 결국 준정은 남모를 강물에 빠뜨려 죽여 버렸다. 준정은 경쟁자가 없어지면 젊은이들의 사랑을 독차지할 것으로 여겼지만, 준정이 남모를 죽였다는 소문이 떠돈 지 얼마 후 남모의 시신이 강물 위에 떠올랐다. 크게 노한 진흥왕은 준정을 사형에 처했고, '원화 제도'를 폐지했다. 그리고 여자 대신 젊은 사내를 곱게 꾸며 '화랑'이라 칭하고 젊은이들을 이끌도록 했으니, 이것이 '화랑도(花郞道)'의 시초이다.

화랑은 가문이 좋고 학식을 갖췄으며 용모 단정하고 덕이 있는 15~18세의 소년들로 조직되었다. 이들은 정신수양을 하며 덕을 닦고 명산대천을 순례하며 신체를 단련했다. 화랑도는 풍류도, 국선도라고도 불렸으며, 조직의 지도자는 화주, 국선이라고 했다. 그들은 겸손하고 검소하며 방자하지 않는다는 '삼이(三異)'를 생활신조로 삼고 원광법사가 화랑의 지침으로 만든 '세속오계(世俗五戒)'를 준수했다.

_ 세속오계

사군이충(事君以忠) 임금은 충성으로 섬긴다.

사친이효(事親以孝) 부모에게는 효도한다.

교우이신(交友以信) 벗은 믿음으로 사귄다.

임전무퇴(臨戰無退) 싸움에 나가서 물러나지 않는다.

살생유택(殺生有擇) 생명을 가진 것은 가려서 죽어야 한다.

진평왕과 귀신 비형랑

　　제26대 진평왕(진평왕; 579-632)은 즉위 초부터 형제들을 비롯한 측근들을 요직에 앉혀 제도 개혁에 힘썼다. 581년에는 위화부(位和府)를 설치하여 관리들의 인사를 총괄하도록 하고, 583년에는 선박을 관리하는 선부(船府)를 설치했으며, 이듬해에는 연호를 '건복(建福)'으로 고치고 공물과 부역을 담당하는 조부(調部)와 수레와 가마를 관장하는 승부(乘府)를 설치했다. 또한 승려들을 중국으로 보내 불교를 배우도록 했고 국방을 튼튼히 했다. 하지만 고구려의 침범이 잦아지자 608년에는 원광법사를 시켜 수나라에 고구려 원정을 청하는 '걸사표(乞師表)'를 작성하기도 했다.

　　『삼국유사』에 따르면, 진평왕 즉위 원년인 579년, 선녀가 궁전 뜰에 내려와 왕에게 상제의 하사품이라며 천사옥대(天賜玉帶)를 주었다고 한다. 옥대의 길이는 10위(圍)이며 마디가 62개였다고 하는데, 왕은 천지신령 혹은 종묘에 제사를 지낼 때 늘 착용했다고 한다. 옥대는 '성제대(聖帝帶)'라 불리며, 황룡사 9층목탑, 황룡사 장륙삼존불상과 함께 신라 3보로 여겨졌다. 『삼국유사』 및 『고려사』에 따르면 신라가 멸망한 후인 937년 5월 경순왕이 고려 태조에게 이 옥대를 바쳤다고 한다.

　　『삼국유사』에는 미실(美室) 일당에게 폐위된 25대 진지왕(眞智王; 576-79)이 사량부(沙梁部)에 사는 도화부인(桃花夫人)과 사통하여 비형랑(鼻荊郞)을 낳았다고 기록되어 있다. 진평왕은 비형랑을 불러 궁중에서 살게 하고 관

직을 주었지만, 비형랑은 밤마다 궁궐을 빠져나가 귀신들을 데리고 황천
(荒川) 위에서 놀았다. 비형랑은 왕명에 따라 귀신들을 부려 하룻밤 만에
강에 다리를 놓기도 하고, 길달이(吉達)라는 귀신을 관직에 추천하기도 했
다. 그러나 길달이 자신의 일을 저버리고 여우로 변해 도망치자, 비형랑은
귀신을 시켜 길달을 잡아 죽였다. 이후로 귀신들은 비형랑을 두려워하여
그를 보면 달아났다고 한다.

김유신과 기생 천관

김유신(金庾信, 595-673)은 신라에
귀순한 금관가야 구형왕의 증손자로
화랑의 우두머리가 되었으며, 벼슬은
태대각간에 올랐고, 백제와 고구려를
정복하고 나아가 당나라군을 격퇴하
여 신라가 삼국통일을 이루는 데 중
추적인 역할을 한 장군이자 정치가이
다. 그는 죽은 지 160년 후인 흥덕왕
때(835년) '흥무대왕(興武大王)'에 추봉되
었다.

興武王影幀

✦흥무대왕 영정. 『조선명현초상화집』
(1926, 작자 미상)

『삼국사기』 '열전(10권 중 3권이 '김유신 편'이다)'에 따르면, 김유신은 금관국을
세운 수로왕의 13대손이라고 한다. 금관국의 마지막 임금인 구형왕은 법
흥왕 19년(532)에 3명의 아들을 거느리고 신라로 귀순해 진골 귀족으로
편입되었다. 구형왕의 막내아들 김무력은 무장으로 활동하며 백제와의
전쟁에서 성왕을 죽이는 공을 세웠고, 김무력의 장남이었던 아버지 김서

현은 대량주도독을 지냈다.

　김유신의 어머니 만명(萬明)은 진흥왕의 아우인 숙흘종(肅訖宗)의 딸이다. '열전'에는 서현(舒玄)이 길에서 만명을 보고 눈짓으로 꾀어내 마침내 야합을 했는데, 서현이 만노군(萬弩郡: 충북 진천군) 태수로 전출되면서 데려가려 했다고 나와 있다. 이에 숙흘종은 크게 노하여 딸을 별채에 가두었으나 그날 밤에 엄청난 벼락이 쳐서 별채를 지키던 사람들이 놀라 정신없는 틈을 타 만명은 서현과 함께 도망쳤다.

　김유신은 진평왕 12년(595)에 아버지의 부임지인 만노군에서 태어났다. 『삼국사기』를 보면 서현은 형혹성(熒惑星: 남방을 상징하는 별로, 임금이 합당한 정치를 거스르면 나타나 경고하는 별)과 진성(鎭星: 토성. 방위로는 중앙, 믿음을 상징한다) 두 별이 자신에게 내려오는 꿈을 꾸었고, 만명은 황금갑옷을 입은 아이가 구름을 타고 집안으로 들어오는 꿈을 꾸고 유신을 잉태했다고 한다. 유신은 어머니가 잉태하고 20개월이 지나서야 태어났는데, 등에는 7개의 검은 점이 북두칠성의 모양으로 박혀 있었다.

　경진일 밤에 꾼 태몽으로 얻어 이름을 경진으로 지으려 했으나, "날이나 달의 이름을 따서 이름을 지어서는 안된다"는 5경의 하나인 『예기(禮記)』의 말씀에 따라 경(庚)과 자획이 비슷한 유(庾), 진(辰)과 발음이 비슷한 신(信)을 써서 유신(庾信)이라 지었다고 한다.

　청년 시절 김유신은 친구들과 북문 밖에 있는 술집에 들렀던 적이 있다. 그곳에는 천관(天官)이라는 기생이 있었는데, 미모에 시와 거문고에 능했으며 식견도 뛰어났다. 이때부터 김유신은 천관의 술집에 들러 함께 시간을 보내는 경우가 많았다. 이 같은 사실을 안 어머니는 김유신을 불러 책망하자 다시는 천관의 술집에 가지 않겠다고 맹세한 후 물러났다.

　어느 날, 김유신은 잔칫집에 초대를 받아 밤늦도록 술을 마시고 취해 말을 타고 집으로 돌아가던 중 깜빡 잠이 들었다. 그런데 귀소본능이 강한 말이 늘 하던 대로 천관의 술집 앞에서 멈춰 서는 바람에 김유신은 퍼뜩 눈을 떴다. 깜짝 놀란 김유신은 자신이 타고 온 말의 목을 단칼에 벤 후 뒤도 돌아보지 않고 집으로 향했다. 바로 여기서 참마대성(斬馬大成), 즉 "크게 이루기 위해 말을 베었다"는 말이 생겼다. 이 광경을 지켜본 기생 천관은 머리를 깎고 비구니가 되었다가 쓸쓸히 생을 마감했고, 김유신은 '천관사'를 지어 그녀의 넋을 위로했다고 한다.

최초의 여왕 선덕여왕

632년 진평왕(眞平王)이 세상을 떠나자 덕만공주가 뒤를 이어 제27대 선덕여왕(632-47)이 되었다. 우리나라 최초의 여왕이 탄생한 것이다. 선덕여왕의 아버지 진평왕은 성골로서는 마지막 왕이다. 『삼국사기』에는 당시 김씨 성골의 남자가 남아 있지 않아 진평왕이 진골에게 왕위를 안 넘기려 덕만공주에게 자리를 물려주었다고 나온다. 진평왕에게는 덕만(德曼, 德萬), 천명(天明), 선화(善花) 세 딸이 있었다. 둘째인 천명공주는 훗날 진골 최초의 국왕인 태종무열왕 김춘추의 어머니이고, 셋째인 선화공주는 백제 무왕과의 로맨스를 통해 '서동요'를 빚어낸 인물이다.

❀

선덕여왕의 지기삼사(知機三事): 선덕여왕의 지혜로움을 말해주는 3가지 설화. 이는 여자가 왕위에 오르자 그녀의 능력이 대단하기 때문에 남자와 다를 바 없음을 보여주기 위한 것으로 보인다. 첫째는 당태종이 꽃그림과 꽃씨를 보내왔을 때, 꽃그림에 벌과 나비가 안 그려져 씨를 심어 꽃이 피어도 향기가 없음을 예언한 일. 둘째는 영묘사의 옥문지에 두꺼비들이 모여 운다는 말을 듣고 여근곡(女根谷)에 매복해 있던 백제군을 섬멸한 일. 셋째는 자신의 사망일을 예고하며 10년 뒤 만들어질 도리천에 장사지내라고 한 일이다.

642년 8월, 백제의 장군 윤충(允忠)이 신라의 대야성(大耶城: 합천)을 함락시켰다. 대야성의 성주였던 김품석(金品釋)은 김춘추의 사위였는데, 앞서

그에게 아내를 빼앗긴 원한으로 백
제군과 내통한 부하 검일(黔日)의 배
반으로 궁지에 몰렸다. 윤충은 김품
석과 그 처자들의 머리를 베어 사비
성(泗沘城)으로 보내고 사로잡은 주
민 1,000명은 백제의 서쪽 주현으로
옮겨 거주시켰다.

당시 김춘추는 이찬의 관등에 있
었고 대야성에서 딸과 사위가 죽었
다는 소식을 듣고 충격을 받았다.
백제를 치겠다는 일념으로 그는 스
스로 사신이 되어 고구려 보장왕과
실권자 연개소문을 만나 원병을 청
했다. 하지만 과거 진흥왕 때 신라
가 빼앗은 죽령 이북 땅을 돌려주
라는 조건을 달자, 김춘추가 자신의

+ 2018년 '정부표준영정(98호)'으로 지정된
선덕여왕의 새 영정(손연칠 작)

권한 밖의 일이라고 거부했다. 그러자 보장왕은 김춘추를 억류했는데, 위
험에 처한 김춘추는 보장왕에게 선덕여왕께 청해 고구려의 요구를 들어
주겠다는 거짓 약속을 했다.

마침 김유신이 군사를 이끌고 김춘추를 구하기 위해 국경을 넘으려
한다는 정보가 연개소문에 들어왔고, 당의 위협 속에서 신라와의 전쟁
을 치를 여유가 없었던 연개소문은 어쩔 수 없이 김춘추를 신라로 돌려
보냈다. 신라로 돌아온 김춘추는 고구려의 도움을 더이상 기대할 수 없
다고 확신하고 당과의 연합을 모색했다. 당시 당 태종은 안시성 전투에
서 고구려에게 패하고 울분을 삭이고 있는 중이라 김춘추의 제안을 받
아들었다.

선덕여왕은 황룡사 9층목탑을 건립하고 영묘사와 분황사 등의 큰 절을 지어 불교를 권장했으며, 자장율사를 당에 보내는 등 숭불정책을 폈다. 그리고 백성들의 농사일에 도움이 되도록 첨성대(瞻星臺)를 지었는데, 이는 동양에서 가장 오래된 천문대이다. 화강석으로 둥글게 쌓아올린 높이 9.17m의 탑 형태로 축조된 첨성대는 창문을 제외하면 어느 방향에서나 같은 모양이며, 계절과 태양의 위치에 관계없이 시간을 헤아릴 수 있으므로 4계절과 24절기를 확실히 알 수 있다. 절기의 정확한 측정으로 역법을 바로 잡기 위해 설립된 첨성대는 천원지방설(天圓地方說; 하늘은 둥글고 땅은 모나다는 뜻)에 따라 축조된 것으로 보이며, 27단으로 이루어진 것은 선덕여왕이 제27대 왕임을 상징한다는 해석도 있다.

여왕은 김춘추와 김유신을 중용했는데, 김유신에게 군사 지휘를 맡기고, 외교술이 뛰어난 김춘추로 하여금 다른 나라와 교류하도록 함으로써 삼국통일의 기반을 착실히 다져 갔다. 하지만 집권 말기에 최고 관직 상대등(上大等)인 비담(毗曇)이 '여주불능선리(女主不能善理; 여자 임금은 나라를 잘 다스릴 수 없다)'는 명분을 내세워 647년 진골 귀족 염종(廉宗)과 함께 난을 일으켰다. 이 난은 김유신에 의해 곧바로 제압되었고, 그의 일가는 모두 숙청당했다. 이 사건으로 충격을 받은 여왕은 그해에 세상을 떠나고 말았다.

김춘추의 친당외교

647년 선덕여왕의 사망으로 진덕여왕(眞德女王; 647-54)이 옹립되었고, 김춘추와 김유신은 여왕을 보위하여 정권을 완벽하게 장악했다. 이 듬해인 648년 12월, 김춘추는 셋째 아들 문왕(文王)을 데리고 직접 당나라로 건너가 태종의 환대를 받았다. 김춘추는 당의 〈국학〉을 방문하여 석전과 강론을 참관했으며, 신라의 장복(章服)을 고쳐서 중국의 제도에 따를 것을 청했다.

당 태종으로부터 특진의 벼슬을 받고 당에 체류하던 김춘추는 백제공략에 원병을 요청하자 태종은 흔쾌히 약속했다. 더구나 귀국하는 김춘추에게 송별연을 베풀어 3품 이상의 관인들을 불러 함께 하도록 했고, 친히 장안성 동문 밖까지 전송해 주었다.

김춘추는 당으로부터 좌무위장군(左武衛將軍)의 벼슬을 받은 문왕(文王)을 숙위(宿衛; 당의 궁궐에서 황제를 호위하는 주변 여러 나라의 왕자들)로서 당에 남겨두고 신라로 귀국했다. 그런데 이때 서해상에서 고구려 순라병에게 포착되어 나포될 위기에 처했으나, 함께 왔던 온군해(溫君解)가 귀인의 관을 쓰고 배에 남아 고구려군의 주의를 끄는 동안 작은 배를 타고 간신히 귀국할 수 있었다.

김춘추가 귀국한 태화 3년(649)부터 신라는 관복을 당풍으로 바꾸었고, 이듬해에는 진덕여왕이 당의 왕업을 찬미하는 '오언태평송(五言太平頌)'을 지어 비단에 수를 놓아 보냈다. 또 신라의 고유 연호를 폐지하고, 당의 연호 '영휘(永徽)'를 사용하는 등 친당정책을 더욱 가속화했다.

654년 마침내 진덕여왕이 후사 없이 서거하자 신하들은 상대등 알천에게 섭정을 청했다. 알천은 김유신과 논의하여 김춘추를 왕위에 오르도록 했다. 진골 출신 최초로 김춘추가 29대 태종 무열왕(654-61)에 책봉된 것이다.

4) 고구려의 수·당 항쟁

고구려의 대수 항쟁

고구려 제25대 평원왕(平原王) 31년(581)에 수(隋)나라가 '남북조'로 분열되었던 중국을 통일했다. 그리하여 중원 중심의 질서를 주변국에 강요하는 수와 기존 질서를 유지하려는 고구려의 대립은 불가피했다. 평원왕의 뒤를 이은 제26대 영양왕(嬰陽王)은 수에 위협을 느끼고 598년 말갈군 1만여 명을 동원하여 요하(遼河; 랴오허)를 건너 요서(遼西, 랴오시)를 선제 공격했다. 이에 치욕을 느낀 수문제(楊堅)도 수륙양면으로 고구려를 공격했으나 대패하고 말았다.(1차 전쟁). 이때부터 고구려와 수나라의 본격적인 전쟁이 시작되었다.

604년 수문제가 사망하자 뒤를 이은 수양제는 이후 612년 1월, 대군을 이끌고 고구려 침공에 나섰다(2차 전쟁). 고구려의 영역은 과거 중국의 땅이었으므로 다시 회복해야 한다는 것이고, 조서를 보냈으나 면대하여 받지 않았으며, 수 조정에 알현하는 것도 달가워하지 않았다는 것이다. 또한 거란과 말갈을 이용하여 요서를 침범하고 백제와 신라가 수에 조공하는 길을 막았다고 분개했다. 실제로 고구려는 600년 이후 수에 사신을 파견하지 않았었다. 마침내 좌장군 우문술, 우장군 우중문, 그리고 양제 자신이 이끄는 26만 명등 보급을 위한 병참부대까지 합치면 3백만 명이 넘고, 행렬만 해도 1천여 리가 넘는 대군으로 고구려를 공격해왔다.

수양제(楊廣)는 고구려의 수도 평양성을 치기 전에 국내성을 함락시킬 계획이었다. 3월에 국경지대인 요하에 도착한 수나라 군대가 총공세를 펼치자 고구려군은 요동성으로 대피했다. 수나라가 천혜의 요새인 요동성

✦수문제와 수양제

을 겹겹이 포위하고 공격해 왔지만 쉽게 함락할 수 없었다. 더구나 양제
의 명을 받기 위해서는 복잡하고 긴 단계를 거쳐야 했기에, 그동안 고구
려군은 충분히 방어할 태세를 갖출 수 있었다.

한편 내호아(來護兒)는 수군 10만 명을 평양성 인근에 상륙시켰다. 본래
의 계획은 육군과 수군이 평양성 협공하는 것이었지만, 내호아는 개인의
공적에 집착하여 단독으로 평양성을 공격을 시도했다. 하지만 고구려 영
양왕의 동생 건무에 의해 수군의 절반 이상이 궤멸되자 퇴각할 수밖에
없었다. 수나라 육군도 고전하기는 마찬가지였다. 요동성을 포위한지 6개
월이 지났지만 애꿎은 희생자만 늘어날 뿐 고구려는 끄덕없었다. 게다가
수군이 패했다는 암울한 소식이 들려왔다.

그러자 수양제는 우중문(于仲文)과 우문술(宇文述)에게 30만의 별동군을
편성하여 평양성을 공격하도록 했다. 하지만 요동성 전선에서 오랫동안
발목이 잡히자, 6월에 우문술, 우중문, 설세웅, 위문승 등에게 30만의 병
력을 9개의 별동대로 나누어 진군하도록 했다. 그런데 별동대는 따로 보
급대가 있지 않아서 개인이 자신의 무기는 물론 100일치의 식량과 물 그

리고 온갖 장비를 휴대하고 행군해야 했다. 결국 엄청난 무게를 이기지 못한 병사들이 식량을 몰래 파묻거나 버리는 바람에 압록강에 이르자 식량이 모자라 배를 주려야만 했다.

적의 상황을 꿰뚫어본 을지문덕(乙支文德)이 거짓으로 항복하는 체하며 수나라 군영으로 갔다. 직접 두 눈으로 적정을 살펴보기 위한 전략이었다. 과연 그의 생각대로 수나라 군사들의 얼굴은 초췌했고, 사기는 말이 아니었다.

✚을지문덕 표준영정

우문술과 우중문은 황제로부터 만약 을지문덕이 군영으로 오면 사로잡으라는 밀명을 받았기에, 그를 억류하려 했지만 위무사(慰撫使: 상처 입은 백성을 위로하고 어수선한 민심을 수습하는 관리)인 유사룡(劉士龍)이 말렸다. 결국 우중문은 유사룡의 말대로 을지문덕을 돌아가도록 했다. 하지만 금방 후회하고 사람을 보내 을지문덕을 다시 오도록 했으나 위험을 느낀 을지문덕은 뒤도 돌아보지 않고 압록강를 건너버렸다.

우문술은 여러 장수와 함께 을지문덕을 쫓았다. 을지문덕은 잠시 맞서는 척하다가 도망치기를 7번이나 거듭했다. 수나라 군사의 굶주린 얼굴을 보고 군량이 부족하다는 사실을 파악한 을지문덕은 전투에서 일부러 패하며 적을 유인한 것이었다. 승리에 도취한 우문술은 계속 진격하여 평양성에서 30리 떨어진 곳까지 와서 진을 쳤다.

이때 을지문덕은 적장 우중문에게 '여수장우중문시(與隋將于仲文詩)'를 보냈다. 겉으로는 상대를 높이는 듯하지만 실제로는 희롱하는 것이었다.

신책구천문(神策究天文) 귀신같은 전략은 하늘의 도리를 다했고,

묘산궁지리(妙算窮地理) 신묘한 계산은 땅의 이치를 통달했도다.

전승공기고(戰勝功旣高) 전쟁에 이겨 공이 이미 높으니,

지족원운지(知足願云止) 이제 만족하고 돌아가는 것이 어떠하리.

을지문덕은 우문술에게 사자를 보내 군사를 물린다면 왕을 모시고 황제를 알현하겠다고 거짓 화의를 청했다. 우문술도 견고한 평양성을 쉽게 함락시킬 수 없다고 판단하여 퇴각했다. 그러자 고구려군은 수나라 군사를 사방에서 습격했고, 행군을 하면서 제대로 싸우기 힘든 우문술의 군대는 또다시 수많은 병사를 잃고 말았다.

고구려와 수나라 전쟁도
① 고구려 말갈 연합군, 요서해안 공격(598년)
② 수나라 육군, 고구려 공격. 실패(598년)
③ 수나라 수군 함대, 전멸(598년)
④ 수 양제의 군대 공격로. 요동성 공격 실패(612년, 613년)
⑤ 수나라 우중문의 별동대 평양성 공격(612년)
⑥ 수나라 래호아의 수군 상륙과 평양성 공격 실패 (612년)
⑦ 수나라 래호아의 수군
    비사성 공격 실패(614년)

부여성
천리장성
개모성
요동성
안시성
박작성
국내성
유성(조양)
석성
탁군(북경)
비사성
평양성

612년 7월이 되어 수나라 군대는 살수(薩水: 청천강)에 이르렀다. 군대의 반 정도가 살수를 건널 때 을지문덕은 총공격을 가했다. 수나라 군사들은 제대로 저항도 못하고 도망치기에 급급한 나머지 하루 만에 450리를 행군하여 압록강에 이르렀지만 당시 수군을 지휘하던 내호아는 우문술 등이 패했다는 소식을 듣고 군사를 이끌고 돌아가 버린 뒤였다. 처음 수나라 군대가 요하(遼河)를 건넜을 때는 병력이 30만 5천여 명이었으나 요

동성으로 돌아간 것은 불과 2,700여 명이었으며, 버리고 간 무기와 장비가 산을 이루었다. 결국 수양제의 침입은 처절한 패배로 막을 내리고 말았다.

을지문덕에 의해 살수에서 30만 명에 이르는 군사를 잃었음에도 수양제는 고구려 정복을 포기하지 않고, 이듬해인 613년 3월 35만 대군을 동원하여 다시 공격해 왔다.(3차 전쟁) 수양제는 지난 패인을 분석하여, 이번에는 별동군을 나누지 않고 진격했고, 또한 요동성보다 높게 토성을 쌓고 군사를 올려보내 활을 쏘도록 했다. 병력이 부족한데다가 높이의 장점마저 잃은 고구려군은 예전처럼 수월하게 방어하기가 힘들어졌다.

그런데 수나라 측에서 문제가 발생했다. 수양제의 폭정을 견디지 못한 수나라의 예부상서 양현감(楊玄感)이 10만 군사를 이끌고 반란을 일으킨 것이다. 이 소식을 들은 양현감의 친구 곡사정(斛斯政)은 수양제의 분노가 자신에게 미칠까 두려워 고구려에 투항하고 말았다. 수양제는 귀국을 결정하고 군사들에게 퇴각 명령을 내렸다. 다만 고구려가 눈치채지 못하도록 식량과 무기를 놓아두고 은밀히 물러나도록 했으나 이를 눈치챈 고구려군이 추격하여 수나라 군사 수천 명을 쓰러뜨렸다. 결국 수양제의 재침입도 쓰라린 패배로 끝나버렸다.

급히 귀국하여 양현감의 반란을 진압한 수양제는 다시 고구려를 공격하고자 했으나 많은 신료들이 반대했다. 그러나 양제는 쉽사리 고집을 꺾지 않고 614년 3월 다시 고구려 공격에 나섰다.(4차 전쟁) 하지만 거듭된 출전으로 군사들은 지칠 대로 지쳐 사기는 바닥으로 떨어져 있었다. 행군 속도는 느렸고, 고구려에 도착하기도 전에 수많은 병사들이 탈영했다.

그런데 뜻밖의 일이 일어났다. 고구려에서 사신과 함께 수양제의 2차 침입 때 투항했던 병부시랑(兵部侍郎) 곡사정(斛斯政)을 돌려보내 항복 의사를 밝힌 것이다. 이미 고구려는 수나라의 혼란스러운 상황을 알고 있었기 때문에 수양제의 자존심을 세워 주면서 전쟁을 피하고자 했던 것이다. 결국 수양제는 신하들의 조언에 따라 군사를 철수시켰다.

　결국 4차에 걸친 고구려와의 전쟁은 아무런 성과가 없었고 수의 멸망을 재촉하는 원인이 되었다. 수양제는 무리하게 전쟁을 지속함과 동시에 궁궐의 조영, 운하의 개통, 진시황이 쌓았던 만리장성의 재축조 등 토목공사마저 병행하면서 백성들을 도탄에 빠뜨렸다. 이러한 양제의 실정은 갖가지 모순들을 야기해 내부 반란이 폭발하면서 수는 멸망하고 말았다. 하지만 중원과 고구려의 전쟁이 끝난 것은 아니었다. 당이 세워진 후에도 고구려와 당나라의 전쟁은 무려 70년이나 계속된다.

고구려의 대당 항쟁

　수양제의 이종 사촌형인 이연(李淵)이 수나라에 이어 618년 황제에 올라 당고조(唐高祖: 618-26)가 되었다. 이어 차남 이세민은 장남 이건성과 4남 이원길을 죽이고 아버지로부터 권력을 빼앗은 소위 '현무문의 변(玄武門之變)'으로 2대 황제인 당태종(唐 太宗: 626-49)이 되었다. 이로 인해 이세민은 '정관의 치(貞觀之治)'라는 대업을 이루었는데도 '찬탈자 패륜아'로 불리게 된다.

　처음에는 수나라가 고구려를 정복하려다가 멸망했음을 알고 화친정책을 폈다. 따라서 초기에는 별다른 문제가 없었지만, 국력이 강해지자 당태종 이세민은 고구려를 정복할 야욕을 드러내기 시작했다. 그는 신료들의 반대에도 불구하고 고구려 정벌을 결정하고, 군량을 비롯하여 선박과 각종 공성구(攻城具) 등을 준비하는 한편 소수의 병력을 파견해 고구려 변경지대의 형세를 정탐했다. 고구려도 이에 대비해 최북단 부여성에서 요동의 끝자락 비사성에 이르는 '천리장성'을 쌓는데, 그 책임자가 연개소문이었다.

　642년 10월, 고구려에서는 연개소문(淵蓋蘇文: 594-666)이 요동의 군사력을 동원해 '막리지의 난'을 일으켜 27대 영류왕(榮留王; 618-42)을 시해하고 영류왕 동생의 아들을 왕으로 세우니 그가 고구려의 마지막 왕 보장왕(寶臧王; 642-68)이다.

그즈음 백제의 공격으로 대야성(경남 합천)을 빼앗기는 등 전세가 불리해진 신라의 선덕여왕은 고구려에 김춘추를 사신으로 보내 원병을 요청했지만, 연개소문은 거절했다. 그러자 이듬해 신라는 당나라에 원군을 청하기 위해 사신을 보냈다. 연개소문이 영류왕을 시해하고, 보장왕을 옹립한 일을 빌미로 고구려를 침략하려 했던 당 태종은 신라의 제의를 마다할 이유가 없었다. 신라가 당나라와 손을 잡고 침략하려 한다는 정보를 입수한 고구려는 군사 훈련을 강화하는 한편 백제와 손을 잡는다(643년, 麗濟同盟).

태종은 마침내 이세적, 장량 등이 지휘하는 당의 10만 대군을 앞세워 645년 봄 요수(遼水)를 건너 현도성에 이르렀다. 고구려는 거세게 대항했으나, 당은 개모성, 비사성, 요동성, 백암성 등을 차례로 점령하고 안시성을 공격해 왔다.

안시성(安市城)은 삼국시대에 고구려와 당나라의 경계에 있던 산성으로 중국 요녕성 하이청시(海城市)에 있었다는 견해가 가장 유력하다. 이곳은 당시 인구가 10만 명 정도였던 고구려 영지로, 고구려가 요하 유역에 설치했던 방어성들 중에서 전략적으로 요동성 다음으로 중요한 곳이었다.

『삼국사기』 '지리지'에 따르면, 안시성의 본래 이름은 안촌홀(安寸忽)로 천혜의 험준한 요새였으며, 주변에 병기의 주원료인 철광석 산지와 곡창지대가 있었다. 압록강 북쪽의 오골성, 국내성을 비롯하여 전국의 성을 수호하는 데 전략적으로 매우 중요한 성이었다. 고구려에서는 전략적 요충지인 안시성을 지키기 위해 원군으로 왔던 고연수와 고혜진이 이끄는 고구려와 말갈 연합군 15만 명이 출병했으나, 안시성 동남쪽에서 벌어진 주필산 전투에서 당나라군에게 패배했다. 고구려는 안시성 구원군이 패한데다가, 남쪽으로는 신라의 공격을 받고 있었고, 또 북아시아의 새로운 강자인 투르크계 설연타(薛延陀)와 제휴하여 당을 견제하려는 외교적 노력마저 실패하여 지원을 못 할 상황이었다. 따라서 안시성은 완전히 고립무원의 상태였다.

그해 여름 당의 대군은 안시성 공격을 개시했다. 안시성의 위기를 최대한 이용하기 위해 당은 고연수 등을 앞세워 항복을 권유하는 한편 당시 가장 위력적인 공성무기였던 포거(抛車: 돌을 날려 보내는 투석기)와 충거(衝車: 성벽을 파괴하는 공격용 수레)를 동원하여 공격했으나 난공불락이었다. 병사들의 사기는 높았고, 방어는 굳건하여 당의 공격을 번번이 물리쳤다. 공성무기로 무너진 성벽도 곧바로 수리했다. 고구려의 완강한 저항에 당황한 당 태종은 본영을 여러 차례 바꾸어 가면서 공격에 박차를 가했지만 별다른 소용이 없었다.

이세적(594-669)의 본명은 서세적(徐世勣)이나, 당 고조 이연에게 이씨 성을 하사받았다. 나중에 이세민이 황제로 즉위하자 이세민과 겹치는 '세'자를 피하여 이적

(李勣)이라고 했다. 당 태종에게 등용되어 중원 평정을 도왔고, 고비사막을 넘어 설연타를 정벌하는 등 당 제국의 팽창에 큰 공을 세웠으며 고구려 원정을 지휘했다.

안시성 점령이 어려워지자 이세적(李世勣)은 동쪽으로 옮겨 방비가 약한 오골성을 점령한 다음 평양으로 진격하는 것이 좋을 것 같다고 태종에게 건의했다. 하지만 태종의 손위 처남 장손무기(長孫無忌)는 먼저 안시성을 점령하고, 이어 건안성을 취한 후에 군사를 먼 곳으로 진군시키자고 주장했다. 결국 천자가 친히 싸움터에 나와 처음 계획대로 안시성을 점령해야 한다는 의견이 받아들여져 공격은 재개되었다.

✦ 양만춘 장군 영정

그때 장량이 이끄는 수군(水軍)의 건안성 공격도 교착상태에 빠졌다는 전갈이 왔다. 초조해진 당 태종은 싸움을 빨리 마무리 짓기 위해 이세적으로 하여금 하루에도 몇 번씩 안시성의 서쪽을 공격하도록 했다. 당나라 군사는 50만 명을 동원하여 60일에 걸쳐 성의 동남쪽에 성벽보다 높게 토산(土山)을 쌓아 이를 발판으로 삼아 공격해 왔다.

그러나 어느덧 겨울이 되자 날씨도 추워지고 군량마저 떨어져 더이상 지탱할 수가 없어 결국 88일간의 포위를 풀고 서둘러 퇴각했다.

『삼국사기』 등의 기본사료에는 안시성 전투를 승리로 이끈 지휘관이 누구인지 적혀 있지 않지만, 조선 중기 이래의 야사에는 양만춘(梁萬春)이라고 기록되어 있다. 또한 이 싸움에서 당 태종이 눈에 화살을 맞았다는 이야기도 고려 후기의 문헌을 통해 전해지고 있다.

5) 백제·고구려의 멸망과 부흥운동

해동증자 의자왕의 몰락

백제의 마지막 임금인 제31대 의자왕은 삼천궁녀를 거느린 방탕한 왕으로 알려져 있지만 실제와는 거리가 있다. 의리가 깊고 자애롭다는 뜻의 의자(義慈)라는 이름을 보더라도 그의 성품과 행적을 짐작할 수 있다.

의자왕은 무왕의 맏아들로, 어릴 때부터 용감하고 효성이 지극했으며, 형제간에 우애가 두터워 '해동증자(海東曾子: 증자는 공자의 제자로 중국 전국시대의 사상가)'라고 불렸다. 대외적으로는 당나라와 친교 정책을 펼쳤고, 이에 당 태종은 의자왕을 주국대방군공 백제왕(柱國帶方郡公百濟王)으로 책봉했다. 의자왕은 또한 나라를 안정시키고 군사력 강화와 영토 확장에도 힘썼다.

의자왕 2년(642), 백제군은 신라를 공격해 미후성 등 40여 개 성을 빼앗았고, 윤충(允忠)의 군사 1만여 명의 군사를 주어 신라의 대야성을 함락하여 1만여 명의 포로를 잡는 등 대승을 거두었다. 이듬해인 643년에는 고구려와 적대관계를 풀고 화친을 맺었으며, 신라를 통합시킬 목적으로 당항성(黨項城: 경기도 화성)을 빼앗아 당나라로 통하는 길을 막았다. 다급해진 신라의 선덕여왕이 당나라에 사신을 보내 구원을 청하자, 의자왕은 당의 압력에 못 이겨 군사를 철수시켰다. 이후 655년에는 왜와 외교관계를 맺음으로써 백제는 고구려와 신라를 억누를 수가 있었다.

하지만 657년부터 의자왕은 즉위 초와는 달리 궁궐 남쪽에 호화로운 망해정을 짓고 날마다 잔치를 벌였다. 게다가 후궁을 많이 두어서 왕자들만 41명이나 되었다. 보다 못한 좌평 성충(成忠: 윤충의 이복형)이 나서서 간언했으나 묵살하고 오히려 그를 옥에 가두도록 했다. 하지만 성충은 감옥에서도 상소문을 썼다.

"충신은 죽음에 임하더라도 임금을 잊지 않는 법. 마지막으로 아뢰옵니다. 머지않아 반드시 전쟁이 일어날 것입니다. 군사를 쓸 때는 지형을 잘 골라 대비해야 합니다. 외적이 침입해 오거든 육로로는 탄현을 넘지 못하게 하시고, 수로로는 기벌포의 언덕을 들어서지 못하게 방어하옵소서."

의자왕은 상소문을 찢어 버렸고, 옥에 갇힌 성충은 28일 동안 전혀 음식을 먹지 않고 결국 세상을 뜨고 말았다.

그로부터 2년 후인 의자왕 19년(659년)에는 나라 안에 이상한 일이 자주 일어났다. 〈삼국사기〉 28권에 따르면, 여우떼가 궁중에 들어왔고, 그 가운데 흰 여우 한 마리가 상좌평의 책상에 올라앉았다. 5월에는 서울 서남쪽 사비하에서 큰 고기가 나와 죽었는데, 길이가 3발(발은 양팔을 펼쳤을 때의 길이), 8월에는 생초진에 여자의 시체가 떠내려 왔는데 키가 18척(약 4.5m)이었다고 한다. 9월에는 대궐 뜰에 있는 홰나무가 사람이 우는 듯한 소리를 냈으며, 밤에는 대궐 남쪽 길에서 귀신의 곡성이 들렸고, 우물물이 핏빛으로 변했으며, 사비하의 물도 붉게 변했다. 이듬해 5월에는 폭풍우가 몰아치고 천왕사와 도양사의 탑에 벼락이 쳤으며, 백석사 강당에도 벼락이 쳤다. 그때 검은 구름이 공중에서 동서로 나뉘어 마치 용이 서로 싸우는 듯한 형상을 보였다.

백제가 망한다고 크게 외치던 귀신은 땅속으로 들어갔는데, 왕이 사람을 시켜 땅을 파보도록 하니 거북이 한 마리가 발견되었고, 등에 '백제동월륜 신라여월신(百濟同月輪 新羅如月新)'이라는 글이 새겨져 있었다. 왕이 무당을 불러 풀이한 결과 "백제는 보름달 같고, 신라는 초승달 같다는 말로, 보름달은 가득 찼으니 이제부터는 기울어 세력이 약해진다는 것이며, 초승달은 점점 세력이 커져 앞으로 가득 차게 된다는 뜻"이었다. 왕은 이를 믿지 않았는데, 어쩌면 마지막일 수도 있는 거북이를 통한 하늘의 교훈마저도 제대로 깨닫지 못한 것이다.

660년 3월 당나라 3대 고종(高宗: 649-83)은 소정방(蘇定方)에게 30만 명의 대군을 주어 백제를 공격하도록 했다. 신라는 이미 당나라와 손을 잡고 백제를 공격할 준비를 갖추고 있었다. 소정방이 이끄는 13만 명의 당군은 산둥반도(山東半島)의 내주(萊州)를 출발해 서해를 건너 6월 21일 백제의 도성 서쪽 덕물도(인천 덕적도)에 도달했다. 신라의 무열왕 김춘추는 5월 26일 김유신에게 5만 명의 정예군을 주어 당나라군과 연합하도록 했다.

신라와 당나라의 연합군이 쳐들어온다는 전갈을 받은 의자왕은 황급히 회의를 열렸다. 좌평 의직이 당나라군은 멀리 바다를 건너와 물에 익숙하지 못한 군사는 배에 남아 있기가 어려울 것이니 뭍에 내려 대열을 갖추기 전에 기습하면 승산이 있고 당나라를 의지하던 신라군도 어찌하지 못할 것이라 말했다..

그러나 달솔 상영 등이 의직의 의견에 반대하며 당나라군은 멀리서 왔으므로 싸움을 서두를 것이고, 그 높은 기세를 당해내지 못할 것이지만 신라군들은 우리에게 자주 패했기 때문에 섣불리 덤비지 못할 것이기 때문에 우선 당나라군들의 진로를 막아 사기를 떨어뜨리고, 일부 군사들로 신라군을 공격한 다음에 전군이 합해 싸우자고 했다.

의자왕은 갈피를 잡지 못해 결국 고마미지(古馬彌知: 전남 강진)에서 귀양살이 하고 있는 좌평 흥수에게 급히 전갈을 보내 의견을 물었다. 그는 당나라군이 대군이고 군율이 엄해 들판에서 싸운다면 이기기 어렵다고 말하며, 백강과 탄현은 백제로 들어오는 중요 길목이니 당나라군이 백강으로 못 들어오게 하고, 신라군은 탄현을 넘지 못하게 막은 다음, 왕은 백강과 탄현에서 적과 대치하는 동안 성을 굳게 지키라고 했다. 그러면 두 나라 군사들은 군량이 떨어지고 지칠 것이니 때를 노려서 일제히 공격하면 적을 무찌를 수 있을 것이라고 아뢰었다.

하지만 흥수의 의견은 이전에 성충이 감옥에서 올린 상소문 내용과 같았기에 대신들은 반대하고 나섰다. 더구나 흥수는 오랫동안 귀양살이를 했기 때문에 총기가 흐려졌고, 게다가 전하를 원망하는 마음에 나라를 적에게 넘기려 할 수도 있으니 절대 그의 말을 들으면 안 된다고 말했다. 그러면서 당나라군이 백강에 들어오더라도 배들을 나란히 띄울 수는 없을 것이며, 신라군은 탄현을 넘더라도 지름길을 지나야 하므로 말들이 한꺼번에 들어오지 못할 것이니 그때를 노려서 공격하면 적들을 전멸시킬 수가 있다고 장담했다.

결국 의자왕은 대신들의 의견에 따르기로 했다. 그러나 당나라군은 이미 백강에 진을 쳤으며, 660년 7월 9일 신라군도 막 탄현을 지났다는 보고를 받은 의자왕은 기절할 듯 놀랐다. 어떻게 적을 막느냐 하는 문제로 시간을 보내는 사이에 적이 코앞에 닥친 것이다.

황산벌 전투, 계백장군과 화랑 관창

그때 한 장수가 의자왕 앞으로 나왔는데 바로 계백(階伯) 장군이었다. 그는 결사대 5,000명으로 신라군을 격퇴하겠다고 자진했다. 전장에 나서기 앞서 계백은 집에 들러 가족들에게 "한 나라의 힘으로 나당의 큰 군대를 당하니 나라의 존망을 알 수 없다. 내 처자가 잡혀 노비가 될지도 모르니 살아서 욕보는 것이 흔쾌히 죽어 버리는 것만 같지 못하다."면서 처자를 모두 죽이고 목숨 버릴 각오를 새로이 한 뒤, 마지막 남은 5,000명의 병사들을 독려했다.

"옛날 월왕 구천은 5,000명으로 오왕 부차의 70만 대군을 무찔렀다. 오늘 마땅히 젖먹던 힘까지 짜내어 승리를 거둬 나라의 은혜에 보답하라."

계백 장군의 말에 백제군의 사기는 하늘을 찌를 듯했다.

한편 신라군은 김유신이 동생 김흠춘(金欽春), 양아들 김품일(金品日)과 함께 5만 군사를 이끌고 백제의 국경을 넘었다. 노도처럼 백제의 여러 성을 점령하고, 660년 7월 9일 마침내 '황산벌(논산)'에 이르렀다. 하지만 '황산벌'에서 맞붙은 신라군은 백제군과 싸워서 1만여 명을 잃었다. 병력이 열 배인 신라군이 백제군을 깔보다가 9일과 10일 이틀동안 4차례나 연거푸 패하자, 김흠춘은 아들 화랑 김반굴(金盤屈)을 선봉으로 하여 백제군을 치도록 했다. 김반굴은 적진으로 들어가 싸우다가 백제군의 칼에 쓰러지고, 이번엔 김품일의 아들인 화랑 김관창(金官昌)이 나섰다. 김유신은 그의 나이가 너무 어리기에 처음에는 만류했지만, 관창의 거듭된 간청에 결국 허락했다. 신라의 화랑 관창은 선봉에 서서 싸우다가 잡혀 포로가 되었다.

하지만 너무 어린 탓에 계백은 관창을 죽이지 않고, 용맹을 칭송한 뒤 신라군에게로 되돌려 보냈다. 이에 관창은 아버지 품일 장군에게 화랑의 정신은 임전무퇴이거늘 살아돌아온 것이 부끄럽다며 호되게 꾸짖자 포로가 되어 목숨을 부지하는 것보다 전장에서 죽는 것이 영예롭다고 외치며 다시 선봉으로 적진으로 돌격했다. 그는 용감하게 싸우다가 또 잡혔고, 계백은 다시 그를 풀어 주었다. 그래도 얼마 뒤 관창이 다시 말을 타고 계백의 진영으로 돌격해 왔다. 계백은 할 수 없이 그의 목을 벤 뒤 시체를 신라군에게 돌려보냈다.

관창이 목이 잘려 돌아오자 신라군은 분기탱천하여 백제군에게 맹공을 퍼부었다. 분노로 사기가 오른 신라군에 맞선 백제의 결사대는 중과부적이라 밀려날 수밖에 없었다. 결국 계백 장군은 부하들과 함께 황산벌 싸움에서 장렬히 전사하고 말았다.

백제의 멸망

　계백장군의 죽음으로 기세가 오른 신라군은 사비성을 향해 총공격을 가했고, 당나라군들은 백강 어귀에 상륙 작전을 감행하여 30만 대군으로 물밀듯이 공격해 왔다. 최후의 보루인 계백 장군이 끄는 5,000명의 결사대마저 무너지자, 백제는 멸망의 길로 들어설 수밖에 없었다.

✦낙화암

　　당나라군이 가까이 오자 좌평 각가(覺伽)의 재촉으로 의자왕은 태자 효(孝)를 데리고 웅진으로 피신했다. 이때 궁에서 빠져나온 3,000명의 궁녀들은 적군을 피해 도망치다가 대왕포(大王浦)가 보이는

높은 바위에 이르러 치마를 뒤집어쓰고 사비수(泗沘水; 백마강) 깊은 물에 몸을 던졌다는 이야기도 전해진다. 궁녀들이 몸을 던진 바위를 후세 사람들은 꽃이 떨어진 바위라는 뜻의 '낙화암(落花巖)'이라 부르게 되었다. 그러나 문헌에 당시 사비성은 1만호에 5만 정도의 인구가 있었다는데, 3천 명의 궁여는 말이 안 된다. 이는 식민사학자들이 백제를 비하하기 위해 지어낸 것이다.

　의자왕이 태자 효와 함께 웅진성으로 달아난 뒤, 둘째 왕자 태(泰)가 스스로 왕이 되어 성을 지키려 했으나 결국 당나라에게 항복하고 말았다. 의자왕도 며칠 뒤에 태자를 거느리고 사비성으로 들어와 당나라 소정방과 신라 태종 무열왕에게 무릎을 꿇고 항복했다. 소정방은 의자왕을 비롯하여 효와 왕자 태, 융(隆), 대좌평 사택천복(沙宅千福) 등 대신(大臣),

장사(將士) 88명과 그리고 1만2천 명의 백성들을 끌고 당나라로 돌아갔다. 이로써 백제는 개국한 지 678년 만에 망하고 말았다.

백제 부흥운동

백제가 멸망하자 당나라에서는 옛 백제 땅을 다스리기 위해 웅진도독부(熊津都督府)를 비롯한 5도독부를 설치했다. 왕문도(王文度)를 도독으로 파견하고 유인원(劉仁願)을 보내 그곳을 지키도록 했다. 당나라로 끌려간 의자왕은 병으로 세상을 떠났고, 당고종은 그에게 금자광록대부 위위경(金紫光祿大夫衛尉卿)이라는 벼슬을 내리고 후하게 장사를 지내주었다.

한편 곳곳에서는 백제를 다시 일으키려는 부흥운동이 일어나고 있었다. 그 중에서 백제 무왕의 조카 복신(福信)은 군사를 거느리고 승려 도침(道琛)과 함께 주류성(周留城: 전북 부안)에 근거지를 마련했는데, 661년 9월 일본에 가 있던 의자왕의 다섯째 아들 부여풍(扶餘豊)을 왕으로 떠받들자 많은 백제인들이 도성으로 몰려들었다. 그는 631년 소위 '외교인질'로 왜에 머물렀는데, 왜군 5,000명의 호위를 받고 귀국했다.

백제부흥군에게 포위되어 위급한 상태가 된 유인원은 급히 무장 유인궤(劉仁軌)에게 이 사실을 알렸다. 병법에 밝은 유인궤는 신라군과 합세하여 백제부흥군을 공격했고, 복신은 이에 맞서 웅진강 어귀에 방책을 쌓고 적과 싸웠지만 1만여 명의 군사를 잃고 물러났다. 복신은 도성의 포위를 풀고 임존성(任存城: 충남 예산)으로 들어갔고, 적들도 군량이 부족하여 물러갔다.

유인원의 군사와 합친 유인궤는 신라군과 함께 백제부흥군을 치도록 황제에게 허락을 구했다. 당나라 황제의 요청을 받은 신라는 김흠(金欽: 김유신 동생 김흠순) 장군에게 군사를 주어 유인궤를 돕도록 했으나 김흠은 고사(古泗: 정읍 고부)에 이르러 복신의 군사에게 패해 도망쳤다. 그러던 중 백제부흥군 사이에서 세력다툼이 일어나, 복신이 도침을 죽이고 무리를 이끌게 되었다. 풍왕은 이 같은 복신의 행동에 불만이 컸으나 어찌할 수 없었다.

이듬해 유인원과 유인궤의 군사가 백제부흥군을 크게 무찌르자 복신은 곤경에 처했고, 풍왕과의 사이도 벌어져 서로 원수처럼 대했다. 복신은 심복들과 풍왕을 살해할 계획을 세웠지만 그의 계략을 눈치챈 풍왕이 먼저 복신을 공격하여 죽이고, 고구려와 일본에 사신을 보내 원군을 청하여 당나라군과 싸웠다.

마침내 663년 8월 28일 유인원, 유인궤, 두석, 손인수 등이 이끄는 당나라 수군 170척은 신라군과 연합하여 왜의 군함 1,000척에 수군 2만7천만 명이 합세한 백제 부흥군과 백강(白江: 백촌강(白村江) 또는 백강구(白江口: 동진강)에서 최후의 전투를 벌였다. 소위 '십자형 외교관계(나당 연합군 대(對) 고구려 백제 왜의 동맹)'에 있던 동아시아에서 벌어진 이 전투는 최초의 국제 해전으로 번졌으며, 여기에서 패한 왜(덴지왕)는 670년 국호를 '일본'으로 고치게 되었고, 중국 한국 일본의 동아시아 3국의 지형이 현재까지 고착되는 중요한 역사적 의미가 담긴 전투였다. 663년 9월 결국 전투는 당나라군의 승리로 끝났고, 풍왕은 더 버틸 수가 없음을 알고 고구려로 망명하고 말았다.

다른 부흥세력을 이끌던 지수신(遲受信)은 임존성에서 끝까지 싸우다 전사했고, 동료인 흑치상지(黑齒常之)는 별부장 사타상여(沙咤相如)와 함께 유인궤에게 항복했다. 이로써 4년 동안이나 싸워 온 백제부흥군은 역사 속으로 사라지고 말았다.

한편 백제 멸망 후 웅진도독부 군장이 되어 돌아온 흑치상지는 웅진도독부가 신라군의 공격으로 없어지자 다시 당으로 들어갔다. 이후 여러 차례 승진을 거듭하여 좌령군원외장군 양주자사(左領軍員外將軍揚州刺史)로 토번(吐蕃)과 돌궐(突厥)을 치는 데 공을 세웠다. 관직은 연연도대총관 연국공(燕然道大總管燕國公)에까지 이르렀는데, 귀족의 직위 중 세 번째로 3,000호(戶)의 토지를 하사받았다. 그 뒤 측천무후(則天武后)의 통치 때 응양장군(鷹揚將軍) 조회절(趙懷節)과 더불어 반란을 일으키려 한다는 주흥(周興) 등의 모함으로 옥에 갇혔다가 689년 10월 자결하고 말았다.

백제 왕족과 왜의 천황가

당시 왜(倭)는 왜 백제를 도왔을까? 『일본서기』에는 '백강전투(일본식으로는 '백촌강 전투')' 파병 동기를 부흥군 총사령관 복신의 뜻에 따라 이루어졌다고 나와 있다. 당시 왜의 여왕(왜의 두 번째 여왕)은 사이메이 천황(齊明天皇, 제명: 594-661)이었다. 파병을 결정한 그녀는 도읍을 아스카에서 백제 파병군을 수송할 배를 만들기 유리한 오사카로 거처를 옮기고 본격적으로 파병 준비에 착수했다.

왜의 파병군은 백제 도래인들로 구성되어 있었다. 결국 일본에 살고 있던 백제인들이 패망한 나라를 되살리고자 일어난 것이다. 그러나 파병 준비 이듬해인 661년 7월, 제명여왕은 뜻밖에 죽음을 맞이하고 만다.

아버지 34대 죠메이 천황(舒明天皇: 593-631)이 죽은 뒤 왕위는 아내 35, 37대 사이메이 천황이 계승했고, 아들 38대 텐지 천황(天智天皇: 626-72)이 물려받았다. 사마(무녕왕)의 아우인 남제(男弟)는 26대 게이타이 천황(継体王天皇)이며, 그의 손자가 30대 비다츠 천황(敏達王天皇: 538-85)이고, 그의 손자가 바로 죠메이 천황이다. '백강 전'투에 나선 죠메이 천황(서명왕)의 아들 텐지 천황(천지왕)은 곧 게이타이 천황(계체왕)의 5대손인 것이다. 백제계 왕통을 이어받은 천지왕이 위기에 처한 백제를 위해 거병한 것은 어쩌면 당연한 일일 것이다.

✦일본의 두 번째 여성 천황인 사이메이 천황
(또는 고교쿠 천황 皇極天皇).

사이메이(제명) 여성 천황의 아들 텐지 천황(천지왕)은 상복도 벗지 않은 상태에서 전쟁 준비를 계속했다. 『일본서기』 661년 7월 24일 기록에 의하면, 군의 장군들을 보내 백제를 구하게 했고 무기와 식량도 보냈다고 한다.

663년 8월, 모든 준비를 마친 왜군은 1천 척의 배에 2만7천 명의 군사를 싣고 백강에 도착했다. 당나라 전선은 170척. 그러나 각 지역의 지원군으로 편성된 왜군은 정예군인 당나라 군대를 이길 수 없었다. 서해안의 조류와 바람도 왜군에게 불리하게 적용했기에 백제와 왜 연합군은 4번의 전투에서 4번 모두 패하고 말았다. 이로써 백제는 완전히 멸망했다. 백제의 부활을 위해 사활을 걸었던 일본의 노력도 물거품이 되고 만 것이다.

고구려의 멸망

고구려는 당나라의 지속적인 공격을 번번이 격퇴했으나 동맹국 백제가 나당연합군에게 패하자 고립된 신세가 되었다. 백제를 멸망시킨 이듬해인 보장왕 20년(661) 당나라는 고구려를 재침공해 왔다. 고구려는 평양성이 포위되었으나, 고전 끝에 결국 당나라군을 물리치고 승리를 거두었다. 하지만 고구려의 국력은 이미 쇠퇴일로를 걷고 있었고, 선비족이 한족을 예속시켜 세운 당나라는 국력이 날로 강해지고 있었다. 60여 년에 걸친 수와 당과의 전쟁으로 고구려의 국고는 고갈되었고, 백성들의 생활은 파탄에 직면했다. 또한 동맹국인 백제의 멸망과 고구려 지배층의 내분은 국력 약화를 한층 가속시키고 있었다.

그럼에도 불구하고 고구려와 신라의 전쟁은 멈추지 않았다. 태종 무열왕이 당나라에 사신을 보내 원군을 청하자, 655년 2월 당나라는 영주도독 정명진과 소정방에게 군사를 내주어 고구려를 다시 공격하도록 했지만 그들이 패하고 돌아오자, 658년 정명진과 설인귀에게 군사를 주어 고구려를 재침략했으나 역시 또 패퇴하고 말았다.

보장왕 23년(664) 연개소문이 죽고 장남 연남생(淵男生, 634~679)이 부친을 대신하여 막리지가 되었다. 그런데 대권을 장악한 연남생이 지방의 여러 성을 순시하는 동안 동생 연남건(淵男建), 연남산(淵男産)이 정변을 일으켜 수도를 장악하고, 연남생의 아들 연헌충(淵獻忠)을 살해했다. 이에 연남생은 국내성으로 달아나 세력을 규합하여 반격에 나섰다. 연남생은 오골성을 치는 한편 당나라에 불덕(弗德)을 보내 구원을 청하려 했으나 요동을 통과하지 못했다. 연남생은 남으로 내려가 수도 평양을 치는 대신 서북 요동으로 진로를 바꾸었고 다시 구원을 청하기 위해 아들 연헌성을 당나라로 보냈다.

666년 6월, 당고종은 대장군 계필하력(契苾何力)에게 연남생을 지원하도록 했다. 한편 고구려에서는 보장왕이 연남건을 대막리지로 삼아 내외의 군사에 대한 직무를 겸직하도록 했다. 그해 12월, 고구려가 형제간의 권력투쟁을 벌이는 동안 연개소문의 동생 연정토(淵淨土)가 고구려 남쪽의 12성과 주민 3,500여 명을 데리고 신라에 투항했다. 반면에 연남생은 당나라에 투항하여 고구려는 내부 분열로 심각한 위기를 맞았다.

문무왕 8년(668) 2월, 이적(李勣) 등이 이끄는 당군이 고구려의 부여성을 비롯한 성 40여 곳을 함락시켰다. 이에 연남건이 5만 명의 군사를 이끌고 땅을 되찾으려 애썼지만 설하수에서 3만 명이 죽는 대패를 당하고 퇴각해버렸다.

7월 16일, 문무왕이 한성에 도착했고, 총관 김문영 등은 당군과 합세하여 고구려의 태대막리지 연남건의 군사와 충돌했다. 그러나 당군이 머뭇거리며 전투에 소극적이었다. 분노한 김문영이 신라군 선봉에 나서 크게 이기자 비로소 당나라 군사들도 싸우기 시작했다.

9월 21일 신라군은 당군과 함께 평양성을 포위하자 보장왕은 연남산 등과 함께 항복했고, 신라군의 대당총관 김인문이 보장왕을 이적 앞에 데려가 무릎을 꿇렸다. 668년 9월 평양성이 함락된 뒤, 이적은 보장왕과 왕자 복남, 덕남 그리고 대신 등 20만 명을 데리고 당으로 돌아갔고, 각간 김인문과 대아찬 조주(助州)가 이적을 따라갔다.

전쟁이 끝나고 논공행상 때, 당나라 총사령관 이적은 신라가 전투에서 아무런 공이 없다고 잘라 말함으로써 제대로 싸우지도 않은 당나라가 백제와 고구려에 이어 신라까지 집어삼키려는 야욕을 드러낸 것이다. 이는 '나·당 전쟁'을 예고한 것이나 다름없었다.

고씨의 부흥운동

고구려가 멸망한 뒤, 왕족인 고씨 일가는 부흥운동을 일으켜 나라를 재건하고자 했다. 보장왕의 아들 고안승(高安勝)과 장군이었던 검모잠(劍牟岑)은 보장왕과 연남산이 마지막으로 머문 한성을 본거지로 삼아 활동했다. 그러나 얼마 지나지 않아 내분이 일어나 고안승이 검모잠을 죽이고, 고구려 백성 2만 명과 함께 신라에 귀순하는 사태가 벌어졌다. 신라의 문무왕은 고안승과 고구려 유민들을 금마저(金馬渚: 전북 익산)로 옮겨 살도록 했다.

669년 당나라는 고구려 지배층을 중심으로 약 3만 호를 서역과 중국 대륙을 잇는 첫 번째 관문인 오르도스 지역으로 집단 이주시켰는데, 아직도 그 흔적이 실크로드에 남아 있다.

674년 고안승은 보덕국(報德國)을 세우고 다시 고구려 부흥운동을 전개했다. 보덕국은 신라의 보호국으로 있으면서, 고구려와 동일한 5부와 관등 체계를 갖추고 나당 전쟁에 참전하거나 견고려사(遣高麗使)라는 이름으

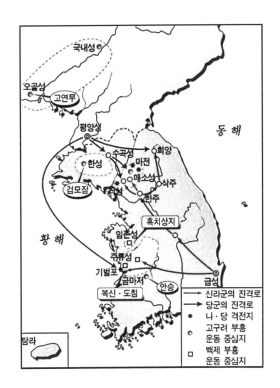

✦ 백제, 고구려 부흥운동 근거지와 '나·당전쟁' 격전지

로 왜와 교류하는 등 대내외적으로 활발한 활동을 벌였다. 그렇게 10여 년이 흐른 뒤 보덕국 왕의 아들 대문(大文)이 난을 일으켰으나 신라에 진압당하고 말았다. 보덕국이 멸망한 후 고구려 귀족과 유민들은 신라의 9주 5소경 중 하나인 남원경(전북 남원)으로 이주당했다.

당나라는 고구려 유민의 반발을 막기 위해 보장왕을 안동 도독으로 파견했으나 한때 고구려 부흥운동을 꾀했고, 결국 실패해 공주(邛州)로 유배되었다가 사망했다. 그러자 698년 당은 보장왕의 손자 고보원(高寶元)을 조선 군왕(朝鮮郡王)에 봉하고 '안동도호부'에 파견했다. 하지만 그가 반란군에게 투항하자 측천무후는 보장왕의 셋째 아들이었던 고덕무(高德武)를 안동 도독에 임명하여 요동을 지배하도록 했다. 756년 당나라가

안동도독부를 폐지하면서 고덕무는 소고구려국을 제창하고 독자적인 세력이 되었지만, 820년경에 발해 선왕에게 병합을 당하고 말았다. 이때 약 1,800명의 고구려인들이 일본으로 망명했다.

나당전쟁

진덕여왕 2년(648), 신라와 당나라는 연합하여 백제와 고구려를 멸망시킨 뒤 대동강을 양국의 경계로 할 것을 합의하고 군사동맹을 맺었다. 그러나 고구려를 멸망시킨 후, 당나라는 약속을 깨고 신라의 내부 분열을 획책하면서 한반도를 자신의 영토에 편입시키려 했다.

문무왕 3년(663), 당은 신라를 '계림대도독부(鷄林大都督府)'라 칭하고, 문무왕을 계림주대도독으로 임명했다. 신라의 자주성을 인정하지 않고, 당의 지방행정구역으로 여기겠다는 의미였다. 신라는 불만스러웠지만, 아직 고구려가 존속하고 있었기에 당나라와의 마찰을 피하기 위해 굴욕적인 제안을 수락했다.

그러나 백제 땅에 웅진도독부를 비롯한 5개의 도독부를 설치한 당나라는 668년 고구려가 멸망한 후 고구려 땅에도 '안동도호부(安東都護府)'를 비롯한 9개의 도독부를 설치하여 자신의 영토로 만들어 한반도 전체를 지배하려는 욕심을 드러내자 결국 신라와 전쟁을 벌이게 된다.

신라는 전력 보강을 위해 고구려 유민들을 끌어들었다. 귀순한 고구려 왕족 안승을 고구려왕으로 삼고, 금마저(金馬渚: 익산시 금마면)를 도읍으로 정해주었다. 건국 때부터 중국과 오래도록 싸웠고, 이제는 나라를 다시 세우기 위해 부흥운동을 하는 고구려 유민들은 신라와 연합하여 당나라와의 전쟁에 나섰다.

670년 3월, 신라군과 고구려 유민의 연합군이 압록강을 건너 당군을 선제공격함으로써 마침내 '나당전쟁'이 시작되었다. 동시에 신라군은 옛 백제 지역을 공격하여 당나라 주둔군과 웅진도독 백제의 왕족 출신인 부여융이 다스리는 성 82곳을 되찾았으며, 671년에는 사비성을 함락시키고 그곳에 소부리주(所夫里州)를 설치하여 직속령으로 삼았다.

이에 당나라는 장수 설인귀(薛仁貴)에게 수군을 이끌고 백제로 향하도록 하고, 당군과 말갈족으로 편성된 군대를 동원하여 압록강을 넘어 진격해 왔다. 672년 7월 당군은 평양을 점령하고, 8월에는 한시성(韓始城; 평양과 마읍성 사이의 요새)과 마읍성(馬邑城; 대동강 북안의 서학산 일대)을 함락시키며 신라를 위협했지만, 설인귀의 수군은 신라군에 격파당하고 패주했다.

674년 화가 난 당 고종은 문무왕의 관작(官爵)을 삭탈하고, 문무왕의 동생 김인문을 신라 왕에 책봉함으로써 신라 내부의 분열을 일으키려 했다. 하지만 뜻대로 되지 않자 다시 군사를 일으켜 신라를 침공했다. 675년 9월 설인귀는 당에 유학 중인 신라인 풍훈(風訓)을 길잡이로 삼아 신라를 공격했으나, 천성전투에서 패하여 철수했고, 9월 말에는 이근행이 이끄는 4만 명의 병사가 매소성(買肖城; 연천군 청산면)에 주둔하며 침공의 기회를 노렸다. 하지만 신라군은 매소성을 습격하여, 군마 3만 필을 비롯한 수많은 무기를 노획하는 대승리를 거둠으로써 전쟁의 주도권을 장악했다. 676년 11월 금강 하구인 기벌포(伎伐浦; 서천군 장항) 앞바다에서 신라의 수군은 설인귀가 이끄는 당의 수군과 격전을 벌여 승리를 거두었다.

연이은 패전으로 더 이상 전쟁을 수행할 의지를 잃은 당나라는 676년 평양에 있던 안동도호부를 요동성으로 옮기고, 웅진도독부는 건안성(建安城; 만주 개평)으로 옮기면서 대동강 북쪽으로 완전히 철수했다. 결국 나당전쟁의 승리로 신라는 대동강부터 원산만 이남 지역을 영토로 확정했다.

남한주로 돌아온 문무왕은 10월 22일에 논공행상을 벌여 서라벌에 남아 있던 김유신에게 태대서발한(太大舒發翰)의 직위를 내리고, 식읍 500호와 궤장을 하사했으며, 모든 보좌관들도 위계를 한 등급씩 올려 주었다. 676년 11월 5일 고구려인 7,000명을 포로로 거느리고 서라벌로 들어온 왕은 관료들과 함께 선조묘에 전쟁이 끝났음을 고하고, 이튿날에는 전사자들의 장례를 성대히 치러주었다.

비록 당과 손을 잡긴 했지만 백제와 고구려를 차례로 멸망시킨 신라는 삼국통일을 완수했다. 신라의 삼국통일은 드넓은 고구려의 옛 영토를 대부분 상실했다는 점에서는 한계가 있었으나, 한반도 내에서 민족국가의 정체성을 확립하고, 고려에서 조선으로 이어지는 한민족 단일국가 수립의 기반을 만들었다는 점에서 중대한 의의를 지닌다. 신라가 차지하지 못한 만주의 고구려 옛 영토에는 발해가 들어섰는데, 신라와 발해가 공존한 이 시기를 '남북국시대'라고 한다.

남북국시대를 학문적인 신념을 바탕으로 설명한 것은 1784년에 유득공(柳得恭)이 엮은 『발해고(渤海考)』의 서문이다. 그는 "고려가 발해 역사를 편찬하지 않음으로써 그 국세가 떨치지 못하게 된 것을 알 수 있도다."라고 하면서, 신라가 삼국을 통일해 한반도의 남부를 차지했으니 그것을 남국으로, 고구려가 망한 뒤에 그 후예가 그 땅 위에 발해국을 세웠으니 그것을 마땅히 북국으로 하는 역사체계를 세워야 했으며, 그렇게 하지 않은 것은 고려 왕조의 잘못이라고 주장했다.

04

남북국 시대와 후삼국

1
발해

고구려 유민 대조영

고구려에서 연개소문이 사망한 직후 그의 아들인 연남생, 연남건, 연남산의 권력다툼이 벌어졌는데 싸움에서 밀려난 장남 연남생은 당나라로 망명해버렸다. 667년 당나라는 연남생을 앞세워 고구려를 침공했고, 신라와 합세하여 평양성으로 진격했다. 결국 668년 평양성이 함락되어 고구려는 멸망했으며 남아 있던 세력 또한 671년 안시성이 함락되면서 뿔뿔이 흩어져버렸다.

이때 당나라는 평양에 안동도호부를 설치하여 대동강 이북과 요동 지방을 지배했다. 당나라는 말갈, 거란 등 북동방의 이민족을 제어하기 위한 전진기지를 요서(라오시)의 영주(榮州; 조양)

✦ 대조영 영정

에 두었다. 고구려 유민들도 그곳으로 이주시켰는데, 그 중에는 걸걸중상 (乞乞仲象, 大仲象)과 대조영(大祚榮) 부자도 있었다.

이후 696년 당나라의 지나친 억압에 맞서 거란의 반란이 일어났다. 거란족 수장인 이진충(李盡忠)과 처남 손만영이 영주도독의 가혹한 통치에 불만을 품고 반기를 들었는데, 유주(幽州: 북경)까지 공격하여 당나라에 큰 타격을 주었으나 이듬해 평정되었다. 이 같은 혼란을 틈타 고구려 유민인 대조영의 아버지 걸걸중상과 말갈 출신 걸사비우(乞四比羽)는 영주에서 이탈을 감행했고, 측천무후의 회유책에도 불구하고 동쪽으로 이동하며 자신들을 추적하는 이해고(李楷固: 이진충의 양자 출신으로 당나라 장수가 됨)의 군사들과 전투를 벌였다.

❀

측천무후(則天武后: 690-705)는 두 아들 4대 중종(684, 705-710)을 내쫓고, 5대 예종(睿宗: 684, 712-16)을 폐위시키고 자신이 황제의 자리에 올라 국호를 '대주(大周)'라 했다. 그녀의 사후 다시 중종이 황제에 올랐다.

치열한 전투 중 걸걸중상이 병사하고 걸사비우가 이해고에게 참수당하자 대조영은 남은 고구려 유민과 걸사비우가 이끌던 말갈군을 합병하여 이끌게 되었다. 698년 '천문령 전투'에서 당나라 군대를 무찌른 대조영은 돌궐과 손을 잡아 세력을 구축한 뒤 동모산(東牟山: 길림성 돈화 부근)에서 나라를 세우고 고왕(高王: 698-719)에 올랐다.

처음에는 국호를 '진국(振國)'이라 했으나, 713년 고왕 대조영이 당으로부터 '발해군왕(左驍衛大將軍 忽汗州都督 渤海郡王: 지방통치 왕으로 낮춰 부름)'으로 책봉된 후에는 국호를 '고구려처럼 큰 나라'라는 뜻의 발해(渤海)로 바꾸었다. 대조영은 자신이 고구려의 후손임을 강조하며 옛 고구려의 영토를 되찾고자 했던 것이다.

조선시대의 문신이자 학자인 유득공은『발해고』에서 다음과 같이 말했다.

"대(大) 씨는 누구인가? 고구려 사람이었다. 그들이 차지한 땅은 어디였던가? 전통적인 금수강산 우리의 고구려였다. 아름다운 우리의 얼이 뛰노는 고장이다."

발해는 신라에 사신을 파견하기도 했는데, 『동사강목』에는 다음과 같은 최치원의 기록이 있다.

"발해의 고왕이 신라와 수교를 맺고자 사람을 보냈는데, 효소왕(孝昭王: 32대 692-702)이 이를 기특하게 여겨 고왕에게 대아찬(大阿飡) 벼슬을 하사했다."

당나라에서 위세를 떨친 고구려 유민 고선지와 이정기

고구려 왕족 출신 유민 고사계(高舍鷄)의 아들 고선지(高仙芝; ?-755)는 당나라 6대 현종(756-62) 때 '실크로드' 정벌에서 빛나는 전과를 올렸는데, 당시 뛰어난 지휘자로서 통솔력과 전술이 매우 탁월했다고 전해진다. 747년 경 토번(吐蕃; 티베트)와 소발률국(小勃律國; Gilghit, 파키스탄)을 토벌했으며, 750년 파미르고원 서쪽 석국(石國; 타쉬겐트)을 복속시켰다. 하지만 751년 '탈라스(怛羅斯, Talas) 전투'에서 동맹을 맺었던 투르크 계의 갈라록(葛邏祿, Karluk)의 배반으로 아바스 왕조에게 패하고 말았다. 그래도 현종은 고선지를 총애했으며, 이후 '안록산과 사사명의 난(또는 천보의 난(天寶之亂)'이 일어나자 진압 작전을 펴던 와중에 환관들의 모함으로 참수당했다. 특히 주목할 점은 그가

'탈라스 전투'에 제지 기술자를 데려갔다는 사실이다. 이 전투에서 아바스 군사들에게 포로로 끌려간 이들이 아라비아에 제지법을 전파한 역사적 계기를 마련해준 것이다.

실크로드(Silk Road)는 우리말로 '비단길(絲綢之路, 絲路)'이라고 부른다. 이는 1877년 독일제국의 지리학자 페르디난트 폰 리히트호펜 남작(Baron Ferdinand von Lichthofen)이 출판한 China, Ergebnisse eigner Reisen und darauf gegründeter Studien (China: The results of my travels and the studies based thereon), 1877-1912, 5 vols. and atlas에서 처음 사용한 'Seidenstraße'에서 비롯된 말이다. 중국의 비단이 로마 제국으로 흘러가는 것을 의미했기 때문에 붙여졌는데, 비단길의 서쪽 끝은 콘스탄티노폴리스(또는 로마)이고, 동쪽 끝은 장안(또는 베이징)이다.

기원전 114년 경 한나라 때 개척된 것으로 문헌에 나와 있는데, 당시 로마 제국은 중국에 사신을 보내기도 했다. 사신 일행은 콘스탄티노폴리스를 거쳐서 한나라 조정을 찾아와 비단 제조법을 물었으나, 중국은 이를 알려주지 않았다.

왕래가 빈번해진 당나라 때는 비단길을 거쳐 중국의 제지 기술, 차, 도자기, 비단 등이 서쪽으로 갔다. 당시 동서 교역의 주도권을 쥔 쪽은 당나라였기에 수도 장안(서안)은 국제 도시로 번영을 누렸다.

✦ 8세기 당(唐)의 영역

당나라에서 위세를 떨친 또 다른 고구려 유민 후예로 이정기(正己; 732-81)가 있었다. 당나라 평로(平盧; 조양)에서 출생한 그의 본명은 이회옥(李懷玉)이며, '안사(安史)의 난' 이후 762년 8대 대종(代宗; 762-79)이 즉위하면서 평로치청절도관찰사(平盧淄靑節度觀察使)가 되었고 '정기(正己)'라는 이름을 하사받았다. 그런데 자기 아들을 황제 딸과 결혼시킨 위박 절도사 전승사(田承嗣)가 무례하게 굴자 그를 제거하라 명했고 이정기는 위덕 절도사 이보신(李寶臣)과 협력하여 그를 체포해 온 공으로 재상에 해당하는 직책까지 얻었다.

이미 해운압신라발해양번사(海運押渤海新羅兩蕃使)라는 직책도 받은 그는 당과 신라·발해의 모든 사신과 교류를 관장하여 신라와 발해와의 사이에서 해상교통의 독점권으로 엄청난 이윤을 축적할 수 있었다. 게다가 평로절도사 관내에서 생산되는 소금으로 막대한 이익을 얻고 있었다. 이러한 막대한 부의 축적을 통해 점점 더 강한 권력을 구축한 그는 산동지역 일대를 장악함으로써 중앙권력의 통제를 벗어나 왕처럼 행세했다.(실제로 산동반도 지방 정권인 제나라 왕이 되었다.)

779년 대종이 사망하고 절도사들에게 강경한 입장을 보인 9대 덕종(德宗; 779-805)이 즉위하자 그와 조정 사이에 위기감이 고조된다. 781년 협력자였던 성덕 절도사 이보신이 숨을 거둔 뒤에는 덕종이 이보신의 아들 이유악에게 절도사 지위를 세습하지 않자, 산동지역에서 반란을 일으켰다. 이때 발해 문왕은 부대의 기동력 강화에 필수적인 군마(軍馬)를 이정기에게 수출하기도 했다. 자신이 관할하던 15개 주에서 얻은 막대한 부와 10만 명에 달하는 병력을 바탕으로 당군과 맞선 이정기는 강회(江淮)에서 대승을 거두고 낙양으로 가는 조운(漕運) 선단을 차단했다. 그러나 같은 해 숨을 거두는 바람에 낙양을 함락시키지는 못했다.

아들 이납(758-92)은 병권과 정권을 모두 총괄해 상을 치루고 이정기의 죽음을 한동안 비밀로 하다가 나중에 조정에 죽음을 알리고 다른 절도사들과 마찬가지로 평로(平盧)·치청(淄靑)절도사를 세습하도록 해줄 것을 덕종에게 요구했다. 흥원(興元) 원년(784) 4월 이납이 당에 항복하자 조정은 평로군절도치청주관찰사(平盧軍節度淄靑州觀察使)를 하사했다. 이정기 사후에도 그를 따르는 무리가 워낙 많았고 아들 이납이 이정기의 뒤를 이어 통치권을 장악한 상태라 조정에서는 이러한 조치를 취할 수밖에 없었다. 이후 792년 이납이 죽고 아들 이사고(李師古; ?-806)에게 물려주었다. 그리고 이사고의 지위를 이복동생 이사도(李師道; ?-819)가 이어받았다.

제(齊)나라의 영역

덕주 체주 등주

제주 치주 청주 래주

복주 운주 연주 밀주

조주 기주

서주

중국 한국

최고 강성했을 때 이들은 한반도 크기에 버금가는 넓이인 15개 주 18만㎢의 지역을 통치했다

하지만 조정에 대한 이들의 압박이 거세지자 805년 11대 헌종(憲宗; 805-20)이 즉위하면서 이들을 치기 시작했다. 이때 당의 주력부대인 서주의 무녕군(武寧軍) 소장으로 참여해 출세한 인물이 백제계 후예인 젊은 장보고(張保皐)였다. 결국 819년 2월 당은 이사도를 진압했다. (신라는 7월에 김웅원이 지휘하는 3만 명의 지원군을 보낸다는 의사를 밝혔으니 시간이 서로 맞지 않는다.) 이처럼 이정기에서 아들 이납, 손자 이사고, 이복동생 이사도에 이르기까지 고구려 후예 이정기 가문은 55년 동안 산둥반도 지역에서 독자적인 세력을 세습·유지했었다.

해동성국의 발해와 멸망

719년, 고왕은 '고구려의 정신을 잊지 말라'는 유언을 남기고 붕어했고, 아들 대무예(大武藝)가 즉위하여 2대 무왕(武王: 719-37)이 되었다. 무왕은 영토 확장에 힘을 기울여 동북방의 여러 말갈족들을 복속시키고 만주 북부 일대를 장악했다. 그리고 왕권 강화를 위해 수도를 동모산에서 중경 현덕부(中京顯德府: 길림성 화룡)로 옮긴다.

발해의 급속한 세력 확대에 불안을 느낀 당은 726년 발해 북쪽의 흑수말갈(黑水靺鞨: 흑룡강성 지역 말갈족)과 연합하여 대응했다. 흑수말갈과 당의 연합에 반발한 무왕은 동생 대문예(大門藝)에게 공격을 명했으나, 그는 이를 거부하고 당에 망명해버렸다. 그 후 당과 발해는 대문예의 송환을 두고 외교분쟁을 수차례 일으켰다. 732년 가을에는 거란족이 사신을 보내와 함께 당나라를 칠 것을 제안하자, 그해 9월 장군 장문휴(張文休)에게 수군을 이끌도록 하여 당나라의 국제 무역항인 산둥반도의 등주(登州: 연태)를 급습하고 당의 자사 위준(韋俊)을 살해하는 대승을 거두기도 했다. 바로 이 해에 이정기가 태어났다.

737년 무왕이 죽자 대흠무(大欽茂)가 3대 문왕(文王: 737-93)이 되었는데, 이때도 계속 영토를 확장하여 동북 방면의 말갈을 복속시키고 부(府)를 설치했다. 756년에는 수도를 중경 현덕부에서 상경 용천부(上京龍泉府: 또는 홀한성(忽汗城), 흑룡강성 영안현)로 옮겼다. 당나라 수도인 장안성을 모방하여 정비한 도시 상경은 만주에 거주하는 여러 세력의 주된 이동로이자 물자 교류의 중심지였으며 땅도 비옥한 곳이었다. 수도를 옮긴 뒤에는 농업이 급속도로 발전하고 인구도 크게 늘었다.

또한 대외관계에도 힘을 쏟아 당나라의 체제를 대폭 수용하는 등 당나라와 화친하는 동시에 돌궐 및 일본 등과도 관계를 맺으면서 당과 신라를 견제하는 정책을 추진했다. 특히 대당(對唐) 강경책을 구사하던 아버지 무왕과 달리 문왕은 전반적으로 평화기조를 견지했다. 하지만 당나라가 필요 이상의 요구를 할 경우에는 전혀 응하지 않았다. 그래서 758년 당나라 숙종(肅宗; 738-56)이 발해에 사신을 보내 아버지 현종 말년에 일어난 '안녹산과 사사명의 난(755)'의 진압을 위해 기병 4만 명의 출병을 요청해왔으나 문왕은 이를 거부했다. 그럼에도 불구하고 당나라는 762년 문왕에게 발해군왕(渤海郡王)보다 한 등급 높은 '발해국공(渤海國公)'이라 칭했다. 그리고 당과의 2개 교역로 중 하나로 압록강을 거쳐 등주(登州; 산동성 봉래현, 蓬萊)로 통하는 압록조공도에 발해관(渤海館)을 두어 교역했는데 여기에는 신라관도 있었다.

또 발해는 5경 중 하나인 동경 용원부(東京龍原府; 길림성 훈춘)에서 남경 남해부(南京南海府; 함경남도 북청군)를 거쳐 동해안을 따라 신라의 국경에 이르는 '신라도(新羅道)'를 개설해 신라와의 교역을 증대시켰다. 심지어 764년에는 당나라 사신이 신라도를 통해 발해에서 신라로 간 적도 있다.

일본과도 자주 사신을 주고받았는데, 처음에는 신라를 견제하기 위한 군사적 목적이 컸으나 나중에는 경제적 성격이 더 강했다. 760년경 일본은 발해와 연합해 신라를 침공하자고 제의 했으나 발해는 신라를 한민족으로 간주해 이 계획(762년 8월 침공 계획)에 반대하기도 했다. 특히 771년 문왕은 일본에 보낸 국서에서 자신을 천손(天孫)으로 표시하고, 일본과의 관계를 '장인과 사위'로 표현했는데, 이는 발해의 국력이 강해졌다는 의미로 볼 수 있다.

9세기 전반, 대조영의 동생 대야발(大野勃)의 4대손인 대인수(大仁秀)가 제10대 선왕(宣王; 818-30)으로 즉위했다. 이때부터 왕권은 대인수의 직계 후손들이 이어갔다. 그의 치세 동안 당은 발해의 융성함을 일컬어 '해동성국(海東盛國)'이라 불렀다. 발해는 선왕 시기에 바다 북쪽으로 진출, 흑수말갈을 비롯한 대부분의 말갈족을 복속시켰으며, 요동지방에 대한 당의 지배가 약해진 틈을 타서 요하(랴오허) 유역을 기습적으로 점령하기도 했다.

선왕의 대외 정복을 바탕으로 발해는 최대의 판도를 형성했다. 영토는 북쪽으로 연해주를 지나 흑룡강과 송화강에 이르고, 서쪽으로는 압록강 하류로부터 구련성(九連城)과 개원(開元; 요녕성) 및 농안(農安; 길림성)의 서쪽을 통해 거란과 요동에 닿았으며, 남으로는 대동강과 원산만까지 뻗쳐 신라와 국경을 이루었다. 또한 정치적으로도 5경 15부 62주의 지방제도가 완비되었다. 교육기관으로는 오늘날 국립대학교와 같은 주자감(冑子監)이 있었는데, 이는 당의 국자감(國子監)을 본뜬 것으로 당나라 유학생들도 많았다고 한다.

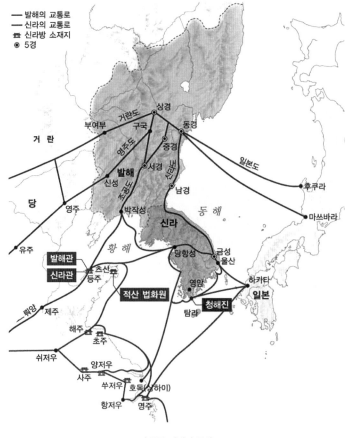

✦ 남북국 시대의 무역로

이처럼 강성했던 발해였지만, 10세기에 들어서자 지배층은 방탕과 사치를 일삼고 권력을 차지하기 위한 다툼이 끊이지 않았다. 백성들의 생활은 점점 어려워만 갔고, 916년 중국에서는 당나라가 쇠퇴하고 거란 추장 야율아보기(耶律阿保機)가 요(遼)나라를 세워 발해를 압박하기 시작했다.

925년 음력 12월 말 요나라 태조(太祖; 872-926)가 된 그는 주요 무역로인 발해 거란도를 침공해 상경용천부로 가는 길목인 부여부(扶餘府; 길림성 농안현)를 직격했다. 부여부는 사흘 만에 함락되었고, 이후 정월에 상경용천부가 함락당했다. 결국 침공 보름여 만인 926년 정월에 15대 대인선(大諲譔; 906-26)이 항복을 함으로써 발해는 227년 만에 멸망하고 말았다.

발해를 멸망시킨 야율아보기는 대인선에게는 오로고(烏魯古), 왕후에게는 아리지(阿里只)라는 이름을 부여했는데, 이는 발해의 항복을 받을 당시 탔던 두 마리의 말 이름이라고 한다. 그는 발해의 옛 땅에 동란국(東丹國)을 세우고, 맏아들 야율배(耶律倍)가 통치하도록 했다. 이후 세자 대광현(大光顯)은 부흥운동을 벌이다 934년 5만여 명의 왕족들과 유민들을 데리고 고려로 망명했다. 발해 유민들은 1116년까지 부흥운동을 폈으나 결국 모두 실패하고, 요나라와 여진족 아골타(阿骨打)가 1115년에 세운 금(金)나라에 의해 병합되었다.

2
통일신라

676년 '나당전쟁'의 승리로 삼국통일을 달성한 문무왕의 아들 31대 신문왕(681-92)은 삼국통일을 이룬 부왕의 업적을 이어 국력을 기르는데 힘썼으며, 32대 효소왕(孝昭王; 692-702)을 거쳐 33대 성덕왕(702-37) 때에 이르러서는 당나라의 문화를 받아들여 신라 문화의 황금시대를 맞이했다.

강수와 설총

강수(强首; ?-692)는 신라의 사찬으로 여러 관직을 역임한 유학자이자 문장가이다.

태종무열왕이 즉위한 뒤 당나라의 사신이 가져온 서류에 알기 어려운 대목이 있어 그에게 묻자 해석과 설명에 막히는 곳이 없었다. 왕이 감탄하여 이름을 물으니 자기는 본래 임나국(任那國)사람으로 이름은 우두(牛頭)라고 답했고, 임금이 그의 두상을 보고 칭찬했다.

그가 당나라에 보내는 답서를 훌륭하게 짓자 임금은 더욱 기특히 여겨 이름을 부르지 않고 '임생(任生)'이라고 했다. 그 후로 강수는 당나라와 고구려, 백제 등에 보내는 외교문서를 담당했는데, 당나라에 잡혀 있던 무열왕의 아들 김인문을 석방해 줄 것을 청한 '청방인문표(請放仁問表)'는 당 고종을 감동시켜 김인문이 돌아올 수 있었고, 문무왕 11년(671)에는 당나라의 장수 설인귀에게 보내는 글 '답설인귀서(答薛仁貴書)'도 지었다. 그가 죽었을 때 신문왕은 장례비를 부담했다고 전해진다.

설총(薛聰; 655,60-?)은 신라의 대표적인 학자로 아버지는 원효대사이고, 어머니는 태종무열왕 김춘추의 딸 요석공주이다. 초기에 사문에 들어 불교 서적을 탐독했으나, 뒤에 환속하여 유교로 개종했다.

신문왕 때 개설된 〈국학〉(682)에 들어가 경전을 공부했고, 경덕왕 5년 (746) 무렵에는 박사로서 학생들을 가르쳤다.

설총은 우리말을 한자로 표기할 수 있는 이두(吏讀)를 집대성했으며, 작품으로 『화왕계(花王戒)』가 있다.(여기서 '화왕'은 '모란'을 가리킨다) 한문으로 된 단편으로 꽃을 의인화하여 당시 왕의 어질지 못함을 풍자한 글이라 '풍왕서(諷王書)'라고도 한다. 성덕왕 18년(719)에는 나마(奈麻)의 관등으로서 『감산사아미타여래조상기(甘山寺阿彌陀如來造像記)』를 저술했으며, 문묘에 모신 '해동 18현' 중 한 사람이다.

만파식적

신문왕이 왕권을 강화하기 위해 귀족들을 억압하자 681년 그의 장인 김흠돌이 반역을 꾀했으나 실패했다. 그 뒤부터 신문왕은 통일 공신들 위주로 권력 개편을 단행했다. 심지어 689년에는 귀족들의 근거지 금성(金星; 경주)을 벗어나 달구벌(대구)로 천도하려고까지 했다. 이런 왕권 강화를 바탕으로한 정치적 안정과 통일 후의 발전상이 반영된 설화가 바로 '만파식적(萬波息笛)'이다.

『삼국유사』에 따르면, 신라 제31대 신문왕(神文王)은 선왕 문무왕을 기리기 위해 동해 가까운 곳에 감은사(感恩寺)를 지었다. 이 앞에는 문무왕의 해중릉인 '대왕암'이 있다. 이듬해인 682년 동해로부터 감은사 앞으로 작은 산이 떠내려 와서 마치 섬처럼 자리 잡았는데, 천문과 점성을 담당하는 일관(日官)은 해룡이 된 문무왕과 천신이 된 김유신이 나라를 지킬 수 있는 보배를 전하려 한다고 해석했다. 이에 신문왕이 직접 바다 위에 떠오른 거북머리 모양의 섬에 오르니 대나무가 있었다. 잠시 후 용이 나타나 흑옥대를 바치며 이 대나무로 피리를 만들면 천하의 보배가 될 것이라고 전했다. 왕은 대나무를 가져와 피리를 만들도록 하니, 이가 바로 만파식적이다. "엄청난 파도도 그치게 할 수 있다"는 이름처럼, 만파식적을 한 번 불면 몰려왔던 적군이 물러가고, 전염병이 치료되며, 홍수나 가뭄 같은 모든 재앙이 사라졌다.

만파식적은 신라의 국보로 지정되었고 특히 왜국의 침략을 막는 효능이 있어 일본 사신이 1,000냥을 내고 한 번 보려 했다는 이야기도 전한다. 특이하게도 조령을 넘으면 소리가 나지 않았는데, 이는 신라를 벗어나지 말라는 정절의 의미로 해석할 수 있다.

＋만파식적

신문왕의 아들 32대 효소왕 때 만파식적을 분실했다가 되찾았는데, 찾는 과정에서 말갈족에게 납치된 화랑 부례랑(夫禮郎)을 구출하는 등 이적을 보여 만만파파식적(萬萬波波息笛)으로 이름을 높였다고 하며, 효양(金孝讓)의 가문이 대대로 보관하다가 훗날 원성왕(元聖王)이 된 아들 김경신에게 물려주었다.

혜초의 『왕오천축국전』

이 책의 제목에 나오는 천축국(天竺國)은 인도를 가리키는데, 책의 뜻은 "인도 5개 지역을 갔던 기록'이라는 뜻이며 1권으로 된 필사본이다. 총 6,000여 자이고 두루마리 형태로 일부분만이 현존한다. 오천축국은 인도가 넓기 때문에 동서남북과 중앙의 다섯 지방으로 구분해 한꺼번에 부른 이름이다. 1908년 3월 프랑스의 탐험가였던 폴 펠리오(Paul Pelliot)가 중국 돈황(敦煌)의 천불동(千佛洞) 17번 동굴에서 발견한 문서 속에 포함되어 있었던 이 두루마리 책자의 원본은 3권이었다고 한다. 하지만 현존본은 사본이라 전체 내용인지 요약본인지 알 수가 없다.

이 책은 1909년 중국의 뤄전위(羅振玉)가 『둔황석실유서』 1집에 수록해 학계에 알려지게 되었고, 1915년 일본의 다카쿠스(高楠順次郎)는 혜초(慧超: 704-87)가 신라의 승려임을 밝혀냈다. 이 여행기는 파미르 고원을 넘어서 당의 안서도호부(安西都護府)가 있는 쿠차(Kucha)에 도달하는 727년 11월에 끝난다. 이 책은 그보다 1세기 앞서 여행했던 현장의 『대당서역기(大唐西域記)』나 법현(法顯)의 『불국기(佛國記)』에 비해 서술은 간략하나 사료적 가치는 매

✦ 현재 〈파리 국립도서관〉에 소장되어 있는 『왕오천축국전』
발견 당시 돈황 석굴 안의 폴 펠리오.(1908.3)

우 크다. 특히 『왕오천축국전』은 8세기 인도와 중앙아시아에 관한 것으로는 세계에서 유일한 기록이다.

수로부인과 헌화가

제35대 경덕왕(景德王; 742-65)은 당의 제도를 본받아 신라를 9주로 나누고, 그 안에 5소경을 두었으며, 고유의 지명도 한자로 고쳤다. 또한 불교 중흥에도 힘써 불국사와 석굴암의 창건을 시작했으며, 황룡사 대종과 봉덕사 종도 만들었다. 교육에도 힘써 신문왕 때 세운 기존의 〈국학(國學)〉을 〈태학(太學; 또는 태학감)〉으로 고쳤다. 또 불교를 숭상하는 당나라 대종에게 '만불산(萬佛山)'이라는 가상의 산 모양의 불교공예품을 선사하여 극찬을 받는 등 당과는 사이가 좋아졌다. 하지만 일본과는 서로 사신을 퇴자놓는 등 사이가 안 좋아지더니 급기야 일본은 발해와 연합해 762년 8월 신라와 전쟁을 벌이려고 했으나 발해가 반대해 실패로 돌아가기도 했다.

경덕왕은 순정공의 딸을 비로 맞았는데, 왕비의 어머니 수로부인(水路夫人)은 빼어난 용모로 이름이 높아 관련된 여러 이야기가 전한다.

신라 전성기를 누린 제33대 성덕왕(聖德王; 702-37) 때 순정공이 강릉태수로 부임하기 위해 수로부인과 함께 길을 떠났다. 길을 가는 중에 수로부인이 벼랑 위에 피어 있는 꽃을 보고 탄성을 질렀다. 마침 소를 몰고 가던 한 노인이 부인의 말을 듣고 노래로 답하니 바로 「헌화가(獻花歌)」이다.

그리고 노인은 위험을 무릅쓰고 벼랑 위로 올라가서 꽃을 꺾어 바쳤다. 꽃을 받아 든 수로부인은 기뻐하며 노인을 치하하고 다시 길을 떠났다.

순정공 일행이 임해정(臨海亭; 삼척이나 경북 영덕군)에서 점심을 먹고 있을 때였다. 갑자기 거센 바람이 불고 하늘이 어두워졌는데, 잠시 후 바람이 그치고 날이 다시 맑아졌으나 수로부인이 보이지 않았다. 수로의 미모에 반한 용왕이 그녀를 잡아 왕궁으로 데려가 버린 것이다. 순정공은 온갖 고생 끝에 겨우 부인을 구해냈고, 그녀는 자신이 다녀온 용궁의 화려함에 대해 이야기 해주었다.

이처럼 너무 뛰어난 용모로 인해 수로부인은 어디를 가나 역신과 요괴들이 사모하여 납치하는 일이 많았다고 한다. 수로부인의 딸 경덕왕비도 어머니를 닮아 무척 아름다웠지만, 아들을 낳지는 못했다. 왕은 의충의 딸 만월을 후비로 맞이하여 아들을 보았는데, 그가 훗날 36대 혜공왕(惠恭王: 768-80)이 된다.

혜공왕은 겨우 8세에 즉위했기 때문에 만월부인이 수렴청정을 했다. 왕이 18세가 되었을 때 궁중은 기강이 매우 문란해졌으며, 만월부인에 대한 소문도 좋지 않았다.

그녀의 실정으로 인해 768년 각간(角干) 대공(大恭)이 동생 대렴(大廉)과 난을 일으키자 전국이 혼란에 휩싸이고 진골 귀족들이 난에 동참했다.('96각간의 난') 이때 태종무열왕의 계통을 이은 김지정을 비롯하여 김은거, 염상, 정문 등은 내물왕의 계통을 이은 10대손 김양상, 김경신, 김순 등과 치열한 정권다툼을 벌였는데, 와중에 혜공왕과 왕비도 죽임을 당하고 말았다.

결국 태종무열왕의 계통은 무너지고, 승리를 거둔 김양상이 왕위에 올라 37대 선덕왕(宣德王: 780-85)이 되었다. 선덕왕 원년(780) 혜공왕과 일족이 김지정에게 피살되자, 왕은 김경신과 함께 군사를 일으켜 김지정을 살해해버렸다. 그러나 『삼국유사』에 따르면, 혜공왕은 김양상과 김경신에게 살해당했다고 한다. 이는 신라가 중대에서 하대로 넘어가는 과도기적 현상임을 보여주는 사건 중 하나였다.

신라방과 신라소

신라방(新羅坊)은 당나라로 건너간 있던 신라 사람들이 주로 모여 살던 집단 거주지로 신라와 당나라 간 교통의 중심지 역할을 했다.

750년 경 경덕왕 때 신라는 점차 해상 활동을 강화하고 당·일본과의 교역을 확대했을 뿐만 아니라 해상 무역 활동이 편리한 곳에 이민하여 집단적으로 거주하기도 했다. 당나라의 해안 지방에 있는 집단 거주지를 신라방이라고 하는데, 그 중 신라인을 다스리기 위한 총관까지 배치한 산둥성 등주(登州)의 것이 유명하며, 산둥성에서 장쑤성에 걸쳐 존재했다. 이곳에는 주로 교역 상인들이었지만 사신단, 유학생, 구법승, 그 밖에도 경제적 정치적 난민들도 다수 머물렀던 것으로 알려져 있다.

또 문등현(文登縣) 적산촌(赤山村)에는 적산원(赤山院)이란 신라인의 사찰이 세워져 신라와 일본에서 승려가 건너왔으며, 후에 장보고(張保皐)가 해상권을 장악한 이후 해상 무역이 신라인의 독점이 되면서 더욱 번성했다.

또 신라방에 거주하는 신라인을 다스리기 위해 자치적 행정기관인 신라소(新羅所)를 설치하기도 했다. 그리고 신라원(新羅院)은 적산원(赤山院)처럼 신라인이 당나라에 세운 절을 가리킨다.

불국사와 김대성

32대 효소왕 때 김대성이라는 인물이 있었다. 그의 아버지는 재상을 지낸 김문량인데, 경덕왕 4년(745) 이찬으로 중시가 되었으며, 750년에 물러난 뒤 삶을 마칠 때까지 불국사의 창건 공사를 주관했다.

법흥왕(法興王) 때 세운 불국사는 751년 김대성이 왕에게 아뢰어 경덕왕 때 세운 절을 중건하고, 새로 석굴암을 세웠다. 석굴암은 중국의 운강석굴, 일본의 법륭사 사원과 더불어 동양 3대 불교 예술품으로 꼽히고 있다.

불국사는 임진왜란 때 불에 타서 조선 후기에 다시 세웠다. 불국사 앞쪽에 있는 청운교와 백운교의 돌층계 그리고 옆에 있는 연화교와 칠보교도 빼어난 예술품이다. 그리고 대웅전 앞뜰에 서로 마주하고 있는 석가탑과 다보탑 역시 신라 예술의 걸작으로, 두 탑은 아주 대조적으로, 석가탑이 소박한 아름다움을 지닌 남성 같다면, 다보탑은 화려하고 우아한 여성 같은 느낌을 준다. 여기에는 옛 백제 사비(부여) 출신 석공 아사달과 그의 부인 아사녀의 슬픈 전설이 서려 있다. 이 전설에 따라 석가탑은 '그림자가 없다'는 뜻을 담은 '무영탑(無影塔)'이라 불리고 있다.

✛다보탑

✛석가탑

에밀레종의 전설

성덕대왕신종(聖德大王神鍾)은 높이 3.75m, 무게 18.9t에 이르는 거대한 범종(梵鐘)이다. 웅장하면서도 그윽하게 울리는 종소리의 여운이 마치 '에밀레~!'처럼 들린다고 해서 '에밀레종'이라는 별칭으로도 부른다. 우리나라 범종 가운데 가장 뛰어난 작품으로, 1962년 12월 20일 국보 제29호로 지정되었다.

✦성덕대왕신종(에밀레종)

성덕대왕신종은 경덕왕 때, 신라의 전성기를 이룩한 아버지 성덕왕의 공을 기리고 왕권 강화를 위해 만들기 시작해 혜공왕 때 완성되었는데, 표면에는 1,037자의 글자가 새겨져 있다. 한림랑(翰林郎; 왕명의 작성과 왕의 자문에 응하던 한림대(翰林臺)의 우두머리) 김필중이 왕명을 받들어 지은 글로, 종 제작 시기 및 동기, 범종의 의미, 종 제작에 참여한 사람들의 관직과 이름 그리고 태평성대를 연 성덕대왕의 높은 덕을 칭송하는 내용이다.

혜공왕(惠恭王)은 자신의 할아버지인 성덕왕을 기리는 종을 만들기 위해 승려들로 하여금 시주를 받도록 했다. 한 승려가 어느 초라한 집에 들르자 아기를 데리고 있는 과부 아낙네가 시주를 하고 싶지만 있는 건 갓난아기뿐이라고 탄식했다. 승려는 사절하고 다른 집들에서 시주를 받아 종 주조에 보냈다. 그런데 완성된 종을 쳐보면 금이 가곤 하여 도무지 완성할 수가 없었다.

그래서 승려가 일관(日官)에게 점을 쳐달라고 청하니 받아올 시주를 받아오지 않았기 때문이라고 했다. 하지만 시주를 받지 않은 곳은 아기를 준다던 가난한 과부 아낙의 집뿐이었다. 승려는 다시 그 집을 찾아가 아낙의 반대에도 불구하고 아이를 강제로 데려와 종을 만드는 주재료인 펄펄 끓는 쇳물에 아기를 던졌다. 얼마 후 완성된 종을 쳐보니 균열도 생기지 않았다. 무사히 종이 완성되었으나 묘한 여운이 있었다. "에밀레~!" 마치 아기가 어미를 부르는 듯한 소리였는데 사람들은 종을 만들기 위해 자신을 시주한 어미를 원망하는 소리라고 했다.

「경주의 고적 전설」에는 조금 다른 내용의 전설이 실려 있다. 이야기의 틀은 비슷하지만, 장인의 실명이 거론되었다는 점이 새롭다. 종을 만드는 장인 일전(一典)은 성덕대왕신종을 만들고자 했으나 실패를 거듭하여 관리들에게 비난과 질책을 받았다.

당시 그에게는 과부의 몸으로 그의 집에 얹혀살던 여동생이 있었다. 오빠의 실패를 안타까워하던 그녀는 고민 끝에 종을 완성하기 위해 제물로 자신의 아이를 바칠 뜻을 전했다. 일전은 처음에는 망설였지만 결국 부처의 뜻으로 여겨 동생의 청을 받아들였다. 아이는 펄펄 끓는 쇳물에 던져졌고, 얼마 지나지 않아 종이 완성되었다. 그런데 종소리는 아이가 어미를 원망하듯 '에밀레-!'처럼 들렸다.

끝부분이 다른 이야기도 있다. 여동생의 청에 일전은 놀라 절을 찾아 부처께 조카의 목숨을 살릴 방도를 알려달라고 기도하니 꿈에 부처와 보살이 나타나서 아이 대신 베던 목침을 용광로에 넣으면 우리가 목침을 아이의 모습으로 보여 신장들을 속일 것이라고 말했다. 마침내 일전이 목침을 용광로에 넣으니 목침은 마치 실제 아이가 떨어지는 것처럼 슬피 울었다. 결국 아이는 무사했고 훗날 명승이 되었다고 한다.

중국 '5호 16국 시대'에 세워진 감숙성 무위시 대운사(大云寺)에 있는 종이 운다는 말이 있는데, 이 같은 이야기가 한반도로 넘어왔을 가능성이 있다. 그리고 이 전설이 혜공왕 때의 상황을 빗댄 것이라고 해석하는 학자도 있다. 어린 아들을 허수아비 왕으로 세우고 전횡을 일삼던 혜공왕의 어머니 만월부인과 혜공왕의 고종사촌이자 나이 어린 왕을 배신하고 왕위를 찬탈한 상대등 김양상을 빗댄 이야기라는 것이다. 비참한 죽음을 앞둔 혜공왕은 외삼촌과 함께 국정을 농단한 어머니(만월태후)를 "에미탓이야" 하고 원망하지는 않았을까. 아니면 혜공왕과 만월부인의 죽음을 눈으로 직접 본 신라인들이 바로 심약한 혜공왕을 연민의 정으로 여기며 '에미 탓이야' '에미 탓이야' 하고 동조해주지 않았을까.

조선 초기 숭유억불 정책이 시행될 때는 많은 절의 범종을 녹여서 무기 등을 만들었는데, 봉덕사의 성덕대왕신종은 세종의 지시로 녹이지 않았다고 한다. 이후 북천에 큰 홍수가 나면서 봉덕사는 없어지고 종은 한동안 들판에 남겨졌다가 1460년 영묘사로 옮겨 걸었다. 1506년에는 경주읍성 남문 밖 봉황대 밑에 종각을 짓고 걸어 성문을 여닫는 시각을 알리는 용도로 사용했다. 그리고 1915년 옛 경주박물관으로 옮겨졌다가, 1975년에 새로 지은 국립경주박물관으로 이전했다.

원성왕과 독서삼품과

무열왕 계 김주원을 몰아낸 김경신은 제38대 원성왕(元聖王; 785-98; 김경신)이 되었고, 내물왕, 무열왕, 문무왕 및 조부인 흥평왕(추존)과 부친인 명덕왕(추존)을 국가 5묘로 지정함으로써 조부와 아버지를 무열왕, 문무왕과 동등하게 만들었다.

『삼국유사』에는 원성왕이 생부 김효양에게 만파식적을 물려받았고, 이 때문에 일본이 신라를 침략하지 못했다는 전설이 수록되어 있다.

원성왕 4년(788)에는 관리 등용을 위해 〈국학〉 졸업생을 상대로 일종의 졸업시험이자 과거제도인 '독서삼품과(讀書三品科)'를 실시했는데, 『논어』, 『예기』, 『춘추좌씨전』 등 유교 경서를 과목으로 정하고, 독해 수준에 따라 등급을 나누어 관리로 채용했다. 주로 육두품에 제한되었지만 학문적 소양을 갖춘 관리가 일부 탄생했다는 것은 상당한 의의가 있다. 하대에 이르러 신분적 폐쇄성이 증가하고, 도당유학생의 대두로 인해 독서삼품과가 소기의 성과를 거두지는 못했지만, 훗날 고려시대에 본격적으로 시행된 과거제도의 선구자적 역할을 했다는 데 의미가 크다.

41대 헌덕왕(憲德王; 809-26)은 원성왕 6년(790)에 사신으로 당나라에 다녀왔으며 귀국 후에 대아찬이 되었다. 791년 전(前) 시중 제공의 반란 진압에 공적을 세워 이찬, 병부령을 거쳐, 800년에 애장왕(哀莊王)이 즉위하면서 섭정이 된 후 809년 7월 동생과 함께 애장왕을 죽이고 스스로 왕위를 이었다.

헌덕왕은 즉위하면서 당에 사신을 파견하여 선대의 애장왕의 죽음을 전하고 당 헌종으로부터 신라왕으로 책봉되었다. 810년 10월 왕자 김헌장(金憲章)을 당에 보내 금불상 등을 헌상하는 등 정기적으로 조공을 바쳤다.

『삼국사기』 '신라본기' 헌덕왕 편에는 819년 당나라 고구려 유민 이정기의 손자 이사도가 반란을 일으키자 병마를 요청한 헌종의 요구에 따라 7월, 순천군장군(順天軍將軍) 김웅원(金雄元)과 3만 명의 군사를 파견하여 당나라를 지원했다.('이사도의 난'은 2월에 평정되었는데, 7월에 파병했다는 것은 믿기 힘들다. 만일 사실이라면 우리 역사에서 최초의 해외 원정으로 기록될 이 파병으로 신라는 두 번이나 고구려를 치는데 협조한 셈이 된다.)

822년 3월, 김헌창(金憲昌)이 반란을 일으켜 웅진을 수도로 삼고 국호를 장안국(長安國)이라고 했다. 반란은 장보고 등에 의해 한 달 만에 진압되었고, 다시 825년 1월에 김헌창의 아들 김범문이 고달산(高達山: 경기도 여주)을 근거지로 하여 반란을 일으켰지만 북한산주(北漢山州) 도독(都督)인 총명(聰明)에 의해서 진압되었다.

장보고의 등장

제42대 흥덕왕(興德王; 826-36)이 즉위하고 2달이 지난 826년 12월 왕비 장화부인이 세상을 떠났다. 군신들이 새로운 왕비를 책봉할 것을 진언했지만 왕은 거절했다. 『삼국유사』에는 흥덕왕이 왕비를 잃은 슬픔을 한 쌍의 새에 비유한 설화가 기록되어 있다. 흥덕왕이 왕위에 오른 지 얼마 지나지 않아 당나라에 사신으로 다녀온 신하가 앵무새 한 쌍을 가지고 돌아왔다. 색깔이 곱고, 사람의 말을 흉내내는 신기한 앵무새를 왕은 무척 사랑했다. 그런데 오래지 않아 암컷이 죽었고, 홀로 된 수컷은 내내 슬피 울었다. 왕이 사람을 시켜 앵무새 앞에 거울을 걸어 놓게 했더니 앵무새는 거울 속에 비친 모습이 암컷인 줄 알고 거울을 쪼아대다가 그만 죽고 말았다.

"새도 짝을 잃으면 저리 슬퍼하는데, 하물며 좋은 배필을 잃고 나서 어찌 무정하게 다시 부인을 얻겠는가?"

흥덕왕 때는 잠시 왕권이 안정되었고, 더구나 장보고(張保皐)라는 걸출한 인물이 있어 외국과 교역을 하며 국세를 확장했다. 780년대 후반 청해진(완도)에서 태어난 것으로 추정되는 장보고는 본명이 궁복(弓福) 또는 궁파(弓巴)라고 하는데, '활을 잘 쏘는 사람'이라는 뜻이다.

궁복은 어린 나이에 친구 정년(鄭年)과 함께 당의 서주(徐州; 장쑤성 쉬저우)로 건너갔다. 장보고(張保皐)라는 이름은 당나라에 건너간 후, 중국에서 흔한 장씨를 성으로 삼고, 새로 이름을 지은 것으로 보인다. 819년 2월 그는 뛰어난 무예 솜씨로 당의 산둥반도에서 일어난 '이사도의 난'에 참전하여 공을 세우기도 했다.

828년 4월, 당(唐)나라 군벌세력의 장수로 있던 장보고(張保皐)가 귀국한 뒤 흥덕왕에게 아뢰어 청해진(淸海鎭)을 세우고 군사 1만 명으로 1년 만에 해적을 완전하게 소탕한다는 대목이 『삼국사기』에 나온다. 왕의 승인을

얻어 1만여 명의 군사를 확보한 장보고는 완도에 청해진을 세우고 대사
가 되었는데 그의 활약으로 835년 이후에는 해상에서 노예를 매매하는
일이 사라졌다고 나와 있다.

장보고는 해적 토벌을 넘어 서남해 해상권을 장악하여 당과 일본뿐
아니라 북쪽의 발해와 탐라, 우산국과 같은 신라의 속국들, 마타람 왕
국, 크메르 왕국 등 서역의 나라와도 교역을 하여 부를 축적하고 큰 세
력을 이루었다. 장보고는 신라인 노예들을 사들이거나 돌려받아 석방시
켰으며, 골품제와 같은 신분에 구애되지 않고 유능한 인재들을 받아들
여 능력을 적극 발휘할 수 있게 하여 탄탄한 조직을 이뤘다.

장보고가 자신과 연계된 신라 상인들이 많이 거류하는 산둥성 문등
현 적산(赤山: 영성시)에 머물 때 신라 출신 승려가 그를 찾아와 그곳에 〈법
화원〉을 세우는데 도움을 청했다. 신라인의 구심점이 필요했던 장보고는
엄청난 공사비를 마련해주었고, 토지를 기부하여 연간 500석을 추수하
도록 하는 등 지원을 아끼지 않았다. 웅장한 모습을 갖추고 완공된 〈법
화원〉은 승려가 30여 명 이상 상주했으며, 지역 신라인의 정신적인 중심
지로 성장했고, 법회를 열면 수백의 인파가 몰려들었다고 한다.

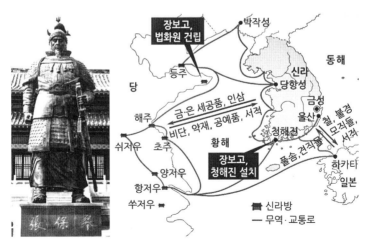

✦중국 〈법화원〉에 세워진 장보고 동상과 장보고 해상로

838년부터 847년까지 당에 머무르던 일본의 천태종 승려 자각대사 엔닌(円仁)은, 장보고의 휘하에 있던 현지 신라인들로부터 도움을 받아 법행을 마칠 수 있었다는 감사의 편지를 보내기도 했다. 그가 일기처럼 쓴 『입당구법순례행기』에는 당에 거주하던 신라인의 생활이 잘 소개되어 있으며, 일본으로 돌아간 뒤 신라인 사찰인 법화원을 본떠 교토의 〈적산선원(赤山禪院)〉 건립을 발원하기도 했다.

일본 시가현 온조사(園城寺)에는 신라 대명신을 모신 신라선신당이 오늘날까지 남아 있다. 엔닌과 마찬가지로 당에 유학했다가 돌아오던 승려 엔친(圓珍)이 바다에서 풍랑을 만났을 때, 붉은 옷을 입고 흰 활을 든 신이 나타나 바다를 잔잔하게 만들어 무사히 귀국할 수 있도록 도와주었다는 일화가 전하는데, 사람들은 이를 장보고의 현신(現身)으로 추측하고 조성한 것이다.

흥덕왕이 재위 11년 만에 서거하자, 원성왕의 손자 김헌정의 아들인 김제륭(金悌隆)은 아찬 김우징(金祐徵), 조카 예징(禮徵), 김양(金陽)의 지지를 받는 숙부 김균정과 서로 왕위 계승을 놓고 대립했다. 이 과정에서 김균정이 전사하고, 김양은 화살을 맞고 김우징 등과 함께 청해진으로 달아나 장보고에게 의탁했다.

그러나 43대 희강왕(僖康王; 836-38)인 된 김제륭도 재위 3년 만인 838년 김명이 일으킨 정변으로 피살되었다. 김명이 스스로 44대 민애왕(閔哀王; 838-39)으로 즉위하자, 과거에 김균정의 편에 섰다가 패하고 달아났던 김양이 군사를 모아 청해진으로 찾아와 김우징을 만나고, 장보고에게 도움을 청했다. 장보고는 친구 정년에게 청해진의 군사 5,000명을 주어 김양과 함께 왕경으로 진격하도록 했다. 정년이 이끄는 청해진의 군사는 무주와 대구를 거쳐 왕경에 입성하여 민애왕을 죽이고, 김우징을 45대 신무왕(神武王; 839, 1.24- 7.23 음력)으로 추대했다. 공을 세운 장보고는 감의군사(感義軍使)의 직책과 식읍 2,000호를 하사받았다.

하지만 즉위한 지 얼마 지나지 않아 김우징은 죽고, 태자 경응(慶應)이 즉위하여 제46대 문성왕(文聖王; 839-57)이 되었다. 왕은 즉위한 해 839년에 장보고를 진해장군(鎭海將軍)으로 삼았다. 845년 3월에는 장보고 딸을 둘째 왕비로 들이려 했지만, 신하들은 천한 섬사람의 딸을 왕후로 삼을 수는 없다며 반대하여 혼인은 취소되었다.

이듬해 봄, 앙심을 품은 장보고가 청해진에서 반란을 일으켰다는 소식에 신라 조정은 전전긍긍하고 있을 때 장수 염장(閻丈)이 나섰다. 장보고의 옛 부하였던 그가 왕에게 버림받은 것처럼 거짓 투항하자 장보고는 환영 연회까지 열었는데, 장보고가 술에 취한 틈을 타 염장이 그의 목을 베어버렸다.

장보고의 죽음을 본 청해진의 군사들은 저항도 하지 못하고 항복했으며 염장은 그들을 서라벌로 데리고 올라와 자신이 장보고를 처치했음을 아뢰었다. 문성왕은 기뻐하면서 염장에게 포상하고 아간(阿干; 17관등 중 6등관) 관등을 주었다. 문성왕 13년(851) 봄, 신라 조정은 청해진을 없애고 주민들을 벽골군(전북 김제)으로 이주시켰다. 이는 바다의 조수를 다루는데 최적화된 청해진 사람들을 만조 때 역류하는 '벽골제'의 유지보수와 저지대의 간척에 투입 활용하고자 한 방편이었을 것이다.

진성여왕

51대 진성여왕(眞聖女王; 887-97)은 진덕여왕 이후 233년 만에 즉위한 3번째이자 마지막 여왕이며, 통일신라 최후의 임금이기도 하다. 52대 효공왕부터는 후삼국으로 분열된 후의 신라 왕이기 때문이다. 48대 경문왕과 영화부인 김씨 사이의 2남 1녀 중 셋째로, 49대 헌강왕(憲康王; 875-86)과 50대 정강왕(定康王; 886-87)의 여동생이며, 52대 효공왕(孝恭王; 887-912)

의 고모가 된다. 헌강왕부터 3남매 계승의 마지막 인물인 그녀는 여왕 중 유일하게 남매 계승을 했다. 둘째 오빠인 정강왕이 후사를 남기지 못하고 죽는 바람에 그의 유지에 따라 887년에 즉위했다.

하지만 왕실과 조정의 권위가 땅에 떨어지자 지방에 대한 통제력을 상실했고, 여왕의 사치로 텅 빈 국고를 채우기 위해 과중한 세금을 거둬들이자 민심은 흉흉해져 곳곳에 도적이 생기고 민란이 일어났다. 그 대표적인 민란이 889년 사벌주(상주)에서 일어난 '원종(元宗)·애노(哀奴)의 난'이다.

이 같은 혼란을 틈타 지방호족들은 독자적 세력을 키우려 했고, 조정에서는 군대를 파견해 진압하려 했으나 번번이 실패하고 말았다. 조정의 힘은 급격히 쇠락해 경주 일대로 축소되었으며, 지방호족들은 치열한 싸움 끝에 살아남은 견훤과 궁예가 각자 나라를 세워 '후삼국 시대'가 시작되었다.

894년 진성여왕은 천령군(함양) 태수로 있던 최치원을 불러 기울어지는 나라를 세우고자 노력했다. 아찬 벼슬에 오른 최치원은 '시무 10여조(時務十餘條)'를 적어 여왕께 올렸으나 진골 귀족들의 반발로 무산되었다. 897년 진성여왕은 깊은 병이 들어 헌강왕의 서자인 요를 태자로 삼아 왕위를 물려주고 승하했다.

『삼국사기』와 『삼국유사』에 실린 진성여왕에 대한 기록은 상당히 비판적이다. 유모인 부호부인과 그녀의 남편인 각간 김위홍(金魏弘) 등 몇몇 신하들이 권력을 마음대로 휘두르며 국정을 어지럽혀 도적들이 벌떼처럼 일어났다고 적혀 있다. 그러나 각간 김위홍과 대구화상(大矩和尙)을 시켜 향가 모음집인 『삼대목(三代目)』(888)을 편찬했으며, 최치원의 『사사위표(謝嗣位表)』에는 진성여왕이 몸은 약하지만 사심이 없고, 뜻한 바는 반드시 이루는 굳은 의지를 지닌 성군으로 묘사되어 있다.

최치원과 6두품

　　신라 최고의 문장가로 꼽히는 고운(孤雲) 최치원(崔致遠; 857-908)은 많은 학자들을 배출한 최씨 가문 출신으로, 후백제의 최승우, 고려의 최언위와 함께 신라 말기 3최(崔)의 한 사람으로, 새롭게 성장하는 육두품 출신의 지식인 중 가장 대표적인 인물이었다. 육두품은 성골과 진골 바로 아래 신분으로, 왕족은 아니지만 중앙귀족이었다.

　　원성왕의 원찰인 〈숭복사(崇福寺)〉의 창건에 관계했던 최견일은 경문왕(景文王) 8년(868) 아들 최치원이 12세가 되자 당나라에 유학을 보냈다. 최치원은 7년 만인 874년에 18세의 나이로 외국인 대상의 빈공과(賓貢科)에 합격한 뒤 2년 동안 낙양을 유람하면서 많은 시를 남겼다. 그때 지은 작품이 「금체시」 5수 1권, 「오언칠언금체시」 100수 1권, 「잡시부」 30수 1권 등이다. 그는 헌강왕(憲康王) 2년(876) 당나라의 선주(宣州) 율수현위(溧水縣尉)가 되었으나 이듬해 사직하고, 양양 이위(李蔚)의 문객으로 지내다가 회남 절도사 고변(高騈)의 추천으로 관역순관(館驛巡官)이 되었다.

　　최치원이 문장으로 이름을 천하에 떨치게 된 것은 당의 18대 희종(僖宗; 873-88)이 875년 '황소의 난'을 진압하기 위해 출동한 고변의 종사관이 되어 '토황소격문(討黃巢檄文)'을 쓰면서부터였다. 황소는 산동성 하택현 출신으로 소금을 밀매하던 집안의 아들이었는데, 환관들의 횡포와 수탈을 견디지 못해 난을 일으켰다. 이에 수많은 농민들과 고향을 버리고 유랑 생활을 하는 자들이 속속 휘하로 모여들어 삽시간에 수천 명이 되었다. 황소의 반군은 당시 수도였던 장안을 점령, 나라를

✦고운, 해운 최치원 영정. 최치원이 새긴 자신의 호 해운(海雲)과 해안가의 높게 형성된 지역을 일컫는 대(臺)가 합성된 지명이 해운대이다.

세우고 국호를 '대제(大齊)'라 칭하며 한때 세력을 크게 떨쳤다.

최치원은 '천하의 모든 사람이 너를 죽이려 의논할 뿐 아니라 땅속의 귀신들까지 너를 죽이려고 의논했다(不惟天下之人 皆思顯戮, 仰亦地中之鬼 已議陰誅)'는 내용의 격문을 써서 황소에게 보냈다. 황소는 격문을 읽고 크게 놀라서 앉아 있던 의자에서 넘어졌다고 한다. 이 격문으로 최치원의 문명(文名)은 당나라 전역으로 퍼졌으며, 황제는 그에게 자금어대(紫金魚袋)를 하사했다.

885년 귀국할 때까지 17년 동안 당나라에 머무는 동안, 최치원은 고운(顧雲), 나은(羅隱) 등 당의 문인들과 사귀면서 문장이 더욱 빛나 「당서 예문지」에도 그의 저서명이 실릴 정도였다. 29세 때 신라에 돌아오자 헌강왕은 그를 시독 겸 한림학사에 임명했다. 또 헌강왕의 명으로 『초월산 대숭복사비문(初月山大崇福寺碑文)』 등 명문을 남겼고(진성여왕 때 완성), 당나라에서 지은 저작들을 정리한 『계원필경(桂苑筆耕)』을 국왕께 바쳤다.

하지만 신라는 이미 기울고 있었다. 지방 호족세력이 대두하면서 조정은 세금을 제대로 거두지 못해 국고가 비어 재정이 궁핍한 실정이었다. 이를 지켜보던 최치원은 895년 전몰한 승병들을 위해 만든 해인사 경내의 한 공양탑의 기문에 당시의 처참한 상황에 대해 "전쟁과 재앙 두 가지 흉사가 서쪽 당에서는 멈추고, 동쪽 신라로 옮겨와 더욱 험악해져 굶어서 죽고 전쟁으로 죽은 시체가 들판에 별처럼 흩어져 있었다"고 술회했다.

직접 황소의 반란을 체험한 그에게는 고국에서 벌어지는 전쟁과 재앙의 당나라의 참상이 파급된 듯 보인 것이다. 최치원도 처음에는 의욕을 가지고 당나라에서 배운 경륜을 펴보려 했다. 그러나 진골 귀족 중심의 독점적인 신분체제의 한계와 국정의 문란함을 깨닫고 외직을 맡아 태수를 역임했다. 이때 진골 및 성골 귀족의 부패와 지방 호족세력의 반란 등 사회적 모순을 직접 목격한 최치원은 894년 구체적인 개혁안을 제시한 '시무

10여조(時務+餘條)'를 진성여왕에게 올려 문란한 정치를 바로잡으려 했다. 시무책은 진성여왕에게 받아들여졌고, 그는 6두품의 신분으로서는 최고의 관등인 아찬에 올랐으나 개혁은 실현되지 못했다. 기득권 세력인 진골, 성골 귀족들에게 개혁안이 받아들여지기에는 역부족이었다. 하지만 그는 6두품을 얻기 어려운 '득난(得難)'이라고 표현해 자부심을 나타내기도 했다.

❀

골품제는 다단계의 신분제도로 성골(聖骨)과 진골(眞骨)은 왕족/ 6두품, 5두품, 4두품은 귀족 / 3두품, 2두품, 1두품은 평민(추정) / 0두품에 상당하는 노비로 구분되었다. 골품제로 인해 계층상승이 불가능했던 6두품 출신들은 주로 당으로 건너가 빈공과에 급제하여 능력을 발휘했다. 또 신라 말기에는 지방의 호족들과 손잡고 신라 조정을 공격하기도 했다. 호족들은 각자의 참선으로 깨달음을 얻는다는 실천적 경향의 선종(禪宗)을 후원했고, 신라 조정에 반감을 갖고 있으면서 유교를 정치이념으로 삼는 6두품들을 후원하여 새로운 사회 건설의 기반을 마련했다.

최치원은 퇴위하고자 하는 진성여왕과 그 뒤를 이은 효공왕을 위해 대리 작성한 각각의 '상표문(上表文)'에서 신라가 이미 돌이킬 수 없는 멸망의 길로 들어서고 있다고 적었다. 왕실에 대한 실망과 좌절을 느낀 최치원은 40세가 넘자 관직에서 물러나 경주의 남산, 강주의 빙산, 합천의 청량사, 지리산의 쌍계사, 합포현의 별서, 동래의 해운대 등을 돌아다녔다고 한다.

만년에는 형이자 승려인 현준(賢俊) 및 정현사와 도우를 맺고 가야산 해인사에 머물렀다. 해인사에서 언제 떠났는지 알 길이 없으나 그가 지은 「신라수창군호국성팔각등루기」에 의하면, 효공왕(孝恭王) 12년(908) 말까지 생존했던 것은 분명하지만, 그 뒤의 행적은 전혀 알 수 없다. 자유롭게 산수를 떠돌다가 죽었다고도 하며 신선이 되었다는 속설도 전해오고 있다.

3
후삼국시대

지렁이의 아들 견훤

『삼국유사』는 견훤의 출생담을 다음과 같이 적고 있다. 광주 북촌의 한 부호에게 딸이 있었는데, 언젠가부터 밤만 되면 자주색 옷을 입은 남자가 딸의 방에 와서 동침하고 새벽이면 사라졌다. 딸이 조심스럽게 이 사실을 아버지에게 털어놓자 일러두기를 밤에 그 사내가 다시 오거든 옷에 몰래 실을 꿰어 둔 바늘을 꽂아 두라고 했다. 과연 사내는 다시 나타났고, 딸은 아버지의 말대로 했다. 날이 밝아 아버지는 딸과 함께 실을 따라가 보았는데, 북쪽 담장 밑에 커다란 지렁이의 허리에 바늘이 꽂혀 있었다. 그 후 딸은 임신하여 아들을 낳았다. 아이는 15세가 되자 스스로 견훤이라 이름하고, 군문에 들어선 후 서남해의 방수로 배정되었는데, 잘 때도 창을 품에 안고 적을 대비하여 다른 신라 병사들을 앞섰으므로 비장이 되었다. 문경시 가은읍 아차마을에는 견훤이 지렁이의 자식으로 묘사한 설화와 관련된 금하굴(金霞窟)이라는 동굴이 아직도 남아 있다.

신라는 말기로 접어들면서 점점 국력이 쇠약해졌다. 왕위 계승을 둘러싼 진골 귀족들의 다툼으로 조정의 지방 통제력이 약화되었으며, 귀족과 사원의 토지 소유가 늘어나 농민들의 삶은 피폐해졌다. 이렇게 국가 경제의 기반인 농민들이 힘들어진 반면에 귀족들의 사치와 향락으로 국고는 점점 비어만 갔다. 급기야 진성여왕 때는 이러한 모순이 극도로 심해졌지만 근본적인 개혁안을 마련할 엄두조차 못내고 있었다.

국고가 비고 궁의 재정이 궁핍하게 되자, 조정에서는 사자를 파견해 지방에 조세를 독촉했다. 이러한 조세 부담은 농민에게 그대로 전가되었고 이에 저항하는 농민 봉기가 전국적으로 일어났다. 대표적인 농민 봉기가 바로 사벌주(상주)에서 일어난 '원종·애노의 난(889)'이다. 견훤은 진성여왕 6년(892, 『삼국유사』에는 889년)에 바로 이 '원종·애노의 난'을 진압한다는 구실로 신라 조정으로부터 군사적인 독립을 이룬다.

후백제 개창

892년 무진주(광주)를 점령한 견훤은 900년 완산주(전주)를 도읍으로 정하고 후백제를 건국하지만, 왕이라는 칭호 대신에 스스로를 도독 겸 개국공이라 했으며, 중국 오월(吳越)에 사신을 보내 외교 관계까지 맺었다.

이듬해 견훤은 지금의 경상남도 서부 지역으로 진군하여 대야성을 공격했으나 실패했다. 899년에는 견훤으로부터 비장의 지위를 받은 양길이 국원경 등 10여 성의 성주들을 끌어들여 궁예를 쳤으나 비뇌성 전투에서 패했고, 이후 901년 궁예는 후고구려를 선포했다.

✦견훤의 영정

903년 견훤은 후고구려의 기습에 의해 금성(錦城, 나주) 일대의 10여 군현을 빼앗겼고, 906년에는 상주 사화진 일대에서 왕건과 여러 차례 싸웠으나 패하고 말았다. 심지어 909년에는 영광군 염해현 앞바다에서 견훤이 오월(吳越)에 보내는 선박이 왕건에게 나포되어 후백제의 사신은 물론 가지고 있던 물건들까지 모두 빼앗기기도 했다.

여세를 몰아 왕건이 이끄는 2,500여 명의 수군은 진도는 물론 고이도까지 장악했다. 이어 덕진포에서 왕건에게 패한 견훤은 작은 배를 타고 겨우 도주했다. 이후 왕건은 궁예의 명을 받고 나주를 거쳐 무진주로 진격했지만, 견훤의 사위인 지훤(池萱)에게 패해 아쉽게 물러나야만 했다.

마침내 912년 견훤은 나주 덕진포에서 왕건을 대동하고 해군을 이끈 궁예와 해전을 벌였으나 결국 궁예에게 패하고 말았다. 이는 후고구려가 해상 봉쇄를 통해 후백제를 외교적·경제적으로 고립시키고, 충청남도 북부 지역과 나주 지역을 통한 앞뒤로의 대규모 동시 협공 우려를 견훤에게 심어줌으로써 후백제의 국력이 더이상 확장되지 못하도록 하는 효과를 낳았다.

오대십국시대(五代十國時代, 907년~979년)는 거란족 주전충(朱全忠)이 건국한 후량에 의해 당나라가 멸망한 907년부터, 송나라가 십국을 통일한 979년까지, 황하 유역을 중심으로 화북을 통치했던 5개의 왕조(오대)와 화중·화남과 화북의 일부를 지배했던 여러 지방정권(십국)이 흥망을 거듭한 정치적 격변기를 가리킨다. 5대 10국의 5대는 후량(後梁, 907~923), 후당(後唐, 923~936), 후진(後晉, 936~946), 후한(後漢, 947~951), 후주(後周, 951~960)를 뜻하며, 10국은 오월(吳越, 907~978), 민(閩, 909~945), 형남(荊南, 924~963), 초(楚, 897~951), 오(吳, 902~937), 남당(南唐, 937~975), 남한(南漢, 917~971), 북한(北漢, 951~979), 전촉(前蜀, 903~925), 후촉(後蜀, 934~965)을 가리킨다.

신라 왕의 서자, 궁예

궁예(弓裔)의 출생에 대해서는 여러 가지 주장이 있지만, 『삼국사기』에는 신라 헌안왕 혹은 경문왕과 후궁 사이에서 태어난 서자로 기록되어 있다. 음력 5월 5일에 외가에서 출생했는데, 단오절에 태어난 아이는 흉성의 기운을 받아 상서롭지 못한 데다가 허연 빛이 지붕을 비췄다니 불길한 징조라는 일관(日官)의 말에 왕은 궁예를 없애라고 명했다. 그래서 포대기에 싸인 채 높은 누대에서 버려졌으나 누대 아래에 있던 유모가 떨어지는 궁예를 받아 간신히 목숨을 구했다. 하지만 이때 유모의 손가락이 눈을 찌르는 바람에 한쪽 눈을 잃고 말았다고 한다.

또래보다 체격도 크고 힘이 센 궁예는 늘 말썽만 부리자 10세가 되었을 때 유모는 본래 왕자였다는 비밀을 알려 주었다. 이 같은 출생의 비극적인 사연 때문인지 평생 신라를 적대적으로 대한 궁예는 세달사에 몸을 의탁하고 스스로 법명을 선종(善宗)이라 했다.

『삼국사기』는 궁예의 승려 시절에 대해, 계율에 얽매이지 않고 기상이 활발하며 배짱이 두둑했다고 적고 있다. 어느 날 궁예가 재(齋)에 나아가 행렬에 들었는데, 까마귀가 그의 바리때(승려의 공양 그릇)에 임금 왕 자가 새겨진 상앗대를 떨어뜨리고 갔다. 이때부터 궁예는 자신이 장차 왕이 될 것이라고 믿었다고 한다.

진성여왕 5년(891), 궁예는 절을 떠나 죽주(竹州: 경기도 안성)에서 활동하던 군벌 기훤(箕萱)의 휘하에 들어갔으나 오만한 그의 태도에 실망하여, 이듬해에 원회, 신훤 등과 함께 북원(강원도 원주)의 군벌 양길(梁吉)의 휘하로 들어갔다. 궁예를 신임한 양길은 군사를 나누어 주며 북원 동쪽을 공략하도록 하자 치악산 석남사에 주둔하던 그는 진성여왕 8년(894)에 명주(강릉)를 다스리던 김순식의 항복을 받아냈다.

세력이 강해진 궁예는 3,000명이 넘는 군사를 14개 부대로 나눈 다음,

김대, 검모, 흔장, 귀평, 장일 등을 사상으로 임명하고 자신은 장군을 자칭했는데, 신라 후기에 반란의 지도자나 호족세력으로는 최초로 장군을 자칭했다. 더구나 자신을 따르는 무리들과 고락을 함께 하면서 신라에 등을 돌린 백성들의 마음을 얻는 데 성공한다.

진성여왕 9년(895), 궁예는 동해를 끼고 북상하여 영서지방으로 넘어와 세력 기반을 다진 후 철원을 도읍으로 삼았다. 궁예의 세력이 급성장하자 패서(浿西: 예성강) 이북의 호족들이 차례로 자진 투항했고, 궁예는 나라를 세워 임금이 된다. 진성여왕 10년(896) 궁예가 군왕을 자칭하고 거병하자, 송악(개성)의 호족이었던 왕륭(王隆; ?-897)이 그의 휘하에 들어갔다. 숙신과 변한 땅의 왕이 되려면 송악에 성을 쌓고 자기 아들을 성주로 삼는 것이 좋을 것이라고 왕륭이 조언하자 궁예는 그의 말에 따라 898년 발어참성(拔禦塹城)을 쌓도록 하고, 그의 아들 왕건(王建; 877-943)을 성주로 임명했다. 세력을 확장한 궁예는 진성여왕 11년 왕륭의 제의를 받아들여 철원에서 송악으로 도읍을 옮기고, 왕건을 시켜 양주와 청주 등 성 30여 곳을 정벌하도록 했다.

소백산맥 이북의 한강 유역을 수중에 넣은 궁예는 송악의 성을 중수하여 도읍으로 정하고, 왕건에게 양주와 견주를 공략하도록 했다. 북원의 양길은 자신의 관할 및 한산주 지역 호족들을 끌어들여 방어태세를 갖췄지만, 궁예의 선제공격으로 비뇌성 전투에서 참패하여 몰락했다. 효공왕 4년(900), 궁예는 왕건에게 명하여 광주, 국원경(충주), 당성, 괴양 일대를 정벌하여 청길, 신훤 등의 항복을 받아냈다. 이듬해인 901년 7월에는 스스로 '후고구려 왕'이라 칭했다.

904년 궁예는 국호를 마진(摩震)이라 정하고 신라의 제도를 참고하여 관제를 정비함으로써 국가의 체제를 갖추었다. 마진은 마하진단(摩訶震旦)의 약자인데, 마하는 산스크리트어로 '크다'는 뜻이고 진단은 '중국'을 뜻하는 말이었으나 후에 '동방의 제국'을 가리키는 말이 되었다. 즉 마진은 대동방국(大東方國)을 뜻하는 국호라고 할 수 있다. 이때부터 궁예가 자만해져 신라를 멸도(滅都: 멸망할 도읍)라고 부르도록 했고, 신라에서 귀순해오는 자는 모두 죽였다고 한다.

905년에는 도읍까지 철원으로 옮겼는데, 이 궁터는 옛 철원 북쪽 30리 (비무장지대 안쪽)에 자리하고 있으며 풍천원(楓川原)이라 불리는 곳이었다.

이후 궁예는 왕건을 상주의 사화진으로 보내 견훤의 군대를 맞아 싸우게 했고, 왕건은 수차례의 전투에서 크게 이겼다. 909년 후백제의 견훤은 다시 나주 지역을 치고자 영산강 하류에서 영광 서쪽 해안인 염해현까지 진격했다. 하지만 왕건의 수군이 광주의 진도를 차지하고 고이도의 항복을 받아냈으며, 목포에서 덕진포까지 진격하여 후백제의 수군을 대파했을 뿐만 아니라 압해현의 해상 호족 능창(能昌)까지 사로잡았다.

태봉 건국

911년 궁예는 국호를 태봉(泰封)으로, 연호를 수덕만세(水德萬歲)라고 고쳤다. 태(泰)는 주역의 괘로 '천지가 어울려 만물을 낳고, 상하가 어울려 그 뜻이 같아진다'는 뜻이며, 봉(封)은 봉토이니 곧 땅이다. 결국 궁예는 철원을 기반으로 '영원한 평화가 깃든 평등한 세계', 곧 미륵 세상인 대동방국의 기치를 높이 든 것이라 할 수 있다. 914년에 궁예는 철원을 중심으로 강원, 경기, 황해의 대부분과 평안, 충청의 일부를 점령함으로써 신라나 견훤의 후백제보다도 더 큰 세력을 형성했다.

『삼국사기』는 궁예가 태봉을 선포한 때부터 스스로를 현세의 미륵이라고 칭하고, 자신의 두 아들도 각각 청광보살, 신광보살이라고 부르도록 했다고 적고 있다. 행차할 때는 금관을 머리에 쓰고, 금은으로 장식한 안장을 얹은 말을 탔으며, 앞뒤로는 어린 남녀 수십 명이 향로를 받쳐 들고

걷도록 했다.

✦ 궁예

궁예는 또 직접 불교 경전 20권을 펴내기도 했으나, 이를 본 석총이라는 승려가 혹평을 하자 그를 철퇴로 쳐 죽여버렸다. 917년 후백제에서 건너와 활동했던 선종 계열 승려 형미도 궁예에게 죽었다고 전해지는데, 궁예가 터무니없는 불교 경전을 짓고, 스스로를 신격화하여 미륵으로 행세하는 등 정통 교리를 근본적으로 파괴하는 것에 대해 불교계가 거센 반발을 했음을 알 수 있고, 유학 계열의 문인들 역시 마찬가지였을 것이다.

그러나 궁예가 불교 고승들을 숙청하는 일과 해괴망측한 불경을 저술한 것도 당시 교종에 익숙한 불교계에 선종을 전파하려는 세력과의 갈등으로 추정하는 사람들도 더러 있다.

수덕만세 3년(913) 왕건을 수도로 불러들여 파진찬 겸 문하시중으로 임명한 그는 이듬해인 914년 견훤이 나주를 공략해 오자, 왕건을 시중에서 해임하고 백선장군으로 삼아 나주로 내려보냈다. 이는 왕건이 바라던 바이기도 했다. 지위가 시중에 이르면서 주변에는 그를 시기하는 무리들이 생겨났고, 궁예가 언젠가 자신에게 칼을 겨누게 될 것이라 생각해 위기의식을 느낀 왕건은 궁을 빠져나갈 생각을 품고 있던 차였다.

✦ 통일신라 말기 가장 세력이 컸던 태봉

왕건과 승려 도선

　　왕건은 877년 송악의 신흥호족 왕륭과 부인 한씨의 장남으로 태어났다. 송악의 유력 호족이었던 아버지 왕륭은 후일 궁예가 거병하자 그 휘하에 의탁했고, 후고구려 금성태수를 역임하기도 했다. 왕건의 증조부 이전이 불확실하여 언제부터 그가 왕씨 성을 사용했는지는 알기 힘들다. 다만 고려 의종 때 김관의가 왕건의 족보를 채집해 기록한 『고려편년통록』에 의하면, 왕건의 증조모 정화왕후 강씨는 고구려계 신라 사람인 강충(康忠)의 증손녀라고 하니. 왕건은 고구려의 먼 후손이라 볼 수 있다.

✦도선선사 영정

　　『고려사』 '태조 총서'에는 왕건의 탄생에 관한 예언을 다음과 같이 기록하고 있다. 어느 날, 왕건의 외가쪽 5대조인 강충에게 길을 지나던 승려가 부소산 남쪽에 집을 짓고 거주하면 후손 가운데 군왕이 태어날 것이라고 예언했다. 승려의 예언에 따라 강충은 송악 부소산 근처에 터를 닦고 집을 짓고 살았다. 또한 왕륭이 송악의 옛집에서 살다가 몇 년 후 남쪽에다 집을 짓는데, 당나라에서 풍수지리를 배우고 돌아온 도선선사(道詵禪師)가 얼마 후 귀한 아들을 얻을 것이니, 이름을 건(建)이라 지으라고 했다. 왕륭이 그의 말대로 집을 짓고 살다가 부인이 아이를 낳으니 그가 바로 왕건이다. 왕건이 17살이 되자, 도선선사가 다시 송악으로 그를 찾아와 군사학과 천문학, 제례법 등을 가르치기도 했다.

도선의 '풍수지리설(風水地理說)'은 경주 중심의 지리 개념에서 벗어나 다른 지역의 중요성을 자각시키는 데 일조했다. 국토 재편이라는 주장으로 발전한 이 설은 신라 조정의 권위를 약화시켰으며, 지방 호족출신 왕건이 후삼국을 통일하는데 사상적 배경이 되기도 했다.

신라 진성여왕 9년(895), 왕륭과 왕건 부자는 중부지방의 강자로서 세력을 떨치던 궁예에게 송악을 바쳤다. 898년 정기대감에 오른 왕건은 약관의 나이에도 불구하고 뛰어난 지략과 통솔력으로 광주와 국원, 당성 등지를 평정했다. 이후 충주, 청주, 괴양 등을 평정하여 아찬의 지위를 받았다.

왕건은 900년부터 황해 해상에서 후백제의 견훤과 교전했는데, 903년에는 전라도 지역으로 진격한 뒤 나주 등지를 점령하여 후백제를 배후에서 견제했으며, 또 신라 지역인 경상도 양주의 장수 김인훈이 도움을 요청하자 궁예의 명으로 그를 구하여 마침내 알찬(閼粲)으로 승진했다.

왕건은 해상에서는 물론 육상에서도 견훤의 군사를 격파하여 전라도와 경상도 지방에서 영토를 확장했고, 906년 상주의 '사화진 전투'에서도 승리했으며, 909년에는 진도 부근의 도서를 공격하고 나주를 정복했다. 이후 덕진포에서 소수의 전함으로 견훤의 함대를 대파시켰고, 서남해안 해전의 명수 능창(能昌; 수달)을 체포하는 등 큰 전과를 올리기도 했다.

왕건과 오씨 부인

북원의 성주 양길은 후백제와 동맹을 맺고, 견훤은 그를 대장군으로 임명하여 후고구려를 협공했다. 왕건은 군사 일부를 북원성으로 보내 양길의 군사와 대적하게 하는 한편 직접 수군을 이끌고 후백제의 목포, 신안, 나주 일대를 공격했다.

군사를 이끌고 행군하던 중 나주 금성산 남쪽에 상서로운 오색구름이 서려 있는 것을 본 왕건은 그곳으로 달려갔다. 17세쯤 되어 보이는 처녀가 우물가에서 빨래를 하고 있기에 왕건은 물을 청했다. 처녀는 바가지에 물을 가득 채우고는 급히 마실까봐 버들잎을 하나 띄워 왕건에게 건넸다.

이를 계기로 왕건은 그녀의 아버지인 나주의 호족 오다련군(吳多憐君)을 만나게 되었다. 오다련군은 왕건의 비범함을 알아보고 딸과 혼인하도록 했는데, 딸은 왕건이 찾아오기 며칠 전에 황룡 한 마리가 구름을 타고 날아와 자신의 몸속으로 들어오는 꿈을 꾸었다고 한다. 둘 사이에서 아들 무(武)-훗날의 혜종-가 태어났고, 왕건은 군사를 이끌고 되돌아갈 때 후일의 증명을 위해 자황포(紫黃袍)를 건네주었다.

훗날 태조가 무를 태자로 책봉할 때 과거 자신이 왕건이 징표로 장화왕후 오씨(莊和王后 吳氏)에게 하사한 자황포 비단을 박술희(朴述熙) 장군에게 보여주자, 박술희가 그 뜻을 알고 태자로 삼기를 적극 건의하여 성사시켰다고 한다.

궁예의 몰락

궁예가 철원에서 송악으로 도읍을 옮긴 이유는 왕건을 비롯한 경기도 북부, 황해도, 평안남도 지역의 고구려계 호족들의 도움을 받기 위해서였다. 북원을 중심으로 영향력을 떨친 양길을 제압하려면 지역 호족들의 도움이 필요했던 것이다. 뜻을 이룬 궁예는 905년 다시 철원(철원 북쪽 30리에 있는 풍천원)으로 복귀하면서 청주 지역의 1천 가구를 이주시킨다. 송악 세력 외에 새로운 지지세력을 확보하려는 심산이었다.

그러나 이는 궁예의 후고구려 건국에 결정적인 역할을 한 패서 지역의 고구려계 호족들을 자극했고, 이때부터 궁예와 호족들의 갈등이 시작되었다. 물론 궁예와 왕건의 활약으로 태봉은 후삼국 구도를 주도했고, 왕건의 지위도 격상되어 913년 파진찬 겸 시중으로 임명되었다. 하지만 이는 왕건이 바라던 바가 아니었을 뿐만 아니라 다른 신하들의 시기를 받을 우려도 있었다.

이후 왕건이 나주 지역을 안정시키고 돌아와 해전과 해상 무역에 대한 계책들을 진언하자 궁예는 칭찬을 아끼지 않았다. 하지만 왕건의 세력과 입지가 강화되자 궁예는 점차 위기감을 느끼기 시작했다. 『삼국사기』에는 궁예와 왕건 사이에 있었던 다음의 일화가 소개되어 있다.

궁예의 부름을 받고 입궐한 왕건에게 궁예가 성난 표정으로 모반하려 든다는 소문의 진위를 물었다. 왕건이 손사래를 치자 궁예는 관심법(觀心法)으로 가려내겠다며 뒷짐을 지더니 한참 동안 하늘을 쳐다보았는데, 이때 장주(掌奏) 최응(崔雄)이 슬쩍 붓을 떨어뜨렸다가 줍는 척하면서 왕건에게 귓속말로 스스로 자복하지 않으면 목숨이 위험하다고 했다. 그래서 모반을 계획한 것이 사실이니 용서를 바란다고 거짓 실토하자 궁예는 만면에 웃음을 짓고 과연 정직한 사람이라고 칭찬하며 주연까지 베풀고, 왕건에게 금은으로 장식한 말안장과 굴레와 금덩이를 내려주었다고 한다.

하지만 궁예의 포악함은 점차 심해져만 갔다. 915년 그의 포악함을 보다 못한 부인 강씨가 간언하자 궁예는 벌컥 화를 내며 불에 달군 쇠방망이를 가져다 왕후를 지져 죽이고, 두 아들마저 죽여버렸다. 부인 강씨과 그 두 아들의 목숨을 스스로 거둔 까닭은 당시 호족 중에서 궁예의 중앙 집권에 가장 반대하는 세력이 강씨의 친정이었고, 이들은 강씨와 그녀의 두 아들을 앞세워 순군부를 설치해 호족들의 군권을 뺏으려던 궁예의 왕권 강화에 저항했기 때문이라는 견해도 있다.

918년 6월, 궁예의 무자비한 숙청에 대해 반감과 위기의식을 느낀 신숭겸, 홍유, 복지겸, 배현경 등 궁예에게서 이탈한 일부 청주인들이 앞장서 패서 지역(경기도 북부와 황해도, 평양과 평안남도 남부) 호족들과 최응, 송함홍, 백탁, 허원 등 유학자 관료들의 지지를 받아 은밀히 왕건을 추대할 계획을 세웠다. 하지만 왕건은 한사코 거절했다. 이에 홍유 일행은 자신들의 거사가 하늘의 명임을 강변한 데다 첫부인 유씨(柳氏; 건국후 神惠王后)의 설득에 힘입어 마침내 군사를 일으켜 왕성으로 향했다. 한밤중에 왕건의 무리가 대궐로 쳐들어가자 궁예는 급히 도망치고 말았다.

『삼국사기』에는 궁예가 화전민들에게 발각되어 죽었다고 적혀 있고, 『고려사』에는 산골짜기에서 이틀을 머물다가 허기가 져서 보리 이삭을 잘라 먹던 중 성난 군중들에게 맞아 죽었다고 되어 있으며, 야사나 전설에는 왕건과의 전투에서 패배해 연천군 청산면 장탄리 자살바위에서 스스로 목숨을 끊었다고 한다.

포천 산정호수와 철원군 갈말읍 인근의 명성산에 전하는 이야기로는, 왕건에게 쫓긴 궁예의 말년을 슬퍼하며 산새들이 울었다고 해서 명성산(鳴聲山)이라는 이름이 붙었다고 한다. 명성산 주변에는 궁예가 피신해서 이름이 붙었다는 개적동굴, 궁예가 왕건의 군사가 쫓아오는 것을 살폈다는 망무봉 등 지명 유래가 전해 오고 있다.

철원의 보개산성, 운악산성, 명성산성에는 궁예가 왕건에 맞서 상당기간 항전했다는 민간전승이 있는데, 패주골은 궁예가 싸움에 패한 고을이라 붙은 이름이고, 궁예와 그의 군사들이 한탄하며 도망쳤기에 군탄리가 되었다고 한다.

이후 궁예의 묘 앞을 지나가는 사람들은 움직일 수 없었는데, 조선시대 함경감사가 제사를 지내고 말의 피를 궁예 무덤에 뿌린 후부터는 누구나 자유롭게 지날 수 있었다고 한다.

태조 왕건

918년 군사를 이끌고 봉기하여 궁예를 몰아낸 왕건은 신숭겸, 복지겸, 홍유, 배현경, 김락, 염상, 견권 등의 추대를 받아 6월 15일 철원의 포정전(布政殿)에서 41세의 나이로 즉위했다. 고구려의 뒤를 잇는다는 뜻에서 국호를 고려(高麗)라 하고, 천수(天授)라는 연호를 정했다. 견훤은 축하사절을 보내 공작의 깃털로 만든 부채와 지리산의 대나무로 만든 화살을 왕건에게 선물로 전했다.

하지만 왕건에게 불만을 품은 이들도 적지 않았다. 고려를 건국한 지 4일 만에 반란이 일어나 왕건은 죽을 고비를 넘긴다. 반란을 일으킨 사람은 왕건과 함께 고려 건국에 참여한 환선길(桓宣吉)이었는데, 아내의 말을 듣고 왕권을 취하고자 반란을 일으킨 것이다. 환선길은 50여 명의 병사들과 함께 내전에 침입하여 신하들과 회의를 하고 있던 왕건에게 칼을

＋태조 왕건의 영정

겨눴다. 그러나 왕건이 의연한 태도를 보이자 복병이 있을 것으로 판단하여 지레 겁을 먹고 도망쳤다. 결국 환선길은 병사들의 추격을 받아 붙잡혀 그의 동생 환향식(桓香寔)과 함께 처형당했다.

환선길에 이어 청주 출신들도 반란을 일으켰다. 임춘길(林春吉)을 비롯하여 배총규, 강길아차, 경종 등이 반역을 도모하고 반란을 일으키려 했는데, 이 계획이 복지겸의 정보망에 걸려들어 배총규를 제외하고 모두 체포되었다. 청주 출신인 현률이 왕건에게 이들을 용서해달라고 하자 회유를 고려하다가, 마군대장군(馬軍大將軍) 염상(廉湘)이 '형

벌은 누구에게나 공정해야 하며 예외를 두면 안 된다'고 하여 결국 모두 처형시켜버렸다.

궁예 정권 말기 마군대장군으로 웅주에 주둔하던 이흔암(伊昕巖)은 왕건의 즉위를 찬탈로 규정하고 정변을 일으킬 목적으로 근무지를 이탈하여 당시 수도인 철원으로 돌아왔다. 염장 등이 그에게 반란을 일으킬 뜻이 있음을 탐지해 밀고하자 왕건은 사람을 붙여 그를 감시하다가 체포하여 공개적으로 참형시켰다.

이처럼 개국 초기 왕건의 입지는 그다지 튼튼하지 못했다. 태봉은 궁예를 구심점으로 이뤄진 호족 국가였는데, 궁예가 사라지면서 자연히 호족간의 결집력은 약해지고 말았다. 태조는 이 때문에 내부적으로는 호족들의 눈치를 살펴야 하는 처지였고, 외부적으로는 강성해진 후백제를 상대해야만 했다. 또한 발해를 침공하는 거란족이나 중국 국가들의 움직임도 예의주시해야만 했다.

이듬해인 919년 태조 왕건은 자신의 고향이자 세력 근거지인 송악으로 수도를 이전하여 정치적, 군사적 기반을 확고히 다졌다. 태조는 궁예가 저지른 잘못된 정치를 바로잡기 위해 고구려 진대법을 계승한 빈민구제 기구 〈흑창(黑倉)〉을 설치하고, 세금을 낮추어 민심을 안정시키는 한편, 고려에 반대하는 호족세력을 견제하기 위해 그 딸을 부인으로 맞이했고 (결국 29명의 부인에 자녀가 무려 34명이었다), 신라의 상수리제도(上守吏 制度)를 본따 호족의 자제들을 인질 개념으로 송도에 두어 수학하도록 했다(其人制度).

특히 명주(강릉)의 호족 김순식(金順式)은 왕건이 궁예를 몰아냈다는 점을 비판하며 항거했다. 이에 왕건은 출가해 있던 김순식의 아버지 허월(許越) 대사를 보내 그를 포섭하기 위해 공을 들였다. 하지만 그는 927년 8월에 아들 장명(長命)만을 보내어 숙위(宿衛; 지방 호족 자제들을 수도로 불러 왕을 호위하도록 하는 것)하게 했을 뿐 자신은 오지 않다가, 저항한 지 11년째인 이듬해 1월에야 직접 왕건을 찾았다. 결국 김순식을 포섭하는데 성공한 왕건은 그에게 왕씨 성을 하사하여 왕순식(王順式)으로 불렸다.

이로써 중앙집권 체제를 확립한 고려는 불안한 민심을 추스르기 위해 불교를 호국신앙으로 삼아 절을 세우는 등 숭불정책을 펼쳐나갔다.

후백제와의 결전

반란을 진압하여 정적을 처리하고, 북방 민족의 침공에 대한 대비로 인해 힘이 부쳤던 태조는 후백제와 우호적인 관계를 형성하려고 노력했다. 후백제의 견훤도 호전적인 궁예보다는 왕건이 상대하기 편하다고 여겨 고려 건국을 축하하는 사절단을 보내 왔고, 신하들 간의 교류를 추진하기도 했다. 견훤은 내심 오랫동안 지속된 전쟁으로 흉흉해진 민심을 안정시키는 동시에 중국, 일본 등과의 외교 관계를 통해 국가적 면모를 일신하여 자신을 한반도의 맹주로 인식시키려는 노력에 박차를 가했다.

그러나 견훤이 신라의 대야성을 침략했을 때 왕건이 신라의 편을 들자 후백제와의 관계는 틀어지고 말았다. 또한 후백제에서 왕건이 궁예 휘하의 장수로 있을 때 빼앗은 나주 지역을 되찾아야 한다는 의견이 팽배해지면서 대립이 격화되었다. 그러다 920년 견훤이 신라 지역인 합천을 점령함에 따라 평화는 완전히 깨지고 말았다. 합천의 대야성이 무너지자 불안을 느낀 일부 호족들은 고려에 귀순했으며, 견훤의 공격을 받은 신라가 원병을 요청하자 태조는 박수경에게 군사를 주어 보냈다. 이로써 신라는 견훤의 군사를 물리친 고려에게 한층 우호적으로 다가섰다. 이때 신라에서는 경명왕이 죽고 경애왕이 즉위했으며, 925년 9월부터 발해에서 대규모 망명자들이 고려로 넘어오기 시작했다.

926년 태조가 후백제와 전쟁 상태에 돌입했을 때 북방에서는 거란이 발해를 멸망시키고 요나라를 세우자 많은 발해 유민들이 고려로 넘어왔다. 왕건은 발해의 왕자 대광현을 포함한 유민들을 흡수하여 한층 더 세력을 키워나갔다.

927년 9월 견훤은 경북 북부를 공략하다가 돌연 진로를 바꿔 영천을 거쳐 경주를 기습했다. 견훤의 갑작스러운 퇴각에 태조는 일단 경북 북부지역에 주둔하면서 군사를 정비했다. 견훤이 경주로 향해 온다는 전갈을 받은 신라는 즉시 고려에 원병을 요청했지만, 고려군이 도착하기 전에 경주는 함락되고 말았다. 견훤은 경애왕에게 스스로 목숨을 끊도록 하고, 경애왕의 아우뻘이 되는 김부를 허수아비 왕(경순왕)으로 앉혔다.

신라를 돕기 위해 원병을 이끌고 오던 왕건은 견훤의 군사를 맞아 일대 격전을 벌였다. 경주를 유린한 견훤은 고려 원병을 의식해 말머리를 돌려 대구의 공산(팔공산)에서 태조의 군사와 마주쳤다. 전투 초반 고려군이 승리하는 것 같았으나, 이는 후백제의 계략이었다. 태조는 미리 매복하고 있던 후백제군에게 포위되고 말았다. 이때 신숭겸이 왕의 옷을 입은 후 왕건의 백마를 타고 군을 지휘하다가 화살에 맞고 전사했으나 왕건은 일반 군졸로 변장해 겨우 포위를 뚫고 탈출할 수 있었다. 전투가 끝나고 고려군 전사자들을 수습하던 중 신숭겸의 시체를 발견한 태조는 크게 슬퍼하여 참수되어 머리가 없던 신숭겸의 시신에 금으로 만든 머리를 붙여 장사지내고, 장절(壯節)이라는 시호를 내려주었다.

929년 12월 후백제군은 교통의 요충지 고창(古昌; 안동)으로 몰려들었고, 왕건도 군대를 이끌고 고창으로 향했다. 930년 1월에 왕건은 병산에, 견훤은 석산에 주둔하고 대치했다. 처음에는 견훤의 군세가 워낙 기세등등했기에 고려군은 수세에 몰렸으나 고려 최대 명장인 유금필(庾黔弼)이 나서 고창 전투의 서막인 저수봉 전투에서 대승을 거두었다. 이후 견훤은 완산주로 퇴각하면서 몰락의 길을 걸었다. 고창의 유력 호족들은 관망을 하다가 승리가 고려 쪽으로 기울어지자 고려군에 가담했다. 이 패배로 견훤은 경상도 일대뿐만 아니라 삼한 전체의 패권도 급속히 상실해버렸다.

931년 경상도 일대의 호족들은 대거 고려로 돌아섰으며, 신라는 왕건을 서라벌로 초대했다. 이후부터 견훤은 경상도 전역에 대한 패권을 확보할 수 없게 되었다. 932년 6월 매곡성(청원)의 성주이자 견훤의 심복이었던 공직(龔直)은 고려에 투항하여 왕건에게 일모산성을 공격하여 함락시켰다.

933년 5월 견훤의 맏아들 견신검(甄神劍)이 이끄는 후백제의 군대가 혜산성과 아불진(경주 부근)을 공략하자, 왕건은 당시 의성부(경북 의성)를 지키고 있던 유금필을 긴급히 출동시킨다. 유금필은 급히 군사를 추린 뒤 80명의 결사대를 조직하여 출동시켰다. 사탄(槎灘: 경북 경산 하양읍에 있는 여울)을 건넌 이들은 신검의 군대와 마주쳤고, 수천에 이르는 신검의 군대는 고려군의 기세에 눌려 싸워보지도 못하고 달아났다. 사탄에서의 치욕을 만회하기 위해 신검의 후백제군이 다시 유금필의 결사대를 공격했지만 결국 굴욕적인 패배를 당하고 말았다.

신라의 멸망과 마의태자

몰락의 길을 걷던 신라는 왕건에게 호의를 보였다. 신라의 장군 출신으로 반란을 일으켜 역적으로 인식하고 있던 견훤보다는 호족 출신인 왕건을 더 신뢰할 만하고, 그가 신라에 적개심을 갖고 있지 않다는 점을 주목하여 은근히 의지하려는 경향을 내비쳤다. 태조가 동경(경주)을 방문할 때면 왕이 그를 극진히 대접하고 회유했다. 왕건은 신라의 호의를 받아들이고, 자신이 정통성을 갖춘 지도자임을 대내외에 공언하고 또한 고려가 고구려와 발해를 계승한 국가임을 거듭 강조했다.

더이상 나라를 지탱할 수가 없게 된 경순왕은 대신들에게 나라를 고려에게 바치고 항복하는 것이 어떻겠냐고 물었다. 대신들은 아무 말도

하지 못했지만, 태자가 반대하고 나섰다. 하지만 경순왕은 눈물을 흘리며 양도를 청하는 글을 지은 뒤 시랑 김봉휴(金封休)를 시켜 고려 태조에게 보냈다. 이에 태자는 통곡하며 부왕 경순왕에게 하직 인사를 올린 뒤 개골산(금강산)으로 들어가 마의(麻衣)를 입고 초식으로 연명하다가 일생을 마쳤다고 한다. 그의 동생 덕지(德摯) 왕자도 처자식을 버리고 함께 개골산에 들어갔다가, 이후 화엄종에 귀의하여(승명은 범공(梵空) 법수사와 해인사에 머물면서 망국의 설움을 달랬다.

935년 11월 경순왕이 문무백관을 거느리고 서라벌을 출발하여 고려 송악(개성)으로 향했다. 화려하게 장식한 수레가 30리 넘게 이어질 만큼 행렬은 웅대했다. 왕건은 경순왕을 치하하며 유화궁에 머물도록 한 뒤, 문무백관을 모아 놓고 예를 갖춰 안정숙의공주(安貞淑義公主)를 시집보내 왕을 사위로 삼았다. 이후 아홉째 딸도 경순왕에게 시집보냈다.

935년 태조는 경순왕을 상주국낙랑왕정승공(上柱國樂浪王政丞公)으로 봉하고, 해마다 녹봉으로 1천 섬을 주었으며, 함께 온 관원과 장수들 모두에게 관직을 주어 등용시켰다. 또한 신라를 경주라 고치고 식읍으로 삼은 다음 경순왕을 경주 사심관(事審官)에 임명했다. 이는 고려 때 중앙관료를 연고가 있는 지방으로 보내 통제하도록 하는 '사심관 제도'의 시초가 되었다.

후백제의 멸망과 고려의 통일

934년 7월 발해의 마지막 왕인 대인선의 세자 대광현(大光顯)이 신료들과 수만 명의 주민들을 거느리고 고려에 귀화했다. 926년 거란에 의해 발해가 멸망하자 침략자 거란을 피해 다니다가, 934년 고려로 귀화를 결심한 것이다. 이에 대광현에게 왕계(王繼)라는 이름을 내려준 뒤 왕족에 편입시켜 주고 배주(白州; 또는 백주, 황해남도 배천군)를 다스리게 했다.

934년 9월, 왕건이 운주(運州; 홍성) 일대를 빼앗고자 진격하고 있다는 소식을 들은 견훤은 고려군의 기세가 강해 승산이 없다는 생각이 들었는지 왕건에게 화의를 청했다. 하지만 이는 사기가 크게 떨어진 후백제군과 견훤 자신의 약해진 모습을 고려군에게 보이는 것밖에 되지 않았고, 상황을 간파한 유금필이 왕건에게 견훤군을 공격할 것을 청했다. 유금필은 경기병 수천을 이끌고 후백제가 미처 진을 치기도 전에 급습하여 대승을 거두었다. 이 전투의 패배로 경상도 일대의 호족들과 동해안 지역의 호족들뿐만 후백제의 매곡성 성주 공직이 대거 고려로 돌아서면서 견훤은 경상도 전역에서 위세를 잃고 말았다.

운주성 전투 이후 성주인 긍준(兢俊)은 일리천 전투에서 대상(大相; 고려 초 관직명으로 9등급 중 3등급에 해당)이 되어 고려의 편으로 돌아섰으며, 이에 긍준에게 왕건은 홍규(洪規)라는 이름을 하사했고 운주성을 홍주(洪州)로 지명도 개편한다. 또한 홍규의 딸이 왕건과 혼인하여 12번째 왕비 홍복원 부인이 된다. 또 태조는 투항해 온 재암성 성주 선필(善弼)의 주선으로 금성(경주)을 방문하는 성과를 올린다. 그가 금성을 방문하자 경순왕 김부를 비롯한 신라세력들의 고려에 대한 신뢰도는 더욱 높아져 강릉과 울산의 110여개 성이 투항하여 고려의 세력은 더욱 강해졌다.

운주성 전투 이후, 견훤은 스스로의 한계와 나이를 체감하고 보위를 물려주기로 결심했다. 넷째 금강에게 왕위를 물려주려고 하자, 맏아들 신검과 군무에 경험이 많은 양검, 용검 등이 불만을 품었다. 935년 3월, 양검과 용검은 각각 강주도독과 무주도독으로서 군을 이끌고 나가 있었고, 신검만이 완산주에 남아 있었다. 그런데 이찬 능환이 양검 및 용검과 음모를 꾸며 군을 움직였고, 이어 파진찬 신덕 및 영순과 더불어 난을 일으켰다.

잠을 자다 깬 견훤에게 친아들이 목에 칼을 겨누자 어찌 할 도리가 없음을 깨달았고, 결국 견훤은 금산사에 유폐되어 파달 등 장사 30명의 감시를 받았다. 935년 4월, 견훤은 간신히 금산사를 탈출하여 나주를 통해 고려로 망명했는데, 유금필과 왕만세 등이 수군을 이끌고 와 견훤의 망명을 도왔다. 왕건은 송악에 도착한 견훤을 극진히 대접했고, 자기보다 10세 연상인 그를 상부(尙父)라 불렀다. 또 견훤에게 정승의 지위를 주어 별궁인 남궁에 머물도록 했다.

견훤의 망명은 후백제 붕괴에 결정적인 영향을 끼쳤다. 같은 해 11월, 신라 경순왕이 귀순했고, 936년 2월에는 견훤의 사위였던 박영규도 망명할 뜻을 밝혀 왔다. 6월에는 견훤이 직접 후백제 정벌을 왕건에게 요청했고, 이듬해 견훤의 사위 영규와 내통한 왕건은 10만 대군을 끌고 후백제 정벌에 나섰다. 격전을 벌인 끝에 후백제군은 크게 패했고 신검 등 삼형제 모두 죽고 말았다. 인생무상을 느낀 견훤은 황산의 절간에서 생을 마감했고, 후백제는 45년 만에 역사에서 사라지고 말았다.

마침내 고려는 후삼국뿐만 아니라 발해의 유민까지 포함한 민족의 재통일을 이룩했다. 그 후 태조는 신라와 후백제의 유민들을 포섭하여 융화 및 결혼 정책을 폈으며, 귀족은 예로서 대접했고, 「정계(政戒)」, 「계백요서(誡百寮書)」 등을 펴내 정치의 귀감으로 삼도록 했다.

05

___

고려

1
고려의 성장과 호족의 집권기

호족의 포섭과 '훈요십조'

태조는 국론을 하나로 모으고 정통성을 강조하기 위해 고구려 계승론을 국가적 이념으로 삼았다. 국호를 고려라고 한 것도 동일한 맥락이다. 이러한 국시 아래 왕건은 고구려의 옛 수도 서경을 북진정책의 전진기지로 삼아 재건에 박차를 가하며 수도인 개경보다 더 많은 관심과 애정을 쏟았다. 신라가 황룡사 9층탑을 지은 후 삼국통일을 한 사실을 염두에 두고, 개경과 서경에 탑을 지을 때 서경의 탑을 개경보다 훨씬 높게 지었으며 거의 매년 서경 지역으로의 순행에 나섰고, 장래에 천도를 하겠다는 계획까지 밝혔다.

결국 서경으로 천도하지는 못했으나 발해 유민들을 받아들였으며, 여진족의 거주지를 공략하는 등 북진정책을 추진한 결과, 청천강에서 영흥만에 이르는 고구려 영토의 일부를 수복했다.

고려 건국 당시, 지금의 몽골과 만주지방에는 거란족과 여진족이 집단을 이루어 살고 있었다. 특히 거란은 야율아보기가 여러 부족을 통합한 뒤 916년 요나라를 건국하고 926년 발해를 멸망시키자, 고려 태조는 발해 유민을 받아들이는 한편 요나라를 '금수지국(禽獸之國)'이라 부르고 적대적 태도를 보이며 북진정책을 폈다.

태조 25년(942)에는 요 태종이 사신 30명과 낙타 50필을 고려에 보내기도 했다. 하지만 태조는 사신들을 섬으로 유배를 보내고 낙타는 만부교에 묶어 두어 굶겨 죽였다. 이것이 소위 '만부교 사건'인데, 무도한 거란이 발해를 멸망시켰기에 일으킨 처사로 고구려-발해의 계승자를 자처한 고려가 고토 회복을 염두에 두고 강력한 북진정책을 천명한 의지의 발로였다. 하지만 이 때문에 3차례나 거란의 침공을 받아 현종(1009~1031) 때는 (전라도 나주까지) 피란길에 오르는 위기를 겪기도 했다.

태조는 요의 침입에 대비하면서 송나라에게는 화친정책을 폈다. 요나라가 다시 사신을 파견했을 때도 태조는 거절했으며, 거란의 풍습을 따르지 말고 경계할 것을 유언으로 남겼다. 태조는 또한 민간의 정신적 통일을 위해 불교를 공식 국교로 삼고, 숭불정책을 적극 폈다. 신라 출신의 승려 충담(忠湛)을 왕사로 삼은 태조는 스스로 자신이 매일 불공을 드림으로써 모범을 보였다.

즉위 26년(943) 태조는 박술희에게 다음과 같은 내용의 '훈요10조(訓要十條)'를 유훈으로 내려 나라를 다스리는 원칙으로 삼도록 했다.

❀ '훈요10조'

① 불교를 진흥시키되 승려들의 사원 쟁탈을 금지할 것

② 사원의 증축을 경계할 것

③ 서열에 관계없이 덕망이 있는 황자에게 황위를 계승하도록 할 것

④ 중국 풍습을 억지로 따르지는 말고, 거란의 풍속과 언어는 본받지 말 것

⑤ 서경에 백 일 이상은 머물러 황실의 안녕을 도모할 것

⑥ 연등회와 팔관회 행사를 증감하지 말고 원래 취지대로 유지할 것

⑦ 상벌을 분명히 하고, 참소를 멀리하며, 간언에 귀를 기울여, 백성들의 신망을 잃지 말 것

⑧ 차령산맥 이남과 공주강 외곽 출신은 반란의 염려가 있으므로 벼슬을 주지 말 것

⑨ 백관의 녹봉을 함부로 증감하지 말고, 병졸들의 사기 진작을 위해 매년 무예가 특출한 사람에게 적당한 벼슬을 줄 것

⑩ 경전과 역사서를 널리 읽어 옛일을 교훈삼아 반성하는 자세로 정사에 임할 것

왕건은 일찍부터 태자 무를 정윤으로 정했으나, 그의 외가가 세력이 미약한 점을 염려하여 박술희를 고명대신으로 정하고 태자의 앞날을 부탁했다.

943년 67세가 된 왕건은 신하들이 슬피 우는 소리를 들으며 "인생이란 원래 덧없는 것이다"라는 말을 남기고 붕어했다.

왕규의 난

왕건이 서거하자 둘째 부인 나주 오씨(장화왕후)의 아들인 태자 무(武)가 왕위에 올라 제2대 혜종(惠宗: 943-45)이 되었다. 하지만 왕위에 오른 뒤에도 혜종은 외가의 세력이 약해 편하게 지낼 수 없었다. 붕어한 태조의 수많은 왕비와 후궁에게서 태어난 25명의 왕자들의 권력 다툼이 심했기 때문이다. 이때 두 딸을 왕건에게 보낸 경기도 광주(廣州) 호족 왕규도 외손주를 왕위에 앉히려는 야망을 품고 있었다.

왕규는 혜종에게 셋째 부인 충주 유씨(신명왕후)의 아들인 차남 요(堯)와 3남 소(昭)를 없애라고 했지만 그의 말을 듣지 않았다. 이에 왕규는 혜종을 없애려고 음모를 꾸몄고, 그 낌새를 눈치 챈 박술희가 군사를 풀어 대궐과 침소를 지켰다. 마침내 왕규는 몰래 수십 명의 군사를 15비인 딸 광주원부인(廣州院夫人)이 거처하는 곳에 숨겨 두어 왕의 침전을 기습했지만 실패하고 말았다.

이튿날 임금의 침전을 침입한 반도들을 다스리기 위한 어전회의가 열렸는데, 여기서 왕규는 혜종의 아우 요 왕자와 소 왕자가 반역을 꾀한 것이라 우겼다. 혜종은 사정을 알면서도 왕규의 세력이 너무 강했기 때문에 처벌하지 못했다. 결국 병약한 혜종은 병을 얻어 945년 9월 34세로 붕어했다. 박술희는 즉시 혜종의 아우이자 요 왕자를 받들어 세우니 그가 제3대 정종(定宗: 945-49)이다.

왕위에 오른 정종은 정국이 어수선하자 서경에 있던 왕식렴(王式廉: 왕건의 큰아버지 왕평달의 아들이자 왕건의 사촌동생)을 불러들였다. 왕식렴은 곧장 군사들을 거느리고 개성으로 올라와 대궐을 굳게 지켰다. 불안한 박술희는 사병을 두었고, 이를 의심한 정종은 마침 왕규의 모함이 더해져 박술희를 갑곶이(甲串: 강화도)로 귀양보냈다. 이때 왕규는 기회를 엿보다 사람을 보내 박술희를 살해했다고 하지만 박술희의 행세를 의심한 정종이 그를 죽이고, 살해의 책임을 왕규에게 전가한 것이라는 설이 유력하다. 정

✦ 박술희

종은 곧 왕규도 붙잡아 갑곶이로 귀양을 보냈다가 사람을 보내 죽이고 그의 일당 300여 명도 처형시켰다. 정종은 즉위 4년 후인 949년 세상을 떠났다.

노비안건법과 과거제도

정종의 뒤를 이어 그의 아우 소 왕자가 4대 광종(光宗: 949-75)으로 즉위했다. 광종은 중국의 연호를 사용하지 않고 '광덕(光德)', '준풍(峻豊)' 등 독자적인 연호를 사용했다. 왕위 다툼의 원인이 세력을 가진 호족과 왕실의 친척 때문이라는 사실을 알고 있는 그는 처음 7년 동안은 호족과 융화하는 행보를 보이다가 마침내 956년에 '노비안검법'을 만들었다. 당시 왕실의 종친들이나 외척, 호족 등이 세력을 가질 수 있었던 것은 노비를 소유했었기 때문이었다. 노비는 노동력인 동시에 필요시 병사로 쓸 수도 있었다. 그래서 왕족과 호족들의 소유인 노비들을 해방시켜 세력을

약화시키려 했던 것이다.

광종은 다른 나라와의 외교에도 많은 노력을 기울였다. 당시 고려와 가장 가까운 나라는 중국의 후주(後周)였다. 그 사신 중 쌍기(雙冀)라는 자가 병이 나서 돌아가지 못하고 오랫동안 체류했었는데, 회복 후 광종을 만난 쌍기는 당나라의 인재 등용제도인 과거를 실시하도록 건의했다. 광종은 후주 황제에게 표를 올려 그를 신하로 삼겠다고 요청하여 허락을 얻었고, 쌍기는 후주의 과거제도를 도입하여 광종 9년(958) 9월 15일에는 최초의 첫 과거시험을 치렀다. 이는 공신의 자제를 등용하던 기존의 관리 등용을 억제하여 신구세력의 교체를 도모하는 게 주목적이었다. 쌍기는 나중에 지공거(知貢擧)가 되어 후학을 가르치니 학문을 숭상하는 풍조가 일기 시작했다.

975년 광종이 세상을 떠나자 장남이 뒤를 이어 제5대 경종(景宗; 975-81)이 되었다. 광종은 왕권강화를 위해 외가와 친조카, 동생들까지 대상을 가리지 않고 모조리 숙청해버려 국왕을 지지해주는 근왕 세력들까지 남김 없이 학살해버렸다. 하지만 경종은 숙청당한 호족들을 사면하고 광종의 개혁세력을 제거하기도 했다. 그가 시행한 업적으로는 976년 시행한 '전시과(田柴科; '밭과 땔감을 나눠주는 규정'이라는 뜻)'를 꼽을 수 있다. 이는 벼슬에 따라 토지와 산을 나누어 주되, 소유자가 죽으면 나라에 반환하는 제도였다. 전시과가 실시되자 벼슬아치들의 반발이 컸으나, 백성들은 옳은 일이라며 기뻐했다.

경종은 숙부의 두 딸을 왕비로 삼았는데, 언니는 헌애왕후, 동생은 헌정왕후였다. 경종은 왕위에 오른 지 6년 만에 세상을 떠났으며, 아들이었던 송(誦)은 아직 젖먹이였기에 왕위는 경종의 사촌동생이자 누이 문덕왕후의 남편이며, 송의 외삼촌 겸 고모부가 되는 성종에게 선위하고 붕어했다.

7대 성종(成宗; 981-97)은 즉위 이듬해에 왕이 태어난 날을 '천춘절(千春節)'

이라 하여 크게 잔치를 베풀어 왕권의 위험을 과시하고 백성들이 즐기도록 했고, 효자와 열녀에게는 상을 내리는 등 미풍양속을 높이는 제도를 권장했다. 또 992년에는 당·송(唐·宋)의 제도를 참작하여 기존의 〈국학〉을 개편한 국립대학 〈국자감(國子監)〉을 설치하기도 했다.

즉위 12년(993)에는 태조 때의 〈흑창〉을 개편한 빈민 구제를 위한 국립 구호기관 〈의창(義倉)〉을 설립했다. 같은 해에 관에서 풍년에는 시가보다 비싸게 미곡을 사 두었다가, 흉년에 곡가가 오르면 싸게 방출하여 백성을 구제하는 일종의 물가 조절기관으로 〈상평창(常平倉)〉도 두었다. 그리고 상업이 활발해지자 성종은 996년 우리나라 최초의 화폐인 '건원중보(乾元重寶)'를 발행하기도 했다.

성종에게는 최승로(崔承老; 927-89)라는 충신이 있었는데, 태조 왕건은 불과 열두 살인 그에게 왕의 친서를 맡아보는 일을 맡겼다고 한다. 982년 최승로는 오랫동안 여러 왕들을 섬기면서 얻은 교훈을 바탕으로 왕이 반드시 지켜야 할 28가지의 일, 즉 '시무28조(時務二十八條)'을 적어 올렸다.

'시무28조'는 태조의 정치를 이상으로 삼고, 광종의 왕권 강화책을 반성한 새로운 사회를 만드는 데 목적이 있었다. 또한 유교사상을 바탕으로 임금은 백성들을 위한 정치를 해야 하고 스스로

＋최승로

모범을 보여야 한다는 등의 내용으로 오늘날 전해져 오는 조항은 22개이다.

그리고 광종 때 실시한 '노비안검법'이 실시되었으나 옛 주인을 경멸하는 풍습이 생기자, 987년(성종 1)에 최승로는 글을 올려 그 폐단을 지적하고 광종 때에 종량(從良)된 노비를 다시 환천할 것을 건의해 987년(성종 6)에 마침내 '노비환천법(奴婢還賤法)'이 실시되었다.

거란의 1차 침입과 서희

993년 여름, 거란이 군사를 일으켜 고려를 치려 한다는 첩보가 여진족을 통해 조정으로 전달되었다. 여진족은 거란족이 세운 요나라와 고려의 중간지점인 압록강 부근과 함경도 등지에 흩어져 살고 있었기에 요나라의 움직임을 잘 살필 수 있었다. 하지만 성종을 비롯한 조정의 대신들은 여진이 전한 소식을 무시했으나 결국 10월에 요나라 6대 성종(聖宗: 982-1031. 야율문수노(耶律文殊奴))의 80만 대군(실은 6만 정도)이 압록강을 넘어왔다는 보고가 들어왔다. 사태의 심각함을 깨달은 성종은 시중 박양우를 상군사, 서희(徐熙: 942-98)를 중군사, 최량을 하군사로 임명하여 적을 막도록 하고, 자신도 직접 서경까지 가서 동태를 살피고 다시 안북부(安北府: 평남 안주)까지 들렀다.

거란의 장수 소손녕(蕭遜寧: ? ~ 997)은 봉산군을 단숨에 무너뜨리고 파죽지세로 내려오고 있었다. 성종은 윤서안을 선봉장으로 삼아 맞서게 했으나 패전하여 사로잡히고 말았다. 이에 성종은 화친을 결정하고 이몽전을 거란군의 진영으로 보냈다. 요나라는 고려가 차지하고 있는 자비령 북쪽의 옛 고구려 영토를 되돌려달라고 요구하자, 결국 이몽전은 문제를 해결하지 못하고 돌아왔다. 임금은 대신들과 함께 대책을 논의했으나 의견이 엇갈려 결론이 나지 않았는데 이때 서희가 나섰다.

실제로 거란의 장수 소손녕은 고려와의 화친을 바라고 있었다. 그런데 한 달이 지나도록 소식이 없자 발끈하여 다시 출동 명령을 내렸다. 하지만 안융진(安戎鎭)에 다다른 거란군은 더이상 나아갈 수 없었다. 이곳은 천혜의 요새여서 공격하기가 어려웠는데, 벌판에서 싸워 본 경험만 있는 거란군은 험한 산악지대에서 제대로 힘을 발휘하지 못했다. 결국 전세가 불리하다고 느낀 소손녕은 고려에 사신을 보내 달라고 요청했다. 고려가 항복할 의사가 보인다면 물러가겠다는 생각이었다.

군량이 떨어진 적의 약점을 간파한 서희는 단신으로 거란의 진영으로 갔고, 소손녕은 뜰에 선 서희를 내려다보며 한껏 오만하게 그를 압박했다. 그러자 서희는 그대로 등을 돌리고 숙소로 돌아와버렸다. 소손녕은 서희의 행동을 오히려 비범하게 여겨 다시 불러 뜰에서 서로 절을 한 뒤 동서로 마주 앉았다. 서희를 압박하기 위해 고의로 비상식적인 예를 고집했으나 오히려 기선을 제압당하고 만 것이다. 강직한 태도로 소손녕의 기선을 제압한 후 고려는 고구려를 계승했고 평양에 도읍했기 때문에 오히려 거란이 고려에게 땅을 내놓아야 한다고 주장했다. 서희는 조공 문제를 따지는 소손녕에게 여진이 길을 막고 있으니 그들을 쫓아내고 압록강 하구 일대의 통제권을 주면 거란과 친하게 지내겠다는 말로 압록강 동쪽의 영토를 얻어냈다.

　본디 서희의 목적은 거란군을 철수시키는 것이었으나, 거란의 속마음을 간파한 서희는 기회를 타서 고구려의 옛 땅 회복이라는 난제를 해결하고자 한 것이다. 결국 서희는 거란에게 형식적 조공을 바치는 대가로 거란과의 협상에 성공하며, 강동 6주(江東六州)의 땅을 획득할 기회를 얻게 되었다.

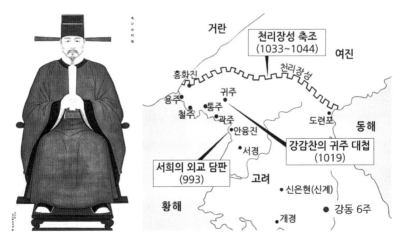

✦강동6주(흥화진·용주·통주·철주·귀주·곽주)

서희의 담력과 기지를 높이 산 소손녕은 그에게 낙타 10두, 말 100필, 양 1,000마리와 비단 500필을 선물로 주고 떠났고, 경종은 서희가 돌아온다는 소식을 듣고 친히 예성강까지 나가 맞았다. 이후 성종 13년(994)에는 성종은 서희에게 군사를 주어 압록강 남쪽의 여진족을 무찌르게 한 뒤 6주에 성을 쌓으며, 요나라와 동맹을 맺었다.

천추태후와 '강조의 변(變)'

997년 10월 성종이 38세로 세상을 떠나자, 경종의 아들 송(誦)이 왕위에 오르니 제7대 목종(穆宗: 997-1009)이다. 즉위를 했지만 목종은 당시 18세였기에 어머니 천추태후(千秋太后)가 섭정을 했다. 고구려계 후손인 천추태후는 고려 왕조의 창업 군주 태조 왕건의 손녀, 고려 제5대 국왕인 경종의 제3비 그리고 제6대 국왕인 성종의 여동생, 제7대 국왕인 목종의 모후이다.

천추태후는 외척 승려 김치양(金致陽)과 내연의 관계였는데, 오빠인 성종이 이를 알고 김치양을 유배 보냈다. 하지만 성종이 붕어하자 천추태후는 김치양을 다시 불러들였고, 그는 태후가 거처하는 천추전(千秋殿)에 머물며 정사에 관여했다. 헌애왕후(獻哀王后) 황보씨(皇甫氏)인 그녀는 이곳에 거처했다고 하여 당시 사람들에게 '천추태후'라 불렸다.

심약한 목종은 나랏일에는 신경을 쓰지 않고 향락에 빠져들었다. 그는 용모가 아름다운 소년 유행간(庾行簡)을 사랑하여 동성애를 즐겼는데, 왕의 총애를 받는 유행간은 교만하게 굴며 문무백관을 마음대로 부려 신하들의 불만을 샀다.

그즈음 천추태후와 김치양 사이에서 아들이 태어나자 천추태후와 김치양은 아들을 왕위에 오르게 하려고 모의를 꾸미는데, 태조의 유일한 혈통인 대량원군이라는 난관에 직면했다. 대량원군은 왕위에 오를 자격이 있는 태조 왕건의 유일한 후손이었기 때문이다. 대량원군 순의 탄생에 대한 이야기는 다음과 같다.

경종이 세상을 떠나자 헌정왕후(獻貞王后 皇甫氏)는 궁을 나와 왕륜사 남쪽에 집을 마련하여 살았는데, 바로 앞집에 왕욱(王郁; ?-996)이라는 왕족이 살고 있었다. 왕욱은 신라 경순왕의 큰아버지인 김익겸의 외손자로 태조 왕건의 아들이었다. 그는 글재주가 매우 뛰어났고 인품이 훌륭했다. 하지만 고려 왕족들이 신라의 피가 섞인 왕욱을 탐탁치않게 여기자 왕욱도 고려 왕족들과 어울리지 않았다.

쓸쓸한 나날을 보내던 헌정왕후는 아저씨뻘 되는 왕욱과 가까이 지냈는데 결국 깊은 사이로 변해버렸다. 마침내 헌정왕후는 992년 7월 아들을 낳았으나 산욕으로 숨지고 말았다. 이 소식을 들은 성종은 발끈하여 왕욱을 귀양보냈으며, 아이는 사수현(泗水縣; 경남 사천)으로 보내버렸다. 아이에게는 순(恂)이라는 이름이 주어졌으며 대량원군(大良院君)이라고 불렸다.

세월이 흘러 목종이 왕위에 올랐을 때, 천추태후는 대량원군을 강제로 출가시켜 개성 숭경사에 머물게 하다가, 삼각산 신혈사(神穴寺; 진관사)로 옮기게 하고 여러 번 독살하려 했으나 목적을 이루지는 못했다

1009년 김치양 일파는 목종을 살해하려고 대궐에 불까지 놓았으나, 뜻을 이루지 못했고, 놀란 왕은 병석에 눕게 되었다. 음모를 알게 된 목종은 이러한 사건이 후계자가 정해지지 않았기 때문에 일어난 것으로 여겼다. 이에 중추원부사 채충순 등과 의논해 신혈사로 사람을 보내 대량원군을 맞아 오도록 하는 한편, 강동 6주를 포함한 서북면을 다스리는 도순검사(都巡檢使) 강조(康兆)에게 궁궐을 호위할 것을 명했다.

강조는 개성으로 오던 중에 왕이 이미 죽었다는 소문을 듣고 본영으로 되돌아갔으나, 정변을 일으킬 뜻을 품고 다시 개성으로 향했다. 평주에 이르러 왕이 죽지 않았다는 것을 알고 주저하다가 목종이 살아 있는

한 천추태후와의 관계로 김치양 일파를 제거할 수 없다고 판단, 왕의 폐위를 결심하고 감찰어사 김응인을 신혈사에 보내 대량원군을 맞게 했다. 그리고 목종에게 변을 일으키게 된 명분과 퇴위를 요구하는 글을 올렸다.

강조의 군대가 대궐을 침범하자 목종은 법왕사로 물러앉고, 대량원군이 즉위하니 이가 곧 현종이다. 강조는 목종을 폐위시켜 양국공(讓國公)이라 칭하고, 김치양과 그의 아들 그리고 권세를 부리던 유충정(劉忠正), 유행간 등 7인을 처단한 후 천추태후의 친속 30여 명을 섬으로 귀양보냈다. 목종과 천추태후는 귀법사를 거쳐 충주로 추방되었는데, 불안을 느낀 강조는 사람을 보내어 목종을 살해했으며, 천추태후는 고향 황주(黃州: 황해도)로 도망가서 1029년에 여생을 마쳤다. 결국 목종은 고려 왕조 최초로 폐위, 유배, 시해된 왕이 되었다

거란의 2차 침입

대량원군 왕순이 8대 현종(顯宗: 1009-31)으로 즉위하자, 거란은 강조가 신하로서 왕을 폐위시켰다는 것을 트집 잡아 제2차 침입을 감행했다. 1010년(현종 1년) 11월 요나라 성종은 다시 직접 40만 대군을 거느리고 고려를 침략해 왔다. 그러나 거란의 의도는 송나라와의 교류를 완전히 차단하여 고려와 거란의 관계를 재차 확인시키고, 강동 6주를 되찾으려는 데 있었다.

거란군은 먼저 흥화진을 공격했으나 성주 양규(楊規)의 항전으로 함락하지 못하자 방향을 통주로 돌렸다. 통주를 지키던 강조는 요에게 패하여 실수로 사로잡히고 말았다. 충성 맹세를 조건으로 요 성종은 강조를 회유했으나 단호히 거절하자 곤장을 쳤다. 강조가 매를 맞고 기절하자,

이번에는 요 성종이 강조의 부장 이현운을 돌아보며 뜻을 물었다. 이현운이 머리를 조아리며 수락하자 기절했던 강조가 벌떡 일어나 발로 이현운의 옆구리를 걷어차며 호통을 쳤다고 한다. 이를 본 요나라의 성종은 얼굴을 벌겋게 붉히며 강조의 목을 베어버렸다.

강조가 의롭게 죽은 뒤, 거란은 곽주, 안주 등지의 성을 빼앗고 개경까지 함락시켰다. 이에 고려 조정에서는 다시 항복론을 주장하는 목소리가 거세졌으나, 강감찬은 반대하며 전략상 전라도 나주로 일시 후퇴할 것을 주장했다.

거란군은 개경의 함락에만 서둘러 흥화진, 귀주, 통주, 서경 등을 그대로 두고 내려왔기 때문에 병참선이 차단된 상태였다. 이때 고려가 하공진(河拱辰)을 볼모로 보내 화친을 청

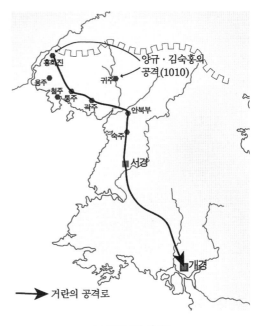

✦ 거란의 2차 침공로

하자 요 현종은 이를 받아들였다. 하지만 군사를 돌려 가던 요 군사들은 귀주에서 양규와 김숙흥(金叔興) 등의 공격을 받아 1만여 명이 전사하는 등 큰 피해를 입었으며, 이듬해 1011년 애전(艾田) 지방에서도 거란의 선봉이 1천여 명이 사망했으나, 갑자기 거란군의 대규모 공격을 받은 당시 서북면도순검사(西北面都巡檢使) 양규와 김숙흥이 전사하고 말았다, 이후 요나라는 명분상 즉시 강동 6주의 노른자를 요구하지도 못했다

거란의 3차 침입과 귀주대첩

'별이 떨어진 터'라는 의미인 낙성대(落星垈)는 고려의 명장 강감찬 장군이 태어난 곳이다. 강감찬 장군의 공적을 칭송하기 위해 장군의 집 터에 세운 삼층석탑을 비롯한 사당과 부속건물들이 자리하고 있다. 조선 시대 임진왜란이 일어났을 때, 왜군들이 석탑의 맨 위층을 빼어 낮추고 탑 안에 있던 부장물들도 훔쳐갔으며, 또한 탑 주위에 있던 병풍바위와 선돌바위도 부숴버렸다. 이는 강감찬 장군이 태어난 곳의 혈맥을 끊기 위해서 저지른 만행이었다.

그는 36세 때인 성종 2년(983) 문과에 장원으로 급제하여 늦은 나이에 관직 생활을 시작했다. 강감찬은 문신이었지만 수차례 지방을 순회하며 외관직을 지냈다. 1011년 강감찬은 국자제주, 한림학사와 이부상서 등을 역임했으며, 1018년에는 문하평장사와 외직인 서경 유수를 겸했다. 서경 유수는 단순한 지방의 행정관이 아니라 군사 지휘권도 행사하는 자리로 요나라의 재침에 대비하기 위한 조치였다.

1018년 12월 요나라는 고려 현종이 친히 입조하지 않고, 강동 6주를 돌려주지 않은 것을 구실로 삼아 소손녕의 형 소배압(蕭排押)이 이끄는 10만 대군으로 세 번째 고려를 침략했다. 이에 고려는 강감찬을 상원수로 봉하고, 대장군 강민첨을 부원수로, 김종현을 병마판관으로 삼아 20만 대군으로 소배압을 막도록 했다.

고려군은 압록강 유역 흥화진(興化鎭)의 삼교천(三橋川)에서 거란군과 맞서 싸워 승리했으나, 거란군은 수도인 개경을 목표로 우회하여 계속 남하했다. 하지만 내구산에서 패하고, 대동강 가의 마탄에서도 조원이 보낸 군사에 패하면서 수많은 군사를 잃었다.

결국 수도 개경에서 약 100리 정도 밖에 떨어지지 않은 신은현(新恩縣)에 도착한 거란군은 적군이 보급의 한계를 느끼고 지쳐 퇴각하도록 만드는 '청야전술(淸野戰術)'에 다시 당하고 만다. 개경에 정찰병을 보냈지만, 방어가 군건하다는 첩보를 들은 소배압은 후퇴를 결심하고 군사를 돌렸다. 추격하는 고려군을 막기 위해 300명 정도의 기병대를 배치해 두었으나 금교역에서 고려군의 습격에 전멸했고, 계속 퇴각하던 거란군은 연주에서 또 고려군에게 패했다.

　며칠 뒤, 거란군은 귀주를 지나게 되었다. 상원수 강감찬은 20만 명의 군사 중 1만2천 명의 기병을 차출해 홍화진 옆 삼교천 계곡에 매복하고 있었다. 강감찬은 거란군이 기병 위주로 이루어져 있고, 2차 침공 때처럼 수도 함락을 최우선으로 할 것이라고 판단했다. 과연 예상대로 거란군 10만 명이 고려 방어군을 우회해 삼교천을 건너기 시작하자 쇠가죽으로 막아 두었던 상류의 둑을 터뜨렸고, 거란군은 거센 물살에 휩쓸리고 말았다.

　사실 이 전투는 귀주대첩이 아니라 홍화진 동쪽 하천에서 벌어진 '삼교천전투'이다. 홍화진은 지금의 평안북도 의주군 근교이고, 귀주대첩이 벌어진 귀주는 지금의 평안북도 구성시 일대니 전혀 다른 곳이다. 그나마 홍화진 전투의 수공도 거란군에게 결정적 타격을 입히는 것이 목적이 아니라 강 건너는 거란군을 혼란에 빠뜨리는 것이 주목적이었다. 이후 강감찬의 전갈을 받고 개경에서 올라온 김종현의 부대가 거란군의 후진을 습격하면서 거란군은 완전히 참패하고 북으로 달아났다.

　귀주대첩이 지닌 가장 큰 의의는 거란의 성종이 다시는 무력으로 고려를 굴복시키려는 야망을 버리게 한 동시에, 거란이 끈질기게 요구해왔던 국왕의 친조와 강동 6주의 반환을 요구하지 않게 되었다는 데 있다. 무려 27년 동안 계속된 '여요전쟁'은 막을 내리고 북송, 요나라, 고려 3국은 균형을 이룬 채 당분간 평화롭게 지내게 되었다.

고려에서 코리아로

3번에 걸친 요나라의 침략으로 고려가 겪은 손실은 엄청났다. 그러나 이 전쟁을 기회로 온 나라의 백성들이 한마음으로 뭉치는 좋은 계기가 되었다. 현종은 잿더미로 변한 개경에 다시 궁궐을 짓기로 하고, 궁궐이 완성될 때까지 어떤 잔치도 열지 못하도록 명했다. 아울러 국가제도를 정비하고 인재들을 적극적으로 등용했으며, 정변 이후 쇠약해진 왕권을 키우기 위해 지방세력을 규제하고 중앙집권화를 강화했다. 그리고 성종 이후 폐지되었던 '연등회'와 '팔관회'를 부활시켰다. 또한 전란으로 소실된 고려실록을 재편찬했으며, 부처의 힘으로 외침을 막고자 방대한 대장경의 간행사업을 추진하면서 팔공산 부인사에 도감을 두고 「대반야경」, 「화엄경」, 「금광명경」, 「묘법연화경」 등 6천여 권을 간행했다. 현종 때 시작하여 문종 때 완성된 이 초판 고본 대장경은 고종 19년(1232)의 몽골 침입 때 불타고 일부는 일본에 전해졌다.

현종은 비록 수차례에 걸쳐 외침을 받았지만 오히려 이를 기회로 삼아 국력을 키웠고, 문화를 발전시켜 고려의 이름을 널리 외국에까지 떨쳤다. 이와 함께 유교의 진흥에도 힘써 설총과 최치원에게 작위를 추증하고 문묘에 처음으로 모셔 제사를 지내도록 했다.

한편 거란족은 무리한 전쟁으로 나라의 형편이 몹시 쇠퇴했다. 더구나 또 '귀주 전투'에서 크게 패해 나라가 기울다가, 1029년 나라 안에서 반란이 일어나 멸망하고 말았다. 요나라가 멸망한 후, 고려는 예성강 하류의 벽란도를 국제무역항으로 열어 여러 나라의 상인들이 드나들게 했다. 현종 15년에는 아라비아 상인이 벽란도를 다녀갔으며, 남쪽의 송나라, 북쪽 거란의 상인과 일본의 상인들도 자주 드나들었다. 바로 이 아라비아 상인들이 고려의 물건들을 서양에 소개했는데, 이때 '고려'가 '코레아', '코레' 등으로 불리게 되었다.

『고려사』에는 현종 15년(1024)에 열라자(悅羅慈; al laza) 등 100여 명이, 현종 16년에는 대식국(大食國; 아라비아)의 상인 하선(夏詵; 핫산 Hassan)과 라자(羅慈; 라자Laza) 등 100명이 봉물을 바쳤고, 정종 6년 11월에는 상인 보나합(保那盍; barakah) 등이 수은, 용치, 점성향(인도차이나반도에서 나는 향료), 몰약 등을 바쳤다고 적혀 있다. 이때는 남만(南蠻; '남쪽 오랑캐'라는 뜻)과의 교역도 활발했었던 것으로 보인다. 남만은 대식국 이외에도 마팔국(馬八國; 인도), 섬라곡국(暹羅斛國; 태국),

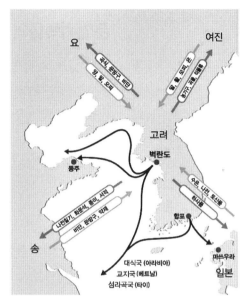

✦11세기 동북아 세력 지도

교지국(交趾國; 베트남)을 가리킨다. 또 충렬왕 때의 고려가요 「쌍화점(雙花店)」은 회회(回回)아비가 운영하는 가게에 쌍화(雙花; 만두)라는 음식을 사러 갔는데 주인이 손목을 잡으며 유혹했다는 내용의 노래인데, 여기서 회회아비는 색목인(色目人), 즉 서역 쪽에서 온 파란 눈의 아랍계 위구르족을 가리킨다.

『고려사』는 세종의 명으로 김종서·정인지·이선제 등이 1449년(세종 31)부터 편찬을 시작하여 2년 반 만인 1451년(문종1)에 완성을 보고, 1454년(단종 2)에 간행했다.

2
문벌귀족들의 득세와 동요

문벌귀족들의 등장

이때는 초기 개국공신인 호족들이 쇠퇴하고 성종 이후 호족 출신 중앙관료와 6두품 계열 유학자들이 여러 세대를 거친 후 가문을 이루어 '문벌(文閥)'이라는 새로운 지배층으로 등장했다. 여기서 '문(門)'은 가문(家門)을 뜻하며, '벌(閥)'은 신하의 공로를 나타내는 표지를 말한다. 이들은 과거(科擧; 광종)와 또는 과거없이 관리가 되는 '음서(蔭敍; 성종)'를 통해 관직을 독식했으며, 세습이 가능한 '공음전(功蔭田; 문종)'을 받아 경제적 혜택도 입었다. 더구나 이들은 자기네들끼리 혼인하거나 왕실의 외척이 되면서 고려사회를 주도하기 시작했다.

대표적인 가문으로는 해주 최씨(최충), 파평 윤씨(윤관), 경원 이씨(이자겸), 경주 김씨(김부식), 안산 김씨(현종의 장인 김은부), 강릉 김씨(김인존) 등을 꼽을 수 있다. 하지만 이들 사회는 정치권력과 경제적 특권을 둘러싸고 분열이 심화되어 시간이 흐르자 점차 심각한 사회적 모순과 갈등을 일으키고, 마침내 '이자겸의 난'과 묘청의 '서경천도운동'으로 표면화되고 만다.

해동공자 최충과 대각국사 의천

현종이 40세에 세상을 떠나자 그의 아들 덕종(德宗: 1031-34)이 1031
년에 9대 왕위에 올랐으나 일찍 세상을 떠났고, 뒤를 이어 현종의 둘째
아들이 왕위에 오르니 10대 정종(靖宗: 1034-46)이다. 하지만 정종도 압록강
에서 동해안 도련포에 이르는 천리장성(1044)을 완공한 뒤 1046년 5월 겨
우 29세로 세상을 떠나고, 이복동생인 낙랑군(樂浪君)이 왕위에 오르니
그가 바로 11대 문종(文宗: 1046-83)이다. 그의 치세 당시 고려의 학문과 문
화는 전성기를 맞았는데, 최충이라는 걸출한 문신의 활약이 컸다.

최충은 신라에서 고려로 귀순하여 벼슬을 지낸 최언위의 손자로 1005
년 22세 때 문과에 장원으로 뽑혔다. 최충은 30여 년 동안 중단되었던
'팔관회'를 다시 열도록 건의했다. 팔관회란 토속신에게 제사를 지내는 의
식으로, 밤에 등불을 밝히고 술과 음식을 먹으며 춤과 놀이를 하며 즐
기는 풍습이다.

최충은 문종 즉위 후 문하시중으로 특진한 뒤 도병마사가 되었다. 문
하시중에 임명된 그에게 가장 먼저 부여된 일은 형법을 제대로 세우는
일이었다. 1047년 왕은 최충과 율사들의 건의로 죄수를 신문할 때 반드
시 형관 3인이 함께 들어가도록 하는 '삼원신수법(三員訊囚法)'을 마련했다.
그리고 도병마사로 북방에 나가 있었던 경험을 바탕으로 문종에게 여진
족 포로의 석방을 건의하자 문종은 1050년에 동여진의 추장을 비롯한
86명을 풀어주었다.

1053년 최충이 나이가 많다는 이유로 사직을 청하자 왕은 이를 만류
하며 안석(安席: 앉을 때 기대는 방석)과 지팡이를 주고 국사를 돌보게 했다. 그
러나 최충은 이를 사양하고 벼슬에서 물러났다. 하지만 최충을 존경한
문종은 그가 퇴직한 이후에도 국가에 대사가 있으면 어김없이 사람을 보

내 그에게 문의하도록 했다.

당시에는 나라에서 운영하는 〈국자감〉이 있었지만, 사립 교육기관은 없었다. 그래서 벼슬에서 물러난 최충은 1055년 송악산 밑에 최초의 사립 교육기관인 〈구재학당(九齋學堂)〉을 세웠다. 그러자 유명무실한 〈국자감〉 대신 많은 과거 응시자들이 이곳으로 몰려들었다. 구재학당은 9개의 학반(學班)으로 나누었고, 최충이 죽은 뒤에는 그의 시호(諡號)에 따라 〈문헌공도(文憲公徒)〉라 불렸다. 이후 다른 유학자들이 이를 본받아 사학을 개설하니 이를 〈문헌공도〉를 포함하여 〈12공도〉라 했다.

이 학도의 수는 그의 사후에도 수백여 명에 이르렀고, 이들 주도하에 개경뿐만 아니라 지방에까지 대대적인 유학 열풍이 불기 시작했다. 이러한 최충의 행적이 고대 중국의 공자에 비견된다 하여 사람들은 그에게 해동공자(海東孔子)라는 별칭을 붙여주었다. 1068년 최충이 83세로 세상을 떠나자, 임금은 문헌공이라는 시호를 내리고 조문사를 보내어 애도의 뜻을 표했다.

✦ 최충과 대각국사 의천

문종은 황해도 개풍군 덕적산(德積山)에 고려 불교의 총본산인 흥왕사를 12년에 걸쳐 완공했다. 흥왕사는 전각만 30여 채, 2천8백 칸이 되며, 큰 종이 2개, 작은 종이 16개나 되었다. 그러나 이 거대한 절도 훗날 몽골군의 침입으로 한순간에 잿더미가 되었다.

남달리 불심이 깊은 문종은 넷째 아들 의천(義天)을 절로 보냈다. 11세인 의천은 순종, 선종, 숙종의 친동생이지만 영통사에 들어가 경덕국사의 제자가 되었다. 그리고 10년 후 의천은 더욱 깊은 공부를 위해 송나라로 가고자 했지만 어머니의 반대로 뜻을 이루지 못했다.

1083년 4월 65세로 문종이 세상을 떠나고 의천의 큰형이 왕위에 오르니 12대 순종이다. 그러나 순종은 왕위에 오른 지 3달 만에 세상을 떠났고, 의천의 둘째 형이 왕위에 올라 제13대 선종이 되었다. 의천은 송나라로 보내 달라고 왕께 청했으나, 허락하지 않자 1085년 4월 제자 수개(壽介)만 데리고 송나라의 상인 임영(林寧)이라는 자의 배에 올라 송나라의 수도 동경(東京; 하남성 개봉)에 도착했다. 의천은 비밀리에 배편으로 송나라에 입국했지만, 소문이 알려져 송나라 철종은 특별히 주객낭중(主客郎中)인 양걸(楊傑)을 보내 의천을 수행, 인도하도록 명했다. 의천은 그곳에 머무르며 천태종을 익혔는데 후일 고려에 천태종을 널리 퍼뜨린 선구자가 되었다.

1086년, 의천은 선종 3년 어머니 인예태후의 간청으로 불경 3천여 권을 싣고 고려로 돌아왔다. 의천은 승주의 〈선암사〉, 가야산의 〈해인사〉 등을 돌아보고 마침내 〈흥왕사〉 주지가 되었다. 그는 〈흥왕사〉에 교장도감을 두고 4,740여 권의 불경을 간행했다. 이것이 바로 「속대장경」인데, 1,010부 4,740여 권에 달했으나 몽골군의 방화로 거의 타버리고 일부만 전해지고 있다.

숙종 2년 인예태후의 청으로 짓기 시작한 〈국청사〉가 완성되자, 의천은 어머니가 세상을 떠난 후 잠시 주지로 있으면서 천태종을 가르쳤다. 고려의 천태종은 이때부터 급속도로 발전하기 시작했다.

1093년 5월 선종이 46세로 세상을 떠나자 그의 장남이 왕위에 올라 14대 헌종(獻宗; 1094-95)이 되었다. 그러나 야심 가득한 삼촌 계림공이 호시탐탐 왕위를 노리고 있기에 불안에 떨어야만 했다. 더구나 나이도 어리고 병약하여 어머니 사숙태후가 수렴청정한 뒤, 즉위 1년 5개월 만인 1095년 결국 삼촌 계림공에게 왕위를 물려주니 그가 15대 숙종(肅宗; 1095-1105)이다.

조카를 내쫓고 임금이 된 숙종은 마음이 편치 못했다. 그는 동생이자 스승 자격으로 불경을 가르치고 있던 동생 의천과 상의했다. 의천의 건의에 따라 경제에 힘쓴 숙종은 주전관을 두어 돈을 만드는 일을 연구하도록 했는데, 마침내 〈주전도감〉을 설치해 1102년 우리나라 최초의 엽전 '해동통보(海東通寶)'를 만들어냈다. 그는 1만5천 관의 해동통보를 문·무 양반과 군사들에게 나누어 주었고, 이어 해동중보, 삼한통보, 삼한중보, 동국통보, 동국중보 및 한반도를 본뜬 은병(銀瓶)까지 선보였다.

숙종은 의천에게 대각국사라는 칭호를 내렸으며, 1105년 47세로 아깝게 세상을 뜨고 말았다.

9성을 쌓은 윤관 장군

여진족들 가운데 하얼빈 지역의 완안족(完顔族)이 차츰 강성해지면서 마침내 그 추장 영가(盈歌)가 두만강을 넘어 함흥 근처 갈뢰전 지방까지 세력을 펼치기 시작했다. 고려에서는 영가에게 사신을 보내 서로 친하게 지내며, 갈뢰전(曷懶甸) 지방에 살고 있던 여진족들로 하여금 영가에게 대항하도록 했다. 마침내 영가가 죽고 그의 아들 오아속(烏雅束; 아골타 형)이 아버지의 뜻을 이어받아 갈뢰전의 여진족을 무찌르고 통합시킨 후 1104년에는 정평 지방까지 내려왔다.

숙종은 평장사 임간(林幹)을 보내 정평의 오아속을 무찌르게 했으나 적을 얕잡아보다가 대패하고 말았다. 오아속은 계속 밀고 내려와 마침내 선덕관성까지 점령했다. 임간이 이곳에서도 패하자 윤관(尹瓘)을 보내 싸우게 했다. 이때 고려의 장수 척준경(拓俊京; 1070년?-1144)이 적진에 뛰어 들어가 적장을 쓰러뜨렸고, 고려 군사들은 맹렬히 공격하여 겨우 성을 되찾았다.

이때 윤관은 적을 이기지 못하고 화의를 맺었다. 1104년 훗날을 기약한 숙종과 윤관은 말을 다룰 수 있는 자를 뽑아 기병을 양성해 '신기군(神騎軍)'이라 불렀다. 그리고 20세 이상의 장정들을 모아 산길을 달리는 훈련을 시키고 이를 '신보군(神步軍)'이라 불렀다. 또 여러 절에 있는 젊은 승려들을 모아 '항마군(降魔軍)'을 만들었다. 이를 통틀어 '별무반(別武班)'이라 한다.

✦ 『북관유적도첩』에 실린 '척경입비도'.
윤관이 함경도를 침략한 여진족을 물리치고 공험진 선춘령에 비를 세우는 장면을 그린 것이다.

1105년 숙종이 52세로 갑자기 세상을 떠나자 그의 아들인 예종(睿宗)이 16대 임금으로 왕위에 올랐다. 예종은 아버지 숙종이 생전에 여진족을 평정하지 못한 데 한을 품고 있었다. 그래서 예종 2년(1107) 고려의 17만 대군은 정평으로 토벌에 나섰다. 첫 번째로 석성에서 전투를 벌였는데, 좌군의 부장 척준경의 활약으로 대승을 거둔 덕분에 윤관은 영주, 옹주, 복주, 길주 등 4곳에 성을 쌓고 고려의 영토를 넓힐 수 있었다.

　기세가 오른 고려군은 가한촌의 마치 병목처럼 생긴 작고 험준한 고개로 쳐들어갔다. 적군은 이곳에 많은 군사를 숨겨 두고 있었으나 이 사실을 까맣게 모르는 윤관과 오연총(오연총)은 그만 적에게 포위되고 말았다. 오연총은 적군이 쏜 화살에 맞았고 윤관은 많은 군사들을 잃었다. 척준경이 이 소식을 듣고 결사대 10여 명을 이끌고 윤관과 오연총을 구하러 나섰으며 척준경의 결사대가 기습하자 적들은 당황했다. 싸움이 한창 치열할 때 최홍종, 이진관의 지원군이 적의 후방을 공격했다. 적은 여러 방면으로 대항하느라고 포위망을 좁히지 못했고, 이 틈을 이용해 척준경은 윤관과 오연총을 구해냈다.

　얼마 후 여진군이 영주성을 공격해 왔지만 또 다시 척준경이 물리쳤다. 고려군은 적군 5천 명의 목을 베고, 1천여 명을 사로잡았으며, 진지 135개소를 점령했다. 윤관은 함주, 영주, 옹주, 길주, 복주, 공험진, 숭녕진, 통태진, 진양진 등지에 9성을 쌓고 적을 물리쳤다.

　윤관과 오연총은 방어군을 남겨 두고 개경으로 개선하여 공신의 칭호를 받았다. 그런데 9성을 여진에게 돌려주자는 의견이 나왔고, 임금은 대신과 장수들을 선정전에 모아 놓고 물었다. 최홍사(崔弘嗣)를 비롯한 여러 대신들은 모두 9성을 돌려주자고 했으나 예부낭중 박승중, 호부낭중 한상은 끝까지 반대했다. 결국 예종은 대신들의 의견을 좇아 1109년 여진의 사신 마불과 사현 등을 불러 9성을 돌려주고 말았다.

1115년 1월 요나라에 반기를 들었던 완안 아골타(阿骨打)가 금나라(金: 1115-1234)를 세우고 황제(太祖)라 칭하자, 요나라의 천조제 야율연희(天祖帝 耶律延禧)는 대군을 편성하여 여진족을 진압하려 했다. 그러나 요군은 금군에게 대패하고 말았다.

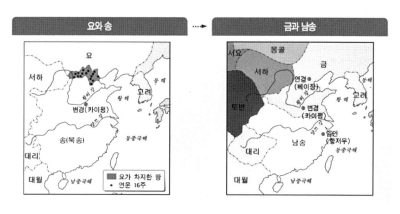

✦11세기 말-12세기 초 동북아시아 정세 변화 지도

그해 8월 천조제는 다시 금나라를 공격하고자 15만 대군을 편성하면서, 고려에 사신을 보내어 원군을 보내 달라고 했다. 대다수의 신하는 군사를 보낼 것을 주장했으나 척준경은 김부일, 김부식 등과 함께 여진족 정벌 이후 국력이 회복되지 않았음을 이유로 반대했다. 결국 출정은 이루어지지 않았으며, 천조제는 금나라군과 싸워 또 다시 대패하고 말았다. 11월에 천조제는 또 사신을 보내 고려군의 출병을 요청했으나 끝내 성사되지 않았다. 결국 요나라는 1125년에 금나라의 공격을 받아 멸망하고 말았다.

이자겸과 척준경

1122년 16대 예종이 44세로 붕어했다. 그런데 뒤를 이을 태자가 겨우 13세였기에 숙부인 대방공과 대림공이 왕위를 노리고 있었다. 이를 눈치 챈 태자의 외할아버지 이자겸이 군사를 풀어 대궐을 굳게 지키도록 하고 태자의 즉위식을 거행하니 이 임금이 17대 인종(仁宗: 1122-46)이다.

어린 인종은 외할아버지인 이자겸에게 나라의 모든 일을 맡겼다. 이자겸은 자신의 위치를 더욱 공고히 하기 위해 셋째딸을 인종에게 시집보냈고, 넷째딸도 인종의 왕비로 삼았다. 또한 반대파인 대방공과 이중약 등을 처형하고, 문공미, 정극영, 이영 등을 귀양 보냈다.

이후 인종이 나이가 들자 모든 권한을 틀어쥔 외할아버지 이자겸이 거슬렸다. 그래서 인종은 내시녹사 안보린과 내시지후 김찬에게 은밀히 이자겸을 없애도록 명을 내렸다. 김찬은 군사를 일으켜 이자겸을 없애려 궁궐로 쳐들어갔다. 김찬의 군사들은 척준경의 아우 척준신과 그의 아들 척순을 없애는 데는 성공했으나, 이자겸이 거느린 군사들에게 모두 사로잡히고 말았다.

사건이 있은 후, 이자겸은 인종을 적대시하여 스스로 왕위에 오를 흉계를 꾸몄다. 다행히도 최사전(崔思全)이라는 충성스러운 신하가 있었다. 그는 인종에게 이자겸과 척준경(拓俊京, ?~1144)을 이간시켜 이자겸을 없앨 계책을 밝혔다.

당시 이자겸과 사이가 좋지 않았던 척준경은 임금의 조서를 받자 마음이 움직였다. 1126년 5월, 척준경은 궁궐로 들어가 인종을 호위할 태세를 갖추었다. 이자겸의 군사들이 저항했으나 제압한 뒤, 인종을 안전한 군기감에 모셔 놓고 승선 강후현을 파견하여 이자겸을 잡아오도록 했다.

척준경은 이자겸과 그의 처자들을 모두 팔관보에 가두고, 병사들을 풀어 그의 잔당들을 잡아들이거나 죽이고, 왕을 다시 궁으로 모셔갔다.

인종은 이자겸을 전라도 영광 법성포로 귀양 보내고(1126년 12월 사망), 그의 아들들도 모두 귀양 보냈다. 또한 인종은 이자겸의 딸인 두 왕비를 쫓아내고 새로 임원애의 딸을 왕비로 간택했다. 인종은 즉위 5년 4월에 맏아들을 보았는데, 계속하여 네 아들이 태어났다. 또한 그들 가운데 셋이 후일의 의종, 명종, 신종이 되었다.

영광 법성포로 귀양 간 이자겸은 해풍에 말린 조기를 먹어보고 맛이 뛰어났다. 그래서 그는 인종에게 진상했는데, "진상은 해도 용서해달라고 아부하는 것이 아니며, 절대로 자신의 뜻을 굽히지(屈) 않겠다(非)"고 한다. 그래서 말린 조기에 굴비(屈非)라는 이름이 붙여졌다는 민간어원설이 있다.

궁궐은 평온을 되찾은 듯했으나 새로운 실력자로 부상한 척준경이 이자겸을 제거한 공을 내세우며 위세를 부리려 하자 인종은 그를 꺼리게 되었다. 1127년 3월 마침내 정지상이 척준경의 옛 죄를 들어 탄핵하는 상소를 올렸고, 척준경은 암타도(巖墮島: 신안군 암태도로 추정)로 귀양을 갔다. 이듬해에 인종은 이자겸을 제거한 공을 참작하여 척준경의 귀양지를 암타도에서 고향인 황해도 곡주(곡산)로 옮기도록 하고 가족들과 한곳에 살도록 했다. 그후 인종 22년(1144)에 검교호부상서로 임명된 척준경이 상경했으나 얼마 가지 못해 세상을 떠나고 말았다. 이를 안타깝게 여긴 인종은 그의 관직을 되돌려주고, 자손들에게도 출사길을 열어주었다.

『선화봉사고려도경(宣和奉使高麗圖經)』(줄여서 『고려도경』)은 송(宋)나라 휘종(徽宗)이 1123년 고려(高麗) 인종에게 국신사(國信使)를 보낼 때 수행한 서긍(徐兢, 1091-1153)이 고려에서 한 달여 동안 머무르다 돌아간 뒤, 이듬해 고려의 문물과 제도, 풍습 등을 300여 항목, 28개 문(門)으로 분류하여 글과 그림으로 기록, 정리한 뒤 황제에게 바친 책이다. 이 책은 3년 후인 1126년 송(宋)의 수도 개봉(開封)이 함락당하는 '정강의 변(靖康之變)' 당시 그림이 유실되었다. 다행히 글은 남아 43년 후인 1167년 그의 조카 서천(徐蕆)이 재간행했다. '정강의 변'이란 1126년 송나라가 여진족의 금나라(아골타가 건국) 태종 오걸매(吳乞買)에 패해 이듬해 황제 휘종과 흠

종을 비롯해 황족, 관료 등 3천여 명이 포로로 금나라에 끌려가 송(북송)이 망한 사건이다. 여기서 '정강(靖康)'은 당시 송의 연호이다.

이 책은 사료적 가치가 매우 크다. 송나라 사람으로서 고려에 관한 기사를 남긴 것으로는 오식(吳栻)의 『계림기(鷄林記)』(20권), 왕운(王雲)의 『계림지(鷄林志)』(30권), 손목(孫穆)의 『계림유사(鷄林類事)』(3권) 등이 알려져 있다. 그러나 현재 완전히 없어졌거나 겨우 그 일부분만이 전하고 있을 뿐이어서 『고려도경』이 가지고 있는 사료적 가치는 매우 높다고 할 수 있다.

여기에는 이자겸이 "풍채는 맑고 위의는 온화하며 어질고 착한 이들을 반겼다."라고 평하고 있다. 이때는 이자겸이 한창 득세하고 있던 시기라 그랬을 것이다. 또 고려청자를 기술한 부분도 있다. 당시 고려인이 청자 종주국인 송나라 청자의 '비색(祕色)'과 구별해 고려청자의 색을 비색(翡色)이라 불렀다고 하며, 고려 비색청자를 극찬한 내용도 들어 있다. 이 책에는 다른 고려사 관계자료들에서는 볼 수 없는 귀중한 기사를 많이 수록하고 있으며, 특히 고려 인종 때를 중심으로 한 우리나라 사회가 중국인의 눈에 어떻게 비쳤으며, 또 어떻게 중국과 비교되고 특징지어졌는가를 이해하는 데 중요한 자료이다. 그러나 한편으로는 우리나라의 역사적 사실을 잘못 이해하고 서술한 부분도 적지 않다.

묘청과 서경천도운동

이자겸의 난 이후 고려사회는 크게 동요했다. 그 사이에 김부식과 외척 임원애 등 개경 세력이 급부상했고 척준경을 탄핵한 정지상, 묘청 등 서경 출신 신진 세력이 이에 대적하게 되었다.

왕사(王師) 묘청이 인종에게 개경의 기운이 지나치게 세기 때문에 도읍을 서경으로 옮기자는 청(地氣衰旺說)을 올리자 묘청의 말을 받아들여 천도를 결정했다. 그리하여 인종 7년(1129) 서경의 대화궁이 완성되었지만, 조정에서는 서경으로 천도하자는 묘청, 정지상 일파와 이를 반대하는 김부식, 임원애, 이지서 등의 대립이 심했다. 더욱이 왕비의 아버지 임원애는 묘청을 없애야 한다는 상소문까지 올리기도 했다. 묘청은 평양성의 궁궐 축성과 성곽 개수를 추진하며 금나라를 정벌하기 위해 서경으로 천도해야 한다고 주장했지만, 결국 유교질서를 앞세운 개경파에 밀려 천도가 무산되고 말았다.

그러자 1135년 1월, 서경에 있던 묘청은 조광, 유참 등과 함께 국호를 대위(大爲), 연호를 천개(天開), 군대를 견청충의군(天遣忠義軍)이라 칭하고 반란을 일으켰다. 이에 인종은 김부식을 평원수로 임명하고 묘청의 반군을 진압하라고 명했다. 출정하기 전 김부식은 먼저 묘청의 편이었던 정지상, 백수한, 김안 등의 목을 베었다.

이로써 서경의 지위가 격화되고 보수적인 유교 문신 세력이 득세하면서 '숭문천무(崇文賤武) 풍조'가 더욱 심해졌으며(이전에 서희, 강감찬, 윤관도 모두 문신이었다), 훗날 무신정변의 원인을 제공해주는 단초가 되었다.

1929년에 발간한 단재 신채호의 『조선사연구초』에서는 묘청의 난을 이렇게 평하고 있다. "서경 전역 때 양쪽 병력이 각기 수만에 불과하고 전란의 시작과 끝이 불과 2년에 그쳤지만, 그 전란의 결과가 조선 사회에 끼친 영향은 서경 전역 이전 고구려의 후예로서 북방의 대국으로 자리 잡았던 발해 멸망보다도, 서경 전역 이후 고려와 몽골 간의 60년 전쟁보다 몇 배나 중요했다. 대개 고려에서 조선까지 1,000여 년 동안 서경 전역보다 중요한 사건이 없을 것이다.

서경 전역을 역대 역사가들은 다만 국왕의 군대가 반란군을 친 전쟁으로만 알고 있었지만, 이는 근시안적인 관찰에 불과하다. 그 실상은 이 전역이 '낭불 양가(郞佛兩家)' 대 '유가(儒家)'의 싸움이며, '국풍파(國風派)' 대 '한학파(漢學派)'의 싸움이며, '독립당' 대 '사대당'의 싸움이며, '진취 사상'

대 '보수 사상'의 싸움이었다. 묘청(妙淸)은 곧 전자의 대표요, 김부식은 후자의 대표였다. 이 싸움에서 묘청 등이 패하고 김부식이 승리함으로써 조선의 역사는 사대적·보수적·속박적 사상, 즉 유교 사상에 굴복하고 말았다. 만일 이와 반대로 김부식이 패하고 묘청 등이 이겼다면 조선사는 독립적·진취적 방향으로 나아갔을 것이니 이 전역을 어찌 '1,000년 동안의 제일 대사건(一千年來第一大事件)'이라 하지 않겠는가?"

당시 처형당한 정지상은 고려 최고의 문장가로 꼽히던 인물로 「송인(送人)」이라는 시가 전한다.

우헐장제초색다(雨歇長堤草色多) 비 그친 긴 둑에 풀빛 짙은데,
송군남포동비가(送君南浦動悲歌) 임 보내는 남포에 슬픈 노래 가득하다.
대동강수하시진(大同江水何時盡) 대동강 물이야 언제 마르리?
별루연년첨록파(別淚年年添綠波) 푸른 물결에 해마다 이별의 눈물 보태는 것을.

개경파 김부식과 서경파 정지상은 정치적으로 대치되는 입장이었지만, 문학적으로도 서로 사이가 좋지 않았다. 어느 날, 김부식과 정지상은 함께 절에 들렀다. 이때 정지상이 "절에 독경소리 그치니, 하늘이 유리알처럼 맑구나."라고 시를 읊자 김부식은 감탄하며 이 시를 자기가 지은 것으로 하자고 했으나 정지상이 거절했다. 마음이 상한 김부식이 훗날 묘청이 서경에서 난을 일으키자, 진압을 명받고 정지상을 역적으로 몰아 죽였다고 한다.

『고려사절요』에는 왕명으로 반란군 진압을 맡게 된 김부식이 사경으로 출병하기 전에 정지상, 백수한, 김안 등을 서경의 역적들과 동조했다고 하여 모두 죽였다는 기록과 더불어, 김부식은 본래 지상과 문인으로서 명성이 같았으므로 불평을 하더니 결국 그를 죽였다고 적고 있다. 홍만종(洪萬宗, 1643~1725)이 편찬한 『시화총림(詩話叢林)』 첫머리에는 정지상과 김부식

의 후일담으로 귀신이 된 정지상이 김부식을 죽였다는 내용이 『백운소설』에 실려 있다.

묘청의 난을 진압하고 돌아온 김부식은 인종의 명을 받들어 집현전 태학사로서 정습명, 김효충 등 10인과 함께 『삼국사기』 편찬을 지휘했다. 이후 그의 세력이 약화되고 윤언이가 정계에 복귀하자 위기를 느낀 김부식은 인종 20년(1142) 스스로 관직에서 물러났다. 김부식은 관직에서 물러난 3년 후인 1145년에 『삼국사기』 50권의 편찬을 완료했고, 나중에는 『인종실록』 편찬에도 참여했다.

❀ 「정과정곡(鄭瓜亭曲)」

1146년 2월 인종이 38세로 세상을 떠나자 태자가 뒤를 이었다. 이 임금이 제18대 의종(毅宗: 1146-70)이다. 20세의 젊은 나이에 왕위에 오른 그는 매우 총명했으며 풍류를 즐겼다. 인종은 평소 아들들의 앞날을 걱정했으며, 왕비도 태자의 경솔함을 몹시 싫어했다. 그래서 은근히 둘째 왕자를 태자로 삼으려고 했다. 둘째 아들인 대령후 왕경(大寧侯 王暻)은 형들과 달리 인품이 어질고 착했기 때문이었다.

의종은 임금이 되자 궁중에 매일같이 큰 잔치를 베풀어 세월을 보냈다. 정습명(鄭襲明)이 누차 어진 임금의 길을 가도록 간했으나 의종이 외면하자 자살해 버렸다. 그는 의종이 태자로 있을 때 스승이었다.

이런 의종의 주위에는 아첨하는 간신배들이 득실거렸다. 그 중에서도 환관 정함은 아내가 의종의 유모였던 터라 벼락출세를 했다. 간사한 김돈중은 바른말 잘하는 정서(鄭敍) 일파가 대령후 왕경과 친하게 지내며 왕위를 엿본다고 고하자 의종은 정서에게 벌을 내리도록 명했다. 그러자 인종의 후비이고 의종의 어머니인 공예태후(恭睿太后)가 크게 놀라 임금을 꾸짖었다. 정서의 아내는 바로 공예태후 임씨의 여동생이었다.

결국 의종은 정서를 그의 고향인 동래로 내려가 쉬도록 했다. 정서는 유배생활을 하면서 정자를 짓고 오이밭을 일구며 임금을 그리워하는 고려가요인 「정과정곡」을 지었고, 호를 과정(瓜亭)이라 하며 임금이 부를 날을 기다렸으나 끝내 부름이 없었다. 그러자 정서는 자신의 신세를 한탄하며 거문고를 타며 노래를 지어 불렀다고 한다. 「정과정곡」은 작자가 분명하게 밝혀진 가장 오래된 고려의 시가로서 유배문학의 효시이다.

3
무신정권의 등장과 여몽항쟁

1) 100년 동안의 무신정권

정중부의 난

1170년 8월, 의종은 개경에서 멀리 떨어진 보현원(普賢院: 파주 장단)으로 놀이를 나가려고 했다. 보현원으로 가던 중 무신들의 불만을 어렴풋이 느낀 의종은 오문(五門)에서 멈추더니 술자리를 펴도록 했다. 그리고 수행 무신들에게는 다섯 명이 한 조로 수박(手搏: 택견 비슷한 무예) 기예를 겨루는 오병수박희(五兵手搏戲)를 열어주었다.

이윽고 환갑 나이의 대장군 이소응이 젊은 무사와 겨루었으나 보기 좋게 나가떨어지고 말았다. 그러자 종5품 한뢰가 경기장에 뛰어들어 이소응의 뺨을 때렸고, 여러 문신들도 웃으면서 맞장구 쳤다. 이 광경을 지켜보던 정중부(鄭仲夫: 1106-79)는 분에 못이겨 한뢰의 멱살을 움켜쥐며 호통을 쳤으나 의종이 만류하는 바람에 사건이 무마되는 듯했다.

그런데 의종은 궁궐로 돌아가지 않고 보현원으로 떠났다. 이때를 노려 정중부는 이고와 이의방과 함께 한뢰와 문신들을 도륙해버렸다. 또 정중부의 수염을 태워 무신들을 화나게 했던 김부식의 아들 김돈중도 감악산에 숨어 있었으나 발각되어 목이 날아갔다.(경인의 난: 庚寅-亂) 결국 의종을 거제도로 귀양보내고 그의 동생 익양공(翼陽公)을 옹립하니 그가 바로 19대 명종(明宗: 1170-97)이다.

무신들은 문신들의 〈도당(都堂, 都評議使司)〉과 대조되는 〈중방(重房)〉을 중심으로 정권을 장악하고, 군사는 물론 경찰과 형옥 등 모든 일을 주관하여 처리했으며, 아울러 왕의 동정을 철저히 감시했다. 무인 정치는 곧 '중방 정치'라고 할 정도로 이군육위(二軍六衛)의 지휘관인 상장군·대장군 중심의 〈중방〉을 소중히 여겼다.

이처럼 정중부와 이의방, 이고 세 사람이 고려를 다스리는 무신 정권의 시대가 열렸지만, 세 사람의 권력 분점은 그리 오래가지 못했다. 권력을 차지하기 위해 서로 죽고 죽이는 참극이 시작된 것이다. 정중부는 형식적으로는 이의방과 권력을 나누었지만, 실질적으로는 최고의 권력자가 되었다. 1173년에 이의방은 자신을 제거하려던 이고를 죽이고, 자기 딸을 태자비로 삼아 권세를 부리다가 '조위총의 난' 와중에 정중부의 아들 정균에게 죽임을 당하고 말았다.

반(反) 무신의 난

무신들의 일탈을 뒷받침해 줄 사회적 기반이 없었던 무신 정권 초기는 어지러울 수밖에 없었다. 무신 내부의 권력 다툼도 치열했으며, 저마다 자신들의 시대가 왔다고 생각한 무신들은 백성들까지 수탈했다. 무력으로 권력을 장악했어도 이들에게는 체계가 없었다. 당연히 지방 세력을 장악할 능력이 없었고 지방 통치도 무너지자 무신정권에 불만을 품은 세력들이 계속해서 등장했다.

명종 3년(1173) 동북면 병마사 김보당이 장순석 등과 함께 의종을 거제에서 청주로 모셔와 다시 세우고자 했지만 실패했고, 수많은 문신들이

이에 공모했다는 죄로 죽임을 당했고, 의종 또한 이의방의 심복 이의민에게 살해되었다.('金甫當의 亂', '癸巳의 亂')

1174년에는 서경유수 조위총(趙位寵)이 무신정권에 반대하여 거병했다. 이는 1172년에 발발한 최초의 농민 항쟁(서북지역 민란)과 연결되어 규모가 상당히 커졌다. 그러자 정중부는 2년에 걸쳐 '조위총의 난'을 진압하는 중에 이의방을 살해하고 최고 권력자가 되었다. 이후 문하시중에 오르는 등 권력자가 된 그는 정권 안정을 위해 일시적으로 문신 우대 정책을 펴는 바람에 무신들의 불만을 사기도 했다.

1176년에는 민초들의 항쟁이 발생했다. 공주 명학소(鳴鶴所)에서 신분차별에 반대해 '망이·망소이의 난'이 일어난 것이다. 당시 이들이 난을 일으킬 무렵에는 '조위총의 난'이 한창 진행 중이었기 때문에 조정은 서경에서 들고 일어난 조위총의 무리를 '서적(西賊)'이라고 하고, 남쪽에서 들고 일어난 망이와 망소이의 무리를 '남적(南賊)'이라고 불렀다. 조정은 망이·망소이 무리를 무력 대신 회유책의 하나로 명학소를 충순현(忠順縣)으로 승격시켰는데, 이는 열등계급 집단인 향·소·부곡(鄕·所·部曲)이 해방되는 계기가 되었다.

경대승과 이의민

청주 출신 경대승(慶大升; 1154-83)은 기세가 강하고 무예가 뛰어나 15세에 장수가 된 촉망받는 무관이었다. 1179년, 26세가 된 경대승은 왕조차 무시하고 권력을 휘두르는 정중부 일파를 없앨 결심을 하고, 신임하는 허승, 김광립 등과 함께 거사를 일으키기로 했다. 마침내 '장경회(藏慶會)'가 끝나자 궁 안에 있던 허승의 신호에 군사들은 안으로 들어가 정중부의 아들 정균과 사위 송유인을 처치했다.

허승이 군사와 함께 집에 들이닥치자 정중부는 이미 소식을 듣고 몸을 피했으나 농가에 숨어 있던 정중부를 찾아낸 허승이 그의 목을 베었다.

이후 함께 거사를 일으켰던 허승과 김광립마저 제거하고 모든 권력을 손에 넣은 경대승은 기반을 확실히 다지려 했으나 반대파의 저항도 만만치 않았다. 경대승은 기존의 최고 권력기구인 〈중방〉을 없애고 〈도방(都房)〉을 신설하여 무예가 뛰어난 사병 100명을 거느려 신변 보호를 강화했다. 그는 또한 관리를 등용함에 문신과 무신을 고루 기용하고자 했지만, 이 같은 조치가 오히려 무신들의 반감을 사서 명종 11년(1181)에는 한신충, 채인정, 박돈순 등이 반란을 일으키기도 했다.

명종 13년(1183) 7월 경대승은 몸이 아파 자리에 누웠다가 다시 일어나지 못했다. 경대승이 갑작스레 죽는 바람에 이의민이 집권했다. 소금장수 아들인 이의민은 수박을 잘해 의종의 총애를 받아 승승장구하다가 1170년(의종 24년) 8월 '정중부의 난'에 가담하여 공을 세운 뒤 장군까지 승진했다.

명종 3년(1173) 김보당, 장순석 등이 의종을 복위시키려고 일으킨 난을 진압하여 대장군이 된 그는 '조위총의 난'까지 평정하여 상장군이 되었다. 이 과정에서 이의방의 명을 받고 의종의 유배지로 간 그는 의종을 처형하고 시체를 가마솥에 넣어 연못에 던져버렸다고 한다.

그런데 1179년 경대승이 정중부를 처형하고 정권을 장악하자 이의민은 위협을 느끼고 병을 핑계로 고향인 경주로 내려갔다가 3년 후에 올라왔다. 이때 풍수지리와 참위설(讖緯說: 자연계의 변이가 사회의 길흉을 예언한다는 사상. 그는 '용손이 12대에 끊기고 십팔자(十八子)가 일어난다'고 믿었다.)을 맹신하고 이씨가 왕이 된다는 속설을 신봉하여 스스로 왕이 될 꿈을 꾸었다. 그리하여 경주 일대에서 난을 일으킨 김사미, 효심 등과 힘을 합쳐 신라 부흥을 도모하고자 했다.

하지만 1196년 이른 봄, 이의민의 아들 이지영이 동부녹사 최충수의 비둘기를 빼앗는 일이 발생했다. 특히 그의 아들 중 이지영과 이지광은 횡포가 심해 '쌍도자(雙刀子)'라고 불리고 있었다. 이에 불만을 품은 최충수는 형 최충헌을 찾아가 이의민의 암살을 모의했고 군사를 일으켰다. 결국 미타산 별장에서 나오던 이의민은 최충헌, 최충수 형제와 박진재 등에게 살해당했다. 이어 최충헌은 조정의 문신들 38명을 잡아서 중국의 사신을 접대하던 〈인은관(仁恩館)〉에 가두었다가 모두 살해했으며, 이의민의 아들 이지순과 이지광을 처형했고, 이지영은 해주에서 연회를 벌이다 최충헌이 보낸 장군 한휴에게 잡혀 형장의 이슬로 사라졌다. 조정에서는 최충헌 형제에게 공신의 칭호를 내렸고, 이후 최충헌의 시대가 열렸다.

최충헌의 무신정권

최충헌은 무인 세습정권을 구축한 인물이다. 그런데 학식은 없었으나 성품이 온후하고 가식이 적으며 용기와 힘이 셌던 김제 만경 출신 두경승(杜景升)이 경쟁자였다. 그는 두경승을 제거하려고 그의 사위인 류삼백을 매수한 뒤 1197년 두경승을 유인하여 잡아 자연도(紫燕島; 영종도)로 유배를 보냈다. 그후 류삼백이 반역했다고 의심하여 스스로 목을 찔러 죽게 했으며, 류삼백의 부친 류득의는 남쪽 변방에 유배시켰다.

실권을 잡은 최충헌은 명종에게 '봉사십조(封事十條)'를 올려 정치를 시정하고 임금의 반성을 촉구했다. 정중부, 이의방, 경대승, 이의민 등과는 달리 그가 오랫동안 정권을 장악할 수 있었던 것은 바로 이런 장점을 지녔기 때문이었다.

이듬해인 명종 27년(1197) 왕이 '봉사십조'를 이행하지 않고 오히려 자신의 신변을 위협하자 창락궁에 유폐시키고, 평량공 민(平凉公 旼)을 옹립하여 왕위에 오르도록 하니 그가 20대 신종(神宗; 1197-1204)이다. 이때 최충헌은 명종 때의 신료들을 모두 내쫓아 정권을 확실히 장악했다. 하지만 동생 최충수가 자기 딸을 태자-뒷날의 희종-의 비로 삼고자 임금에게 강요하고 태자의 본비를 쫓아내려 했다. 그러자 최충수가 왕과 연을 맺고 세력을 키우려는 것이 못마땅했던 최충헌은 동생을 죽이고 만다.

신종 1년(1198) 5월, 가노인 만적(萬積)이 연복, 성복, 소삼, 효삼, 김윤성 등과 함께 개경 북산에서 나무를 하다가 반란을 모의한 이들은 각자 연락이 닿는 이들을 은밀히 모아 흥국사를 거점으로 하여 거사를 치르기로 했다. 그러나 거사일에 흥국사에 모인 노비는 불과 백여 명밖에 되지 않았다. 어쩔 수 없이 만적이 거사일을 연기하자, 율학박사 한충유의 종 순정이 주인에게 거사 계획을 누설했고, 관군이 출동하여 만적 등 100여 명을 붙잡아 강에 수장시켜버렸다. 최충헌은 한충유에게 합문지후의 벼슬을 내렸고, 순정의 공로도 인정하여 백금 80냥을 주고 노비에서 해방시켜주었다.

1199년 군권과 인사권을 장악한 최충헌은 '김준거의 난'을 진압하고, 이듬해에는 자신을 살해하려는 음모가 자주 발생하자 경대승이 두었던 〈도방〉을 다시 설치하여 신변을 보호했다.

1202년에 경주 별초군의 반란을 진압한 뒤, 1204년 신종을 폐위하고 강화도로 유배보낸 뒤 태자를 옹립하니 그가 21대 희종(熙宗: 1204-11)이다. 희종은 그를 신하의 예로서 대하지 않고 은문상국(恩門相國)이라 했다.

최충헌은 학자 이규보를 발탁하여 무신정권으로 피폐해진 문화를 중흥시키려고 힘썼으며, 〈영은관〉에 실질적인 무인정권의 중앙기관인 〈교정도감(敎定都監)〉을 설치하여 국정 전반을 감독하도록 했다.

1211년 12월, 희종이 늘 불안에 떨자 내시 왕준명이 우승경, 왕익, 홍적 등과 함께 최충헌을 죽이려 했으나 실패했다. 간신히 목숨을 건진 최충헌은 희종과 태자를 폐하고, 명종의 아들인 한남공(漢南公) 정(貞)을 옹립하여 즉위시키니 그가 22대 강종(康宗: 1211-13)인데, 즉위한 지 3년 만에 죽자 다시 태자 진을 세워 23대 고종(高宗; 1213-59)이 되었다. 이후 1217년 최충헌은 자신을 암살하려는 흥왕사 승려들의 음모를 적발·처형했다.

이처럼 최충헌은 문벌과 전통에 대한 사회적 집착 때문에 왕권을 존속 시키기는 했으나, 신종, 희종, 강종, 고종 등 4명의 왕을 마음대로 폐위하 고 새로 옹립하고, 사원 세력을 제거함으로써 최씨 정권의 기초를 마련 했다.

최충헌에게는 우(禹; 1166~1249, 후에 이(怡)로 개명)와 향(珦) 두 아들이 있었다. 만년에 병석에 누운 최충헌은 자신의 곁에서 돌보던 아들 최우를 가까 이 오지 못하게 했고, 최우 역시 병을 핑계로 아버지를 찾지 않았다. 실 은 최충헌이 자기에게 문병 올 때 최우가 가장 위험할 것이라 보았기 때 문이다. 정말로 최준문, 지윤심, 유송절 등이 최우가 문병 오는 틈을 타 죽이려다 실패했다. 『고려사』는 최충헌이 1219년 9월 개성부 안흥리의 집 에서 연회를 열던 중 사망했다고 기록하고 있다. 당시 차남인 최향의 벼 슬이 장남보다 높아 최우가 실권을 쥐자 불만을 품고 반항했으나 감옥 에서 최후를 마쳤다.

2) 여몽전쟁과 삼별초

강화 천도

최씨 무신정권이 고려를 지배하고 있는 동안 고비사막 주변의 대 초원에서는 테무친이 몽골족을 통일하고, 금나라 희종 2년인 1206년에 는 칭기즈 칸(成吉思汗)이라 칭하며 '몽골제국'을 세웠다. 칭기즈 칸은 중앙아시아, 동유럽 일대를 정복하여 인류 역사상 최대의 제국으로 불리는 몽골제국의 기초를 쌓았다. 이후 남하하여 마침내 1211년에 금나라를 공격했고, 1227년 칭기즈 칸이 죽자 오고타이 칸(窩闊台汗; 1229-41)이 1234년 재차 침공해 결국 1234년에 금나라는 멸망해 버렸다.

몽골에 쫓긴 요나라의 후신 대수요국(大遼收國; 후요)이 1216년에 고려의 국경을 넘었다. 이에 몽골은 금나라 본국과 고립된 군벌 포선만노(蒲鮮萬奴)가 두만강 유역에 독자적으로 세운 동진국(東眞國, 또는 大眞國; 1215-33)과 동맹을 맺고, 거란족을 소탕하기 위해 고려에 들어오자, 고려도 협력하여 강동성에 진을 치고 있던 거란을 무찔렀다. 이를 계기로 몽골은 고려와 협약을 맺었는데, 거란을 물리쳐 준 대가로 해마다 과한 조공을 요구해왔다.

✦칭키즈 칸에 오른 테무친

1219년 최충헌이 사망하자 아들 최우가 정권을 장악하고 최씨 정권의 2대 집권자가 되었다. 그런데 고종 13년(1225) 고려에 왔던 몽골 사신 저고여(著古與)가 고려에서 귀국하던 중 압록강 근처에서 도적에게 피살되는 일이 발생했다. 몽골은 저고여의 피살을 고려의 소행이라고 주장하며 침략해 왔다('1차 침공'; 금나라나 동진국의 이간질 또는 몽골 자작극이라는 설이 더 설득력 있다). 오고타이 칸이 살리타이(撒禮塔)를 보내 고려를 공격하도록 하자 살리타이는 압록강을 건너 함신진을 포위하고 철주와 의주를 점령한 뒤 귀주성에 이르렀다. 하지만 깎아지른 듯한 절벽에 선 귀주성은 천혜의 요새였기에 공격이 힘들었고, 백서와 김경손 등이 이끄는 고려군의 저항도 드세어 별다른 성과를 얻지 못했다.

살리타이는 귀주성 공략을 포기하고 남하하여 선주와 곽주를 함락시킨 뒤 예성강 일대를 점령했다. 그리고 개경에 이르러 흥왕사를 공격하고 남진을 계속하여 청주까지 밀고 내려오자 고려 조정은 강화를 요청한 뒤, 몽골 사신과 군대에게 잔치를 베풀며 막대한 공물을 바친다는 약조를 했다. 결국 살리타이는 몽골의 지방관이라 할 수 있는 다루가치(達魯花赤; 총독) 72명을 고려에 남겨 두고 돌아갔다.

몽골군에 의해 전국이 유린당하고 수도인 개경마저 위험에 처하자, 당시 실권자였던 최우는 중신들을 소집한 뒤 고종을 위협해 1232년 7월 강화도 천도를 단행했다. 강화도는 섬이라서 해전 경험이 없는 몽골군의 공격을 피할 수 있는 최적의 장소로 여겨졌기 때문이다.

승려 출신 장군 김윤후

그해 겨울, 몽골군이 개경환도를 요구하며 다시 쳐들어왔다('2차 침공'). 순식간에 개경을 함락시킨 적군은 남쪽까지 내려왔으나 강화도까지는 오지 못하고, 안성과 용인 사이에 있는 처인성(용인)에서 멈춰서야만 했다.

당시 처인성은 승려 출신 김윤후 장군이 지키고 있었다. 당시 김윤후가 성벽에서 쏜 화살이 몽골군의 대장 살리타이의 목을 단숨에 꿰뚫자 사기가 저하된 몽골군은 물러갔다. 조정에서는 공을 치하하기 위해 김윤후에게 섭광장의 칭호를 내렸다(5차 침입 때는 충주전투에서 적군을 격퇴했다). 이로써 전쟁이 종료되었지만, 당시에 양반들은 모두 도망가 버리고 노비와 평민들만 남아 김윤후 장군의 지휘 아래 몽골군과 대적했다. 몽골군이 물러나자 귀족들은 돌아와서 기껏 한다는 말이 은그릇이 없어졌다느니 하면서 목숨 바쳐 몽골군을 물리친 노비들에게 도둑 누명을 씌웠다. 그러자 노비들과 귀족들 간에 싸움이 벌어지는 바람에 정부군이 나서 진압하는 어처구니 없는 일도 있었다.

✦ 처인성 전투와 승려 출신 장군 김윤후

몽골은 1234년 금나라를 멸망시키고 남송을 공격하는 길에 당올태(唐兀台: 탕우타이)에게 따로 군사를 주어 고종 22년(1235)에 다시 고려를 치도록 했다(제3차 침공). 몽골군은 적지 않은 타격을 받으면서도 4년 동안 전국을 휩쓸었다. 몽골군의 만행이 극에 달하자 결국 1238년 겨울, 고려 조정에서 강화를 제의했고, 몽골도 고종의 입조를 조건으로 1239년 4월에 철수했다. 이때 신라 진흥왕 때 건립된 동경(경주)의 황룡사 9층목탑이 소실되는 참사가 일어났다.

❀ 해인사 8만대장경

거란이 침입했을 때 부처의 신통력에 적지 않은 도움을 받았다고 여긴 고종은 1236년 몽골 침략군에게 불타버린 부인사 소장의 '초조대장경판'을 대신하는 '해인사 대장경판(8만대장경)'을 제작하기로 했다. 곧바로 이를 총괄하는 고려국대장도감(高麗國大藏都監)이 임시 수도인 강화경에 설치되었다. 이 대장경은 1251년 9월(고종 38년)에 조성불사를 마무리했다. 대장경판은 강화도성 성문 밖 대장경판당에 보관되다가, 1318년 선원사로 옮겨졌고, 1398년 5월 해인사로 옮겨져 지금에 이르고 있다. 대장경은 1962년 12월 20일에 대한민국의 국보 제32호 '해인사대장경판'으로 지정되었다가, 2010년 8월 25일 현재의 명칭인 '고려대장경'으로 변경되었으며, 2007년에는 세계기록유산으로 지정되었다.

오고타이 칸의 대를 이어 아들인 귀의크 칸(貴由 汗; 1246-48)이 즉위했다. 그런데 고려가 약속한 입조와 강화도에서 개경으로 수도를 옮긴다는 약속을 여전히 지키지 않자 몽골은 아무칸(阿母侃: 아모간)에게 군사를 주어 고려를 침공하도록 했다('4차 침공'). 그러나 귀의크 칸이 곧 죽고 후계자 문제로 분규가 생기자 철군 명목으로 입조하라는 조건을 내걸고 철군했다.

그런데 1249년 2월에야 귀의크 칸이 사망했다는 소식이 고려에 전해졌으며, 고려는 어차피 입조 약속을 이행할 생각이 없었기에 지키지 않았다. 이 와중에 권력자 최우가 그해 11월 사망하자 장남 최항(崔恒)이 뒤를 이었다.

후계 분쟁이 끝나고 마침내 몽케 칸이 즉위하자, 그는 고려가 약속을 지키지 않은 것을 들어 1253년(고종 40년) 7월 야굴(也窟: 예케)을 시켜 고려를 침공했다('5차 침공'). 이때 1251년 사신으로 갔다가 원의 앞잡이가 된 추밀원 부사 이현(李峴)이 길을 안내했다. 강화도를 공략하지 못한 몽골은 9월부터 10월 초까지 동주(東州: 철원)·춘주(春州: 춘천)·양근(楊根: 양평)·양주(襄州: 양양) 등을 공격한 다음 충주성에 이르렀다. 그러나 충주성에는 21년 전 2차 침입 당시 '처인성 전투'의 김윤후가 버티고 있었다. 충주성은 끝까지 함락되지 않고 한달 이상 시간을 끌었다. 이 사건으로 충주는 국원경(國原京)으로 승격하게 된다.

그런데 11월 야굴이 병을 이유로 급거 귀국하던 중 개경에서 고려의 철수 요구를 받았다. 고종은 강화도를 나와 승천부(昇天府)에서 야굴의 사신과 마주했다. 마침 '충주성 전투'도 70여 일에 걸친 치열한 공방전 끝에 사태가 불리해진 몽골이 드디어 철수를 결정했다. 고려도 왕자 안경공 창(安慶公 淐)을 몽골에 보내 항복을 표시하자 1254년 1월 완전히 철병했으며, 안경공 창은 몽골에서 생활하다 1254년 8월에 고려로 귀국했다.

이후 고종 41년(1254), 몽케 칸은 왕자의 입조만으로는 부족하다며 왕이 최항을 데리고 육지로 나와 입조할 것을 요구하면서 자랄타이(車羅大; 차라대)를 앞세워 대군을 이끌고 침입했다.('6차침공') 이번에는 몽골이 수군까지 동원하기 시작했다. 자랄타이는 전국 각처를 휩쓸고 계속 남하하다가 충주성을 공격했으나 실패했다. 이번에는 김윤후가 아니라 철과 간련된 수공업품을 생산하던 특수행정구역 다인철소(多仁鐵所)의 백성들이 결사적으로 싸운 덕분에 승리를 거둘 수 있었다. 이후 다인철소는 익안현(翼安縣)으로 승격되었고 다인철소의 천민들도 모두 천민을 면했다. 이때 자랄타이는 돌연 몽케 칸의 명으로 군을 개경으로 돌이켰다. 그러나 이 짧은 5개월 사이 고려가 입은 피해는 어느 때보다도 심각하여 포로가 20만 6천 8백여 명, 살상자는 부지기수였다.

최씨 무신정권은 몽골로부터 고려를 수호하려는 의지가 전혀 없었고 자신들의 정권을 지켜내기에 급급했을 뿐이었다. 당시 고려의 중앙군은 유명무실화되고 사병 집단이나 삼별초로만 운용되는 실정이었다. 외교술도 형편 없어 몽골의 배후를 노릴 수 있는 남송, 일본의 막부, 일본 서부의 지방 영주들 등 군사 동맹을 맺고 몽골을 견제할 여지가 있는 대상과의 외교적 행보를 한 번도 시도한 적이 없었다.

고려가 비록 속국화되었으나 금이나 남송처럼 멸망하지 않고 국체를 보전하여 원의 부마국이 된 것도 고려의 자주성이 강해서가 아니라 몽골이 고려를 멸망시킬 의도가 없었기 때문이었다. 그들은 남송 침공 때 배후에 고려가 있기 때문에 전쟁물자를 조달하는 기지로 활용하고 반항하려는 싹을 잘라놓기 위해 군사를 일으킨 것이지 정복할 의도로 쳐들어온 것이 아니다. 그저 속국으로 만들어놓고 조공을 받으려 했을 뿐이었다.

다시 말해 고려가 몽골의 부마국이 되어 존속한 것은 애초 고려를 멸망시킬 생각이 없었기 때문이며, 이후 쿠빌라이가 칸의 자리에 오르는데 고려의 원종이 지지해 준 것도 한몫했기에 가능했던 것이다. 결국 최씨 무신정권기의 대몽 항쟁은 세계를 휩쓸던 몽골제국에 맞서 나라를 지켜낸 영광의 시기가 아니라 지도층의 무능, 도덕적 해이, 의무 방기 등으로 수십 년 동안 백성들이 비참하게 도륙당한 참담한 사건이었다.

무신정권의 종말

고종은 유경(柳璥)과 김준(金俊) 등에게 최의를 제거하도록 은밀히 지시했다. 오랜 전쟁을 치르는 동안 무인들의 힘이 약화된 반면 문신들은 점차 세력을 만회하기 시작했기 때문이었다. 문신들은 외세를 이용하여 무인세력을 견제하고자 몽골과의 강화를 주장했다. 이들 주화파는 일부 무신과 결탁했고, 결국 최씨 정권은 무너지고 말았다.

최항을 섬기던 김준의 아버지 김윤성은 최충헌의 노비로서 '만적의 난'을 제압하는 데 공을 세운 인물이었다. 김준은 당시 박송비(朴松庇) 장군의 적극적인 추천을 받았고, 최씨 정권의 제2대 권신이었던 최우의 신임을 얻어 호위 책임자가 되었으며, 나중에는 야별초의 수장을 맡았다.

야별초는 1219년 최우가 도둑을 막기 위해 특별히 조직된 군대이지만, 오히려 자신의 권력을 보호하기 위한 목적이 더 컸다. 나중에는 몽골의 침략에 대항하는 정규군으로 편성되어 도방의 직할부대의 성격을 띠고 좌별초와 우별초로 나뉘었고, 몽골에 포로로 잡혀갔다가 돌아오거나 탈출한 이들로 이루어진 신의군(神義軍)을 포함해 '삼별초'라 불렸다. 삼별초는 주로 경찰 및 군사 등의 공적 임무를 띠었으나 실질적으로는 최씨 무신정권의 사병에 가까운 조직이었다.

1257년 최항이 죽고 그의 서자인 최의(崔竩)가 집권하자 김준은 불만을 품었고, 고종 45년(1258) 3월 임연, 유경, 최온 등과 함께 삼별초를 앞세워 최의를 죽이고 권력을 고려 황실에 되돌려주었다(무오정변 戊午政變).

1259년 6월 고종이 세상을 떠나자 24대 왕으로 원종(元宗: 1259-74)이 그 뒤를 이었고, 몽골에 볼모로 가 있던 원종의 세자 왕심-후일 충렬왕-은 쿠빌라이의 딸 제국공주와 혼인했다.

김준은 최씨 무신정권 권력의 중심인 〈도방〉을 혁파하고, 최씨 일가의 모든 재산 또한 황실에 반납하여 고려 황실은 왕정복고가 이루어졌다. 정변이 성공하고 최씨 정권의 마지막 집정자인 최의가 살해됨으로써 명종 때부터 이어져 온 최충헌, 최우, 최항, 최의 등 4대 62년에 걸친 최씨 무신정권이 종식되었으며, 권력은 김준에게 넘어갔다.

김준은 최씨 정권을 타도하여 황권을 회복시킨 공으로 최고 권력자인 교정별감에 취임하면서 초대 최충헌에 견줄 만한 권세와 위세를 누렸다. 하지만

✦ 강화도에 있는 고려 고종 홍릉(弘陵)의 석인상 (1916)

권력을 쥔 김준이 점점 과격한 행동을 했기 때문에 측근들이 떠나버렸고, 1268년(원종 9년) 원종의 친몽정책과 개경 환도에 반대하다가 양아들이었던 임연(林衍)에게 살해당했다(무진정변 戊辰政變). 문헌에는 원종이 배후에서 주도한 것으로 나와 있다. 그를 이은 차남 임유무(林惟茂)도 임연처럼 끝까지 개경 환도에 반대하다 1270년 5월 집권 3개월 만에 원종에게서 밀명을 받은 배신자들에 의해 처참히 살해되었다(경오정변 庚午政變). 이로써 100년간에 걸친 무신정권은 막을 내리고 말았다.

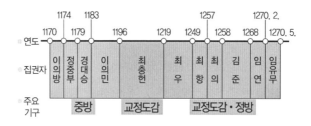

연도	1170	1174 1179	1183	1196	1219	1249 1257	1258	1268	1270. 2. 1270. 5.
집권자	이의방	정중부 경대승		이의민	최충헌	최우	최항 최의	김준	임연 임유무
주요 기구		중방			교정도감		교정도감·정방		

그동안 몽골에서는 몽케 칸의 뒤를 이어 쿠빌라이 칸이 1260년 5대 황제에 올랐다. 중국 대륙을 통일한 몽골은 도읍을 연경(北京; 북경)으로 옮겨 '대도(大都)'라 불렀고, 1271년 『역경(易經; 주역)』에 입각하여 나라 이름을 '원(元)'이라 했다. 원이 남송을 멸망시키고 이민족으로서 최초의 중국 통일을 이룬 것은 1279년의 일이다.

❀ '고려'가 기록된 최초의 서양 문헌

플랑드르 출신의 프란치스코회 수사이자 탐험가인 빌럼 판 루브릭(William of Rubruck, Willem van Ruysbroeck, Guillaume de Rubrouck: 1220-93)이 교황 이노켄티우스 4세가 주도한 1248년 '제7차 십자군 원정' 때 출정한 프랑스 왕 루이 9세(생 루이)를 동행해 이집트로 향했다. 그러나 전투에서 포로가 된 루이 9세는 막대한 배상금을 치르고 난 뒤 풀려나 1250년에서 54년까지 팔레스타인의 아크레(Acre)에 머물렀다. 거기서 그는 몽골제국의 칸과 동맹을 모색하기 위해 자신의 서기이자 통역사인 바르톨로뮤(Bartholomew of Cremona)와 함께 루브릭을 몽골제국에 사신으로 보냈다.

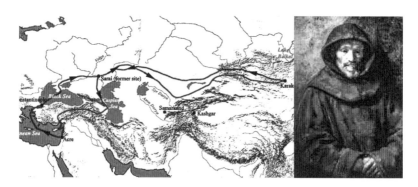

✦ '루브릭 루트(1253-55)'와 빌럼 판 루브릭

1253년 5월 7일, 마침내 루이 9세의 친서를 가지고 콘스탄티노플을 출발한 그의 일행은 흑해의 크림반도 해안 도시 수다크(Sudak, Soldaia)에 도착했고, 소달구지를 구해 타고 돈강과 볼가강을 건너 그 지역의 지배자 바투 칸(Batu Khan)을 그의 야영지에서 만났다. 5주 후인 9월 16일 그의 일행은 다시 카스피해와 아랄해 북쪽을 지나 탈라스강(the Talas River)과 카일락 협곡(the Cailac Valley)을 거쳐 말을 타고 몽골 대초원을 가로질렀다. 그들은 9천 킬로미터의 긴 여행 끝에 마침내 1253년 12월 말 당시 몽골제국의 수도 카라코룸(Karakorum)에 도착했다. 1220년 칭기즈 칸은 이곳에 수도를 세우고 중국 침략의 기지로 삼았는데, 1229년 그를 이어 칸이 된 오고타이가 1235년 카라코룸 주위에 성벽을 쌓고, 궁전을 지어 수도를 완성한 뒤 쿠빌라이 칸 때 북경으로 천도한 1267년까지 30여년간 수도였다. (22년 후인 1275년 11월 마르코폴로는 원나라 수도 대도(大都; 북경)에 도착한다)

이듬해 1월 4일 루브릭은 황제를 접견했는데, 당시 몽골제국의 황제는 4대 몽케 칸(蒙哥汗; 1251-59)이었다. 그는 5대 쿠빌라이 칸의 형이자 칭기즈 칸의 손자이다. 그의 일행은 황제에게 친서를 전달하고 1254년 7월 10일까지 몽골제국에 200일 넘게 머물렀으나 몽케 칸을 개종시켜 십자군과 함께 칼리프왕국을 협공하려는 목적은 이루지 못했다. 마침내 1255년 8월 15일 트리폴리의 십자군 캠프로 귀환한 루브릭은 동방 각지의 지리·풍습·종교·언어 등을 저술한 여행기 『Itinerarium fratris Willielmi de Rubruquis de ordine fratrum Minorum, Galli, Anno gratiae 1253 ad partes Orientales』(The Mission of Friar William of Rubruck to the eastern parts of the world, 1253-55)를 집필했다.

그는 칸의 궁전에 대한 독특한 설명과 시장, 사찰, 도시의 성벽 이외에도 무슬림과 중국의 장인 등 그가 만났던 다양한 민족과 종교(불교)의 개인들에 대한 세부 사항들을 기록해놓았다. 심지어 영국인 주교의 조카, 프랑스인 은세공사와 황제 후궁들을 위한 조향사(調香士), 네스토리우스파 교회 종사자 등 유럽인들까지 만나보았다. 여기에 고려에 대한 대목이 짤막하게 나오는데, 다음과 같다. "중국은 바다와 접해 있다. 그리고 장인 윌리엄은 나에게 Caule(카오리: 고려)와 Manse(만체: 蠻子, 당시에도 송이 지배한 중국 남부)라고 불리는 나라의 어떤 사신을 직접 보았다고 말했다." (p.200-201)

당시 고려는 '제5차 고려-몽골 전쟁(1253년)'으로 고난을 겪고 있었고 고종(高宗)이 몽케 칸에게 항복 표시로 태자 왕전(후일 원종元宗)의 동생인 고려 왕자 안경공 창(安慶公 淐)을 몽골에 인질로 보냈는데, 1254년 8월 고려로 귀국했다. 그래서 루브릭이 이들 일행을 본 것이 아닌가 추정된다.

삼별초의 대몽항쟁

권력을 되찾은 원종은 몽골과 형제지맹을 맺고, 도읍을 강화도에서 개경으로 옮기려 했다. 그러나 삼별초는 따르지 않겠다고 끝까지 버티었다. 1270년 개경 환도가 임박하자 삼별초는 동요하기 시작했고, 결국 6월 초 개경 환도를 앞두고 삼별초의 지도자 배중손과 노영희 등은 항전을 결의했다. 이들은 배중손(裵仲孫)을 지도자로 추대하고 강화도와 육지와의 교통을 끊었으며, 왕족인 승화후 왕온(承化侯 王溫)을 왕으로 추대하여 관부를 설치하면서 반몽정권을 수립했다.

그러나 이탈자가 속출하여 경계가 어려워지자 함선 1천여 척을 징발한 배중손은 재화와 백성을 싣고 강화도를 떠나 진도에 이르렀다. 당시 진도와 인근 지역에는 과거 최씨 정권이 소유한 대규모 농장이 있었다. 또한 진도는 경상도와 전라도 지방의 세곡이 서울로 운송되는 길목이었다. 삼별초는 우선 용장사라는 절을 임시 궁궐로 삼고 주변에 산성을 쌓아 관아까지 세워 도읍지의 면모를 갖추었다. 남해안 일대를 석권하고 해상력을 기반으로 새 정부를 건설한 삼별초는 고려의 정통 정부임을 자처하며 일본과 사절을 교환하는 외교활동도 벌였으며, 1270년에는 탐라(제주도)까지 점령했다.

1271년 5월 마침내 여몽연합군이 진도를 공격해오자 삼별초는 정권 수립 9개월 만에 무너지고 말았다. 이때 배중손은 진도 남도진성에서 전사했으나 1271년 말, 삼별초의 김통정(金通精; ?-1273) 장군이 지휘하는 잔여 세력은 탐라로 거점을 옮겨 항쟁을 계속했다. 탐라의 삼별초는 처음 1년간 조직 정비와 방어시설의 구축에 주력했고 이후 약 반년간 전라도 연안에서 군사 활동을 전개하여 세력이 충청도와 경기도 연안까지 확대되었으며, 개경 근처까지 진격하기도 했다. 그러나 원종 14년(1273) 몽골군과 진압군의 공격으로 탐라도 무너져 항쟁은 막을 내려야만 했다.

삼별초의 항쟁은 고려 대몽항전의 최후를 장식한 전쟁으로, 그 후 고려는 14세기 중반까지 원나라의 간섭에 시달렸다.

❀ 공녀貢女

충렬왕 1년(1275) 10명의 고려 여성을 원나라에 보낸 이래 공민왕 대에 이르기까지 약 80년 간 '처녀진공사'가 몽골을 50여회나 다녀왔다. 13살~16살의 미혼 여성을 대상으로 평민은 물론이고 왕족의 여성도 포함되었다. 이에 따라 고려에서는 '조혼' 풍습까지 생겨났고, 고려 조정은 아예 금혼령을 내리거나 <결혼도감>, <과부처녀추고도감> 등을 설치하여 공녀를 공급했다. 원나라로 끌려간 공녀들은 원나라 황실의 궁녀, 고관들의 시첩.시비 등에 충당되거나 군인들과 집단 혼인을 하기도 했지만, 고관과 혼인한 예도 있고, 드물게는 원나라 호아제와 혼인하기도 했다. 원나라 인종의 편비였다가 후에 황후가 된 관리 김심의 딸이나, 나중에 순제의 제 2황후로서 황태자까지 낳은 기황후가 그러하다. 기황후의 일족은 고려에서 막강한 권력을 휘두르며 탐학과 횡포를 자행하다가 공민왕 때 숙청당하기도 했다.

삼별초와 유구국

유구국(琉球國: 류큐 왕국)은 현재 오키나와이다. 원래 류큐는 3개 나라로 나뉘었다가 1429년 통일 왕국을 이룬 이후 수차례 일본의 침략을 받았으나 1854년 미국에 이어 프랑스, 네덜란드와도 수호조약을 맺었다. 이처럼 조선보다 먼저 개방하여 서구 문물을 받아들였지만 1872년 일본 메이지 정부에 의해 류큐번(琉球藩)이 되었고 류큐 왕은 일개 영주로 전락하고 말았다.

13세기 최후까지 대몽항쟁

을 벌였던 삼별초는 1273년 4월 '여몽연합군'이 압도적인 군사력으로 제주도를 맹공하자 김통정은 자결하고 1,300명은 포로가 되었으며, 나머지 삼별초들은 모두 사망했다고 알려져 있다.

그런데 이와 다를 수 있다는 사실을 보여주는 유물이 일본 오키나와에서 발견되었다. 2007년 여름, 국립제주박물관은 '탐라와 유구 왕국'이라는 주제로 특별전을 개최했다. 당시 〈제주박물관〉은 "오키나와에서 발견된 '계유년고려장인와장조(癸酉年高麗匠人瓦匠造; 계유년에 고려의 기와 장인이 만들었다는 뜻)'라는 이름의 기와는 유구 왕국 성립 직전에 고려인이 건너가 제작한 것으로, 이 시기 고려와 유구의 관계를 보여주는 중요한 자료"라고 소개했다. 이 기와는 오키나와 우라소에성과 슈리성 등지에서 다수 출토됐다.

오키나와 슈리성은 삼별초들이 세운 성으로 볼 수 있다. 그 전에는 류큐 왕국이 없었고 조그마한 어촌 마을이었다. 오키나와에는 15세기에서 19세기까지 450여 년간 류큐국이라는 나라가 있었으나 이전에는 어떤 왕조의 조짐도 없이 갑작스럽게 통치체제를 갖춘 국가로 출현하는 바람에 많은 역사학자가 그 출현 배경에 관심을 보였다. 이런 상황에서 고려의 유물이 나왔다는 점은 류큐국과 고려의 관계에 온갖 상상력을 불어넣었다.

더구나 우라소에성과 슈리성(首里城) 등 여러 곳에서 출토돼 오래전부터 알려졌던 고려 기와 '계유년고려장인와장조(계유년에 고려장인이 기와를 만들었다)'이 다시금 주목을 끌었다. 이 기와에 새겨진 계유년은 구체적인 제조 연도를 추측하는 데 아주 중요한 단서이다.

✦고려시대 삼별초가 강화도에서 진도로 쫓겨와 건설한 용장산성의 연꽃무늬와 제작기법과 형태가 동일한 수막새 기와. 좌측이 용장산성 기와, 우측이 우라소에(浦添)에서 출토된 기와

학자들은 이 해를 고려사 500년 중 계유년이었던 1273년, 1333년, 1393

년 가운데 하나로 추측하고 있다. 먼저 1273년은 삼별초가 제주도에서 패망한 해이다. 당시 삼별초가 제주도를 떠나 이곳으로 피난길을 택했을지도 모른다고 짐작해볼 수 있다. 1271년 5월 '여몽연합군'이 진도 용장성을 함락하고 남녀 1만여 명을 포로로 이송했는데, 1273년 제주도가 함락될 때는 개경으로 이송된 삼별초군이 1,300여 명에 불과했다. 그래서 삼별초군 일부가 오키나와로 망명한 것은 아닌가 하는 추측이 가능해진다. 오키나와는 제주도에서 남쪽으로 700km 정도 떨어져 있어 해류가 좋을 때는 며칠이면 닿을 수 있는 곳이기 때문이다.

그런데 공주대 윤용혁 명예교수는 "계유년은 1273년 말고 다른 해가 되기 어렵다. 그 기와를 만든 세력은 삼별초가 유력하다."는 견해를 밝혔다. 기와에는 간지(干支)만을 기록했는데, 삼별초가 외교문서에는 간지만으로 연대를 표시했기 때문이라는 것이다. 또 '탐라와 유구 왕국'전을 기획했던 손명조 〈국립중앙박물관〉 교육팀장은 "삼별초는 대형 건축공사를 통해 오키나와 사람들에게 세력의 집단화와 공동체의 의미를 전파했다. 이는 류큐 왕국 건설에 결정적으로 기여한 것"이라고 해석했다.

4
권문세족의 성쇄와 신진사대부의 등장

원의 내정간섭

1258년 화주(영흥)에 〈쌍성총관부(雙城摠管府)〉와 1270년 서경(평양)에 〈동녕부〉를 설치해 우리 땅을 차지했던 몽골은 일본 정벌에 쓰일 말을 기르는 목마장 운영을 위해 1273년 〈탐라총관부(耽羅摠管府)〉를 설치했다. (1301년 충렬왕 때 반환) 더구나 고려가 아직 전쟁의 상처가 아물지 않은 상태에서 몽골은 원(元)으로 국호를 바꾼 이후 가마쿠라 바쿠후(鎌倉幕府, 염창막부)의 일본에 조공을 요구하며 두 차례(1274, 1281)의 일본 정벌에 나섰다. 이때 고려는 군대와 물자를 제공해야만 했으나 모두 태풍으로 실패하고 말았다. 이때 일본은 정벌을 막아준 태풍을 자랑스럽게 '신풍(神風)', 즉 '가미카제'라 불렀다. 충렬왕 6년(1280)에는 원나라의 요구로 〈정동행중서성(征東行中書省, '정동행성')〉이 설치되어 두 차례나 실패한 '일본 정벌(征東)'을 재차 준비하기도 했다.

1274년 6월 원종이 세상을 떠나자 세자 심(諶)이 원나라에서 돌아와 25대 충렬왕(忠烈王; 1274-1308)이 되었다. 이때 원나라 다루가치가 충렬왕에게 호칭에 대해 불만을 표했다. 그래서 '선지'는 '왕지'로, '짐'은 '고(孤)' 또는 '과인(寡人)'으로, '폐하'는 '전하'로, '태자'는 '세자'로 명칭이 격하되었다.

또한 국왕이 칭호도 '종'보다 한 단계 낮은 '왕'으로 칭했으며, 충렬왕 때부터 원에 충성하라는 뜻으로 고려 임금의 시호에 '충(忠)' 자를 넣게 되었다. 따라서 충렬왕의 부왕은 원종이었으나 '종'을 붙이지 않고 '왕'을 붙여 불렀다. 그러나 충렬왕이 원 황제의 부마가 되었으므로, 몽골에서 온 칙사나 장군과 지위가 같다고 보고 국왕이 이들과 동서로 서로 마주보고 대하는 것을 중지하고, 임금의 자리에 앉아 대할 수 있게 되었다.

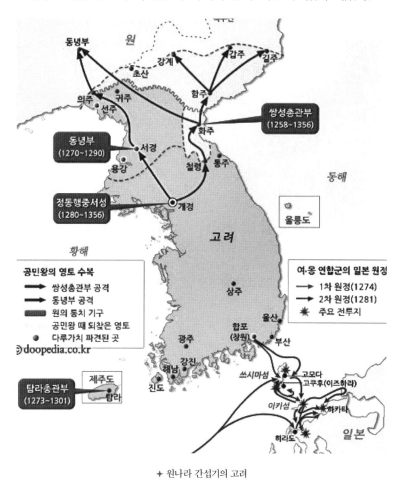

✦ 원나라 간섭기의 고려

충렬왕 13년(1287), 원나라 세조 때 반란을 일으켰던 태종의 차남 합단(哈丹; 카단)이 고려에 침범하자, 원에 병력을 요청하는 한편 정수기, 박지량, 한희유 등을 보내 방어하도록 했다. 또한 도읍을 강화로 천도하여 부녀 및 노약자와 함께 태조상, 보문각, 비서시의 문적을 강화로 옮기도록 했다. 합단의 무리는 무려 1년 반 만에야 물러갔다.

충렬왕 이후 26대 충선왕, 27대 충숙왕, 28대 충혜왕, 29대 충목왕, 30대 충정왕, 31대 공민왕에 이르기까지 고려 임금들은 모두 원나라 공주의 소생이었고, 그들은 모두 원나라의 공주와 의무적으로 결혼했기 때문에 그녀들의 횡포도 대단했다.

또 원나라는 고려 조정 신하들에게 변발(辮髮, 또는 겁구아(㤼仇兒; 케쿠르)을 강요했는데, 이때 마마, 무수리, 마누라라는 몽골식 용어가 들어왔으며, 일반 백성들 사이에서도 족두리와 연지곤지, 설렁탕, 소주, 순대 등 몽골식 생활문화가 퍼지기 시작했다.

✽

'성리학의 시조' 안향(安珦: 1243-1306)은 주자(朱子)가 집대성한 성리학(주자학)을 고려에 도입함으로써 유학을 중심으로 한 신진 사대부를 등장하게 한 계기를 만들었으며 안향 자신도 흥주(興州: 영주, 풍기 일대)의 중소 지주층 출신의 사대부였다. 1289년 11월 당시는 세자였던 충선왕의 수행원으로 원나라 연경(燕京; 북경)에 간 그는 주자의 저작들을 손수 베끼고 공자와 주자의 화상(畵像)을 그려서 1290년(충렬왕 16년) 고려로 돌아왔다.

공민왕의 개혁

왜구가 자연도(紫燕島: 인천)·남양(南陽) 등을 침범한 1351년 고려가 몹시 어지러웠다. 그런데 충정왕이 너무 어려 이런 상황을 타개하기 어렵다고 판단한 윤택(尹澤)·이승로(李承老) 등은 원나라 순제에게 청해 27대 충숙왕의 셋째 아들이자 충혜왕의 동생인 '강릉부원대군 왕기(江陵府院大

君王祺)'를 왕으로 간청했다. 그해 10월 마침내 그가 왕위에 오르니 바로 31대 공민왕(恭愍王: 1351-74)이다. 충정왕은 강화에 추방되었다가 이듬해인 15살 때 독살을 당하고 말았다.

공민왕은 어린 시절을 원나라에 보냈고, 원나라 황실의 부마였기에 몽골의 풍속은 물론 그들의 사정을 누구보다도 잘 알고 있었다. 그의 비 노국공주는 공민왕과 함께 고려에 와서 많은 도움을 주었다. 공민왕은 고려로 돌아오자 몽골식 변발을 없애고, 고려식으로 머리를 틀어 올리도록 했다. 당시 고려의 조정에는 원나라의 힘을 얻어 함부로 날뛰는 권신들이 많았다. 특히 기황후의 오빠 기철(奇轍)과 권겸(權謙) 등이 몹시 날뛰었으나 1356년 공민왕은 그와 가족들을 숙청해버렸다.

그리고 고종 45년(1258) 철령 이북에 몽골이 설치했던 〈쌍성총관부〉를 98년 만인 1356년에 다시 고려의 영토로 귀속시켰다. 고려군이 〈쌍성총관부〉를 공격했을 때 이곳에서 천호장(千戶長)이라는 무관직에 있던 이자춘은 아들 이성계와 조돈(趙暾: 몽골에 이곳을 바친 매국노이자 초대 총관인 조휘(趙暉)의 손자)을 시켜 성문을 활짝 열어 놓아 손쉽게 점령할 수 있었다. 〈쌍

성총관부〉의 수복에 공을 세운 이자춘은 공민왕으로부터 동북면병마사 (東北面兵馬使)의 벼슬을 받았고, 이자춘이 세상을 떠나자 이성계가 벼슬을 그대로 물려받았다. 그 후 이성계는 원나라에 빼앗겼던 동녕부를 다시 찾았으며 홍건적을 무찌르고 왜구를 정벌하는 등 많은 공을 세웠다.

몇 년 뒤 홍건적(紅巾賊)이 개성까지 쳐들어왔다. 홍건적은 원나라 말

기에 일어난 한족(漢族) 농민 반란군으로 머리에 붉은 두건을 둘렀다고 해서 홍건적이라고 불렸다. 이들은 세력을 확장하여 일부가 요동까지 점령했으나 원군의 반격에 쫓겨 1359년과 1361년 두 차례 고려를 침공했다. 이에 공민왕은 복주(福州; 안동)로 피난갔고 한때 개경이 함락되기도 했으나 군을 정비하여 개경을 탈환하고 홍건적을 퇴각시켰다. 이때 공을 세운 최영, 오인택 등은 실권을 장악하고, 개경을 탈환하는 데 공을 세운 이성계가 부각되었다.

사회적 혼란이 가중되고 국가의 지배력이 약화되자 공민왕을 시해하려는 음모까지 있었다. 1363년 평장사 김용과 정세운이 흥왕사에 있던 공민왕을 습격했다. 덕흥군을 왕으로 내세우기 위해 일으킨 난이었다. 다행히 공민왕과 모습이 닮은 환관 안도적이 피살당했고, 결국 난은 최영과 오인택에 의해 진압되었다.

❀ 기황후

공녀로 원나라로 간 기씨는 고려 출신 환관 고용보(高龍普)의 주선으로 황궁의 궁녀가 되었다가 원의 마지막 황제 혜종(순제)의 총애를 얻어 귀비로 책봉되고, 훗날 혜종의 뒤를 이어 황제로 등극하는 아들 아유르시리다르를 낳았다. 기황후(奇皇后)가 제2황후가 되면서 그녀의 오빠 기철은 고려에서 당대의 대표적인 권문세족으로서 권세를 누리게 되었다. 기철은 친원파들과 함께 4차 입성책동을 주도해 원이 충혜왕을 퇴위시키도록 하는 등 고려의 국정을 농단하는 한편 전횡을 일삼았다. 이에 공민왕은 원의 영향력이 약해진 1356년 기철 일족을 비롯해 친원파를 대대적으로 숙청했다.

집안의 멸족 소식을 접하고 극도로 분노한 그녀는 혜종을 설득하여 공민왕에 대한 복수를 요구했고, 1364년(공민왕 13년) 원나라 황제는 공민왕을 폐하고 충선왕의 셋째 아들 덕흥군을 왕으로 책봉했다. 그러나 고려가 이를 따르지 않자 기황후는 고려 출신 최유(崔濡)에게 원나라 군사 1만 명을 주어 고려 정벌을 명했으나 최영·이성계가 이끄는 고려군에 대패했다. 1365년에는 전례를 깨뜨리고 정후가 되었으나, 1368년 원나라가 멸망한 뒤에 그녀의 행적은 묘연하다.

홍건적의 난이 평정된 이후 공민왕 14년(1365) 2월, 노국공주는 아기를 낳다가 세상을 떠나자 공민왕은 깊은 슬픔에 잠겼다. 공민왕은 7일마다 재를 올려 노국공주의 명복을 빌었고, 3년 동안 고기를 먹지 않았으며,

나라에 큰일이 있을 때마다 공주가 묻혀 있는 정릉을 찾았고 대신들에게도 찾아가도록 했다. 또 공민왕 15년에는 왕륜사 동쪽에 공주의 영전을 짓도록 하는 바람에 국고가 텅 빌 지경이었다. 노국공주가 세상을 떠난 지 여러 해가 흘렀기 때문에 왕은 혜비와 더불어 새로운 생활을 하는 것이 당연했으나 공민왕은 10년이 지나도록 혜비를 가까이 한 적이 없었다. 뒷날 공민왕이 세상을 떠나자 혜비는 머리를 깎고 중이 되었다고 한다.

✿ 문익점과 목화

문익점(文益漸: 첫 이름은 익첨益瞻)은 충숙왕 때인 1329년 2월 경남 산청에서 태어났다. 문익점은 12살 때부터 당대의 학자 이곡의 제자가 되어 그의 아들 이색 등과 함께 학문을 익혔다.

공민왕 9년(1360) 문과에 급제한 문익점은 1363년 원나라에 사신으로 건너갔다. 당시 원나라에서 벼슬을 하고 있던 고려인 최유는 공민왕을 몰아내고 원나라에 와 있던 충선왕의 셋째아들 덕흥군을 왕으로 옹립하려고 했다. 연경에 도착한 문익점은 최유를 지지했다. 공민왕이 껄끄러운 원나라가 덕흥군을 고려왕으로 봉하고 덕흥군은 최유 등 원나라의 군사 1만 명을 얻어 고려로 진군했지만, 1364년 1월 최영에게 패했다.

덕흥군을 지지했다는 혐의가 드러나 강제 귀국을 당한 문익점은 밭에 하얀 목화 솜꽃이 핀 밭을 보았다. 그는 시종 김룡을 시켜 종자 몇 개를 따오도록 하고 종자를 붓대 속에 넣어 돌아왔다. 귀국해 벼슬도 박탈당한 문익점은 가져온 목화씨를 장인 정천익에게 나누어 주고 함께 재배했다. 처음 그가 심었던 것은 실패했으나, 장인 정천익이 심은 씨앗 가운데 하나에서 꽃이 피었다. 문익점은 100여 개의 씨앗을 얻어와 다시 재배하여 마침내 꽃을 피웠다. 문익점은 해마다 재배량을 늘려서, 1367년에는 향리 사람들에게 씨앗을 무료로 나누어 주면서 심어 기르도록 권장하고 목화 재배를 교육했다.

그러나 목화씨 제거법과 실잣는 법을 몰랐는데, 마침 정천익의 집에 머물던 원나라 승려 홍원에게 물어 씨를 빼는 씨아와 실을 뽑는 도구의 제조법을 배울 수 있었다. 문익점의 손자 문래와 문영은 실 잣는 기구를 개량한 뒤 '물레(文萊)'라고 불렀는데, 바로 발명자의 이름을 딴 것이라고 한다.

문익점의 일화는 원나라가 목화를 금수품으로 지정했다는 것을 바탕으로 만들어졌지만, 당시 금수품목으로는 지도와 화약뿐이었다. 흔한 목화를 금수품목으로 지정했다는 것은 신빙성이 떨어진다. 아무튼 목화의 도입이 당시 고려의 의생활에 혁신적인 변화를 가져온 것만은 틀림없다.

개혁파 신돈과 권문세족 이인임

노국공주를 잃은 슬픔에 공민왕이 나랏일을 돌보지 않자, 권력을 잡고 있던 권문세족들은 자기 사람들을 벼슬길에 추천했고, 학자들은 파벌을 이루어 다투는 등 조정이 무척 혼란스러웠다. 공민왕이 뒤늦게 정신을 차렸지만, 나라는 이미 기울고 있었고 자신에게는 힘도 의지도 부족했다.

> ✿ **권문세족(權門世族)**
>
> 10-11세기 호족, 12세기 문벌귀족에 이어 13세기 말에 등장한 지배세력을 말한다. 여기에는 기존의 문벌귀족 가문과 무신정권을 통해 새로이 득세한 집단 그리고 기황후 일가의 친원파(親元派) 등이 이에 속한다.
>
> 특히 친원파 중에 일제하 친일파와 같은 종자들도 있는데, 대표적 인물로 <쌍성총관부>의 초대 총관을 지낸 한양 조씨 조휘(趙暉; ?-1273)를 꼽을 수 있다. 또 홍복원(洪福源; 1206-58)은 원나라에 투항해 몽골이 고려를 칠 때마다 앞잡이가 되어 '주인을 무는 개'라 불렸다. 그의 아버지는 고종 때 몽고에 투항한 홍대선(洪大宣)이며, 그의 아들은 홍다구(洪茶丘)로 삼별초를 진압했고, 일본 정벌에도 나섰다.

이때 오인택, 경천흥 등이 공민왕에게 신돈을 추천했다. 경상도 영산 세력가의 서자로 태어난 신돈(辛旽)은 떠돌이 매골승(埋骨僧: 시체 묻는 일을 하는 승려)으로 지내면서 신도들을 신분에 따른 차별을 하지 않아 칭송이 자자했으며, 이후 개경 현화사의 주지가 되었다. 권문세력도 아니었고, 신진사대부도 아니었으며, 불도를 닦아 어느 쪽에도 치우치지 않는 신돈은 개혁에 적합한 인물이었다.

공민왕은 그의 시국관을 높이 사 중용하고자 했으나, 측근인 대학자 이제현은 신돈이 흉인의 골상과 같아 후환이 있을 듯하니 중용하는 것은 옳지 않다고 참소했다. 하지만 공민왕은 반대를 무릅쓰고 신돈에게 벼슬을 내렸다. 그는 공민왕의 국정 자문역을 하면서 이인임의 형 이인복 일당을 몰아내고 궁정의 핵심세력으로 부상하여 적극적인 개혁정책을 시행했다.

❀

<전민변정도감(田民辨正都監)>은 불법으로 빼앗긴 토지를 원래 주인에게 돌려주고 권세가의 압박으로 노비가 된 사람들의 양인 신분을 회복시켜 국가의 통치 질서를 안정시키기 위해 설치된 기구이다.

1269년(원종 10) 무신 집권자였던 김준(金俊)이 실각한 후 임연(林衍)·임유무(林惟茂) 부자가 김준의 토지와 노비를 차지하고자 처음 설치한 이후 1288년(충렬왕 14), 1301년(충렬왕 27), 1352년(공민왕 1), 1366년(공민왕 15), 1381년(우왕 7), 1388년(우왕 14) 등 총 7차례에 걸쳐 임시로 설치되었다. <전민변정도감> 중 가장 유명하고 대표적인 사례는 1366년 신돈(辛旽, ?~1371)이 주도적으로 설치한 것이다. 그는 권세가의 농장 확대를 억제하고 강제로 노비가 된 자들의 신분을 돌려주고자 <도감>을 설치하여 의욕적으로 개혁을 추진했다. 그러나 권문세족이라 불리던 당시 권세가들의 노골적인 방해와 저항으로 <도감>의 사업은 좌절되었고, 결국 신돈마저 실각하면서 <전민변정도감>의 개혁은 실패로 끝나고 말았다.

1368년 10월, 김정, 김흥조, 김제안이 신돈을 살해하려고 모의하다가 계획이 사전에 누설되어 장류(杖流: 곤장을 맞고, 유배를 보내는 형벌)되던 도중 모두 살해되었다. 처음에는 이 같은 사실을 모르던 공민왕도 점점 신돈의 힘이 강해지자 불안을 느끼고 그를 멀리하게 되었다. 더구나 신돈을 끌어내리라는 원의 압박이 드세지고 권문세족의 반발이 커지자, 신돈은 마침내 역모를 꾸미고 공민왕 20년 7월 왕이 헌릉과 경릉에 거동할 때 왕을 해치려 했다. 그러나 호위무사들이 많아 뜻을 이루지 못했다. 신돈의 이러한 음모를 알아챈 이인(李韌)은 이름을 숨겨 '한림거사'라 칭하고 글을 지어 야밤에 재상 김속명(金續命)의 집에 던지고 사라졌다. 김속명에게서 그 글을 받은 왕은 신돈의 무리를 잡아 문책하자 결국 역모 사실을 털어놓았고, 신돈은 1371년 7월 수주(水州: 수원)로 유배되었다가 참수형을 당했다.

어느 날 공민왕은 신돈의 집에 들렀는데 그곳에서 계집종 반야(般若)를 보게 되었다. 공민왕은 반야를 보고 마치 노국공주가 살아 돌아온 것처럼 느껴져 그녀와 정을 맺었다. 그리고 반야는 아들을 출산하자 공민왕은 이 아이에게 '모니노(牟尼奴; '석가모니의 종')'라는 이름을 지어주었다. 신돈을 내쫓은 공민왕은 모니노를 데려와 '우(禑)'라는 이름을 지어 주고 '강녕부원대군(江寧府院大君)'에 봉했으며 계집종의 아이라며 흉을 볼 것 같아 궁인 한씨의 아이라고 둘러댔다.

신돈이 제거되자 공민왕은 고려를 개혁할 수 있는 추진력 하나를 잃었다. 개혁의 의지를 상실한 그는 당시 최고의 권문세족인 시중 이인임(李仁任; 1312-88)에게 전권을 주어 국사를 처리하도록 했다. 이인임은 충렬왕 때 청백리이자 명성을 떨치며 가문을 세운 이조년(李兆年)의 손자이자 이성계의 사위(셋째 딸 경순공주와 혼인)였던 이제(李濟; ?-1398)의 큰아버지이다. 이성계의 정적 중 한 사람이었던 그는 한때 신돈의 문하에서 개혁의 실무를 맡았으며, 홍건적과 원나라의 최유 등을 물리쳤고, 우왕을 섭정하고 문하시중까지 올랐다. 이인임은 모니노를 궁궐로 데려와 명덕 태후궁에서 기거하도록 한 장본인이기도 하다.

이후 1374년 공민왕은 명문 제자들로 구성된 〈자제위(子弟衛)〉를 설치하여 젊은 지도자를 양성하려고 했으나 오히려 이들을 상대로 유희를 즐겼다. 급기야 공민왕은 〈자제위〉의 소년들에게 후궁을 범하게 하여 익비 한씨도 홍윤의 아이를 가지게 되었다. 그러자 홍륜(洪倫; 1350-74)이 익비를 범해 임신시킨 사실은 숨기고 아이를 자기 자식으로 속여 후계자로 삼을 생각에 공민왕은 홍륜을 살해하려고 했다. 그러자 이를 눈치챈 홍륜과 최만생은 그해 9월 권진, 홍관, 한안, 최선 등과 함께 반란을 일으켰고 공민왕은 도망가던 중에 암살당하고 말았다. 공민왕 나이 44세 즉위 23년 만의 일이었다.

반야는 왕의 아들을 낳았지만 왕은 죽었고 자신이 왕의 생모라는 사실도 인정받지 못했으며 단지 그녀의 아들이 왕으로 즉위했을 뿐이었다.

이에 반야는 태후를 만나 자신이 왕의 어미이니 모자의 정을 끊지 말아달라고 호소했으나 태후는 그녀를 옥에 가두었다가 나중에는 왕실에 먹칠을 할까봐 임진강에 던져 죽였다.

사태를 수습하기 위해 나선 이인임은 홍륜 일당을 체포했다. 그리고 이인임의 주장대로 강녕대군(江寧大君)이 공민왕의 뒤를 이어 10살에 왕위에 오르니, 그가 32대 우왕(禑王; 1374-88)이다. 다음날 홍륜과 최만생 등은 처형되고 〈자제위〉는 폐지되었다. 이인임이 10세의 어린 왕, 외척과 측근이 없는 외톨이자 허수아비를 우왕으로 앉힌 것은 권력 장악을 위해서였다. 이제 고려는 이인임의 세상이 되었다.

공민왕의 죽음은 사실상 고려의 멸망을 뜻했다. 권문세족의 횡포는 계속되었고 왜구가 침입하고 명나라가 압박하는 가운데 공민왕의 뒤를 이은 우왕과 창왕은 공민왕처럼 명석한 정치적 능력을 발휘하지 못했기 때문이다. 어쩌면 공민왕은 비록 자신의 존재가 고려의 멸망을 늦추었더라도 비운의 군주였다고 할 수 있다. 공민왕은 노국공주의 무덤 옆에 나란히 묻혔다. 왕의 능은 현릉이고, 공주의 능은 정릉이다.

✿ 고려의 금속활자

『직지(直指)』의 본래 이름은 '백운화상초록불조직지심체요절(白雲和尙抄錄佛祖直指心體要節)'이다. '직지'는 '직지인심 견성성불(直指人心 見性成佛)'에서 나온 말로 '사람의 마음이 곧 부처'라는 뜻이다. 그러므로 이 제목은 백운 화상 경한(景閑)이 부처님과 스님들이 말한 마음의 본모습에 관한 가르침 중 중요한 부분을 뽑은 기록이라는 말이다. 『직지』는 고려 후기의 격동기에 사회 안정과 개혁을 추구하는 과정에서 나온 산물이다. 당시 불교는 정신적 이념으로서의 역할을 상실했기에 『직지』는 선사상에서 오랜 전통으로 전해져오는 공안들을 정리하여 수행하는 이들에게 모범으로 삼도록 한 것이다. 이는 당시 변질되어가는 불교 사상의 본래 정신을 되찾아 어려운 현실을 극복하고자 했던 노력의 한 모습이었다.

『직지』는 백운화상이 입적하기 2년 전인 1372년(공민왕 21)에 직접 초록한 수고본(手稿本)인데, 그가 입적한 3년 뒤인 1377년(우왕 3년) 7월 청주목의 교외에 있었던 흥덕사(興德寺)에서 금속활자인 주자로 찍어낸 것이 그 초인본(初印本)이다. 지금은 상·하 두 권 중 하권만 프랑스 국립도서관에 남아 있다. 이는 서양 최초의 금속활자본인 구텐베르크의 '42행 성경(1455년 인쇄)'보다 78년 앞서 간행됐다.

『직지』는 1886년 프랑스가 조선과 수호통상조약을 체결한 다음 해 초대 공사로 파견된 빅토르 콜랭 드 플랑시(Collin de Plancy)에 의해 프랑스로 넘어갔다. 이후 1911년 경매에 나온 직지를 앙리 베버르(Henri Vever)가 180프랑에 사들였고, 그가 세상을 떠난 후 1950년 <프랑스 국립도서관>에 기증되었다.

<파리7대학 대학원>에서 역사학을 전공했던 고(故) 박병선 박사(전북 전주 출신)는 1967년 이응로 화백 등과 '동백림 간첩 사건'에 연루되어 중앙정보부가 귀국을 종용하자 프랑스로 귀화해버렸다. 그해 곧바로 <국립프랑스도서관>에 입사한 그녀는 13년 동안 사서로 근무하면서 1972년 『직지』를 찾아냈고, 현존하는 세계 최고 금속활자본이라는 사실을 세상에 공개했다.

화약왕 최무선과 화통도감

최무선은 고려 충숙왕 12년(1325) 영주(현 경상북도 영천)에서 광흥창사 최동순의 아들로 태어났다. 그는 어려서부터 화약 무기에 관심을 가져 각 분야의 책을 널리 읽었고 중국어에 능통했다.

문하부사의 벼슬까지 지낸 그는 당시 한창 기승을 부리던 왜구를 무찌르는 데는 화약을 사용하는 것이 가장 효과적이라는 생각에 일찍부터 화약 제조 및 연구에 몰두했다. 화약을 만들기 위해서는 유황, 분탄, 초석(염초) 등 3가지 재료가 필요했다. 유황과 분탄은 쉽게 구할 수 있으나 초석은 중국에서 수입해 와야 했는데, 원, 명 왕조에서는 화약 제조 방법을 비밀에 부쳤기 때문에 고려에서는 화약을 만들지 못했다.(화약은 당나라 때 손사막(孫思邈; 541-682)이 발명했다고 하며, 12세기 북송(北宋) 시대에 전장(戰場)에서 본격적으로 사용되었다.)

최무선은 중국인들의 왕래가 잦은 무역항 벽란도에서 초석의 제조방법을 알고 있는 사람을 찾았다. 그러던 중 중국 강남에서 온 염초상 이원(李元)을 만나 끈질기게 설득한 끝에 흙에서 초석을 추출하는 방법을 배울 수 있었다. 화약 제조에 성공한 최무선은 자신이 만든 화약을 시험해 볼 것을 건의했지만, 〈도당〉에서는 최무선의 말을 믿지 않았을 뿐 아니라 사기꾼으로 치부하기도 했다.

몇 년에 걸친 끈질긴 건의 끝에 우왕 3년(1377) 10월 마침내 〈화통도감(火㷁都監)〉이 설치되었다. 도감의 제조로서 최무선은 대장군포, 이장군포, 삼장군포, 육화, 석포, 화포, 화전, 화통 등의 총포류를 개발하고, 철령전, 피령전 등의 발사용 화기 그리고 철탄자, 유화, 촉천화 등 화기를 제조했다. 아울러 함포를 실을 수 있도록 전함 개량에도 힘을 쏟으며, 화기 발사의 전문부대인 화통방사군을 편성했다.

1380년 왜구 선단 5백 척이 진포(鎭浦)에 출몰, 서천과 금강 어구까지 올라와 방화와 약탈을 자행하자, 부원수로 임명되어 전함을 이끌고 출항한 최무선은 화통과 화포 등을 사용하여 왜선을 격파했다('진포대첩'). 이는 한국사 최초로 해상 화약 무기 사용으로 기록된 전투이다. 더구나 세계해전사에서 대함용(對艦用) 함포의 사용은 1571년 '레판토 해전'에서 스페인 함대가 처음 사용한 것으로 기록되어 있지만 실제로 고려가 서양에 비해 약 200년 앞선 것이다. 배를 잃어 퇴각로가 막힌 왜구는 전라도와 경상도를 거쳐 운봉에 집결했으나 병마도원수 이성계 등이 이끄는 고려 군에게 대패하여 세력이 크게 꺾이니, 이를 '황산대첩'이라 한다.

『태조실록』에는 "왜구가 차츰 줄고 항복하는 자들이 서로 잇따르며, 바닷가 백성이 생업을 회복하게 되었으니, 태조의 덕이 하늘에 응한 덕분이라 하나 무선의 공 또한 적지 않다"라고 기록되어 있다.

우왕 9년(1383) 5월 왜구가 진포에서의 대패에 대한 보복으로 다시 관음포(觀音浦; 경남 남해)에 침입하자 해도부원수(海道副元帥) 정지(鄭地; 1347-91)를 보냈다. 전투에서도 화기를 써서 왜선을 격침시키는 공을 세운다. '진포 대첩'에서는 정박 중인 함선들을 화포로 격침시킨 것이라면, 관음포 대첩에서는 이동 중인 함선들을 화포로 격침시켰다는 차이가 있다. 이후 왜구의 침입이 대폭 줄어들었을 정도로 화약 병기의 사용은 왜구 격퇴에 크게 기여했다.

2차례 해전의 승리로 자신감을 얻은 고려 조정은 이후 창왕 2년(1389)에 박위(朴葳; ?-1398)를 시켜 왜구의 본거지로 알려진 대마도를 정벌했는데, 이때 포로로 끌려간 1백여 명의 고려인을 구출하기도 했다. 박위는 우왕 14년(1388)의 '요동정벌(遼東征伐)' 때 이성계(李成桂)를 따라 위화도(威化島)에서 회군, 최영(崔瑩)을 몰아낸 인물이기도 하다.

그러나 우왕 14년(1388) 이성계 등 신흥 무인 세력이 주도한 위화도 회군으로 우왕이 폐위되고, 이듬해인 1389년 창왕 때 조준 등의 주장으로 〈화통도감〉은 〈군기시(軍器寺)〉에 통합되었다. 왜구의 침입이 줄어들어 더이상 무기 제조가 불필요하다는 이유를 내세웠지만 실은 자신들의 지위가 위협받을까 두터웠기 때문이었다.

고려가 멸망하고 이성계가 새로운 왕조를 연 공양왕 4년(1392년) 7월, 이

방원의 건의로 최무선은 문하부사 겸 판군기시사가 되었다. 당시 그는 일흔에 가까운 나이였다.

『태조실록』에 따르면, 최무선이 임종할 당시 책 한 권을 부인에게 주며 아들이 장성하면 줄 것을 당부했고, 아들 최해산의 나이 열다섯 살이 되자 유언대로 최무선의 책을 물려주었는데, 그것은 화약의 제조법과 염초의 채취 방법 등을 기술한 『화약수련법』, 『화포법』 등의 저술이었다. 태조 때부터 〈군기시〉 2인자인 군기소감(軍器少監)으로 등용되었던 최해

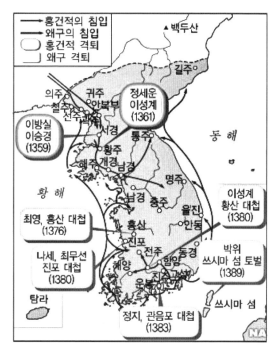

산은 그 비법을 배워 조정의 직무에 활용했다고 하나, 책은 전하지 않는다고 한다.

황산대첩과 퉁두란

고려 우왕 6년(1380), 아지발도(阿只拔都, 혹은 阿其拔都)가 왜구 5천 명을 이끌고 전라도에 쳐들어왔다. 그는 불과 15세밖에 안 되는 소년으로 용모가 여인처럼 곱상했지만 무술이 몹시 뛰어나 고려 군사들은 싸움에서 패전을 되풀이했다. 이 소식을 들은 임금은 이성계와 정몽주를 보내

왜구를 무찌르도록 했다.

『고려사』에 따르면, 아지발도를 칠 때, 창을 든 왜병 한 명이 이성계에게 몰래 다가가는 모습을 보고, 퉁두란은 활을 쏘아 적군을 죽였다고 한다. 또한 온몸에 갑옷을 두른 아지발도를 죽이기 위해 이성계가 먼저 활을 쏘아 아지발도가 쓴 투구를 맞혀 벗겨내고, 그 틈에 퉁두란이 다시 활을 쏘아 그의 머리를 맞췄다고 한다. 왜구들은 아지발도가 죽자 싸울 용기를 잃었다. 고려군은 이 싸움에서 왜구 6천 명을 사로잡고 나머지는 전멸시켰다. 이 싸움이 이른바 '황산대첩(荒山大捷: 남원 운봉)'이다.

장성한 이성계는 아버지를 따라 사냥을 나갔다가 여진족인 퉁두란(佟豆蘭)을 만나 서로 활솜씨를 겨루었는데, 이성계의 활솜씨가 더 뛰어나자 4살이나 많은 퉁두란이 그를 형으로 받들었다고 한다. 당시 고려는 평안도와 함경도 일대를 원나라에 내주었고, 몽골은 함경도 영흥 일대에 〈쌍성총관부〉를 설치해 지배하고 있었다. 이성계는 원나라 장수로 출발했으며, 퉁두란의 아버지도 몽골에서 천호의 벼슬을 얻은 북청지역 족장이었기에 퉁두란이 자리를 물려받았다.

이성계와 퉁두란의 결합은 고려 영토였던 〈쌍성총관부〉와 여진족의 전략적 결합이었다. 이성계와 이지란은 1371년(공민왕 20년) 원나라에 등을 돌려 고려에 영토와 군사를 데리고 고려로 갔기 때문이다. 이때 퉁두란은 독자적인 지배영역과 종족을 이끌고 있었기에 고려에서도 상당히 자유로운 군벌로서의 위치를 점한 것 같다.

퉁두란이 이성계를 결정적으로 도운 것은 위화도 회군이다. 이성계가 역성혁명을 일으켜 새 왕조를 열자 그는 일등공신으로 올라 청해군에 봉해졌고, 이씨 성을 하사받아 이름을 이지란(李之蘭)으로 고쳤다.

이지란은 태조가 물러난 후, 정종 때에도 벼슬을 하다가, 이방원이 즉위하자 관직에서 물러나 고향으로 내려갔다. 그리고 전쟁터에서 자신이 죽인 수많은 영혼에게 속죄하기 위해 불가에 귀의했다. 그의 법명은 식형 (式馨)이다. 태종은 이지란이 죽자 사흘간 조회를 정지하고 성대히 장사지 냈으며 시호를 양렬(襄烈)이라 했다. 그의 둘째 아들 화영은 세종 때 우군 부판사가 되었고 7세손 인기는 선조 때 중추부동지사가 되었다.

이지란의 후손은 청해 이씨(青海 李氏)를 이루고 있다. 청해는 지금의 함경도 북청군 청해리 일대다. 청해 이씨 종친회는 이지란이 중국 남송의 명장 악비(岳飛)의 후손이라고 주장한다. 경기도 포천시 장수면 주동리에는 이지란과 그의 후손 이중로를 제향하는 〈청해사〉가 있다.

왜구(倭寇)는 삼국시대부터 침입하여 피해를 주었으나, 특히 고려 말 약 40년간은 피해가 극심해 고려 멸망의 한 요인이 되기도 했다. 왜구는 '왜가 도둑질한다'는 뜻 이지만, 왜인 해적이나 그 행위를 표현하는 명사로 쓰인다. 왜구는 교토를 중심으로 무로마치 막부가 실권을 행사한 북조와 요시노를 중심으로 한 남조가 대립한 '남북 조 혼란기(1336-92)'의 남조 세력권에 있던 규슈(九州) 일대 일본인들로 구성되었는 데, 주요 근거지는 쓰시마(對馬)·마쓰우라(松浦)·이키(壹岐) 등지였다.

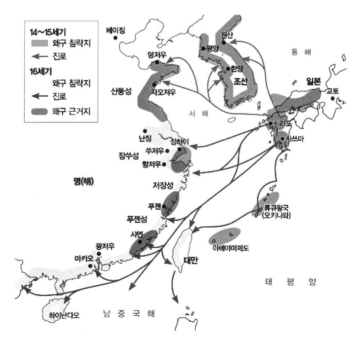

이들은 바다를 따라 가까운 한반도와 중국, 동남아시아 등지에 침입해 약탈을 일삼았으며, 센고쿠 시대에는 다이묘(大名)와 관계를 맺고 사략 해적으로 활동하기도 했다. 특히 15세기 초에는 중국 대륙까지 진출해 양자강 일대까지 휩쓸고 양민을 학살했는데, 이는 명나라의 무역 통제 정책 때문이었다. 왜구는 15세기 초 명나라가 일본에 조공 무역을 허가했을 때 일시적으로 줄었지만, 허용되는 무역의 양이 터무니없이 적었던 데다 일본이 센고쿠 시대의 혼란기에 빠져 내부 통제가 약해져 다시 늘어났다. 당시 명나라는 북쪽의 타타르족과 남쪽의 왜구가 주된 골칫거리였다.

1223년 첫 침략 이래 왜구가 이어지자 고려는 1227년(고종 14) 박인(朴寅)을 일본에 파견하여 왜구 금지를 요구했다. 이때의 왜구는 '여몽연합군'의 2차례 일본 공격 이후 사라졌다. 1350년 이후 침범이 빈번하여 피해가 극심해지자, 1366년(공민왕 15) 검교중랑장(檢校中郞將) 김일(金逸)을 아시카가막부(足利幕府)의 쇼군(將軍)에게 보내어 왜구 금지를 요구하여 근절시키겠다는 약속을 받기도 했으나 이들이 통제력을 상실했기에 실효는 크지 않았다.

1375년(우왕 1)에는 판전객시사(判典客寺事) 나흥유(羅興儒)를, 1377년에는 전 대사성 정몽주(鄭夢周)를 파견했는데, 정몽주는 왜구에게 잡혀갔던 고려인 수백명을 데리고 돌아왔다.

소위 '4대 대첩'으로 불리는 1376년 최영(崔瑩)이 홍산(鴻山: 부여)에서의 '홍산대첩', 1380년 나세(羅世)·최무선(崔茂宣) 등이 화포로 모두 불살랐던 '진포대첩', 이때 상륙한 왜구가 내륙 각지를 노략하고 황산(荒山)에 이르렀을 때 이성계(李成桂), 퉁두란 등이 승리한 '황산대첩', 1383년 정지(鄭地)의 '관음포 대첩(觀音浦 大捷)' 등은 대표적인 승전 사례이다.

요동 정벌과 최영

당시 고려에는 강직하고 용맹스런 최영(崔瑩: 1316-88)이 있었다. 그의 사위는 사공민이고, 손녀사위는 조선 초기에 좌의정을 역임한 재상 맹사성이다. 공민왕 때는 제주도에서 일어난 목호의 난을 진압했고, 우왕 2년 (1376)에는 논산군 연산의 〈개태사〉로 올라오는 왜구를 홍산(鴻山: 부여)에서 무찔렀으며(홍산대첩), 여러 번 왜구와 홍건적을 격퇴했다. 최영은 성품이 강직하고 탐욕이 없는 무인이자 정치가로, 16살 때 하직한 아버지 최원직 (崔元直)의 유훈 '황금을 보기를 돌같이 하라'를 철저히 따랐다.

1387년 이인임이 은퇴하자 그의 일파였던 임견미(林堅味), 염흥방(廉興邦) 등은 탐학과 부패를 일삼았다.(드라마 '육룡이 나르샤'의 이인겸, 길태미, 홍인방이 바로 이들의 모델이다). 그러자 1388년 1월, 이런 횡포에 분격한 최영, 이성계 등이 '부패권문세족' 대숙청을 단행해 그의 일당이 축출되었다(戊辰被禍). 임견미, 염흥방 등은 가족, 친척, 측근, 악랄한 노비들과 함께 참수되었는데, 임견미, 염흥방이 최영을 살해하려고 했을 때 이인임이 만류했던 것을 알고 있는 최영은 이인임만은 살려주고 고향 경산부(성주)로 유배시켰으나 얼마 후 병사했다.

애국명장 최 영 (고려시기)

조선우표 주제97(2008) DPR KOREA 85원

✦ 2008년 북한에서 발행된 최영장군 우표

같은 해 2월, 명나라는 철령 이북의 땅이 본래 원나라의 〈쌍성총관부〉가 있던 지역이므로 마땅히 명이 다스려야 한다는 논리를 내세워 〈철령위(鐵嶺衛)〉를 설치하고 관리를 파견하겠다는 통고를 해왔다.(〈철령위〉는 사실 지역이기보다는 일종의 군사 기구에 더 가깝다). 사실 이는 건국된 지 얼마 안 된 명나라의 고려 길들이기였다. 아직은 건재한 북원(北元) 세력과 고려를 차단하고 궁극적으로는 고려에 대한 종주권을 확보하려는 속셈이었다.

명(明)나라는 1368년 홍건적 출신 주원장이 원나라를 북쪽으로 쫓아내고 건국한 마지막 한족 왕조이다. 주원장이 믿었던 백련교(白蓮敎)는 마니교의 영향을 받아 명교(明敎)라고도 불렸는데. "흑암(黑暗)이 물러가고 광명(光明)이 올 것이다"라고 주장했다. 그래서 흑암인 원나라를 몰아내고 세운 나라라 하여 명(明)이라 국호를 정한 것이다. 특히 1351년 홍건적의 난부터 명나라가 건국되고 원나라가 몰락한 1368년이나. 북쪽으로 쫓겨나 세운 북원(北元)이 와해된 1388년까지를 '원·명교체기' 또는 '원말명초(元末明初)'라 부른다.

정몽주를 비롯한 신진사대부와 동맹을 맺은 이성계는 새로 일어난 명나라와 국교를 맺어야 한다고 주장했고, 최영은 극력 반대하며 명나라의 요동을 공격할 것을 주장했다. 이에 이자송(李子松)이 반대하자 그를 임견미 일당으로 몰아 곤장을 친 후 전라도로 유배하기로 했다가 얼마 뒤에 처형했다.

당시 최영은 권문세족과 신진사대부 양쪽 모두 손을 잡고 있지는 않았지만 우왕의 전폭적인 신임을 받고 있었다. 하지만 이성계가 최영과 연합하여 우왕을 옹립하기는 했으나 이성계와 신진사대부는 애초부터 최영을 견제 대상으로 여기고 있었다. 이런 상황에서 요동정벌이 성공한다고 해도 최영의 입지만 강화시킬 것이며, 진다면 이성계가 그 책임을 뒤집어 쓸 것이기 때문에 이성계와 신진사대부는 요동정벌을 탐탁지 않게 여긴 것이다. 그래서 이성계는 '4불가론'을 내세워 요동 정벌이 옳지 않다고 주장했다.

- 작은 나라가 큰 나라를 거슬리는 것은 옳지 않다.
- 여름에 군사를 출동시키는 것은 옳지 않다.
- 온 나라가 멀리 정벌을 하면 왜적이 빈틈을 타 침입할 것이니 옳지 않다.
- 무덥고 비가 오는 시기라 활의 아교가 녹아 풀어지고, 대군이 전염병에 걸릴 것이니 옳지 않다.

하지만 최영도 요동정벌이 가능한 이유를 4가지 들었다.

- 명나라가 크다 하지만 북원과의 관계가 있어서 요동까지 신경 쓸 여유가 없다.
- 요동의 방비가 매우 허술하다.
- 요동은 매우 기름진 땅이므로 여름에 공격하면 가을에 충분한 군량을 얻을 수 있다.
- 명나라의 군사들은 장마철에 싸우기를 좋아하지 않으니, 요동을 쳐서 땅을 되찾을 때는 바로 지금이다.

이렇듯 이성계와 최영의 견해가 첨예하게 대립했으나, 우왕은 최영의 의견을 받아들여 이성계를 우군도통사, 조민수(曺敏修; ?-1390)를 좌군도통사로 임명한 뒤 요동 정벌을 명했다.

위화도 회군과 정도전의 등장

1388년 5월, 정벌군은 요동을 향해 떠났다. 우왕은 최영을 팔도
도통사(八道都統使: 문하시중)로 임명하고, 함께 군사 수천 명을 이끌고 정벌
군을 독려하기 위해 평양으로 갔다. 이성계가 거느린 5만 명의 군사는 5
월 7일, 압록강 한가운데 있는 위화도에 도착하여 진을 쳤다. 하지만 곧
바로 큰 장마가 닥치고 전염병까지 돌아 군사들의 고생이 컸다.

이성계는 좌군도통사 조민수와 함께 임금께 글을 올려 군사들을 돌리
도록 허락할 것을 청했다. 그러나 평양에 있는 우왕과 최영은 그들의 요
구를 무시하고 반드시 요동으로 진군하라고 재촉했다.

이성계와 조민수는 다시 사자를 평양에 보내 자신들이 처해 있는 어려
운 사정을 설명하고 회군해야 한다고 간절히 청했다. 그러나 평양에서는
끝내 허락해주지 않았다. 이성계는 부하 장수들에게 회군을 명했다.

우왕 14년(1388) 5월 22일, 요동을 정벌하기 위해 압록강 하류 위화도까
지 이르렀던 이성계와 조민수가 군사들과 함께 개경으로 돌아가니, 이것
이 바로 '위화도 회군'이다.

정벌군이 막 위화도를 떠나려 할 때 갑자기 강물이 넘쳐 위화도를 한
입에 삼켜 버렸다. 조금만 더 머뭇거렸다면 큰일 날 뻔했는데, 군사들은
이를 하늘이 돕는 것이라고 여겼다.

이성계가 군사들을 이끌고 개경으로 쳐들어온다는 소식을 듣고 최영
은 군사들을 이끌고 나갔다. 최영의 군사와 이성계가 이끄는 군사들 간
의 싸움이 벌어졌고, 이성계가 거느린 군사에게 밀려 후퇴한 최영은 임금
과 더불어 대궐 후원에 숨었다가 이성계에게 항복했다. 이성계의 장수들
은 최영을 죽이라고 건의했으나, 일단 최영을 고양으로 귀양보냈다가 다
시 합포(마산)로 옮겼다. 그 뒤 충주로 이송된 최영은 결국 1388년 12월
개경으로 압송되어 처형당하고 말았다.

"나는 오직 나라를 위해 충성을 바쳤을 뿐이다. 뜻을 이루지 못하고 죽으니 원통하기 그지없다. 만약 나쁜 마음을 먹었다면 내 무덤에 풀이 날 것이요, 그렇지 않으면 풀이 나지 않을 것이다."

최영의 말처럼 그의 무덤에는 풀이 나지 않았고 사람들은 그 무덤을 '붉은 무덤'이라 불렀다.

이성계 암살 시도 등으로 우왕이 폐위당해 강화도로 귀양을 가자 이성계를 견제하려는 조민수와 이색의 주도로 8세의 33대 창왕(昌王: 1388-89)이 즉위했다. 이때 우왕은 강화도에서 곽충보(郭忠輔)라는 신하에게 편지를 보내 이성계를 없앨 계획을 세우도록 했다. 하지만 곽충보는 오히려 이성계를 찾아가 우왕의 흉계를 폭로했다. 이에 조준과 정도전 등은 정몽주(鄭夢周)와 함께 '폐가입진(廢假立眞, 가짜를 폐하고 진짜를 세움)'을 명분 삼아 창왕을 1년 만에 폐위시키고 강화도로 쫓아낸 뒤 강릉으로 유배시켰다가 이미 강화도에서 그곳으로 온 우왕과 함께 처형시켜버렸다.

삼봉 정도전(三峯 鄭道傳, 1342~1398)은 공민왕 때 〈성균관〉에서 포은 정몽주, 도은 이숭인(陶隱 李崇仁; 야은 대신 '3은'에 들어가기도 한다) 등과 교유했던 인물이다. 1375년 원나라의 사신이 명나라를 치기 위해 고려에 오자 이인임 등 친원파는 원의 사신을 맞아들이려 했지만 정도전·권근·이숭인 등 신진사대부들은 이를 극렬히 반대했다. 결국 이인임의 사주로 우왕은 1374년 정도전을 전라도 나주로 유배 보냈으며, 9년만에 유배에서 풀려난 뒤에는 우왕 9년(1383) 함주(咸州: 함흥)의 이성계를 찾아가서 인연을 맺었다.

1389년 11월 이성계는 제20대 신종의 후손인 정창부원군(定昌府院君)을 왕위에 오르도록 했는데, 그가 고려의 마지막 임금 34대 공양왕(恭讓王: 1389-32)이다. 조준과 정도전은 곧바로 '전시과'를 대신하는 '과전법'을 시행했다(1391). 이는 권문세족이 불법으로 점유한 토지를 몰수하여 경기지방 토지를 과전으로 정해 관리들에게 급료로 나누어주는 제도인데, 결과적으로는 신진사대부의 경제적 기반을 마련해준 셈이었다.

또 농민의 경작지에 대한 소유권은 토지를 황폐화하지 않는 한도 안에서 보장되었다. 고려 말 사전(私田)의 문란으로 농민 스스로 경작하는 소경전(所耕田)의 소유권마저 침탈되었던 것도 농민의 것으로 돌려주었다. 그리하여 농민들의 생활이 안정되자 백성들의 마음은 이미 이성계에게로 쏠려 있었으며, 그가 곧 새 나라를 그가 왕위에 오르리라는 말들이 돌고 있었다.

정몽주를 제거한 이방원

1392년 3월(양력 4월), 1391년 말에 공양왕을 대신해 신년축하 하례차 명나라에 사신으로 갔던 왕세자 왕석(王奭)이 돌아온다는 전갈을 받았다. 공양왕은 명나라에 직접 입조해 사대의 정성을 표하고 주원장이 이를 수용했으니, 왕위의 정통성을 인정받은 의미가 있었기에 기쁜 나머지 아우 왕우(王瑀)와 이성계에게 황주(黃州; 사리원 위쪽)까지 마중나가도록 했다. 그런데 이성계가 왕세자와 함께 개경으로 돌아오다가 봉산 숲에 이르렀을 때 말을 달리다가 그만 낙마해 허리를 다치고 말았다.

이 소식을 들은 공양왕은 의원과 약을 보냈고, 정몽주도 약간 들떠 병문안을 갔다. 정몽주는 이성계와 같은 친명파였지만, 고려 왕조를 무너뜨리고 새 왕조를 일으키려는 그를 몹시 경계하고 있었다. 포은(圃隱) 정몽주는 경북 영천 출신으로 고려의 충신이요, 목은(牧隱) 이색, 야은(冶隱) 길재와 함께 '여말삼은(麗末三隱)'으로 꼽히는 명망 높은 학자였다. 그는 새로운 나라를 이끌어 가는 데 반드시 필요한 인물이었다.

그러나 조정의 대신들 중에 정도전, 남은, 조준, 배극렴 등은 이성계를 임금으로 받들고 새 왕조를 세울 계획을 은밀히 진행하고 있었다.

당시 이성계의 아들 이방원은 정몽주와 함께 술을 마시다가 그의 속마음을 알아보기 위해 시 한수를 읊었다.

이런 들 어떠하리 저런 들 어떠하리.
만수산 드렁칡이 얽혀진 들 어떠하리.
우리도 이같이 얽혀 백 년까지 누리리라.

유명한 하여가(何如歌)로, 함께 손을 잡고 새 나라를 세우자는 뜻이었다. 정몽주는 이방원의 시에 답가를 읊었다.

이 몸이 죽고 죽어 일백 번 고쳐 죽어
백골이 진토(塵土)되어 넋이라도 있고 없고.
임 향한 일편단심이야 가실 줄이 있으랴.

절개를 담은 단심가(丹心歌). 두 임금을 섬길 수 없으니 거절하겠다는 뜻이었다. 그의 답가에 이방원은 정몽주의 마음을 도저히 돌이킬 수 없음을 알았다. 더구나 목은 이색이 정몽주를 사주한 이성계 암살 시도가 있었다. 이에 격분한 이방원은 결국 공양왕 4년(1392) 4월 4일, 부하 조영규를 시켜 귀가하던 정몽주를 선죽교(善竹橋; 원래는 선지교(善地橋)였으나 포은이 죽고 난 뒤 대나무가 자랐다고 해서 이름을 바꾸었다)에서 살해해버렸다. 믿었던 충신 정몽주가 죽자 공양왕은 마침내 옥새를 이성계에게 넘겨주고 말았다. 공양왕은 공양군(恭讓君)으로 강등되어 원주에 유배되었다가 간성으로 옮겨졌으며, 다시 삼척으로 유배되었다가 1394년 4월, 50세에 사약을 받고 세상을 떠났다. 이로써 고려는 태조 왕건으로부터 공양왕에 이르기까지 34대 475년 만에 막을 내리고 말았다.

조선

1
조선의 건국과 발전

변방에서 떠오른 별, 이성계

이성계는 1335년(충숙왕 복위 4) 동북면 화령부(和寧府: 함경남도 영흥)에서 아버지 이자춘과 어머니 최씨 사이에서 차남으로 태어났다. 이곳은 고대 우리 역사상 삼한시대부터 백제, 신라, 고구려, 그리고 고려가 1392년에 망하기까지는 이들 왕조에 속한 적이 없었고, 함흥은 여진족(女眞族)의 땅이었다. 여진족은 백두산 북쪽의 중국 장백산맥 일대에서 반 농업, 반 수렵을 하면서 살아 온 민족으로 1115년 금(金)나라까지 세웠으나 1234년 몽골 제국에게 멸망했다. 금(金)이라는 국호는 이 지대에서 금이 많이 생산되어 붙인 것이다.

이성계의 본관은 전주(全州)로 전주의 향리였던 고조부 이안사(李安社)가 동북면(東北面: 함길도, 함경도)의 덕원(德源)으로 이주하여 그곳에 자리를 잡았다. 그는 고려인과 여진족이 섞여 살던 이 지역에서 〈쌍성총관부〉의 천호(千戶)가 되었다. 이후 아들에서 증손자에 이르기까지 대대로 그 자리를 물려받았다. 추존왕의 칭호에 따른 가계도는 다음과 같다. 목조(穆祖) 이안사(李安社)→ 익조(翼祖) 이행리(李行里)→ 도조(度祖) 이춘(李椿)→ 환조(桓祖) 이자춘(李子春).

이성계의 아버지 이자춘은 당시 주변 정세 변화를 잘 읽고 있었다. 중국 대륙에서 명나라가 새로 일어서고 원의 세력이 약해지자 공민왕은 그 틈을 타 1356년(공민왕 5) 〈쌍성총관부〉를 공격해 고려의 영토를 회복하려 했다. 이때 이자춘은 아들 이성계와 함께 성문을 열어 놓아 큰 공을 세워 고려로부터 삭방도만호 겸 병마사(朔方道萬戶兼兵馬使)에 임명되었다. 그리고 이자춘이 병마사가 된 지 4년 만인 1360년(공민왕 9) 병으로 죽자 이성계는 그 뒤를 이어 동북면(함경도)의 세력가로 떠올랐다.

이성계와 무학대사

　　1392년 7월 17일, 이성계는 개경의 수창궁(壽昌宮)에서 왕위에 올랐다. 새 왕조를 수립한 이성계는 국호를 정하기 위해 예문관 학사 한상질(韓尙質)을 명나라로 파견하여, '조선(朝鮮)'과 '화령(和寧)' 가운데 하나를 골라달라고 요청했다. 조선은 한반도 최초의 국가 고조선을 이은 이름이고, 화령은 이성계의 고향이다.

　　"동이(東夷)의 이름은 오직 조선이라고 부르는 것이 아름다우며, 그것이 오래된 이름이니 이 명칭을 근본으로 삼고, 하늘의 뜻을 본받아 백성을 다스려 후세에 번영토록 하여라."

　　명나라 황제 주원장의 자문으로 국호는 '조선(朝鮮)'이 되었다.

太祖大王御真

✦ 이성계

　　새 나라를 세우고 왕위에 오른 이성계는 고려의 신하들이 그에게 등을 돌린 터라 얼굴이 밝지 못했다. 고려의 충신과 선비 72명, 무관 48명이 개경 서쪽에 있는 개풍군 광덕산에 모여 살았는데, 사람들은 그곳을 '두문동(杜門洞)'이라고 불렀다. 태조 이성계는 수하를 두문동으로 보내 새로운 왕조를 도와 벼슬하기를 권했으나 그들은 끝내 나오지 않았다. 화가 난 이성계는 마을에 불을 지르도록 했는데, 한 사람도 나오지 않고 모두 불에 타 죽어 마지막까지 고려인의 자존심을 지키고자 했다. 그래서 '꼼짝하지 않고 들어앉아 있는 것'을 뜻하는 '두문불출(杜門不出)'이 바로 여기서 유래했다고 한다. 그러나 이는 각색된 야사이지만, 실제로 태조는 그들을 미워해서 개성 선비에게는 100년 동안 과거를 보지 못하도록 했다. 결국 살아남은 그들의 후손들은 평민이 되거나 장사를 생업으로 삼게 되었는데, 이들이 바로 유명한 '송상(松商)', 즉 '개성상인(開城商人)'으로 발전했다.

위대한 학자이자 삼은 가운데 한 사람인 목은 이색은 여주의 산골로 들어가 버렸고, 야은 길재 역시 이성계의 부름에 응하지 않았다. 또한 명나라에 하절사(賀節使)로 갔다가 돌아오던 김주(金澍)는 고려가 망했다는 소식을 듣고 다시 명나라로 들어가 일생을 마쳤다.

조정에서는 고려 왕족인 왕씨들이 눈에 거슬렸다. 처음에는 왕씨들을 나누어 여러 곳으로 귀양을 보냈다. 그러다가 거제도에 모여 살게 해 주겠다고 그들을 구슬려 배에 태웠다. 왕씨들은 잘된 일이라고 기뻐했다. 그러나 왕씨들이 타고 가던 배는 모두 수장되고 말았다. 정도전 등이 미리 계획을 세워 왕씨들을 물속에 가라앉혔던 것이다. 간신히 살아남은 왕씨의 후손들은 곳곳으로 흩어져서 왕씨의 흔적을 담은 전(全), 전(田), 옥(玉) 등으로 성을 바꿔 새로운 삶을 살게 되었다는 뒷얘기도 있다.

그 후로 태조는 악몽을 꾸기 시작했고, 백성들도 임금을 욕하기 시작하자 1394년 10월에 도읍을 지금의 서울인 한양으로 옮기기로 했다. 이성계의 명으로 새 나라의 궁을 지을 명당을 찾던 무학대사가 어느 곳에 이르러 지세를 살펴보는데 소를 타고 지나가던 백발노인을 만났다. 그에게 궁궐을 지을 명당을 자문하자 손을 들어 동북쪽을 가리키며 말했다.

"여기서 십 리를 더 가보게나."

노인의 말대로 십 리를 더 가니 과연 북악
산 밑에 좋은 터 -세종로 근처-가 있었다.
풍수지리로 보아 권력과 재물이 넘치는 곳이
었다. 무학대사는 노인을 다시 만나고자 무
학봉으로 올라갔으나 그곳에는 작은 암자가
있을 뿐 노인은 볼 수 없었다. 다만 고려 때
승려로 풍수지리를 우리나라에 처음 정착시
킨 도선대사의 화상만 모셔져 있었다.

+무학대사

훗날 무학이 노인과 만나 이야기를 나눈
그곳은 '십 리를 더 가라는[往]' 뜻을 가진
왕십리(往+里)라고 불리게 되었는데, 하왕십리 2동을 '도선동'이라고 부르
는 것도 도선대사의 이름을 따서 지은 것이라 한다. 또한 '십 리를 더 밟
아라'는 뜻의 답십리(踏+里)에도 비슷한 이야기가 전한다.

1394년 고려 때 남경이었던 한양으로 천도한 이성계는 이듬해 한성부
로 개칭하고, 경복궁과 4대문 그리고 종묘(宗廟)와 사직(社稷)을 건설했다.
이때 조선의 문물을 정비한 삼봉(三峰) 정도전(鄭道傳; 1342-98)이 큰 역할을
했다. 그는 『조선경국전』을 지어 왕도정치를 바탕으로 '재상(宰相)' 중심의
국정운영을 강조했으며, 『불씨잡변』을 통해 불교의 폐단을 비판하고 성리
학을 통치 이념으로 삼았다.

❀ 정도전의 재상론(宰相論)

그가 『조선경국전』(1394)과 『경제문감』(1395)을 반포
하면서 이상으로 생각하는 정치제도는 '재상'을 실권
자로 하여 권력과 직분이 분화된 합리적인 관료지배
체제. 즉 일종의 입헌군주제이자 총리의 내각에 의한
정국운영론이었다. 영국이 '해가 지지 않는 나라'라고
불리던 빅토리아 여왕(재위 1837-1901) 시절 "군림하

되 통치하지 않는다(reign but not rule)"라는 입헌군주제의 상징적 표현과 일맥상통한다. 영국에서 입헌군주제가 제시된 것은 1215년 귀족들이 존 왕 시대에 마련한 '마그나카르타(Magna Carta; 대헌장)'라고 알려져 있으나 실질적으로 정착된 것은 1689년 윌리엄 3세 때 제정된 '권리장전(權利章典, Bill of Right)'이 반포된 후부터였다.

1차 왕자의 난

태조에게는 8명의 아들이 있었다. 왕위에 오르기 전 고향에서 혼인한 한씨(신의왕후) 소생의 이방우, 방과, 방의, 방간, 방원, 방연 등 6남과 개경에서 새로운 처로 맞이한 강씨(신덕왕후)소생의 방번, 방석 등이었다.

이성계가 왕위에 오르던 해에 한씨에게서 태어난 다섯째 아들 이방원은 아버지를 도와 새로운 왕조를 세우는 데 가장 공이 많아 다음 임금 자리는 당연히 자신에게 돌아올 것으로 여겼다. 하지만 이성계는 편애했던 둘째 부인 강씨의 막내아들 방석을 태자로 내세웠다. 여기에 정도전, 남은 등이 적극 밀어주었다. 이방원과 그를 지지하는 이숙번, 하륜 등은 당연히 반발했고, 방석을 지지하며 태조와의 소통을 장악하고 있는 정도전, 남은, 심효생 등과 반목하기 시작했다.

방석이 세자로 책봉되자 이방원의 측근 하륜과 이숙번 등이 불만을 털어놓으며 무력으로라도 왕좌를 차지해야 한다고 주장하자 이방원의 부인 민씨가 말렸다. 자칫하면 민심을 잃게 되니 때가 오기를 기다리자고 하자 이방원은 수긍했다.

태조 7년(1398) 8월, 이방원과 한씨 소생 왕자들의 은밀한 움직임을 포착한 정도전, 남은, 심효생 등은 그들을 제거하기 위해 태조의 병세가 위독하다는 구실을 내세워 모두 궁중으로 불러들였다. 신덕왕후가 두 해 전에 죽고 난 후 태조는 건강이 더욱 악화되어 병으로 자리에 누워 있던 차였다. 갑자기 입궐하라는 전갈을 수상쩍게 여긴 이방원은 방의, 방간 등 왕자들을 포섭하고, 이숙번, 민무구, 민무질, 조준, 하륜, 박포, 이지란 등 수하들을 시켜 군사를 일으키니, 이것이 '1차 왕자의 난'이다.

마침 정도전, 남은, 심효생 등이 남은의 첩 집에 모여 술을 마시고 있다는 정보를 얻은 이방원은 심복들을 보내 그들을 처단하도록 명하고, 변란의 책임을 왕세자와 정도전 일파에게 돌렸다. 또한 세자 방석을 폐위하여 귀양 보내는 도중에 살해하고, 그의 형 방번도 함께 죽여 버렸다. 이때 왕자의 난 소식을 듣고 분노한 태조는 이방원을 불러 동생들을 죽인 죄로 절대 왕위를 물려주지 않겠다며 호통을 쳤다. 방원이 거사에 성공하자 하륜, 이거이 등 심복들은 그를 세자로 책봉하려 했으나 방원이 극구 사양했다. 장남인 방우는 1393년 이미 병사했기 때문에 방원은 야심이 별로 없던 둘째 형 방과에게 세자자리를 양보하고 훗날을 도모하려 했던 것이다.

결국 왕위에 오른 지 7년째가 되는 1398년 9월, 이성계는 둘째 아들 방과에게 왕위를 물려주니, 그가 2대 정종(定宗: 1398-1400)이다. 방과는 세자의 자리에 오른 불과 열흘 만에 왕위에 올랐다.

2차 왕자의 난

나름대로 왕권 강화를 위해 적극적으로 노력했던 정종은 즉위 이듬해인 1399년 도읍을 다시 개경으로 옮겼다. 정종은 성품이 온화하고 큰 욕심이 없었기에 임금 자리가 마치 바늘방석 같아 항상 불안했다. 게다가 자신에게는 뒤를 이을 왕자도 없었다.

그런데 왕좌를 차지하지 못한 이방원이 잠시 조용히 있었던 것은 '장자승계'의 법칙을 따른다는 명분을 지키고, 아우들을 살해한 패륜의 책임을 벗어나기 위함이었다. 하지만 실권을 움켜쥔 방원은 다시 세자자리를 노리고 있었고, 방원의 형 넷째 방간은 왕위에 오르고자 하는 마음이 있었으나, 공훈과 위세가 방원에 미치지 못해 항상 시기하며 불안한 모습이었다.

그러던 어느 날 지중추(知中樞) 박포(朴苞)가 방간을 찾아와 방원이 대군을 해치려 하니 먼저 손을 쓰자고 부추겼다. 박포는 '1차 왕자의 난' 때 정도전 일파의 방원 제거계획을 밀고하는 등 공이 많았으나 포상이 적어 불만을 품고 있던 차였다.(박포가 부추겼다는 것은 후일 태종이 방간을 살려주기 위해 박포에게 책임을 전가한 것이라고 한다)

박포가 돕기로 하자 방간은 정종 2년(1400) 1월에 군사를 일으켰다. '2차 왕자의 난'이 일어난 것이다. 이에 방원도 군사를 동원하여 개경 선죽교에서 치열한 전투가 벌어졌으나 결국 방간의 병력이 밀렸다. 방간은 달아나다가 탄현문 근처에서 붙들려 홍주(洪州; 충남 홍성) 토산(兎山)으로 유배되었고, 방원의 배려로 천명을 누리다가 1421년 그곳에서 죽었다. 박포는 죽주(竹州; 충북 영동)로 유배되었다가 처형당했다. 방간의 아들 맹종(孟宗)은 세종 때 홍주에서 자결하도록 명받아 스스로 목숨을 끊었고 이성계 직계 족보인 『선원록(璿源錄)』에도 이름을 올리지 못했다.

『선원록』(원제는 璿源系譜紀略)의 태종 이전 왕실 족보에는 시조 이한(李翰), 이원계(李元桂), 이화(李和) 등 이성계의 이복형제들도 수록되어 있었다. 그러나 태종은 자신의 사후에 발생할 왕위계승 분쟁을 미리 방지하기 위해 1412년 왕실 족보를 『선원록』, 『종친록(宗親錄)』, 『유부록(類附錄)』 등 세 가지로 작성할 것을 명했다. 『선원록』에는 시조인 이한부터 태종 자신까지의 직계만을 수록하고 자기 후손만으로 왕위를 계승하는 기틀을 마련함으로써 왕실의 정착과 안정을 꾀했다.

1400년 11월, 정종은 아우인 방원에게 왕위를 내주고 상왕이 되어 물러났다. 왕세자인 이방원이 즉위하니 3대 태종(1400-18)이다. 조선은 나라를 세운지 10년이 지나지 않아 세 번째 임금을 맞았다. 아들들의 권력다툼에 진저리를 친 이성계는 옥새를 품속에 깊이 간직한 채 금강산 이외에도 한동안 오대산을 떠돌다가 고향인 함흥으로 가서 자리를 잡았다.

함흥차사와 태조 이성계의 승하

왕위에 오른 이방원은 옥새(玉璽)를 가져간 아버지의 승인을 받고자 함흥으로 차사를 여러 번 보내 아버지를 한양으로 모셔 오려고 했다. 차사(差使)는 조선 시대 중요한 임무를 위해 왕명으로 파견하던 임시 관직이다.

태종은 성석린(成石璘)을 태조에게 차사로 보냈다. 그는 이성계와 공모하여 우왕, 창왕 부자를 몰아낸 '9공신' 중 한 명이자 고려에서 정승을 지낸 오랜 벗 성여완(成汝完)의 아들이었다. 성석린을 알아본 이성계는 함께 별궁으로 가서 오랜만에 정담을 나눴다. 이때 성석린은 부자지간의 정을 끊지 말아달라고 간청하자 이성계는 방원의 부탁을 받고 온 것이라면 당장 사라지라고 호통쳤다. 하지만 성석린은 그저 사사로이 뵙고자 왔을 뿐이라고 둘러댔다. "신이 태상왕 전하를 속이는 것이라면 신의 자손들이 모두 눈이 멀게 될 것이옵니다."라는 거짓 맹세까지 하며 위기를 모면한 성석린이었으나, 훗날 86세까지 장수하다 노환으로 세상을 떠났는데, 그의 아들과 손자들은 모두 눈이 멀었다고 한다.

1401년 4월 결국 성석린의 청을 받아들여 태조는 한양으로 환궁했지만, 11월에 다시 함흥으로 돌아갔다. 이번에 태종이 다시 차사로 보낸 인물은 왕사(王師) 무학대사였다. 이에 대해서는 『태종실록』뿐만 아니라 조

선 중기 시에 능해 한석봉의 글씨, 최립의 문장과 함께 '송도삼절(松都三絶)'
로 유명한 차천로(車天輅)의 『오산설림(五山說林)』에 나오는 기록과도 일치한
다. 무학이 함흥에 가서 알현하면서 태조와 환담하며 태종의 단점만 말
했기에 이성계도 점차 마음을 누그러뜨렸다. 며칠이 지나 무학이 한양으
로 돌아올 것을 청하자 태조는 환궁하겠다고 했지만, 한양 근처 소요산
(逍遙山) 별궁에 머물면서 오래도록 돌아오지 않았다.

　그러자 1402년 1월 태종은 성석린을 다시 소요산에 머물던 태조에게
보냈다. 이때도 부처를 모셔야 한다는 핑계로 거절했는데, 방원에게 죽은
방번과 방석, 그리고 3녀 경순공주의 남편인 사위 이제(李濟; 이인임의 조카이
며, '1차 왕자의 난' 때 역시 방원에게 죽음)를 위해서라고 말했다. 성석린은 결국 태
조를 모시고 돌아가지 못했다.

　야담 수필집 『노봉집시장(老峰集諡狀)』에는 '함흥차사' 박순(朴淳)의 이야
기가 전한다. 함흥으로 보낸 차사가 모두 실패하자 '위화도 회군' 때 공
을 세운 판승추부사(判承樞府事) 박순이 자원했다. 그는 혈육의 정에 호소
하기 위해 새끼 딸린 어미 말을 함흥까지 끌고 가 환궁을 간곡히 청했
다. 그래서 태조가 마음을 움직여 돌아가기로 결심했으나 신하들이 박
순을 죽여야 한다고 청했다. 태조는 이미 박순이 용흥강을 건넜다고 여
겨 승낙했으나 만약 용흥강을 건넜다면 더이상 쫓지 말라고 명했다. 하
지만 안타깝게도 그는 병이 나서 쉬다가 용흥강을 건널 때 쫓아 온 병
사에 의해 죽음을 맞았다고 한다.

　그런데 실제로 그는 '조사의의 난(趙思義一亂)' 때 죽었다. '1차 왕자의 난'
으로 방번과 방석이 희생되자, 안변부사 조사의와 태조의 계비였던 신덕
왕후 강씨의 조카 강현은 원수를 갚는다면서 1402년 11월 동북면(함경도)
에서 봉기했다. 조정에서는 박순, 송류 등을 차사로 파견하여 반군을 회
유하고자 했지만 도리어 죽임을 당했다. 결국 관군이 재공격을 하자 반

군은 무너졌고 조사의 등은 체포되어 처형당했다.

바로 이런 일련의 사건 과정에서 비롯된 '함흥차사(咸興差使)'는 '심부름을 가서 아무 소식이 없이 돌아오지 않거나 늦게 오는 사람'을 빗댄 말이 되었다. 하지만 야사에서와 달리 함흥차사로 간 사람 중에 죽은 사람은 아무도 없었다.

태조는 '조사의의 난'이 평정되고서야 한양으로 돌아온다. 『태종실록』에는 1402년 12월 8일 한양으로 환도했다고 기록되어 있다. 파란만장한 생을 보낸 태조는 마침내 나라를 세운 지 16년 만인 1408년 5월 24일 74세를 일기로 승하했다.

태종 이방원의 선택

다시 한양으로 천도한 태종은 왕권 강화의 상징으로 창덕궁과 경회루를 지었으며, 경제 기반을 확보하기 위해 사찰 소유 토지와 노비를 몰수하여 국가 재정에 보태고, 오늘날 주민등록증에 해당하는 '호패(號牌)'를 만들어 인구를 정확히 조사함으로써 농민의 농촌 이탈을 방지했다. 당시 한양은 사방이 산으로 둘러싸여 있어 비만 오면 물이 넘쳐 많은 피해가 발생했다. 물이 잘 빠지도록 한양 한복판에 배수로를 만들어 피해를 막고자 했는데, 이것이 바로 청계천이다. 지금은 흔적만 남아 있지만 수위를 측정하기 위한 다리를 놓으니 바로 수표교(水標橋; 1406)이다.

그리고 1402년 태종은 특수청원 및 상소를 위해 궁궐 밖 문루에 '신문고(申聞鼓)'라는 북을 달았다. 억울한 일을 당한 백성이 북을 쳐서 호소하도록 한 것이나 칠 수 있는 자격 심사 및 조건이 까다로워서 실효를 거두진 못했다. 또 1403년(계미년)에 〈주자소〉를 설치해 금속활자인 계미자(癸未字)를 주조함으로써 유생들의 학문 권장을 위한 책의 인쇄에 큰 도움을 주었다.

태종은 자신처럼 왕위 다툼을 벌여 골육상쟁하는 일을 없도록 일찌감치 장남인 양녕대군을 세자로 삼았다. 그러나 3남 충녕대군이 가장 학문이 뛰어나고 덕이 높았기 때문에 점차 마음이 바뀌었다. 양녕대군은 부왕 태종의 속마음을 알고 있었고, 동생 충녕대군이 자기보다 더 나은 임금 재목이라는 사실도 인정하고 있었다. 그래서 아우에게 임금 자리를 넘겨주려고 일부러 못난 짓만 골라서 했다.

태종은 양녕에게 여색을 멀리하고 왕으로서의 자질과 덕망을 쌓으라 했으나 오히려 그는 부왕의 잘못을 지적했다. 1417년에는 아무도 모르게 보관하라고 준 「왕친록(王親錄)」(태종이 <종부시(宗簿寺)>로 하여금 편찬케 한 조선 왕조 최초의 족보)을 읽어 본 사실이 발각되고, 날마다 몰래 궁을 빠져나가 저잣거리의 건달패들과 어울리면서 신하의 첩을 취한 사실도 밝혀지자 태종의 불신을 샀다.

차남 효령대군은 우연히 부왕 태종과 모후 원경왕후의 대화를 엿듣게 되었다. 부왕과 모후의 뜻이 양녕대군에게서 떠났음을 간파한 효령대군은 왕위가 자신에게 돌아올 것이라고 믿었다. 그런데 어느날 술에 취한 양녕이 효령대군을 찾아와 아버지의 마음은 셋째 충녕에게 있으니 헛된 생각을 접으라고 했다. 그러자 낙심한 효령대군은 공부를 중단하고 출가하여 합천 해인사로 들어갔다.

태종 18년(1418) 유정현 등이 신망을 잃은 세자 양녕을 탄핵하자 태종은 홀가분한 마음이 되었다. 결국 태종은 양녕을 패하고 경기도 광주로 귀양을 보낸 후 충녕대군을 세자로 삼았다. 그러자 가장 신임받던 방촌 황희(厖村 黃喜; 1363-1452)가 장자를 폐하고 셋째를 세자로 봉하는 것은 왕실의 법도가 아니라며 반대하고 나섰다. 이에 화가 난 태종은 황희를 교하(交河; 파주)로 귀양보냈다가 다시 전라도 남원으로 보냈다.

1418년 8월, 태종은 51세에 자리에서 물러나고 충녕대군이 왕위에 오르니 이가 바로 4대 세종(世宗: 1418-50)이다. 태종은 비록 왕위에서 물러나긴 했지만, 상왕으로서 중요한 국사와 군사에 관한 일은 직접 처리했다. 양녕대군은 평생 방랑 생활을 하며 지냈는데, 세종은 형님을 전혀 탓하지 않고 뒤를 보살펴 주었다.

세종의 두 보좌관 맹사성과 황희 정승

고불 맹사성(古佛 孟思誠: 1360-1438)은 충남 온양 출신으로 황희와 더불어 세종의 투 톱을 이룬 정승이다. 그는 외출할 때 소를 타고 악기를 즐겼으며 문학적 재능도 뛰어나 「강호사시가(江湖四時歌)」를 지을 정도였고, 아랫사람에게도 예의를 갖춘 청백리로도 유명하다.

최영의 손녀딸과 결혼한 그는 조선 건국기에 선대가 곤혹을 치렀으나 태조에게 중용되어 태종 때는 황희와 더불어 일하게 되었다. 1427년(세종 9년)에 이르러 우의정이 된 그는 원칙주의자 허조와 일벌레 황희 사이에서 원만하게 사안을 조정하는 역할을 맡았다. 특히 1433년 파저강(婆猪江: 압록강 상류의 지류로 현 중국의 혼강(渾江)에서의 여진족 정벌 작전이 성공적으로 마무리되자 맹사성은 모든 공을 최윤덕에게로 돌려 그를 우의정으로 임명해 달라고 건의했다. 하지만 문관이 대부분이었던 조정 신료들은 무관인 최윤덕의 승진을 반대했다. 그러자 맹사성은 좌의정 직을 내놓겠다는 강수를 두어 최윤덕의 우의정 승진을 관철시킨 일도 있었다. 1435년(세종 17년) 76세의 고령으로 조정에서 물러난 맹사성은 향리 온양에서 노후를 보내다가 3년 후인 1438년에 세상을 떠났다.

1422년 세종은 남원에서 귀양살이하고 있던 황희(黃喜)를 불러 나랏일을 맡도록 했다. 그는 세자 양녕대군의 폐위에 반대하고 그의 비행을 옹호한 죄로 유배 중이었다. 그는 창왕 원년(1389) 문과에 급제했으나 고려가 망하자 두문동에 숨어버렸다. 하지만 동료들과 이성계의 부름으로 다시 관직에 올라, 세종 때는 영의정 부사(領議政府事; 세조 때 영의정으로 개칭)에 이르렀다.

✦맹사성(1360-14)과 황희(1363-1452)

태종은 황희를 아꼈으며 공신이 아님에도 공신 대접을 해주었다. 현명함과 냉철한 판단력을 갖춘 그는 태조에서 문종까지 모셨고 세종에게는 각별한 신임을 받아 18년 동안 최장수 영의정을 지냈다.

특히 그의 청렴함과 검소함은 후일의 관료집단의 부정부패를 견제하는 데에도 적용되었으며, 오늘날까지도 감동을 주고 있다. 그런데 이러한 일화들과는 정반대의 모습도 실록에 남아 있다. 박포(朴苞)의 아내가 자신의 간통 사실을 안 우두머리 종을 연못에 빠뜨려 죽이고는 황희의 집에 숨어들었을 때 황희가 박포의 아내와 간통했다는 것이다. 또 황희가 박용(朴龍)이라는 사람에게서 말을 뇌물로 받고 뒤를 봐줬다는 내용이다. 이는 황희의 이미지를 생각하면 너무도 충격적인 내용이다.

하지만 이러한 허물에도 세종은 재상으로서의 능력을 더 높이 샀기 때문에 황희를 감싸 안았다. 1432년(세종 14), 세종은 70세의 황희에게 궤장

(几杖; 나라에 공이 많은 늙은 대신에게 내리던 의자와 지팡이)을 하사했다. 87세까지 정승의 자리에 머물며 세종의 뜻을 펼쳤던 황희는 유배지였던 교하(交河; 파주)의 임진강 옆에 '반구정(伴鷗亭)'을 짓고 갈매기를 벗삼아 남은 2년을 보냈다. 여기엔 그의 묘와 그를 기리는 서원이 있다.

<집현전>과 한글 창제

1421년 3월, 세종은 <집현전>을 설치하여 나라 안의 우수한 인재들을 모아 학문을 연구하도록 하고 국정운영에 자문을 구하기도 했다. <집현전>에는 성삼문, 최항, 유성원, 박팽년, 하위지, 이개, 신숙주 등 유능한 학자들이 모였다.

1428년 설순(偰循)에게는 고려말에 나온 『효행록』을 고쳐 쓰게 하여 백성들에게 도의심을 깨워주었다. 또한 농사짓는 법을 쉽게 풀이한 『농사직설』을 펴내 전국에 나눠 주었다. 그리고 맹사성에게 명하여 『팔도지리지』를 새로 만들도록 했다. 그리고 말년에는(1449년) 김종서, 정인지 등에게 『고려사』를 개편 편찬하도록 했다. 세종은 음악에도 깊은 관심을 가지고 있어 1424년 <악기도감>을 두고, 1427년 세종 9년에는 고구려의 왕산악, 신라의 우륵과 함께 우리나라의 '3대 악성'으로 알려져 있는 박연(朴堧)에게 새로운 악기를 개발하도록 하는 한편, 음악 실력이 출중한 맹사성의 주도하에 박연이 실무를 맡아 아악을 완성했다. 새로 만든 편경을 시험하는데 세종이 "음이 이상하다"고 하여 자세히 살펴보니, 편경 하나의 뒷면에 먹줄이 남아있었다는 일화도 전한다.

세종의 업적 중에서 가장 뛰어난 것은 '훈민정음(訓民正音; '백성을 가르치는 올바른 소리')'을 만들어 반포한 일이다.

세종은 성삼문, 신숙주, 최항 등 집현전 학사들과 함께 우리말을 연구했다. 그러나 글자는 양반들만 알아야 한다며 최만리(崔萬理) 등은 이를 극렬 반대했다. 그럼에도 불구하고 1443년에 닿소리 17자와 홀소리 11자로 된 훈민정음 28자를 만들어 1446년에 반포했다.

"나라의 말이 중국과 달라 한자와는 서로 맞지 않으므로
이런 까닭으로 어리석은 백성이 이르고자 하는 바 있어도
마침내 제 뜻을 능히 펴지 못할 사람이 많노라
내 이를 가엾게 여겨 새로 스물여덟 자를 만드노니
사람마다 쉽게 익혀 날마다 씀에 편안케 하고자 할 따름이니라."

세종 29년(1447) 훈민정음을 시험하기 위해 정인지, 안지, 권제 등에게 명하여 「용비어천가」를 완성시켰다. 이는 조선 왕조의 창업을 노래한 서사시인데, '용(왕)이 날아올라 하늘을 다스린다'라는 뜻이다. 1장과 2장은 다음과 같다.

"해동의 여섯 용이 날으사, 일마다 천복이시니,
옛 성인들과 부절을 합친 듯 꼭 맞으시니.
뿌리 깊은 나무는 바람에 아니 흔들리므로, 꽃 좋고 열매 많나니
샘이 깊은 물은 가뭄에 아니 그치므로, 내(川)가 되어 바다에 가나니."

그리고 세종은 장남 문종의 동생 수양대군이 1447년에 지은 『석보상절(釋譜詳節)』('석보'는 석가모니의 전기(傳記)를 뜻하며, '상절'은 중요한 내용은 자세히(詳) 쓰고, 그렇지 않은 내용은 줄여서(節) 쓴다는 뜻)을 본 후, 손수 각 구절마다 찬송 형식의 송시 500여 수를 더해 장편 한글 찬불가(讚佛歌)를 지었다. "부처가 백억 세계에 모습을 드러내 교화를 베푸는 것이 마치 달이 천 개의 강에 비치는 것과 같다"는 뜻의 『월인천강지곡(月印千江之曲)』라고 제목을 붙인 이 책은 훈민정음 창제 직후 간행된 최초의 한글 활자본이다.

❀ 가림토 문자

가림토(加臨土) 또는 가림다(加臨多)는 기원전 22세기에 고조선에서 만들어졌다고 「환단고기(桓檀古記)」에 등장하는 가공의 문

`ㆍㅣㅡㅏㅓㅗㅜㅑㅕㅛㅠㅊㅋ`
`ㅇㄱㅁㄷㄴㅿㅈㅈㅊㅎㅎㅅㅆ`
`ㅂㄹㅂㅂㅈㅜㅊㅿㅋㅣㅈㅍㅍ`

자이다. 3대 단군인 가륵 재위 2년(기원전 2181) 단군이 삼랑 을보륵에게 명하여 정음 38자를 만들게 했다고 한다.

역사학계에서는 위서로 보는 「환단고기」를 제외한 다른 문헌에서 전혀 언급되지 않고 사용되었다는 증거도 없어 가림토의 존재를 인정하지 않는다.

천재 과학자 이천과 장영실

세종은 한글을 창제한 일 외에 천문, 과학 분야에도 새로운 기구를 설치해 큰 발전을 이루었는데, 이는 조선 최고의 기술자인 장영실이 있었기 때문이다. 세종은 출신 성분을 가리지 않고 능력 있는 인물에게 중책을 맡기는 파격적인 인사를 단행하곤 했다. 대표적인 인물이 바로 장영실(蔣英實)이다.

장영실은 본래 동래현의 관노였으나 발명가로서의 훌륭한 재주를 태종이 인정하여 발탁했다. 세종은 실용주의자로서 장영실의 적성을 아껴 부왕의 뒤를 이어 중용했다. 『세종실록』에 따르면, 장영실의 아버지 장성휘는 원나라 유민으로 소주, 항주 출신이고, 어머니는 조선 동래현 기생이었는데, 장영실의 사촌 여동생은 당대의 천문학자 김담에게 시집갔다고 한다.

1421년 세종은 장영실을 윤사웅, 최천구 등과 함께 중국에 보내 천문기기의 모양을 배워오도록 했다. 귀국 후 장영실 34세 때인 1423년에 천문기기를 제작한 공을 인정받아 천민을 면했고, 다시 대신들의 의논을 거쳐 종5품 상의원 별좌에 임명되었다.

세종 6년(1424) 5월, 임금은 그를 정5품 행사직으로 승진시켰고, 1432년부터 1438년까지 당시 과학자들의 리더였던 이천(李蕆; 1376-1451)의 책임하에 많은 천문기구를 제작했다. 이천은 장영실과 함께 해시계를 제작했으며, 간의대(簡儀臺)를 건축한 이도 그였다. 그는 도성을 쌓는 건축술, 군선이나 화포 개량 같은 군사 분야, 악기 제조에까지 그의 기술력이 미치지 않는 곳이 없을 정도로 천재 과학자였다.

이후 장영실은 수력에 의해 자동으로 작동되는 물시계인 자격루(自擊漏; 일명 보루각루)와 옥루(玉漏; 일명 흠경각루)를 비롯해 천문 관측을 위한 대간의와 소간의, 종묘 앞에 설치한 공중시계인 앙부일구(仰釜日晷), 밤낮으로 시간을 알리는 일성정시의(日星定時儀), 천문관측기기 규표(圭表) 등이 이 시기에 만들어졌다. 이러한 공으로 장영실은 1433년(세종 15년)에 정4품 호군의 관직을 더했다.

이듬해 장영실은 이천이 총책임자였던 금속활자 '갑인자(甲寅字)'의 주조에도 참여했다. 갑인자는 밀랍 대신 녹지 않은 대나무를 사용해 활자가 밀리지 않도록 했는데, 하루에 40여 장을 찍어도 자본(字本)이 흐트러지지 않았고 판본이 깨끗했다.

❀ 신기전(神機箭)

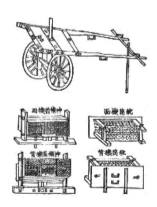

신기전은 최무선의 '주화(走火; 1377)'를 개량하여 조선시대인 1448년(세종 30년)에 제작된 로켓추진 화살로 다연장 로켓의 원조이다. 특히 대신기전(大神機箭)은 길이 5.3m의 큰 대나무 앞부분에 길이 70cm, 지름 10cm의 대형 약통이 달렸다. 여기에 흑색화약을 채우고 약통 앞부분의 대신기전 발화통에는 대형 폭탄을 달았다. 이것은 목표물 타격 전후에 자동으로 폭발하도록 되어 있는데 사정거리는 400~500m 정도다. 영화 '신기전'에 등장하는 무기가 바로 이것이다.

『조선왕조실록』에 따르면 대신기전은 주로 '4군 6진'에서 여진족 격퇴용으로 사용된 것으로 보인다. 그런데 대신기전은 당시 가장 큰 대포였던 장군화통(將軍火筒)보다 무려 3배나 많은 화약 소모량 때문에 수명이 길지는 않았다

세종 23년(1441) 장영실은 왕명을 받아 강물, 호수, 바다 등의 수위를 재는 수표를 만들어 수표교에 세웠으며, 1442년에는 세계 최초로 강수량을 측정하는 측우기(測雨器)를 발명했다.

1442년 3월, 세종이 온천욕을 위해 이천을 다녀오던 중, 어가(御駕)가 부서지는 일이 일어났다. 어가는 정3품 상호군 장영실이 책임자이기 때문에 의금부(義禁府)에서는 임금에 대한 불경죄로 그에게 곤장 80대와 삭탈 관직을 구형했으나, 임금이 형벌을 2등급 감해 주었다고 한다.

장영실은 이순지와 이천 등과 함께 조선 전기 당대의 훌륭한 최고의 과학자로 지금도 평가되고 있다. 그러나 신분벽을 뚫고 조선 최고의 과학자가 된 그도 천출 신분으로 태어났기에 그의 유년 시절 및 성장 과정 기록을 찾을 수 없고, 언제 출생했는지 언제 죽었는지조차 밝혀지지 않았다. 그저 충청남도 아산시 인주면 문방리에 아산 장씨 시조인 장서의 묘 바로 아래에 장영실의 가묘가 있을 뿐이다.

최윤덕과 대호장군 김종서

왜구들이 충남 서천과 황해도 해주 지역에 출몰해 노략질을 일삼자 아직 국사를 자문하던 태종은 고려말부터 왜구 퇴치에 공이 컸던 이종무(李從茂; 1360-1425)를 시켜 1419년(세종2년) 대마도를 정벌하도록 했다. 그 후 임진왜란까지 왜구는 전에 비해 잠잠해졌다.

그러자 이번엔 북방의 여진족이 문제를 일으켰다. 압록강 일대에서 1442년 여진족의 약탈이 극심해지자 1433년 세종은 맹사성에게 여진 정벌 작전을 주도적으로 기획하도록 했다. 그리하여 여진족 정벌 시기, 군

사 규모, 최윤덕(崔潤德: 1376-1445)을 총사령관으로 한 정벌군 조직, 7개 부대에 의한 동시다발적 기습 작전 등이 확정되었다. 최윤덕은 삼군도절제사로 '대마도 정벌'에도 참전했었다. 4월 10일 장도에 오른 조선의 대군은 압록강을 건너 군사를 일곱 갈래로 분산해 동시다발로 공격을 개시하자 갑작스런 총공세에 여진족은 제대로 저항하지도 못한 채 궤멸당하고 말았다. 이렇듯 세종의 결단에 의한 '1차 여진족 정벌'은 5월 19일 공식적으로 종료되었다. 이후 최윤덕은 여진족을 물리치고 '4군(四郡)'을 개척했는데, 세종은 이 지역에 주민들을 이주시켜 정착시키는 노력을 계속했다. 최윤덕은 변방 국경에서 장수로서 왜구와 북방의 여진족을 물리쳤으며, 안으로는 청렴한 공직자로 본분을 다해 세종의 두터운 신임을 얻은 덕분에 결국은 무인으로서 당당히 우의정 자리에 올랐다.

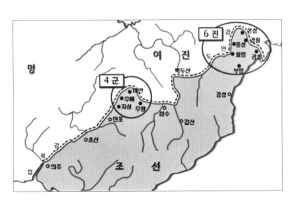

두만강 유역에는 여진인 우디거족(兀良哈族) 및 오도리족(斡朶里族)이 있었는데, 이성계는 즉위 초부터 이들을 회유하기 위해 노력했으며, 태종 때는 경원과 경성에 무역소를 두고 이들에게 교역의 편의를 제공하기까지 했다. 태종 10년(1410)에 이르러 경원부를 중심으로 우디거족 등 오랑캐의 내습이 잦아졌다. 세종 때에 이르러서도 여진족의 내습이 그치지 않자 1425년경부터 적극적인 북진책을 펴서 1432년에는 석막(石幕: 함북 부령(富寧)에 영북진을 설치해 동북경의 개척을 본격적으로 착수했다.

'6진(六鎭)'을 설치하여 옛 영토를 회복하는 데 공을 세운 이는 순천 출신 김종서(金宗瑞' 1383-1453)인데, 1405년(태종 5) 문과에 급제한 문인 출신 장군이다.

1433년 세종 15년 겨울, 북쪽의 여진족이 다시 처들어와 함경도 지방을 어지럽혔다. 세종은 김종서를 시켜 압록강과 두만강 일대의 여진족을 정벌토록 했고('2차 여진족 정벌'), 김종서는 육진을 설치해야겠다고 조정에 건의했다. 당시 조선의 북방 진지는 정도전이 공주에 설치한 경원부였는데, 계속되는 여진족의 침입으로 방어하기가 어려웠다. 김종서는 1447년 7월 27일 세종에게 올린 상소문을 올렸는데, 『세종실록』에 그 내용이 전한다.

"백성이 굶주리고 나라 재정이 바닥났다고 하여 오랑캐가 처들어오지 않는다는 말입니까? 여진족이 뭉쳐서 군사가 일만 명이 되면 망한다고 경고한 사람이 있는데도 요나라는 여진족에 대한 아무런 방비를 하지 않다가 패망했습니다."

세종은 이러한 여진족 내분의 기회를 포착해 김종서를 함길도 도절제사(군책임자)에 임명하는 한편, 이징옥과 함께 북방 개척을 과감하게 추진해갔다. 이듬해인 1434년부터 6진을 설치하기 시작한 김종서는 1449년에는 석막의 옛터에 부령부(富寧府)를 설치해 완성을 보았다. 신설된 6진에는 각 도호부사(都護府使) 밑에 토관(土官)을 두고 남방 각 도의 인민을 이주시켜 개척시켰다. 그 결과 장성 밖 약간의 지역을 제외하고는 두만강 이남이 모두 조선의 영역으로 편입되었다. 당시 여진족들은 5척 단신 김종서를 '대호(大虎)장군' 또는 '백두산 호랑이'라 하며 몹시 두려워했다고 한다.

'6진'의 개척은 1433년에 설치된 서북방면의 '4군'과 아울러 세종의 훌륭한 업적의 하나로 평가되었다. 이로써 우리나라의 북쪽 경계가 더 올라가 두만강과 압록강 연안에까지 뻗치게 되었다.

문종의 동생, 수양대군과 안평대군

세종이 왕위에 있은 지 32년 만인 1450년에 세상을 떠나자 5대 문종(文宗; 1450-52)이 왕위에 올랐다. 문종은 효성이 지극하여 부왕이 병석에 눕자 극진히 간병을 하다가 건강을 해쳤다. 문종은 나라를 잘 다스렸기 때문에 나라가 태평하고 백성들이 편안했으나, 왕위에 오른 뒤 계속 병을 앓다가 1452년 39세의 나이로 세상을 떠났다.

문종의 아들인 단종(端宗; 이름은 이홍위(李弘暐))이 12세의 어린 나이로 6대 왕위에 올랐다(1452). 이때부터 오랫동안 잠잠하던 왕실에 다시 비극의 싹이 트기 시작했다. 단종은 세상에 태어난 지 3일 만에 어머니 현덕왕후를 여의고, 10세 때는 할아버지 세종을 여의었고, 12세에는 부왕마저 여의었으니, 세상에서 의지할 곳이 없었다.

단종은 의젓하고 슬기로웠으며, 언행이 침착하고 정중하여 장차 임금으로서의 자질이 뚜렷했다. 일찍이 세종은 그를 아껴 1448년에 세손으로 봉하고 정인지를 스승으로 정해주었다. 세종이 어린 손자의 앞날을 걱정한 것은 바로 그의 아들들 때문이었다. 세종에게는 문종 이외에도 차남 수양대군과 3남 안평대군 등 여러 아들(18남)이 있었는데, 그 중에서도 특히 수양대군은 세손에게 마치 호랑이 같은 존재였다. 단종의 앞날을 걱정한 것은 아버지 문종도 마찬가지였다. 문종은 임종이 가까워지자 김종서와 성삼문 등 〈집현전〉 학사들을 불러 단종의 뒷일을 부탁하기도 했다. 그래서 1452년 음력 5월 14일 단종이 즉위하자 영의정 황보인, 좌의정 김종서 등이 그를 보좌했다. 이때부터 수양대군은 임금 자리를 차지하기 위해 눈빛을 번뜩이기 시작했다.

그는 말타기와 활쏘기, 사냥을 즐겨 했고, 권람과 한명회를 비롯해 신숙주, 정창손, 정인지, 김질 등의 집현전 학사들을 포섭하여 세력을 키워 나갔다. 문종의 뒤를 이은 단종은 즉위 당시 12세의 어린 나이였기 때문에, 세종과 문종의 유명을 받든 김종서가 조정의 인사권 및 병권을 쥐고 섭정을 했다. 수렴청정을 통해 왕실의 중심점 역할을 해야 할 대비와 대왕대비가 없는 상황에서, 세종의 영특한 아들들은 각자 만만치 않은 세력을 이루고 있었다. 특히 수양대군과 안평대군의 세력이 가장 강했으며, 조정의 신료와 왕실, 심지어 환관, 나인까지도 두 세력으로 양분되어 있었다.

수양대군은 세종의 형인 양녕대군과 효령대군, 자신의 동생 임영대군 그리고 한명회 등을 우군으로 두었고, 안평대군은 세종의 후궁 혜빈 양씨의 세 아들과 금성대군의 지지를 받으며 수양과 대립했다. 이들이 왕권에 위협이 된다고 판단한 김종서와 그를 따르는 신하들은 또한 막강한 세력을 이루며 대군들을 견제하고 있었다.

무속과 불교를 신봉하며 은밀히 왕위찬탈을 꾀하던 수양대군은 글자로 점을 치는 점쟁이를 만난 야사가 유명하다.(이정재가 수양으로 나오는 영화 '관상'의 소재) 수양대군은 아무 생각 없이 밭 전(田)자를 고르자 점장이가 말했다.

"허허! 사공이 많으면 배가 산으로 간다지만, 왕이 많은 이 나라는 어디로 가려는가?"

놀란 수양대군은 풀이를 청했다.

"밭 전자는 임금 왕(王)자 두개를 수평과 수직으로 겹쳐놓은 것인 때문이오."

다시 점쟁이를 찾은 수양대군이 똑같이 밭 전자를 골랐다.

"첩첩산중이로군."

수양대군은 다시 풀이를 청했다.

"뫼 산(山)자를 사방으로 겹쳐놓은 것과 같기 때문이오. 산이 겹쳐 있으니 첩첩산중일밖에."

점쟁이가 무언가를 알고 있다고 의심한 수양대군은 허리에 칼을 차고 다시 찾아가 칼끝으로 다시 밭 전자를 가리켰다.

"좌우를 치면 뜻을 이룰 수 있을 겁니다."

밭 전 자의 좌우를 치면 임금 왕(王)자가 된다. 이때 수양대군은 좌와 우를 좌의정과 우의정으로 판단, 좌의정 김종서와 우의정 정분을 제거할 마음을 품었다고 한다.

수양대군의 아우인 안평대군은 세종이 즉위한 1418년에 태어났으며, 1428년에 대군에 봉해지고, 1430년 여러 왕자들과 함께 〈성균관〉에 입학했다. 기질이 호탕한 그는 무사들을 이끌고 매사냥을 나서기도 했으나, 주변에는 문인들이 많이 포진해 있었다. 이후 문종 때부터 두각을 나타내기 시작, 조정의 정치에도 간섭했으나 단종이 즉위한 후에는 수양대군 일파와 경쟁했다.

그는 하연, 안견, 박팽년 등 당시의 서화가들과 교류를 가졌으며, 시문과 서화에 뛰어났다. 글씨는 '조맹부체'로서 활달하고 자연스러우면서 획과 골이 있어 풍류와 문화를 즐긴 높은 인품이 그대로 반영된 듯한데, 한석봉과 함께 조선 최고의 명필로 알려져 있다.

✦안평대군(1418-53)의 꿈으로 투사되고 발현된 종합예술품 '몽유도원도(夢遊桃源圖)'. 그 형상을 담아낸 화가가 조선 3대 화가로 꼽히는 안견(安堅; 1400?- 세조 때)이며, 그림의 정수를 담아낸 23편의 시문을 쓴 사람은 당대 최고의 명필 안평대군을 비롯해 김종서, 정인지, 최항, 신숙주, 성삼문, 박팽년, 서거정으로 이어지는 세종의 신하들이다. 완성된 지 6년 뒤인 1453년 수양대군이 안평대군을 역적으로 몰아 죽이면서 그림의 행방도 역사에서 사라졌다. 그러다 470여 년 뒤인 1929년 일본학계에 그 실체가 보고되었는데, 지금은 일본 사쓰마 번(가고시마 현)을 700년간 다스린 시마즈 가문이 이를 소장하고 있다.

칠삭둥이 한명회와 계유정난

조정 대신들이 안평대군과 가까워지자 정치적 입지에 위험을 느낀 수양대군은 자신을 뒷받침해 줄 책사로 권람, 한명회 등을 맞이하게 된다. 수양대군은 권근의 손자 권람(權擥; 1416-65)을 통해 당시 경덕궁직으로 있던 한명회(韓明澮; 1415-87)를 소개받았다. 한명회의 호는 압구정(狎鷗亭)이며, 7개월 만에 태어났다고 해서 별명은 '칠삭둥이'였다. 그는 『조선왕조실록』에 이름이 2,300건이나 등장하는 인물이기도 하다. 태조 때 학사로 명나라에서 조선이란 국호를 받아온 개국공신 한상질의 손자이며, 만해 (萬海) 한용운은 그의 동생 한명진의 후손이다. 수양대군의 최측근이자 책사인 그는 '계유정난'을 주도하여 '나의 장자방'이라는 별명을 얻기도 했다.

장자방(張子房)은 장량(張良)의 자이며, 소하(蕭何), 한신(韓信)과 함께 유방(劉邦)의 '한나라 건국 3걸'로 불린다. 전략적인 지혜가 뛰어나 '명참모'의 대명사가 된 그는 조국 한(韓)나라에 대한 충성심과 진나라에 대한 보복심 때문에 유방을 도왔다고 한다.

한명회는 수양대군의 책사가 되어 왕권의 추락과 신권의 막강함과 사회 혼란을 이유로 들어 정변의 당위성을 역설했다. 한명회와 권람이 합류한 후, 수양대군의 정치적 세력 확대에 가속도가 붙었다. 평소 절친한 관계였던 〈집현전〉 학사 출신의 소장파 관료 신숙주, 무예에 정통한 문관 홍윤성, 무관 양정, 청백리 영의정 황희의 아들 황수신, 김종서의 최측근 이징옥의 형과 아우인 이징규, 이징석 형제 등이 합류하고, 왕실 인물들의 포섭에도 노력을 기울여 양녕대군, 임영대군, 영응대군 그리고 세종의 후궁 신빈 김씨 소생인 계양군 이증 등의 주요 종친도 그의 세력이 되었다.

수양대군은 정치적 계략을 획책하는데, 첫 시도는 김종서와 황보인, 민신 등의 경계심을 풀도록 명나라에 사신으로 가는 것이었다. 원래는 안평대군이 책사 이현로의 조언으로 중요성을 깨닫고 자청했는데, 수양대군이 세력을 동원해 이를 저지하고 자신이 가도록 꾸몄다. 결국 수양대군은 신숙주를 완전히 포섭하고 김종서 등의 조정 대신들의 경계심도 무마시키는 데 성공한다.

명나라에서 돌아온 수양대군은 한명회, 권람, 홍윤성 등과 중신들의 살생부를 작성하고, 찬탈 계획을 서둘렀다. 첫 목표는 좌의정 김종서였다. 1453년 10월 10일, 수양대군은 병력을 동원해 경복궁을 점령하기로 하고, 시종 임운, 양정 등과 함께 좌의정 김종서의 집으로 향했다. 신숙주, 최항, 권람 등의 방문을 받았지만 수양대군이 찬탈을 획책하고 있다는 사실을 전혀 눈치채지 못했던 김종서는 무방비 상태였다. 수양대군의 신호를 받은 종 임운이 철퇴를 가하자 김종서는 그대로 쓰러졌고, 이어 김종서의 아들 김승규와 그 동료들도 살해당했다.

소위 '계유정난(癸酉靖亂; '계유년에 난리를 안정시키다'라는 뜻)'을 일으킨 수양대군은 김종서, 황보인 등을 제거하고, 영의정부사에 올라 전권을 얻은 뒤 단종 대신 섭정을 했다. 안평대군은 수양대군의 세력에 눌려 실권을 박탈당하고 10월 10일 강화도로 유배되었으며, 10월 18일 강화도 옆 교동도에서 사약을 받았다.

이로써 안평대군은 '육종영(六宗英)'의 한 사람이 되었다. 육종영은 단종을 위해 세조와 맞서다 죽임을 당한 6명의 종친으로 안평대군 장소공 이용, 금성대군 정민공 이유, 화의군 충경공 이영, 한남군 정도공 이어, 영풍군 정렬공 이전, 하령군 충민공 이양을 말한다. 이후 안평대군의 아들 이우직 역시 연좌제로 처형당했고, 아내는 관비가 되었으며, 의춘군의 아내이자 며느리인 오대와 딸 무심은 권람의 노비로 전락해버렸다.

수양대군과 정인지 등은 단종을 압박하여 〈집현전〉이 자신을 찬양하는 교서를 짓게 하는 등 집권을 정당화하고 조정을 장악했다. 그리고

1455년 단종으로부터 명목상 선위 형식으로 즉위하니 7대 세조(世祖; 1455-68)이다. 수양대군과 그의 심복 한명회, 정인지, 신숙주 등의 음모로 이루어진 이 찬탈은 '생육신'과 '사육신' 등의 반발과 사림세력의 비판을 초래하여 결국 단종의 복위 운동으로 번졌다.

단종 복위 운동과 사육신, 생육신

1453년 반대세력을 제거하고 정치와 군국의 대권을 손에 쥔 수양대군은 김종서를 도와 육진 개척에 공을 세워 함길도 도절제사로 있는 이징옥을 파직했다. 그러자 이징옥은 스스로 대금황제(大金皇帝)라 칭하고, 여진에 도움을 청하여 반란을 일으켰으나 난은 실패로 끝났다.

단종을 폐위하고 수양대군이 왕위에 올라 세조가 되자, 조정 내의 반발도 적지 않았다. 당시 예방승지로 옥새를 받들어 새 임금에게 바치는 임무를 맡았던 성삼문은 분한 마음을 억누르며 단종 복위를 위해 은밀히 동지를 모으기 위해 움직였다.

1456년 6월 명나라에서 왕위에 오른 세조를 축하하기 위해 사신을 보냈다. 조정에서는 창덕궁 〈광연전(廣延殿)〉에서 잔치를 열기로 했고, 성삼문의 아버지 성승과 유응부가 '운검(雲劍)'을 맡았다. 운검이란 나라의 큰 잔치나 의식 때 임금 뒤에서 칼을 들고 호위하는 자를 말하는데, 나이 많은 무신이 맡는 것이 관례로 되어 있었다. 당시 성승은 도총관이었으며, 유응부는 일찍이 평안도 체찰사를 지낸 무신이었다. 성삼문은 이 소식을 듣고 몹시 기뻐했다. 연회장에서 세조와 덕종(장남), 예종(차남) 삼부자를 척살할 수 있었기 때문이다. 하지만 거사에 동조했던 김질이 장인 정창손의 설득으로 모의를 폭로함으로써 실패로 끝났다.

단종 복위의 주축인 성삼문, 박팽년, 이개, 하위지, 유성원, 유응부를

'사육신(死六臣)'이라고 하는데, 다른 훈구파와 구별해 절의파(節義派)로 부르기도 한다. 세조는 특히 박팽년의 재주를 아껴 여러 번 회유했으나, 그는 이미 죽음을 각오했기에 응하지 않았다. 게다가 그는 세조를 상감(上監: 왕을 높여 부르는 말)이라 부르지 않고, 나아리(본음은 진사(進賜)로 고위 벼슬아치를 높여 부르는 말)라고 불렀다.

1457년 6월 노산군(魯山君)으로 강봉되어 영월로 유배된 단종은 몇 명의 시녀, 하인 하나를 데리고 청령포(淸泠浦)에 감금되었다. 1457년 10월 세조는 노산군을 죽이라는 간신들의 성화에 끝내 사약을 내리고 말았으나 단종은 사약을 마시지 않고 16세에 스스로 목숨을 끊었다.

'생육신(生六臣)'은 세조가 즉위하자 한평생 벼슬을 하지 않고 단종을 위해 절의를 지킨 김시습, 원호, 이맹전, 조려, 성담수, 남효온(또는 권절) 등을 일컫는다. 사육신은 죽음으로 단종 복위를 도모한 반면 생육신은 세조의 즉위를 부도덕한 찬탈로 규정하여 관직을 그만두거나 아예 관직에 나가지 않은 인물들이다. 중종반정 후 '사림파'가 등장하면서 사육신과 함께 절의를 제대로 평가받아 조정으로부터 시호를 받는 등 추앙받기 시작했다.

특히 단종 복위 운동이 있을 때, 어렸던 남효온(南孝溫; 1454-92)이 성장한 뒤 이 사건 당시 충절과 인품이 뛰어난 성삼문, 박팽년, 하위지, 이개, 유성원, 김문기 등 6명의 행적을 소상히 적어두었는데, 이것이 바로 『추강집(秋江集)』의 '육신전(六臣傳)'이다.

사육신은 조선의 대표적인 충신으로 꼽혀 왔으며, 마침내 숙종 17년(1691)에 이르러 관작이 회복되었고, 1782년 정조는 그들을 추모하여 노량진에 '조선육신(朝鮮六臣)'이라는 신도비를 세워주었다.

세조는 아버지 세종대왕과 장남 의경세자의 명복을 빌기 위해 『월인석보』를 간행했다. 1461년에는 〈간경도감〉을 신설하여 불경을 간행했으며, 불교를 숭상하여 『원각경』을 편찬토록 하고 원각사를 창건했다. 세조는 즉위 기간 내내 단종을 죽인 죄책감에 시달렸다고 한다. 특히 만년에는 단종의 어머니이자 자신의 형수(현덕왕후)의 혼백에 시달려 아들 의경세자(懿敬世子)가 죽었다고 여겨(1457년 9월) 그녀의 무덤을 파헤치기도 했다. 또한 현덕왕후가 자신에게 침을

✦원나라 간섭기인 충목왕(忠穆王) 4년(1348) 황해도 개풍 경천사에 세워진 경천사지 10층석탑(국보 제86호). 지금은 〈국립중앙박물관〉 실내에 있다.(좌) 이것의 영향을 받아 세조 때 세워진 원각사지 10층석탑(국보 제2호). 현재 종로 〈탑골공원〉에 있다.(우)

뱉는 꿈을 꾼 뒤 피부병에 걸렸다거나, 피부병을 고치려고 상원사에 갔다가 문수동자 덕분에 나았다는 이야기도 있다. 세조가 불교 융성에 적극적이었던 것은 유교적 입지가 약한 그의 현실적인 선택이었다고 볼 수 있다. 형제들을 죽이고, 조카의 왕위를 찬탈하고 죽인 패륜적인 행동이 명분과 예를 중시하는 유교 사상 아래에서는 결코 받아들이기 힘든 일이었기 때문이다. 결국 그의 친불 정책은 유교 이념에 투철한 성리학자들을 견제하는 수단이 되기도 했다.

세조 13년(1467) 5월, 함경도 회령에서 이시애가 반란을 일으켰다. 이시애

는 〈유향소〉의 불만과 지역감정을 등에 업고 단종 폐위가 반역이라는 명분으로 군사를 일으켰다. 7월에 세조는 조카 구성군(龜城君)과 강순(康純)을 파견하여 평정케 하고, 8월 12일 진압한다. 이어 강순을 파견하여 함길도 너머 건주위(建州衛; 명나라 영락제 때 남만주의 여진족을 누르기 위해 건주에 설치한 지방행정 단위)의 여진족을 토벌했다. 그는 무장들을 신뢰하여 구성군, 남이, 강순 등을 측근에 두었는데, 이들에 대한 세조의 총애에 반감을 품은 왕세자는 즉위하자마자 이들을 모두 숙청해버렸다.

❀

〈유향소(留鄕所)〉는 고려 전기에 그 지방 출신의 관리를 사심관(事審官)으로 파견하여 관리하게 하는 '사심관 제도'에서 유래되었다. 조선 건국 이후에도 은퇴한 관리들을 지방의 우두머리로 뽑아 지방의 지도자 역할을 하도록 했는데, 특히 조선 건국에 회의적이었던 온건 사대부들이 지방에서 세력을 키워 '사림파(士林派)'로 성장했는데, 이들을 기반으로 한 향촌 자치의 핵심 기구였다.

세조는 1468년 9월 52세로 세상을 떠났다. 세조가 죽자 그의 둘째 아들이 왕위에 올랐는데 이 임금이 8대 예종(睿宗; 1468-69)이다.

남이 장군과 모사꾼 유자광

남이(南怡; 1443-68)는 조선의 개국공신으로 영의정부사(영의정)를 지낸 남재(南在)의 고손자로, 후일 중종 때 영의정을 지낸 남곤(南袞)은 그의 일족이다. 태종과 원경왕후의 넷째 딸인 정선공주(貞善公主)가 할머니인 남이의 호탕한 성격은 외증조부 태종을 닮았다. 경기도 남양주시에 있는 축령산에는 남이가 어릴 적 무예를 닦았다는 '남이 바위'가 있고, 정상에서 동쪽의 경기도 가평에는 그의 이름을 딴 '남이섬' 있다.

남이는 권람의 딸과 결혼했으나 부인 권씨는 요절했고, 권람도 1465년에 죽었다. 권람의 딸이 귀신의 장난으로 사경을 헤매던 중 이를 본 남이가 귀신을 쫓아내 목숨을 구하게 된 것을 계기로 혼인했다고 한다. 1466년 남이는 17세에 발영시(拔英試; 임시 과거)에 급제했고, 이듬해(1467)에는 세종의 손자 구성군, 강순과 함께 '이시애의 난'을 평정했으며, 명나라의 요청으로 건주위의 여진족 수령 이만주(李滿柱) 부자를 사살하기도 했다. 그 공로로 세조 말년에는 구성군의 뒤를 이어 28세의 나이로 병조판서가 되었다. 그러나 '종친(宗親) 세력'인 구성군과 남이는 세조가 죽자 '훈신(勳臣) 세력'인 한명회, 신숙주의 노골적인 견제를 받기 시작했다.

세조에 이어 왕위에 오른 예종은 남이를 좋아하지 않았다. 아버지 세조의 사랑을 독차지하고 있던 남이에 비하면, 자신은 정사에도 능하지 않았으며, 부왕의 신뢰도 두텁지 않았기 때문이었다. 한명회 또한 세력이 점점 커지는 남이에게 위협을 느끼고, 그를 제거하기 위해 간신 유자광(柳子光; 1439-1512)을 시켜 남이가 역모를 꾸몄다고 임금에게 고해바치도록 했다. 서얼 출신인 유자광은 남이와 함께 '이시애의 난'을 제압하는 데 공을 세워 등용되었는데 모사에 능하고 계략이 뛰어난 인물이었다.

"병조판서 남이가 지금 역모를 꾀하고 있습니다. 그 증거로는 그가 여진족을 토벌하고 돌아올 때 지은 시 가운데 '사나이 스무 살에 나라를 얻지 못하면'이란 구절만 보아도 잘 알 수 있사옵니다."

백두산석마도진(白頭山石磨刀盡) 백두산의 돌은 칼을 갈아 다 닳고
두만강수음마무(頭滿江水飮馬無) 두만강의 물은 말을 먹여 다 마르리.
남아이십미평국(男兒二十未平國) 남아 스물에 나라를 평정하지 못하면
후세수칭대장부(後世雖稱大丈夫) 후세에 누가 대장부라 칭하랴.

남이의 웅장한 기상이 그대로 넘쳐흐르는 시이다. 하지만 유자광은 '미평국(未平國)'을 '미득국(未得國)'으로 바꿔 알렸다. 즉 '사나이 스무 살에 나

라를 평정하지 못하면'을 '나라를 얻지 못하면'이라고 꾸민 것이다. 성정이 나약하고, 평소에도 남이에게 불만을 갖고 있던 예종은 당장 남이를 잡아들이도록 하여 직접 심문을 했다. 남이가 결백함을 주장했지만 예종은 그의 말을 믿지 않고 고문을 가해 결국 남이의 정강이뼈가 부러지고 말았다. 모든 것이 부질 없음을 안 남이는 당시 80세의 노인인 영의정 강순과 함께 역모를 꾀했다고 거짓 자백을 했다.

이어 예종이 강순까지 문초하자 강순도 결백함을 주장하며 억울하다고 호소했으나 소용없었다. 결국 강순도 고문에 못 이겨 거짓 자백을 하고 말았다. 형장으로 끌려갈 때, 강순이 남이에게 말했다.

"혼자서 죽을 일이지. 어찌 죄도 없는 나까지 끌어들였느냐?"

남이는 껄껄 웃으면서 답했다.

"저라고 죄가 있어 죽는 것입니까? 제가 결백하다는 사실은 대감도 잘 아실 텐데… 한 마디 말씀도 없었습니다. 그것이 한 나라의 영의정으로서 할 노릇입니까?"

남이의 말에 강순도 더 이상 대꾸할 수 없었다. 1468년 10월 27일 남이는 군기감 앞 저잣거리에서 강순 등과 함께 효수당했다. 그를 변호하던 조숙(趙淑) 등도 처형당했으며, 그가 역모의 누명을 쓰고 처형되자 그의 모친 역시 연좌되어 상중에 고기를 먹고, 아들인 그와 간통했다는 죄로 능지처사당했다.

'남이의 옥(南怡-獄)'이라 불리는 이 사건은 임진왜란 이전까지는 역모라고 인식되었지만, 조선 후기의 실학자 이긍익(李肯翊)이 지은 조선 야사의 금자탑 『연려실기술(燃藜室記述)』에서는 유자광의 모함으로 날조된 옥사라고 규정하고, 남이를 젊은 나이에 누명을 쓰고 억울하게 죽은 인물로 기술하고 있다.

성종과 폐비 윤씨

조선 제8대 예종이 즉위 1년 만인 1469년 11월에 세상을 떠나자 세조의 장남 의경세자의 차남인 잘산군(乽山君, 자을산군)이 9대 성종(成宗; 1469-94)이 되었다. 성종에게는 형 월산대군이 병약했고, 예종에게도 아들이 있었으나 너무 어렸기 때문에 할머니인 정희대비, 즉 세조의 왕비 윤씨가 성종을 임금으로 앉히도록 한 것이다. 하지만 왕위에 `오른 성종도 불과 13세였기 때문에 정희대비가 수렴청정을 했는데, 그녀는 독실한 불교도로 정치에 그다지 관심이 없어 세조가 임금이 되도록 도운 한명회, 신숙주, 정인지, 정창손 등에게 정사를 돌보도록 했다.

왕위에 오른 성종은 1457년 9월 세자 때 돌아가신 아버지 의경세자-세조와 정희왕후 윤씨의 장남-를 임금으로 받들고 덕종(德宗)이란 시호를 올렸다. 이에 따라 어머니 한씨는 소혜왕후가 되었고, 나중에는 인수대비라고 부르게 했다.

성종은 왕위에 오르기 2년 전인 1467년에 한명회의 딸을 아내로 맞이했으나 1474년 19세 때 일찍 세상을 떠났다. 한명회는 두 딸을 예종과 성종의 왕비로 만들었지만 결국 둘 다 잃고 만 것이다. 성종은 윤기무의 딸을 두 번째 왕비로 맞아들였고, 성종 6년(1476), 정희대비는 수렴청정에서 손을 떼었다. 19세가 된 성종은 슬기롭고 영특하여 어진 임금으로서의 자질이 풍부했기 때문이었다.

성종은 왕비 윤씨에게서 태어난 아들 융을 세자로 삼고, 나라와 백성들을 위해 밝고 어진 정치를 베풀었다. 성종은 백성들로부터 어진 임금으로 추앙을 받았으나 왕비 윤씨는 지나치게 질투심이 많았다. 그의 시어머니인 인수대비는 그러한 왕비의 투기 성품을 경계하여 늘 타이르곤 했으나 날로 투기가 심해져 갔다. 공공연히 질투심을 드러내 극약인 비상을 소지한 것이 발각되는 등의 문제를 일으켰다.

성종 11년 가을, 분노를 억제하지 못한 왕비는 자신의 거처를 찾은 성종의 얼굴을 손톱으로 할퀴었다. 대노한 인수대비는 윤씨의 폐비를 주장했고, 원로 훈신들도 윤씨를 탄핵했다. 1479년 6월 성종은 왕비 윤씨를 폐하여 친정으로 내쫓았으나 대비전의 거듭된 압력으로 성종은 마침내 폐비 윤씨에게 사약을 내렸다. 윤씨는 사약을 마시다가 피가 솟구치자 한삼자락에 뱉었다. 한삼이란 손을 감추기 위해 두루마기나 여자의 저고리 소매 끝에 흰 헝겊을 덧대는 소매를 말한다. 윤씨는 피 묻은 한삼자락을 어머니 신씨에게 건네고 세상을 떠나지만, 훗날 이 피묻은 한삼자락이 온 조정을 피로 물들이고 말았다.

1480년(성종 11년) 11월, 중전 윤씨를 폐한 지 1년 후 어머니 인수대비는 총애하던 정소용을 왕비로 올리려 했지만, 간택의 결정권을 쥐고 있던 할머니 정희왕후는 성품이 무난하고 분쟁의 요소가 적은 숙의 윤씨를 세 번째 왕비로 간택했다. 그녀가 훗날 연산군을 쫓아내고 보위에 오른 중종의 어머니 정현왕후 윤씨이다.

수렴청정(垂簾聽政): 동아시아에서 왕이 나이가 어릴 때 왕의 어머니나 할머니, 숙모 등 여자가 대리로 정치를 맡아 하는 것으로, 왕대비가 신하에게 얼굴을 드러내지 않기 위해 왕의 뒤에서 발을 내리고 있던 데서 비롯되었다.

섭정(攝政): 군주가 아직 어려서 정무를 수행할 능력이 없거나, 병으로 정사를 돌보기 힘들 때 군주 대신에 통치권을 받아 국가를 다스리던 일이나 그 사람을 가리킨다.

동양에서는 태자가 다스리는 것을 대리청정, 황태후나 대왕대비 등 여자들이 다스리는 것은 수렴청정, 그리고 신하가 다스리는 일 또는 그 신하를 섭정승(攝政丞)이라 한다.

사림파의 거두 김종직과 「조의제문」

성종은 원래 학문을 좋아했을 뿐 아니라 당시 중앙 정권을 장악하고 있던 훈구관료들을 견제하기 위해 신진세력들을 등용했다. 그 중에서도 특히 야은 길재의 학통을 이어받은 영남 사림파의 거두 김종직(金宗直; 1431-92)을 중용했다. 아울러 그의 제자 김굉필, 정여창, 김일손 등 영남 출신의 신진사류를 대거 불러들였다.

중앙에 진출한 신진사류는 기성세력인 훈구파에게 위협적인 존재가 되었다. 특히 그들은 삼사를 중심으로 세력을 구축하고, 주자학의 정통적 계승자임을 자부했다.

김종직은 세조 5년(1459) 문과에 급제하여, 성종 때는 요직을 두루 거친 인물로 성리학적 정치질서를 확립하려 했던 사림파의 한 사람이다.

조선 왕조가 수립된 후, 성리학을 전승한 이는 길재, 권우였고, 처음 정계에 진출한 이는 권근이었으나, 세조 이후 조정에 본격적으로 출사한 이들이 김종직과 그의 동료 및 제자들이었으므로, 그를 사림파의 실질적인 사조(師祖)로 붕당정치의 시원으로 보아도 큰 무리는 없을 것이다.

❋

훈구파(勳舊派)는 여말선초의 급진 사대부를 계승했다. 15세기 세조집권 후 공신, 즉 신숙주, 서거정, 이극돈 등의 대지주층으로, 중앙집권제를 지향하고 조선 초 문물정비에 기여했다. 사림파(士林派)는 여말선초 온건파 신진사대부를 계승했으며, 중소지주층으로 중국 중심의 세계관이 강한 이들은 16세기 조광조, 이황, 이이 등 성리학에 투철한 자들이 대표적이다. 이들은 영남과 기호(경기도) 지방으로 낙향한 후 세력을 형성했다.

사회의 모순과 부조리를 혁파하려는 사림파와 구질서를 고수하려는 훈구파의 충돌은 불가피한 일이었다. '요순정치(堯舜政治)'를 이상으로 하는 사림파는 군자를 자처하며 도학적 실천을 표방하여 훈구파를 공격했다. 훈구파가 불의에 가담해 권세를 잡고 사리사욕에 사로잡힌 고지식한 소인배라며 배척한 것이다. 사상 및 자부하는 바가 서로 다른 사림파와 훈구파는 사사건건 대립했고, 갈등이 심화되어 정치적으로나 학문적으로나 타협할 수 없는 적대관계가 되고 말았다.

특히 김종직은 남이장군 처형의 배후를 유자광으로 보고 그를 혐오하고 경멸했는데, 함양의 '학사루(學士樓) 현판 사건'으로 두 사람은 되돌릴 수 없는 원한 관계를 맺게 된다.

김종직이 관직에서 물러나 밀양으로 낙향할 때, 문하생들과 함께 가진 송별회에서 시회(詩會)를 열었다. 이때 초청하지도 않은 유자광이 들러서 김종직에게 술잔을 권했다. 그러자 김종직의 제자 가운데 가장 나이가 어린 홍유손이 함양 학사루 사건을 빗대 시 한 수를 지어달라고 조롱했다. 무안을 당한 유자광은 이극돈(李克墩: 1435-1503), 임사홍 등과 손잡고 김종직과 그의 제자들을 몰살시킬 생각을 품었다. 그리고 이는 훗날 '무오사화'라는 엄청난 파란을 일으켰다.

✦함양 학사루

더구나 대의명분을 존중하는 김종직과 신진사류들은 단종을 폐위, 살해하고 즉위한 세조를 탐탁하게 여기지 않았다. 또한 정인지 등 세조의 공신들을 멸시하는 한편, 세조의 잘못을 지적하는 상소를 지속적으로 올려 자극했다.

또한 김종직의 문하생 김일손은 춘추관의 사관으로서 자신의 이조좌랑(吏曹佐郎: 인사 담당 정6품) 추천을 거부한 적이 있는 이극돈의 비행을 직필

해 서로 틈이 벌어져 있었다. 이후 이극돈과 유자광은 서로 손을 잡고 보복을 꾀했으나, 김종직이 성종의 두터운 신임을 받고 있는 터라 뜻을 이루지 못하고 있었다.

연산군과 무오사화

1494년 12월 성종이 붕어하고, 당시 9세였던 세자 융이 왕위에 오르니 10대 연산군(燕山君; 1494-1506)이다. 연산군이 집권한 시기는 관기 옥영향(玉英香)이 낳은 서자 홍길동(洪吉同)이 활동하던 시기였다. 이후 선조 때 허균(許筠, 1569-1618)이 지은 『홍길동전』에서 그가 의적으로 설정된 것은 연산군의 폭정에 대한 민중들의 반감이 작용했을 것이다. 다만 1500년 10월 22일 홍길동이 잡힐 때까지 연산군은 그런대로 정사를 돌보았고, 포악성을 드러내지 않고 있었다.

1498년 『성종실록』 편찬을 위한 〈실록청〉이 개설되고, 이극돈이 당상관으로 임명되어 작업했다. 김일손의 능력에 대한 불신과 사람됨에 대한 반감을 가진 이극돈은 김일손이 기초한 사초(史草; 실록 편찬의 초고) 속에 실려 있는 김종직의 「조의제문(弔義帝文)」을 문제 삼고 유자광에게 알렸다. 「조의제문」은 김종직이 꿈에 의제-초나라 회왕(懷王)-를 만나 안부를 묻고자 지은 글로, 단종을 죽인 세조를 의제를 죽인 항우에 비유해 왕위 찬탈을 비난한 내용이다. 사실은 「조의제문」을 사초에다 넣고 내용이 단종과 세조에 대한 문제와 연관되어 있다고 밝힌 사람이 김일손이었다. 유자광은 이것을 취조하고 발표한 자일 뿐이다. 더구나 자기 스승이 사적으로 쓴 글을 국가 기록인 사초에다 끼워 넣었다는 것 자체가 김일손의 관료 부적격성을 보여주는 것이었다

유자광은 세조의 신임을 받았던 노사신, 윤필상 등과 상의해 연산군

에게 보고했다. 사림이 언론활동 등을 통해 끊임없이 자신들의 책임과 권한을 넘어 왕을 능멸한다고 여긴 연산군이 직접 삼사(三司)의 권한을 누르고 왕권을 구축하기 위해 이 기회를 놓치지 않았다. 연산군은 유자광의 상소를 기회로 김일손 등을 국문한 끝에 김종직이 교사한 것이라 결론지었다.

연산군은 김종직을 대역죄로 인정하여 이미 죽은 자의 관을 열고 시체를 훼손하는 부관참시(剖棺斬屍)를 행하고, 김일손 등은 파당을 이루어 세조를 혼미하게 만들었다는 죄명으로 능지처참의 형벌을 가했으며 김굉필은 유배당했다. 이 사건의 주모자인 이극돈 등도 사관으로서 문제의 사초를 보고도 고하지 않은 불고지죄로 파면당했으며, 정여창 등도 불고지죄로 곤장 100대에 3천 리 밖으로 귀양을 보냈다.

이처럼 무오년에 훈구파와 사림파 모두가 화를 입은 사건을 '무오사화(戊午史禍)'라 부른다.

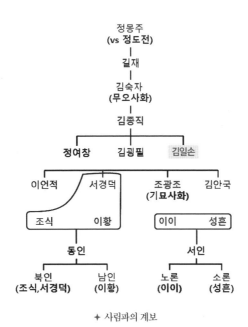

✦ 사림파의 계보

흥청망청과 장녹수

연산군은 어릴 때는 총명했으나 성장하면서 점차 포악한 성격이 드러나기 시작했고, 술과 여자를 옆에 두고 온갖 패악을 저질렀다. 민간의 유부녀도 함부로 겁탈했으며, 심지어 큰아버지인 월산대군의 부인까지 겁탈했다는 이야기도 있다. 연산군의 여탐은 광적인 수준에 이르러 조선 팔도에 채홍사(採紅使)를 파견하여 지방의 아름다운 처녀를 뽑고, 궁중과 국가 행사에서 음악과 무용에 관한 일을 담당한 〈장악원(掌樂院)〉에서 관리 및 교육을 하도록 했다.

이러한 여성의 명칭을 태평성대를 이룬다는 뜻의 '운평(運平)'이라 했는데, 운평이 궁궐로 들어가면 사악하고 더러운 것을 깨끗이 씻어낸다는 의미인 '흥청(興淸)'으로 바뀌었다. 흥청 중에서 연산군과 잠자리를 하면 '천과흥청(天科興淸)'이라고 불렀고, 그렇지 못하면 '지과흥청(地科興淸)'이라 했다. 결국 연산군은 중종반정으로 왕좌에서 쫓겨나 목숨까지 잃었는데, 흥청과 어울리다가 망했다는 '흥청망청'이라는 말이 여기서 비롯되었다.

호색가인 연산군의 총애를 받아 권세를 부리며 온갖 패악을 저지른 여인이 바로 '조선의 요화'로 불리는 장녹수(張綠水; ?-1506)이다. 장녹수의 어머니는 천민 출신의 첩이라 예종의 차남이자 성종의 사촌동생인 제안대군(齊安大君)의 노비로 살았고, 제안대군의 가노와 결혼해 아들을 낳은 뒤 노래와 춤을 배워 기생이 되었다. 용모는 뛰어나지 않았으나 동안이었고, 노래에 타고난 재능이 있었다.

연산군은 그녀를 입궐시켜 숙원(淑媛: 종4품 후궁)에 봉하여 집을 마련해 주고 노비와 전답을 내렸다. 또한 그녀의 청으로 장녹수의 주인이었던 제안대군의 장인 김수말에게 벼슬을 내리기도 했다.

연산군은 자신을 아기 다루듯하는 장녹수를 무척 총애했고, 권력을 잡은 장녹수는 모든 상벌에 영향을 미쳤다. 형부 김효손에게 함경도 전향별감의 벼슬을 주도록 하는가 하면, 자신의 집을 새로 짓기 위해 민가를 헐도록 했다. 내수사의 여종이었던 언니 장복수와 조카들도 면천(免賤)시켜 양인의 신분으로 올려주었다. 또한 동지중추부사 이병정은 장녹수의 집 하인에게 크게 모욕을 당했으나 오히려 사재를 털어 뇌물을 바치고서야 화를 면할 수 있었다.

그러나 장녹수의 과분한 영화와 드높은 권세는 1506년 9월 2일에 일어난 '중종반정'으로 모두 사라지고 만다. 장녹수의 최후는 비참했다. 중종반정이 성공하고 연산군이 폐위된 후 반정군에게 붙잡혀 〈군기시(軍器寺)〉 앞에서(서울시청 광장 자리) 참형을 당했는데, 수많은 사람들이 참수당한 그녀의 시체에 돌을 던지며 욕설을 퍼부었다고 한다.

갑자사화

임사홍(任士洪: 1445-1506)은 장남 광재(光載)가 예종의 사위였고, 4남 숭재(崇載)는 성종의 사위여서 왕실과는 사돈 간이었다. 그렇지만 성종이 그를 높이 쓰지 않자 울분을 터뜨리며 늘 그늘 속에서 지내고 있었다. 그런 임사홍에게 마침내 출세할 기회가 찾아왔다. 연산군의 어머니 폐비 윤씨의 친정어머니인 신씨가 아직도 옛 집에 살고 있다는 사실을 알아낸 것이다. 임사홍은 장녹수를 찾아가 폐비 윤씨에 관한 이야기와 외할머니 신씨가 아직 살아 있다는 소식을 전하고, 폐비에게 사약을 전한 사람이 좌승지 이세좌였다는 사실을 알렸다.

야사를 집대성한 『연려실기술』에는 "폐비 윤씨가 사사되면서 흘린 피가 묻은 적삼을 자신의 어머니인 신씨에게 맡기면서 자신의 원통함을 알려달라고 했고, 인수대비가 죽자 신씨는 궁궐 나인들을 통해서 폐비 윤씨의 죽음과 적삼을 알렸으며, 자순 대비를 친어머니로 알던 연산군은 슬퍼한 뒤『시정기(時政記)』(춘추관에서 작성한 역사편찬 기록 자료)를 찾아서 대신들과 관련자를 죽였다"고 쓰여져 있다. 연산군이 자신의 외할머니 신씨를 통해 받은 폐비 윤씨의 피 묻은 적삼을 보고 분노해 갑자사화를 일으킨 것으로 그려진다. 이것은 월탄 박종화의 장편 역사소설『금삼(錦衫)의 피』(1936)에 등장하면서 대중들에게 널리 알려져 사실인 것처럼 알려져 있다.

그러나 연산군은 이미 재위 초반부터 폐비 윤씨가 어쩌다 죽게 됐는지 알고 있었으며, 이를 권력 강화의 수단으로 이용했다는 설이 유력하다. '무오사화'를 통해 반대를 일삼던 삼사의 대간들을 누르는데 성공한 연산군이 독선적인 행보로 일관하며 사치와 방탕을 일삼자, 연산군과 함께 대간들의 숙청에 동참했던 훈구 대신들도 대간들과 연합 전선을 형성하기 시작했고, 이에 연산군이 폐비 윤씨의 일을 끄집어내 나머지 대간들과 훈구 대신들을 모두 숙청해버린 것이다.

1504년 연산군 10년 3월, 마침내 연산군은 폐비 윤씨에게 사약을 들고 간 이세좌에게 사약을 내렸다. 그리고 당시 폐비를 주장했던 신하는 물론 상소한 사람을 모조리 잡아 죽이라는 명령을 내리니, 이것이 '갑자사화(甲子士禍)'이다.

사림파가 장악한 삼사는 물론이고 소극적으로나마 연산군에게 자기 절제를 당부했던 훈구 대신들도 연산군에게 완전히 제압을 당했다. 마침내 연산군은 사림파와 훈구파들을 모두 쓸어버리고 전무후무한 절대 권력을 거머쥔 것이다. 사림파 김굉필, 정여창 등과 단종의 폐위에 앞장섰던 윤필상, 이극균 등이 죽었다. 이중 한명회, 정창손, 정여창 등은 이미 세상을 떠났기 때문에 부관참시(剖棺斬屍: 묘를 파고 관 속의 시체를 꺼내어 참수하는 것)를 당했다.

극악한 횡포를 부리던 연산군 11년(1505), 임금의 폭정을 지켜보던 박원종, 유순정, 성희안 등이 계획을 세워 연산군을 몰아내기로 했고, 은밀히 성종의 세 번째 왕비인 자순대비의 허락까지 받아 놓았다. 처음에는 '정현왕후'로 불렸으나 연산군이 왕위에 오르자 '자순대비'로 불린 왕실의 제일 높은 어른이었다.

✿
사화(士禍)는 훈구파와 사림파의 정치적 차이와 경제적 이해관계를 둘러싼 세력 간 다툼을 말한다. '사림의 화'라는 뜻으로 사림파의 입장에서 쓴 말이다. 특히 조선 중기, 즉 1498년(연산군 4년)의 '무오사화', 1504년(연산군 10년)의 '갑자사화', 1519년 (중종 14년)의 '기묘사화', 1545년(명종 즉위년)의 '을사사화'를 '4대 사화'라고 부른다.

성종 때부터 중앙에 진출하기 시작한 사림파는 훈구파의 비리를 규탄하면서 점차 정치적 영향력을 키웠다. 그러던 중 연산군이 즉위하면서 훈구파의 불만이 폭발했고, 양 세력간의 갈등으로 사화가 발생했다. 사림 세력은 사화를 겪으면서 많은 피해를 입었으나, 지방의 서원이 향약을 기반으로 지지기반을 확산하는 등 성장을 거듭했다. 그리고 선조 이르면서 중앙 정계의 정치적 주도권을 장악하면서부터 사림 정치를 주도했다.

중종반정과 기묘사화

반정(反正)이란 왕조의 정통성은 유지한 채 왕위만 교체하는 것으로 결국 '성공한 역모'이다. 이조참판이었던 성희안은 박원종, 유순정, 신윤무 등과 함께 왕이 장단의 석벽을 유람하는 날을 기해 거사할 계획을 세웠으나 행차가 취소되면서 차질이 생겼다. 하지만 호남 지역에서 연산군 폐위 거사 격문이 나도는 바람에 결국 계획을 강행할 수밖에 없었다.

1506년 9월 1일. 박원종, 성희안, 유순정을 비롯해 전 수원부사 장정, 〈군기시〉 첨정 박영문, 사복시첨정 홍경주 등은 훈련원에서 무사를 규합했다. 그리고 왕비 신씨의 오빠 신수근과 그의 아우들인 신수겸과 신수영 그리고 임사홍 등 연산군의 측근을 제거한 뒤, 경복궁에 들어가 자순대비의 윤허를 받아 연산군을 폐위시키고 강화도 교동으로 유배시켰다.

반정에 성공한 이들은 진성대군(晉城大君)을 새 임금으로 세웠다. 이가 조선 11대 중종(中宗: 1506-44)이며, 이 정변을 '중종반정(中宗反正)'이라 부른다. 중종은 바로 자순대비에게서 태어난 성종의 둘째 왕자로 연산군의 이복동생이었다.

중종반정은 신하들이 주체가 되어 왕위를 교체한 사건으로, 조선 왕조 개창 이래 장자 상속의 왕위세습제에 새로운 변화를 가져왔다. 더구나 반정 자체가 철저하게 신하 주도로 이루어짐에 따라 중종이 실질적인 왕권을 행사하기도 어려웠다. 갑자기 왕위에 오르게 된 중종은 공신이 중심이 된 정치에 이끌려 갈 수밖에 없었고, 집권 초기 권력은 이들에게 집중되었다. 중종반정을 통해 새로운 정치세력이 등장한 것이 아니라, 이미 연산군 때 공직에 있던 인물들이 왕을 교체한 후 다시 기득권을 유지하는 상황이 펼쳐진 것이다. 강화도 교동으로 쫓겨난 연산군은 1506년 11월 31세로 세상을 떠났다.

❀ 묘호(廟號)

임금이 죽은 뒤 종묘에 신위를 모실 때, 공덕을 칭송하며 붙이는 호를 말한다. 사후에 붙이는 것이므로, 세종은 생전에 세종이라 불리지 않았다. 묘호는 '조종원칙'을 따르는데, 나라를 세운 자는 조(祖), 계승한 자는 종(宗)이 된다고 명시한다.

중국은 이를 고수해 시조만 조를 썼고, 우리도 고려까지는 태조 왕건만 조였는데 조선에 들어와 선대왕을 추숭하기 위해 조를 남용하게 되었다. 세조 때 시작하여 성종 때 완성된 '경국대전'에는 "공이 크면 조, 덕이 크면 종이라고 한다"고 되어 있다.

즉 나라를 개국한 왕이나, 임진왜란 같은 국난을 극복하고 위기를 넘어 정통을 다시 세운 왕에게는 조를 붙이고(태조, 세조, 선조, 인조 영조, 정조), 태평성대를 누리며 선대왕의 뜻을 잘 이어 종묘사직을 지킨 왕에게는 종을 붙인다. 또한 폐위된 왕에게는 군(연산군, 광해군)을 붙인다. 그리고 이들의 기록은 실록(實錄)이 아니라 일기(日記)라 부른다.

❀ 휘(諱)

왕의 본명을 '휘'라고 한다. 왕의 본명을 말하거나, 다른 곳에 그 글자를 쓰면 처벌을 받아야 했다. 그러다 보니 백성들의 생활에 불편을 끼치는 경우가 생겼기에, 왕의 이름을 드물거나 잘 쓰지 않는 글자를 골라 짓게 되었다. 조선 정조의 이름 이산(李蒜)이 대표적인 예이다.

하지만 오늘날에는 살아있는 사람의 이름인 명(名)에 대비해 공경의 차원에서 죽은 사람의 생전 이름을 피하는 행위 또는 생전의 이름을 가리키는 일반용어가 되었다.

중중은 훈구파의 세력 확장을 막기 위해 신진 사림파를 조정에 불러들였는데, 당시 사림파의 우두머리는 조광조(趙光祖)였다. 그는 문신이자 사상가, 교육자, 성리학자, 정치가로서 사헌부 대사헌 등을 지냈으며, 문묘에 종사된 '해동 18현' 중의 한 사람이다.

김종직의 학통을 이은 김굉필의 문하에서 수학했고, 유숭조의 문하에서도 수학하여 사림파의 정계 진출을 확립했다. 중종의 훈구파 견제 정책의 후원을 받아 〈홍문관〉과 〈사간원〉에서 활동했고, 성리학 이론서 보급과 도교 제사를 담당하던 〈소격서(昭格署)〉 철폐 등을 단행했다.

과감한 개혁에 위협을 느낀 훈구파의 홍경주, 김전, 고형산 등과 심정, 남곤 등은 연합하여 조광조 일파를 타도할 계획을 세운다. 홍경주는 자신의 딸이 중종의 희빈이라는 점을 이용하고, 심정, 남곤 등은 경빈 박씨 등과의 친분을 활용하여 조광조 타도에 발 벗고 나섰다. 1519년의 '위훈삭제(僞勳削除)' 문제는 결정적으로 훈구 세력을 위협했다. 중종반정의 공신 117명 중 외람되게 공신이 된 76명의 공훈을 삭제해 그들의 토지와 노비를 몰수하자고 주장한 것이다.

그러자 훈구파 홍경주의 딸 희빈 홍씨와 경빈 박씨 등은 나인들을 시켜 궁궐 안팎의 나뭇잎에 꿀로 '주초위왕(走肖爲王)'이라는 글자를 쓰도록 했다. 달콤한 꿀에 끌린 벌레들이 나뭇잎을 갉아먹으니 글자가 선명하게 나타났다. 주(走)와 초(肖)를 합치면 조(趙)가 되니, '조씨가 왕이 된다'는 뜻이다. 홍경주 등은 주초위왕이라는 글자가 선명하게 나타난 나뭇잎을 임금께 보여주었다.

그러나 벌레가 꿀이 발린 글자 부분만 골라 잎을 파먹게 한다는 것은 과학적으로 불가능하기 때문에 '주초위왕'은 허구이며 기묘사화는 중종 본인이 조광조 숙청을 목적으로 일으킨 친위 쿠데타라는 것이 정설이다. 아무튼 중종은 은밀히 중신들을 부르고, 남양군 홍경주와 예조판서 남곤, 공조판서 김전, 호조판서 고형산, 도총관 심정 등은 경복궁의 북문인 신무문을 통해 들어와 승지들도 모르게 비밀회의를 가졌다.

마침내 대사헌 조광조와 우참찬 이자, 도승지 유인숙, 좌부승지 박세희, 우부승지 홍언필 등 조광조파로 지목되는 사람들을 잡아 가두도록 했다. 이 소식을 들은 성균관 유생 천여 명이 광화문 밖에 모여 조광조 등의 억울함을 호소했다. 왕명으로 주모자 이약수 등을 체포하자, 유생 모두가 스스로 포승을 차고 감옥으로 향했다.

조광조는 능주(綾州; 전남 화순)로 귀양 갔다가 사약을 받았다. 이 사화는 기묘년에 일어났으므로 '기묘사화' 또는 남곤 등이 북문으로 들어왔기에 '북문지화(北門之禍)'라 하며, 이때 죽은 사람들을 '기묘명현'이라 했다. 이 후 김전은 영의정, 남곤은 좌의정, 이유청은 우의정이 되었고 현량과도 곧 폐지되었다. 특히 조광조 등의 숙청에 가담했던 남곤은 사림으로부터 인정받지 못하고 조선이 멸망할 때까지 간사한 인물로 매도되었다.

종중 때의 유명한 학자로 주기파(主氣派)의 거유인 화담(花潭) 서경덕(徐敬德; 1489-1546)을 꼽을 수 있다. 주기파는 조선시대 성리학의 2대 분파 중의 하나이다. 경기·호서지방에서 성행했기 때문에 '기호학파(畿湖學派)'라고도 한다.

서경덕은 별다른 스승 없이 독학으로 사서육경을 연마했는데,

✦화담 서경덕과 황진이

벽에 한자를 써서 붙이고 며칠을 바라보며 글자와 세상과의 관계를 궁리했다고 한다. 그는 정치에 관심을 끊고 학문 연구와 후학 양성에 일생을 바쳤다.

서경덕은 개성 최고의 기생 명월(明月) 황진이(黃眞伊; 1506-67)와의 일화로 유명하다. 황진이가 그를 유혹했으나 눈 하나 꿈쩍하지 않자, 그의 인품

에 감격한 황진이는 서경덕을 스승으로 모시고 서신과 시문을 주고받는 사이가 되었다고 한다.

후세에 서경덕, 황진이 그리고 박연폭포를 '송도(개성) 삼절(松都三絶)'로 꼽았다. 서경덕은 평생 은둔생활을 하며 학문을 즐기다가 58세를 일기로 세상을 떴으며, 붕당 출현 이후 그의 제자들은 동인과 북인에 가담하여 활동했다.

을사사화와 정난정

중종 22년(1527), 세자-후일 인종-의 생일 무렵에 죽은 쥐의 사지를 찢어 불에 지진 다음 동궁전 창가에 매달아놓고 저주하는 일이 발생했다. 사건의 배후로 중종의 서장자이자 인종의 이복형인 복성군과 그의 어머니 경빈 박씨가 지목되어 폐서인(廢庶人) 되었으며, 경빈의 딸들이자 인종의 이복누나인 혜순옹주와 혜정옹주도 마찬가지였다.

대간의 탄핵을 받은 복성군과 경빈 박씨는 사약을 받았는데, 나중에 사건의 배후가 인종의 누나 효혜공주의 남편 김희와 그의 아버지인 김안로가 꾸민 일임이 드러났다. 이후 인종은 중종에게 복성군 모자의 신원회복과 폐출된 두 옹주의 작호를 회복시켜줄 것을 청했다.

1544년 11월 중종이 세상을 떠나자, 그 뒤를 이어 12대 인종(仁宗: 1444-45)이 왕위에 올랐다. 그러자 중종의 비인 장경왕후의 오빠로서, 1506년 중종반정에 가담해 중종을 옹립하는데 기여한 '대윤'의 우두머리 윤임(尹任: 1487-1545)이 득세하여 이언적, 유관, 성세창 등을 등용하자 사림은 일시적이나마 기세를 회복했다. 그러나 문정왕후가 1534년(중종 29)에 경원대군(훗날의 명종)을 낳으면서 정국은 새로운 국면을 맞이했다. 문정왕후의 두 동생인 윤원로(尹元老), 윤원형(尹元衡)이 주축이 된 '소윤'이 '대윤'을 상대로 권력 투쟁을 시작한 것이다. 그러던 중 1537년(중종 32)에 김안로가 문정왕후를 제거하려다가 역으로 탄핵을 당했다. 김안로가 죽은 뒤에는 소윤이 득세하기 시작하면서 대윤과 소윤은 더욱 첨예하게 대립했다.

그러나 인종은 미처 뜻을 펴지 못하고 왕위에 오른 지 9개월 만에 세상을 떠났고, 그의 이복동생 경원대군이 13대 명종(明宗: 1545-67)이 되었다. 당시 명종은 너무 어려 어머니 문정왕후가 섭정했는데, 이때 남동생 윤원형이 세도를 떨쳐 조정의 기강이 문란했으며, 백성들은 부정부패와 학정에 시달려 나라가 몹시 어지러웠다. 더구나 윤원형은 1545년 명종이 즉위하자마자 문정왕후와 명종을 선동하여 형조판서 대윤인 윤임 일파를 반역죄로 몰아 귀양보냈다가 죽였다. 왕의 외척끼리 대립한 이 사화의 여파는 6년동안 계속되어, 윤임 등을 추종한 자들이 갖가지 죄명으로 유배되거나 죽은 자의 수가 100명에 달하니, 이를 '을사사화(乙巳士禍)'라 한다.

연산군 이후 큰 옥사는 이 사화가 마지막이지만, 인종 외척과 명종 외척이 대립한 을사사화는 외척이 정권을 전횡하는 길을 열어 놓았으며, 사화에서 일어난 당파의 분파는 후기 당쟁의 한 요인이 되었다.

윤원형은 이후 조정의 권력을 완전히 손아귀에 넣고 세도를 부리면서 온갖 악행을 저질렀다. 특히 그의 애첩 정난정은 악녀의 대명사로 일컬었다. 정난정(鄭蘭貞)의 아버지는 도총부 부총관을 지낸 정윤겸이고, 정난정은 그와 첩 사이에서 태어났는데, 후일 문정왕후의 동생 즉 명종의 넷째 외삼촌이자 재상인 윤원형의 첩이 되었다.

훗날 문정왕후를 폐위하려 한 음모가 발각되어 김안로가 죽자, 김안로의 질녀였던 윤원형의 부인 김씨를 몰아내고 실질적인 안방 주인이 되었다. 정난정은 윤원형과의 사이에 4남 2녀를 남겼는데, 그녀가 정실부인이 됨에 따라 자녀들도 적자가 되었다. 이 때문에 윤원형은 적서 차별을 폐지하고, 서자도 벼슬길에 나설 수 있도록 했다. 당시로서는 획기적인 정책이었으며 신분제도 때문에 좌절한 사람들로부터 호응을 받았다.

이재에도 능했던 정난정은 문정왕후의 후원과 남편의 권세를 배경으로 상권을 장악하여 많은 부를 축적했으며, 봉은사의 승려 보우(普雨)를 문 정왕후에게 소개하여 선종판사에 오르도록 했다. 이로써 선(禪)·교(敎) 양 종이 부활되고 승려도첩제가 다시 실시되는 등 한때나마 불교가 융성하 기도 했다.

그러나 성리학자인 사대부들은 정난정에 대한 반감은 극심했다. 1565 년 문정왕후가 죽자, 승려 보우는 제주도로 귀양가서 사망하고, 정난정 은 사림의 탄핵을 받아 본래 신분인 천민으로 강등되어, 남편 윤원형과 함께 황해도 강음으로 유배되었다.

1565년 9월 8일 윤원형의 본부인 연안 김씨의 계모 강씨는 정난정이 김씨를 독살했다며 의금부에 고발하자 결국 정난정은 1565년 명종 20 년 11월 13일 독을 탄 술을 마시고 스스로 목숨을 끊었으며 윤원형도 자결했다.

대도 임꺽정

임꺽정은 중종, 명종 시기에 활동한 백정 출신의 도적으로, 한자로 는 임거정(林巨正), 임걱정(林鬲正), 임거질정(林巨叱正) 등으로 쓴다. 백정이지만 성씨가 있는 것으로 보아 선조 중에 사대부가 있었을 것으로 추정되나 정확하지는 않다. 그는 홍길동, 장길산 등과 함께 '조선의 3대 도적'이라 칭하며, 전우치를 포함해서 '4대 도적'으로 보기도 한다. 홍길동은 그보 다 2세대 전에 활동하던 인물이고, 전우치는 동시대였으며, 장길산은 숙 종 무렵에 활동했다.

양주군 주내 지역의 전설에 따르면, 그의 아버지가 백정이라 마을 사람들에게 천대 당했고, 동네 우물물도 먹지 못하게 했다고 한다. 그래서 임꺽정은 집에서 멀리 떨어진 불곡산까지 가서 냇물을 떠다 먹었다고 한다. 그의 아버지가 지방관에게 살해되어 의적이 되었다는 이야기도 있다.

임꺽정은 중종, 명종 때 양주 일대와 철원, 황해도 봉산군과 해주부, 구월산 일대에서 활동했다. 윤원형 일파의 부정부패로 정치와 사회가 혼란하여 민심이 흉흉해지자 패거리를 모아 주로 탐관오리를 골라 약탈했고, 재물 일부를 백성들에게 나눠 주었다. 그래서 임꺽정을 잡기 위해 개성의 관군들이 여러 차례 출동했으나 그의 도움을 받은 백성들이 정보를 알려주는 바람에 번번이 허탕을 쳤다고 한다.

명종 14년(1559)부터 임꺽정 패거리는 황해도 구월산을 은신처로 정하고 황해도와 경기도 일대의 관아를 습격하여 양곡과 패물을 훔치고 관리를 살해하는 등 대담한 행각을 보였다. 임꺽정처럼 수 차례 관군과 맞붙어서 이기고 나라를 뒤집어엎을만큼 세력을 키운 도적은 없었다. 하지만 임꺽정의 세력은 점차 위축되었고, 명종 17년(1504-62) 1월 3일에 관군의 대대적인 토벌 작전으로 인해 구월산에서 항전하다가 남치근 등에게 잡혀, 1월 중순 쯤 사형을 당했다고 한다. 그런데 전국을 뒤흔든 도적이라면 참수한 후 저잣거리에 머리를 매달아 내걸 법도 한데 이상하게도 기록에는 그런 행적이 없다.

퇴계 이황

주리론적 사상을 형성해 영남학파의 이론적 토대를 마련하고 사림의 종장으로 추앙받는 퇴계 이황(退溪 李滉). 그는 명종 때인 1501년 안동에서 태어나 27세에 진사 시험에 합격하고, 34세인 1534년 문과에 급제했으며, 39세에 홍문관 수찬이 되었다. 이황은 조정이 어지러워지자 고향으로 돌아가 낙동강 상류 토계의 동암에 〈영진암〉을 짓고 독서와 학문 연구에 들어갔다.

이황은 학문을 함에 있어서 어떤 편견도 두지 않았다. 이언적, 이현보 등과 편지를 왕래하면서 견해를 나누는가 하면 기대승과도 편지를 주고 받으면서 논쟁을 하기도 했다. 이황은 자신의 나이나 경력을 내세우지 않고, 순수하게 학문적인 내용만으로 논쟁을 이어나갔으므로, 이황과 기대승의 서한 토론은 후대의 사류들에게 화제가 되기도 했다.

이황이 제자들을 가르칠 때 담너머에서 엿듣던 배순(裵純; 1534-1614)이라는 청년이 있었다. 그는 대장장이이자 유기를 다루는 장인으로 제작한 그릇에 조금이라도 흠이 있으면 시장에 내놓지 않는 강직한 성격이었다. 이황이 배순을 불러 자신이 강연한 내용을 물어보자, 그는 하나도 틀림없이 대답했다. 배순의 학문적 열정에 감복한 이황은 그를 제자로 받아들였다. 이처럼 신분을 뛰어넘은 것은 당시로서는 파격적인 일이었다. 이런 연유로 퇴계 이황이 세상을 떠났을 때 배순은 3년동안 상복(喪服)을 벗지 않았다고 한다.

이황은 1550년 풍기군수로 재직할 때, 전임 군수 주세붕 (周世鵬)이 주자가 세운 여산 〈백록동서원〉을 본떠 1543년 영주에 세웠던 〈백운동서원(白

✦ 명종의 친필인 〈소수서원〉 현판

雲洞書院)〉을 임금 명종의 친필 사액(賜額)을 받아 〈소수서원〉(紹修書院; 이미 무너진 교학을 다시 이어 닦게 하라는 뜻)으로 만듦으로써 사액(賜額) 서원의 모범 선례가 되었다. 명종 15년(1560)에는 고향 토계동에 〈도산서당(陶山書堂)〉을 지어 주자학을 연구하고 후학을 기를 수 있는 터전으로 삼았다.

1566년 동지중추부사에 임명되었으나 병으로 사직하자 왕이 반려했다. 이후 명종 말에 예조판서가 되고 대제학, 판중추 겸 지경연사 등이 되어 유명한 「무진육조소」와 「성학십도」를 지어 임금께 올렸다. 이밖에도 이황은 56세에 향약을 기초하고, 57세에 「역학계몽전의」를 완성하는 등 수많은 저서를 남겼다.

영남학파 및 친영남학파를 이룬 한국 유학사상 큰 업적을 남기고 1570년 세상을 떠난 이황의 제자로는 유성룡, 김성일, 기대승, 조목, 이산해 등 260여 명에 달했다.

✾

충남 보령 출신 이지함(李之菡; 1517-78)은 『토정비결』의 저자로 알려졌으나, 점괘와 사주에 능했던 어느 서민이 잡학에 능했던 그의 이미지를 이용한 것이라는 게 맞는 말같다. 하지만 그는 화담 서경덕의 학문을 이어받았으며 이이, 성혼, 정철 등과 교유하면서 수많은 제자를 키워냈던 정통 유학자였다. 그는 거듭된 '사화'로 정계에 환멸을 느껴 출사를 포기했으나, 말년에 조정의 천거로 지방 수령으로 나아갔을 때 백성들을 위해 상업과 수공업, 해양자원의 개발(어업과 염전사업), 국제무역 등 다양한 경제활동을 권장했고, 일찍이 자신이 구상했던 시무책을 조정에 건의했다. 하지만 조정신료들의 무관심으로 뜻이 가로막히자 벼슬을 집어던지고 낙향했다. 그는 마포나룻터에서 흙으로 쌓은 정자에 살아 호가 '토정(土亭)'이다. 그래도 그의 민생지향적이면서 실용적인 학풍은 유형원, 박제가 등 조선 후기의 실학자들에게 계승되었다. 연암 박지원의 소설 『허생전』은 이지함을 모델로 삼았다고 한다.

율곡 이이와 신사임당

1567년 6월 명종이 34세의 젊은 나이로 세상을 떠났다. 그 뒤를 이어 이복형 덕흥군의 3남인 하성군(河城君)이 양자가 되어 16세에 왕위에 오르니 14대 선조(宣祖; 1567-1608)이다.

선조 때의 유명한 학자로는 율곡 이이(栗谷 李珥; 1536-84)가 있다. 이이는 어려서 신동이라 불렸는데, 어머니 신사임당의 글과 그림을 흉내낼 정도로 재주가 뛰어났다. 8세 때는 경기도 파주 화석정에서 '팔세부시(八歲賦詩)'를 짓더니, 13세에 진사시에 합격하여 주위를 놀라게 했는데, 무려 9차례의 과거에 장원급제하여 '구도장원공(九道壯元公)'이라는 별명을 얻었다.

이이는 부모에 대한 효성도 지극했다. 특히 어머니 신사임당의 사망으로 커다란 충격을 받은 이이는 사람이 태어나고 죽는 문제에 대해 고민하면서 방황했다. 결국 3년의 시묘살이를 마친 명종 9년(1554) 금강산의 절로 들어가 석담(石潭)이라는 법명의 승려가 되어 불교를 공부했다. 절에서는 '생불이 출현했다'는 이야기를 들을 정도였으나, 자신이 원하던 답을 구하지 못했는지 1년 만에 금강산에서 내려와 환속했다.

조광조와 사림파를 이끌었던 백인걸(白仁傑)의 문하생이기도 한 이이는 대학자 이황을 선학으로 모시고 존경했다. 명종 13년(1558) 23세가 된 이이는 58세의 퇴계 이황을 만나 이틀에 걸쳐 학문과 사상을 논하며 토론하고 시를 지었다. 이때 이황은 그의 식견과 재능에 크게 감탄하여 후생가외(後生可畏)라고 표현했다고 한다. 비록 견해가 달랐지만, 그 뒤로도 두 사람은 가끔 편지를 서로 주고받으며 학문에 관한 견해를 나누곤 했다. 당시 이황은 58세였으니, 25세의 나이차를 뛰어넘는 교류였다고 하겠다.

명종 19년(1564) 이이는 식년문과에 급제했다. 이때 문정왕후 동생 윤원형이 승려 보우를 궁중에 끌어들여 비행을 일삼자 상소를 올려, 보우를 제주도로 귀양을 보내고 윤원형을 관직에서 몰아냈다.

1567년 명종이 승하하고 선조가 즉위했지만 명종 대의 외척인 좌의정 심통원은 대왕대비의 친족이라는 명분으로 축출되지 않고 횡포를 일삼았다. 이이는 다시 상소를 올려 그를 탄핵했다. 인순왕후는 수렴청정을 거두었고 심통원은 삭탈관직되어 쫓겨났다.

관료 생활을 하는 중에도 그는 꾸준히 이황, 조식, 성혼, 정철 등과 서신을 주고받으며 학문을 연구했다. 선조 1년(1568) 천추사가 명나라로 갈 때 서장관으로 연경에 동행한 뒤, 1569년 귀국하여 홍문관부교리로 춘추관기사관에 겸임되었으며, 『명종실록』 편찬에 참여했다.

1569년 9월에는 송강 정철과 함께 『동호문답(東湖問答)』을 집필하여 임금 선조에게 올렸다. 그 무렵에 가장 관심 갖고 추진해야 할 일이 무엇인가를 '시무(時務)'와 '무실(務實)'이라는 용어를 사용하며, 급선무로 해결해야 하는 정치가 어떤 것인가를 명확히 밝혔다. 기회가 있을 때마다 이이는 계속 '시무'가 어떤 것인가를 계속하여 상소로 올리기도 했다.

1572년 이이는 파주 율곡리에 머무르며 성혼과 이기론, 사단칠정론, 인심도심설 등을 논했다. 주로 성혼의 주장에 이이가 반박 또는 보충설명을 하거나, 성혼이 질의하고 이이가 회답하는 형식이었다. 이때 성혼은 이황의 이기이원론도 옳을 수 있다고 하여 장기간 서신과 방문 토론을 벌이기도 했다. 한편 윤근수, 윤두수, 정철, 송익필 등과 친해진 이이는 자연스럽게 서인으로 기울게 된다.

선조 6년(1573) 다시 선조의 부름을 받아 승정원의 동부승지가 되었다가 우부승지로 옮겨 '만언봉사(萬言封事)'라는 긴 상소문을 올렸다. 이이는 조선의 정치와 사회 풍습 중에서 잘못된 것 7가지를 국가적 근심거리라고 지적했고 세세하게 설명하여 개선책을 강구하라는 요구 사항을 열거했다.

선조는 이이가 올린 상소문을 보고 감동하여 칭찬을 아끼지 않았다고 한다. 이이는 곧 병조참지에 임명되었다가, 그해 음력 3월 이이는 사간원 대사간에 임명되었다. 그러나 얼마 뒤 병으로 사퇴하고 다시 고향인 경기도 파주 율곡촌으로 내려가 학문 연구에 전심했다.

심의겸은 율곡 이이가 자신의 종조부 심통원 등을 공격하여 탄핵, 몰락시켰음에도 이이에게 사사로운 감정이나 원한을 갖지 않고 친밀하게 지냈다. 이이를 인격적으로 신뢰한 것이다. 이이는 심의겸의 인품에 탄복하여 1575년 '을해당론(乙亥黨論; 이조 전랑(吏曹銓郞) 임명을 둘러싸고 동서 양당으로 갈라져 당쟁의 조짐이 일자, 율곡이 나서 정쟁의 주요 인물 김효원(金孝元)과 심의겸(沈義謙)을 지방관으로 파견한 사건)' 이후에도 심의겸을 구해주려 노력했고, 심의겸은 본인의 뜻과 상관없이 이이를 서인(西人)의 정신적 지주로 추대했다.

이이가 훌륭한 업적을 남긴 데에는 모친 신사임당의 영향이 적지 않았다. 그의 어머니 신사임당은 1504년 강원도 강릉부 죽헌리 북평촌 태생으로 생가 〈오죽헌〉은 지금도 보존되어 있다.

신사임당은 딸 5자매 중 둘째였다. 아버지는 신명화(申命和)라는 선비였고, 어머니는 선비 이사온의 딸이었다. 그림, 서예, 시 재주가 탁월했고, 십자수와 옷감 제작에도 능했다. 게다가 성리학적 소양도 있었으며, 도학, 문장, 고전, 역사 지식 등에 해박했다. 그녀는 태교에서부터 정성을 기울여 아들 주나라 문왕을 얻은 현숙한 부인 태임(太任)을 본받는다는 의미에서 스스로 사임당(師任堂)이라는 호를 지었다.

1537년 사임당이 한 살배기 이이를 데리고 친정 강릉에서 한성부로 돌아가는 도중에 대관령에 이르러 멀리 내려다보이는 마을을 바라보며 친정어머

✦신사임당과 이이

니에 대한 절절한 마음을 시로 담은 시 「유대관령망친정(踰大關嶺望親庭)」이 전해진다.

자친학발재림영(慈親鶴髮在臨瀛) 늙으신 어머님을 고향에 두고
신향장안독거정(身向長安獨去情) 외로이 서울로 가는 이 마음.
회수북평시일망(回首北坪時一望) 머리 돌려 북평(강릉) 땅을 바라보니
백운비하모산청(白雲飛下暮山靑) 흰 구름만 저문 산을 날아내리네.

시대를 앞선 정여립과 정철의 두 모습

기대승의 제자이자 성혼과 이이를 찾아가 학문을 토론하곤 했던 정여립(鄭汝立; 1546-89)은 이이가 선조에게 천거할 정도로 총명했으나 성격이 괄괄했다고 한다. 하지만 이이가 죽자 그는 동인으로 전향해 서인의 거두 성혼 등을 비판했는데, 이에 선조는 그를 미워했으며 정여립은 벼슬을 버리고 고향 전주로 향했다. 그가 서인을 비판한 것은 분당 차원에서가 아니라 후배 사림으로서 강직하면서 직선적인 성격 탓에서인 중심으로 각 붕당의 군자들만 뽑아 쓰면 된다는 이이의 '조제보합론(調劑保合論)'을 비판한 것이다.

낙향한 그는 〈대동계(大同契)〉를 조직하고 유생과 양반뿐만 아니라 서얼, 평민, 노비, 승려도 참여해 신분과 관계없이 학문을 나누고 무술을 연마했다. 그러던 중 1587년 전라도 지방에 왜구가 출몰하자 전주부(全州府)의 요청을 받아 〈대동계〉를 이끌고 출동하여 이를 진압하기도 했다.

모두가 하나 되는 세상을 꿈꾸었던 그는 마침내 "천하는 공공한 물건이다"며 공화주의를 선포했다. 군주가 아닌 백성이 주인이라는 주장은 영국의 올리버 크롬웰보다 60년 앞서고, 세계 최초의 공화주의자로 평가된다. 이는 당시 용납될 수 없는 불온한 사상이었으며, 결국 역모로 몰려 진안 죽도로 피신했다가 자살했다.

이 사건이 바로 1589년(선조 22년) 10월의 '기축옥사(己丑獄事)'이며, 조선의 3대 사화 때 희생된 사람을 모두 합한 수보다 더 많이 죽었다. 이때 정여립의 3대가 멸족당하고 1,000명이 넘는 선비들이 죽었는데, 당시 호남의 선비들의 씨가 말랐다고 할 정도였다. 이로 인해 동래 정씨 일족들은 뿔뿔이 흩어졌고, 정여립은 족보에서도 삭제되었으며, 그의 본가는 파헤쳐지고 연못이 됐다.

✦정여립과 송강 정철

1589년 10월 정여립 역모를 위한 만반의 준비를 마쳤다는 비밀 장계가 선조에게 도착했다. 선조는 진상조사를 위해 즉시 의금부도사를 파견하였는데, 반란 준비가 끝났다는 정여립은 저항 한번 없이 자신의 본거지인 죽도로 가 자결을 해 버렸다. 현장검증 결과 무기고에는 역모를 할 만한 무기도 없었다. 또한 정여립은 관군이 들이닥친다는 소식에 급한 나머지 궤짝에 주요 문건을 그대로 남겨 두고 떠났는데, 역모를 뒷받침할 만한 어떠한 문서도 찾을 수 없었다.

그러자 선조는 송익필(宋翼弼; 1534-99)과 한직에 있던 송강 정철(松江鄭澈; 1536-93)을 끌어들여 진상조사반을 꾸렸다. 사실 이 사건은 동인의 제거에 있었다는 게 정설이다. 누이 둘은 왕실과 혼례를 올린 집안 (맏누이가 인종의 후궁인 귀인(貴人)이었고, 둘째 누이가 왕족 계림군(桂林君) 이유(李瑠)의 부인이며, 어린 시절에 경원대군(명종과) 친구로 지냈던 정철은 그의 인생을 통틀어 정치와 예술에서 극단적인 두 모습을 보여주고 있는데, 우선 우리에게 잘 알려진 예술가로의 모습을 먼저 살펴보자.

정철의 음주에 대한 기록을 살펴보면 거의 알코올 중독 수준이라, 심지어 입궐 할 때도 술이 덜 깨어 있을 때가 많았다고 한다. 이런 정철을 보고 어느 날 선조가 은잔을 하나 선물로 주었다.

"이보시오. 정 대감. 내 은으로 만든 술잔 하나 그대에게 내리리다. 이건 내가 내리는 벌이요. 벌! 앞으로 하루에 딱 한 잔만 술을 마시도록 하시오. 어명이니 반드시 따르도록 하시오."

그러자 집으로 돌아간 정철은 하인을 시켜 은 술잔을 최대한 크게 늘리라고 지시했다고 한다. 정철은 술 한 잔 걸치면 붓을 들어 일필휘지로 글을 쓰면, 『관동별곡』, 『사미인곡』, 『속미인곡』, 『성산별곡』 같은 작품이 쏟아져 나왔다. 예술인으로서의 정철은 그야말로 우리 역사에 한 획을 그었음은 부정할 수 없다.

그런데 이런 풍류를 알던 정철이 잔혹한 결과를 낳은 '기축옥사'의 특검을 맡게 되었을까? 이 사건은 당시 공작정치계의 달인 송익필이 기획하고, 정철이 총대를 메고 나섰는데, 즉 꼬리는 정철, 몸통은 송익필, 머리는 선조라는 것이다.

최종적으로 정철은 독이 든 성배를 쥐고 '기축옥사'의 진상조사를 진두지휘했다. 특검이 시작되자 온 나라에 불어 닥친 피 바람은 훗날 정철 그 자신도 감당하기 힘들 정도였다. 서인 송익필은 정철의 집에 기거하면서 배후에서 동인들에 대한 처단을 조종했다. 송익필의 사람됨은 학문이 높았으나 할머니가 천첩 출신이라 벼슬길에 한계가 있었던 자였다.

『연려실기술』에 따르면 선조는 정여립의 난을 보고받고 크게 진노하며 평소에 정여립을 칭찬한 사람들도 발본색원하여 구속 수사를 지시했다. 또한 이 난에 직접 연루된 자들은 사형 집행할 때 '결안(結案)'이라는 문서를 반드시 작성하게 되어있었으나 즉결 처분했다. 모든 일이 지나치게 빨리, 지나치게 가혹하게, 투명성과는 거리가 먼 정치적 색을 띤 채 동인들을 상대로 속전속결로 처리된 것이다.

『혼절관록』의 기록에 따르면, 너무나 많은 사람이 죽어 나가자 특검 기간에 술을 끓었던 정철은 한때 왕실의 개인 비리를 덮으려는 명종에게 끝까지 맞서다 파직까지 당했었으나 괴로움에 머리를 흔들고 손을 저으며 이렇게 말을 했다고 한다.

"나로서는 작금의 일을 진정시킬 재간이 없다. 나오는 것은 한숨뿐이구나."

정철을 칭찬하던 선조는 모든 일이 마무리된 후, 정철이 지나치게 가혹한 수사로 무고한 사람들이 희생되었다고 하며, 정여립 일가를 제외한 대부분의 희생자들의 신원을 복원해 주었다. 과연 3년 동안 천여 명의 희생자를 낸 특검이 왕의 지시나 묵인 없이 이어질 수 있었을까? '기축옥사'가 끝나고 정철은 56세인 1591년 세자책봉 문제인 건저문제(建儲問題)로 동인의 거두 영의정 이산해(李山海)의 꾐에 넘어가 광해군을 추천하다 신성군(信城君)을 책봉하려는 선조에게 팽을 당하고 말았다.

여담으로 이준익 감독의 '구르믈 버서난 달처럼'은 바로 이 '기축옥사'를 배경으로 삼고 있다.

백사 이항복과 한음 이덕형

'오성과 한음'으로 잘 알려진 이항복과 이덕형. 흔히 이항복의 호를 오성으로 알고 있지만, 이는 '오성 부원군(鰲城府院君)'이라는 작위에서 따온 것이고, 실제 호 중 가장 잘 알려진 것은 백사(白沙)이다.

이항복(李恒福: 1556-1618)은 형조판서와 우참찬을 지낸 이몽량의 넷째 아들이다. 9세 때 아버지를 여의고 어머니 밑에서 자라 어릴 적에 놀기를 좋아하고 무척 심한 장난을 쳤지만 비범한 구석이 드러났고, 또 그를 알아본 인물이 있었기에 시대를 풍미할 수 있었다. 다음의 일화는 유명하다.

가을철 어느날 오성의 집 감나무 가지가 길게 뻗어 옆집 담을 넘어갔는데, 옆집에 살던 권율이 가지에 달린 감을 따 먹자 오성이 따지러 갔다. 오성은 권율집으로 들어가 방문의 창호지를 주먹으로 뚫고 물었다.

"대감! 이 주먹이 누구 주먹인가요?"

"네 녀석 몸에 달렸으니 네 주먹이지 누구 주먹이겠느냐."

"그러면 저희 집 마당에 있는 감나무에 열린 감은 응당 저희 것인데 어찌 대감께서 마음대로 따 드신단 말입니까?"

어린 아이의 말이지만 논리가 정연하여 반박의 여지가 없었다. 게다가 서슬 퍼런 대감 앞에서도 전혀 기가 죽지 않고 당차기까지 했다. 이항복의 됨됨이를 알아본 권율은 19세에 자신의 딸과 짝을 지워줬다. 그는 선조 13년(1580) 문과에 급제했는데, 같은 해 이덕형도 문과에 급제하여 함께 벼슬을 시작한다. 그리고 1589년 예조정랑으로서 '기축옥사'를 처리한 공으로 오성군(鰲城君)에 봉해졌다.

그는 어지러운 붕당 정치에 깊이 개입하지 않으려고 슬기와 인내로써 항상 조심했으나, 정철이 수괴로 몰리자 아무도 찾아가는 이가 없었으나, 이항복은 꺼림 없이 방문했으며, 승지 때 정철의 죄목을 처리하는 데 태만했다고 탄핵을 받아 파면되었다가, 35세인 1590년 동부승지에 올라 선조를 곁에서 모셨다.

1592년 임진왜란이 발발하자, 선조를 모시고 개성으로 피난을 갔고, 의주로 피난 가는 중에 이조참판에 올랐다. 다시 두 왕자들을 모시고 평양으로 가서 형조판서에 특진하고 병조판서로 옮겨 왜군 격퇴의 지휘권을 잡았다.

이때 조선과 일본의 연루설을 조사하기 위해 파견된 명의 관리 황응양(黃應陽)이 의주로 왔는데, 그에게 조선과 일본이 협력하여 중국을 치려 한다는 의혹을 풀어주었다. 그동안 오성은 한음과 교대로 병조판서를 맡으며 명나라에게 원군을 요청하고 결국 이여송(李如松)의 참전을 이끌어냈다. 그 공으로 우의정이 되었으며, 왜란이 끝난 후 호성공신 1등으로 '오성부원군'에 봉해졌으며 1600년에는 영의정에 올랐다.

이항복은 이이와 성혼이 세상을 떠난 뒤 서인의 대표적 인물이 되었다. 북인과의 갈등이 격화된 1602년(선조 35) 정인홍(鄭仁弘; 1536-1623) 등은 '기축옥사에서 최영경(崔永慶)이 무고하게 옥사한 데는 성혼(成渾)에게 큰 책임이 있다고 공격했다. 이때 이항복은 성혼을 비호했는데, 북인이 탄핵하사 즉시 사직하고 망우리에 동강정사(東岡精舍)를 짓고 동강노인(東岡老人)이라고 자칭하면서 지냈다. 이후 광해군 때인 1617년(광해군 9) 북인이 인목대비(仁穆大妃)를 폐위하려고 시도하자 다시 한번 강력히 반대하다가 관직을 삭탈당하고 북청으로 귀양을 가 1618년 1월 그곳에서 세상을 떠났다.

한음 이덕형은 1561년 한성 성명방(誠明坊: 남대문과 필동 사이)에서 아버지 이민성과 영의정 유전의 누이동생인 어머니 유씨 사이에서 외동아들로 태어났다. 14세 때 영의정인 외숙부 유전의 집이 있는 경기도 포천의 외가로 가서 지냈는데, 당대의 글 잘하기로 이름 높던 양사언, 양사준, 양사기 형제와 어울렸다.

✦오성(백사) 이항복과 한음 이덕형

토정비결로 유명한 이지함이 이덕형의 인물됨을 알아보고 사윗감으로 추천해서, 문신 겸 서예가, 학자인 이산해의 둘째 딸과 결혼했다.

선조 14년(1580) 문과 별시에 급제했고 대제학 율곡 이이에게 발탁되어 홍문관 정자가 되었다. 이때 25세인 이항복도 문과에 급제하고 이덕형의 집안 형님인 이정립도 문과에 급제하여, 당대의 '3 이씨'라 불렸다. 이후 이덕형은 1591년 31세에 예조참판으로서 조선시대 최연소의 나이로 대제학이 되었다.

선조 25년(1592) 사헌부 대사헌으로 있을 때 임진왜란이 일어나자, 이덕형은 좌의정인 유성룡, 도승지 이항복과 함께 전략을 세우고 지혜를 짜내 국가적 위기를 극복하고자 했으며, 중추부동지사로서 일본 사신인 승려 게이텐스 겐소(景轍玄蘇; 1537-1611)과 화의 교섭을 했으나 실패했다. '정여립 사건' 무렵인 1587년 대마도 도주 소 요시토시가 보낸 사절단으로 왔던 그는 이미 조선 내부의 갈등과 변란을 살핀 적이 있었다. 그러자 그는 곧바로 명나라로 가서 원군을 요청했고, 1593년에 제독접반사가 되어 이여송(李如松; 요동 철령위(鐵嶺衛) 출생으로 조선계이며, 본관은 성주 이씨라고 한다.)을 수행하기도 했다.

1597년 정유재란이 일어나자 한성 방어를 강화했으며, 1598년 4월 우의정으로 승진했고, 이어 좌의정이 되었다. 그러나 임진왜란 중 미처 피난하지 못한 아내 한산 이씨는 왜군에 포로로 사로잡혔는데 능욕당하지 않기 위해 자결했다고 한다.

1601년에는 경상도, 전라도, 충청도, 강원도의 4도 도체찰사가 되어 종전 후의 군대 정비 및 민심 수습에 노력했다. 1602년 3월 영의정이 되었고, 임진왜란 중의 공신으로 추천되었으나 극력 사양했다. 1609년에는 명나라가 임해군의 존재와 영창대군의 존재를 이유로 들어 광해군을 적통으로 인정하지 않자 명나라에 가서 설득하고 돌아오기도 했다.

1613년 6월, 그는 영창대군과 인목대비 폐모론을 반대하다가 북인의 탄핵에 몰렸으며, 병을 얻어 경기도 양근(양평)으로 물러났다. 이후 영창대군의 처형을 반대하는 상소와 함께 병을 이유로 의정부 영의정을 사직하는 상소를 올렸으나 허락되지 않았다. 그후 1613년 10월 이덕형은 사저가 있던 당시의 경기도 광주부(남양주시 조안면 송촌리 사제 마을)에서 병으로 세상을 떠났다.

1691년에 경기도 포천시에 건립된 〈용연서원〉은 한음 이덕형과 용주 조경을 배향한 서원이다. 임진왜란 당시 이덕형이 세운 공로가 인정되어 흥선대원군의 서원철폐령에도 훼손되지 않았고, 1976년 8월 27일 경기도 유형문화재 제70호로 지정되었다.

2
조선 중기의 위기

1) 두 차례의 왜란과 호란

조선통신사와 토요토미 히데요시

16세기 말 일본에서는 오다 노부나가(織田信長; 1534-82)를 주군으로 모셨던 도요토미 히데요시(豊臣秀吉; 1537-98)등에 의해 마침내 '센코쿠 시대(戦国時代)'를 종식시켰다. 그는 양자이자 조카인 도요토미 히데쓰구(豊臣秀次)에게 내정을 맡기고, 자신은 군사들의 관심을 밖으로 돌리기 위해 동아시아 정복을 내세워 1587년 대마도 국주에게 조선 정벌 준비를 명했다.

히데요시는 대마도의 다이묘이자 고니시 유키나가의 사위 소 요시토시(宗義智)를 조선에 사신으로 파견하여 '정명가도(征明假道: 명나라를 정복하기 위해 길을 빌려 주는 것)'를 청했다. 그러나 조선은 명나라와 군신대의를 깰 수 없었으며, 왜구 노략질을 겪었던 터라 명을 정복하기 위해 조선의 길만 빌린다는 말이 가소로웠다. 당시 명나라 황제는 만력제(萬曆帝; 1572-1620)였는데, 국력이 서서히 쇠퇴하고 있었다.

조선 조정에서는 오랜 논의 끝에 선조 23년(1590)에 일본의 실정과 히데요시의 저의를 살피고자 서인 황윤길을 정사로, 동인 김성일을 부사로 그리고 허성을 서장관으로 임명하여 일본에 파견했다. 1591년 3월 통신사 편에 보내온 도요토미의 답서에는 '정명가도'라는 표현이 있어 침략의 의도가 분명했으나, 정사와 부사의 의견은 엇갈렸다. 『조선왕조실록』 1591년 3월 1일의 기록은 다음과 같다.

"도요토미 히데요시의 눈이 빛나는 것이 담대함과 지략이 있는 사람으로 보였습니다. 길을 빌리겠다는 것은 구실일 뿐 반드시 조선에서도 전쟁을 일으킬 것입니다."

정사이자 서인인 황윤길과는 달리 부사 김성일은 전혀 다른 주장을 했다.

"그러한 정상은 발견하지 못했는데 황윤길이 장황하게 아뢰어 민심을 동요시키고 있습니다. 도요토미는 인상이 쥐와 같으니 두려워할 위인이 못됩니다."

말을 마친 김성일을 유성룡이 따로 불러 물어보았다.

"그대는 고의로 황윤길과 전혀 다르게 말하는데, 만일 전쟁이 일어나면 어쩌려고 그러시오?"

"저도 어찌 왜적이 우리를 침범하지 않을 것이라고 단정하겠습니까. 다만 온 나라가 놀라고 의혹될까 염려되어 그런 것입니다."

후일 유성룡은 '임진왜란'을 기록한 그의 저서 『징비록(懲毖錄)』에 다음과 같이 적고 있다.

"김성일이 나에게 말하기를 그 역시 일본의 침략 의지를 간파했으나, 괜한 말로 조정과 신민을 동요하게 만들고 싶지 않았음으로 거짓으로 임금께 보고했고, 통신사 황윤길을 꾸짖었다고 했다."

하지만 조선 조정은 강진·진도 일대에 침입해 약탈과 노략질을 자행한 1555년(명종 10)의 '을묘왜변(乙卯倭變)'이래 일본의 침략 위험성을 인식하고 상당한 대비를 했으며, 임진왜란 직전까지 쉴 새 없이 진행시켰다. 특히 왜군을 직접적으로 상대할 남부 지역의 방어에 공을 들였다. 경상감사 김수(金睟)와 전라감사 이광(李洸), 충청감사 윤석각(尹先覺)은 성곽을 전면적으로 보수하고, 군비를 확충했다. 특히 김수가 두드러졌는데 영천, 청도, 대구, 성주, 부산, 동래, 진주, 안동, 상주와 경상 좌우병영의 성을 증축하거나 새로 쌓았다.

기존의 왜구는 대마도를 거점으로 대개 섬이 많은 경상우도와 전라도 지역을 침탈하곤 했다. 하지만 이번에는 달랐다. 과거에는 경상우도와 전라도 지역을 집중적으로 강화했지만, 왜구의 공격지가 아닌 경상좌도 방어에도 심혈을 기울였다. 김수는 성을 쌓을 인원을 확보하기 위해 백성뿐 아니라 유생까지 동원했다. 향교 학생을 뽑는 시험을 엄격히 실시하여, 낙방한 유생들을 모조리 군대로 충원시켰기 때문에 지역 유지들과 크게 충돌하기도 했다.

선조는 군포(軍布)를 내고 군 면제를 받는 '방군수포(放軍收布)'의 폐단을 잡으려고 많은 노력을 했다. 이 때문에 1570년대부터 부족한 군비를 보충했고, 1590년대에는 30만 명 이상의 병력을 확보할 수 있었다. 하지만 백성이나 식자층의 시각은 부정적이었다. 김수는 사족들과 사이가 틀어지면서 전쟁 발발 후에 곽재우와 크게 충돌했고, 선조는 성을 높이 쌓을수록 민심이 피폐해진다는 사실을 인정했다.

의병장 곽재우 첩의 장인인 이로는 동년배 친구였던 유성룡에게 축성을 반대하는 서신을 보냈다.

"우리 고을 앞에 정암진이 있는데, 왜적이 어찌 날아서 쳐들어올 수 있겠는가?"

대규모 토목공사가 민간에 끼치는 피해를 고려한다면 김성일의 주장은 당시의 여론과 크게 다르지 않았다. 그러나 조정은 꿋꿋이 전쟁 준비를 진행시켰고, 이는 어려운 상황에서도 조선이 반격을 할 수 있는 원동력이 되었다.

조정은 또한 유능한 장수들을 남쪽 위주로 배치하기 시작했는데, 전쟁 발발 1년 전인 1591년에 지방 현감이었던 종6품 이순신을 유성룡의 천거로 정3품 전라좌도 수군절도사로 임명하기도 했다. 그 외에 이억기, 이천, 양응지, 원균 등 당시 이름 있는 장수들을 대거 남쪽으로 배치했다.

이렇듯 조선은 전쟁에 대비하고 있었지만, 왜군의 규모를 수만 명 정도로 예상했다는 점과 통신사가 귀국한 후 1년 남짓한 준비 기간은, 1585년부터 7년 이상 전쟁을 준비한 일본보다 부족할 수밖에 없었다.

임진왜란

조선 14대 선조 25년(1592) 음력 4월 13일, 고니시 유키나가(小西行長), 가토 기요마사(加藤淸正), 구로다 나가마사(黑田長政) 등이 15만 대군을 이끌고 쳐들어옴으로써 '임진왜란(壬辰倭亂)'이 시작되었다. 최근 한중일(韓中日) 공동연구에서는 '임진전쟁(壬辰戰争)'이라는 호칭이 제창되었다.

✦ '조선정벌대평정도'. 가운데가 토요토미 히데요시. 좌우로 임진왜란 참전 장수들.

선봉장 고니시 유키나가가 전함 700척, 병사 18,700명을 이끌고 부산진을 침공하자 갑작스레 적의 대군을 맞은 첨사 정발(鄭撥)은 백성을 성 안으로 대피시키고, 배 3척을 자침시킨 다음 600명이 채 안 되는 병력으로 싸우다가 전사했다. 4월 14일, 경상좌병사 이각과 양산군수 조영규, 울산군수 이언성의 병력이 남동부 방위 중심지인 동래성으로 집결했으나 15일 동래성이 왜군에게 포위되었다.

둥래부사 송상현은 이미 부산진(釜山鎭)의 왜관에 있던 일본인들이 떠나자 낌새를 느낀 왜군 침입에 대비했었다. 송상현과 면식이 있던 일본 장수 다이라(平調益)가 그에게 피신하라고 했지만 이를 거절했다. 통신사로 조선을 자주 왕래하던 그는 부산을 거쳐 한양으로 가야 했기 때문에 동래부사 송상현과 안면이 있었다. 전쟁 전까지 조선에 거주하던 일본인들과 조선으로 오는 일본인들도 많았고 통신사와 사절단 등이 명절에는 한양으로 왕에게 인사를 갔었는데, 이 루트가 바로 왜군의 침략루트가 되었다.

고니시는 동래성 앞에 '戰則戰矣 不戰則假道(전즉전의 부전즉가도)', 즉 "싸우고 싶거든 싸우고 싸우고 싶지 않으면 길을 빌려달라"라고 쓴 나무판을 세우자, 이에 송상현은 '戰死易 假道難(전사이 다도난)', 즉 "싸워 죽기는 쉬워도 길을 내주긴 어렵다"라고 답했다. 송상현은 동래성의 조선군과 백성들, 심지어 아녀자들까지 동원해 필사적으로 저항했으나 중과부적이었다. 이로써 영남의 2차 방어선도 무너졌다. 송상현의 용기에 탄복한 고니시 유키나가는 예를 갖추어 장례를 치러주고 추모비를 세워주었다고 한다.

이후 왜군은 15일에 기장, 좌수영, 16일에 양산, 17일에 밀양, 그 후에 대구, 인동, 선산을 차례차례로 공략하고, 26일에 경상도 순변사 이일(李鎰)을 상주에서 격파했으며, 27일에 경상도를 넘어 충청도로 진군, 28일 탄금대에서 요격 나온 신립(申砬: 해공 신익희의 13대조) 장군의 군사를 괴멸시켜 충주를 공략했다('탄금대 전투'). 또 경기도로 나아가 음력 5월 1일에 여주 공략 후 강을 건넜고, 2일에 용진(龍津) 나루를 거쳐 제1군이 소위 '경성동로(京城東路)'를 따라서 한성 동대문 앞에 도착했다.

조정은 적군의 공격에 대비하여 우의정 이양원을 수성대장으로 삼아 도성의 성곽을 축성하는 한편, 전(前) 북병사였던 김명원을 도원수로 삼아 한강을 수비하도록 했으나 실패하고 5월 3일 함락되고 말았다. 개전 20일 만에 수도가 함락되자 병력, 물자, 전략 등 모든 것을 총괄하던 명령체계가 붕괴되어 각 지방은 스스로 살아남아야 했다.

조선이 일본에 비해 우위를 점했던 것은 우선 곡창지대가 있다는 것과 판옥선 함대, 삼남 지역의 대규모 징집자원, 발달된 총통, 여진족과 싸우며 단련된 기병 등이었다. 그런데 개전과 동시에 원균이 가장 강력한 경상우수영 함대를 스스로 침몰시켰고, 간신히 모은 병력도 용인전투에서 패했으며, 한양에 비축해 두었던 화약을 빼앗김으로써 육상전에서 화포도 사용할 수 없게 되었다. 기병을 운용하던 신립도 탄금대에서 패하니 왜군을 위협할 수 있었던 조선의 전위 전력이 대부분 사라졌던 것이다.

그러나 2달이 지나자 전초 기습의 충격은 약화되고 상황이 변화하기 시작했다. 곽재우, 조헌, 고경명 등의 재야인사들과 조정에서 내려 보낸 수령들의 주도로 집결한 지방군들이 왜군의 육상 보급로를 압박하며 공세를 퍼붓기 시작한 것이다.

1592년 6월 이후부터 연말까지 약 17회의 지상전투가 벌어졌는데, 왜군이 주도하여 공격해 온 것은 4회뿐이었고, 나머지는 조선군과 의병이 주도한 것이었다. 승률도 조선이 일본보다 높았다. 비록 일본이 상황을 주도하고는 있었지만, 무시할 수 없을 정도의 피해를 보고 있었다.

게다가 겨울이 일찍 시작되었고, 조선군 경기병대가 산골을 따라 기습을 감행하여 땔감의 공급을 차단하자 왜군의 상황은 급속도로 악화되기 시작했다. 설상가상으로 일본의 보급선단은 이순신 장군에 의해 차단되어 수륙병진에 차질이 생겼고, 전황은 고착되었다

이러한 중에 세자로 임명된 광해군의 활약이 돋보이자 아버지 선조마저 아들을 경계하는 형상을 보였다. 의주로 피했던 신조는 요동으로 망명하고자 수차례 요동 총독을 찾아 청했으나, 일본과 합세해서 중원을 침공하려는 것으로 의심한 명나라가 수행원을 100명으로 제한하고, 배를 전부 가져가 버리자 단념해야 했다.

고니시의 부대는 평안도로, 가토의 부대는 함경도로, 구로다의 부대는 황해도로 진격했다. 강원도와 황해도로 모병하러 간 임해군과 순화군은 현지에서 음식과 물목이 부족하다며 행패를 부리다가 조선인의 밀고로 왜군의 포로가 되었다. 가토의 부대는 이 시점에서 한발 더 나아가 본격적인 명나라 침공을 위해 두만강 너머의 여진족들까지 공격하고 성 하나를 점령하여 대륙 침공에 성공했지만, 여진족의 강렬한 반격에 바로 후퇴하고 조선에만 집중하기로 결정한다.

명나라의 참전

조선의 연이은 요청으로 명나라는 대규모의 병력을 파견했다. 초기에는 쉽게 왜군을 몰아낼 줄 알았으나, 일본이 종전 협상을 청할 때마다 들어주느라 시간을 끌어 결국 전쟁은 7년이나 지속되었다. 명군이 참전하긴 했지만 이긴 전투는 실질적으로 1593년 음력 1월 이여송의 명군과 조선 연합군이 거둔 4차 '평양성전투'와 1597년 음력 9월 '직산전투(稷山戰鬪: 천안)'밖에 없다.

1593년 5월 18일, 왜군은 권율이 맞선 '행주대첩'에서 패배하고, 북쪽으로는 명군, 남쪽으로는 조선군의 공격을 받아 위기에 처하자 연합군과 교섭을 진행하여 결국 한양을 포기하고 후퇴했다. 한양 수복을 위해 12만 대군을 모은 조선은 벽제관에서 패배하고, 명군 5만 명까지 17만 명의 보급물자를 공급해야만 했다. 장기적인 압박과 협상으로 한양을 탈환하긴 했지만, 보급물자도 민생도 이미 파탄지경이라 조선은 결국 병력을 축소할 수밖에 없었다. 왜군은 임란 최대의 분수령인 '이치전투(1962년 전북에서 충남으로 바뀐 금산)'에서 전라도 절제사 권율 장군의 조선군에게 패배하고, 김시민 장군이 지키던 진주성을 함락하지 못해 전라도 방어선을 돌파하는데 실패한다.

왜군 내부에서도 더이상 싸우기 힘드니 물러서자는 분위기가 되었다. 진주성이 함락된 1593년 6월의 전투는 왜군이 물러나면서 김시민에 대한 분풀이와 세력 과시를 위해 벌어진 전투다. 병력 6천여 명 방어에 나선 조선군은 9만 명이 넘는 적을 상대로 9일 동안이나 항전했으나 황진 등이 전사하고, 갑작스런 폭우로 성벽 일부가 무너지면서 성이 함락되고 모두 학살당했으나 성을 함락한 왜군도 피해가 막심했다.

또한 김덕령, 곽재우, 정문부 등의 의병들과 정기룡의 관군들이 반격을 시작했고, 사명당이 승군을 조직하며 왜군을 곳곳에서 격파한다. 이 과정에서 의병 중 조헌과 고경명 등이 경험 부족과 전략적 결함으로 전사하기도 했다.

의암 논개

제2차 '진주성 전투'는 1593년 6월 22일부터 같은 달 29일까지 진주성에서 벌어졌다. 1593년 전쟁이 휴전기로 접어들면서 명나라와 일본 사이에 강화회담이 있었고, 그 결과 왜군은 북부 및 수도권 지역에서 철수, 남해안까지 물러나게 된다.

도요토미 히데요시는 전군에게 진주성을 공격하라는 명령을 내렸는데, 이는 강화협상을 위한 무력 시위였으며, 또한 침략 첫해에 가장 큰 패배를 당했던 '제1차 진주성 전투'에 대한 보복의 성격도 지니고 있었다.

1594년 삼도순안이사 유몽인은 하삼도의 피해 상황을 살피기 위해 진주에 머물면서 '진주성 전투'에서 희생된 사람들의 명단을 정리하는 과정에서 논개의 이야기를 들었다. 하지만 광해군 9년 편찬된 『동국신속삼강행실도』에 논개가 관기로 알려졌다는 이유만으로 순국 사실이 기록되지 않은 것을 안타까워하며, 1621년 자신이 편찬한 『어우야담(於于野談)』에 논개의 이야기를 실었다.

✦논개 영정과 의암

논개(論介)는 1571년 전라도 장수현 임내면 대곡리 주촌마을에 사는 선비 주달문과 부인 밀양 박씨 사이의 딸로 태어났다. 1578년 부친이 별세한 후 숙부 주달무에게 의탁되었으나, 숙부가 벼 50석에 김부호의 집에 민며느리로 보내려 하자, 모녀는 경상도 안의현(경남 함양)의 친가로 피신했고, 이에 김부호는 모녀를 기소하여 구금시켰다. 이때 장수현감 충의공 최경회가 명판결로 모녀를 석방시키고, 관저에 머물도록 하다가 후일 성년이 된 논개를 후처로 맞아들였다.

1592년 임진왜란이 발발하고, 1593년에 최경회가 경상우도 병마절도사로 임명되어 동행했으나, 진주성이 함락되고 최경회는 전사했다. 논개는 왜군들이 진주 촉석루에서 연회를 벌이고 있을 때 왜장 기다 마고베(貴田

孫兵衛)를 안고 진주 남강에 투신하여 순절했다.

논개는 실제로는 몰락한 양반 가문의 딸로서 최경회가 목숨을 구해준 것을 계기로 그의 후처가 되었다가 사후 정실부인으로 승격된 인물이다. 다만 적장을 죽이려고 연회장에 잠입하기 위해 기생으로 변장했기 때문에 관기로 잘못 알려졌다는 말이 있다. 진주의 백성들의 입에서 입으로 논개의 이야기가 전해져 오고 있었는데, 인조 3년(1625)에 함경도 의병장 정문부의 둘째아들 정대륭이 진주에 와서 의암(義巖)이라는 글씨를 써서 바위에 새겨주었다.

행주대첩

권율은 임진왜란 초에 광주목사로 있으면서, '이치전투'와 '독성산성전투' 등에서 전공을 세워 전라도 순찰사가 되었다. 권율은 행주산성에 머물며 명군과 합세해서 총퇴각을 하던 왜군과 벽제관에서 전투를 벌였지만 대패했으며, 명군은 평양으로 돌아갔고, 왜군은 한양에 머물게 되었다.

1593년 2월, 권율은 병력을 나누어 부사령관 선거이(宣居怡: 1545-98)에게 금천 금주산에 진을 치도록 한 후, 병력을 이끌고 한강을 건너 행주산성에 주둔했다. 의병장 김천일과 승병장 처영의 병사들도 합세하니, 관군 3천여 명과 의병 6천여 명 등 9천 명이 되었다. 행주산성의 후방에는 한강이 흐르고 있었으므로 배수진의 형태였으며, 높이 120m 정도의 낮은 언덕에 위치한 토성에 불과했고 성벽도 낮은 편이었다. 이처럼 열악한 조건에서도 조선군은 7차례에 걸친 우키타 히데이에(宇喜多秀家)의 공격을 모두 막아내는데 성공했다. 5천 명이 넘는 적병을 쓰러뜨렸으며, 적장 우키타 히데이에 및 이시다 미쓰나리, 깃카와 히로이에 등에게도 부상을 입혔다. 이 싸움의 승리는 조선군의 신무기인 화차와 비격진천뢰, 이순신에게 제공반은 천자총통 등의 각종 함포의 도움을 입은 바 크다. 그리고 서쪽면을 방어하고 있던 승병들은 석회와 재가 담긴 주머니를 차고 있다가 일본군에게 던져 터뜨려서 막아냈다는 기록도 있다. 석회와 재는 수분과 접촉하면 격렬한 발열반응을 일으키는데, 특히 눈을 노리고 던져 전투력을 잃게 만드는 화학전술까지 동원된 것이다.

권율은 이 전공으로 도원수에 올랐다가 탈영병을 즉결처분한 죄로 해직되었으나, 한성부판윤으로 재기용되어 비변사당상을 겸직했고, 1596년 충청도 순찰사에 이어 다시 도원수가 되어 어마까지 하사받았다.

1593년 '행주대첩'으로 한양을 되찾고 전선이 안정화되자 조선은 의병, 수군을 제외하고 13만 대군을 뽑는 기염을 토한다. 그러나 평화 협상이 질질 늘어지고 소강 상태가 계속되다 보니 군사 17만5천이 3만5천 정도로 줄어드는데, 그 이유에 대해서는 다른 주장이 있다.

그 사이 일본의 대표적 반전파인 고니시 유키나가와 명나라 장군 이여송, 심유경 등이 주축이 되어 협상을 벌였다. 명은 협상의 대가로 도요토미를 일본의 왕으로 인정하고, 입공을 허락한다고 했다. 하지만 히데요시는 외교를 전담하던 오선승(五禪僧)을 통해 명나라 공주와 천황의 결혼, 조선 왕자 인질, 조선 8도 중 4도 일본에 이양 등 조선과 명이 절대 받아들일 수 없는 조건을 내세우자 협상은 결렬되고 말았다.

❀ 행주치마

'행주대첩' 당시 성안의 아녀자들이 치마 위에 짧은 덧치마를 대어 적군들에게 던질 돌덩이를 운반한 것이 행주치마의 유래라는 이야기가 있으나 이는 낭설이다. 임진왜란 이전에도 행주치마라는 용어가 있었다. 행주대첩이 있기 76년 전이다.

행주치마의 어원은 '행자쵸마'에서 비롯되었다. 쵸마는 치마의 의미이며, 행자에 대해서는 2가지 설이 있다. 하나는 절에서 식사공양 등을 하는 행자승을 가리키며, 다른 하나는 헝겊이라는 의미의 '말포(抹布)'를 의미한다. 이들이 합쳐 행주치마가 되었다고 한다.

성웅 이순신

이순신(李舜臣; 1545-98)은 선조 5년(1572) 훈련원 별과에 응시했으나 낙마하여 부러진 다리에 부목을 대고 집으로 돌아왔다. 결국 선조 9년(1576) 다시 무과에 응시하여 급제했다. 선조 20년(1587) 9월 1일 이순신이 경흥부사 이경록과 함께 군대를 인솔하여 녹둔도로 가서 추수를 하는 사이에 추도에 살고 있던 여진족이 기습하여 전투가 벌어졌다. 녹둔도전투에서 조선군 11명이 죽고 160여 명이 잡혀갔으며, 말 15필이 약탈당했다. 하지만 상관인 이일은 도망쳤고, 이순신과 이경록만 남아 싸워 조선 백성 60여 명을 구출했다.

뻔뻔한 이일은 장계를 올린 뒤 사건의 결과에 대한 책임을 물어 이경록과 이순신을 군율로 극형에 처해달라고 건의했다. 10월 16일 선조는 한 번의 실수로 사형은 과하다며, 장형을 집행한 다음 백의종군(白衣從軍: 무관이 전시나 위급한 상황에서 파직되었을 때, 권한은 잃지만 전직관료의 신분으로 현직을 보좌하도록 하는 처분)하여 다시 공을 세울 기회를 주라고 권했다. 이후 이순신은 북병사 휘하에서 종군하며 1588년의 2차 녹둔도 정벌에서 여진족 장수 우을기내(于乙其乃)를 유인해 잡은 공으로 사면을 받아 복직되었다. 그 뒤 전라관찰사 이광에게 발탁되어 전라도 조방장, 선전관 등을 역임했고, 1589년 정읍현감 재직 중 유성룡의 추천으로 정읍현감이 되었다.

1591년 2월 선조는 이천, 이억기, 양응지, 이순신 등을 남쪽 요해지에 임명하여 공을 세우도록 하라는 전교를 내렸다. 선조는 신하들의 반발과 논핵을 피하기 위해 벼슬의 각 단계마다 임명하여 제수하고 승진시켰다. 그리하여 1591년 2월 이순신을 종6품 정읍현감에서 종4품 진도군수로 승진시켰으며, 그가 부임하기도 전에 종3품 가리포첨절제사로 전임시켰고, 다시 정3품 전라좌도 수군절도사로 임명했다. 또한 선조는 이순신과 같이 백의종군했던 이경록도 전라도의 요지인 나주목사에 임명했다.

한편 이순신은 부임하자마자 전쟁에 대비하여 휘하에 있는 각 진의 실태를 파악하여 무기와 군량미를 확충하고, 거북선(龜船)을 개발 및 건조하는 등 군비를 강화하기 시작했다.『난중일기』에 따르면, 여수 앞바다에서 거북선이 진수한 것은 1592년(선조 25) 음력 3월 27일이요, 이 거북선에 지자포·현자포를 장착하여 실전용으로 완성되기는 일본의 침공 단 하루 전인 음력 4월 12일이었다 한다. 임진왜란 발발 직전인 1592년, 이순신은 왜는 섬나라인 만큼 수군이 강할 것이라고 판단했으므로, 수군을 육지로 올려 보내 수비를 강화하라는 조정의 명에 대해 사뭇 다른 생각을 밝혔다. 그 덕분에 이순신의 감독 아래에 있던 전라좌수영은 20여 척의 판옥선을 보유할 수 있었다.

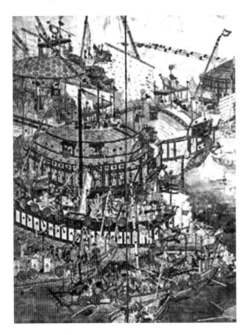

✦뉴욕에서 공개된 3층 구조의 거북선 그림(17세기)

1592년 4월 13일 오후, 고니시 유키나가가 이끌던 왜군 함대 700척이 부산포를 침략하여 임진왜란이 발발했다. 당시 선봉군의 병력은 약 16만 명이었다. 이순신의 전라좌수영에 왜군의 침략이 알려진 때는 원균의 파발이 도착한 4월 16일 밤이었다. 이순신은 즉시 조정에 장계를 올림과 동시에 경상·전라·충청도에도 왜의 침략을 알리는 파발을 보냈다. 그리고 휘하의 병력 700여 명을 비상 소집하여 방비를 갖추도록 했는데, 이때 도주를 시도한 군졸 황옥현을 참수하기로 했다.

전열을 정비한 전라좌수영 소속 함대는 4월 29일까지 수영 앞바다에 총집결하도록 명령이 내려진 상태였다. 그러나 왜군의 함선은 이미 전라좌도 앞바다에 도달하고 있었다. 부산포에 상륙한 왜군이 파죽지세로 북진해오자, 조정은 보름 만에 한성을 버리고 개성으로 피난했으며, 이어 평양을 거쳐 의주까지 퇴각했다. 선조는 1593년 9월 21일에 한성을 탈환했다는 전갈을 받고서야 10월 1일에 도성으로 돌아왔다.

옥포해전은 이순신이 첫 승리를 거둔 전투로, 5월 7일 정오 옥포를 침공했던 왜군의 함선 26척을 침몰시켰으며, 잡혀 있던 포로들을 구출했다. 같은 날 오후에는 웅천현의 합포 앞바다에서 큰 배 한 척을 만나 이 또한 격파했다.

전투는 5월 8일에도 계속되었으며, 적진포에서 적선 13척을 침몰시켰으나, 전세가 불리하여 육지로 도망간 적들을 쫓지는 못했다. 이때 조선 조정은 이미 한양에서 철수하여 평안도로 후퇴하고 있었다. 27일에는 도원수 김명원이 임진강 방어에 실패하여, 조선반도의 대부분은 왜군에 의해 유린당하고 있었다.

전라우수영군의 합류가 늦어지자, 5월 29일에 이순신은 노량으로 뱃머리를 돌려 원균의 경상우수영군을 만난 뒤 사천 선창에 있던 왜군을 공격하여 적선 30여 척을 쳐부수었다. 이 해전은 두 번째 출동이며 거북선이 출전한 첫 번째 전투였다. 이 전투에서 이순신은 왼쪽 어깨 위에 관통상을 입었다. 이순신 함대는 6월 2일에도 전투를 벌여 승리했는데, 왜군이 보유한 화포보다 성능이 우수한 지자총통 등의 화력이 승리의 원동력이었다.

1592년 6월 원균이 이순신과 연명으로 장계(狀啓: 왕에 올리는 보고서)를 올리려 했으나, 이순신이 먼저 단독으로 장계를 올렸다. 이때부터 각자 장계를 올려 조정에 전투 결과를 보고했으며, 때문에 두 장군 사이에 골이 깊어지기 시작했다. 이순신은 자신의 『난중일기』에서 원균의 성품과 인격에 대해서 뿐만 아니라 일의 처리에서도 불만인 점을 자주 기록했다.

'한산도대첩'은 임진왜란의 '3대첩' 중 하나로, 선조 25년(1592) 7월 8일 한산도 앞바다에서 이순신의 수군이 왜의 수군을 크게 무찌른 해전이다. 이때 이순신은 육전에서만 사용했던 학익진(鶴翼陣; 포위 섬멸 전술)을 해전에서 처음으로 펼쳤다.

1592년 8월 말, 이순신의 함대는 전열을 정비하고 부산으로 출정했다. 9월 1일 아침, 화준구미에서 왜 수군의 5척, 다대포 앞바다에서 8척, 서평포 앞바다에서 9척, 절영도에서 2척을 만나 쳐부수었다. 부산 앞바다에 이르러 적선 4백여 척 가운데 100여 척을 쳐부수는 전과를 올렸으나 이순신이 아끼던 장수 정운이 전사했다. 4차례의 해전을 통해 일본 수군은 수로를 통해 서해에 대한 해상권을 장악하여 보급로로 사용하고 곡창인 전라도를 확보하려던 계획이 수포로 돌아가 승승장구하던 왜군은 기세가 한풀 꺾이게 되었다.

1593년 이순신이 삼도수군통제사가 되자 원균은 이에 반발하고 명령을 어기는 등 문제를 일으켜 두 사람의 틈이 더욱 벌어졌다. 이순신은 조정에 원균과의 불화에 스스로 책임을 지고 자신을 파직시켜 달라고 청하자, 조정에서는 원균을 충청도 병마절도사로 임명했다. 이후 원균은 이순신에 대해 유언비어를 퍼뜨렸으며, 이원익이 체찰사로서 증거를 찾아내려 했으나, 오히려 이순신이 반듯하고 충성심이 강하다는 사실만 확인했다고 한다.

원균과의 대립은 각기 정파적인 입장과 맞물려서 갈등이 심화되었는데, 『선조실록』과 『선조수정실록』에 기록된 두 인물에 대한 입장은 차이가 심하다. 이에 대한 논의는 당시뿐만 아니라, 임진왜란이 끝나고 논공행상을 하는 자리에서도 진위 및 당부에 대한 논란이 있었다. .

두 번째 백의종군

　이순신과 원균 사이의 불화가 마침내 터지고 말았다. 2차례의 대첩 이후, 이순신이 조선 수군의 총지휘관인 삼도수군통제사가 되었지만, 원균은 자기가 나이도 많고 선배라는 점을 내세워 불만을 가진 것으로 보인다. 당시 교착화한 전세에서 초기의 승전보 이후 별다른 승리가 없자 선조를 비롯한 조정에서는 이순신의 전략을 불신하여 적극적인 공격을 강요했다. 당시 왜군은 남해안 일대에 총집결하여 왜성을 쌓는 등 수비를 굳건히 하고, 강화회담의 진행 과정을 지켜보고 있었다.

　한편 명나라는 전면적 대결보다는 강화를 원했으며, 조선은 자체의 군사력으로 왜군과 육전에서 대등한 전투를 수행할 능력이 부족했다. 그러나 조정의 요청과는 달리 이순신은 왜군의 유인책에 걸려들 위험이 있다는 이유에서 견내량(見乃梁: 통영 거제해협) 전선을 유지하고 신중히 공격하고자 했다. 이에 조정에서는 이순신이 지나치게 소극적이라는 비난이 일었다.

　결국 1597년 2월 25일에 통제사직에서 파직당한 이순신은 원균에게 직책을 인계하고 한성으로 압송되고 말았다. 그때 우의정 정탁(鄭琢)의 상소로 사형을 모면한 이순신은 도원수 권율 밑에서 백의종군하라는 명령을 받았다. 당시 권율은 남쪽으로 이동하고 있었는데, 이순신은 권율의 본진을 찾아가는 길에 가족을 만나기 위해 아산 본가에 들렀다. 이순신이 한산도에 있는 동안 그의 가족은 순천 고음에 거주하고 있었는데, 석방 소식을 들은 어머니가 아들을 만나기 위해 배를 타고 먼 길을 올라오고 있었다. 그러나 어머니는 4월 11일 배 위에서 별세했고, 어머니를 잃은 이순신은 몸과 마음이 모두 피폐해졌다. 그는 어머니의 장례식에 참석하지 못하는 슬픈 심정을 다음과 같이 말했다.

　"임금에게 충성을 다했으나 죄를 받았고, 어버이에게 효도하고자 했으나 그 전에 가셨구나."

성웅 이순신! 그가 애국자요 효자였음은 그의 『난중일기』와 시를 통해서 알 수 있다. 1597년 8월 15일, 전남 보성 관아에 있던 열선루에 앉아 지은 시이다. 한산도는 閑山島라고 표기하는데, 친필 시조에는 한(閑)이 추울 한(寒)으로 되어 있는 것은 스스로의 심경을 나타낸 것으로 보인다.

한산도월명야상수루(閑山島月明夜上戍樓) 한산섬 달 밝은 밤에 수루에 홀로 앉아
무대도심수시(撫大刀深愁時) 큰 칼 옆에 차고 깊은 시름 하던 차에
하처일성강적경첨수(何處一聲羌笛更添愁) 어디서 들려오는 피리소리 남의 애를
끊나니

정유재란

정유재란(丁酉再亂)은 1597년 8월 도요토미 히데요시의 왜군이 임진왜란의 정전회담이 결렬됨에 따라 재차 조선을 침공하여, 이듬해인 1598년 12월까지 지속된 전쟁이다. 1597년 7월 16일 이순신 후임으로 삼도수군통제사에 오른 원균이 이끄는 조선 함대가 '칠천량(漆川梁: 거제도 하청) 해전'에서 시마즈 요시히로(島津 義弘)가 이끄는 왜군의 기습을 받아 춘원포로 후퇴, 수군들은 육지로 도주하고 판옥선 대부분이 불타거나 왜군에게 노획당해 오사카로 끌려간다. 원균도 이때 왜군의 칼을 맞고 죽었다. 이처럼 '칠천량 해전'에서 조선 수군이 무너지자 왜군은 바람같이 진격해서 1달 만에 전라도 남원과 전주를 함락시키고, 좌군은 전라도 전체를 점령하기 위해 남하하고, 우군은 충청도로 북상한다.

1597년 8월 27일, 일본은 총 14만 명의 군사를 이끌고 다시 조선을 침공했다. 조선에서는 명나라에 지원을 요청하며, 백성들과 모든 물자를 산

성으로 옮겨 적군에게 이용당하지 않도록 하는 이른바 '청야(淸野)계책'을 갈구하고, 수군을 보내 배후를 차단하도록 했다.

- 명량대첩

명량대첩은 선조 30년(1597) 9월 정유재란 때 조선 수군이 명량에서 왜군을 크게 물리친 전투다. 그러나 전투 전의 상황은 절망적이었다. 삼도수군통제사 원균은 다대포, 칠천곡에서 대패하여 해상권을 상실한 상태였다. 조선 수군의 군선은 칠천량에서 모두 격침되었고, 원균, 이억기를 비롯한 장수들은 모두 전사했다.

이를 수습하기 위해 조정에서는 경림군 김명원, 병조판서 이항복의 건의로 이순신을 다시 삼도수군통제사로 임명했다. 하지만 이순신이 다시 조선 수군을 모아 정비했을 때 함선은 12척밖에 남아 있지 않았다. 조정에서는 이 병력으로 적을 대항키 어렵다하여 수군을 폐지하라는 명령을 내렸다. 하지만 이순신은 비장한 결의를 표하고 전열을 재정비하기 위해 진도 벽파진으로 옮겼다.

"아직도 12척의 배가 남아 있으며, 내가 죽지 않는 한 적이 감히 우리의 수군을 업신여기지 못할 것입니다."

1597년 9월 16일, 일본 수군 수백 척의 어란포를 떠나 이동한다는 정보를 접한 이순신은 명량해협에서 대적하기 위해 12척의 전선을 이끌고 출전했다. 명량해협은 '울돌목(鳴梁)'이라고도 불리는데, 폭이 채 300m가 못되고, 바다 표층의 유속은 6.5m/s정도로 굉장히 빠르며, 간조 때는 급류로 변하는 곳이었다. 이순신은 울돌목의 조류가 싸움에 불리함을 깨닫고 새로 합류한 1척을 추가한 13척의 전선으로 우수영 앞바다인 임하도(林下島)로 진을 옮긴 후 일본 함대를 유인해 최소 130척 이상의 전선을 격파했다. 『난중일기』와 『선조실록』에는 약 30여 척을 격침했다고 기록했으나 이것은 통제사 이순신이 이끄는 공격부대의 전과일 뿐, 임하도의 좁은 목을 막고 있던 수비대의 전과나 피해 사항은 기록하지 않은 것이다. 이 전투로 조선은 다시금 해상권을 회복할 수 있었다. 세계 전쟁사에서 유례를 찾아볼 수 없는 일이었다. '명량대첩비'에는 다음과 같이 기록되어 있다.

파적선오백소(破賊船五百艘) 적군의 배를 쳐부순 것이 오백 척이며

참기장마다시(斬其將馬多時) 장수 마다시를 베었다.

명량해전의 승리로 조선 수군은 나라를 위기에 빠뜨렸던 정유재란의 전세를 역전시켰다. 곤궁에 빠진 왜군은 명나라 장군에게 뇌물을 보내 화의를 꾀했으나 이순신은 반대했다.

결국 명나라 부총병 진린(陳璘)이 거느리는 수군 5천이 우리 수군에 합세했다. 진린은 우리 장수를 매질하거나 새끼줄로 목을 매어 끌고 다니는 등 성품이 몹시 오만하고 포악했다. 당시 고금도에 있던 이순신은 진린이 온다는 전갈을 받자 멀리까지 나가 그를 맞이한 뒤 성대한 잔치를 열어주었다. 명나라 군사들은 기뻐했고 진린도 만족했다. 며칠 뒤 왜군이 공격해 오자 이순신은 이들을 물리치고 적군의 머리를 베어 진린에게 전하고 전부 그의 공으로 돌렸다. 진린은 몹시 기뻐했고 그 후로 모든 일을 이순신과 의논을 했다고 한다.

❀ **명량대첩과 이비총(耳鼻塚)**

명량해전에서 패한 왜군은 막대한 타격을 입었다. 퇴각 후 진도 앞바다에는 왜군의 시신도 떠다녔다. 그래서 진도 주민들은 이들을 양지바른 곳에 묻어줬다. 명량대첩이 벌어진 울돌목에서 10km가량 떨어진 왜덕산(倭德山; '왜인들에게 덕을 베풀었다'는 뜻)의 무덤이 바로 그곳이다.

이곳은 하토야마 유키오(鳩山由紀夫) 전 일본 총리가 위령제 현장을 방문한 적이 있었는데, 그는 "명량해전에서 목숨을 잃은 일본 수군을 진도 주민들이 묻어준 사실을 일본인 모두가 잊어서는 안 된다"고 했다. 임진왜란 당시 조선을 침략한 일본의

✛일본 교토에 있는
조선인들의 이비총(耳鼻塚; 귀·코 무덤)

지속적인 사죄가 있어야 한다는 점도 강조했다. 또 그는 일본 오카야마(岡山)현의 한 이총(耳塚; 귀 무덤. 훗날 귀와 함께 코까지 대거 묻은 사실이 드러나 이비총(耳鼻塚, 귀·코 무덤)이라고 부른다)에서도 일본의 사과를 촉구했다. 임진왜란 당시 왜군은 조선인의 귀나 코를 베어 전공을 계산했다.

일본에 있는 이비총은 도요토미 히데요시의 명령에 따라 1597-98년 일본 곳곳에 만들어졌다. 서애 류성룡은 『징비록(懲毖錄)』에서 "왜놈들이 조선인을 보기만 하면 코나 귀를 베어가 코나 귀가 없는 조선 백성들이 많았다"고 기록했다.

- 노량해전

1598년 선조 31년 8월, 왜란을 일으킨 일본의 토요토미 히데요시가 병으로 죽었다. 히데요시의 유언에 따라 우리나라를 침략한 왜군은 제 나라로 돌아가게 되었다.

이 소식을 들은 이순신은 수군을 총집결시켜 노량 앞바다로 나아갔다. 이순신은 적군이 돌아가는 바닷길을 막고 그들을 전멸시키고자 했다.

노량해전 전날인 11월 18일 밤 이순신은 장수들에게 오늘밤 큰 싸움이 있을 것이니 모두 죽음을 각오하고 전투에 임하라고 명했다. 삼경(三更; 밤 12시경)이 되어 이순신은 새 군복을 갈아입고 갑판 위에 올라가 분향을 한 뒤, 꿇어앉아 하늘에 절을 올리고 전의를 다졌다. 그때 부하 장수가 이순신에게 진린이 보낸 서한을 전했다. 천문지리에 능한 진린이 밤에 천문을 보다가 큰 별이 바다에 떨어지는 것을 보고 놀라 서간을 보낸 것이었다. 이순신은 진린의 서한을 읽고 웃으며 말했다.

"천수(天數)는 피하기 어렵소. 피하고자 하면 오히려 의외의 재앙이 닥치는 법이니"라는 답서를 보냈다.

조선 수군 전함 70여 척, 명나라 수군 전함 400척이 노량으로 진군했다. 군사는 1만6천 명이었다. 이순신은 진린과 함께 1598년 11월 19일 새벽부터 노량해협에 모여 있는 왜군을 공격했다. 거북선 2척은 좌충우돌 적선 사이를 누비며 닥치는 대로 격파하여 침몰시켰다. 일본으로 돌아갈 준비를 하던 왜군 선단 500여 척 가운데 200여 척을 격파하고, 150여 척을 파손시켰다. 치열한 전투 끝에 낙안군수 방덕룡, 가리포첨사 이영남과 명나라 장수 등자룡이 전사했으며 이때 관음포로 달아나는 왜군을 추적하던 이순신도 날아온 탄환에 맞고 말았다. 장군이 쓰러지자 근처에 있던 조카 완이 달려왔고 이순신은 손에 쥐었던 기를 조카에게 맡겼다.

"지금 싸움이 격렬하니 내가 죽은 것을 알리지 말고 네가 대신 싸움을 독려하라"

장남 회(薈)와 가노의 부축으로 판옥 안으로 들어온 이순신은 마침내 54세를 일기로 세상을 뜨고 말았다.

노량해전을 마지막으로 7년에 걸친 왜란은 끝났고, 『선조실록』에는 다음과 같은 기록이 전한다.

"고대 중원 역사에 사제갈주생중달(死諸葛走生仲達: 죽은 제갈공명이 산 사마중달을 쫓아냈다)이라 하더니, 오늘은 사순신축생의홍(死舜臣逐生義弘: 죽은 이순신이 산 왜군 시마즈 요시히로를 쫓아냈다)이라는 고금의 격담을 후세에 전하게 되었다."

전란 후 이순신은 선무공신 1등관에 추록되고 우의정에 추증된 후 덕풍군에 추봉되었다가, 광해군 때 다시 좌의정에 추증되고 덕풍부원군에 추봉되었고, 정조 때는 영의정으로 가증(加贈)되었다.

❀ 대첩(大捷)
전쟁에서 아군이 적을 크게 이겼을 때 쓰는 말로 보통 지명을 붙여 '○○대첩'으로 표기한다.
우리나라 3대첩: 을지문덕의 살수대첩, 강감찬의 귀주대첩, 이순신의 한산도대첩
임진왜란 3대첩: 김시민의 진주성대첩, 권율의 행주대첩, 이순신의 한산도대첩
이순신의 3대첩: 한산도대첩, 명량대첩, 노량대첩

일본인이 본 이순신 장군

　　일본 메이지 시대(1868~1912) 해군이 임진왜란 때 자신들에겐 공포
의 대상이었던 이순신(李舜臣) 장군에 관해 가르쳤다는 자료가 있다. 이종
각 교수의 『일본인과 이순신』에 따르면, 일본 해군 소좌 오가사와라 나
가나리(小笠原長生)가 집필한 〈해군대〉(해군 장교 교육기관) 강의 교재 「일본제국
해상권력사강의(日本帝国海上權力史講義)」(1902)에는 이순신 장군을 상세하게
소개하고 있을 뿐만 아니라 여기에는 24쪽에 걸쳐 임진왜란의 전말까지
다루고 있다고 한다.

　　오가사와라는 이순신 장군에 대해
"담대하고 활달한 동시에 치밀한 수학
적 두뇌도 갖추어 전선 제조법, 진열의
변화, 군략, 전술에 이르기까지 개량해
나갔다"라며 "진도에서는 조류를 응용
('명량해전')하는 등 여러 가지 획책을 통
해 매번 승리했기에 조선의 안정은 이
사람의 힘에 의한 것이었다"고 평가했
다. 그는 일본 해군이 임진왜란의 수군
패배 원인을 연구해 교훈으로 삼아야
한다고 강조하며 이순신 장군을 높이
평가했다고 한다. 그래서인지 메이지 시
대 일본 해군 장교들 사이에서는 이순
신에 대한 존경과 숭배가 일본 정부나

✦ 19세기 일본의 전쟁소설
『조선정벌기(朝鮮征伐記)』에 그려진 이순신 장군

해군지휘부 등의 지시나 강요에 의해서가 아니라 마음속에서 자생적으
로 우러나왔다고 한다. 메이지 시대 일본 해군은 "이순신은 히데요시의
야망을 좌절시킨 적장이지만, 그가 당시 조선을 구해낸 영웅일 뿐 아니

라 전 세계 해군사에서 유례를 찾아볼 수 없는 명장"으로 인정한 것이다.

이순신 장군을 존경한 일본인들은 이 밖에도 적지 않다. 1892년 조선에 측량기사로 왔던 세키 고세이(惜香生)는 전기 『조선 이순신전』을 펴내며 이순신 장군을 '트라팔가 해전(1805)'에서 프랑스-에스파냐 연합함대를 격파한 영국 해군 영웅 넬슨(Horatio Nelson)제독에 견줬다. 또 일본 해군의 대표적 전략가인 사토 데쓰타로(佐藤鐵太郞·1866-1942)는 『대일본해전사담(大日本海戰史談)』(1930)에서 이순신을 '불세출의 명장', '절대의 명장', '진실로 동서해장 중 제1인자'라고 극찬했다.

1960대 말 인기 작가 시바 료타로(司馬遼太郞: 1923-96)가 한 주간지에 연재한 칼럼 「한나라 기행(韓の國紀行)」과 이를 묶은 단행본(1972)을 통해 일본인들은 이순신에 대해 처음 알게 된 것으로 보인다. 이후 1980년대부터 일본 초중고 교과서와 참고서에 이순신 장군의 활약상이 실리고 있는데, 일본 역사 교과서에 한국인 이름이 나오는 경우는 이순신이 유일하다. 시바 료타로가 러일전쟁과 관련한 수많은 저술과 강연 등에서 이순신을 '조선의 명장', '동양이 배출한 유일한 바다의 명장' 등으로 높이 평가한 것이 일본 초중고 교과서의 집필, 편찬, 검정 과정 등에서 긍정적인 영향을 미쳤을지도 모른다.

그리고 『일본인과 이순신』에서는 이순신 장군이 생전 어떤 일본인과 접촉했고, 어떻게 대했는지도 다루고 있는데. 대표적인 게 '항왜(降倭·임진왜란 당시 투항한 일본군)'이다. 『난중일기』에 이순신 장군이 항왜를 직접 문초하거나 만났다는 기록은 27건이 있다. 이에 따르면, 이순신 장군은 문제를 일으킨 항왜는 가차 없이 처형하는 반면, 항왜들이 향수를 달랠 전통극을 하고 싶다고 요청하면 흔쾌히 허락하는 관대한 모습도 보여주었다.

나라를 구한 의병들

의병은 외침으로 나라가 위급할 때 국가의 명령이나 징발을 기다리지 않고 스스로 일어나 조직하는 자위군이다. 의병의 전통은 삼국시대부터 비롯되었으며, 고려를 거쳐 조선에까지 이르렀다. 특히 조선 말기의 의병은 항일독립군의 모태가 되었다. 이처럼 오랜 역사로 인해 우리나라는 특유의 전통과 정신이 전해져, 죽음을 각오하고 참전하는 것을 의병의 본분이라 여기게 되었다.

임진왜란 직후의 의병에 대해서는 『선조수정실록』을 통해 확인할 수 있다.

"각 도에서 의병이 일어났다. 당시 삼도(三道)의 신하들은 모두 인심을 얻지 못하고 있었기 때문에 왜란이 일어나 병기와 군량을 독촉하니, 백성들은 모두 질시하여 왜적을 만나면 피신했다. 마침내 도내의 거족으로 명망 있는 사람과 유생 등이 조정의 명을 받들어 의를 부르짖고 일어나니, 소문을 들은 자는 격동하여 원근에서 응모했다. 이들은 크게 성취하지는 못했으나 인심을 얻었으므로, 국가의 명맥은 이에 힘입어 유지되었다. 호남의 고경명, 김천일, 영남의 곽재우, 정인홍, 호서의 조헌이 가장 먼저 의병을 일으켰다."

1593년 정월에 명나라의 진영에 통보한 전국의 의병 총수는 관군의 4분의 1에 해당하는 2만2천여 명에 이르렀다. 그러나 의병의 활동이 가장 활발했던 1592년에 비하여 많이 줄어든 숫자이다. 관군이 점차 힘을 회복하자 의병을 절제하고 활동에 제약을 주어 해체하거나 관군으로 흡수하는 일이 잦았기 때문이다.

왜군은 주요 도로를 따라 진격하면서 요충지에만 군대를 주둔시켰기 때문에, 일부 지역에는 세력이 미치지 못했다. 따라서 이들 지역에서 의병이 일어나 활동을 전개하기 시작했다. 의병은 양반에서 천민에 이르기까지 다양했는데, 의병 활동을 벌이는 기간에는 계급이나 신분의 차이가 거의 없었던 것으로 보인다. 의병장은 대개가 전직 관원으로 문반 출신이 압도적으로 많고 무인들은 소수였으며, 덕망이 있어 고향 사람들로부터 추앙을 받는 유생들도 있었다. 의병을 일으키는 데 적합한 곳은 대부분 자기가 자란 고장이나, 지방관으로 있을 때 선정을 베풀어 지방민들이 잘 따를 수 있는 지역이었다.

의병이 관의 지휘를 받지 않는다고 해서 무질서했던 것은 아니었다. 예를 들면 문신 이정암(李廷馣)은 황해도 연안(연백)에서 의병을 일으킬 때 의병 자원자의 성명을 「의병약서책(義兵約誓冊)」에 기록했고 다음과 같은 군율을 세웠다.

① 적진에 임하여 패하여 물러가는 자는 참수한다.
② 민간에 폐를 끼치는 자는 참수한다.
③ 주장의 명령을 한 때라도 어기는 자는 참수한다.
④ 군기를 누설한 자는 참수한다.
⑤ 처음에 약속했다가 뒤에 가서 배반하는 자는 참수한다.
⑥ 논상할 때 적을 사살한 것을 으뜸으로 하고, 목을 베는 것을 그 다음으로 한다.
⑦ 적의 재물을 획득한 자는 그 재물을 전부 상금으로 준다.
⑧ 남의 공을 빼앗은 자는 비록 공이 있다 해도 상을 주지 않는다.

의병은 때때로 관군과 대립하는 경우가 있었다. 특히 전공을 세운 의병장과 관군을 지휘하는 관료들 사이에는 더욱 심했다. 그러나 왜란 초기 무능한 관군을 대신하여 싸운 의병의 전과가 있었기에 관군이 재기할 수 있는 시기를 앞당길 수 있었다.

대표적인 의병으로는 '홍의장군' 곽재우(郭再祐)를 꼽을 수 있다. 1592년 4월 22일 10여 명의 가솔들을 이끌고 의병을 일으킨 그는 붉은 비단옷과 백마를 타고 스스로를 '천강홍의장군(天降紅衣將軍)'이라 부르면서 기세를 올렸다.

합천의 정인홍(鄭仁弘), 고령(高靈)의 김면(金沔)도 의병을 모아 경상도를 지켰다. 영천의 권응수(權應銖)는 관군과 협동작전을 전개해 영천을 수복하는 데 공을 세웠다. 전라도에서는 담양(潭陽)의 고경명(高敬命), 유팽로(柳彭老), 고종후(高從厚) 등이 의병을 조직해 거사했다. 1592년(선조 25)에 금산에서 고바야카와(小早川隆景) 부대와 격렬한 접전을 벌인 후 고경명이 전사하는 등 의병의 피해가 컸지만, 왜군의 호남 침입을 차단하는 데 큰 도움이 되었다.

충청도에서는 승려 영규(靈圭)와 문신 조헌(趙憲) 등이 활약했으며, 경기도에서는 홍계남(洪季男), 우성전(禹性傳) 등이, 황해도에서는 전 연안부사 이정암(李廷馣)이 부대를 조직한 뒤 강화의 김천일(金千鎰) 부대 등과 연합해 일본군을 물리쳤다. 함경도에서는 정문부(鄭文孚)가 나서 길주 등지에서 승리를 거두었다.

이외에도 김덕령(金德齡), 최경회(崔慶會), 유종개(柳宗介) 등이 의병 활동을 했다. 이로써 1593년(선조 26)에는 전국적으로 활동한 의병의 규모가 2만여 명을 헤아리게 되었다.

서산대사 휴정과 사명대사 유정

의승군이 전국적인 규모로 확대된 것은 1592년 7월 이후였다. 나라에서 승통(僧統)을 설치하고 의승군을 모집하기 위하여 묘향산에 있는 노승 휴정(休靜)을 불러들인 때부터였다. 선조가 의주 행재소(行在所; 임시 별궁)에 있을 때 묘향산에서 73세의 노구를 이끌고 온 휴정은 선조를 알현하는 자리에서 8도 16종 도총섭의 직책을 제수받아 승군을 관장하게 되었다.

 '서산대사(西山大師)'로 더 알려진 휴정은 수천의 제자들로 승군을 일으키고, 각 사찰에 격문을 보냈다. 그리하여 앞서 말한 영규 이외에도 호남의 처영, 관동의 유정(惟政), 해서의 의엄 등이 승군을 일으켜 호응했다. 이밖에 전국 사찰에서 일어난 의승군의 수도 많았고 그들의 전과 또한 컸다.

 휴정은 제자들과 5,000명의 승군을 이끌고 1592년 10월 평양성 수복 계획까지 세웠다. 그러나 명나라의 심유경이 화의를 위해 적진에 있다는 이유로 기회를 놓치고 말았다. 다음 해 명나라 원군과 우리 관군이 평양을 수복할 때 의승군은 모란봉 전투에서 많은 왜군을 사살하여 평양성 수복에 크게 기여했다. 이해 2월 행주 싸움에서 처영은 의승군을 이끌고 눈부신 활약을 하여 대첩을 이루는 데 공이 컸다.

＋휴정(서산대사)과 유정(사명대사)

 유정(惟政)은 법명인 유정보다 당호인 사명당(四溟堂)으로 더 유명하고, 존경의 뜻을 담아 '사명대사'라고도 부른다.

 임진왜란 때 의병을 모집하여 순안에 가서 청허의 휘하에 활약했다. 청허가 물러난 뒤 승군을 통솔하고, 유성룡을 따라 명나라 장수들과 협력하여 평양을 회복하고, 도원수 권율과 함께 경상도 의령에 내려가 전공을 많이 세웠다.

1594년에 유정은 명나라 총병과 왜장 가토 기요마사의 진중을 세 차례나 방문하여 왜군의 동정을 살폈다. 그는 영남에 내려가 팔공, 용기, 금오 등에 산성을 쌓고 양식과 무기를 비축한 후, 자신은 산으로 돌아가기를 청했으나 허락을 얻지 못했다.

1597년 정유재란 때 명나라 장수 마귀를 따라 울산왜성에 쳐들어갔으며, 이듬해 순천왜성을 공격하여 공을 세웠다.

임진왜란이 끝난 선조 37년(1604년)에는 국서를 받들고 일본 교토 후시미성(伏見城)으로 가서 도쿠가와 이에야스를 만나 강화를 맺고, 포로가 되어 끌려갔던 조선인 3,500명을 데리고 돌아와 가선대부동지중추부사(嘉善大夫同知中樞府事) 직위와 왕이 타던 말 등을 하사받았다.

유성룡과 『징비록』

의성 출신 서애(西厓) 유성룡(柳成龍; 1542-1607)은 이황의 문인으로 김성일과 동문수학했으며 친분이 두터웠다.

1589년 '기축옥사', 속칭 남인 정여립의 모반 사건으로 수많은 선비들이 연루되어 죽음을 당했다. 이런 조정의 형세에 환멸을 느낀 유성룡은 벼슬을 버리고 향리로 내려갔다. 신료들끼리 파당을 지어 다투는 모양이 싫었고 그것을 이용하여 이익을 챙기려는 왕에게 실망했다. 더욱 안타까운 것은 당쟁에 골몰하여 급변하는 국제 정세에 둔감한 조정이었다. 당시 조선은 연산군 이후 명종 대에 이르기까지 네 차례에 걸친 사화(士禍)를 겪었고, 훈구파와 사림파 간의 정치 투쟁으로 몹시 혼란스러웠다. 명종 대에 권력을 쥔 사림파는 동인과 서인으로 갈라져 싸웠고, 동인은 또 다시 남인과 북인으로 갈라지는 등 당쟁이 격화되고 있었다. 1591년 왕세자 책봉을 둘러싸고 분쟁이 일어나 서인 정철의 처벌이 논의될 때 그는 동인의 온건파인 남인에 속해, 같은 동인의 강경파인 북인의 이산해와 대립했다.

하지만 유성룡은 왜란이 있을 것에 대비해 형조정랑 권율과 정읍현감 이순신을 각각 의주목사와 전라도좌수사에 천거했다. 그리고 경상우병사 조대곤을 이일로 교체하도록 요청하는 한편, 세조 이후 실시되었던 지역 단위의 방위체제인 진관법(鎭管法)을 예전대로 고칠 것을 청했다.

1592년 4월, 그는 판윤 신립과 군사에 관해 논의하며 일본의 침입에 따른 대책을 강구했다. 마침내 1592년(선조25) 4월 13일 일본이 침공하자, 선조는 유성룡을 병조 판서에 임명하고 군무를 총괄하는 도체찰사의 직책을 맡겼으며 곧이어 영의정에 임명했다. 그는 왕을 모시고 평양에 이르렀으나 나라를 그르쳤다는 반대파의 탄핵을 받아 면직되고 말았다.

하지만 의주에 이르자 다시 평안도 도체찰사(都體察使)가 되었으며, 이듬해 명나라의 장수 이여송과 함께 평양성을 수복하고, 충청·경상·전라 3도의 도체찰사가 되어 파주까지 진격했다. 같은 해 다시 영의정에 올라 4도의 도체찰사를 겸해 군사를 총지휘했다. 이여송이 벽제관에서 대패하여, 서쪽으로 퇴각하는 것을 극구 만류했으나 뜻을 이루지 못했던 그는 권율과 이빈으로 하여금 파주산성을 지키게 하고, 다른 장수들에게 방략을 주어 요충지를 나누어 지키도록 했다. 같은 해 4월 이여송이 일본과 화의하려 하자 반대했고, 군대 양성과 함께 화포 등 각종 무기의 제조 및 성곽의 수축을 건의해 군비 확충에 노력했다. 그리고 소금을 만들어 굶주리는 백성을 도울 것을 요청했다. 마침내 10월에 선조를 호위하여 서울에 돌아온 그는 〈훈련도감〉의 설치를 요청했으며, 변응성을 경기좌방어사로 삼아 용진에 주둔시켜 반적들의 내통을 차단시킬 것을 주장했다.

1598년 명나라 사신 정응태가 조선이 일본과 연합해 명나라를 공격하려 한다고 본국에 거짓 보고한 사건이 일어났다. 이에 사건의 진상을 변명하러 가지 않는다는 북인들의 탄핵으로 관직을 삭탈당한 유성룡은 1600년에 복관되었으나 다시 벼슬을 하지 않고 끝내 은거해버렸다.

✦국보 132호 『징비록』. 저술 시기는 정확히 알 수 없으나 1604년에 집필을 끝냈다. 조정에서 물러나 향리에서 지낼 때 '임진왜란' 중의 득실을 기록한 책으로, 임진왜란 이전 일본과의 관계, 명나라의 구원병 파견 및 제해권의 장악에 대한 전황 등이 기록되어 있다.

유성룡은 동문들과 스승 이황의 학문과 일생을 정리해 『퇴계집(退溪集)』을 완성해 간행했다. 그리고 그 유명한 『징비록(懲毖錄)』을 남겼다. 제목의 '징비(懲毖)'는 『시경(詩經)』에 "지난 일을 경계해 후환을 삼간다."라는 구절에서 따온 것으로, 7년간의 비참한 '왜란'을 자세히 기록하고 있다. 책의 서문에서 유성룡은 이렇게 밝히고 있다.

"『시경』에 "내 지나간 잘못을 징계하는지라, 후환을 조심할거나."라는 말이 있다. 이것이 바로 『징비록』을 지은 까닭이다."

그는 안동의 병산서원(屛山書院)등에 제향되었으며, 시호는 문충(文忠)이다.

광해군과 인조반정

1608년, 제14대 임금인 선조가 세상을 떠나자 광해군(光海君)이 15대 군주(1608-23)가 되었다. 조선 왕조 27명의 임금 중에서 왕위에 올랐으나 '왕'의 칭호를 받지 못한 군주는 제10대 연산군과 제15대 광해군이다. 나라의 정치를 크게 어지럽히고, 임금의 도리를 다하지 못했기 때문이다.

선조는 정비 의인왕후가 자식을 낳지 못하자, 어쩔 수 없이 서자 중에서 왕세자를 선택해야 했지만 쉬운 일이 아니었다. 자질로 따지자면 광해군이 유력했으나, 선조는 총애하는 후궁 인빈 김씨의 아들인 신성군을 마음에 두고 있었기에 세자 책봉을 계속 미루었다. 정철은 광해군을 왕세자로 추천했으나, 신성군을 모함한다는 이유로 왕의 노여움을 사 파직을 당한 뒤 유배를 가게 되고, 그 사이 동인이 득세하자 서인들은 외직으로 쫓겨나고 말았다.

선조는 유성룡을 좌의정으로 올리고, 서인을 멀리하며 동인들을 가까이 두었다. 이로 인해 동인은 남인과 북인으로 나뉘게 되었다. 동인은 정여립의 모반으로 일어난 '기축옥사' 때 정철에게 원한을 품어, 세자 책봉 문제를 서인에 대한 보복 수단으로 이용했다.

1592년 4월 임진왜란이 일어나면서 왕세자 책봉 문제가 거론되지 못했으나, 신성군이 피난길에서 사망하자 선조는 어쩔 수 없이 광해군을 왕세자로 책봉했다. 광해군은 전쟁 중에 평양에서 세자로 책봉된 뒤 선조가 없는 궁을 지키면서 전란을 수습했다.

광해군은 함경도와 전라도 등지에서 군수품과 의병을 직접 모집하는 한편, 민심을 달래고 군량미를 모아 민중들의 신망을 얻었으며, 부왕의 정비인 의인왕후의 양자가 되어 세자로서의 위치를 표면상 굳혀갔다. 그러나 부왕 선조는 세자 광해군을 오히려 경계하며 심하게 견제했다. 의인왕후 사후 선조는 계비를 간택, 1606년 선조의 계비가 된 인목왕후가 영창대군을 낳자, 광해군을 내심 마땅치 않게 여기던 선조는 다시 영창대군을 세자로 책봉하여 왕위를 물려주려 했고, 소북파(북인이 대북파, 소북파로 갈림)의 유영경 등도 적통론(嫡統論)을 내세워 영창대군 옹립 계획을 세운 선조를 지지했다.

그러나 1608년 지병이 악화된 선조는 자리에 누웠고, 불만이 많던 이이첨과 정인홍은 광해군을 받들기로 모의했다. 이 같은 사실을 전해들은 선조는 이이첨, 정인홍 등을 귀양 보내고, 세자 책봉을 논의하기 위해 중신들을 대궐로 불러들였다. 하지만 이덕형, 이항복, 이원익 등 원로 중신들이 대궐로 들어왔을 때 선조는 영창대군이 너무 어리므로 광해군에게 왕위를 계승시킨다는 교서를 내린 후 이미 숨을 거둔 뒤였다.

조선 15대 왕이 된 광해군은 임진왜란의 뒷수습과 민생 안정을 위해 남인 이원익을 영의정에 등용하는 등 노력을 기울였고, 후금(後金)과의 전쟁 위기 상황에서 실리외교를 펼치기도 했다. 광해군은 왕권을 강화하기 위해 임진왜란 때 화재로 소실된 창덕궁, 경희궁, 창경궁을 재건하고, 인경궁을 설치했으며, 역시 왜란 때 소실된 서적 간행에도 힘썼다. 『신증동국여지승람』, 『용비어천가』 등을 다시 간행했으며, 허균의 『홍길동전』, 허준의 『동의보감』도 이 시기에 완성되었다.

하지만 궁궐을 짓는 통에 경제가 파탄났고, 1608년 선혜청을 두어 소득에 따라 쌀로 세금을 내는 대동법을 억지로 시행했으나 별다른 효과를 거두지 못해 폐지하려고 했다. 게다가 왕위 옹립에 공이 컸던 대북의 반발로 당쟁에 휘말리고 말았다. 당시 북인은 고위 관료 중심의 대북과 신진 세력인 소북의 2개 정파로 구성되었는데, 광해군이 즉위하며 세력을 얻은 대북은 영창대군을 옹립하고자 역모했다는 이유로 소북의 영수 류영경을 죽이고 소북 인사들을 축출해버렸다.

광해군은 왕권에 위협이 되는 영창대군과 그 측근들을 제거하고자 했는데, 때마침 그 계획을 이룰 수 있게 된 사건이 일어났다.

1613년 영의정의 서자 박응서, 의주 목사의 서자 서양갑, 경기도 관찰사의 서자 심우영 등이 문경 조령(鳥嶺: 새재)에서 상인을 죽이고 은 수백 냥을 강탈한 사건이 일어났다. 범인들은 스스로를 '강변칠우(江邊七友: 7명의 서얼 출신 문인들이 관직에 오르지 못해 불만을 품고 북한강에서 <무륜정(無倫亭)>을 지어 같이 살면서 이룬 모임)'라 일컫는 무리였다. 그들은 적서 차별을 폐지해 달라는 상소가 거부당하자 불만을 품고 있었다. 대북은 그들에게 허위자백을 시켰다.

"영창대군을 옹립하여 역모를 일으키려고 했소. 우리의 우두머리는 인목왕후의 아버지 김제남이고, 왕후도 역모에 가담했습니다."

거짓 증언과 함께 인목왕후 부녀가 의인왕후의 무덤에 무당을 보내 저주했다는 누명을 씌워 사실도 밝혀졌다. 이로 인해 김제남은 사약을 받았고, 그의 세 아들 역시 처형당했으며, 인목 대비의 어머니 노씨 부인은 멀리 제주도로 귀양가고 말았다.

한편 옥사를 일으킨 또 다른 주역인 허균 역시 이이첨, 김개시 등에게 처형당했고, 신흠, 이항복, 이덕형 등 서인과 남인 세력이 대부분 몰락하여 대북이 정권을 장악하게 되었다. 이 사건이 바로 1613년 계축년에 일어난 '계축옥사(癸丑獄事)'이다.

광해군은 영창대군마저 제거하기 위해 인목대비가 머무는 내궁으로 난입해 억지로 영창대군을 빼앗아 강화도 교동으로 귀양을 보냈다. 그리고 2년 뒤에 1615년 2월, 영창대군을 방에 가두고 불을 마구 때어 죽음에 이르도록 했다.

이어 광해군은 폐모론을 거론하며 영창대군의 어머니인 인목대비를 궁에서 내쫓을 계획을 꾸몄다. 이이첨, 정인홍, 유희분 등이 들고 일어나 인목대비를 폐하자고 주장하니, 옛 중신 이원익, 이항복, 기자헌 등은 극구 반대했지만, 광해군은 이원익을 삭주로, 기자헌을 창성으로, 이항복은 북청으로 귀양 보내고 인목대비를 서궁(덕수궁)에 가두어버렸다.

이이첨 등이 하늘을 찌를 듯 높은 권세를 얻어 온갖 패악을 벌이자, 김유, 이귀, 홍서봉, 김자점 등은 이들을 척살하고 새 임금을 세울 계획을 세웠다. 그들과 뜻을 같이하는 무리 중에 원두표(元斗杓; 1593-1664)라는 자도 있었다. 그는 담력도 세고 정의감이 무척 강했다. 귀양 중이던 이원익에게 반정 사실을 알린 뒤 한양으로 돌아오던 원두표는 과천에서 포졸들에게 잡히고 말았다. 그는 갖은 고문을 받았으나 사실을 자백하지 않았다. 결국 포졸들은 한강 백사장에서 그의 목을 자르기로 했다. 이때 원두표는 목이 컬컬하니 죽기 전에 막걸리나 한 사발 마시고 싶다고 했다. 포졸이 막걸리를 갖다 주자 원두표는 반쯤 마시다가 술대접을 집행관에게 던지고 망나니를 밀쳐낸 뒤 한강에 뛰어들어 죽음을 면했다.

1623년 음력 3월 12일 밤. 김유, 이귀, 신경진, 심기원 등은 대궐로 들어가 광해군을 잡아 가두고 능양군을 새 임금으로 받드니 바로 16대 인조(仁祖; 1623-49)이며, 이 사건을 '인조반정(仁祖反正)'이라고 한다. 인조반정으로 이이첨, 정인홍, 유희분 등은 처형되었고, 광해군은 폐위되어 강화도로 유배된 후, 다시 제주도로 유배되었다가 1641년에 사망했다. 인조는 승지 이덕희를 제주도로 보내 인목대비의 어머니 노씨를 모셔오도록 했다.

붕당의 형성과 분당

붕당(朋黨)은 조선 중기 이후, 학문적·정치적 입장을 공유하는 사림파들이 모여 구성한 정치집단이다. 16세기 중엽, 동인과 서인의 대립을 최초의 붕당정치로 보는데, 이 시기의 붕당은 특정 가문이 정치에 개입하는 것을 막고, 공론에 입각한 상호비판을 통해 정치 발전에 기여했다.

그러다 선조 8년(1575) 왕의 외척 심의겸을 중심으로 한 기성 사림과 척신정치의 청산을 내세운 김효원 중심의 신진 사림이 인사 실권을 쥔 정5품 '이조정랑(吏曹正郎)' 자리를 놓고 충돌했다. 이때 붕당은 '동인'과 '서인'으로 나뉜다. 이는 김효원이 경복궁 동쪽 정릉동(정동), 심의겸이 서쪽 건천동(인현동)에 살았던 데서 유래했다.

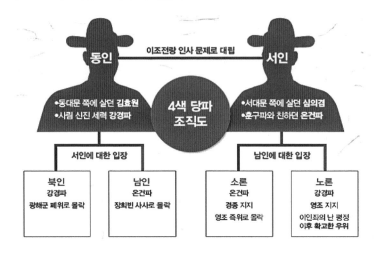

선조 24년(1591) 임진왜란 후 세자 책봉 문제로 물러난 서인(이이) 정철의 처벌 문제로 동인(이황)은 다시 '남인(유성룡)'과 '북인(정인홍)'으로 나뉜다. 선조 32년(1599) 홍여순이 대사헌으로 천거되자 남이공이 반대하여 다시 '대북(이산해)'과 '소북(유영경)'으로 나뉜다. 이를 흔히 당쟁 또는 당파싸움이라 하는데 공식용어는 아니다.

숙종은 '탕평책(蕩平策)'을 내세웠으나 1683년(숙종 9) 서인은 숙종의 외척(광산김씨 김익훈)에 대한 처분을 두고 '노론(송시열)'과 '소론(윤증)'으로, 역시 탕평책을 강화한 영조 때도 1762년(영조 38)에 사도세자 문제 때문에, 노론은 다시 '시파(사도세자 옹호 온건파)'와 '벽파(사도세자 비판 강경파)'로 갈렸다.

그러나 순조 5년(1804) 수렴청정이 폐지되고 이듬해 벽파 경주김씨 김한구의 딸 정순왕후가 사망하자, 김조순을 중심으로 한 시파가 정국을 주도하면서, 벽파와 경주김씨 세력을 축출하고 안동김씨를 중심으로 한 세도정치가 전개된다.

정묘호란과 병자호란

1623년 4월, '인조반정'이 성공한 뒤 논공행상이 있었다. 큰 공을 세운 이괄(李适)은 자신이 일등공신이 되리라고 믿었으나 이등공신이 되었고, 그의 아들은 상도 받지 못하자 불만을 품게 되었다. 그는 도원수 장만 밑의 부원수가 되어 평안병사를 겸하게 되어 영변으로 떠났다. 결국 이괄은 부사 한명련과 모의를 하고, 1624년 군사를 이끌고 한양으로 쳐들어왔다. 그러자 인조는 한강을 건너 공주로 잠시 피난했고, 이괄은 도원수 장만의 군사와 정충신이 거느린 군사들을 맞아 길마재에서 싸웠으나 패한 이괄은 달아나다가 이천 묵방리에서 수하의 손에 죽고 말았다.

반란에 실패한 이괄의 잔당 중 한명련의 아들, 한윤과 한택은 후금(後金)으로 도망쳤다. 한편 서인의 인조반정으로 광해군이 폐위되면서 조선의 대외정책이 급선회했다. 서인은 실리보다는 명분을 중시했고, 신료들은 광해군의 중립 대외정책을 기존의 '친명배금' 정책으로 바꾸었다.

후금은 명나라와의 전쟁으로 교역로가 끊겨 물자 부족에 허덕이고 있었고, 후방을 안정시키고자 평안도 철산 앞바다의 가도(椵島)에 주둔시킨 모문룡에게 적대 정책을 펼치는 조선을 정벌할 필요성을 느꼈다. 때마침 반란을 일으켰다가 후금으로 달아난 이괄의 잔당이 '광해군은 부당하게 폐위되었다'고 호소하며 '조선의 군세가 약하니 속히 정벌해 달라'고 종용했다. 결전할 뜻을 굳힌 누르하치의 8남 홍타이지(皇太極)는 결전할 뜻을 굳히어 '이괄의 난' 때 후금에 투항한 한명윤의 아들 한윤, 한택과 1619년에 있었던 '부차 전투(富車戰鬪)'에서 항복한 강홍립(姜弘立; 1560-1627)을 데리고 조선 정벌에 나섰다.

강홍립(姜弘立)은 1627년 3월 3일 정묘호란 때 후금군과 함께 내려와 의주를 공략하면서 같이 내려왔다. 이후 조선이 항복하자 풀려나 8년 만에 귀국했다. 그동안 그는 후금의 앞잡이로 정묘호란 때 선도했다는 의심도 받았지만(실은 광해군의 지시로 후금 공격에 소극적이었다), 10년간 절개를 지켰다고 인조에게 알렸다. 그러나 서인 중심의 조정에서는 그가 항복한 것을 들어 그를 참수할 것을 주장했다. 이때 인조는 강홍립과 박난영이 변발을 하지 않고 뜻을 꺾지 않았음을 들어 관직 회복을 시켜주도록 했으나 강홍립은 음력 7월 27일에 세상을 떠나고 말았다.

인조 5년(1627) 홍타이지가 광해군을 보복한다는 명분으로 군사 3만 명을 일으켜 조선을 공격해 오니 이것이 '정묘호란(丁卯胡亂)'이다. 누르하치의 조카 아민(愛新覺羅阿敏)이 지휘하는 후금군은 의주를 점령하고 정주성과 안주성을 함락시킨 뒤 평양성으로 진군했다. 이에 소현세자는 전주로 피난가고, 인조와 중신들은 강화도로 피난했다. 이괄의 난으로 북변의 군사 체계가 붕괴된 상태였던 조선은 수세에 몰렸고, 조정 내에서도 화의론이 대세를 이뤘다.

조선 곳곳에서 의병이 일어나 평안북도 철산의 정봉수와 용천의 이립의 의병이 전투에서 승리하자, 명나라와 전쟁 중이였던 후금은 조선이 자신들의 배후를 공격할 것을 우려해 강화를 제의했다. 1627년 4월 조선과 후금 사이에 강화가 성립되어, 마침내 조선은 후금과 '형제지맹'을 맺고 명과 후금 사이에 중립을 지키도록 했다.

조선은 임진왜란 이후의 복구사업과 '이괄의 난'으로 인한 손실 등으로 어려운 상황이었다. 특히 '이괄의 난'으로 인한 1만6천 명의 북방군이 반토막 난 손실은 매우 큰 타격이었다. 하지만 인조의 국방정책 덕분에 전국적으로도 약 9만 명이 속오군(束伍軍; 선조 때 유성룡의 건의로 명나라 장수 척계광의 『기효신서(紀效新書)』(1588)에 나오는 '속오법'에 따라 양반과 상민, 아전, 노비 등으로 편성된 지방군)이 충원되어 3만 명의 수군과 약 6백 척의 전선을 확보했다.

한편 여진족의 금나라가 몽골에 멸망한 후, 이들은 북동 만주 지역에 흩어져 살고 있었다. 마침내 16세기 말 누르하치(奴兒哈赤; 노이합적)가 숙신, 말갈, 여진을 규합, 통일하기에 이르렀다. 이후 누르하치가 명나라를 공격해 오자 수세에 몰린 명은 조선에 소총수 7천 명을 지원하라고 요구했고, 누르하치는 파병하지 말라고 강력히 요구했다. 당시 조선 조정은 광해군과 그의 즉위를 도운 대북이 정권을 장악하고 있었는데, 이 신료들은 국내 수비에 치중하는 것이 유익하다고 보았다. 하지만 임진왜란 때 명이 원군을 파견해 도운 일을 감안하면 원병을 보내지 않을 수 없었다.

광해군은 명에 원군을 보내되 적당히 싸우다가 항복하여 조선이 부득이 파병한 실정을 설명하도록 했다는 야사가 있으나, 이는 파병된 인원의 반수 이상이 전사한 뒤에 항복했다고 전해진다. 이때 조선은 남한산성을 수축하고 성안에 절 9곳을 세웠다. 그리고 승려에게도 활쏘기를 장려하여 만일의 경우에 대비했다. 또한 예부터 외적을 막아낸 요충지 강화의 성과 문을 개보수했으며, 식량을 비축해두었다.

1636년(인조 14년), 청나라 장수 용골대(龍骨大; 1596-1648)가 조선의 실정을 탐지하기 위해 찾아왔다. 호조판서 김시양(金時讓;1581-1643)이 접대를 맡았는데, 그는 용골대의 속셈을 알아차리고 군사들을 시켜 미리 동대문 밖에서 용골대를 맞이하도록 했다.

용골대는 서대문으로 가는 척하다가 갑자기 말머리를 돌려 동대문으로 달렸다. 그런데 동대문을 나서자 뜻밖에도 길가에 장막을 치고 관리와 군사들이 기다리고 있었다.

"누구를 맞이하는 장막인가?"

통역을 하는 조선의 관리가 대답했다.

"대인께서 남한산성으로 가시려는 것을 호조판서 대감께서 아셨지요. 그래서 조촐한 자리를 마련했으니 대인께서는 잠시 머물렀다가 가시기 바랍니다."

용골대는 속으로 깜짝 놀랐다.

'음, 조선에 이렇듯 큰 인물이 있으니, 직접 가보지 않아도 그곳의 방비가 어떤지 알겠구나.'

용골대는 말머리를 돌려 숙소로 돌아왔다. 이때 젊은 장수들은 그를 베어 버리자고 김시양에게 청했다. 그러자 두려움을 느낀 용골대는 두려워서 김시양에게 작별 인사도 없이 민가의 말을 빼앗아 타고 밤중에 달아나버렸다. 그는 머물던 숙소의 벽에 '청(靑)'이라는 글자를 써 놓고 갔다. 아무도 그 뜻을 알지 못했으나, 김시양만은 그 글자가 12월을 가리킨다는 것을 알았다. 청(靑)은 십(十), 이(二), 월(月)이 합쳐진 글자이기 때문이다. 결국 용골대는 12월에 청나라가 쳐들어올 것이라는 선전포고를 한 셈이었다.

그래서 김시양은 오랑캐들이 반드시 겨울이 지나기 전에 쳐들어올 것이므로 군사를 기르고 훈련을 시켜야 한다고 주장했다. 그러자 김자점 등이 평화로운 시대에 망령된 소리로 인심을 어지럽게 하려는 속셈이라며 반대했다. 결국 김시양은 벼슬에서 물러나고 말았다.

1636년 5월 15일 홍타이지는 국호를 '대청(大淸)'으로 고치고 연호를 '숭덕(崇德)'이라 칭했다. 그래서 48세에 청 태종(崇德帝: 1626-36)이 된 그는 1636년 12월, 명나라를 공격하기 전에 배후의 안전을 확보할 목적으로 12만 명의 군사로 조선을 침공했다 얼어붙은 압록강을 건넌 그들은 조선 명장 임경업이 지키는 의주성을 피해 곧장 서울로 쳐들어왔다. 조정에서는 소현세자와 두 왕자(봉림, 인평)에게 종묘의 위패와 세자빈 및 빈궁들과 함께 강화도로 피난을 가게 했다. 인조는 곧장 신하들과 군사들을 거느리고 남한산성으로 들어갔다.

이윽고 청나라의 군사들이 성을 포위했다. 청나라 태종도 주력부대를 이끌고 도착했다. 그런데 청 태종은 남한산성이 높고 험한 것을 보고 화가 나서 용골대를 죽이려고 했다. 이번 싸움이 용골대의 건의에 따른 것이기 때문이었다.

용골대는 청 태종에게 10일 간의 여유를 달라고 말했다. 용골대는 군사를 거느리고 통진 문수산 위에 올라가 강화도를 살펴보았다. 육지와 가깝지만, 동쪽은 갑곶이에서부터 남쪽은 손돌목에 이르기까지 절벽이 요새를 이루고 있어 오직 갑곶이에만 배를 댈 수가 있었다. 고려 시대 때 원나라의 군사들이 이 섬을 침범하지 못한 까닭도 이 때문이었다. 그래서 영의정 김유의 아들 수비대장 김경징과 부장 이민구는 마음을 놓고 있었던 것이다.

김경징은 성격이 교만하고 재주가 없었기에 강화도의 지리적 조건만 생각하고 술로 세월을 보내고 있었다. 이때 대신들이 갑곶이에 군사를 보내 굳게 지키라고 여러 번 당부했으나 김경징은 코웃음치며 대신들의 말을 듣지 않았다. 하지만 그는 허를 찔리고 말았다. 용골대가 뗏목을 만들어 갑곶나루로 건너온 것이다.

정명수(鄭命壽: ?-1653년?)는 조선 중기의 역관이다. 만주어 이름은 굴마훈으로 '토끼'라는 뜻이다. 1618년(광해군 10) 후금이 명을 침입하자 명은 조선에 원병(援兵)을 요청했다. 조선에서는 강홍립에게 군사를 주어 출정하게 했는데, 그도 이때 강홍립을 따라 출정했다. 강홍립의 군대는 1619년 3월 만주의 '부차전투(富車戰鬪)'에서 패배해 후금에 항복할 때 포로가 되었다. 이듬해 조선 포로들은 석

+영화 '남한산성'의 스틸

방되었으나, 그는 청나라에 남아 청국어를 배우고 청나라에 조선의 사정을 자세히 밀고해 황제의 신임을 얻었다. 또한 1636년 '병자호란' 때 용골대(龍骨大)·마부대(馬夫大)의 통역으로 입국해 청나라의 조선 침략에 앞잡이 노릇을 했다. 결국 그는 1653년(효종 4) 심양(瀋陽)에서 성주포수(星州砲手) 이사용(李士用)에게 모살(謀殺)당했다.

삼전도의 굴욕

　　강화도는 청나라군에 의해 함락당했고 김경징과 이민구는 어디론
가 달아났다. 이때 좌의정이었던 김상용(金尙容)은 묘사(廟社)의 신주를 받
들고 소현세자와 세자빈, 두 동생 등을 수행해 강화도에 피난했으나
적들이 밀려오자 성루 뒤로 달려가 불을 지르고 화약고에 몸을 던져 스
스로 폭사하고 말았다. 하지만 소현세자와 세자빈, 두 동생(봉림, 인평) 그리
고 많은 궁녀들이 적에게 사로잡히고 말았다.

　남한산성으로 피신한 인조는 이 소식을 듣고 크게 놀라 대신들과 대
책을 의논했다. 대신들은 나라의 앞날을 위해 화친을 맺어야 한다는 주
화파와 끝까지 싸워야 한다는 척화파의 의견이 서로 팽팽하게 맞섰다.
인조는 주화파 최명길(崔鳴吉)을 시켜 항복 문서를 쓰게 했다. 강화도에서
폭사한 김상용의 아우 좌의정 김상헌(金尙憲)이 그 문서를 빼앗아 찢으면
서 굴욕적인 화의를 반대했으나 끝내 자신의 뜻을 이루지 못했다.

　1637년 인조 15년 1월 30일, 마침내 임금이 남한산성에서 나와 삼전도
(三田渡; 송파구 삼전동) 나루터에서 청 태종(홍타이지)에게 항복했다. 자신의 '황
제 즉위식'을 정축년 정월 30일 삼전도에서 '완성'하고자 했던 그는 인조
를 출성시켜 의례 현장에서 자신과 직접 대면하게 함으로써, 1636년 5월
15일 묵던(瀋陽, 선양)에서 거행된 '황제 즉위식'보다 더 완성도가 높은 의례
를 구현하고자 했다. 결국 인조는 여기서 11조항의 굴욕적인 조건을 받
아들여야만 했다. .

　이것이 이른바 '병자호란'에서 기인한 삼전도의 굴욕인데 우리 역사상
처음 있는 부끄러운 일이었다. 송파강 기슭에 서 있는 청 태종의 송덕비는
이를 말해 주고 있다. 청 태종은 묵던으로 돌아갈 때 소현세자와 봉림대
군 그리고 척화파 중신들도 함께 끌고 갔는데, 이때 끌려간 오달제, 윤집,
홍익한 등을 '삼학사(三學士)'라고 한다. 그들은 끝까지 기개를 굽히지 않고

오히려 청 태종에게 오랑캐라고 호령하다가 참혹한 형벌을 받았다.

이후 김상헌 등은 임경업과 함께 명나라를 도와 청나라를 칠 계획을 짜고 있었다. 이 사실을 알게 된 청 태종은 3년 후 다시 이들마저 잡아 갔다. 이때 김상헌은 압록강을 건너며 다음과 같은 시조를 읊었다.

가노라 삼각산아 다시 보자 한강수야
고국산천을 떠나고자 하랴마는
시절이 하수상하니 올동말동하여라.

임경업은 도중에서 포승을 끊고 살아 돌아왔고, 최명길은 나중에 풀려났다. 김상헌은 심양(선양)의 옥에서 6년 동안 갇혀 있었다. 그는 끝까지 절개를 굽히지 않자 청 태종도 그를 의로운 선비라고 오히려 감탄했으며, 그 뒤 김상헌도 무사히 고국으로 돌아왔다고 한다.

사실 '병자호란'은 인조가 패전의 중요한 원흉 임이 분명하지만, 그 인조에 동조하며 당시 후금 이 강자로 부상하던 동북아시아 정세에 둔감해 무턱대고 '척화론'을 내세우고, 전쟁 수행과 뒷처 리에서 무능만 보여줘 백성들을 피비린내 나게 한 대다수 조선의 사대부들도 역시 인조의 공범 이자 패전의 책임자였다고 말할 수 있다. 다만 주화파 최명길의 활약이 없었다면 조선이 진짜 로 더욱 불리한 조건을 받아들여 인조는 더 최 악의 상황을 맞이했을지도 모른다. 척화파의 비난에도 불구하고 그의 활 약에 대해서는 "문신으로서 외교에 끼친 그의 영향력은 임진왜란 때 전 시재상(戰時宰相)으로 조선을 지탱했던 유성룡에 버금간다."며 사관이 논 했을 정도이다. 그는 고려의 서희만큼 한국사 최고의 외교관 중 한 명이 라 불릴 만하다.

✛최명길 상상화(황창배)

정유재란이나 병자호란 때 후금으로 잡혀갔다 돌아온 여인들을 가리켜 '환향녀(還鄕女)'로 불렀다. 하지만 병자호란 이후 '환향녀'라는 단어가 사용된 증거는 전혀 없다. 당시 이 여인들이 다시 조선으로 돌아왔을 때 오랑캐들의 노리개 노릇을 하다 왔다고 해서 상대해주지 않았으며, 결혼한 여성은 이혼을 당하기도 했다. 그래서 인조는 환향녀란 이유로 이혼을 하지 못하도록 했으며, 최명길은 그녀들을 용서해야 한다고 주장했다. 지금 이 말은 서방질하는 여자나 창녀를 말한다.

이와 마찬가지로 '호로자식'이란 말이 있다. 병자호란 때 끌려간 여인들이 강간당해 낳은 사생아를 말한다지만 역시 사실이 아니다. 호로(胡虜)는 '오랑캐'를 뜻하니 호로자식은 그냥 오랑캐를 낮춰 욕하는 말일 뿐이다.

임경업과 김자점

임경업(林慶業; 1594-1646)은 충주 달천촌 출신으로 1612년 19세 진사시에 합격한 후, 2살 아래 친동생 임사업과 함께 무과에 급제했으며, 인조 원년(1624) '이괄의 난' 때 반란군을 토벌하여 일등공신으로 책봉되었다.

1633년 청북 방어사 겸 영변부사에 등용되어 북방 경비를 튼튼히 하기 위해 의주에 있는 백마산성을 다시 쌓았다. 당시 누르하치가 만주 대륙을 통일하여 후금을 세우고 명과 조선에 싸움을 걸어왔는데 후금의 부대가 국경을 넘어올 때마다 임경업은 이를 격퇴시키곤 했다.

1636년 '병자호란'이 일어나자 임경업은 백마산성에서 후금 군사들의 기세를 꺾어 놓았다. 하지만 적은 백마산성을 피해 서울로 공격해 들어왔기 때문에 조선은 제대로 싸움도 못해 보고 후금에 무릎을 꿇고 말았다. 이 소식을 들은 임경업은 땅을 치며 통곡했다고 한다.

그러나 청나라가 조선에 원병을 청하자, 자신의 뜻과는 달리 명나라와 싸움을 해야 했다. 그는 명나라에게 사람을 보내 자신의 본심이 아님을 알리고, 이쪽의 전략을 알려주어 피해를 줄였다. 또 의주에 물자가 부족하자 밀무역을 했는데, 이를 문제 삼아 인조는 임경업을 파직시켜버렸다.

1640년 안주 목사로 있을 때는 청나라의 명령으로 명군을 공격하기 위해 할 수 없이 출병했다. 그래서 다시 명군과 내통하여 의도적으로 선봉장을 피하고, 청나라 장수 심세괴(沈世魁)를 나서게 한 뒤, 이를 명군에 알려 심세괴가 전사하도록 만들었다. 그러던 중, 명의 지휘관 홍승주(洪承疇)가 청나라에 투항하면서 이러한 사실이 알려져 체포당하고 말았다. 임경업은 청으로 압송되기 전 황해도 금교역에서 탈출했는데, 발끈한 청 태종은 임경업을 빌미로 조선 내 반청세력에 대한 소탕령을 내렸다.

조선에 머무르기 힘들게 된 임경업은 1643년 명나라로 망명하지만, 청군에게 발각되어 붙잡혔고 다시 탈출한 뒤 승려로 변장하고 명나라로 건너갔다. 명으로 망명한 그는 등주 도독 황룡(黃龍)을 통해 숭정제에게 부총병의 직위를 하사받고 청나라 정벌을 준비하고 있었다. 그러나 1644년 5월 명나라에서 '이자성의 난'이 일자 도르곤(多爾袞; 누르하치의 14남이자 홍타이지의 이복동생으로 3대 순치제의 섭정왕. 오소리라는 뜻)은 원정군을 거느리고 명나라로 쳐들어가 명나라에서 투항한 오삼계(吳三桂)와 함께 이자성의 군대를 크게 패배시키고 북

✦ 임경업의 영정. 1640년 명나라 황제가 임경업의 얼굴이 보고 싶다고 해서 명나라 화공이 조선에 와서 그려갔다고 한다. 당시는 임경업이 명나라와 가짜 전투를 했던 그 시기이다. 이때 화공이 2장을 그려서 한 장은 명나라로 가져가고, 한 장은 조선에 남기고 갔다고 전한다.

경을 함락시키자 숭정제는 자결하고 말았다. 당시 도르곤이 만리장성 동쪽 끝의 요새 산해관(山海關; 이곳의 동쪽 지역을 '관동(關東)'이라 부른다)에 입성하자, 황룡은 겁을 먹고 도망쳤으나 마등홍(馬登紅)이 대신 전군을 영솔하고 임경업과 함께 석성에 주둔했다.

하지만 대세는 이미 기울어 명나라 숭정제가 자결하고, 천도한 남경마

저 함락되어 정세가 바뀌자 마등홍 역시 청에 항복해버렸다. 임경업도 도망가려 했으나 결국 체포되어 북경으로 압송되었다. 청 태종은 임경업을 설득하여 자신의 부하로 삼으려고 했으나 끝내 이를 거부한 채 포로가 되어 심양으로 호송되었다.

이때 국내에서 좌의정 심기원(沈器遠)이 반정의 1등 공신이었으나 역모를 꾸몄는데, 임경업이 연루되었다는 소문이 돌았다. 1646년 인조는 임경업의 환국을 요청했고, 순치제는 그를 내주었다. 조선에 돌아온 그는 친청파 인사인 김자점의 비판과 단죄를 해야 한다는 여론에 의해 처형되고 말았다. 사후 그를 죽음으로 몰고 간 김자점도 몰락하고, 북벌론을 주장하던 송시열, 윤휴 등이 집권했다. 하지만 청나라의 비위를 거스르는 것을 두려워하여 그의 복권 주장은 수그러들고 말았다.

이천 백족산(白足山) 산중에는 '비룡상천형(飛龍上天形)'이라는 명당자리가 있다고 한다. 이곳에 묘를 쓰면 자손이 크게 번성하여 대대로 부귀영화를 누릴 것이라 하여 누구나 탐내는 자리였다. 그런데 김자점이 이 명당자리를 눈여겨 보아두었다가, 인조반정 공신으로 권세를 잡자 부친의 묘를 썼다.

그러나 풍수설에서 비룡은 물이 있어야 마음껏 조화를 부릴 수 있는데, 청미천만으로는 물의 세력이 부족한 것이 흠이었다. 그러자 김자점은 수많은 인부들을 동원해 청미천(淸渼川)을 막아 보를 쌓도록 하여 아버지의 묘가 있던 산을 비룡상천의 명혈로 만들었다. 그 후 가뭄이 들면 인근지역 농부들은 자점보(自點洑)의 물을 몰래 뽑아 썼기에 지금의 장호원 오남리 일대는 가뭄을 모르는 옥토가 되었다고 한다.

'비룡상천'의 명당을 차지한 김자점은 공신으로 득세하고, 손자를 효명옹주와 결혼시켜 왕실의 외척으로 부원군이 되었으며, 마침내는 최고의 관직인 영의정에까지 오를 수 있었는데, 이는 부친의 묘자리를 잘 쓴 덕분이라고 믿었다 한다.

김자점은 도원수로 병자호란 당시 대처 미숙으로 파면당했다가 복직하여, 병조판서를 거쳐 우의정이 되고 심기원 일파를 제거한 뒤 좌의정을 거쳐 영의정에 올랐다

이후 친명파이자 북벌론자인 임경업 등을 제거했으나, 효종이 즉위하고 송시열 등의 등용으로 북벌론이 대두되자 효종의 북벌을 청나라에 밀고한 죄로 유배되었다가 아들 김식의 역모 사건이 터지는 바람에 사형당했다.

✿ 유럽 최초의 귀화인 벨테브레이와 『하멜표류기』

1653년 6월 18일 23세의 헨드릭 하멜(Hendrick Hamel; 1630-92)이 타고 있던 네덜란드 <동인도회사> 소속 스페르베르호는 바타비아(자카르타)를 떠나 일본 나가사키로 항해하던 중 폭풍을 만나 표류하다가 8월 16일 제주도에 불시착했다. 한양으로 압송된 이들은 1627년(인조 5년)에 이미 하멜과 비슷한 경로로 표류하다 조선에 귀화해 <훈련도감>에서 일하던 네덜란드 출신의 얀 야너스 벨테브레이(Jan Jansz Weltevree; 박연[朴延])의 통역으로 효종의 호위부대원으로서 체류를 허락받았다.

그러나 하멜은 적응하지 못하고 몇 차례 탈출을 시도하다가 불발로 끝나고 전라도 강진으로 유배를 갔다. 새로 부임한 관리가 이들에게 온갖 부역을 시키자 노예 같은 삶에 지친 하멜 일행은 마침내 1666년 9월 4일 그들은 조선인에게서 산 배를 타고 탈출해 여러 날을 항해한 끝에 일본에 도착했다.

조선에서 13년 20일 동안 붙들려 있다가 탈출한 헨드릭 하멜 일행은 8일 고토섬에 다다랐다가 14일 나가사키의 <데지마 상관(出島商館)>에 도착했다. 당시 상관장(商館長: 일본어로 '카피탄'인데, Captain의 포르투갈어 발음이다)은 빌럼 폴게르

(Willem Volger)였다. 하멜은 그곳에서 1년 이상 체류하면서 조선에 억류되었던 날들을 정리했다. 이들은 1667년 11월 28일 바타비아에 도착했다. 하멜은 밀린 임금을 받기 위해 남고 나머지 일곱 명은 그해 12월 23일 고국으로 떠났는데, 그 일행에게 자신이 정리한 일지 복사본을 보냈다.

『하멜 표류기』에는 당시 조선의 상황이 아주 상세하게 묘사되어 있다. 효종의 이야기, 청나라와

의 관계, 백성들의 삶, 군사 체계, 종교적 관념 등이 실려 있다. 이 책은 1668년 네덜란드어로, 1688년에 영어, 프랑스어, 독일어로도 출간되어 유럽인들에게 소개되었는데, 내용이 왜곡된 것도 많았으나 미지의 나라 조선에 관한 상세한 내용이 유럽인 입장에서는 그저 신기하기만 했을 것이다. 그 복사본이 네덜란드에서 책으로 출간되자 이내 선풍적인 인기를 끌었다. 이 책은 그 후 50년 이상 판을 거듭해 출판되었다. 동아시아에서 한 건 올리고 싶었던 무역상들과 군인들이 크나큰 호기심을 가졌기 때문이다.

효종의 북벌계획

1649년, 인조가 세상을 떠나자 봉림대군이 왕위에 올라 조선 17대 효종(孝宗: 1649-59)이 되었다. 효종은 어린 시절에 정묘호란과 병자호란을 직접 겪었으며, 아버지 인조가 청 태종 앞에 무릎을 꿇고 항복하는 수치를 옆에서 지켜보았다. 또한 형인 소현세자, 아우 인평대군과 함께 볼모로 청나라 심양으로 끌려가 온갖 설움을 당했기에 효종은 청나라 정벌을 평생의 과업으로 삼겠다고 다짐했다.

1643년 9월 21일 청태종이 뇌출혈로 갑자기 사망하자 아홉째 아들이 뒤를 이어 6살의 복림(福臨)이 10월 청나라 순치제(順治帝)가 되었다. 1637년 2월 5일 봉림대군이 심양으로 볼모로 끌려간 지 8년째 되던 해, 순치제의 숙부이자 섭정 도르곤은 조선이 다시는 청을 거역하지 못할 것이라고 믿었기에 1645년 2월 인조의 세자인 소현 세자를 먼저 돌려보냈는데, 4월 소현세자가 34세의 나이로 갑자기 세상을 뜨자 5월에 그를 귀국시켰다.

효종은 북벌의 큰 포부를 펼치기 위해 국력을 키워나갔다. 당시 효종에게는 충직한 두 신하가 있었다. 문신이자 서인과 노론의 영수 송시열(宋時烈: 1607-89)과 무신 이완(李浣: 1602-74)이었다. 그들은 정치와 군사 부문을 나누어 맡아 군량미를 비축하고 군사 훈련을 거듭했다. 효종은 은밀히 이완을 병조판서에 임명하고 북벌 계책에 묘책을 궁리하라고 명했다.

이렇게 북벌계획을 추진한 지 10년이 되자, 효종은 마침내 청나라로 쳐들어갈 결심을 굳혔다. 그러나 1659년 갑자기 붕어하고 말았다. 송시열과 이완은 원통하여 땅을 치며 통곡했다.

🌸 북벌론 비판

북벌론은 비판의 여지가 많다. 여기에 실학파 박제가의 『북학의(北學議)』, 「외편」, '존주론(尊周論)'을 소개해본다.

"전국시대 조(趙)나라 무령왕(武靈王)은 끝내 오랑캐 복으로 갈아입고 동쪽 오랑캐를 크게 격파하였으니 옛날의 영웅은 반드시 복수하고자 하는 뜻을 품었으면 오랑캐의 복장도 부끄러워하지 않았다. 지금 중국의 법을 배울 만하다고 말하면 무리로 일어나 비웃는다. 하지만 평범한 사람도 원수를 갚으려면 원수가 차고 있는 예리한 칼을 빼앗으려고 한다. 그런데 이제 당당한 국가로 천하에 대의를 펴고자 하면서 중국 법을 하나도 배우지 않고 중국 선비를 한 사람도 사귀지 않는다. 그러니 (북벌은) 우리 백성만 수고로울 뿐 효과가 나타나지 않으며 곤궁과 기아에 빠져 스스로 폐지하게 했다. 백배나 되는 이익을 버리고 실행하지 않으니, 나는 중국에 있는 오랑캐들을 몰아내기는커녕 우리나라의 문명하지 못한 풍속마저 완전히 탈피하지 못할까 염려한다.

그러므로 우리가 지금 오랑캐를 물리치려고 한다면 먼저 누가 오랑캐인가를 알아야 하며, 중국을 높이려면 그들의 유법을 모두 실행하는 것이 더욱 중국을 높이는 것이 된다. 명나라를 위해 원수를 갚아 주고 우리의 부끄러움을 씻으려면 20년 동안 힘껏 중국을 배운 다음, 함께 논해도 늦지 않을 것이다."

효종이 세상을 떠나자 그의 아들이 왕위에 오르니 18대 현종(顯宗: 1659-74)이다. 하지만 현종은 뚜렷한 업적을 남기지 못하고 1674년 8월에 세상을 떠났고, 뒤를 이어 그의 외아들 이순(李淳)이 왕위에 오르니 19대 숙종(肅宗: 1674-1720)이다.

2) 붕당의 심화

숙종의 환국정치

'예송(禮訟)'은 예절에 관한 논란으로, 상복을 입는 기간을 둘러싸고 벌인 서인과 남인 간의 논쟁이다. 1659년 효종이 죽자 계모 자의대비의 상복입는 기간을 두고 송시열의 의견이 받아들여져 서인이 득세했고('己亥禮訟'), 현종 15년(1674) 효종의 비 인선왕후가 사망하자 다시 벌어진 예송 논쟁에서 남인이 승리하여('甲寅禮訟') 서인들의 세력이 약화되고 남인들이 집권하게 되었다. 처음에는 토론 수준이었으나 점차 이념 대립으로 격화되어 집권세력이 바뀌게 되고, 숙종 때는 환국으로 이어진다. 환국(換局)이란 조선 후기에 집권세력이 급변하면서 이에 따라 정국이 바뀌는 것을 말하는데, 숙종은 붕당을 급격히 바꾸는 방식으로 붕당의 기반을 약화시켜 왕권을 강화해나갔다.

숙종이 즉위했을 때, 조정은 크고 작은 정치 논쟁으로 하루도 조용한 날이 없었다.

숙종 초기에는 왕권 강화를 주장해 온 남인이 집권했는데, 허적과 윤휴 등이 주도하여 북벌론을 제기했다. 이를 위해 도체찰사(都體察使)라는 전시 사령탑(정1품)을 정비했으며, 본진(本陣)인 개성 부근의 대흥산성을 비롯해 평안도 용강의 황룡산성과 강화도의 48개 망루가 축조되었다. 또한 1만8천여 명의 무과 합격자를 뽑아 훈련을 시키는 등 군비 확장에 박차를 가했다.

북벌계획의 재등장은 마침 청나라에서 1673년 운남성 오삼계(吳三桂), 광동성의 상지신, 복건성의 경정충의 반란('三藩之亂')이 일어나 어려운 처지에 빠진 것이 계기가 되었지만, 다른 한편으로는 남인 정권의 권력 기반을 안정시키려는 뜻도 있었다. 그러나 1680년에 허견 등이 복선군을 추대하려던 음모가 발각되자 남인들을 축출하고 서인들을 등용시키는 '경신환국(庚申換局)'이 발생하고, 1683년 서인은 송시열을 영수로 하는 노론과 윤증을 중심으로 하는 소론으로 갈라졌다. 이때부터 붕당정치는 변질되기 시작했다.

노론은 대의명분을 존중하고, 민생안정과 자치자강을 강조했으며, 소론은 실리를 중시하고 적극적인 북방 개척을 주장했다. 왕은 양파를 연립시키고자 했으나, 권력을 장악한 노론은 송시열과 '삼척(三戚)'으로 불리던 왕실 외척 김석주, 김만기, 민정중이 연합하여 정치를 주도했다.

숙종 15년(1689), 9년 동안 집권한 노론은 남인계 출신의 후궁인 장희빈이 낳은 왕자-후일 경종-가 세자로 책봉되는 과정에서 몰락하고 남인이 다시 집권했다. 그동안 노론의 핵심인물이었던 송시열, 김수항 등이 처형당했다.('己巳換局') 하지만 숙종 20년(1694) 왕이 마음을 바꾸어 폐위된 인현왕후를 복위시키고, 남인과 연결된 장희빈을 강등시켰다. 이로 인해 남인이 밀려나고, 노론과 소론이 재집권하니 이를 '갑술환국(甲戌換局)'이라 한다.

1694년부터 조선에는 소빙기(小氷期)로 불리는 냉해가 계속되어 잇단 흉년과 홍수 및 질병으로 인구가 감소했고, 황해도 구월산을 무대로 활약하던 장길산(張吉山)의 농민군 세력이 커져 서북지방이 매우 어수선했고, 중인 및 서얼들이 장길산 농민군과 연결하여 새 왕조를 세우려다 발각되는 일까지 벌어졌다. 조선 후기 실학자 이익은 『성호사설』에서 연산군 때 홍길동, 명종 때 임꺽정, 숙종 때 장길산을 '조선의 3대 도둑'이라고 기록했다. 그런데 『조선왕조실록』에는 홍길동과 임꺽정을 붙잡았다는 기록이 남아 있지만, 장길산에 대해서는 체포했다는 기록이 없다.

1708년 숙종은 모든 세금을 쌀로 내게 하는 '대동법(大同法; 1608년 광해군이 제정)'을 황해도 지방까지 확대했으며, 서북인을 무인으로 대거 등용하고, 중인과 서얼을 수령에 등용하도록 조처했다. 특히 숙종 38년(1712)에는 청과 북방경계선을 확정 짓고자 백두산 아래에 정계비를 세워, 서쪽으로는 압록강, 동쪽으로 토문강을 경계로 삼았다. 한편 수군 출신의 안용복이 우산국(울릉도)에 출몰하는 왜인을 쫓아내고 우리의 영토임을 천명했다.

이처럼 숙종 때는 전란 피해 복구와 국가 재정비 사업이 마무리되어 중흥의 기틀이 다져진 시기로 볼 수 있다. 숙종은 환국으로 정권을 교체하는 방법으로 붕당 내의 대립을 촉발시켜 신하들 간의 정쟁이 격화될수록 왕권을 강화시켰으며, 이를 바탕으로 민생 안정과 경제 발전에 상당한 업적을 남겼다.

✦ '백두산정계비(白頭山定界碑)'는 조선과 청나라 사이의 국경을 정하기 위해 세워진 경계 비석이다.(1929년 일본 사진집 『국경』)

인현왕후와 장희빈

인현왕후(仁顯王后) 민씨는 숙종의 계비이다. 인현왕후는 조선에서 유일하게 복위된 왕비로, 숙종 15년(1689)에 폐비되었다가 1694년 삼불거로 이혼이 취소되어 자동 복위되었지만, 집권 붕당인 소론의 반발이 극심해 새로 책비례를 올리고 왕비로 등극했다. 1700년에 발병하여 투병하다가 1701년 창경궁 경춘전에서 사망했다.

희빈 장씨의 본명은 장옥정(張玉貞)으로 아버지는 역관 출신이며, 궁녀 출신으로 왕비까지 오른 입지전적인 여인이다. 숙종은 용모가 출중한 숙원 장씨를 총애하여 1688년 소의(昭儀)로 승격시켰고, 인현왕후가 폐위되자 빈이 되었다. 장희빈 또는 옥산부대빈 장씨라고도 불리며 20대 경종의 어머니이다.

1689년 인현왕후를 중심으로 하는 서인과 희빈 장씨를 중심으로 하는 남인이 대립했다. 인현왕후가 결혼한 지 6년이 넘도록 아이를 낳지 못하자 후궁인 희빈이 낳은 왕자 윤(昀)을 원자로 책봉하는 문제로 남인과 서인이 대립한 것이다. 결국 서인들이 유배되거나 죽임을 당하고 인현왕후는 폐위되는 '기사환국'이 일어났다. 이 사건으로 희빈은 정비가 되고 그녀의 아들은 왕세자에 책봉되었으며 남인이 정권을 독점하게 되었다.

그러나 남인의 집권 기간도 오래 가지 않고, 후일 1694년 '갑술환국'이 일어나 정권이 다시 서인에게로 돌아갔다. 조정으로 돌아온 서인들은 폐비 민씨에 대한 대우 개선을 요구했고, 숙종은 이를 받아들여 폐비 민씨를 서궁(창덕궁)의 경복당(景福堂; 1824년 화재로 소실)으로 맞아들인다.

돌연 민씨의 왕비 복위가 선포되자 당시 중궁이었던 장씨는 다시 희빈으로 강등되어 처소도 후궁 시절에 쓰던 창경궁 취선당(就善堂)으로 옮기게 된다. 이후 인현왕후는 1701년, 복위된 지 7년여 만에 숨을 거두었다. 인현왕후는 사망 직전 희빈 장씨가 다시 중궁에 복위되는 것에 경계심을 보였는데, 실제로 인현왕후 사망 이후 숙종은 희빈 장씨 처소인 취선당에 무당을 불러들여 인현왕후를 저주했다는 이유로 그해 10월 그녀에게 사약을 내렸다. 이때 소론은 세자 윤에 대한 옹호론으로, 노론은 비판론으로 돌아섰다.

🌺 조선시대에 왕의 후궁에게 내린 품계
빈(嬪)-귀인(貴人)-소의(昭儀)-숙의(淑儀)-소용(昭容)-숙용(淑容)-소원(昭媛)-숙원(淑媛)

이후 차츰 정계는 안정되어 소론이 집권했으나, 1715년 가례를 정리해 놓은 유계(兪棨; 1607~1664)의 가례원류(家禮源流)가 간행될 때 정호(鄭澔; 정철의 4대손)가 소론 윤증을 공격한 내용의 발문으로 노론과 소론의 당쟁이 격화되었다. 이때 숙종은 노론을 지지함으로써 이후 노론이 중용되었다.

1720년 숙종이 승하하자, 그와 장희빈에게서 태어난 아들이 왕위에 오르니 20대 경종(景宗: 1720-24)이다. 경종은 즉위 4년 만인 1724년에 세상을 떠났고, 그의 이복동생인 연잉군(延礽君)이 왕위에 오르니 21대 영조(英祖: 1724-76)이다.

3
조선의 마지막 중흥과 실학파

1) 조선의 마지막 중흥기

계몽군주 영조와 사도세자

제21대 영조가 즉위했으나, 제14대 선조 때부터 싹트기 시작한 당쟁으로 나라가 매우 어지러웠다. 영조는 제19대 숙종의 둘째 아들이었지만, 궁녀 최씨의 몸에서 태어났다. 영조의 생모인 숙빈 최씨의 일화는 드라마 '동이'로 만들어졌다. 어머니의 신분 때문에 영조는 어릴 적부터 그늘에서 자랐다. 심지어는 한때 반대파의 세력에 의해 죽을 고비를 여러 번 맞이하기도 했다.

영조 1년(1725)에는 '을사환국(乙巳換局)'을 단행하여 '신임사화(辛壬士禍: 신축년 1721과 임인년 1722에 연잉군을 추대한 노론을 소론이 역모로 몰았던 사건)'를 일으킨 소론을 소론이 축출했다. 하지만 영조 3년(1727)에는 노론의 강경파가 소론에 대해 보복을 고집하자 이들을 추방하고, 노론과 소론을 고르게 등용함으로써 '탕평책'을 기본 정책으로 삼으니, 이것이 '정미환국(丁未換局)'이다. 이듬해 1728년 봄에는 경종의 죽음으로 정치적 기반이 위태로워진 이인좌, 이유익 등이 1728년 실각한 남인 내의 강경파를 포섭하고, 소현

세자의 증손자인 밀풍군(密豊君)을 왕으로 추대하여 충청도 청주성을 거점으로 반란을 일으켰다. 청주성에서 일어난 반란군은 즉시 경상도와 전라도로 확대되었고, 관찰사와 병마절도사가 전사하기도 했다. 결국 관군에 의해 난은 진압되었으며, 이를 계기로 노론이 권력을 장악하고 소론이 전멸당했다.

영조는 조선사회를 개혁한 계몽군주로서 가혹한 형벌을 폐지 또는 개정하여 인권을 존중받도록 했으며, 신문고 제도를 부활하여 민중들이 억울한 일을 직접 알리게 했다. 또한 금주령을 내려 낭비의 폐습을 교정하고, 백성들이 국방의 의무 대신 세금으로 내던 포목을 2필에서 1필로 줄이는 '균역법(均役法)'을 제정하여 세제의 합리화를 기했다. 국방에도 신경을 써서 북관의 군병에게 조총 훈련을 실시하고, 1729년 화차를 제작하여 이듬해 수어청에 총의 제작을 명하고 각 보진의 토성을 개수하는 등 만반의 대비를 했다.

사도세자(思悼世子) 이선(李愃; 1735-62)은 영조의 차남으로 이복형 효장세자가 일찍 사망하자 생후 1년 만에 원자(元子)로서 장헌세자가 되었다. 장헌세자는 매우 총명하여 곧잘 아버지에게 따지곤 했는데, 성격이 까다로운 영조는 그런 아들이 못마땅했고, 결국 두 사람의 사이는 점점 멀어졌다. 사도세자의 아내이자 정조의 어머니인 혜경궁 홍씨-후일 헌경왕후-가 쓴 『한중록(閑中錄)』에 따르면, 세자는 어렸을 때부터 부왕으로부터 극심한 불신과 가혹한 꾸중을 들었으며, 영조를 몹시 두려워하여 앞에서는 말 한마디도 못했다고 한다.

1775년 82세가 되어 노환으로 정무를 제대로 볼 수 없게 된 영조는 24세인 세자에게 대리청정을 맡겼다. 세자는 노론의 의견을 일방적으로 듣지 않고 소론도 일부 등용했으며, '이인좌의 난'과 관련하여 소론 온건과 이광좌 등의 처벌, 추탈을 요구해도 거절해버렸다. 그러자 노론은 영조에게 세자가 잘못된 정치관을 갖고 있다고 고해바쳤다.

노론의 모함과 외척의 수시 보고 외에도 세자는 의대병과 정신질환 등을 앓고 있었고, 사소한 문제로 하인과 궁녀들을 죽이는 등 패악이 심해졌다. 1762년(영조 38년) 5월 13일, 생모 영빈 이씨까지 영조에게 세자를 처분하여 세손을 보호하라며 세자의 비행을 고변했다. 그래도 세자의 행패는 점점 심해져만 갔다. 후궁은 물론 아내인 혜경궁 홍씨까지 공격했을 뿐만 아니라 시강원에서 자신을 가르치는 스승을 공격하기도 했다.

1762년 5월 13일 결국 아버지 영조는 세자를 폐하고, 세상을 떠난 왕의 명복을 비는 〈휘령전(徽寧殿)〉(창경궁 문정전) 앞에서 쌀을 담는 뒤주 속에 가두었다. 세손이 영조에게 아비를 살려 달라 하자, 영조는 내관을 시켜 세손을 내보냈다. 왕세자의 교육을 담당하는 〈시강원(侍講院)〉의 사부 윤숙과 임덕제가 현장으로 달려가 세자를 처벌하지 말 것을 주장하다가 쫓겨났다. 영조는 여승 가선과 환자 박필수, 평양 기생 5명을 체포하여 심문한 뒤 세자를 타락시킨 죄로 사형에 처했다. 한편 홍봉한, 신만, 김성응 등은 상소를 올려 세자의 스승인 윤숙, 임덕제를 유배보내도록 했다.

9일 동안 뒤주 속에 갇혀 있던 세자는 끝내 숨을 거두고 말았다. 영조는 아들을 죽인 것을 후회했지만 이미 엎질러진 물이었다. 영조는 죽은 세자에게 '사도세자'라는 칭호를 내렸고, 사도세자의 비 혜경궁 홍씨는 당시 가슴 아픈 사연과 궁중생활의 고충을 『한중록』(1795)이란 책으로 써냈다.

보검의 손잡이 박문수

암행어사(暗行御史)는 조선시대에 지방에 파견되어 지방관의 감찰과 백성의 사정을 조사하는 일을 비밀리에 수행했던 국왕 직속의 임시관리이다. 그런데 실존인물인 박문수는 실제로 암행어사를 한 적이 없다. 다만 일반어사 임무를 띠고 파견된 적은 있다. 일반어사는 암행어사처럼 탐관오리를 조사하고 처벌하는 게 아니라 국왕이 지정한 임무를 시행하는 것으로, 대개는 흉년이 들어 굶주린 백성을 구휼하는 일이었다.

박문수(朴文秀)는 영조가 왕세자로 책봉됐을 때 세자의 교육과 관리를 담당하는 관직에 있었다. 그는 일반 관료들에게서는 보기 힘든 특별한 개성과 성격의 소유자였다. 담이 크고 늘 당당하여 왕명도 틀렸다고 지적하다가 사직하고 낙향하기도 했으며, 파직된 적도 있었다.

영조와 박문수는 참으로 묘한 관계였다. 영조는 유약하거나 관용적인 왕이 아니었음에도 박문수는 독설에 가까운 직언을 서슴지 않고 해댔다. 그럼에도 영조는 박문수를 총애했다.

영조 평생의 숙원사업은 '탕평책'으로, 어느 당파에 치우치지 않고 고르게 관리를 등용하려 했다. 그러나 현실적으로는 편중된 인사가 나오기 마련이었다. 이처럼 약간만 균형이 맞지 않아도 박문수는 '탕평'이 아니라며 영조를 몰아붙이곤 했다. 영조가 조금 부드러워질 수 없냐고 묻자, 자신은 길들일 수 없는 산짐승과 같다고 답했다. 이 같은 박문수를 영조는 '보검의 손잡이'라고 평했다. 보검이 위력을 발휘하기 위해서는, 즉 국왕이 올바른 정책을 시행하고 효과를 보기 위해서는 손잡이와도 같은 박문수가 반드시 필요함을 비유한 것이다. 영조는 정치적 감각이 뛰어나고 총명한 군주였지만, 모든 것을 지나치게 깊이 생각하는 경향이 있었다. 반면 박문수의 성격은 직선적이어서 상대의 잘못을 거침없이 지적하곤 했다.

1744년 6월, 당색이 같은 선전관들이 남산에 모여 술판을 벌이고 활쏘기행사를 했다. 편당행위를 했다는 사실에 영조는 노발대발하면서 이에 가담한 무신들 16명을 모조리 목을 베어 궐문 밖에 효수하겠다고 했다.

대왕대비의 만류로 이들을 유배 보내는 선에서 일은 마무리되었지만, 사실 영조의 분노는 과장된 면이 있었고, 중신들 모두가 알고 있었기에 아무도 나서지 않았는데, 박문수는 거침없이 말했다.

"만약 그들 모두를 효수했다면 지나친 처벌인 것은 분명하지만, 오히려 기강을 세울 수는 있었을 것입니다. 왕께서 판결을 번복하는 바람에 권위가 실추되었습니다. 그리고 선전관을 처치하는 일 따위는 무관 책임자에게 맡기면 될 것을 사소한 일까지 전하께서 관여하시면 실무자는 무슨 일을 할 수 있겠습니까? 면류관이 왜 국왕의 관이 된 줄 아십니까? 늘어뜨린 구슬은 군주가 귀를 가리라는, 즉 사소한 일은 못 들은 척하고 넘어가라는 의미입니다."

정조와 화성행차

1776년 영조가 승하하자, 할아버지를 대신하여 대리청정하던 세손 이산(李祘)이 즉위하니 22대 정조(正祖; 1776-80)이다. 그는 선왕인 영조 28년에 사도세자와 혜경궁 홍씨의 사이에서 차남으로 태어났으나, 출생 전에 형 의소세자(懿昭世子)가 3살에 요절하여 실질적 장남이었다.

영조는 아들 사도세자를 정신병에 걸릴 정도로 혹독하게 대한 것과는 달리 세손은 지극히 총애했다. 영조는 단 한 차례도 세손을 꾸짖지 않고 칭찬만 했다고 한다. 실제로 영조는 자주 정조를 불러 글을 쓰게 하고 책을 읽어보게 하는 등 편애를 했고, 말년에는 자신의 대리청정을 하도록 했다.

하지만 정조는 뒤주에 갇혀 비운의 죽음을 맞이한 아버지 사도세자를 잊지 않았다. 정조는 즉위하면서 "과인은 사도세자의 아들이다."라고 말했다 하며, 자신의 대리청정을 반대하던 척신 홍인한, 정후겸 등을 척결했다. 그리고 홍국영(洪國榮)을 숙위대장과 도승지를 겸하도록 하여 최측근으로 삼아 여러 정파들을 아우르도록 했다. 또한 소론 출신으로 정조의 대리청정을 적극 추천한 서명선도 홍인한을 실각시키는 상소를 올리며 최측근으로 활약했다.

그런데 이들은 정조가 꿈꾸던 탕평정치와는 거리가 멀었다. 홍국영은 세도를 부리고 왕위 후계에 욕심을 내다가 실각되었고, 서명선은 지나칠 정도로 남인을 견제하는 바람에 도리어 노론 벽파(僻派; '한쪽으로 치우친'이라는 뜻으로, 사도세자와 정조 반대파)의 공격을 받을 때도 보호받지 못하고 실각당했다.

이후 정조는 정계에서 소외당했었던 남인과 소론 강경파를 적극 등용하면서 정계의 중심으로 다시 등장한 노론 벽파를 견제하기 시작했다. 하지만 사도세자 추숭 문제로 중신들은 벽파와 시파(時派; '시류에 편승하는'이라는 뜻으로, 사도세자 추숭과 정조 찬성파)로 나뉘게 되었고, 정조의 급작스러운 죽음으로 탕평정치는 실효를 거두지 못하고 말았다.

즉위 이듬해인 1777년 7월 28일, '정유역변(丁酉逆變)'이라고 알려진 정조 시해 미수사건이 일어났다. 아버지 홍지해를 귀양보낸 정조에게 불만을 가진 홍상범 등이 주축이 되어 사도세자의 서자인 은전군 이찬(恩全君 李禶)을 추대하려 한 역모이다. 늦은 밤, 정조가 머물던 경희궁 존현각(尊賢閣)에 자객이 침입한 흔적이 발견되자 정조는 바로 금위대장 홍국영을 불러 수색을 명했으나 범인은 잡히지 않았다. 정조는 거처를 경희궁에서 창덕궁으로 옮긴 후, 범인 체포에 소극적이었던 포도대장 이주국을 파면하고 구선복을 책임자로 임명했다. 8월 9일 밤, 다시 임금을 암살하기 위해 서쪽 담장을 넘은 강용휘와 전흥문 등은 삼엄해진 경비에 내전으로 침입하지 못하고 대궐의 뜰에 숨었으나 곧 구선복에게 발각되고 만다. 암살을 주도한 홍상범은 몸을 찢어 죽이는 책형을 당했으며, 연루된 남양 홍씨 계열 인물들은 모두 사형당했다. 사건 직후 정조는 중신들의 압력에 눈물을 흘리면서 자신의 동생인 은전군 이찬에게 사약을 내렸다고 한다. 또한 대비의 오빠인 김귀주를 유배보냈고, 1780년에는 전횡을 부리던 심복 홍국영을 숙청해버렸다.

1782년에는 이유백, 이택징, 권홍징 등의 모반 사건이 있었는데, 이들은 임금 앞에서 스스로를 '신(臣)'으로 칭하지 않고 '나'라고 하며, 자신들이 폭군인 정조를 없앨 권리가 있다고 주장했다. 이후에도 많은 유생들이 노골적으로 정조의 뜻에 거스르는 행보를 밟다가 유배당했다. 1786년 홍국영에게 충성하던 훈련대장 구선복, 구이겸, 구명겸 등의 무장들이 문양해와 내통하여 상계군 이담을 옹립하려던 계획이 정순왕후에 의해 발각되기도 하는 등 정조 즉위 초반부는 반란과 역모의 연속이었다.

숱한 암살 시도와 역모는 정조에게 자신을 호위할 군사의 필요성을 느끼도록 만들었다. 그래서 정조는 아버지 사도세자의 존호를 축하하기 위해 경과(慶科)를 실시하여, 무과에서 무려 2천 명의 합격자를 배출시켰고, 홍복영의 역모 사건을 계기로 친위부대인 〈장용위〉를 설치한다. 이후 1788년에 〈장용위〉를 〈장용영(壯勇營)〉으로 개칭하면서, 기존의 인원 30명을 1만 8,000명까지 늘렸다. 그리고 이덕무의 처남 장교 백동수(白東脩; 1743-1816)에게 훈련 교본 「무예도보통지(武藝圖譜通志)」(한·중·일 3국의 무기와 무예를 종합해놓음)를 이덕무, 박제가와 함께 펴내서 〈장용영〉의 군사들이 '18기'를 습득하도록 훈련시켰다.

정조는 또한 선왕의 묘를 이장하는 동시에 자신이 꿈꾸던 도시 수원 화성을 건설하여 한양에서는 펼치기 힘든 다양한 정책들을 천도 후 실행에 옮기려 했다. 이를 위해 화산에 선왕의 무덤인 현릉원을 만들고, 거주하던 주민들이 옮겨 살게 할 계획도시를 수립했다. 새로운 정치를 펼치고자 했던 화성(華城; 수원) 건설은 1794년에 시작하여 3년이 채 지나지 않은 1796년에 완공되었다.

신도시 건설은 당시의 토목 기술로는 10년도 넘게 걸려야 했지만, 정약용이 발명한 거중기(擧重機), 활차(滑車 : 도르래)를 이용한 녹로, 동차(童車), 설마(雪馬: 썰매) 등 획기적인 기구로 기간을 단축했고, 축조에 동원된 인부에게는 급여를 지급했기 때문이었다. 공사가 마무리된 후에는, 공사와 관련된 각종 기록을 정리한 『화성성역의궤(華城城役儀軌)』를 펴내도록 했다.

정조는 화성이 교통의 요지인 점을 활용해 상업도시로 만들고자, 상인들이 자유롭게 장사할 수 있도록 여러 가지 정책을 펼쳤다. 조선 전기만 해도 육의전을 비롯한 시전상인들의 특권이 인정되어 독점적 상권을 인정받는 '금난전권(禁亂廛權)'을 누리고 있었다. 하지만 금난전권은 결국 도시의 상업을 폐쇄적으로 만들었고, 물가 상승을 초래하여 영세상인과 수공업자 및 일반 백성들에게 위협이 되고 말았다. 이 같은 폐단을 없애고 물가를 안정시키기 위해 정조는 1791년 좌의정 체제공이 제시한 '신해통공(辛亥通共)' 정책을 실시하여 종로 앞거리에 육의전을 제외한 시전(市廛) 상인들의 특권을 폐지하여 일반인도 나머지 물품을 취급하는 사전(私廛)을 열 수 있게 하여 상업 발전을 꾀했다.

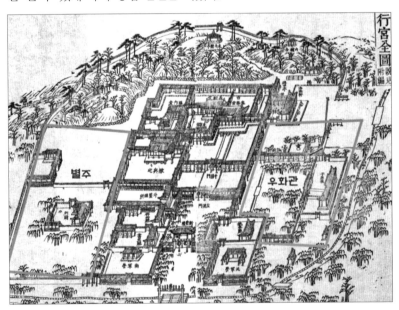

✦ 화성성곽 축조에 관한 경위와 제도·의식 등을 기록한 『화성성역의궤』(1801)에 기록된 별주와 우화관의 모습. 수원화성·화성행궁 복원에 기초 자료로 쓰이고 있으며 수원화성의 '세계문화유산' 등재에 결정적 역할을 했다.

화성 공사 완성으로 세력을 갖추고 안정을 이룩한 정조는 붕당정치를 종식시키기 위해 탕평책을 펼쳤다. 분파에 상관없이 인재를 두루 등용한 것이다. 대표적인 사람이 바로 홍국영과 서명선이다. 비록 정치적으로는 뜻을 온전히 펴지는 못했지만, 경제와 학문, 문화면에서 이룬 정조의 업적은 무척 많아, 이 시기를 '조선의 르네상스'라고 해도 과언이 아닐 것이다. 외국의 문물을 수입함으로써 조선 실학 발전에 영향을 주었으며, 홍문관의 기능을 분산한 학술기관 〈규장각(奎章閣)〉을 재건하고 실학파 박제가, 이덕무, 유득공 등 서얼 출신들을 과감히 등용하여 서학을 익히도록 했다.

다만 나중에 왕실 도서관이자 학술 및 정책을 연구하는 〈규장각〉이 너무도 비대한 권력기구가 되어 홍문관을 비롯한 대간을 무력화시키고, 기존의 〈성균관〉마저 유명무실화 하는 폐단을 낳기도 했다.

김홍도와 신윤복

김홍도(金弘道; 1745-?)의 호는 단원(檀園), 취화사(醉畵士), 첩취옹(輒醉翁)이다. 경기도 안산시 단원구 명칭은 그의 호에서 따온 것이다. 그는 정조 때 문예부흥기의 대표적인 화가로 산수화, 풍속화, 인물화, 신선도, 화조화, 불화 등 모든 분야에서 독창적인 경지를 구축한 인물이기도 하다. 주로 어명이나 고관과 양반의 청탁을 받아 그림을 그렸지만, 서민들의 생활을 담은 풍속화도 많이 그렸다. '시·서·화 삼절(三絶)'로 불렸고 당시 화단에서 '예원의 총수'라 일컫던 강세황(姜世晃; 1713-91)은 김홍도의 화업에 많은 도움과 영향을 주었다. 그는 김홍도를 가리켜 '금세의 신필(神筆)'이라고 극찬하며 정조의 어진(御眞)을 그리도록 했는데, 이는 화원으로서 최고의 영광을 누린 것이라고 할 수 있다. 그는 1776년에 왕세손이 정조로 보위에 오르자, 정조에게 '규장각도'를 바치기도 했다.

김홍도의 후기 작품의 시작을 상징적으로 보여주는 것이 40세 되던 해인 1784년에 그린 '단원도'이며 이때부터 '단원'이라는 관서를 사용하기 시작했다. 중인인 김홍도가 명나라의 문인화가 이유방의 호를 자신의 호로 삼은 것은 후기의 그의 새로운 심적 상태를 반영한 것이다. 40세가 되던 해인 1784년에는 경상도 안동의 안기역 찰방이 되어 근무했다. 1789년에는 스승인 김응환과 함께 일본의 지도를 그려오라는 정조의 밀명을 받고 떠났는데 김응환이 병으로 죽자 혼자 쓰시마 섬으로 건너가 일본 지도를 그려 가지고 돌아왔다. 1790년에는 정조가 할아버지 영조와의 정치적인 대립으로 죽은 사도세자를 위해 지은 사찰인 〈용주사〉 대웅전에 운연법(雲煙法)으로 입체감을 살린 '삼세여래후불탱화'를 그리기도 했다.

48세가 되던 1791년에 충청도 연풍(延豐괴산)의 현감으로 임명된 그는 민중들의 삶을 자신만의 개성으로 그려내기 시작했다. 51세가 되던 1795년에 연풍 현감에서 해임되어 한양으로 올라온 김홍도는 다시 화원으로 활동했다. 그리고 자신의 독특한 화풍을 정립해가며 활발한 작품활동을 벌인다. 이 시기에는 〈도화서〉의 공적인 일 이외에도 사적인 주문에 의한 작품들이 많이 선보였다. 그러나 1800년 정조가 갑작스럽게 승하한데다가, 그와 교류하던 후원자인 김한태도 별세하여 후원자를 모두 잃은 그는 생활이 어려워졌다. 김홍도가 정확히 언제 사망했는지는 전해지지 않는다. 1805년 12월에 쓴 편지만 전해지고 이후 행적과 작품이 전혀 알려지지 않는 것으로 보아 1805년경으로 추측될 뿐이다.

❀ 김홍도와 도슈사이 샤라쿠

정조의 총애를 받던 김홍도가 조선에서 사라진 후, 일본의 '에도 시대'인 1794년 5월에 혜성처럼 나타나 10개월간 140여 점의 작품을 남기고 홀연히 사라진 일본 목판화 우키요에(浮世繪)의 천재 도슈사이 샤라쿠(東州齋寫樂)가 단원 김홍도였다는 설이 있다.

두 사람의 화법이 비슷해 그런 설이 나돌았다. 김홍도의 '씨름'을 보면 사람의 손가락이 4개만 있다든지, 손의 좌우가 바뀌어 그려져 있다든지 하는 화법이 제법 등장

하는데, 샤라쿠의 작품에서
도 손가락의 좌우가 바뀌어
있는 등 이해할 수 없는 화법
을 종종 볼 수 있다는 것이다.

특히 결정적으로 샤라쿠의
작품들의 낙관은 '동주재사
락(東州齋寫樂: 일본어로 '도
슈사이 샤라쿠')인데, "조선
의 동쪽 섬에서 <풍락헌(豊
樂軒)>의 현감이 그림을 그렸
다"는 뜻이다. 당시 김홍도는
<풍락헌>이 있는 연풍의 현감
을 지냈기에 충분히 가능한

✦칼을 쥔 손의 바뀐 작품 '이치카와 오메조(市川男女蔵)'와 샤
라쿠의 낙관 '동주재사락(東州齋寫樂)

추측이다. 그러나 샤라쿠는 김홍도의 화풍을 충실히 전수받은 도화서 출신으로 일
본에 건너간 조선 밀정이거나, 그에게 그림을 배우며 밀정 활동을 도운 일본인 화가
였을 가능성이 있다.

   김홍도와 쌍벽을 이루는 조선의 화공으로 혜원(蕙園) 신윤복(申潤福: 1758-
1814?)을 들 수 있다. 신숙주의 방계 후손으로, 구한말 역사학자 단재 신
채호의 8대 방조(傍祖)가 된다. 그의 종조부, 종증조부 그리고 아버지 신
한평도 <도화서>의 화원으로 영조의 어진을 두 번이나 그릴만큼 실력을
인정받았으며, 아버지의 영향을 받은 신윤복도 <도화서>의 관원이었다.

   그는 인물화와 풍경화 영모화(翎毛畵: 새나 짐승 그림) 외에도 많은 양의 풍
속화를 남겼으며, 춘화 작품까지 남아 있다. 그의 그림은 양반들의 위선
적인 태도와 이중 잣대를 풍자하고 부녀자들의 자유연애와 애환을 묘사
하고 있으며 해학이 담긴 내용이 주를 이루었다. 또한 중국과 서양 상인
을 통해 들어온 안료들을 사용해 다양한 색채를 입히기도 했다.

   그러나 1800년 정조 사후 자유분방한 분위기가 사라지면서 그의 작
품활동도 쇠퇴기에 접어든다. 그가 남긴 작품은 1813년의 작품까지 전해
지는데 바로 그 이후에 사망했을 것으로 추정되고 있을 뿐, 정확한 사망
일과 사망지는 알려지지 않고 있다.

혜원(蕙園) 신윤복은 단원(檀園) 김홍도, 오원(吾園) 장승업(이들을 '3원(三園)'이라 부른다), 긍재 김득신과 더불어 '조선 4대 풍속화가'로 손꼽힌다.

2) 실학파의 등장

실학파의 형성과 국학의 발달

소위 실학파에 앞서 직·간접적으로 실학을 유도하고 계몽함으로써 실학의 준비기를 마련한 이들이 있었다. 조선의 역사. 지리를 고증한 『동국지리지(東國地理志)』(1615)의 저자 한백겸(韓百謙; 1552-1615), 백과사전인 『지봉유설(芝峯類說)』(1614)의 저자 이수광(李睟光; 1563-1628), 『홍길동전』의 저자 허균(許筠, 1569-1618)이 이들인데, '실학계몽파(實學啓蒙派)'로 부르기도 한다.

일반적으로 실학의 유파는 세 부류로 구분한다. 첫째, 조카 안정복이 정리·편찬한 백과사전 『성호사설(星湖僿說)』의 저자 성호 이익(李瀷; 1681-1774)을 중심으로 하는 '경세치용(經世致用) 학파'로, 토지 제도, 행정기구 등 제도상의 개혁에

✦유형원과 이익

치중했던 학파이다. 둘째, 연암 박지원을 중심으로 하는 '이용후생(利用厚生) 학파'로서 상공업의 유통과 생산 기구 등 일반 기술 쪽의 혁신을 목

표로 하는 학파이다. 셋째, 김정희를 대표로 하는 실사구시(實事求是) 학파로서 경서(經書) 및 금석(金石), 전고(典故)의 고증을 위주로 하는 학파를 말한다. 따라서 경세치용 학파는 주로 농촌 출신의 학자들로서 이이-유형원-이익-정약용으로 이어지고, 이용후생 학파는 주로 서울 출신의 학자들로서 이재-유수원-홍대용-박지원-박제가 같은 북학파(北學派)들이 대부분이다.

한국 실학은 17세기 후반 반계 유형원(磻溪 柳馨遠; 1622-73)을 통해 비로소 실학적인 성격을 갖춘다. 그는 벼슬을 마다하고 52년의 생애를 재야에 은둔하여 오직 학문에만 전념하며 『반계수록(磻溪隨錄)』(1676년 완성, 1769년 편찬)을 통해 제도의 개혁을 주장했다. 이 시기에 반계와 더불어 서계 박세당이 큰 비중을 차지한다. 그는 농서로서 『색경(穡經; 사물의 색깔과 모양)』(1676)을 저술했는데, 그의 비판정신과 주체의식은 실학정신과 맥을 함께한다.

18세기에 들어, 특히 성호 이익에 이르러 실학은 학파적 정립을 보게 된다. 이른바 '성호학파(星湖學派)'라고도 불리는 이들은 경기지방의 남인들이 중심이 되었다. 성호 또한 평생을 초야에 묻혀 학문에만 전념했던 위대한 학자였다.

18세기 후반의 실학은 이른바 '북학파(北學派)'에 의해 주도되었다. 이들은 주로 노론의 일부 지식인들로 청나라를 왕래하면서 발전된 서양 문물을 직접 접하고 영향을 받았는데, 선글라스(烏水鏡)를 끼어 장안의 화제가 되었고 지구 자전설이 담긴 『담헌서(湛軒書)』를 집필한 홍대용(洪大容, 1731-83), 청나라 견문록 『열하일기』(1780)의 박지원(朴趾源, 1737-1805), 청나라 제도·문물을 소개한 『북학의』(1778)의 박제가(朴齊家, 1750-1805)가 대표적 인물이다. 이들은 주로 상공업의 유통과 일반 기술의 발전을 추구했다.

19세기에 들어서 실학은 정약용, 김정희, 최한기에 의해 철학적 기반을 확립하고 그 전성기를 맞는다. 정약용은 한국 실학자 가운데에서도 가장 대표적인 위치에 있다. 그는 종(縱)으로는 반계와 성호의 학통을 잇고, 횡(橫)으로는 북학 및 서학을 섭취하여 실학사상을 집대성했다.

또한, 김정희는 이 시기의 대표적인 실학자로 경학, 사학, 시문, 금석, 고고, 서화에 능했던 대학자요 예술가였다. 그는 '경세치용'이 아닌 북학파의 영향을 받아 실학을 '실사구시(實事求是)' 입장에서 전개한다. 그의 실학은 한학의 훈고 또는 고증학풍과 송학(宋學)의 의리 정신을 절충하고 있는 게 특징인데, 금석학, 고증학, 훈고학은 '성인지도(聖人之道)'를 구현하기 위한 하나의 수단이었다.

끝으로 한국 실학의 독창성과 철학적 기반을 마련한 이가 최한기(崔漢綺; 1803-79)이다. 기(氣) 중심의 그의 철학은 실학사상과 개화사상의 중간적 위치에 자리하고 있다.

한편 실학의 발달로 우리의 역사·지리·국어의 연구도 한층 활발해졌다. 그 신호탄이 이익의 『성호사설』이다. 이 책에서 그는 "당대의 시세(時勢)를 정확히 파악하는 게 역사가의 임무"라고 강조했으며, 중국 중심에서 벗어나 우리 역사의 체계화를 주장했다. 이익의 문하이자 천주교 비판론자로 알려진 안정복(安鼎福; 1712-91)은 고조선에서 고려까지의 역사를 서술한 『동사강목(東史綱目)』(1778)에서 우리 역사의 독자적 정통론을 제시했다. 그리고 나중에 조선 태조에서 영조까지의 역사를 각 왕별로 편찬한 『열조통기(列朝通記)』를 편찬했다. 또 이긍익(李肯翊; 1736-1806)은 야사를 참고하여 조선 정치사를 객관적 실증적으로 서술한 『연려실기술(燃藜室記述)』(기사본말체)을 펴냈다. 끝으로 유득공(柳得恭; 1748-1807)은 『발해고』에서 발해를 고구려의 계승자로 보고 조선 역사의 체계 안에 포함시켜야 한다고 주장하고 기존의 통일신라설에 이의를 제기함으로써 신라와 발해가 병존했던 시기를 '남북국 시대(南北國時代)'라고 칭했다.

추사 김정희

　　노론 북학파 실학자이자 화가이며 서예가인 김정희(金正喜)는 충남
예산 출생으로, 호는 추사(秋史)등 무려 500개가 넘는다. 우리나라 금석
학의 개조(開祖)로 불리며, 한국과 중국의 옛 비문을 보고 만든 '추사체
(秋史體)'가 있다.

　김정희는 16세 때 북학파의 대가이자 3차례 이상 북경을 오가며 학문
의 폭을 넓힌 박제가의 제자가 되면서 북학파 사상을 배우고 연암 박지
원의 학통을 계승했다. 이에 따라 그는 청나라의 '고증학'에도 흥미를 갖
게 되었다.

　동지사 겸 사은사 일행이 청나라로 갈 때 그도 부사
인 부친 김노경을 따라 자제군관의 직책으로 동행하여
연경(북경)에서 학자 옹방강(翁方綱)과 완원(阮元)을 만났다.
옹방강은 일찍이 『사고전서』 편찬에 관여했으며, 경학에
정통하고 문장, 금석, 서화, 시에 능한 학계 원로였다. 당
시 청의 학풍은 한대의 학문을 숭상하고 송나라, 명나
라의 성리학을 관념적이라며 배척했는데, 옹방강은 한
나라와 송나라 학문의 절충을 주장했었다. 청나라 중
기의 경학의 대가였던 완원은 실사구시설을 비롯한 고
증학의 학문적 체계 수립에 영향을 주었다. 그래서 김
정희는 박지원의 북학사상과 청나라 고증학 사상의 영
향을 받아 성리학만이 진리라는 생각을 버리게 되었다.

✦김정희는 주역에도 조예
가 깊었으며, 전각(篆刻)을
예술의 경지로 끌어올렸다.
그는 차(茶)를 좋아하여 '한
국의 다성'이라 불리는 초의
선사(草衣禪師)와 동갑으
로 젊은 시절부터 친분을 맺
었다. 그는 초의선사를 위해
'명선(茗禪; 차를 마시며 참
선에 든다)'이라는 글씨를 남
겼다.

　1819년 김정희는 식년시 병과에 급제하여 관직에 있
었지만, 효명세자가 죽자 권력을 잡은 안동 김씨 집안
의 김우명에게 탄핵당했다. 충남 비인 현감으로 있던 그

는 암행어사였던 김정희에게 파직되는 바람에 원한을 품고 있었다. 그러나 헌종 원년(1835) 풍양 조씨가 정권을 잡자 김정희는 이조판서에 오르기로 했다.

그는 이전까지 '사서육경'의 보조학문 정도로 여겨지던 금석학, 사학, 문자학, 음운학, 천산학, 지리학, 천문학 등의 학문에 대한 포괄적인 연구를 시작했다. 실생활에 유용한 학문을 연구해야 한다는 박지원과 박제가의 가르침은 그가 실용적인 학문 연구에 정진하도록 만든 이념이 되었다. 당시 신라와 고려시대의 묘비와 지석 등이 각지에서 발견, 출토되기 시작하면서 문자 해독이 이루어졌고, 금석학은 문자학과 서도사의 연구와 더불어 독자적인 학문 분야로 발전하기 시작했다. 김정희가 남긴 금석학의 가장 큰 업적은 1816년 당시까지 무학대사의 비 또는 고려 태조의 비로 알려져 있던 북한산 '진흥왕순수비'를 제대로 밝혀낸 것이다. 또 문무왕비와 동생 김인문 묘비 등에서 발견한 '신라 성한왕(新羅 星漢王)'이라는 글자에 주목, 경주 김씨의 역대 족보와 비교·대조하여 김알지 또는 김알지의 아들 세한과 동일인이라는 결론을 내렸다. 그는 금석문에 대한 해독, 문자판독에 대한 체계적인 연구와 정리를 바탕으로 후학을 지도하여 조선 '금석학파'를 성립시켰다.

철종 2년(1851)에 벗인 영의정 권돈인과 함경도 북청으로 유배를 떠났으나, 그동안 지인과 제자로부터 고대의 석기를 모아오게 하여 고대 문화를 연구했다고 한다. 유배를 마치고 북청에서 돌아온 김정희는 경기도 과천에 과지초당(瓜地草堂)이라는 거처를 마련하고 후학을 가르치며 여생을 보냈으며, 71세가 되던 해에 승복을 입고 〈봉은사〉에 들어갔다. 그리고 다시 과천으로 돌아와 생을 마쳤는데, 죽기 전날까지 집필에만 전념했다고 한다.

다산 정약용과 형제들

조선의 대표적인 문신이자 '경세치용' 실학의 집대성자, 저술가, 시인, 과학자인 정약용(丁若鏞: 1762-1836)의 호는 다산(茶山), 탁옹, 자하도인 등이며, 당호는 여유당(與猶堂)이다. 경기도 광주부 초부면 마재리(남양주시 조안면 능내리)에서 4남 중 막내로 태어났다 1776년 결혼하던 해 부친 정재원이 벼슬길에 다시 나서 한양으로 올라왔으나 15세 때에는 아버지를 따라 화순에서, 19세 때는 예천에서 살았다.

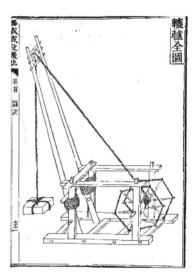

1783년에 세자 책봉 경축 증광시에 합격한 후 생원과 진사가 되어 〈성균관〉에 들어갔는데, 학문이 뛰어나 〈규장각〉에서 정조의 총애를 받았다. 정약용은 문인이지만 발명에도 뛰어난 재능이 있어 한강에 배와 뗏목을 잇대어 매고, 그 위에 널빤지를 깔아 배다리를 만들기도 했으며, 또한 수원 화성 건축 당시 서양식 축성법을 도입한 성제(城制)와 기중가설(起重架說)을 설치하고, 활차녹로(滑車轆轤: 도르래)와 거중기 등의 기구를 만들어 공사비와 공사기간을 줄이는 성과를 올렸다.

✦도르래 원리를 이용해 돌을 약 10미터 높이로 들어올리는 장비 활차녹로는 수원성 축조 때 2대가 활용되었다.

그는 큰형 정약현의 처남 이벽(李檗)을 통해 천주교를 접하는데, 중국인 만주 출신 주문모(周文謨) 신부가 교우 강완숙 등의 헌신적인 도움을 받아 전교를 하다가 적발되는 사건에 휘말려 좌천당했다. 다산의 집안은 숙명과도 같이 초기 천주교와 깊은 관련을 맺고 있었다. 형수의 동생인 이벽은 조선시대 천주교 초기의 교도로서 한국 천주교회를 창설한 주역이었다. 최초의 영세자 이승훈은 다산의 큰 매형이었고, 1801년 '황사영 백서사건(黃嗣永帛書事件)'으로 처형된 황사영은 다산의 조카(정약현의 아들)사위였다.

1800년 노론 진영에서 천주교에 대한 강경책을 주장하자 정조는 일시적인 종교적 현상으로 이해하여 묵인하는 온건한 정책을 폈다. 사교(邪敎)는 자멸할 것이며, 정학의 진흥으로 막을 수 있다, 즉 성리학이 올바로 교훈된다면 이에 반하는 천주교는 자멸할 테니 탄압할 이유가 없다는 논리로 거부한 것이다. 하지만 '진산사건'(신해박해; 1791년 진산(鎭山), 지금의 금산)에 일어난 최초의 천주교 박해 사건. 정약용의 외조카 윤지충이 모친상을 가톨릭 방식으로 치르자, 조정은 가톨릭교를 사학(邪學)으로 단정하여 윤지충, 권상연 등을 사형에 처했다.)이 일어나자 관련자들을 처형했듯이, 천주교가 성리학 전통을 부정할 경우에는 탄압을 가했다.

임금 정조가 1800년 6월 갑자기 승하하자, 이듬해 정월 대왕대비 정순왕후 김씨는 천주교 탄압정책을 폈는데, 이를 '신유박해(辛酉迫害)'라고 한다. 정약용과 그의 둘째 형 정약전은 셋째 형 정약종과는 달리 이미 천주교를 버린 뒤였으나, 노론에서는 이미 이들을 제거할 생각이었다. 그러나 천주교 신자인 정약종만 참수당했고, 정약전과 정약용은 천주교에 거리를 둔 점이 확인되면서 사형에서 유배로 감형되었다.

유교 경전에 대한 새로운 해석을 통해 당대 조선을 지배한 주자학적 세계관에 대한 근본적인 반성을 시도했던 정약용은 18년 동안 경상도 장기(포항), 전라도 강진 등지에서의 이 유배 기간에 3부작으로 불리는 행정지침서 『목민심서』, 개혁정책서 『경세유표』, 형법서 『흠흠신서』 등을 저술했다. 둘째 형 정약전도 물고기의 생태를 기록한 『자산어보(玆山魚譜)』라는 명저를 남겼다. 그는 고난 중에도 학자로서의 사명을 다한 것이다. 순조 18년(1818) 5월에는 귀양이 풀리고 승지에 올랐으나, 곧 고향으로 돌아왔고, 1836년에 남양주 마현리(馬峴里) 자택에서 별세했다.

❀ 의녀 김만덕

조희룡의 「호산외사」에는 여성으로 거상이 된 제주의 김만덕(金萬德; 1739-1812)이라는 여인의 이야기가 전한다. 양가집 출신이었던 그녀는 조실부모하고 기녀에게 맡겨졌다가 상재를 발휘하여 거대한 부를 축적한 인물이다.

정조 19년(1795) 큰 흉년이 들어 굶주리는 백성이 늘어나자, 김만덕은 막대한 돈을 희사하여 육지에서 식량을 사들여 와 진흉미로 기부하여 빈사상태의 제주도 백성들을 구제했다. 이 때문에 제주에서는 의녀(義女) 김만덕으로 불린다.

이듬해 만덕의 선행을 전해들은 정조가 제주목사를 시켜 소원을 물으니 대궐을 구경하고, 금강산을 다녀오는 것이라 했다. 당시 섬에 거주하는 여인은 뭍으로 나올 수가 없었는데, 정조는 김만덕을 내의원 의녀로 삼아 소원을 이룰 수 있게 했고, 영의정 채제공의 주선으로 금강산을 유람하기도 했다.

✦ 김만덕

만덕이 사망하고 한 달이 지난 1812년에 구묘비문(舊墓碑文)이 세워졌고, 30여 년이 지난 1840년(헌종 6) 추사 김정희가 제주도에 유배되었을 때, 김정희는 김만덕의 양자 김종주에게 '은혜의 빛이 온 세상에 퍼졌다'는 뜻의 '은광연세(恩光衍世)'라는 편액을 써 주었다.

순조와 천주교 박해

1800년 6월 정조가 승하하자, 세자가 11세의 나이로 왕위에 오르니 조선 23대 순조(純祖; 1800-34)이다. 그는 나이가 어려 즉위와 함께 증조모이자 영조의 계비인 대왕대비 정순왕후가 3년 동안 수렴청정을 했다.

1801년, 정순왕후는 공노비 중 6만6천여 명을 면천하여 양민으로 삼도록 하고, 〈승정원〉에 명하여 노비문서를 불태우게 했다. 정순왕후는 영조 때 사도세자의 폐위를 주장했고, 정조의 탕평책을 반대한 벽파(僻派)와 작당해 정권을 장악하고 시파 숙청에 주력했으며, 1802년에는 〈장용영〉을 해체시켰다.

정순왕후는 서학(西學; 천주교)를 인륜을 무너뜨리는 종교라 하여 천주교도들을 엄히 대했고, 범죄자의 색출과 세금 징수 및 부역 동원 등을 효과적으로 시행하기 위해 다섯 집을 한 통으로 묶은 호적제인 '오가작통법(五家作統法)'을 천주교도를 색출하는 데 이용했다. 이에 따라 '천주교 신자들과 당시 조선에 입국한 청나라의 주문모 신부가 처형당했으며, 남인과 시파의 주요 인물인 이가환, 정약용의 매형인 이승훈과 셋째 형 정약종 등이 처형되고 정약용 등이 유배되었다.

황사영은 조선의 천주교 박해를 북경의 주교에게 알리려다가 적발된 '백서 사건'으로 처형당했으며, 사도세자의 아들인 은언군 또한 아내 상산군부인 송씨와 며느리 평산군부인 신씨가 세례를 받은 사실이 알려져 탄핵을 받았고, 남인과 시파는 몰락하니, 이가 '신유박해(辛酉迫害; 1801)'이다.

1805년 정순왕후 김씨가 죽자 순조의 장인인 김조순과 그 일파가 권력을 장악했다. 그리하여 탕평이 무너지고 왕의 외가와 처가 일족에 의한 '세도정치'가 등장했다. 이때는 국정을 주도하던 〈비변사〉가 권력의 핵심으로 부상하면서 육조와 의정부가 무력화되었다.

장인 김조순을 비롯한 안동 김씨가 집권하자, 순조는 외가인 반남 박씨와 세자빈의 가문인 풍양 조씨 등을 기용하며 권력을 분산시켰다. 하지만 이 시기에는 탐관오리의 수탈과 토호의 세금 전가가 극심하여 국가 재정의 3대 요소인 전정(田政: 논밭에 부과하는 세금), 군정(軍政: 병역을 치르는 대신 군포를 내는 것), 환곡(還穀 : 정부 보유 미곡의 대여 제도) 등 소위 '삼정(三政)'이 문란해져 농민층의 몰락을 재촉했다.

'홍경래의 난'과 거상 임상옥

순조 11년(1811) 12월부터 5개월에 걸쳐 평안도 일대에서 대규모 농민 반란이 일어났다. 흉년이 들어 민심이 흉흉한 틈을 타 홍경래는 부농과 상인을 규합했고, 삼정의 문란 속에서 서북지역에 대한 차별과 수탈에 시달리던 농민들까지 가세했다. 홍경래는 스스로 평서대원수라 칭하고, 우군칙을 참모로 삼아 군사를 이끌고 가산, 박천을 함락시킨 후 한양으로 남진토록 했다. 김삿갓, 김립(金笠)으로 알려져 있는 김병연의 할아버지 선천부사 김안주와 평안도 병마절도사 이해우와 목사 조종영이 필사의 각오로 천여 명의 병사를 모아 송림리의 홍경래군을 공격했으며, 곽산군수 이영식 휘하 원군의 도움으로 홍경래군은 대패하여 정주성으로 피신했다.

그러자 관군은 땅굴을 파들어가 화약으로 성의 밑바닥을 폭발시키고 성내로 돌입하여 함락시키니, 이때 홍경래는 총에 맞아 죽고, 우군칙, 홍총각 등 다수는 포로가 되어 한양으로 압송된 후 참형당했으며, 여자와 어린 아이를 제외한 1,917명이 전원 처형되었다. 이로써 '홍경래의 난'은 거병한 지 5개월 만에 막을 내리고 말았다.

당시 경강상인들은 쌀을 매점하고 높은 가격을 책정하여 시장경제를 교란시켰는데, 원하는 만큼 가격이 형성되지 않으면 쌀을 시중에 풀지 않았다. 한양의 쌀값이 치솟자, 분노한 백성들이 가게를 부수고 방화와 약탈을 자행했다. 결국 난동을 부린 주모자들은 붙잡혀 사형당했으며, 상인 2명도 처형되었다.

이후 조정에서는 상인들이 시장을 소란스럽게 하는 것을 경계하고, 되를 속이고 물을 섞어 곡식을 판매하는 행위를 강하게 처벌하는 등의 대책을 마련했다.

순조는 조선 후기의 중흥기를 이끈 대표적인 군주로 평가된다. 하지만 홍국영을 기용하여 측근 가신에 의해 정사가 좌우되는 폐단을 남기기도 했으며, 승하 직전에 어린 세자가 걱정되어 안동 김씨 김조순의 딸을 세자빈으로 삼았지만, 힘이 한쪽으로 기울면서 소위 '세도정치'의 배경이 되고 말았다.

순조 재위 후반기에는 김조순이 죽고 그의 아들인 김좌근이 군국 사무를 관장했으며 일가친척들이 권력을 장악했다. 이 시기의 세도가문들은 부정적인 방법으로 재산을 늘리고 하층민을 착취했으며, 뇌물수수와 부정부패가 극에 달했다.

안동 김씨의 세도 정권이 정국을 주도하는 가운데, 순조는 이를 견제하기 위한 여러 가지 방책을 강구했다. 순조 19년(1819), 조만영의 딸을 세자빈으로 삼은 것을 계기로 풍양 조씨 일문을 중용했으며, 1827년에는 효명세자에게 대리청정을 맡겼으나 세자가 요절하면서 막을 내렸다.

말년의 순조는 자녀들의 잇따른 죽음으로 크게 상심하여 소화불능 등의 병을 앓다가 1834년 경희궁 회상전에서 승하했다. 능은 인릉이며, 순원왕후와 합장되어 있다.

"장사란 이익을 남기기보다 사람을 남기기 위한 것이며, 사람이야말로 장사로 얻을 수 있는 최고의 이윤이고, 신용이야말로 장사로 얻을 수 있는 최대의 자산이다."

최인호의 소설 『상도』로도 잘 알려진 거상 가포 임상옥(稼圃 林尙沃; 1779-1855)의 말이다. 평안북도 의주 출생인 그는 역관(譯官)이 되려던 아버지에게서 중국어를 배우고, 일찍부터 장사에 발을 디뎠고 타고난 재주가 있어 순조 10년(1810)에는 국경지방에서 인삼무역권을 독점했다.

1811년 '홍경래의 난'으로 의주가 위험해지자, 의병을 모을 모집금과 군자금을 제공했다. 1821년 〈변무사〉의 수행원으로 청에 갔을 때, 연경 상인들의 인삼 불매동맹을 교묘한 방법으로 깨뜨리고 원가의 수십 배로 매각하는 등 막대한 이득을 얻었다. 그는 단순히 부를 쌓는데 그치지 않고 마을에 다리를 놓고, 빈민 구제 등의 자선사업으로 천거를 받아 1832년에는 곽산군수 벼슬까지 제수받았다.

언젠가 그가 청나라에 갔을 때, 한 여인이 부모에게도 버림받고 팔려온 신세이니 구해 달라고 청하자 큰돈을 치르고 주인에게 여인을 사서 풀어 주었다. 나중에 이 여인은 거상의 부인이 되었는데 임상옥이 북경에 왔을 때 남편을 통해 전폭적으로 지원하여 엄청난 수익을 얻을 수 있었다고 한다.

임상옥은 '계영배(戒盈杯)'라는 술잔을 늘 옆에 두고 마음을 다잡았다고 한다. '가득참을 경계하는 잔'이라는 뜻이다. 계영배는 잔에 채워진 액체가 잔 중앙 기둥 밑의 구멍으로 들어가면 파스칼의 원리를 통해 중앙 기둥 꼭대기 내부의 공간도 채우게 된다. 채워진 액체의 높이가 이 공간의 높이보다 낮으면 잔은 정상적으로 기능하지만, 그보다 높이 채워지면 액체가 기둥뿌리의 구멍과 기둥 속 공간을 거쳐 잔 다리의 구멍으로 흘러나간다. 즉 적당히 채우면 물이 그대로 있지만, 너무 많이 채우면 흘러나와 잔이 비어버린다.

이 같은 형태의 잔은 고대 그리스의 피타고라스가 처음 만들었다고 하며, 중국 춘추시대 오패(春秋五霸; 제 환공, 진 목공, 송 양공, 진 문공, 초 장왕) 중 한 사람인 제환공(齊桓公)이 군주의 올바른 처신을

✦ "재물은 평등하기가 흐르는 물과 같고(財上平如水; 재상평여수), 사람은 바르기가 저울과 같다.(人中直似衡; 인중직사형)" 즉, 물과 같은 재물을 독점하려 한다면 반드시 그 재물에 의해 망하고 저울과 같이 바르고 정직하지 못하면 언젠가는 파멸을 맞는다는 의미.
 - 임상옥의 『가포집(稼圃集)』에서.

위해 인간의 끝없는 욕망을 경계하며 늘 곁에 놓아 마음을 다스렸던 그릇이라서 '유좌지기(宥坐之器)'라 불렸다. 후에 공자가 제환공의 사당을 찾았을 때, 계영배를 보고 제자들에게 총명하면서도 어리석음을 지키고, 천

하에 공을 세우고도 겸양하며, 용맹을 떨치고도 검약하고, 부유하면서도 겸손해야 한다며 이 그릇의 의미를 가르쳤다고 한다.

✿ 고산자 김정호와 대동여지도

김정호(金正浩)는 조선 후기 대표적 지리학자이며 지도 제작자로, 1804년 황해도 토산군 출생이며, 호는 고산자(古山子)이다. 가난했으나, 지도 제작 등에 필요한 지식 등에 비추어 볼 때 몰락한 양반이나 중인으로 추정된다. 한양으로 이주한 뒤에는 남대문 밖 만리재에 살았다고 하는데, 어릴 적부터 지도와 지지에 관심을 가졌다.

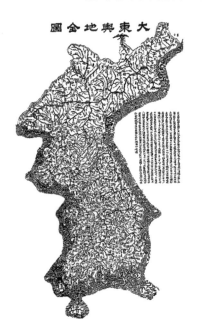

김정호는 지도(地圖)와 지지(地誌)가 서로 불가분의 관계라고 인식했다. 지도로써 천하의 형세를 살필 수 있고, 지지로써 역대의 제도와 문물을 헤아려 볼 수 있으므로 지도와 지지는 떼려야 뗄 수 없는 관계로 위국(爲國) 곧 치국(治國)의 길이라고 강조했다. 그럼에도 단기(檀箕: 단군과 기자) 이래 지도가 없고 지지는 『삼국사기』에 이르러 비로소 만들어졌기 때문에 지지의 첫머리에 신라 이전의 사항을 두어 알게 했다. 조선 초기에는 「동국여지승람」이 편찬되어 비로소 도적(圖籍)이 마련되었지만, 김정호가 시대에 이르러서는 편찬된 지 이미 3백여 년이 지나 지리 정보에 차이가 커 이를 바로잡으려고 「동여도지」를 만들었다. 이에 따라 편목이나 구성이 「동국여지승람」의 구성과 비슷하다.

김정호는 치국경제에 유용하도록 「동여도지」 등을 제작할 때 관방과 역참, 학교와 서원 등 42개 편목을 자세히 설명하거나 표기했다.

순조 34년(1834)에 지지 「동여도지」를 제1차 편찬했고, 부도에 해당하는 지도 「청구도」도 펴냈다. 철종 2년(1851) 무렵에 지지 「여도비지」를 편찬했고, 1856년(철종 7년) 무렵에는 지도 「동여도」를 편찬했다. 1861년에는 이전의 「청구도」와 「동여도」를 보완하고, 중종(中宗) 25년(1530)에 이행(李荇) 등이 편찬한 「동국여지승람」의 증보판 『신증동국여지승람(新增東國輿地勝覽)』을 참고해 「대동여지도」를 편찬했고, 고종 3년(1866)에 「신증동국여지승람」의 오류를 수정하고 보완하기 위해 32권 15책의 「대동지지」를 편찬하다가 그해 폐질환으로 사망한 것으로 보인다.

강화도령 철종과 안동 김씨의 세도정치

1834년 11월 45세로 순조가 세상을 떠나자, 그의 손자 이환(李奐)이 왕위에 오르니 24대 헌종(憲宗: 1834-49)이다. 조선의 국왕 가운데 가장 어린 나이에 즉위했으며, 할머니인 순원왕후 김씨가 수렴청정을 했다.

이 시기에는 조선 사회를 지탱해 왔던 신분질서와 봉건제도의 붕괴가 나타나기 시작했다. 사회가 불안하다 보니 임금을 배반하여 군사를 일으킨 모반 사건이 2차례에 걸쳐 일어났다. 1836년에는 충청도에 있던 남응중, 남경중이 정조의 이복동생 3남 은언군(恩彦君)의 둘째 손자 이경응(永平君 李景應)를 임금으로 추대하고자 난을 일으켰으며, 1844년에는 노론이었으나 몰락하여 중인이 된 민진용이 이원덕 등과 손을 잡고 역시 은언군의 장손 이원경(懷平君 李元慶)을 임금으로 추대하려 난을 일으켰으나 실패로 끝나고 말았다. 2차례의 난은 별다른 정치적 세력도 없는 중인과 몰락한 양반이 일으킨 것으로 누구나 왕권에 도전할 수 있었을 만큼 조정은 힘이 없었다.

헌종은 친정 기간 동안 순조 때 전횡을 일삼던 안동 김씨의 세도를 꺾으려 어머니 신정왕후 조대비의 아버지 조만영을 비롯한 풍양 조씨 세력을 끌어들였으며, 민생 개선에도 애를 썼지만 1849년 23세를 일기로 창덕궁의 〈중희당(重熙堂)〉에서 승하했다. 헌종이 후사를 남기지 못하고 일찍 승하했고 6촌 이내의 왕족이 없었다. 그래서 사도세자의 서자 은언군의 또 서자 전계군 이광(全溪君 李璜)의 또 서자이자 셋째인 이변(李昪, 李元範)이 왕위를 계승하여 25대 철종(哲宗: 1849-64)이 되었다.

철종의 할아버지 은언군은 일찍이 정순왕후의 오빠 김구주(金龜柱)의 모함으로 억울하게 사약을 받았다. 나중에 은언군이 억울하게 죽은 사실이 밝혀져 김구주는 참수되었다. 이처럼 당시 왕족들은 언제 죽을지 모르는 불안한 상황이었기에 서자 전계군은 차남이자 서자 이원경도 민진용의 역모에 연루되어 사약을 받자 강화도로 건너가서 숨어 살다시피 했다. 조정에서 대신들이 철종을 모시러 강화도로 내려갔을 때 전계군은 이미 세상을 떠난 뒤였다.

신하들의 호위를 받으며 대궐에 당도한 강화도령이 절을 올리자 순조의 왕비 순원대비는 기쁜 마음으로 맞이했다. 성대한 즉위식이 거행되고 강화도령이 왕위에 올랐다. 그런데 철종은 그때까지 땔나무를 하고, 짚신을 삼으며 지냈기 때문에 글을 배우지 못했으며, 장가도 가지 못했다. 권력을 잡은 안동 김씨들이 자기네의 영화를 계속 누리기 위해 일부러 힘이 없고 무식한 왕손을 모셨던 것이다.

철종이 헌종의 뒤를 잇게 되자 순조의 왕비인 순원대비가 수렴청정을 했고, 2년 후에는 김문근의 딸이 철종의 왕비로 뽑혔다. 그러자 나라의 권세가 김문근에게 돌아가 안동 김씨의 천하가 되었다. 철종은 매일같이 궁녀들의 치마폭에 싸여 지냈고, 관리들의 부정이 심해지자 온 나라에 도둑떼가 들끓었다. 특히 지방에서는 횃불을 든 도적이라는 뜻의 '명화적(明火賊)'이 백성과 관가를 위협했다.

1862년에는 진주의 탐관오리 백낙신의 패악이 심해지자 유계춘과 이계열 등이 나무꾼들을 부추겨 반란을 일으켰다. 난리는 5일 동안이나 계속되었다. 이렇듯 나라가 어지러운 틈을 타 천주교가 교세를 넓히기 시작했고, 경주 사람 최제우가 천주교 '서학(西學)'에 대항해 '동학(東學)'이라는 이름으로 종교를 일으켰다. 동학은 평등사상을 강조했는데 나중에 천도교라고 칭했다.

4
대한제국과 열강의 침략

흥선대원군의 쇄국정책

1863년, 철종은 후사 없이 35세로 세상을 떠났다. 그러자 왕실의 제일 큰 어른인 헌종의 어머니 조대비가 옥새를 거두어들이고, 흥선군의 둘째 아들 이재황(李載晃)을 철종의 뒤를 잇도록 하니 26대 고종(高宗; 1863-1907)이다.

흥선군 이하응은 인조의 셋째 아들인 인평대군의 6대손인 남연군의 넷째 아들로, 남연군은 어릴 때 영조의 아들인 사도세자와 나인 숙빈 임씨 사이에서 태어난 둘째 아들 인신군의 양자가 되었기에 영조의 고손자가 되는 셈이다.

이하응은 12세 때 어머니를, 17세 때 아버지를 잃고 불우한 청년기를 보내다가, 24세 때인 1843년 흥선군에 봉해졌다. 하지만 당시는 안동 김씨가 집권하던 시기였으므로, 그는 화를 피하기 위해 시정의 무뢰한들과 어울려 방탕한 생활을 했고, 심지어는 안동 김씨들을 찾아다니며 술을 구걸하고 개 짖는 시늉도 서슴지 않았기에 '상갓집 개 궁도령'이라는 비웃음을 받으며 지냈다.

고종이 왕위에 올랐을 때 불과 12세였으므로 조대비가 수렴청정을 맡아야 했다. 하지만 조대비는 흥선군을 흥선대원군으로 봉하여 나라의 모든 일을 맡아 처리하도록 하고, 자신은 뒷전으로 물러나 있었다. 고종을 대신한 흥선대원군은 10년 동안 권력을 쥐고 자신의 뜻대로 나랏일을 처리해 나갔다. 그는 먼저 안동 김씨의 세도정치를 무너뜨리고, 남인 계열의 자손들에게 기회를 열어 주어 땅에 떨어진 왕권을 되찾았으며, 조선을 압박해 오는 외세에 대적할 과감한 개혁정책을 추진했다. 그는 인재를 고루 등용하는 한편, 서원을 없애고 전국의 탐관오리들을 처벌하면서 양반과 토호들의 면세를 조사해 국가 재정을 보충했다. 또한 백성들의 부담이 되는 여러 가지 세금을 없애고, 궁중에 특산물을 바치는 진상제도를 폐지했으며, 나라의 살림에 도움이 되는 은광산 개발을 허용했다. 그리고 군포세를 호포세로 변경하여 양반도 세금을 내도록 했다.

또한 의정부를 부활시켜 삼군부로 하여금 군국기무를 맡게 함으로써 정무와 군무를 분리시켰으며, 『대전회통』, 『양전편고』, 『육전조례』 등의 법전을 편찬했다.

그러나 흥선대원군은 무리한 정책과 세계정세의 안목 부족으로 지나친 쇄국정책을 폄으로써 어려움에 부딪치기도 했다.

고종 2년(1865) 4월에는 임진왜란 때 불탄 경복궁을 중건하던 중에 화재로 전각들이 불타버렸다. 이 공사비를 마련하기 위해 한양 4대문을 드나드는 사람들에게 통행세를 물리고, 당백전(법정 가치는 상평통보의 100배지만, 실제로는 5~6배에 불과한 돈)을 발행했지만 화폐 가치가 폭락하여 1867년에 폐지해버렸다.

고종 3년(1866) 대왕대비 조씨가 수렴청정을 거둔 지 한 달이 지나자 흥선대원군은 16세의 민씨를 고아라는 이유로 왕비에 간택했다. 그러나 민씨가 왕실에 들어왔을 때, 15세의 고종은 이미 후궁 이씨를 총애하고 있었기에 사이가 썩 좋지는 않았다.

흥선대원군은 천주교에 잠시 흥미를 가진 적도 있었으나 정치적 생명에 위협을 느낀 나머지 천주교 박해령을 내렸다. 1866년의 '병인박해'로 남종삼 등 수천 명의 신도와 프랑스 선교사 9명이 희생당하자 프랑스는 군함 7척에 병력 1천 명을 거느리고 조선을 침공했다. 1차 침공 때는 한강을 거슬러 올라와 양화나루와 서강까지 순찰한 후 조용히 물러갔으나, 곧 전력을 보강하여 강화도를 침공한 후 불법 점령해버렸다.

프랑스는 책임자 처벌과 통상수교를 요구했으나, 흥선대원군이 거부하자 충돌이 발생했다. 1866년 11월 프랑스군은 퇴각하면서 강화읍을 파괴하고, 강화 이궁과 외규장각등에서 각종 무기, 수천 권의 서적, 국왕의 인장, 19만 프랑 상당의 은괴를 약탈하는 만행을 저질렀다. 프랑스는 천주교 박해에 대한 보복으로 '병인양요(丙寅洋擾; '병인년에 서양이 일으킨 난리')'를 일으켰지만, 실제로는 조선의 문호를 개방시키려는 목적을 가지고 있었다. 그러나 이 사건으로 천주교에 대한 탄압은 더욱 거세졌고, 조선의 쇄국정책은 한층 강화되었다.

이어 대동강을 거슬러 올라온 미국 상선 '제너럴셔면호'가 통상을 요구하다가 평양의 군사들과 백성들의 화공으로 불에 타 가라앉은 사건이 발생했고, 5년 후인 1871년 4월에 1차 탐문에서 셔면호에 대한 배상 요구와 동시에 통상관계 수립을 요구하는 2차 원정을 벌였다. 미국이 군함 5척에 병력 1천2백여 명, 함포 85문 등으로 무장하고 강화도로 쳐들어와 '손돌목 포격사건'을 벌였으나 조선군은 기습 공격하여 무찔렀다.(辛未洋擾) 이때 미국은 보복하겠다고 위협하면서 평화협상을 제의해왔으나 조선이 거부하자 상륙작전을 벌여 강화도 초지진을 점령해버렸다. 조선의 군사들은 광성보에서 싸움을 벌였으나 패했고, 미국은 강

✦ 대원군(大院君)이 양이(洋夷)를 배척할 것을 결의해 전국 각지에 세운 척화비. "양이침범 비전즉화 주화매국(洋夷侵犯 非戰則和 主和賣國·서양 오랑캐가 침입하는데, 싸우지 않으면 화친하자는 것이니, 화친을 주장함은 나라를 파는 것이다)"라는 주문(主文)을 큰 글자로 새기고, "계아만년자손(戒我萬年子孫·우리들의 만대자손에게 경계하노라)"라고 작은 글자까지 새겼다.

화도를 완전히 장악했다. 그러나 흥선대원군이 강력한 쇄국정책을 펴자, 미국은 점령한 지 한 달 만에 강화도에서 물러났다.

흥선대원군이 정권을 장악했지만, 당시 국제정세는 열강의 제국주의 확장으로 인해 무척 혼란스러웠다. 미국, 프랑스, 러시아, 일본 등의 강대국들이 조선에 통상을 요구하며 무력 도발 및 시위를 했다. 병인양요와 신미양요는 조선과 통상무역을 하기 위한 침략전쟁이었는데, 이는 조선 백성들의 감정만 자극하는 바람에 대원군이 쇄국정책을 강화하는 결과를 낳았을 뿐이다. '병인양요' 이후 대원군은 국민에게 경고하기 위해 1871년 서울 및 전국의 요충지 200여 곳에 척화비를 세웠다. 그러나 대원군의 실각과 더불어 척화비는 무용지물이 되고, 1882년에 조선은 미국과 '한미수호통상조약', 프랑스와 조인함으로써 천주교 활동은 자유를 얻게 된다.

김대건 신부, 그리고 절두산 성지

선조 27년(1594) 포르투갈 신부인 세스페데스(Sespedes)에 의해 우리나라에 천주교가 전래되었다. '임진왜란' 당시 일본의 종군신부로 입국한 그는 많은 선교활동을 했고, 북경과 밀접한 관계를 지니면서 천주교 서적을 수입했다. 특히 중국 북경 예수회 신부 마테오 리치가 한역(漢譯)한 『천주실의(天主實義)』(1603)는 사서육경(四書六經) 등을 적절하게 인용, 유교적 교양을 바탕으로 천주교를 이해하도록 했다. 그래서 이벽, 권철신, 정약종, 이승훈 등과 같은 선비들이 천주교를 통해 새로운 세계관을 알게 되었으며, 이를 친지와 후학들에게 가르치기 시작한 것이다.

하지만 조선 조정은 천주교를 '서학(西學)'이라 하여 배척했다. 정조 때인 1791년의 '신해박해', 순조 때인 1801년 '신유교난(辛酉敎難)'으로 중국인 신부이자 최초의 선교사인 주문모를 비롯해 정약용의 형 정약종, 이승훈, 여성 지도자 강완숙 등이 사형당했고, 이때 박해 받아 죽은 신도만 300명이 넘었다.

1831년 교황 그레고리오 16세가 천주교 〈조선대목구(朝鮮代牧區)〉를 설정한 뒤(초대 대목으로는 러시아 출신의 브뤼기에르 신부가 임명되었으나 입국하지 못하고 만주에서 선종), 1836년 파리 외방전교회 선교사 피에르 모방 신부와 자크 샤스탕이 입국했다. 이들 파리 출신의 선교사들은 조선인 성직자가 필요하다고 여겨 김대건, 최양업, 최방제를 마카오 신학교에 보내 공부하도록 했다. 천주교의 교세가 회복되고 신도가 증가하자, 조정에서는 천주교에 우호적인 안동김씨에 대항해 보수적인 풍양조씨가 집권하여 다시 박해 논쟁이 일어났다.

헌종 5년(1839), 피에르 모방 신부·자크 샤스탕 신부를 비롯한 119명의 천주교인이 투옥, 처형되는 '기해박해(己亥迫害)'가 일어났다. 또 1845년 최초의 천주교 사제가 된 김대건 신부(안드레아)가 〈조선대목구〉 주교에 임명받아 입국하여 선교를 하다가 연평도 부근을 순찰하던 관헌에게 체포되어 1846년 새남터에서 처형되니, 이가 '병오박해(丙午迫害)'이다.

또한 1866년의 '병인박해(丙寅迫害)'로 남종삼 등 수천 명의 신도와 프랑스 선교사 9명을 죽이자, 프랑스 함대가 양화나루까지 올

✦용산 이촌동 새남터의 김대건 동상

✦합정동 절두산 성지의 순교자 기념비 석상

라왔다가 돌아갔다. 이에 격분한 흥선대원군이 양화나루 옆 잠두봉(蠶頭峰)에 형장을 설치하여 1만여 명의 천주교인을 처형했다. 잘린 목은 한강에 던져져 한강물이 핏빛으로 변했다고 해서 '절두산(切頭山)'이라고 불렀다. 더구나 '병인양요' 후 1868년 충남 예산에 있는 흥선대원군의 아버지 남연군(南延君)의 묘를 상해에서 장사하던 독일 상인 오페르트(Ernst Jakob Oppert)가 도굴하려다 실패하면서 박해는 더욱 심해졌으며, 고종 9년(1873)까지 무려 4백여 명이 처형되었다.

19세기말 동북아 정세와 서세동점

소위 '그레이트 게임(The Great Game; 1813-1907)'은 94년간 이어진 대영제국과 러시아 제국 사이의 전략적 경쟁을 말한다. 결국 영국은 빅토리아 여왕 주도로 '해가 지지않는 나라'를 건설했고 러시아도 '남하정책'으로 세력 확장에 나섰으나 니콜라이 2세 때 벌어진 '러일전쟁'에 패해 한풀 꺾이고 말았다.

17세기 중반-18세기 말까지 이어진 강희제, 옹정제, 건륭제(소위 '강옹건성세(康雍乾盛世)'의 전성기가 지난 청은 영국과 벌인 두 차례 '아편전쟁(1840, 1856)'에 패하고 '태평천국의 난(1851-64)'을 겪은 뒤 1894년 '청일전쟁'에서도 패한 데다 1899년 서태후의 도움을 받은 '의화단 사건'까지 겪으면서 거의 기울어갔다. 더구나 프랑스는 영국에게 꿩(인도)을 놓친 대신 1858년 닭(베트남)을 차지하자 청나라는 조공을 받던 베트남을 도우려 했으나 1884-85년 '청불전쟁'에서 패하고 말았다. 그리고 독일은 1897년 칭다오를 점령해 1914까지 차지했다(1903년 독일 본토의 맥주 제조 기술을 들여와 독일 맥주 회사를 만들어 생산한 제품이 '칭다오 맥주'이다). 러시아는 '3국간섭'의 덕택으로 요동반도를 차지했다.

이로써 유럽 열강들의 아시아 점령
인 '서세동점(西勢東漸)'이 동아시아로
까지 확산되었다.

- 메이지 유신과 페리제독

일본에서는 17세기 말부터 가고시
마에 있는 네덜란드(和蘭)의 〈데지마
상관(出島商館)〉을 통해 서구 학문·기
술을 배우는 이른바 난학(蘭學)이 유
행했다. 당시 가고시마는 도자기 수
출로 일약 큰 부를 축적하게 되었다.
이렇게 축적된 부를 바탕으로 무력
의 힘을 키워 죠슈번(長州藩)과 사죠
(薩長)동맹을 맺고, 막부을 타도하여

✦청나라를 놓고 파이자르기를 하는 영, 독, 러, 프, 일
(1898년 1월 16일자 'Le Petti Journal', 374호)

'메이지유신'을 성공시킨 주역이 바로 김해김씨의 후손으로 알려진 사이
고 다까모리(西鄕隆盛)이다. 그리고 1854년 '흑선(黑船, 구로후네; 증기선)'을 이끌
고 온 페리(Matthew C. Perry) 제독의 강요에 문호를 개방하여 미국 문물을
들여왔다. 이런 전통은 메이지(明治) 시대에 자연스럽게 영학(英學), 양학(洋
學)으로 발전하여 소위 '메이지 유신(明治維新)'의 초석이 되었다. 1868년 일
본이 정치·경제·문화 전 분야에 걸쳐 근대화를 성공시킨 과정과 일련의
사건인 메이지 유신은 '에도막부'의 쇄국을 부수고 서양의 선진국에 대규
모 사절단을 보내 선진 문물을 시찰하도록 하여 징병제를 통한 사무라
이 철폐 등 사회제도 개혁, 철도 등 국가 기간산업 육성, 교육제도 도입
으로 부국강병의 근대화를 신속히 이루어냈다.

✦ 메이지유신을 주도한 일본 무사들. 맨 왼쪽이 이토 히로부미.(1869)

메이지 정부는 서구의 근대화를 십수 년 만에 성공적으로 이루어 냈는데, 주역들은 대부분 투철한 국가관으로 무장한 혈기왕성한 30대 젊은이들이었다. 이들 중 한 사람이 바로 이토 히로부미다. 그는 한국인들에게는 식민 침탈의 원흉이지만 일본인들에게는 근대화의 영웅이었다.

명성황후의 개항정책

고종 5년(1868) 4월, 후궁 이씨가 낳은 완화군을 원자로 책봉하려는 움직임이 보이자, 명성황후(본명 민자영 閔玆暎)는 시아버지인 흥선대원군과 대결을 피할 수 없다는 결론을 내렸다. 명성황후는 조정의 권력을 잡기 위해서는 자신이 왕자를 낳아야 한다는 사실을 잘 알고 있었다. 고아로 자란 명성황후에게는 자신을 도와줄 세력이 없었기에, 양자로 들어온 오빠 민승호(후에 대원군에 의해 폭사) 등 일가들을 궁으로 끌어들이기 시작했다. 또한 유림의 거두인 최익현을 비롯해 풍양조씨 조영하, 안동김씨 일

문의 김병기, 고종의 형인 완흥군(완흥군) 이재면 등과도 손을 잡았다.

1871년 명성황후는 왕자를 낳았으나 닷새 만에 죽고 말았다. 그즈음 고종의 서장자인 완화군(完和君; 1868~80)이 급사하자, 명성황후는 완화군의 생모인 후궁 이씨를 궁궐에서 쫓아내버렸다.

고종 10년(1873) 23세의 명성황후는 흥선대원군이 벌인 경복궁 중건사업이 민생을 도탄에 빠뜨려 원성이 높았던 점을 들어 탄핵하고, 고종도 22세로 친히 나라를 다스릴 때가 되었으니 섭정을 거두고 물러날 것을 종용했다. 결국 고종이 나라를 직접 다스리게 되자, 명성황후는 흥선대원군의 거처인 운현궁에서 창덕궁으로 통하던 출입문을 없애버렸다. 시아버지와의 정치적 대결에서 며느리 명성황후가 1차 승리를 거둔 셈이다.

흥선대원군이 물러나자 조정은 민씨 일가의 손에 들어갔다. 명성황후는 고종 11년(1874) 2월 둘째 아들 이척(李坧; 순종)을 낳았고, 이듬해 이척은 왕세자로 책봉되었다. 이때 일본은 조선의 개항을 서둘러, 1875년 8월 군함 '운요호(雲揚號)'를 강화도에 보냈다. 하지만 조선 수비병의 포격을 받고 물러나 한동안 영종도를 점거하고 있다가, 10월부터는 부산에서 무력시위를 벌이며 운요호 사건 회담을 요구했다.

✦일본의 '운요호'(좌) 근대 국제법의 토대 위에서 맺은 최초의 조약이자, 일본의 강압적 위협으로 불평등하게 맺어진 '병자수호조약' 체결 장면.

이듬해, 일본은 전권대신 구로다 기요다카(黑田淸隆)를 특명대사로 임명하여 군함 7척과 병력 4백 명을 경기 남양만에 보내 회담을 요구했다. 결국 1876년 2월 27일 강화도에서 불평등조약인 '병자수호조약(강화도 수호조약)'을 맺어, 마침내 제물포항이 외국에 개항되고, 이어 부산과 원산항도 개항되었다.

고종은 일본과 수호조약을 맺은 후 미국, 프랑스, 러시아 등과 조약을 맺고 통상관계를 맺는 개항정책을 실시했는데, 이는 명성황후가 쇄국정책으로는 조선이 장차 강대국으로 성장할 수 없다는 것을 깨닫고 선진국의 문물을 받아들이려 했던 생각이 현실화된 것이었다.

임오군란과 갑신정변

고종 18년(1881)에 대외 통상의 최고 책임자인 김홍집의 주장에 따라 조사시찰단이 일본에 파견되었다. 일본을 다녀온 김홍집은 청나라 외교관 황준헌이 지은 「조선책략」을 고종에게 바쳤다. 조선, 청나라, 일본 3국이 단결하여 러시아를 막아야 한다는 내용이었다. 이를 절대 받아들일 수 없었던 수구파 유생들이 민씨정권을 무너뜨리기 위해 역모를 꾀했다. 그해 8월 안기영, 권정호 등은 대원군의 서자인 이재선을 왕으로 옹립하기 위해 고종 폐위운동을 벌였다. 그러나 역모는 사전에 적발되어 이재선과 안기영은 사형당했다.

이로 인해 수구파와 개화파의 관계는 더욱 악화되었다. 명성황후는 일본의 군사고문을 초빙, 양반 자제 100여 명을 선발하여 〈별기군〉을 창설하고 신식훈련을 시켰다. 그리하여 5군영이 2군영으로 축소된 구식 군대는 〈별기군〉에 비해 대우가 형편없는 데다가 급료가 무려 13개월이나 밀려 있었는데, 그나마 지급한 1개월분의 쌀에는 돌이 반이나 섞여 있었다.

분노한 군인들은 고종 19년(1882)에 쌀을 지급하던 관리를 폭행하고, 부정축재를 한 민영환의 아버지인 〈선혜정〉 당상 민겸호의 집으로 몰려가 아수라장으로 만드니, 이가 '임오군란(壬午軍亂)'이다.

난을 일으킨 군인들은 자신들을 보호해 줄 사람은 흥선대원군밖에 없다고 판단하여 그에게 몰려갔다. 대원군은 이를 민씨 일파를 내쫓을 기회로 삼고 은밀히 주동자들을 선동했고, 군인들은 명성황후 지지세력과 일본공사관을 동시에 습격했다. 이어 창덕궁으로 몰려가 대원군과 사이가 안 좋은 형 흥인군 이최응(興寅君 李最應)과 민겸호를 처형했다. 명성황후는 대전별감 홍계훈의 등에 업혀 간신히 창덕궁을 빠져나와 장호원에 있는 민응식의 집에 숨었다.

대원군은 고종으로부터 정권을 위임받자마자 장안을 샅샅이 뒤졌지만 명성황후를 찾지 못하자, 의도적으로 명성황후가 사망했다고 발표하고 국상 절차를 밟도록 했다. 명성황후의 죽음을 기정사실화하여 누구든지 그녀를 죽여도 면죄부를 받을 수 있음을 알리는 것이었고, 만약 살아 있다고 해도 궁궐에 들어오지 못하도록 하려는 포석이었다.

10여 년 만에 다시 권좌에 오른 흥선대원군은 나라의 재정과 병권을 맏아들 이재면에게 맡기는 한편, 즉각 청나라 천진에 가 있던 김윤식에게 사실을 전해 청군의 파병을 요청했다. 일본을 감시할 필요를 느끼고 있던 청나라는 즉시 4,500명의 군대를 보냈고, 이에 질세라 일본 공사 하나부사 요시모토(花房義質)도 1,500명의 병력을 이끌고 인천에 들어왔다.

왜군은 한성까지 들어왔지만, 대원군이 적극 대응하겠다는 의지를 나타내자 일단 인천으로 물러났다. 그해 7월 위안 스카이의 상관인 청나라 제독 오장경(吳長慶)이 대원군을 청나라로 납치하고, 궁궐과 4대문을 지키던 조선군을 몰아낸 후 한성을 손에 넣었다. 청군의 보호를 받으며 다시 궁궐에 돌아온 명성황후는 왕비의 꿈을 꾸던 의왕의 생모인 장상궁을 없애버렸다. 또한 일본이 공사관 습격에 따른 피해 보상을 제기하자,

1882년 '제물포조약'을 체결하여 일본군의 조선 주둔을 인정해 주었다. 청나라도 난을 진압했다는 명분으로 조선의 내정 간섭을 강화했으며, 명성황후도 친청 정책을 펴고 급진개화파들을 축출했다.

❀ 태극기(太極旗)

조선은 국기가 없는 대신에 임금의 어기(御旗)가 있었다. 나라를 상징하는 국기를 만들게 된 것은 청나라의 황준헌이 쓴 『조선책략』에 "조선이 독립국이면 국기를 가져야 한다"라는 내용에서 비롯되었는데, 1882년 조선 군주의 어기인 '태극팔괘도'를 일부 변형하여 제작했다. 고종은 제작 과정에 직접 참여해 백성을 뜻하는 흰색과 관원을 뜻하는 청색 그리고 임금을 뜻하는 적색

✦대한제국 태극기

을 화합시켜 기를 제작하게 했다. 이는 정조의 '군민일체' 사상을 표현한 것이었다.

그러나 제작한 기가 일본제국의 것과 비슷하다고 하여, 김홍집은 '반홍반청'의 태극 무늬로 하고, 둘레에 조선 8도를 뜻하는 팔괘(八卦)를 넣으면 차별화될 것이라 하여 태극기 문양이 정해졌다. '광무' 원년인 1897년 10월 12일 고종 황제는 대한제국의 수립을 선포하고, 태극기를 국기로 사용했다.

갑신정변(甲申政變)은 1884년 12월 4일(양력) 김옥균, 철종의 사위 박영효, 서재필, 서광범, 홍영식 등 개화당이 청나라에 의존하는 수구당을 몰아내고 개화정권을 수립하려 한 무력혁명이다. 이들은 〈우정국(郵政局)〉 낙성식을 계기로 정변을 일으켜, 고종과 명성황후를 〈경우궁(景祐宮; 당시에는 계동 옛 휘문고 운동장)〉으로 피신시킨 뒤, 민씨 척족들을 축출하거나 처형하고, 중국 간섭 배제, 문벌과 신분제 타파, 능력에 따른 인재 등용, 인민 평등권 확립, 조세 제도 등의 개혁정책을 내놓으며, 각국의 공사관에 새로운 정부가 수립되었음을 알렸다.

그러나 12월 4일 민씨 정권은 위안스카이(袁世凱)에게 구원을 청하여 청나라 군대를 불러들였고, 명성황후는 창덕궁으로 되돌아갈 것을 주장했

다. 김옥균이 재정 문제 해결을 위해 바쁘게 뛰어다니던 사이, 일본공사 다케조에 신이치로(竹添進一郞)가 명성황후의 요구를 받아들여 창덕궁으로 돌아가도록 했다.

이튿날, 청나라 공사 위안스카이는 600명의 군사를 이끌고 고종과의 면회를 요구했다. 김옥균이 이를 저지하여 다툼이 벌어졌고, 청군이 1,500명으로 늘어나자 군중들까지 궁궐 앞에 모여 친일파 개화당을 없애라고 소리치며 공격하자 일본군 200명은 싸우지도 않고 도망쳐 버렸고 관군도 물러섰다. 홍영식과 박영교(박영효의 형)는 소수의 사관생도들과 고종 곁에 있다가 사망했으며, 이 틈을 타서 고종은 궁궐을 탈출하여 청나라 진영으로 피했다.

김옥균은 박영효, 서재필, 유혁로 등과 함께 일본공사 다케조에 일행을 따라 북문으로 빠져나와 일본공사관에 도착했는데, 도중에 조선 군사들의 공격을 받아 왜군 10여 명이 죽거나 다쳤다. 다음날 오후, 김옥균, 박영효 등은 다케조에 일행과 260명의 경비대 호위를 받으며 종로를 지나 서대문을 거쳐 양화진에 도착했는데, 그들을 알아본 군중들이 돌멩이를 던지고 욕설을 퍼부었다. 이로써 사흘(소위 '3일 천하') 만에 갑신정변은 허무하게 끝나고 말았다.

- 한성조약

조선 한성부에서 좌의정 김홍집 외 조선 대표단과 일본제국 외무부대신 이노우에 가오루(井上馨) 외 일본 대표단이 체결한 조약이다.

조선은 일본의 '갑신정변' 개입을 추궁하고, 김옥균 등을 내놓을 것을 요구했다. 그러나 일본은 오히려 조선이 사과해야 한다고 주장했고, 희생자와 각종 피해에 대한 보상금 10만 원과 한성에 일본공사관을 새로 건축하는 비용을 부담할 것 등을 요구했다. 이 조약은 1884년 12월 말부터 여러 차례의 교섭과 회담 끝에 1885년 1월 9일에 타결되었다.

- 텐진조약

텐진조약(天津條約)은 갑신정변 실패의 결과로 고종 22년(1885) 4월 18일 청나라 전권대신 리훙장(李鴻章)과 일본제국 전권대신 이토 히로부미(伊藤博文)가 동북아시아 세력 균형을 위해 맺은 조약이다. 한반도 내 청군 일본군의 철수와 파병이 있을 경우 서로 통고한다는 내용이다.

- 묄렌도르프 밀약

1860년 러시아는 청나라와 베이징조약을 맺고 연해주를 차지하면서, 조선과 경계인 두만강 지역 블라디보스토크에 군항을 만들어 남하정책 추진기지로 삼아 조선으로 들어올 계획을 꾸미고 있었다.

이렇듯 조선을 에워싸고 여러 나라들 간에 싸움이 치열해지자 명성황후는 러시아를 이용하여 청나라가 함부로 행동하지 못하도록 리훙장(李鴻章; 1823-1901) 추천으로 조선의 고문으로 와 있던 묄렌도르프(Paul Georg von Möllendorff; 穆麟德; 1847-1901)를 주일러시아공사와 접촉하도록 하여 밀약을 맺으려 했다.

그러나 러시아가 조선에서 청나라와 일본을 몰아내고 조선의 보호국이 된다는 밀약이 사전에 알려져 청에게 빌미를 제공하는 결과를 낳았다. 결국 러시아와의 밀약은 사라지고, 청은 묄렌도르프를 불러들였으며, '임오군란' 후 납치했던 대원군을 1885년 2월 위안스카이와 함께 귀국시켰다.

- 거문도 사건

동아시아에서 영국과 러시아의 양국 관계는 미묘했고, 또 조선과 러시아의 밀약설이 있었던 만큼 영국은 고종 22년(1885) 3월 동양함대에 명하여 거문도를 점령했다. 러시아는 민감한 반응을 보이며, 만약 청나라가 영국의 거문도 점령을 시인한다면 러시아도 한반도의 일부를 점령하겠다고 위협하는 한편 조선이 영국에 항의할 것을 요구했다.

조선은 청나라를 통해 영국에 항의하자 청나라는 중재에 나섰다. 그 후 러시아도 장차 조선의 영토를 점거할 의사가 없다는 약속을 함으로써 영국함대는 2년 만에 거문도에서 철수했다.

동학 농민혁명

동학을 창시한 수운 최제우(水雲 崔濟愚)는 1824년 경북 월성군의 몰락한 양반 가문의 자손으로 출생했다. 장성한 후 오랫동안 전국을 유랑하며 유불선 삼교, 서학(천주교), 무속, 『정감록』 같은 다양한 사상을 접하는 동시에, 삼정 문란과 외세 침입에 고통당하는 민중의 아픔을 직접 체험했다. 1855년 그는 우연히 『을묘천서(乙卯天書)』라는 비서를 얻어 신비를 체험한 끝에 양산 통도사 근처 천성산의 동굴에 들어가 49일 동안 기도를 드렸다.

구도생활을 계속하던 수운은 1859년 유랑생활을 마치고 고향인 용담으로 돌아왔고, 1년 뒤인 1860년에 특별한 체험을 한다. 이른바 '천사문답(天師問答)'이라고 불리는 한울님과의 문답 끝에 천주 강림의 도를 깨달아 '동학'을 창시했고, 이는 '천도교'로 발전했다. 동학의 근본사상은 '인내천(人乃天)', 사람이 곧 하늘이라는 것이다. 인본주의를 강조하면서, 성실과 신의로써 새롭고 밝은 세상을 만들자는 외침이었으며, 어지러웠던 나라를 구하고자 하는 사상이었다. 또한 모든 사람은 평등하다고 주장했는데, 갈수록 신도가 증가하여 심각한 사회문제로 대두될 정도였다.

동학을 창시한 최제우는 1864년에 처형당했으나 제2대 교주 최시형을 중심으로 동학은 거대한 세력으로 성장했다. 학정에 시달려 온 농민들은 양반 중심의 보수사회 혁파, 신분차별의 계급사회 철폐 등 동학이 내건 기치에 공감하여 우리나라 역사상 최초의 시민혁명을 일으켰다.

고종 30년(1893) 3월 충청도 보은 집회에 2만여 명의 동학도가 모여 탐관오리들을 없애고 민생고 해결과 일본과 서양 세력들이 물러갈 것을 요구했고, 마침내 1894년 1월에는 고부군수 조병갑(曺秉甲; 동학혁명이 발발하자 전주로 도망간 그는 여러 탐학행위가 밝혀져 고금도로 귀양을 갔다)의 탐학을 계기로 전봉준이 이끈 농민전쟁으로 확대되었다. 3월에는 동학혁명으로 폭발되었고, 4월에는 농민군이 전주성을 점령했다.

농민들의 움직임이 전국적으로 퍼지자, 고종은 청나라에 원병을 요청했고, 청나라가 이에 응하자 일본도 '텐진조약'을 빌미로 군대를 보냈다. 그 사이 농민군과 관군은 전라도 53개 지역에 민정기관인 〈집강소〉를 설치하여 치안과 행정을 처리하기로 하는 '전주화약'을 맺었다.

새야 새야 파랑새야 녹두밭에 앉지 마라
녹두꽃이 떨어지면 청포장수 울고 간다.

전봉준과 관련된 민요이다. 전봉준은 몸집이 작아서 어려서부터 '녹두'라는 별명으로 불렸다. 노랫말에서 녹두꽃은 전봉준, 파랑새는 왜군, 청포장수는 조선의 백성들을 가리킨다고 한다.

동학농민운동 당시 남접의 지도자였던 전봉준(全琫準)은 전라북도 태인(泰仁: 정읍) 출신으로, 초명은 명숙, 다른 이름은 영준이며, 호는 해몽이다. 1890년대 초반, 흥선대원군 문하의 식객으로 있던 전봉준은 1894년 봄 탐관오리 고부군수 조병갑은 자신의 모친상 때 부조금 2,000냥을 거둬주지 않았다는 이유로 아버지

✦전봉준과 김개남

전창혁에게 곤장형을 가해 때려죽인 악연도 있던 차에 그를 몰아내고 1차 봉기를 주도했으나, 조정의 회유로 해산했다. 그런데 3월 안핵사로 파견된 이용태가 동학농민군을 도적으로 규정하여 '동비(東匪)'라 칭한 뒤, 동학군과 관련 없는 농민들까지 잡아 처단하자 다시 봉기를 일으켰다.

전봉준은 명성황후와 민씨 세력 축출을 위해 반신반의하면서도 대원군과 손을 잡았다. 대원군 역시 명성황후 제거를 위한 무력집단이 필요했기에 이에 응했다. 흥선대원군과의 연대에 불만이 크던 강경파 김개남(金開南)은 전봉준과 동네 친구였으나 수시로 충돌하다가 독자적인 행동을 하기도 했다. 결국 김개남은 친구 임병찬의 고발로 12월 1일 강화병방 황헌주에게 체포되어 전주로 이송되었고, 전라감사 이도재(李道宰)는 김개남이 두려워 즉결 처형해 머리만 한양으로 보냈다고 한다.

최시형, 손병희 등 북접의 지도자들은 남접의 거병에 호응하지 않다가, 그해 9월 3차 봉기 때부터 움직이기 시작했는데 개화파 지도자이자 망명 정객인 윤치호는 동학농민운동을 지지하여 화제가 되기도 했다.

갑오경장과 청일전쟁

점차 세력을 키워 가는 동학농민군을 진압하기 위해 민씨 정권은 청나라와 일본을 번갈아 끌어들였는데, 이는 '청일전쟁'의 직접적인 원인이 되었다. 조선에 온 청나라와 일본 양국은 철수를 거부하고 오히려 병사들의 수를 늘렸다. 일본은 청나라에 함께 조선의 내정 개혁을 실시하자고 제의했지만 거절당하자, 일본공사 오오토리 게이스케(大鳥圭介)가 군대를 이끌고 궁궐에 들어와 민씨정권을 몰아낸 후 흥선대원군을 내세우고, 김홍집(金弘集)을 총리대신에 앉혀 개혁추진기구로서 〈군국기무처(軍國機務處)〉를 설치하여 내정을 개혁했다. 개화당이 집권한 이 사건이 바로

'갑오경장(甲午更張; 1894-96)'이다.

일본군이 조선에 머무르고 있던 청군과 싸워 승리한 뒤, 1894년 8월 1일 청이 먼저 선전포고를 하고 한반도 평양에서 시작된 '청일전쟁'은 구미 여러 나라의 지지를 등에 업은 일본이 2개월 만에 승리를 거두었다. 이 전쟁은 동아시아의 전통적인 '중국 중심 세계질서(Sino-centric world order)'에 종지부를 찍고 신흥 일본을 이 지역의 패자로 등장시킨 동양 사상 획기적인 사건이었다. 4살에 황제에 오른 광서제(光緖帝; 재위 1875-1908)는 큰어머니 서태후의 그늘에서 벗어나기 위해 1898년 캉유웨이(康有爲), 량치차오(梁啓超) 등의 소위 '변법파'를 중심으로 '메이지 유신'을 모방한 '변법자강운동(變法自强; '중국의 갑신정변')'을 적극적으로 실시했으나 '100일 천하'로 끝나고, 1899년 '부청멸양(扶淸滅洋: 청을 도와 서양을 멸하자)'을 기치로 내세운 '의화단(義和團) 운동'도 실패해 나락으로 떨어지고 있었다.

'청일전쟁'에서 승리한 일본이 조선 정복을 위해 본격적으로 내정 간섭을 시작하자, 그해 12월에 동학농민군이 다시 봉기했으나 일본군에 진압당하고 말았다. 전봉준은 부하의 밀고로 순창에서 체포된 후 한양으로 압송되어 재판을 받고, 다음날 새벽인 1895년 3월 30일 무악제 아래서 교수형으로 41세의 생을 마감했다.

- 시모노세키 조약

베이징까지 위험한 지경에 이르자, 청나라 조정은 급히 이홍장을 전권 대사로 임명하고 강화 대표단을 시모노세키(혼슈 야마구치 현)로 파견하였다. 그리하여 고종 32년(1895) 4월, 일본(대표가 이토 히로부미)과 청나라가 맺은 '시모노세키조약(下關條約)'은 청나라의 영토인 요동반도를 일본에 할양하고, 조선의 완전 독립을 선언하는 등의 내용이었으나 사실상 조선에서 일본의 우위를 확인하는 것이었다. 일본은 명성황후의 등장을 막고 대원군도 물러나도록 하는 한편, 7월에는 김홍집을 다시 총리대신으로 내세워 연립내각을 구성했으며, 의정부도 내각으로 고쳐 일본인 고문관을 두어 내정 간섭을 더욱 강화했다.

하지만 일본은 러시아, 독일, 프랑스 '3국간섭'의 힘에 굴복하여 청일전쟁의 승전 대가로 받았던 요동반도를 돌려준 상태였다. 이 같은 움직임을 알아차린 명성황후와 고종은 러시아와 화친하는 정책을 펼쳐 일본 세력을 조선에서 몰아내고자 했다. 친러정책으로 노선을 바꾼 명성황후는 김홍집 친일 내각을 쫓아내고, 친러파 박정양(朴定陽) 내각을 만들면서 같은 친러파 이완용을 학부대신으로 임명했다.

- 3국간섭

청일전쟁에서 패배한 청나라는 '시모노세키 조약'을 체결하면서 막대한 배상금과 함께 타이완과 평후열도, 랴오둥 반도를 할양했다. 그러나 일본의 팽창이 극동에서의 세력 균형을 깨뜨릴 수 있다고 여긴 독일, 프랑스, 러시아는 즉각 '삼국간섭'으로 일본을 압박하자 결국 청조가 추가 배상금 4,500만냥을 일본에게 지불하는 대신 일본은 랴오둥 반도의 점유를 포기했다. 하지만 청일전쟁에서 보여준 청조의 무력한 모습은 열강들의 중국 분할로 이어져 프랑스는 광저우만을, 영국은 홍콩 북단의 주룽 반도와 신제(新界)를, 러시아는 만주와 외몽골을 잠식해 나갔다.

을미사변과 아관파천

'청일전쟁'에서 승리했으나 러시아에게 주도권을 빼앗긴 일본은 그 배후인 명성황후를 암살하려는 음모를 진행했다. 일본공사 미우라 고로(三浦梧樓)는 '여우사냥'이라는 작전명으로 명성황후 시해를 명했다.

당시 대원군이 있던 공덕리의 아소정에 일본군이 훈련시킨 조선군대가 일본인 100여 명과 함께 야간훈련이라는 명분으로 나타났다. 대원군이 며느리 명성황후와 적대적인 관계임을 알고 있는 미우라는 대원군을 사인교에 태우고 경복궁으로 갔다. 그에게 음모를 뒤집어씌우기 위해서였다. 수비대장 홍계훈이 가로막자 그를 죽이고 궁궐로 쳐들어가 명성황후를 찾아다녔다.

　궁녀복으로 갈아입고 〈곤녕궁(坤寧宮)〉에 숨어 있던 명성황후를 무사들이 찾아내자, 내부대신 이경직이 온몸으로 그들을 가로막았다. 무사들은 이경직을 베고 명성황후를 난도질했다. 그리고 증거를 없애기 위해 명성황후의 시체를 홑이불에 말아 근처의 녹산으로 옮긴 뒤, 석유를 붓고 태워 버렸다. 1895년 8월 20일 명성황후가 처참하게 세상을 떠나니, 이가 '을미사변(乙未事變)'이다.

✦명성황후 추정 사진과 시해 주모자들 기념사진

　당시 명성황후 살해 음모와 시신 처리에도 가담한 훈련원 대대장 우범선(禹範善, 1857-1903)은 1896년 2월 11일 고종이 왕명으로 체포령을 내리자 그는 몸을 피했다. 그러나 이듬해 '아관파천'으로 인해 친일 김홍집 내각이 몰락하자 일본으로 피신한 그는 사카이 나카(酒井ナカ)를 만나 결혼하여 '씨없는 수박'으로 유명한 육종학자 우장춘(禹長春 1898-1959)을 낳았다.

그러나 고종의 밀명을 받은 개화파 군인 고영근(高永根: 1853-1923)에 의해 1903년 11월 24일 일본 히로시마현 구레(吳市)에서 암살당하고 말았다

명성황후가 살해당하자 전국 각지에서 일어난 의병은 일본군과 관군을 상대로 치열한 싸움을 벌였다. 당황한 일본은 곳곳에 군대를 보내 진압하려 했으나 의병은 쉽게 물러서지 않았다.

명성황후 사후 일본의 압력으로 조정은 명성황후를 폐서인시켰으나, 야만스런 행동이 국제사회에 알려져 비난을 받은 일본은 사죄의 뜻으로 형식적인 진상조사를 했고, 결국 명성황후를 복원시켜주었다. 그리고 동구릉 능역의 숭릉(崇陵) 오른쪽에 시신 없는 국장을 지내고 숙릉(肅陵)이란 능호를 내렸다.

을미사변으로 위험을 느낀 고종은 1896년 2월 러시아 공사(1885-97) 베베르(Carl Friedrich Theodor von Waeber; 한국명 위패(韋貝)와 가까운 친러파 이범진, 주미공사관 서기관 알렌(Horace N. Allen; 한국명 안연(安連)의 도움을 받은 이완용의 은밀한 공작으로 러시아영사관으로 몸을 피하니, 이가 '아관파천(俄館播遷)'이다. '아관'은 러시아영사관, '파천'은 임금이 피란을 가는 것을 뜻한다.

고종은 박정양의 친러내각을 세우고 이완용은 외부대신 자리에 오르면서 김홍집 등 친일 내각 대신들에 대한 체포령을 내렸는데, 김홍집과 어윤중은 흥분한 군중들에 맞아 죽었다. 고종은 일본에 의해 실시된 단발령을 철회하는 한편 의병의 해산을 권고하는 조서를 내렸다. 그러나 친러내각이 들어서면서 나라의 위신이 떨어지고 국권의 침해가 극심해짐에 따라 서재필 등 30여 명의 개화파들이 조직한 〈독립협회〉와 국민들은 국왕의 환궁과 자주선양(自主宣揚)을 요구했다.

1897년 1년 만에 궁궐에 돌아온 고종은 가을에 황제에 오르면서, 연호를 '광무(光武)'라 하고, 국호를 '대한제국'으로 고쳤다. 대한제국(大韓帝國,

Korean Empire)은 1897년 10월 12일부터 1910년 8월 29일까지 존재했던 제국으로, 조선을 계승한 국가이자 한반도의 마지막 군주국이다. 이때 명성황후는 '명성태황후'로 추존되었고, 시신 없는 명성황후의 능을 오늘날 청량리의 천장산 아래 언덕으로 옮겨 능호를 홍릉(洪陵)이라 했다.

1897년 6월 22일 <세인트 폴 대성당> 야외에서 빅토리아 여왕 '즉위 60주년 기념식' 공식행사가 거행되었다. 기념식을 마친 여왕의 무개(無蓋) 마차 행렬은 런던 남부와 국회의사당을 지나 버킹엄 궁전으로 돌아왔다. 그녀는 정확히 1837년 6월 20일에 즉위해서 1901년 1월 22일까지 왕좌에 있었다. 당시 고종은 이 기념식에 민영환(1861-1905)을 파견했다. 그는 1897년 3월 24일 4명의 수행원들을 이끌고 서울을 떠나 나가사키, 상하이, 마카오, 싱가포르를 경유하고 인도양을 건너 수에즈 운하를 통과한 뒤 지중해에 도달했다. 여기서 다르다넬스 해협을 지나 흑해로 들어가 오데사에 상륙한 다음 기차로 상트페테르부르크에 도착해 러시아 황제 니콜라이 2세(Nikolay II)에게 국서를 바치고 열흘 동안 체류했다. 그후 6월 1일 런던으로 출발한 민영환 일행은 6월 5일 런던에 도착해 기념식에 참석한 뒤 7월 17일에 귀국길에 올랐는데, 당시의 여정을 『사구속초(使歐續草)』라는 여행기로 남겼다.

일년 전인 1896년 5월에도 그는 5월 26일에 있을 니콜라이 2세의 정식 대관식의 축하 사절단(윤치호, 김득련, 김도일, 손희영, 스테인)으로 유럽을 방문했었다. 선친 알렉상드르 3세가 갑자기 사망하는 바람에 그는 당일인 1894년 11월 1일에 이미 즉위는 했었다. 당시에는 요코하마에서 기선을 타고 태평양을 횡단, 캐나다 밴쿠버에서 미국으로 입국했다. 그 뒤 대륙횡단철도를 타고 뉴욕으로 가서 다시 기선을 이용해 런던에 도착했다. 거기서 다시 베를린을 거쳐 러시아로 들어가 대관식에 참석한 뒤 시베리아 -1895년에 노보시비르스크까지만 시베리아 횡단 열차가 개통되었고, 1916년에야 시베리아 횡단열차가 완전히 개통되었다- 를 가로질러 블라디보스톡에 도착한 다음 조선으로 돌아왔는데, 결과적으로 6개월 2일 동안 지구를 한 바퀴 돈 그는 한국 최초의 세계 일주를 한 셈이었다. 당시의 기록을 정리한 여행기가 바로 『해천추범(海天秋帆)』이다.

러일전쟁과 을사늑약

1904년(고종 41, 광무 8) 2월, '러일전쟁'이 발발했으나 1905년 9월 미국의 시어도어 루즈벨트 대통령의 중재로 일본이 사실상 승리하며 막을 내렸다. 러일전쟁에서 승리한 일본은 고종에게 압력을 가하여 8월에 일본이 대한제국의 보호국임을 인정하는 제1차 한일협약(한일의정서)을 강요했고, 1905년 11월에는 제2차 한일협약인 '을사늑약(乙巳勒約; '을사년에 억지로 맺은 조약')'을 체결했다.

1905년 11월 17일 대한제국의 외부대신 박제순과 일본제국의 주한공사 하야시 곤스케(林權助)에 의해 체결되었다. 체결 당시에는 명칭이 정해지지 않았지만, 대한제국이 멸망한 후 조선총독부에 의해 편찬된 『고종실록』에는 '한일협상조약'이라고 기재되어 있으며, 을사년에 체결되었기 때문에 '을사협약', '을사5조약', '불평등조약임을 강조할 때 '을사늑약(乙巳勒約)'으로 부른다.

고종은 거세게 반대했지만, 이용구, 송병준 등이 조직한 친일단체 〈일진회〉를 비롯해 이완용 등 매국노들에 의해 조약이 체결되었다. 을사늑약의 체결을 찬성했던 학부대신 이완용, 군부대신 이근택, 내부대신 이지용, 외부대신 박제순, 농상공부대신 권중현의 다섯 명의 매국노를 '을사오적'이라고 한다. 이에 분개한 시종무관 민영환(閔泳煥; 아버지는 대원군의 막내 처남이자 임오군란 때 살해당한 민겸호. 시호는 '충정공')은 2천만 동포와 외교사절 그리고 고종에 보내는 유서 3통을 남기고 자결했다.

✦이완용, 이근택, 이지용, 박제순, 권중현

고종은 이 조약의 무효화를 위해 미국공사로 있던 헐버트에게 밀서를
보냈다. 그러나 미국은
필리핀에서 자국의 권리
를 인정받는 대신 대한
제국에 대한 일본의 지
배를 인정하는 '가쓰
라-태프트 밀약'을 체결
한 상태라 호응할 리가
없었다. 이 조약은 1905
년 7월 29일, 미국의 제
26대 대통령 시어도어
루스벨트의 특사이자
후임 대통령이 되는 〈미

✦1905년 11월 20일 『황성신문』에 실린 주필 장지연(張志淵)의 논설로
을사늑약의 굴욕적인 내용을 폭로하고, 일본의 흉계를 통렬히 공박하여
그 사실을 온 국민들에게 알렸다. 『황성신문』은 사전 검열을 받지 않았
다고 해서 3개월간 정간되었고, 그는 일본 관헌에 붙잡혀서 90여 일간 투
옥되었다가 석방되었다.

국 전쟁부(United States Department of War)〉 장관 윌리엄 하워드 태프트(William
Howard Taft)와 일본제국의 총리대신 가쓰라 다로(桂太郎)가 도쿄에서 은밀
하게 맺었다.

헤이그 만국평화회의와 3인의 열사

1906년 황태자인 순종의 가례를 맞아 고종은 특사령을 내린다. 이때 검사 이준(李儁; 1859-1907)은 사면령을 작성하며 을사늑약에 항의해 정부대신의 암살을 모의 또는 가담한 자들을 특별사면 명단에 포함시킨다. 일개 검사가 독립운동을 한 지사들의 사면을 진행시키려 한 것이다.

이에 법부대신 이하영은 이준이 제출한 명단에서 지사들의 이름을 지우고 임의로 특별 사면 명단을 작성한다. 이하영은 찹쌀떡 장수에서 알렌에게 영어를 배워 외무대신과 법무대신을 한 인물로, 이항복의 10대손이며, 〈신흥무관학교〉 설립자 이회영, 대한민국 초대 부통령 이시영 등과 12촌 혈족이다. 2009년 '친일반족행위진상규명위원회'에 의해 아들 이규원, 손자 이종찬(3공 때 국방장관)과 함께 3대가 친일파로 이름을 올린 인물이다.

1907년 3월, 법부대신 이하영은 고종에게 '체면을 손상시켰다'는 이유로 이준의 면직을 청했고 고종은 이를 수락한다. 이준은 검사의 자리에서 쫓겨났으나 1907년 7월 네덜란드 헤이그에서 '제2회 만국평화회의'가 개최된다는 소식을 접한 뒤 비밀리에 고종을 만나 '을사늑약이 일제의 협박으로 강제로 체결된 조약이므로 무효라는 것을 세계만방에 알리고, 한국독립에 관한 열국의 지원을 요청할 것'을 건의해 윤허 받는다.

✦부사(副使) 이준(좌), 정사(正使) 이상설(중), 통역관 이위종(우)

러시아 황제 니콜라이 2세에게 친서를 보내 이들의 활동을 지원해줄
것을 요청한 고종 덕분에 이준은 러시아에서 이상설과 이위종을 만나 합
류해 고생 끝에 헤이그에 도착했다. 하지만 일제의 노골적인 방해로 뜻대
로 일을 이루지 못하자 1907년 7월 14일 네덜란드 헤이그에서 분을 못
이기고 순국한다. 이준의 유해는 순국 사흘 후 헤이그 공동묘지에 임시
안장됐다가 순국 후 55년 만인 1963년 10월 고국의 품으로 돌아온다.
이준의 묘소는 서울 수유리 선열묘역 언덕 끝자락에 자리해 있다.

이후 1907년 7월 20일, 고종은 초대 통감 이토 히로부미에 의해 황제
자리에서 물러났고, 조선의 마지막 왕인 27대 순종(純宗; 1907-10)이 즉위했
다. 1909년 고종은 러시아 총영사에게 협조를 구해 해외망명을 시도하기
도 했다. 1965년에 대한민국 정부와 일본 정부는 한일국교를 정상화하는
'한일기본조약'의 제2조를 통해 '을사늑약'이 무효임을 상호 확인했다.

안중근 의사와 이토 히로부미

1907년 7월 19일 고종황제가 일본에 의해 강제로 물러나고 대한
제국 군대가 해산되자, 전국에서 의병이 일어나 일본군과 싸웠다. 서울
시위대 군인들은 무기를 들고 시가전을 벌였고, 일제에 의해 해산당한 지
방 군인들은 유인석, 이강녕, 홍범도, 신돌석 등이 이끄는 의병부대와 합
류해 일본군과 전투를 벌였다. 또한 이범윤과 최재형이 이끄는 부대는 북
간도와 연해주에서 의병을 일으켜 일본군에게 큰 피해를 입히면서 국내
진입 작전도 모색했다. 이후 전국 의병부대는 '13도 창의군'을 편성하여
서울로 일제히 쳐들어가기로 했는데, 1908년 이인영을 총대장으로 서울
진공작전을 벌여 허위가 이끄는 결사대가 동대문 밖 30리까지 이르렀지
만 아쉽게도 실패했다. 1910년 이후에 의병들은 주로 만주와 연해주를

대일항쟁의 무대로 삼았다.

안중근(安重根)은 고려의 유학자 안향의 26대손으로, 1879년 황해도 해주에서 태어났다. 등에 7개의 검은 점이 있어 북두칠성의 기운에 응해 태어났다고 하여 어릴 때에는 응칠(應七)로 불렸다. 천주교 신자인 그의 세례명은 토마스(Thomas; 도마, 다묵)이다. 아버지 안태훈과 함께 동학군 정벌에 참여했고, 대한제국 말기에는 교육운동과 '국채보상운동'을 전개했으며, 1905년 조선을 사실상 일본의 식민지로 만든 '을사늑약'이 체결되는 것을 보고 독립운동에 투신했다.

이어 〈삼흥학교〉를 세우고, 〈돈의학교〉를 인수해 교육에 힘쓰다가, 1907년 강원도에서 의병을 일으키는 데 가담했으며, 블라디보스토크로 건너가서 계동청년회에 가입하고, 계동청년회의 임시사찰에 선출되었다. 1908년에는 전제덕의 휘하에서 〈대한의군(大韓義軍)〉 참모중장 겸 아령 지구 사령관의 자격으로 엄인섭과 함께 100여 명의 부하를 이끌고 두만강을 건너 함경북도 경흥군 노면에 주둔하던 일본군 수비대를 공격해 전멸시키기도 했다. 1909년 일본군과의 전투에서 크게 패한 후, 안중근은 뜻이 같은 동지 11인과 함께 〈동의단지회(同義斷指會)〉 -일명 〈단지동맹〉-를 결성하고, 의병으로 재기하기 위해 노력했다. 이때 왼쪽 새끼손가락 한 마디를 끊어 혈서로 결의를 다졌다. 이는 결성 당시 왼쪽 새끼손가락 한 마디를 끊어 혈서로 결의를 다진 데서 나온 명칭이다.

초대 한국통감부 통감 이토 히로부미가 하얼빈에 온다는 소식을 들은 안중근은 우덕순(禹德淳; 1880~?), 조도선, 유동하와 그를 암살할 계획을 세웠다. 의거를 거행하기 전 안중근은 '장부가(丈夫歌)'를 지어 우덕순(禹德淳; 1880~?)에게 주었다. 안중근은 우덕순, 조도선과 조를 나누고 이들은 차이자거우(蔡家具) 역을, 자신은 하얼빈 역에 매복했다. 그런데 기차는 차이자거우 역을 그냥 통과해 하얼빈 역에 정차해버렸다.

✦'하얼빈 의거'가 37일이 지난 1909년 12월 2일, 도쿄(東京)의 〈박화관(博畵館)〉 출판사는 안중근 의사가 러시아 재상 코코흐체프의 초청으로 하얼빈을 방문한 이토를 저격하는 장면을 '이토공 조난지도(伊藤公 遭難之圖)'라는 제목으로 석판화를 발행했다. 여기서는 안 의사를 '흉한(兇漢)'으로 표현하고 있다.

1909년 10월 26일 오전, 안중근은 만주의 하얼빈 역 구내에서 대한 침략의 원흉 이토 히로부미가 탄 열차를 기다리고 있었다. 마침내 열차가 도착하고 이토 일행이 열차에서 내려 러시아군을 사열할 때 안중근의 권총이 불을 뿜었다. 결국 가슴에 총을 맞은 이토 히로부미는 그 자리에서 쓰러지고 말았다.

"꼬레아 후라(Korea Hura)!"

당시 세계만국어로 불리던 에스페란토어로 '대한민국 만세'를 외친 안중근은 태극기를 꺼내 힘차게 흔들다가 러시아 헌병에게 붙잡혔고, 일본군에게 인계되어 여순 소재 일본 〈관동도독부〉 지방법원에서 재판을 받았다. 일본 재판부는 하얼빈 의거를 테러리즘으로 규정했지만, 안 의사는 〈대한의군〉 참모 중장이라는 이전 신분을 들어 교전 행위라고 맞섰다. 하지만 그의 주장이 받아들여질 리 없었다.

✦법정에서 왼쪽부터 유동하, 조도선, 우덕순, 안중근. 그런데 2019년 8월 13일 KBS의 '시사기획 창'은 1925년을 비롯한 1920년대 행적을 근거로 우덕순을 밀정으로 확정한 방송을 했다.

"내가 죽은 뒤에 나의 뼈를 하얼빈 공원 곁에 묻어 두었다가, 우리 국권이 회복되거든 고국으로 반장(返葬)해 다오. 나는 천국에 가서도 또한 마땅히 우리나라 회복을 위해 힘쓸 것이다. 너희들은 돌아가서 동포들에게 각각 모두 나라의 책임을 지고 국민된 의무를 다하며, 마음을 같이 하고, 힘을 합하여 공로를 세우고 업을 이루도록 일러다오. 대한 독립의 소리가 천국에 들려오면, 나는 마땅히 춤추며 만세를 부를 것이다."

32세의 젊은 나이에 이 같은 유언을 남긴 안중근은 1910년 3월 26일 오전 10시, 형장에서 교수형을 당했다. 그는 〈대한의군〉 중장 신분이므로 총살형을 주장했으나, 일본은 테러리스트로 규정해 교수형에 처한 것이다.

국채보상운동과 동양척식주식회사

일본은 조선의 경제권을 장악할 목적으로 1905년 6월 1일부터
'화폐조례'를 실시할 것을 공포함으로써 조선의 은행은 모두 일본 은행에
종속되었다. 반강제적인 차관 제공도 같은 의도에서 비롯된 것으로 결국
1,300만 원(현재 가치로 약 6조 원)이라는 빚을 진 조선은 채무를 상환할 능력
이 전혀 없었다.

1907년 2월 경상북도 대구의 김광제, 서상돈 등이 '나라의 빚을 갚기
위해 모두 나서야 한다'고 주장하자 수많은 시민들이 참여하여, 의연금
을 내면서 '국채보상운동'이 시작되었다. 남자는 담배를 끊고, 여자는 비
녀와 가락지를 기증하는 등 국채를 갚으려는 호응이 뜨거웠다. 국채보상
운동은 국민의 힘으로 국채를 갚으려 했던 유례없는 움직임이었지만, 상
위계층과 부자들의 참여가 부족했다는 한계가 있었고, 일본이 일진회를
조종하고 주도자인 양기탁을 구속하는 등 방해를 일삼아 결국 실패로
돌아가고 말았다.

✦'국채보상운동' 광고

일제는 합법을 가장한 본격적인 토지 수탈을 위해 1908년 12월 18일
〈동양척식(拓植)주식회사〉를 세웠다. 〈동양척식주식회사〉는 대영제국의 동
인도회사를 본뜬 식민지 수탈기관으로, 〈조선식산(殖産)은행〉과 더불어

일제강점기 내내 조선을 경제적으로 착취하는 대표적인 기관이 되었다.

1909년 1월부터 활동을 개시한 〈동양척식주식회사〉는 1938년부터는 다른 식민지인 타이완, 사할린, 남양군도 등으로도 확대되어, 1938년에는 9개 지점과 831명의 직원을 두었다. 조선인 간부로는 부총재 민영기와 이사 한상룡이 있었다.

〈동양척식주식회사〉는 주로 수탈한 토지를 기반으로 일본인 농업이민자들을 조선에 정착시키는 사업을 추진했다. 일본 농업이민자들은 소작인들에게 5할이라는 고액의 소작료를 요구하거나, 춘궁기에 양곡을 빌려주고 2할 넘는 이자를 받는 등 경제 수탈에 앞장섰기에 농민들의 원성을 샀다.

이 같은 수탈은 조선인들의 대규모 해외 이주를 불렀다. 토지를 상실한 조선인 빈농 약 30만 명이 북간도로 이주한 것이다. 1930년대 이전까지 이 회사는 금융사업을 확장하며 산미증식계획을 추진했고, 이후에는 사업을 광공업 부분으로 확장하고 전쟁 수행을 위한 군수 산업을 지원했다.

스티븐스의 친일성명서

"일본의 대한 지배는 대한에 유익하다." 대한제국 외교 고문 미국인 더햄 화이트 스티븐스(Durham W. Stevens)가 일본 특사로 1908년 3월 20일 샌프란시스코에 도착했을 때, 「샌프란시스코 크로니클(The San Francisco Chronicle)」의 기자회견에서 발표한 친일성명서의 제목이다.

대한을 모욕하는 신문기사가 보도되자 샌프란시스코 한인들은 일제히 분개했다. 당시 샌프란시스코에는 하와이 사탕농장에서 일하다가 미주 본토에 들어온 노동자와 유학생, 우국망명자 등 150여 명이 〈공립협회〉와 〈대동보국회〉를 설립하여 권익 신장과 조국 독립운동을 기획하고 있었다.

1908년 3월 21일 저녁 8시, 긴급히 모인 이들은 공동회를 개최하여 이학현, 문양목, 정재관, 최유섭 4명을 대표로 선발한 뒤, 스티븐스를 찾아가 성명서 내용의 정정을 요구했다. 그러나 스티븐스는 대한에 이완용과 같은 충신이 있고, 이토 히로부미와 같은 통감이 있으니 큰 행복이요, 동양의 다행이라며 여전히 망언을 그치지 않았다. 이에 격분한 대표들은 스티븐스를 구타하고, 총대의 지도자 이학현은 즉각 친일성명서를 반박하는 성명서를 「샌프란시스코 크로니클」에 기고했으며, 22일 다시 공동회를 개최하여 스티븐스를 방문한 경과를 보고하고 대책을 숙의했다.

〈대동보국회〉의 장인환과 공립협회의 전명운도 총회에 참석하여 스티븐스를 사살하기로 했다. 이들은 각각 권총과 스티븐스 사진을 준비하고 사살의 기회를 노렸다. 그리고 스티븐스가 워싱턴행 대륙횡단열차를 타기 위해 오클랜드 페리 선착장으로 갈 것이란 정보를 입수하고 기다렸다. 3월 23일 오전 9시 30분, 호텔 자동차가 부두에 도착하자 전명운이 재빨리 스티븐스에게 접근, 손수건으로 감싼 권총을 꺼내 방아쇠를 당겼으나 불발이었다. 당황한 전명운은 총자루로 그의 면상을 후려치고 달아났다. 스티븐스는 왼뺨에 심한 파열상을 입고 자동차 뒤쪽에 부딪쳐 넘어졌다가 일어나 전명운을 추격했다.

그때 스티븐스 뒤쪽에서 장인환이 권총 3발을 발사했다. 제1발은 달아나는 전명운의 어깨 부분에 맞고, 제2발은 스티븐스의 오른쪽 어깨뼈에, 제3발은 스티븐스의 등 아래쪽에 명중했다. 장인환은 체포되고 전명운과 스티븐스는 항만응급병원에서 응급치료를 받은 후 중앙구급병원으로 이송되었다. 스티븐스는 응급수술을 받았으나 이틀 뒤인 3월 25일 사망했다.

✦장인환(좌), 전명운(우)

✛이토 히로부미와 스티븐스. 「샌프란시스코 크로니클」의 저격 기사

스티븐스 저격은 미국 사회에도 큰 반향을 불러일으켰다. 장인환이 스티븐스를 사살한 장면을 목격한 한 미국인 부인은 이렇게 표현했다.

"이 사람이 비록 연소한 황인종이나 애국지사요, 의기로운 남자로다. 조국을 위해 신명을 희생하니, 누구든지 국민 된 자는 자신의 조국을 이 사람처럼 사랑해야 할 것이다."

이에 「샌프란시스코 크로니클」을 비롯한 여러 신문은 장인환과 전명운을 애국자, 스티븐스를 공적(公敵)으로 규정하면서 사건의 전말을 상세히 보도했다.

경술국치

한일병합조약은 1910년 8월 22일에 조인되어, 8월 29일 발효된 대한제국과 일본제국 사이에 이루어진 조약이다. 대한제국의 내각총리대신 이완용과 제3대 통감인 데라우치 마사타케(寺內正毅)가 형식적인 회의를 거쳐 조약을 통과시켰으며, 8월 29일에 공포했다. 이날 일본제국 천황이 대한제국의 국호를 고쳐 '조선'이라 칭하는 건과 병합에 관한 조서를 공포함으로써 대한제국은 일본제국의 식민지가 되었고, 이를 '국권피탈' 또는 '경술국치(庚戌國恥)' 등으로 부르기도 한다.

'을사늑약'으로 외교권을 박탈당해 일본의 보호국이 되고, '정미7조약(丁未7條約)'으로 군대가 해산되었으며, '기유각서(己酉覺書)'로 사법권과 감옥 사무까지 잃은 대한제국은 결국 일본에 강제 병합되었다.

일본은 병탄의 방침을 1909년 7월 6일 내각회의에서 이미 확정해 놓고 있던 상태였다. 다만 부작용을 최소화하고 국제적 명분을 얻는 일만 남겨두었다. 일본제국 정부는 일진회 고문 스기야마 시게마루(杉山茂丸)에게 병합 청원의 시나리오를 준비시키고 있었다.

✦이완용, 윤덕영, 민병석, 고영희

✦박제순, 조중응, 이병무, 조민희

이에 앞서 민영환(閔泳煥)의 식객이었고, 이완용의 추천을 받았던 송병준(宋秉畯: 1858-1925)은 1909년 2월 일본으로 건너가 매국 흥정을 벌였다.

여러 차례 이토 히로부미에게 합병을 역설한 바 있었으나, 일본 측의 병탄(倂呑; 영토나 주권을 강제로 자기 것으로 만드는 것) 계획 때문에 일이 늦어지자, 직접 일본으로 건너가 가쓰라 다로(桂太郞) 총리 등 일본 정객들을 상대로 합병을 흥정한 것이다. 일본은 조약에 반대하는 소요가 일어날 것에 대비해 청진, 함흥, 대구 등에 주둔하고 있던 병사들을 서울로 이동시키는 등 철저한 대비를 해두었다.

1910년 8월 22일 창덕궁 대조전에 있는 흥복헌에서 한일병합조약을 찬성하는 마지막 어전회의가 열렸다. 대신들 중 학부대신 이용직(李容稙; 1852-1932)만 조약을 반대하다 쫓겨났고('을사늑약' 때 분사(憤死)한 조병세(趙秉世)의 사위인 그는 1919년 3·1운동 이후 김윤식(金允植)과 함께 조선 독립을 청원하는 호소문을 발표하여 작위를 박탈당했다), 이후 내각총리대신 이완용, 시종원경 윤덕영, 궁내부대신 민병석, 탁지부대신 고영희, 내부대신 박제순, 농상공부대신 조중응, 친위부장관 겸 시종무관장 이병무, 승녕부총관 조민희 등 '경술국적(庚戌國賊)'으로 불리는 8명의 대신들은 조약 체결에 찬성했으며, '한일병탄조약' 체결 이후 공을 인정받아 귀족 작위를 받았다. 병합 조약 직후, 황현, 한규설, 이상설 등 일부 지식인과 관료층은 이를 일방적 압력에 의해 이루어진 늑약으로 보고 극렬히 반대했고, 수많은 사람들이 독립운동에 참여했다.

1910년 8월 29일 '한일병탄조약'이 발효되고 국권이 상실되어 순종이 폐위되자 황태자는 왕세자로 격하되었으며, 결국 조선 왕조는 27대 519년 만에 역사 속으로 사라지고 말았다.

34년 11개월 16일간의 일제강점기

1
데라우치의 무단통치

20세기 초 동아시아 정세

　'청일전쟁'의 승리로 일본이 차지했던 요동반도를 부동항(不凍港)이 필요했던 러시아가 이곳의 뤼순(旅順; Port Arthur)과 다롄(大連)을 조차하면서 1900년에 '의화단 운동'을 진압해주었다. 이미 1885년에 거문도에 포대를 설치했다가 철수한 영국은 러시아의 남하를 막고자 일본과 '영일동맹(1902)'을 맺었다. 그후 한반도와 만주에서 치러진 '러일전쟁(1904-5)'에서 일본이 실질적으로 승리한 후 침체된 러시아는 마침 1905년 '피의 일요일'로 촉발된 러시아 혁명

✚미국 일간지 『브루클린 이글』 1904년 2월 17일자에 실린 삽화. 그림에서 짓밟히고 있는 한국은 "나는 이로써 귀하가 조선 영토의 종단을 허가한다"라는 쪽지를 들고 있다. 그 아래로 흐르는 강에는 '압록강(Yalu river)'이라고 쓰여 있고, 발끝에는 '만주 방면'이라는 이정표가 보인다.

까지 터져 국내에 전념할 수밖에 없었다. 이에 일본은 열강들로부터 조선의 실질적인 종주권을 인정받았다.

이후 중국에서는 1911년 쑨원(손문)을 중심으로 한 '신해혁명'이 일어나 청나라를 타도하고 아시아 최초로 공화국인 '중화민국(中華民國)'을 수립했다.

유럽에서는 새로운 강자로 부상한 독일제국이 1914년 '제1차 세계대전'을 일으키자 일본은 영국편에 섰고, 러시아는 독일제국에 맞섰으나 1917년 레닌 주도의 '러시아 혁명'이 일어나 로마노프 왕조가 붕괴해 실익도 없었고, 오히려 발트 3국과 핀란드 등을 내주고 말았다.

더구나 열강의 식민지들은 이 전쟁 이후 독립에 대한 열망이 드높아지기 시작했다. 이에 미국에서는 우드로 윌슨 대통령이 종전 전에 국회에서 공표한 '14개조 평화원칙(Fourteen Points)'에 '민족자결주의'가 포함되어 민족의 운명은 민족이 스스로 결정한다는 사상이 널리 퍼지게 되었다. 그리하여 인도(간디의 비폭력, 불복종운동)와 한반도(3.1운동)를 포함한 식민지 내의 독립운동이 거세게 불붙기 시작했다.

3·1 독립운동

1914년에 발발한 제1차 세계대전은 4년 동안의 전쟁 끝에 연합군의 승리로 끝났고, 1918년 미국의 윌슨 대통령이 세계 각 민족은 자신의 정치적 운명을 스스로 결정할 권리가 있으며, 이 권리는 다른 민족의 간섭을 받을 수 없다. '민족자결주의'를 제창했다. 민족자결주의는 당시 식민지나 반식민지 상태에 있던 약소 민족들을 크게 고무시켰고, 이에 힘입어 우리나라는 독립만세운동을 벌였다.

도산 안창호와 이동녕 등 수백 명의 민족운동가들은 〈신민회〉를 비롯하여 〈독립의군부〉, 〈광복회〉 등 비밀단체를 조직하고 국내외에서 활발한 활동을 펼쳤다. 해외에서는 항일독립투쟁의 기틀을 마련하기 위해 군사훈련을 시키고, 한민족 집단 거주지역에서는 청소년들을 모아서 근대교육을 시켰는데, 이시영, 이동녕 등이 세운 서간도의 〈삼원보〉와 밀산부에 소재한 〈한흥동〉이 조선 독립운동의 기지였다. 그리고 1914년 연해주에 대한 광복군 정부가 세워짐으로써 독립군의 무장 항쟁의 터전이 마련되었다. 상해에서 조직된 독립지사들의 단체인 〈신한청년단〉에서는 1919년 2월, '파리 평화회의'에 김규식을 민족 대표로 보냈다.

국내에서는 독립운동이 자유롭지 못하자 애국지사들은 해외로 망명했다. 신규식은 상해에서 〈동제사〉를 조직했고, 안창호와 이승만 등은 미주지역에서 〈국민회〉 등 여러 단체를 조직했으며, 박용만은 〈한인 소년병학교〉를 세웠다. 1919년 1월 6일, 일본 도쿄의 조선기독청년회관에서 〈조선청년독립단〉이 조직되었고, 2월 8일에는 최팔용 등이 중심이 된 재일 유학생 4백여 명은 우리나라의 독립을 요구하는 선언서와 결의문을 작성하여 선포하고 시위를 벌여 국내에 큰 자극을 주었다.

1919년 1월 22일, 고종황제가 세상을 떠나자 일본인이 독살했다는 소문이 돌아 반일 감정은 더욱 드높아졌다. 마침내 손병희, 백용성, 김완규, 한용운 등 민족대표 33인은 거족적인 독립만세운동을 계획하고, 1919년 3월 1일 태화관에 모여 최남선이 작성한 '독립선언문'을 낭독하고, 조선의 독립을 선언했다.

민족대표들은 출동한 일본 경찰에게 체포되었고, 아침부터 파고다 공원에 모여들기 시작한 학생과 시민들은 행진을 했는데, 서울뿐만 아니라 전국 방방곡곡에서 일제히 일어났으며, 만주와 하얼빈과 하와이 등 해외 동포들에게까지 번졌다. 일제는 헌병과 경찰을 동원하여 무차별 총격을 가하는 등 야만적인 방법으로 우리 민족의 독립만세운동을 탄압했다. 일본 군대는 수원 제암리 부락의 교회에 신도와 마을 사람들을 모아 놓고 문을 잠근 뒤, 총을 쏘고 교회와 마을에 불을 질러 1천여 명의 민간인을 무참하게 살해했다.

✦'독립선언문'은 사실 너무 어려워 민초들은 이해하기 힘들었다. 민의를 담은 게 아니라 당시 천재라 불린 최남선의 선민의식이 깔린 선언문이었다. 더구나 33인 중 민족개량주의에 앞장선 최남선, 입신양명하라는 부친의 권유에 못 이겨 친일파가 된 최린, 출소 후 조선 독립이 아닌 식민지 보호국으로 활동을 보장받는 자치주의를 내세운 박희도, 자신의 의사에 반해 이름이 들어갔다고 자수한 정춘수는 변절했다. 그나마 최린은 1949년 반민특위 공판에서도 자신의 친일 행위를 순순히 인정했다. 재판장이 3.1혁명 당시의 소감과 변절에 대해 묻자 그는 머리 숙여 눈물 흘리며 참회했다.

"민족대표의 한 사람으로 민족 독립에 몸담았던 내가 이곳에 와서 반민족 행위에 대해 재판을 받는 그 자체가 부끄러운 일이다. 광화문 네거리에서 소에 사지를 묶고 형을 집행해 달라. 그래서 민족에 본보기로 보여야 한다"

그러나 한용운, 정인보 등은 최남선을 죽은 사람으로 간주해 상대도 하지 않았다고 한다.

당시 이화학당 고등부에 다니던 17세의 여학생 유관순은 총독부의 휴교령으로 학교를 가지 못하자, 고향 천안으로 내려와 아우내 장날에 만세운동을 벌이다가 체포되었다. 감옥 안에서도 대한독립만세를 외치던 유관순은 모진 고문을 받아 이듬해 9월 20일 서대문형무소에서 사망했다.

이러한 3·1운동의 영향으로 민립대학 설립이 활발해지고 〈조선교육회〉가 설립되면서 민족주의 교육이 싹을 피웠고, 조만식 등이 일으킨 '물산장려운동'은 수많은 민족운동이 일어나는 바탕이 되었다. 이는 또 중국에 영향을 주어 반일 운동인 '5.4 운동'을 촉발시키는 계기가 되었다.

❀ 물산장려운동

독립운동은 반드시 무력뿐만 아니라 민간인과 상인들도 소리 없는 독립운동인 '물산장려운동'을 벌였다. 일제는 우리 경제를 잠식하기 위해 민족자본회사 설립에 제한을 두려고 1910년에 실시했던 회사령을 1920년에 철폐했다. 회사령을 폐지한 속셈은 일본 기업이 한반도에 쉽게 진출할 수 있도록 하기 위해서였다. 이후 많은 일본 기업이 식민지 조선에 진출하여 일본에 대한 경제적 예속은 더욱 심화되었다. 이에 평양과 경성을 중심으로 고당 조만식, 인촌 김성수 등이 주도하에 '물산장려운동'을 전개했다.

1920년 8월, 평양에서 기독교계 민족지도자들이 민족기업 건설과 육성에 대해 논의하고 <조선물산장려회>를 발족했다. 평양에서 물산장려운동이 전개되자, 경성의 <조선청년회연합회>도 호응하여 1922년 말부터 적극적인 활동을 전개했다. 1923년 1월 9일 경성의 <서북협성학교>에서 20여 개의 민족단체 대표 160여 명이 모여 발기 준비대회를 열었고, 이어서 2월 16일에는 3천여 명의 회원들이 참가하여 발족시킨 모임이 '물산장려운동'의 중추적인 기구가 되었다.

"조선 사람 조선으로! 우리 것으로만 살자!"

이 같은 구호를 바탕으로 시작된 국산품 애용운동은 일본 기업들에게 경제적 착취를 당해 오던 조선인들을 일깨워 소비조합을 비롯한 민족기업 등의 설립을 촉진시켰고, 인천을 거쳐 경성에서 조선물산장려회가 창립되는 등 전국으로 확산되었다. 경성에서 조직된 <토산품애용부인회>와 경상남도 의령에서 시작된 토산품장려 및 금연실천운동, 전국적으로 확산된 금주단연운동, 토산품 애용운동 등은 거국적 애국운동으로 확대되어 갔었다.

그러나 물산장려운동은 여러 가지 한계를 지니고 있었다. 토산품만 사용하다 보니 토산품 가격이 폭등해 상인과 자본가들의 배만 채워주는 결과만 낳았다. 더구나 사회주의 계열의 운동가들과 일부 민중들은 물산장려운동은 자본가 계급을 위한 것이라고 맹렬히 비판했다. 또한 일본 총독부의 극심한 탄압과 박영효, 유성준 같은 친일 세력들의 관여로 일제와 타협하는 등 변질되었고, 결국 쇠퇴하고 말았다.

상해 임시정부

3·1운동을 겪은 일본은 무자비한 탄압만으로는 통치가 쉽지 않다고 판단하여 노선을 바꿨다. 1910년부터 1919년까지 육군대장 데라우치 마사타케(寺内正毅), 육군원수 하세가와 요시미치(長谷川好道)가 1, 2대 총독으로 부임해 헌병과 경찰을 앞세운 무단통치였다면, 3·1운동 이후에는 1919년 8월 해군대장 출신 3대 사이토 마코토(斎藤 実; 1919-27) 총독이 부

임해 문화통치로의 전환을 가져왔다. 그는 양의 탈을 쓴 늑대의 형상으로 접근해왔다. 헌병을 일반 경찰로 바꾸고, 민족학교 설립 허가, 조선·동아일보 발행 허가, 평등한 교육 기회 부여 등의 방법으로 많은 사람들을 친일파로 만들었다.

하지만 의식있는 민족지도자들은 겨레의 힘을 하나로 모을 수 있는 정부를 세워야겠다는 생각을 했는데, 3·1운동 이전에 시베리아로 망명한 의병장 유인석과 한군명, 문창범, 이동휘 등이 1917년 러시아에서 흩어져 살고 있는 우리 겨레를 모아 애국단체인 〈전로한족중앙총회〉를 조직했다. 이들은 1919년 3·1운동이 일어나자, 3월 17일에 블라디보스토크에서 독립선언서를 발표하고, 〈전로한족중앙총회〉를 개편하여 〈노령(露嶺) 임시정부〉를 세웠다.

서울에서도 이교현, 윤이병, 이규갑 등이 임시정부를 만들 계획을 세우고, 천도교, 기독교, 유교, 불교 등 각계의 대표 30명이 비밀리에 인천 만국공원 근처의 음식점에서 모여 '파리강화회의'에 우리 대표를 파견하고, 국민대회를 열어 우리의 정부 수립을 세계에 선포하자고 결의했다. 마침내 4월 23일 국민대회에서 한성 임시정부의 수립이 선포되고, 결의사항을 알리는 인쇄물이 뿌려졌다. 임시정부 각료로는 대통령에 이승만, 국무총리에 이동휘 등이 선출되었으며, 13도의 대표 명단도 밝혀졌다.

1919년 4월 10일, 중국 상해에서는 독립운동을 보다 조직적이고 효과적으로 추진하기 위해 〈임시의정원〉을 구성하고, 4월 11일 이승만을 국무총리로 하는 〈국무원〉 내각을 발표했다. 이로써 상해에도 임시정부가 탄생했다.

"1919년을 대한 임시 원년으로 정하며, 국호를 '대한민국'이라 선포한다."

임시정부는 4월 13일 임시 헌장을 발표했으며, 〈국무원〉 내각으로 이승만, 내무총장 안창호, 외무총장 김규식, 법무총장 이시영 등이 임명되

✦상하이 임시의정원 제6회 기념촬영(1919.9.17.). 앞줄 중앙이 안창호. 둘째 줄 맨 우측이 김구.

었다.

나중에 시베리아 임시정부, 한성 임시정부, 상해 임시정부가 통합되었고, 대한민국 임시정부를 상해에 두었다. 1919년 9월 11일, 대한민국 임시정부는 새 헌법을 공포하고, 이승만을 집정관 총재로 선출했다. 그러나 상해가 아니라 주로 미국에 머물던 그는 외교활동 성과 미비와 〈국제연맹〉에 한국의 위임통치를 건의한 사건(신채호는 "이승만은 나라를 되찾기도 전에 나라를 팔았다"며 성토했다)으로 탄핵당하고 박은식이 뒤를 이었으며, 개헌을 통해 1926년 12월 김구가 내각책임의 국무령(주석)이 되었다.

2
민족분열통치와 항일무장투쟁

만주의 항일 투쟁과 자유시 참변

19세기 후반, 간도와 연해주로 이주한 한국인 수가 급증해 집단 촌을 형성하자 자치기관과 각종 단체를 결성했다. 국외 독립운동의 선구적 임무를 담당한 단체는 〈신민회〉였다. 〈신민회〉는 당시 의병 전쟁과 함께 항일운동의 큰 줄기를 이루었다.

독립운동기지의 건설은 간도와 연해주 등지에 한민족의 집단거주지역을 개척·확장하여 항일독립운동의 거점을 마련하고, 결정적 시기에 독립을 쟁취하기 위한 기반을 이루는 데 목적이 있었다. 아울러 이 지역을 중심으로 산업을 일으켜 경제적 토대를 조성하고, 청소년을 모아 근대적 민족교육과 군사훈련을 강화하여 무장 독립전쟁을 수행하려는 것이었다.

민족학교 가운데 유명한 곳은 이회영, 이상룡 등이 설치한 남만주의 〈삼원보(三源浦)〉와 이상설, 이승희 등이 세운 밀산부(密山府)의 〈한흥동(韓興洞)〉 그리고 블라디보스토크의 〈신한촌(新韓村)〉이었다. 이들 기지를 거점으로 〈서전서숙〉, 〈명동학교〉 등 민족교육기관과 〈신흥학교〉와 같은 독립군 지휘관 양성을 위한 무관학교가 설립되었다. 1919년까지 간도 일대만 해도 100곳이 넘는 학교가 설립되었고, 연해주에도 신한촌의 한인학교를 비롯하여 10여 개의 민족학교가 있었다. 1914년 이상설과 이동휘를 정·부통령으로 하는 '대한광복군정부'가 블라디보스토크에 수립되어, 독립군의 무장항일운동의 터전이 마련되었을 뿐 아니라 임시정부 수립의 기반을 다져 놓았다.

1919년에 일어난 3·1 운동은 독립운동의 분수령이 되었다. 이를 계기로 민족 지도자들은 비폭력 항일운동으로는 독립을 쟁취할 수 없다는 사실을 자각하고, 조국 광복을 달성하기 위해서는 무엇보다 무장독립전쟁의 조직적인 전개가 지름길임을 깨닫게 되었다.

독립군은 부대를 정비·강화하고 무장을 갖추어 압록강과 두만강을 건너 국내의 일제 식민통치기관을 파괴했으며, 일본군경과 치열한 전투를 전개했다. 이와 같은 독립군의 활동은 국내의 청년들을 고무시켜 수많은 애국청년들이 만주와 연해주로 건너와 독립군에 합세했고, 대한제국 시기의 의병들도 가담하여 독립군의 군세는 나날이 강성해져 갔다.

1920년대에 만주와 연해주에는 수많은 독립군부대 중 가장 눈부신 전과를 올린 것은 홍범도(洪範圖; 1868-1948)의 〈대한독립군〉이 거둔 '봉오동 전투'와 김좌진이 이끈 〈북로 군정서군〉 등이 거둔 '청산리 대첩'이었다.

1920년 6월 6-7일 〈대한독립군〉은 최진동의 〈군무도독부군〉, 안무의 〈국민회독립군〉과 연합하여, 길림성 봉오동(鳳梧洞)을 기습해 온 일본군 1개대대 병력을 포위, 공격하여 대승리를 거두었다. 이것이 바로 '봉오동 전투'였다.

1922년 모스크바에서 '원동민족대회(피압박민족대회)'에 참석한 홍범도는 트로츠키의 안내로 레닌을 만나 군복과 군모, 레닌과 홍범도의 이니셜이 새겨진 권총 그리고 금화 100루블을 받았으나, 1937년에는 이오시프 스탈린이 자행한 18만 명의 '고려인 강제이주정책'으로 인해 당시 소련 영토였던 카자흐스탄으로 떠나야만 했다. 이후 크즐오르다에 있는 〈고려극장〉에서 고려인 희곡 작가 태장춘의 배려로 수위장을 맡아 연금을 받으며 생활했는데, 일제강점기 '아리랑(1926)'을 제작한 영화감독으로 유명한 나운규가 바로 홍범도의 부하였다. 2021년 홍범도의 유해는 봉환 후 8월 18일 〈국립대전현충원〉 현충관에 임시 안치되었다.

청산리전투는 1920년 10월 20-23일 김좌진과 최진동 그리고 홍범도가 이끄는 독립군이 만주 길림성 청산리 계곡에서 일본군과 벌인 대대적인 전투였다. 이 전투에서 일본군 3,300여 명이 사살되었는데, 독립군의 전사자는 겨우 60명밖에 되지 않았다. 그런데 '청산리 전투'는 김좌진이 이끄는 〈북로군정서군〉이 단독으로 싸운 것이고 김좌진과 이범석이 그 전투의 주역으로 알려져 있는데, 이는 철기(哲琦) 이범석(李範奭; 1900-72)이 『한국의 분노』라는 회고록에서 그렇게 주장했기 때문이다. 상해임시정부 발표에 의하면 "만주 화룡현 삼도구 청산리 부근에서 제1연대장 홍범도, 제2연대장 김좌진, 제3연대장 최진동 등의 연합부대와 일본병이 충돌하여 일본군의 손해 사망자 600여 명"이라고 되어 있다. 참고로 당시 이범석의 나이는 21살에 불과했다.

독립군에게 거듭된 패배를 당한 일제는 그해 만주의 한인촌을 공격하여 대량 학살과 방화, 약탈, 파괴를 자행한 '간도참변(庚申慘變)'을 일으켰다. 이에 독립군은 각지로 분산하여 대오를 재정비했고, 그중 4,000여 명 규모의 주력부대는 소·만국경에 위치한 밀산부(密山府)에 집결해 서일을 총재로 하는 〈대한독립군단〉을

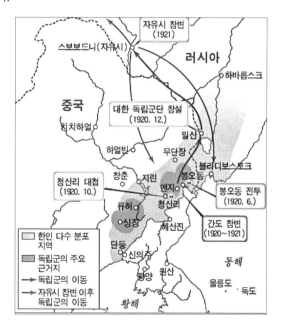

조직한 후, 일본군의 추격을 피해 소련 영토 내로 이동했다.

'청산리대첩' 후 독립군들은 북만주의 밀산을 거쳐 러시아의 도움을 기대하며 1921년 초 이만(Iman)에 도착했다. 이만에서 김좌진이 이끄는 〈북로군정서(北路軍政署)〉를 비롯한 일부 독립군단의 독립군들은 러시아의 원조를 기대하기 어렵다고 판단해 북만주로 돌아갔다. 6월 당시 이르쿠츠크파 〈고려혁명군〉의 후원자였던 〈코민테른〉 '원동비서부(遠東祕書部)'의 책임자 보리스 슈마츠키가 자유시(自由市; Svobodny 스보보드니)에 집결한 한인무장부대의 지휘권을 장악하면서 〈고려혁명군〉으로의 통합을 결정했다. 그러나 상해파 〈대한의용군〉이 이에 반발하자 일본의 압력을 받은 소련의 적군은 〈고려혁명군〉과 연합해 상해파를 무장해제시키려 하자 양측이 자유시 인근의 수라제브카(Суражевка, Surazhevka)에서 무력 충돌을 빚었다. 한국독립운동사상 가장 비극적인 사건이 일어난 것이다.

✦'자유시 참변' 당시 상해파 독립군의 사살 명령에 간여한 '원동비서부(遠東祕書部)'의 책임자 보리스 슈마츠키(Boris Shumyatsky; 1886-1938). 그는 중국, 몽골, 한국, 인도, 인도네시아, 필리핀, 베트남, 라오스, 캄보디아, 페르시아, 일본 등의 공산주의 전파 및 확산 책임자였다.

이렇게 와해된 독립군은 다시 만주에서 조직을 재정비한 다음 각 단체의 통합을 추진했다. 만주의 독립군 조직은 참의부(參議府), 정의부(正義府; 양기탁, 지청천 중심), 신민부(新民府; 자유시에서 탈출한 〈대한의용군〉과 〈북로군정서〉 중심)의 3부로 재편성되었다. 이들은 각 지역 동포들의 자치행정을 맡아 보는 민주적 민정기관을 두고 입헌·정치조직까지 갖추었으며, 독립군의 훈련과 작전을 맡는 군정기관도 설치했다. 그리고 자체의 무장 독립군도 편성하여 한·만 국경을 넘나들며 일제와 치열한 전투를 전개했다. 그러나 일제와 만주 군벌 사이에 맺어진 미쓰야협정(三矢協定)에 의해 독립군은 다시금 큰 타격을 입고 말았다.

관동대지진과 조선인 학살

1923년 9월 1일 간토(關東) 대지진으로 요코하마 일대가 쑥대밭이 되었다. 이로 인해 민심과 사회질서가 무척 혼란스러웠다. 이에 내무성은 계엄령을 선포하며, 각 지역의 경찰서에 치안유지에 최선을 다할 것을 지시했다.

그런데 내무성의 지시 중에 다음과 같은 내용이 있었다. "재난을 틈타 이득을 취하려는 무리들이 있다. 조선인들이 방화와 폭탄 테러, 강도 등을 획책하고 있으니 주의하라." 더구나 1923년 9월 10일자 『매일신

✦당시 학살된 조선인 희생자들을 찍은 사진. 윗부분에는 '大正 十二年 九月 一日(다이쇼 12년, 즉 1923년 9월 1일)'이라고 날짜가 적혀 있으며 사진에는 부패한 시신들이 겹겹이 쌓여 있는 장면이 담겨져 있다.

보』는 '관동대지진 당시 조선인들이 폭동을 조장하고 있다.'는 기사를 실

었고, 다른 유력매체들은 진위 여부를 확인하지도 않고 더욱 과격해진 유언비어를 보도했다. "조선인과 중국인들이 우물에 독을 풀고 방화와 약탈을 하며 일본인을 습격하고 있다."

일본 정부가 민심동요 방지를 위해 조선인 폭동 유언비어를 살포하자 일본인들이 〈자경단(自警團)〉을 조직해 불심검문을 하여 조선인이나 중국인으로 확인되면 가차 없이 살해하는 만행을 저질렀다. 특히 조선인을 보면 즉시 죽이고, 일본인으로 위장한 조선인을 색출하기 위해 길 가던 사람을 무작위로 붙들고 '十伍円伍十錢(쥬고엔고짓센)'이란 발음을 시켜보았다. 이 단어는 조선어에 없는 발음과 조선인들이 취약한 장음 발음이 있어 일본인인지 아닌지 구분하기 쉬웠기에 발음이 서툴면 그 자리에서 죽여 버렸다. 이때 조선인 6,000명이 살해당했다.

조선인 학살과 더불어 사회주의자, 인권운동가, 반정부 행위자 등 주로 좌파 계열의 운동가들도 부지기수로 살해되었지만, 경찰은 방관하거나 소극적인 대응을 할 뿐이었다. 〈자경단〉의 만행이 도를 넘어서자 관이 개입했으나, 이미 수많은 사람이 학살당한 후였다. 일본 정부는 피해자의 수를 줄여 발표하고 〈자경단〉 일부를 연행하여 조사했지만, 기소된 사람들조차도 증거불충분을 이유로 무죄 방면시켰다.

6·10 만세운동

1926년 6월 10일 순종의 인산일(因山日: 조선과 대한제국에서 왕이나 황제 직계가족의 장례일)이었다. 장례 행렬이 종로를 지나가던 중에 갑자기 곳곳에서 사람들이 튀어나와 인쇄물을 뿌리며 "일본 제국주의를 타도하자", "토지는 농민에게 돌려줘야 한다!", "우리의 교육은 우리의 손으로-!"라는 구호를 외쳤다.

강달영, 권오설, 김단야, 이지탁, 민영식, 이민재, 이현상 등은 미리 10만 장에 달하는 격문을 준비하고, 순종의 상여가 종로를 지날 때 일제히 만세를 부르며 격문을 살포했다. 당시 장례에 참가했던 학생들과 군중의 호응으로 시위가 확대되었다. 그러나 조직간 유대가 부족했고, 이미 3·1 독립운동을 겪은 일제가 군경 7,000명을 동원해 곧바로 진압에 나섰다. 결국 얼마 지나지 않아 시위대는 뿔뿔이 흩어지고 말았다. 그러나 만세운동은 전국으로 번져 고창, 원산, 개성, 홍성, 평양, 강경, 대구, 공주 등지에서도 대규모 시위가 일어났다.

6·10 만세 운동은 3·1 운동을 잇는 전국적 항일운동이었다. 시위 후 1천여 명이 체포, 투옥되었으며, 제2차 〈고려공산청년회〉 책임비서 권오설을 비롯한 다수의 공산당원이 체포됨으로써 조선의 공산당이 무너지는 결과를 가져왔다. 또한 1927년 사회주의 계열과 민족주의 계열이 연대한 〈신간회(新幹會)〉와 자매단체이자 여성 독립운동단체인 〈근우회(槿友會)〉 등 조선인 사회단체 조직의 결성과 1929년 11월의 광주학생운동에 큰 영향을 끼쳤다.

윤봉길 열사

윤봉길(尹奉吉, 1908-32)은 조선의 독립운동가이며 교육자, 시인 겸 저술가이다. 고려시대 명장이었던 윤관의 후손으로, 충청남도 덕산(예산군) 출생이며, 호는 매헌(梅軒)이다. 1918년 덕산보통학교에 입학했으나, 3·1운동에 자극을 받아 식민지 노예교육을 배격하면서 자퇴하고, 1921년 유학자인 매곡 성주록의 문하생이 되었다. 1928년 18세 되던 해에는 시집 「오추(嗚推)」, 「옥수(玉睡)」, 「임추(壬椎)」 등을 발간했으며, 이후 농민운동에 관심이 많아 계몽활동, 농촌 부흥운동, 야학활동, 독서회 운동 등을 시작했다.

1930년 윤봉길은 '장부출가생불환(丈夫出家生不還; 장부가 뜻을 품고 집을 나서면 살아 돌아오지 않는다)'라는 글귀를 남기고 중국으로 건너가던 중 평안도 선천에서 체포되어 45일간의 옥고를 치렀고, 출옥 후 만주로 망명했다. 1931년에 윤봉길은 대한민국 임시정부 국무령인 김구를 찾아가 독립운동에 몸 바칠 각오를 알리고 〈한인애국단〉에 가입했다. 김구는 1932년 4월 29일 상해의 〈홍커우 공원(虹口公園, 지금은 '루쉰 공원')〉에서 열리는 일본 천황의 생일과 상해 점령 전승 기념행사 때 폭탄을 투척하기로 결의했다. 당시 공원에는 일본군 1만 명, 일본인 거주자 1만 명, 그밖에 각국 사절, 초청자 등 2만 명이 넘는 인파가 모였다.

✦김구와 윤봉길

폭탄은 도시락과 물통 모양으로 만들었는데, 행사에서 식사가 제공되지 않아 각자 도시락을 지참하도록 한 허점을 노린 것이었다. 일본인으로 신분을 위장한 윤봉길은 삼엄한 경계망을 뚫고 공원에 입장했다. 11시가 되자 중국 천진에 주둔한 일본군 총사령관 시라카와 요시노리(白川義側) 대장이 등장하고, 상해에 있는 외교관과 내빈들이 자리를 잡았다. 군악이 울려 퍼지고 열병식이 이어졌다. 천장절 행사가 끝나자 외교관과 내빈들은 퇴장하고, 일본인들만 남아 일본교민회가 준비한 축하연을 열었다.

11시 50분 일본 국가 기미가요가 연주되고 나서, 묵념을 올리는 순간, 윤봉길은 도시락 폭탄의 기폭장치를 작동시키고 단상으로 힘차게 던졌다. 섬광과 함께 요란한 폭음이 나며 단상은 아수라장이 되었다. 총사령관 시라카와 요시노리, 상해 일본거류민단장 가와바타 사다지 등이 즉사하고, 총영사 무라이는 중상, 제3함대 사령관 노무라 기치사부로 중장은 실명, 제9사단장 우에다 겐키치 중장과 주(駐) 중국공사 시게미쓰 마모루(重光 葵)는 다리가 절단되었다. 마모루는 1945년 일본이 패망했을 때 일본의 전권 대사로서 다리를 절뚝거리며 나와 '미주리 함'에서 항복 문서에 조인했던 인물이다.

윤봉길은 일본 헌병들에게 제압을 당하면서도 숨겨두었던 태극기를 꺼내 흔들면서 "일본제국주의를 타도하자!"라고 외쳤다. 당시 중국의 국민당 지도자였던 장제스는 중국의 100만 명이 넘는 대군도 해내지 못한 일을 조선 청년 윤봉길이 해냈다며 윤봉길을 극찬했다. 폭탄 투척 직후 체포, 곧바로 헌병으로 넘겨지면서 가혹한 고문을 받은 윤봉길은 1932년 5월 28일 상해 파견 일본 군법회의에서 사형을 선고받았다. 1932년 11월 18일 일본 오사카로 후송되어 육군형무소에 수감되었다. 1932년 12월 18일 가나자와 육군구금소로 이감되었다가, 1932년 12월 19일 일본 가나자와(金沢)에서 총살형을 당했다.

항일의거 독립투사들

개별적으로 의거를 행한 애국지사도 적지 않았다. 독립운동단체에 소속되어 특명을 받고 의거를 행한 경우도 있고, 개인적 판단으로 거사한 경우도 있었는데, 김원봉이 조직한 〈의열단〉과 김구가 조직한 〈한인애국단〉의 활동이 가장 두드러졌다.

- 강우규 열사

1919년 9월 2일, 한의사 강우규는 조선 총독으로 부임한 사이토 마코토(齋藤實)가 남대문 정거장(서울역)에 도착하여 마차에 타려는 순간을 노려 폭탄을 던졌다. 폭탄은 빗나갔지만, 엄청난 위력으로 신임총독 사이토를 환영 나온 일제 관헌 및 추종자들 37명에게 중경상을 입혔다.

강우규 의사는 그 자리에서 체포되어 65살의 나이로 사형을 언도받고 형장의 이슬로 사라졌다.

- 김지섭 열사

"관동대지진 때 억울하게 죽은 우리 동포들의 원수를 갚겠다."

1924년, 김지섭은 폭탄 세 개를 품고 일본 천황이 사는 궁성으로 몰래 들어갔으나, 폭탄이 터지지 않아서 의거에 실패했다. 김지섭 의사는 1928년 2월에 44살의 나이로 감옥사했다.

- 의열단 나석주

1926년 7월, 〈의열단〉의 나석주는 중국인으로 변장하여 천진에서 인천항을 통해 국내로 들어와 〈동양척식주식회사〉와 〈식산은행〉에 폭탄을 던졌다. 그러나 폭탄은 불발되었고, 나석주는 추격해 오는 일본 경찰 간부를 권총으로 쏘아 죽이고 자결했다.

- 이봉창 의사

1932년 1월, 이봉창은 상해에서 김구 주석의 지시를 받고 도쿄로 들어가 마차를 타고 가는 일본 천황에게 폭탄을 던졌으나 불행하게도 죽이지는 못했다.

- 조명하 열사

조명하는 1926년 9월 일본 오사카로 건너가 야간학교를 다니며 고학을 했다. 그해 말에는 나석주의 〈동양척식주식회사〉 폭탄 투척 사건이 일어나자, 그는 대한민국 임시정부로 떠나기로 하고 1927년 11월 중간 기착

지로 타이완에 들렀다. 타이완 타이중의 상점에서 일하던 중 히로히토 천황의 장인인 일본 육군대장 구니노미야 구니요시(久邇宮邦彦)가 검열사로 온다는 사실을 알고, 그를 척살하기로 결심했다.

1928년 5월 14일, 조명하는 타이완을 방문 중이던 구니노미야 구니요시에게 독을 묻힌 단검을 던졌다. 단검은 구니노미야의 목을 스쳤고 운전사의 등에 맞았다. 조명하는 그 자리에서 체포되어 7월 18일 사형선고를 받은 뒤, 24세의 나이로 10월 10일 타이베이 형무소에서 총살당했다.

- 의열단 김지섭

1919년 3·1 운동 때 독립운동에 가담하여 활약하다가 1920년 중국으로 망명, 1922년 〈의열단〉에 입단하고 상해, 베이징 등지에서 독립운동을 했다. 1923년 한국 내 일본의 기간시설을 파괴하고자 폭탄 36개를 상해에서 안동을 거쳐 서울로 반입하려고 했으나 일본 첩자 황옥(黃鈺)의 밀고로 동지 3명이 붙잡히고, 그는 김원봉, 장건상 등과 상해로 피신했다.

이후 9월 1일 '관동대지진'으로 한인들이 학살당했다는 소식을 듣고 1924년 동경에서 개최되는 제국의회에 참석하는 일본 고관들을 저격하고자, 폭탄 3개를 휴대하고 1923년 12월 31일 후쿠오카에 도착했다. 1924년 1월 3일 도쿄에 잠입했으나, 제국의회가 무기한 연기되었다는 신문기사를 보고 계획을 변경하여 일본 궁성의 니주바시(二重橋)에 폭탄을 던지기로 했다.

1월 5일 궁성에 진입하여 폭탄을 던졌으나 모두 불발되고 현장에서 체포되었다. 시곡형무소에서 옥고를 치르다가 천엽형무소로 이감되었고, 1928년 2월 20일 뇌일혈로 옥중에서 숨졌다.

❀ 의사와 열사

의사(義士)와 열사(烈士)의 차이점의 주된 핵심은 무력이나 폭력의 사용 여부다. 의사는 무력으로 항거해 순국한 분을 가리키며, 열사는 절의를 굳게 지키며 자신의 뜻을 죽음으로 펼친 분을 말한다. 예를들면 안중근, 이봉창, 윤봉길은 의사이며, 민영환, 유관순, 이준 등은 열사라 부른다.

- 쌍권총 김상옥

'동대문 홍길동'이라 불리던 쌍권총의 명수 〈의열단〉 소속 김상옥은 1890년에 구한 말 군관을 지낸 아버지 김귀현(金貴鉉)과 어머니 김점순(金占順) 사이의 차남으로 태어났다. 불우한 환경 속에서 성장했고, 1917년 '물산장려운동'과 일화(日貨) 배척 운동을 전개했는데, 이를 위해 말총모자를 창안하고 생산, 보급하여 많은 돈을 벌었다. 3·1 운동 이후 영국인 피어슨 여사 집에서 비밀 결사 〈혁신단〉을 꾸리고, 1919년 12월 암살단을 조직해 일본 고관 및 친일민족반역자에 대한 응징 및 숙청을 감행했다.

1920년 8월 24일 김상옥은 미국 의원단이 동양 각국을 시찰하는 길에 내한한다는 소식을 들었고, 그를 환영나오는 총독 사이토 마코토 및 일본 고관을 암살하는 계획을 추진했다. 그러나 거사 계획은 실천 직전에 일본 경찰에게 탐지되었고 동지들이 붙잡히는 바람에 단독 거사를 추진했으나, 여의치 않자 10월 말 중국 상하이로 망명했다.

1923년 1월 12일 밤 김상옥은 종로경찰서에 폭탄을 던져 아수라장으로 만들었으나, 1월 17일 새벽 3시 은신처인 매형 고봉근의 집이 종로경찰서 수사주임 미와 와사부로(三輪和三郎)에게 탐지되어 일본 경찰과 총격전을 벌였다. 추격하는 일본 경찰에게 사격을 가하면서 가옥의 옥상을 뛰어다니며 도주했다.

그러나 1923년 1월 22일 새벽 최후의 은신처마저 일본 경찰에게 탐지되고 말았다. 기마대와 무장 경관 400여 명이 은신처를 중심으로 효제동 일대를 겹겹이 포위하였으며 왜경 결사대가 지붕을 타고 집 안으로 들어왔다. 권총 두 자루로 무려 3시간 반 동안이나 총격전을 벌이다가 총알마저 떨어지자 화장실 벽에 기댄 채 마지막 탄환을 자신의 머리에 쏘아 자결했다.

✦ 미와의 실제 사진과 『야인시대』의 미와(이재용 분). 그는 1908년 경부(警部)에 임명되어 경기도 경찰부 고등경찰과 조사계 주임으로 근무하면서 조선인 양심수들을 체포해 악명을 떨쳤다. 한국어에 능통해 사찰 업무에 두각을 나타낸 그는 한용운, 이상재, 안창호, 박헌영, 의친왕 이강, 김두한, 나석주 등 좌, 우 성향을 막론하고 항일 성향이 있는 인물이라면 그의 손에 거치지 않는 이가 없을 정도여서 '염라대왕'이라는 별칭으로 악명이 높았다.

광주 학생 항일운동

1929년 11월 3일, 일본인 남학생들이 광주여고의 학생 박기옥을 희롱하는 일이 발생했다. 이로 인해 분개한 한국인 학생들과 일본인 학생 사이에서 큰 싸움이 벌어졌다. 소동은 점차 확대되어 학생들은 물론 일반인도 참여하여 전국적으로 번졌다. 이른바 광주 학생 항일운동으로 1919년 3·1 운동 이후 국내 최대 규모의 대중적 항일운동으로 꼽힌다.

11월 12일, 광주지역 학생시위는 호남 일대는 물론 서울을 거쳐서 전국 각지로 확산되어, 12월에는 경성과 평양, 함경도 등지와 만주에 위치한 간도 등으로까지 확산되었고, 1930년 5월에는 전국 규모의 동맹휴학, 학생 항일시위로 발전했다.

해방 직후, 서울에서 독립운동가들이 모여 항일운동에 참여했던 학생들의 독립운동을 기념하는 의미로 11월 3일을 '학생의 날'로 정했고, 제1공화국 국회에서 이를 국가기념일로 승격하는 문제가 제기되기도 했다.

3
민족말살정책과 태평양전쟁

　　일제가 1931년 9월 18일 '만주사변(중국에서는 '9·18 사변')'을 일으키고, 1932년 3월 1일 괴뢰정권인 '만주국'을 수립하여 만주 일대를 장악했다. 청나라의 마지막 황제인 선통제(宣統帝) 푸이(溥儀, 1906~1967)를 허수아비로 내세워 랴오닝·지린·헤이룽장성(동북3성) 및 내몽골 동부와 허베이성(河北省) 북부를 장악한 것이다.

　　그러자 이곳을 근거지로 활동하던 독립군은 큰 위협을 받게 되었으나 일제의 만주 침략으로 항일의식이 고조된 중국군과 연합하여 항일전을 전개함으로써 난국을 타개하려 했다. 지청천이 인솔하는 〈한국독립군〉은 당시 친일 성향의 동북군벌(東北軍閥) 장작림(張作林)과 그의 아들 장학량(張學良) 부대에서 이탈한 중국의 의용군 〈호로군(護路軍)〉과 〈한중항일연합군〉을 편성해 쌍성보 전투, 사도하자전투, 동경성전투에서 일본과 만주의 연합부대를 대파했으며, 대전자령전투에서는 4시간의 격전 끝에 승리하여 막대한 전리품을 획득했다. 양세봉이 지휘하는 〈조선혁명군〉도 〈호로군〉과 연합해서 홍경성전투, 영릉가전투에서 일본군에게 대승을 거두었다.

　　1930년대 중반까지 계속된 한중 연합작전은 그 후 일본군의 대토벌작전, 중국군의 사기 저하, 한중 양군의 의견 대립으로 더이상 지속되지 못했다. 그리고 임시정부가 직할 군단 편성을 위해 만주에 있는 독립군의 이동을 요청하자, 이들은 대부분 중국 본토로 이동해 〈한국광복군〉 창설에 참여했다.

✦1940년 9월 17일, 한중 대표들이 모인 〈한국광복군〉 성립 전례식. 앞줄 좌에서 5번째부터 홍진, 지청천, 김구, 차리석. 한 칸 건너 이시형.

　대한민국 임시정부의 숙원사업이던 〈한국광복군〉의 창설 시도가 본격화된 것은 '중일전쟁'이 일어난 직후였다. 광복을 위해서는 일본과 결전을 벌이는 길이 최선이며, 국제정세도 일본과 전쟁할 시기가 임박했음을 시사하고 있었기 때문이다. 임시정부의 군사계획 추진에서 가장 어려운 점은 훈련받은 병사가 부족하다는 사실이었다. 이에 임시정부는 중국정부에 요청하여 한국청년들을 중국의 정규군사학교에 입교시켜 훈련을 받도록 했다.

　임시정부의 김구, 지청천 등은 만주와 시베리아에서 항전하던 〈신흥무관학교〉 출신의 독립군과 중국대륙에 산재하여 독립운동에 참여하던 수많은 청년을 모아 1940년 충칭(重慶)에서 〈한국광복군〉을 창설했다.

　이보다 앞서 김원봉의 조선민족혁명당에서는 〈조선의용대〉를 결성하여 중국 각지에서 항일투쟁을 전개하고 있었다. 이에 〈한국광복군〉은 〈조선의용대〉를 흡수·통합하여 군사력을 증강했고, 중국국민당 정부와 적극적인 협력으로 연합군의 일원으로서 대일전쟁에 참전하기 위해 노력했다.

한편 〈한국광복군〉에 합류하지 않고 중국공산당과 함께 연안을 중심으로 활동하던 조선독립동맹 계열의 〈조선의용군〉은 화북지역에서 항일투쟁을 전개했다.

대한민국 임시정부는 중국국민당 정부와 함께 여러 곳을 옮겨 다니다가, 1940년 9월 충칭(重慶)에 정착한 이후에는 정부 조직을 본토 수복을 위한 체제로 정비했다. 그리고 흩어져 있던 각지의 무장 세력을 9월 17일 임시정부 산하의 〈한국광복군〉으로 통합하여 군사력을 강화했다.

태평양전쟁이 일어나자, 임시정부는 즉각 일본에 선전포고를 하고, 〈한국광복군〉을 연합군의 일원으로 참전시켰으며, 독일에게도 선전포고를 함으로써 국제적 위상을 높였다.

제2차 세계대전에 참전한 〈한국광복군〉은, 중국에서는 중국군과 연합하여 일제에 대항했으며, 미얀마, 인도 전선에까지 파견되어 영국군과 연합작전을 수행했다. 대일전에 참전한 〈한국광복군〉은 직접 전투도 벌였지만 포로 심문, 암호 번역, 대적 회유방송 등의 심리전에도 참여했다.

〈한국광복군〉은 또한 총사령관 지청천, 지대장 이범석 등을 중심으로 조국의 광복을 우리의 손으로 쟁취하기 위해 직접 국내로 진입하여 일본군과의 전면전을 전개할 것을 계획했다. 그러나 1945년 8월 15일, 일본이 무조건 항복함으로써 한국광복군은 국내 진입 계획을 실현하지 못한 채 광복을 맞게 되었다.

내선일체와 창씨개명

일제는 우리나라를 대륙 침략의 보급기지로 삼는 한편, 우리 민족의 말살정책을 폈다. 이른바 내지(內地: 일본)와 조선이 하나라는 뜻의 '내선일체(內鮮一體)'를 내세워 우리 민족 정체성을 없애 일본으로 편입시키려 한 것이다. 일제는 겉으로는 조선인을 자국민과 동등하게 대한다는 명분을 내세워 우리의 자원과 노동력을 마음껏 착취했고, 1938년에는 국가총동원령을 내려 한민족의 문화와 전통을 말살하려는 정책을 폈다.

1940년 일제는 한글로 펴내던 『조선일보』와 『동아일보』 등의 신문과 잡지 등을 폐간시켰다. 이어 1942년에는 국어연구단체인 〈조선어학회〉와 국사연구단체인 〈진단학회〉를 해산시키고, 조선어학회의 간부들을 민족운동을 일으켰다는 죄명으로 옥에 가두었다. 그리고 매월 1일을 '애국일'로 정한 일제는 자신들의 우상을 숭배하도록 강요하자 주기철, 최봉석 목사 등은 신사참배를 끝까지 거부하다가 순교했다.

총독 미나미 지로(南次郎)는 1939년 11월 10일자 제령 제19호로 '조선민사령(朝鮮民事令)'을 개정하고, 1940년 2월 11일부터 모든 조선인이 일본식으로 '창씨개명(創氏改名)'하여 호적계에 신고하도록 강요했다.

'창씨개명'은 단순히 고유의 성을 버리고, 일본식 성으로 바꾸는 데 그치는 게 아니라 혈통 중심의 우리 가족제도를 파괴하려는 목적이 있었다. 일본식 성으로 바꿈과 동시에, 아들이 없으면 사위를 양자로 받아들일 수 있으나 양자가 된 사위는 처가의 씨(氏)를 따르도록 하는 일본의 제도를 시행함으로써 부계혈통 중심의 가족제도를 바꾸려는 의도였다.

반발과 저항은 필연적이어서 시행한 지 4개월이 되는 1940년 5월 중순까지 창씨개명을 신고한 것은 총호수 428만7백여 호 중 불과 7.6%에 지나지 않았다. 당황한 총독부는 경찰을 비롯하여 어용단체인 〈국민정신

총동원연맹〉과 〈녹기연맹〉의 각급 조직 및 〈애국반〉을 비롯해 친일인사와 친일단체 등을 총동원하여, 창씨개명을 부추기는 한편 응하지 않는 이는 비국민(非國民)이라고 차별했다.

창씨개명하지 않은 사람의 자녀는 입학, 진급 등에 불이익을 주고, 교원들은 창씨개명하지 않은 학생을 질책하고 구타하기도 했다. 또한 식량과 생필품 배급을 중단하고, 조선 이름이 쓰인 화물이나 우편물의 발송을 거부하는 등의 제재를 가했다. 이 같은 상황에서 창씨개명을 거부한다는 것은 무척 어려운 일이므로 신고가 늘어날 수밖에 없었지만, 일제가 기대하는 수준에는 이르지 못했다.

창씨개명에 대한 반대는 마지못해 응하면서도 저항의사를 나타내는 것과 끝내 거부하는 2가지 형태로 나타났다. '개자식이 된 단군의 자손'이란 뜻으로 견자웅손(犬子熊孫), '개똥이나 먹으라'는 뜻인 견분식위(犬糞食衛)라고 신고했다가 퇴짜를 맞기도 했으며, 끝내 창씨개명을 하지 않고 죽음으로써 항거한 사람도 있었다.

총독부는 창씨개명이 '반도 통치에 획기적인 의의가 있다'고 평가했지만, 일제의 반문명적인 발상에서 비롯된 것으로 민족어문 말살정책과 함께 가장 실패한 정책의 하나였다.

하지만 그 피해는 한 시대의 광풍으로 지나가 버리지 않고 광복 반세기에 이르는 현시점까지 많은 문제점을 남기고 있다. 태평양전쟁 때 군인, 군속, 징용, 정신대 등으로 끌려가 죽은 사람들의 이름이 대부분 창씨개명한 것으로 되어 있어 신원을 파악하는 데 적지 않은 혼란을 주었기 때문이다.

조선어학회 사건

1911년 일제는 조선교육령에 의거, 조선어를 제외한 모든 과목의 교과서는 일본어로 발행하고, 행정 및 법률 관련 문서도 일본어로 작성하면서, 우리말은 일상에서만 쓰이는 생활어로 전락했다.

1921년 최현배와 이희승 등 사립학교 교원이 중심이 되어 〈조선어연구회〉를 만들었으며, 1931년에 〈조선어학회〉로 이름을 고쳤다. 〈조선어학회〉에서는 1927년에 기관지인 『한글』을 창간하여 어문 연구에 힘쓰는 한편 한글날을 제정했다. 1933년에는 한글 맞춤법 통일안을 마련하고, 표준말을 사정(査定)하여 『외래어 표기법』, 『우리말 큰 사전』을 차례로 펴냈다.

1938년까지는 그나마 조선어가 필수과목으로 남아 있었지만, 조선어 병용에서 일본어 상용으로 바꿨다. 우리의 말과 글을 빼앗아 완전한 일본인으로 만들려 한 황민화정책의 중핵이 바로 일본어 사용의 강제였다. '대동아공영'을 내건 침략전쟁이 동아시아로 확대되면서 식민지 사람들을 전장으로 내몰고 부리기 위해서는 일본어를 듣고 말할 수 있어야 했다. 일제가 '국어전해(國語全解) 운동'을 펼친 이유는 여기에 있었다.

1940년 우리 글 신문의 폐간, 1942년 '조선어학회 사건' 등 폭력적인 언어 탄압이 가해졌다. 1942년 10월, 일제는 〈조선어학회〉 회원 장지연, 최현배, 이희승 등을 감옥에 가두었다. 특히 〈함흥 형무소〉에 투옥된 이윤재(李允宰)와 한징(韓澄)은 온갖 고문과 굶주림으로 각각 1943년과 1944년에 세상을 떠나고 말았다.

신채호는 해외 망명 중에 우리 역사의 주체성을 강조하여 『조선상고사』, 『조선사 연구초』 등의 저서를 남겼다. 1934년에는 이병도 등이 중심이 되어 〈진단학회〉를 만들고 일제의 식민지 역사관의 잘못을 지적했고, 간송(澗松) 전형필(全鎣弼; 1906-62), 오세창 등은 〈한남서원〉을 경영하며 우리 문화재가 일본으로 빠져나가지 못하도록 문화재를 수집했다. 현재

〈간송미술관〉은 전형필이 사재를 털어 세운 사립 미술관으로 '훈민정음 해례본' 등 국보급 문화재도 상당수 전시하고 있다.

　최남선은 〈조선광문회〉를 조직하여 단군 이야기와 한국의 고전을 간행하고 보급시켰고, 박은식, 정인보, 문일평, 안재홍 등은 국사 연구와 한국 고전 개발에 힘써 민족 문화 수호에 크게 이바지했다. 이광수는 『무정』을 발표하여 현대문학을 발전시켰고, 한용운, 김소월, 염상섭 등은 현대문학의 장을 열었다. 3·1운동을 전후하여 문예 동인지가 발간되었는데, 『조선일보』와 『동아일보』에 실린 소설들은 농촌 계몽에 크게 이바지했다. 또한 이상화, 이육사, 윤동주 등은 문학을 통해 민족의식을 일깨워 주었다. 방정환을 중심으로 조직된 〈색동회〉는 1923년에 잡지 『어린이』를 발간하여 어린이들에게 꿈을 심어 주었고, 그 해 5월 1일을 첫 어린이날로 제정했다.

✿ 한글 띄어쓰기

한글도 처음에는 중국어와 일본어처럼 띄어쓰기가 없었다. 띄어쓰기 없는 한글의 불편을 맨 처음 지적하고 띄어쓰기를 사용하도록 계도(改導)해 준 사람은 미국인 호머 헐버트(Homer Bezaleel Hulbert: 1863-1949; 한국명 許轄甫 허할보) 박사였다.

당시 23세 청년이었던 헐버트 박사는 조선의 청년들에게 서양문화와 영어를 가르쳐 달라는 고종의 요청을 받고 1886년 조선에 입국했다. 그는 입국한 지 3년 후인 1889년에 선비와 백성 모두가 반드시 알아야 할 지식이라는 뜻의 『사민필지(士民必知)』를 저술했는데, 이 책은 순 한글로 써진 조선 최초의 교과서라 할 수 있다.

미국인으로서 짧은 시간에 한글학자가 된 그는 다수의 논문을 통해 한글의 우수성을 알리기 시작했고, 서재필, 주시경 등과 함께 『독립신문』을 발행했는데, 이는 최초로 띄어쓰기를 한 한글 신문이었다.

1907년에는 고종의 밀서를 받아 비밀리에 헤이그 '만국평화회의장'에 비밀 특사 3명들을 파견하는 데 크게 일조하기도 했다.(통감부의 감시를 피해 사전 작업에 크게 공헌하여 그는 '제4의 특사'로 불리기도 한다) 그는 1949년 8월 5일 서울

에서 눈을 감았고, 대한민국 정부는 역사상 최초로 외국인 헐버트의 장례식을 사회장으로 거행한 후, 양화진의 외국인 묘지에 안장했다. 1950년에는 외국인으로는 최초로 대한민국 건국공로훈장을, 2014년 한글날에는 대한민국 금관문화훈장을 추서했다

1999년에 세워진 기념비에는 '한국인보다 한국을 더 사랑했고, 자신의 조국보다 한국을 위해 더 헌신했던 호머 헐버트 박사 이곳에 잠들다'라는 글귀가 새겨져 있다.

중일전쟁과 태평양전쟁

1940년대 이후 서서히 패망의 길로 접어든 일제의 발악은 극에 달했다. 전쟁을 위한 노동자로 징용된 이들은 사할린 섬 등 일본의 탄광에서 강제노역을 하거나, 군속으로 차출되어 일본이 침략한 동남아와 남양군도(南洋諸島; 미크로네시아) 지역의 군사기지 건설이나 철도공사에 동원되었다. 대부분이 임금도 없이 과중한 강제노역에 시달렸으며 대부분 고국으로 돌아오지 못한 채 희생되었고, 사할린의 징용된 조선인들은 냉전의 시작으로 역시 고향으로 돌아오지 못했다.

일본은 또한 약화된 전투력을 보충하기 위해 한국인 학생을 대상으로 징병을 실시하여 학도병이란 이름으로 전쟁에 동원했다. 1944년에는 강제로 학병제를 실시하여 40만 명의 우리나라 청년들을 전쟁터로 보냈다.

이와 함께 여자 정신대 근무령을 공포하여 만 12세 이상 40세 미만의 여성들을 남양, 중국 등에 있는 전쟁터에 보내어 일본군 위안부로 만들었으며, 또한 만주의 731부대는 살아 있는 사람을 해부하여 생체실험을 하는 등 온갖 만행을 저질렀다.

　　1931년 9월 18일 중화민국과 일본제국의 국지전이었던 '만주사변'은 1937년 7월 7일 '중일전쟁'으로 확대되었다. 중국에 비해 우월한 과학기술과 군사력을 보유하고 있던 일본은 금세 끝날 줄 알았던 전쟁이 오랫동안 지속되자 몹시 당황했다. 석유, 금속, 목재 등 전쟁물자가 부족했기 때문이었다. 유일한 방법은 석유 매장량이 풍부한 인도차이나 반도를 점령하는 것인데, 문제는 필리핀에 맥아더 장군이 지휘하는 미군 사령부가 주둔하고 있다는 사실이었다. 결국 일본은 추악하고 무모한 결정을 내린다. 미국을 기습하기로 한 것이다.

'만주사변'은 심양 북쪽 유조구(柳條溝)의 만주선 철도 파괴 자작극으로, '중일전쟁'은 북경 남서쪽 노구교(蘆溝橋) 동서 관할권 침범 자작극으로 중국에 책임을 전가해 일으켰다. 요즘으로 따지면 당시 일본은 '자해공갈단(自害恐喝團)'이었던 셈이다.

　　하와이 시간으로 1941년 12월 7일, 일본은 선전포고 없이 미국 태평양 함대의 기지인 진주만에 공습을 가했다. 당시 미국은 어떤 국가와도 공식적으로 전쟁 중인 상태가 아니었는데, 일본의 기습으로 전함 8대가 완파되었고, 188대의 전투기가 파괴되었으며 2,403명의 미국 시민이 사망했다.

'태평양전쟁(Pacific War; 大東亞戰爭)'은 제2차 세계대전의 전역 중 하나로 태평양과 동아시아에서 벌어진 전쟁이다. 아시아-태평양 전구와 남서 태평양 전구, 동남아시아 전역 등을 비롯한 태평양 일대의 넓은 지역과 중국 그리고 만주 일대가 태평양전쟁의 전역 범위에 해당한다.

1942년 초, 연합국 정부는 워싱턴 D.C에 본부를 둔 〈아시아태평양회의〉에 미국 중심의 조직을 설치할 것을 요구했다. 1942년 4월 1일, 프랭클린 루즈벨트 대통령과 고문관 해리 홉킨스의 주도로 '태평양전쟁회의'가 창설되었고, 중화민국, 영국, 오스트레일리아, 네덜란드, 뉴질랜드, 캐나다의 대표가 참석했다. 후에 영국령 인도 제국과 필리핀의 대표도 추가되었다.

1942년 5월, 연합군은 일본이 미드웨이 환초(環礁)를 공격할 것이라는 정보를 획득했다. 이는 태평양에서 미국의 전력을 파괴하여, 일본의 방어전선을 확장하는 것이었다. 나구모 주이치(南雲忠一) 제독이 이끄는 일본 해군은 4대의 항공모함에서 272대의 비행기를 운용할 수 있었고, 미군은 348대의 전투기 운용이 가능했다. 그러나 일본의 공격은 실패하고 미드웨이는 미국의 기지로 남아 있게 되었다.

미드웨이 전투 이후로 전쟁의 향방은 이미 결정되었다. 미국은 방대한 산업적 잠재력을 바탕으로 전함과 전투기를 양산하고 조종사의 수를 증가시키는데 집중했다. 일본은 산업기지와 기술적 전략, 조종사 부족 그리고 해군 자원 등이 마비되어 미국과의 전쟁에서 뒤처지고 말았다. 태평양 일대를 확보하기 시작한 연합군은 일본 본토에 최대한 근접하여 대규모 공습을 하는 전략을 세웠다.

세계 최초의 원자폭탄, '리틀보이'와 '팻맨'

1944년 6월, 미군은 태평양에 있는 사이판섬에 함포 사격을 가해 함락시켰다. 이 무렵 우리나라 광복군 일부는 버마(미얀마)와 인디아 전선에서 영국군과 연합하여 일본군과 싸웠으며(영화 '콰이강의 다리'가 버마 전선을 배경으로 삼았다) 국내 진입 계획을 세우는 등 큰 기대에 부풀어 있었다. 그해 11월부터 일본은 본토마저 미군의 공습을 받아 막대한 피해를 입고 점점 패망의 길로 접어들었다.

✦'태평양전쟁' 막바지 '어린이날'에 해군 복장을 한 일본 본토의 유아들

1936년 10월 25일 로마와 베를린을 연결하는 '추축'이 선언되어 '추축국(樞軸國)'으로 불리던 두 나라와 여기에 발을 담근 일본은 1940년 9월 27일 '나치 계획(The Nazi Plan)'에 따라 10년간 '3국 군사·경제동맹'을 체결했었다. 하지만 이탈리아 사회 공화국과 나치 독일은 1945년 5월 7일에 항복했으며, 일본제국만이 홀로 패배를 인정하지 않고 있었다. 전쟁이 길어지면 동북아에서 소련의 영향력이 커질 것을 우려한 미국은 전쟁을 빨리 끝내야만 했다.

일본제국은 전쟁 말기에 들어서 국력 이상의 무리한 전선 확장과 연이은 패배로 군대가 거의 궤멸에 가까운 상황이었다. 이에 연합군은 '포츠담 선언' 등을 발표하며 일본에게 전쟁을 끝낼 기회를 주었으나 군부의 지배하에 있던 일본제국이 이를 묵살하고 천황 폐하를 지키겠다는 말도 안 되는 구호로 결사 항전의 뜻을 밝혔다. 미국은 '이오지마 전투'에서 승리했지만 일본군의 결사 항전으로 큰 피해를 입자 일본의 전쟁 의지를

꺾고 더 이상의 피해를 줄이기 위해 히로시마와 나가사키에 원자폭탄을 투하하기로 결정했다

마침내 1945년 8월 6일 미국의 B29 비행기 3대가 일본의 히로시마(広島) 상공에 나타났다. 그리고 전 인류가 경악할 위력을 지닌 폭탄이 투하되었다. '리틀보이(Little Boy)'라는 이름의 원자폭탄이 떨어진 것이다. 원자폭탄이 떨어진 히로시마에서는 섬광이 번뜩이며 거대한 버섯구름이 피어올랐고, 도시는 눈 깜짝할 사이에 잿더미로 변했다. 그래도 일본 군국주의자들은 천황 폐하를 위해 최후까지 발악을 멈추지 않았다. 그러자 미 공군은 8월 9일, 두 번째 원자폭탄 '팻맨(Fat Man; 뚱보)'을 규슈(九州) 북서쪽의 항구도시 나가사키(長崎)에 떨어뜨렸다.

A post-war "Little Boy" model.　　　Mockup of the original "Fat Man" weapon

✦ 리틀보이(左)와 팻맨(우). 루스벨트 대통령의 별명인 리틀보이는 우라늄 235를 사용했고, 처칠 수상의 별명인 팻맨은 플루토늄을 사용해 제조되었다.

전쟁은 미국 공군의 원자폭탄 투하와 일본 본토 공습, 그리고 1945년 8월 8일 소비에트 연방의 만주 공세작전으로 연합군의 승리로 끝났으며, 1945년 8월 15일 일본의 항복을 유도했다. 공식적인 일본의 항복문서 조인은 1945년 9월 2일 도쿄만에 정박한 'USS 미주리(BB-63)함'에서 진행되었다. 미국은 1853년 페리 제독이 '구로후네(黑船; 흑선)' 군함을 끌고 와 일본에 개항을 요구한 지 92년 만에 일본의 '무조건 항복' 서명을 군함 위에서 받아냈다. 군함에서 시작해 군함에서 마무리된 미국과 일본의 기묘한 관계이다.

08

대한민국

1
해방공간(1945-48)

1945년 8월 15일 정오, 일왕 히로히토는 라디오를 통해 '무조건 항복'을 선언했다. 그 결과 우리나라는 무려 34년 11개월 14일 동안 만에 치욕의 일제강점기를 벗어나 해방을 맞은 것이다. 비록 한민족의 해방은 연합군의 승리와 더불어 찾아왔지만, 수많은 희생을 치르면서 줄기차게 전개해 온 대일(對日) 민족투쟁의 결실이기도 했다.

✦1945년 9월 2일, '미주리함'에서 항복문서에 서명하는 일본 외무대신 시게미쓰 마모루(重光葵). 1932년 4월 29일 상하이 '홍커우 공원'에서 일어난 윤봉길(尹奉吉)의 천장절(天長節; 천황 생일) 축하연 폭탄 공격으로 한쪽 다리를 잃어 의족을 착용했기 때문에 지팡이를 집고 절뚝거리며 입장했다.

미군정 때까지 한반도의 혼란

1945년 8월 15일 정오, 일왕의 항복 발표가 라디오를 통해 흘러나왔다. 마침내 일제강점기의 역사가 끝나는 순간이었다. 하지만 당일 서울의 거리는 여느 때와 같이 조용하고 평온했다. 당시 라디오는 부유층의 전유물이라 일반 국민들이 라디오를 접하기 어려운 환경이었기에 일왕의 발표 내용을 들을 수 있는 이들도 제한적이었다. 결국 광복절 당일 수도 서울과 한반도 일상은 이전과 다르지 않았다. 하지만 일제 총독부와 일본군, 조선에 거주하는 일본인들은 분주했다. 열흘 뒤 소련의 군대는 8월 24일 평양에 진입했고 미군의 진주도 얼마 남지 않았다(9월 8일 인천에 상륙했다).

여기에 광복 사실을 인지한 조선인들의 일본인들에 대한 보복도 문제였다. 실제로 일본인과 일제의 앞잡이들에 대한 보복이 곳곳에서 있었다. 그래서 이들에게는 되도록 빨리 자신들의 재산을 가지고 귀국하는 일이 급선무였다. 이에 9대 총독 아베 노부유키(阿部 信行)의 명을 받은 정무총감 엔도 류사쿠(遠藤柳作)가 재빠르게 움직였다. 1945년 8월 15일 오전 중구 필동, 그는 신망을 받고 있는 온건 사회주의자 여운형과 면담했다. 이에 여운형은 총독부의 제안을 수용하는 한편 그에 필요한 요구 조건을 제시했고, 일제는 여운형의 요구를 받아들였다. 여운형은 8월 15일 저녁 〈조선건국준비위원회(건준)〉를 발족해 활동에 들어갔다. 이 조직은 전국 곳곳에 지부가 있었고 행정과 치안의 업무를 담당했다. 아울러 일제가 장악했던 방송과 언론의 기능도 정상화했다.

1945년 8월 16일 아침, 독립운동가들에게 악명 높았던 일제강점기 억압의 상징인 서대문 형무소의 문이 열렸다. 해방된 다음 날에야 마침내 석방된 독립운동가와 그들을 환영하는 인파는 시내로 행진했고 독립만세를 외쳤다. 그 소문은 삽시간에 서울과 지방으로 퍼져 나가자 조선에 있는 일본인들은 급해졌다. 〈건준〉을 중심으로 한 치안은 한계가 있었다. 일본인들은 급히 자신들의 돈을 찾으러 은행으로 몰려들자 대량 인출 사태가 벌어졌다. 이에 총독부는 사태를 진정하기보다 대량의 화폐를 발권하여 그 수요를 충족시키려 했다. 하지만 통화량의 급격한 증가는 물가 상승을 불러와 국민들의 삶을 더 힘들게 했다. 여기에 애초 총독부의 약속과 달리 일본군은 미군이 아직 들어오지 않은 상황에서 여전히 중

무장을 하고 있었고 헌병의 수를 급격히 늘려 치안을 유지하는 등 무력으로 상황을 통제하려 했다. 패전국 일본이 여전히 조선을 지배하는 어처구니없는 상황이 벌어진 것이다.

✦평양에서 총을 든 조선인이 일본군을 무장해제시키고 있다.

결국 총독부는 미군이 한반도에 진입한 9월 8일까지 조선의 통치권을 사실상 유지했다. 한반도에서 소련의 빠른 세력 확대를 경계한 미국은 38도선을 경계로 한반도의 분할 점령을 소련에 제안했고 소련도 이를 받아들였다. 군사적 목적에 의해 그어진 38도선이 결과적으로 한반도 분단의 시작이었다. 제2차 세계대전 이후 빠르게 재편된 국제질서와 냉전 체제 속에 미국은 공산주의 세력의 확대를 막아야 했다. 한반도의 공산화를 막기 위해 미군의 빠른 진입이 필요했지만, 일본 내 상황 정리로 소련보다 20일 정도 늦게 진주했다. 그 사이 38도선 이하의 상황을 통제할 세력이 필요했는데, 이에 일본은 조선 내부 정보를 미국에 제공하고 소련의 남하 가능성을 언급하며 미국의 신뢰를 얻었다. 그래서 미국은 그들이 한반도에 진입하기 이전에 38도선 아래 지역의 통제권을 일본군이 유지하도록 했다. 이는 범죄의 가해자가 피해자를 통제하는 일이었다. 미군이 한반도에 진입한 9월 8일까지 38도선 이남 지역은 일제강점기가 지속된 것이나 다름 없었던 것이다. 38도선 이북을 점령한 소련이 일본군들의 무장을 즉시 해제시키고 상당수를 시베리아 지역에서 강제노역을 시키는 등 엄중하게 대응했던 것과는 대조적이었다.

이렇게 일본군의 협조 속에 남한에 진입한 미군은 곧바로 군정을 실시해 남한을 통치했다. 1945년 9월 9일 총독부에서는 별도의 항복 조인식 후에야 일제는 한반도에 대한 통치를 끝냈다. 그렇게 일제강점기는 끝났지만, 그 자리는 미군정이 대신했다. 이후 조선의 일본인들은 1945년 말까지 대부분이 편안히 일본으로 돌아갈 수 있었다. 역사상 가장 평화로운 패전국의 귀환이었다.

해방 후 발생한 권력의 공백(해방공간 3년)을 우리 민족 지도자들이 채울 수 없었다. 그 사이 친일파 세력들은 친미 반공의 깃발을 들고 기사회생의 기회를 잡을 수 있었다. 친일 세력들은 이후 미군정과 대한민국 정부가 들어선 이후에도 사회 각 분야의 지도층으로 자리하며 일제강점기 쌓아온 부와 명예를 후손들까지 유지할 수 있었다.

백범 김구와 초라한 '상해임시정부'의 귀국

❀

황해도 해주 출신 김구(金九; 1876-1949)는 일찍이 과거에 응시했으나 실패한 뒤 동학농민운동에 참가했고, 한때 불교 승려로도 활동했다. 1893년 1월 동학에 입도한 후, 이름을 김창수(金昌洙)로 개명했다.

1894년 가을, 황해도 동학 대표자로 충북 보은에서 최시형을 만나 접주 첩지를 받았다. 동학농민운동이 일어나자 해주 팔봉에서 거병하여 선봉장으로 해주성을 습격했으나 관군에게 패퇴했다. 이후 김구는 안중근의 부친 안태훈의 배려로 신천군 청계동 산채에 몸을 의탁했다. 이 시기에 안태훈의 장남 안중근을 만났으나 서로 친밀한 사이는 아니었던 것으로 보인다.

1940년 9월 김구는 임시정부 주석에 재선임되었고, 중국 국민당 정부에 자금 지원을 요청하여 정식군대인 〈한국광복군〉을 창설했다. 1943년에는 영국군의 요청을 받아 미얀마와 인도에서 벌어지는 전투 현장에까지 파견되어 큰 활약을 했다. 그후 1945년 4월에는 광복군의 〈미국 전략사무국(Office of Strategic Servic; OSS)〉 훈련을 승인했고, 미육군 중국전구 사령관 앨버트 웨드마이어(Albert C. Wedemeyer) 중장을 방문했으며, 8월 서안에서는 OSS총책임자 윌리엄 도노반(William Donovan) 장군을 만나 광복군의 국내 진입 작전인 '독수리 작전(The Eagle Project)'에 합의했다. 하지만 8월 15일 일본이 갑자기 항복했다. 광복군의 국내 진공을 작전 준비하던 김구는 이 소식을 듣고 기뻐하기보다는 복잡한 심경을 보였다. 임시정부가 승전국의 지위를 얻고 국제적으로 그 지위를 인정받을 기회가 사라져 버렸기 때문이다.

✦OSS 대원으로 '국내 정진대(國內挺進隊)'에 뽑힌 노능서, 김준엽(전 고대 총장), 장준하

✦ 상해임시정부 요인들 귀국 직전 기념사진(중앙에 백범)

✦중경에서 대체비행기 C-47를 탄 '국내 정진대'는 8월 18일 새벽 5시 50분에 서안을 출발하여 6시간의 비행 끝에 12시경 여의도 비행장에 착륙했다. 그러나 이들을 맞이한 것은 무장한 일본군의 돌아가라는 위협뿐이었고, 결국 8월 19일 시안으로 되돌아갔다.

1945년 9월 7일 미군은 맥아더 포고령을 발표하여 첫째, 미국은 추축 국 점령 하에 있는 국가들의 망명정부나 임시정부를 승인하지 않는다는 원칙을 세웠다. 이러한 원칙은 독립 후 그 나라 국민들에게 스스로 정부 를 선택할 수 있는 기회를 주어야 한다는 명분으로 정당화 되었다. 둘째, 임시정부는 한국민을 대표하는 '정부'가 아니라 경쟁적인 '한인그룹들 (Korean groups)' 중 하나이며 국내와의 연결도 불투명하다는 것이었다. 그래 서 김구, 김규식 등 임시정부 요인 환국 제1진 15명은 1945년 11월 23일에, 조소앙, 홍진 등 제2진은 12월 1일에 개인 자격으로 서울에 도착했다.

＋1945년 12월 3일 〈경교장〉에서 임시정부요인 2진 귀국기념 사진. 앞줄 왼쪽부터 장건상, 조완구, 이시영, 김구, 김규식, 조소앙, 신익희, 조성환.

광복군은 해방 이후에도 중국에 남아 '확군(擴軍)' 작업에 정진했지만, 중국 정부의 지원을 받지 못해 1946년 4월 30일 〈광복군 총사령부〉는 난징에서 해산하고 5월 말 이범석 장군의 통솔 아래 무장을 해제한 상 태로 귀국할 수밖에 없었으며, 1946년 6월 해체되었다. 귀국한 광복군의 일부는 대한민국 국군에 참여하여 활동하기도 했다.

1945년 12월 23일 김구는 순국선열추념대회를 조직, 주관하여 총재로 선출되었다. 하지만 12월 말에 신탁통치가 발표되자 '모스크바 3상회의' 결정에 반대하여, 신탁통치반대 국민총동원위원회를 조직했다. 김구는 신탁통치에 찬성하는 자는 매국노라고 규정했다.

12월 29일 저녁 송진우는 경교장을 찾아 신탁통치 문제에 관해 미군정과 정면대결을 피하도록 김구를 설득했으나, 김구 추종자들은 1945년 12월 30일 그를 사살했다. 1946년 1월 〈미소공동위원회〉가 결정되자, 김구와 이승만은 미소공위 반대와 공위 불참을 선언했다.

✿ 대한민국의 운명을 가른 5개의 회담

- 카이로회담

전후 한국의 처리에 대한 연합국간의 논의는 1943년 11월에 열린 카이로회담에서 처음 시작되었다. 미국의 루즈벨트는 한국이 즉각 독립이 아닌 적절한 시기에 독립이 허용될 것이라는 애매한 단서를 붙여 놓은 상태로 두었다.

카이로회담을 마치고 루즈벨트는 대일전에 참전하겠다는 소련의 약속을 얻어내기 위해 11월 28일 테헤란에서 스탈린, 처칠 등과 회담을 가졌다. 스탈린이 구두로 합의했지만, 한국의 독립 문제에 대한 구체적인 논의는 없었고, 신탁통치에 대한 루즈벨트의 구상에 암묵적으로 동의한 상태였다. 루즈벨트는 필리핀에서의 경험을 토대로 한국이 완전한 독립을 이루기 위해서는 40년 정도의 기간이 필요하다고 여겼다.

- 얄타회담

1945년 2월 8일 얄타회담에서는 미소간 이해의 사활이 걸린 유럽의 전후 처리 문제, 세계평화기구 문제, 소련의 참전 등이 거론되었다. 루즈벨트와 처칠은 회담에서 소련의 대일참전의 조건으로 한국 신탁통치안에 관해 스탈린으로부터 비공식적 승인을 받아냈다. 한반도에서 외국군대의 주둔문제를 거듭 주장하는 소련에 대해 미국은 외국군 없는 신탁통치를 주장했다.

미국의 루즈벨트 대통령과 영국의 처칠 수상, 소련의 스탈린 수상 사이에 얄타협정이 이루어졌는데, 이때 우리나라 38선 이북에는 소련군이, 이남에는 미군이 들어와서 군정을 실시하기로 밀약이 되어 있었다. 광복의 기쁨이 채 가시기도 전에 우리의 국토는 허리가 잘린 모양이 되고 말았다.

마침내 남한에 미군이 들어오고, 군정 장관에 아놀드 소장이 임명되었다. 또한 한국민의 정치활동의 자유는 인정되었다. 당시 남한에는 약 50여 개의 정당이 있었다.

북한에 들어온 소련군은 김일성을 앞세운 〈북조선 임시인민위원회〉를 조직했으며,

조만식은 북한에서 <조선민주당>을 창당하여 반탁의 선봉에 나섰으나, 소련군에 의해 투옥되고 말았다.

- 포츠담선언

1945년 7월 26일 제2차 세계대전 중 마지막 회담인 독일의 포츠담선언은 적당한 시기에 한국의 자유로운 독립이 이루어져야 한다는 카이로선언을 재확인하는 수준이 었다. 포츠담선언에서 한국의 신탁통치안이 직접적으로 거론되지는 않았으나, 회담 전후에 미합동참모부는 미군의 한반도 진입은 비록 38도선으로 확정되지는 않았으나 서울을 비롯한 전략적 요지인 인천, 군산, 부산이 포함되어야 한다고 결정한 바 있었다.

이는 소련군의 한반도 진입을 예상한 포석이었으며 또한 4대국 신탁통치를 고려하여 소련군은 청진, 나진, 원산에 진주하고, 미국군은 서울, 인천, 부산에, 영국군은 군산과 제주도에, 그리고 중국군은 평양에 주둔하기로 했으며, 서울은 베를린과 같이 4개 연합국이 합동 주둔하기로 했다.

- 모스크바 3상회의

모스크바 3상(三相)회의는 1945년 12월 16일부터 26일까지 소련의 모스크바에서 개최된 미국, 영국, 소련 3국의 외무장관 회의이다. 제2차 세계대전 후 일본 점령지구에 대한 관리 등 얄타회담에 따른 대한민국의 독립 문제를 거론했다.

1945년 12월, 미국과 영국 그리고 소련의 외상들이 모스크바에 모여 한국에 신탁통치를 실시한 후에 독립정부를 세우겠다고 결정했다. 그들이 일방적으로 결정한 신탁통치는 우리의 역사와 전통을 무시하고 민족의 염원을 저버린 것이었다. 그러자 국내 정치, 사회단체와 남한 국민들은 신탁통치 반대운동을 벌였다. 북한의 공산주의자들도 처음에는 반탁운동을 벌였으나 소련의 눈치를 살피고 신탁통치 찬성으로 돌아섰다.

- 미소공동위원회

1946년 3월, 신탁통치 하의 임시정부 수립을 위한 미소공동위원회가 서울에서 2차례에 걸쳐 열렸으나, 소련의 터무니없는 주장으로 회담이 결렬되었다.

남한의 이승만은 독립 과도정부 수립을 주장하고, 김구는 북한과 합작에 의한 통일정부 수립을 주장하는 혼란스런 상황 속에서 김구, 여운형, 장덕수 등이 암살당하는 비극적인 일이 일어났다. 1947년 12월, 미군정은 <헌법위원회>를 설치하고 행정권을 한국인에게 넘겨주고 과도정부를 세웠다. 광복을 맞이한 우리 민족은 혼란스러운 국제정세 속에서 재빠르게 대처하기가 결코 쉽지 않았다. 한국의 독립은 당시 제2차 세계대전 승전국인 여러 나라, 특히 미국과 소련의 이해관계가 서로 복잡하게 얽혀 있었기 때문이다.

징용자 귀국선 '우키시마호' 폭침 사건

1945년 8월 15일 '무조건 항복'을 선언한 일왕 히로히토는 한국인 징용자 전원 소개(疏開) 명령을 내렸다. 마침내 발 디딜 틈도 없이 정원의 10배인 1만여 명(추정치)의 조선인들을 태운 해군 수송선 '우키시마호(浮島丸; 4,731톤급)'는 8월 22일 밤 일본 북부 아오모리(靑森) 현 오미나토(大湊) 항을 출발해 부산으로 향했다. 이들은 '태평양전쟁' 초기부터 일제 패망 직전까지 시모키타 반도와 그 주변 지역 해군용 비행장 등의 군사시설 건설에 투입되었던 징용·징병 노동자들이었다.

그러나 부산으로 간다는 선장의 말은 거짓이었다. 생존자들의 증언에 따르면, 우키시마호는 일본 본토와 5Km 거리를 두고 항해했다고 한다. 8월 24일 오후 5시 20분 항로를 바꾼 우키시마호는 교토 마이주르(舞鶴) 만 300m 지점에서 기관실 옆 창고에 장치해 둔 자폭장치가 폭발하면서 침몰하고 말았다. 일제는 자신들의 전쟁 범죄에 관련된 조선인 강제 노역자들의 증인 인멸을 위해 고의로 폭침시킨 것이다. 바다에 뛰어든 사람들 대부분이 사망했고, 일본 해군은 인양한 시신들에 기름을 붓고 태운 후 매장해버렸다. 생존자들은 일본 해군의 임시 시설에 강제 수용되었으나 며칠 후 수용소에서도 다시 원인을 알 수 없는 폭발이 일어나 다수의 사망자와 부상자가 발생했다.

며칠 후 우키시마호 생존자들은 시모노세키 항구로 옮겨져 그곳에서 귀국선을 타고 9월 18일에야 귀국할 수 있었다. 부산에 내린 생존자들은 곧바로 신문사로 달려가 참상을 알렸다. 『부산일보』 등 지역신문들이 우키시마호의 침몰을 보도했으나 이 사건은 침몰 원인이나 사망자 명단도 확인되지 않은 채 묻혀버렸다.

1945년 12월 7일 우키시마호가 출항한 아오모리현 〈조선인연맹〉이 〈주일연합군총사령부(GHQ)〉 법무부에 진상조사를 요구하는 진정서를 냈으나 '증거 불충분'으로 기각됐다. 1950년 2월, 일본 〈인양원호청〉이 〈극동미해군사령부〉에 제출한 보고서에 우키시마호의 침몰 원인을 '기뢰 접촉'으로 기록한 이후 일본 정부는 지금까지 입장을 바꾸지 않고 있다. 생존자들이 모여 일본 정부에 진상 규명과 배상을 요구했으나 일본 정부는 1945년 8월 15일 이전에 일어난 일이 아니므로 우키시마호의 침몰에 책임이 없다고 주장했다. 2001년 일본 교토 지방법원은 '일본 정부의 안전 배려 의무 위반'을 인정하고 사망자 유가족 1인당 각각 300만 엔씩 배상하라고 판결했다. 56년 만에 책임을 인정한 판결이었으나 2003년 오사카 고등법원은 1심 판결을 뒤집었다. "우키시마호로 한국인을 수송한 것은 '군사적 조치'이기 때문에 안전 운송 의무가 있다고 할 수 없다"고 판결한 것이다. 이 판결은 일본 대법원에서도 그대로 확정됐다.

1991년부터 줄기차게 일본 정부를 상대로 소송을 벌인 우키시마호 생존자들은 다큐멘터리 영화 '우키시마호(2019)'에 출연해 참사의 기억을 육성으로 남겼다.

비상국민회의

1946년 2월 12일 김구는 〈비상국민회의〉를 소집하고 의장에 선출되었다. 〈비상국민회의〉는 이승만, 김구에게 최고정무위원 선임권을 주었다. 28인의 〈비상국민회의〉 최고정무위원이 선발되었고, 김구는 남조선국민대표민주의원 총리에 선임되었다. 민주의원 지도부 구성은 김구와 이승만에 의해 이루어졌기 때문에 좌익은 배제되었다.

- 반탁운동

1946년 2월 14일부터 2월 17일까지 김구는 〈국민의회〉를 결성했다. 반탁운동을 수단으로 해서 〈국민의회〉 중심의 과도정부를 수립하려는 목적이었다. 김구는 임정 계열과 함께 이승만의 계획과는 무관하게 3·1절 전후로 정부 수립을 계획했으나, 기밀이 누설되었고, 이승만과 〈한민당〉은 이를 국제정세에 어두운 자살행위라며 비판했다.

3월 20일에 열린 〈미소공동위원회〉에서 소련은 미국이 예상했던 대로 모스크바 결정을 지지하지 않는 반탁세력은 임시정부 구성에서 제외해야 한다고 주장했다. 난항을 거듭하던 〈미소공동위원회의〉는 결국 신탁통치를 지지하는 '공동성명 5호'를 발표했다. 그러나 김구와 이승만은 이에 반대하여 〈민족통일총본부〉의 설치를 발표했고, 이후 본격적인 단독정부 수립운동을 전개해 나갔다. 〈민족통일총본부〉의 총재는 이승만이 맡았으며, 부총재는 김구였다.

1946년 11월, 북한에서는 〈인민위원회〉 위원 선거가 있었다. 이때 월남했던 반공세력 일부가 다시 월북하여 선거 방해를 도모했다. 김일성은 이를 이승만과 김구가 배후에서 조종한 짓이라고 비난했다. 1947년 김구는 미국과 소련의 신탁통치에 반대하는 〈반탁독립투쟁위원회〉를 조직했다. 그러자 미국에 있던 이승만은 워싱턴에서 전문을 보내 김구에게 과격 시위를 중단할 것을 요청했다.

1947년 5월 〈미소공동위원회〉가 열리자 김구는 이승만과 반탁투쟁을 전개하며 우익진영의 단결 및 통일을 추진하고 〈한국독립당〉에 통합을 시도했다. 그러나 〈미소공위〉 참가 여부를 놓고 충돌하다가 안재홍 등의 중도 우파 〈국민당〉계는 탈당하고 말았다. 1947년 11월 김구는 〈국민의회〉 중심으로 우익 단결에 이승만의 동의를 얻어내기도 했다.

- 남북협상

1948년 1월 김구는 남북협상에 참여할 뜻을 굳혔고, 신익희, 조소앙, 이철승 등이 만류했으나 듣지 않았다. 당시 김구는 선거 참여를 권유받으면서, 다른 한편으로 장덕수 암살 사건에 관한 재판으로 어려운 상황이었다.

김구가 남북협상론으로 노선을 바꾸자 측근인 김학규는 안두희를 김구에게 소개하고, 그를 〈한국독립당〉에 입당시켰다. 1948년 4월 김구는 남북협상을 위해 김규식 등과 함께 북행을 결정하고 4월 19일 북행길에 올랐다.

1948년 5월 남북협상을 마치고 돌아가는 김구는 김일성에게 조만식을 데리고 내려가도록 해줄 것을 부탁했으나, 김일성은 자신에게는 권한이 없다며 주둔군 당국의 양해가 있어야 된다며 거절했다. 김구는 남북협상에서 자신이 이용당한 것을 알고 김일성이 2차 회의를 제의해 왔지만 응하지 않았다.

1948년 7월 21일 김구는 김규식과 함께 〈통일독립자촉진회〉를 결성했다. 하지만 남한만의 단독정부 수립이 조국을 영원히 분단시킬 것이며, 결국은 군사대결로 치달을 것이라고 확신했다.

"민족과 조국의 미래를 위해 민족의 반역자인 친일파들은 반드시 처단해야 합니다. 그리고 반민특위를 다시 일으켜야 합니다."

김구는 강력히 주장했고, 악랄한 친일파였던 장경근, 김창룡, 김종원, 안두희 등은 이를 몹시 못마땅히 여겼다. 마침내 1949년 6월 26일 〈한국독립당〉 당수 김구는 서울의 자택인 경교장에서 육군포병 소위 안두희에게 총격을 당해 74세의 나이로 사망했다. 김구의 장례는 1948년 8월 정부 수립 이후 대한민국 최초의 국민장으로 10일간 치러졌다.

✦ 김구 '장의특보'. 상단 애도사는 정인보의 글, 하단 악보는
이은상 작사, 김성태 작곡의 '백범김구선생조가(弔歌)'.

❀

육사 8기 김종필 동기인 안두
희(安斗熙; 1917-96)는 우익
<서북청년단> 출신이며, 육
군 소령으로 예편한 뒤 군납기
업 <신의기업> 사장을 지내며
잘 살았는데, 연세대학교 총장
을 역임한 안세희가 사촌동생
이다. 4.19 직후 안두희를 구속
하라는 전국적인 시위가 계속

✦안두희와 박기서

되던 중 곽태영(1936-2008; 전북 김제 출신)이 1965년 12월 22일 강원 양구군 군
납 업체 <신의기업> 내에 돌 1개를 들고 침입하여 머리를 때리고 재크 나이프로 목
과 머리 등을 찌르는 등으로 중상을 입혔다. 이후 1987년 3월 28일 추적자 <민족정
기구현회장> 권중희(權重熙; 1936-2007)에게 서울 마포구청 앞에서 발각되어 몽
둥이로 쳐맞으나 기사회생했고, 1996년 10월 23일 경기도 부천 '소신여객' 버스 기
사로 일하던 박기서(朴琦緖; 1948- ; 전북 정읍 출신)의 4,000원짜리 '정의봉(正義
棒)'에 맞아 죽었다.

- 반민특위

〈반민족행위특별조사위원회(反民特委)〉는 설치 목적에 따라 친일파의 반민족행위를 조사하고 처벌하기 위해 노력했다. 대표적인 인물로 "일제가 그렇게 빨리 망할 줄 몰랐다. 한 200년 갈 줄 알았다"라고 한 미당 서정주(다츠시로 시즈오)나 자신의 친일은 "부득이 민족을 위해 한 것이다"라는 황당한 변명을 늘어놓은 춘원 이광수(가야마 미쓰로)를 꼽을 수 있다. 그러나 친일 세력과 이승만 대통령의 비협조와 방해로 성과를 거두지 못했다. 오히려 친일 세력에게 면죄부를 부여하는 결과를 초래하였고, 나아가 이들이 한국의 지배세력으로 군림했다. 이 때문에 사회에 이기주의와 부정부패 등이 횡행하는 빌미를 제공하고 말았다.

- 5.10 총선거

서울에서 열린 '미소공동위원회'가 결렬되자, 미국은 한반도의 문제를 UN에서 해결하고자 했다. UN총회는 소련의 반대에도 불구하고 위원단을 파견하여 총선거를 실시하여 한반도 통일정부를 수립하기로 결의했다. 1947년 1월 〈UN 한국임시위원단(UNTCOK; United Nations Temporary Commission on Korea)〉이 우리나라에 들어왔으나 북한에서의 활동을 거절당하고 말았다. 그러자 UN은 소총회를 개최하여 선거가 가능한 지역에서만이라도 총선거를 실시한다고 포고했다.

1948년 5월 10일 한국 최초로 총선거가 실시되어 5월 31일, 마침내 최초의 국회가 열렸고 헌법을 만들기 위한 논의가 시작되었다. 그리고 7월 17일 제헌의회는 3·1 독립정신을 계승하는 민주헌법을 만들어 공포했다. 국회의 간접선거에 의해 초대 대통령에 이승만이, 부통령에는 이시영이 선출되었다.

"나는 국헌을 준수하고, 대통령의 직무를 성실히 수행할 것을 국민 앞에 엄숙히 선서한다."

행정부 구성을 마친 이승만 대통령은 1948년 8월 15일에 대한민국 정부의 수립을 국내외에 선포했다. 1948년 12월, 파리에서 열린 제3회 UN 총회에서 대한민국이 한반도에서 유일한 합법정부임을 인정받았다.

제주 4·3사건

1946년 제주도의 보리 수확량은 해방 전의 1/3에 그쳐 미곡정책이 실패하고, 게다가 6만명 가까운 도민들이 육지와 일본에서 귀환하는 바람에 높은 실업률을 기록해 제주도의 경제는 빈사상태에 빠져 있었다. 게다가 1946년 여름 제주도를 휩쓴 콜레라는 2개월 동안 최소 369명의 사망자를 냈다. 여기에 일제 경찰의 군정 경찰로의 변신, 군정 관리의 모리(謀利) 행위 등은 큰 사회문제로 부각되었다.

1947년 3월 1일, '3·1절 기념 제주도대회'에 참석했던 이들의 시가행진을 구경하던 어린이를 기마경찰이 치고 그냥 지나가자 화가 난 군중들이 경찰서로 몰려갔는데, 경찰은 이들에게 총을 발사함으로써 민간인 6명이 숨지는 사건이 발생했다. '3·1절 발포사건'은 어지러운 민심을 더욱 악화시켰다. 경찰의 폭력행위는 '3·1절 발포사건' 이후 경찰력이 육지에서 온 응원 경찰 위주로 교체되고 〈서북청년단〉이 함께 들어오면서 본격화되었는데, 응원 경찰의 취조는 매질부터 시작했다는 증언이 속출하자 도민사회의 불만은 고조되어 갔다

마침내 1948년 4월 3일 새벽 2시, 제주도 내의 좌파 세력을 이끌면서 경찰의 만행을 규탄하는 운동을 주도했던 〈남로당〉 제주지부 군사부장 김달삼(金達三) 등 350여 명이 무장을 하고 제주도 내 경찰지서 12곳을 동시에 급습하면서 '제주 4·3 사건'이 시작되었다. 이어 그들은 〈서북청년단〉, 〈대한독립촉성국민회〉, 〈대동청년단〉 등 우익단체 요인의 집을 지목

해 습격했다.

무장봉기가 발발하
자 미군은 경찰과 서
북청년단의 증파를
통해 사태를 막고자
했다. 하지만 사태가
수습되지 않자 국방
경비대에 출동 명령을

✦경찰에 의해 총살당한 양민들

내렸다. 당시 국방경비대 제9연대의 김익렬(金益烈) 중령은 경찰 및 〈서북청
년단〉과 도민의 갈등으로 발생한 사건에 군이 개입하는 것은 적절치 않
다며 일주일에 걸쳐 귀순 작전을 추진하여, 1948년 4월 28일 무장대 책
임자 김달삼과 평화협상을 벌였다. 72시간 내에 전투를 완전히 중지하고,
무장해제와 하산이 원만히 이뤄지면 주모자들의 신병을 보장한다는 내
용의 협상이 체결되었으나, 산발적인 전투와 오라리 방화사건 등으로 제
대로 실행되지 않았다.

김익렬이 다시 귀순을 설득하는 동안, 1948년 5월 5일 제주 4·3 사건
의 해결을 위해 제주중학교에서 미군정청 회의가 열렸다. 그러나 김익렬
중령과 무력 진압을 명한 경무부장 조병옥 사이에서 다툼이 일어나 회의
는 결말을 보지 못한 채 회의가 종결되고 말았다. 이튿날 제9연대장이
박진경 중령으로 교체되었고, 5월 10일 제주도는 계엄상태 하에서 5·10
총선을 치렀다.

1948년 8월 15일, 대한민국 정부가 수립되자 제주도 사태는 단순한 지
역 문제를 뛰어넘어 정권의 정통성에 대한 도전으로 인식되자, 이승만 정
부는 본토의 병력을 제주에 증파했다. 1948년 11월 21일, 제주도 전역에
계엄령이 실시되고, 군경부대는 계속 사건 주모자 적출 및 소탕에 몰두했

는데, 이 과정에서 애꿎은 주민들이 대거 희생되었다. 12월 31일, 제주도에 대한 계엄령이 해지되고, 1949년 3월 제주도지구 전투사령부가 설치되면서 진압과 선무를 병용하는 작전이 전개되어 많은 주민들이 하산했다.

1949년 6월, 김달삼의 뒤를 이은 이덕구(李德九)가 사살됨으로써 제주도 인민유격대는 사실상 궤멸당했고, 1954년 9월 21일 한라산의 금족(禁足)지역이 전면 개방됨으로써 제주 4·3사태는 7년 7개월 만에 막을 내렸다. 이때 사상자는 '한국전쟁' 다음으로 많은 6만명으로 추산되며, '여순사건', '국민방위군 사건', '보도연맹 학살사건', '경산 코발트광산 학살사건', '거창 양민 학살사건' 등과 더불어 이승만의 제1공화국 시기에 민간인이 억울하게 희생된 대표적인 사건으로 꼽힌다.

여순사건

1948년 10월 19일, '제주도 4.3사건'의 진압을 위해 제주에 출동하라는 상부의 명령을 받은 여수 제14연대가 동포 학살은 할 수 없다는 보도문을 발표하고 제주 파병을 거부하면서 발생했다. 이 과정에서 여수 경찰서장과 사찰계 직원 10명, 한민당 여수지부장, 대동청년단 여수지구 위원장, 경찰서후원회장 등과 그 가족을 포함해 70여 명이 살해당했다.

당시 사회경제의 혼란에서 오는 일부 행정관리와 경찰의 부패를 보면서 국군 병사들의 반경감정(反警感情)은 상상 이상이었다. 실제로 '제주4·3사건'의 진압이 어려운 것은 경찰의 비행 때문이었다. 이런 분위기 속에서, 전라남도 여수와 순천에서 〈국방경비대〉(국군의 전신)의 일부가 반란을 일으키는 충격적 사태가 터진 것이다.

이승만 정부는 여수 및 순천 지역에 계엄령을 선포하고, 송호성 준장을 총사령관에 임명하여 10개 대대 병력을 보내 진압하도록 했다. 10월 22

일 진압군이 순천을 공격하자 반란군은 광양 및 인근 산악지대로 후퇴하기 시작했다. 결국 10월 27일 진압군은 미군의 협조로 진압에 성공하고 여수를 완전히 장악했다.

'여순사건' 직후, 이승만 정부는 극우세력(당시는 민족주의자 개념이었다)이 반란에 동조했다는 주장을 유포하고, 내무부는 경찰국에 수사를 지시했다. 당시 국무총리 겸 국방장관이었던 이범석은 기자회견에서 배후로 김구를 지목했다. 이승만 정부는 이 사건을 철저하게 자신들의 정치적 의도를 관철시키기 위한 전화위복의 수단으로 활용하고, 진압과정에서의 민간인 학살에 대한 책임을 회피하려 했다

여순사건의 배후로 지목된 김구는 분개하여 공식 기자회견을 열었다. 당시 조선일보는 김구의 해명을 지면에 적극 반영했다. '極右關與云은 理解難(여순반란에 극우가 관련됐다는 것은 말이 안 된다)'는 문구와 함께 김구의 얼굴 사진을 실었다.(당시 '조선일보' 사장이었던 방응모는 김구가 이끈 한독당의 재정부장을 지냈다).

이후 진압군과 경찰은 여수, 순천 등 전라남도 동부지역에서 민간인들을 대상으로 대대적인 반란군 협조자 색출작업을 벌였고, 이 과정에서 2천에서 5천여 명의 민간인들이 억울하게 처형당한 것으로 알려져 있다.

이때 군대 내 공산주의자를 색출하는 '숙군(肅軍)작업'도 이루어졌는데, 〈만주군관학교〉 출신(창씨개명 이름은 다카기 마사오(高木正雄)이다)으로 육군본부 정보국 전투정보과장이었던 박정희 소령도 연루 혐의를 받았고, 남로당 하부조직책 혐의로 같은 해 11월 11일 체포되었다. 그는 1심에서 "파면, 급료몰수, 무기징역"을 선고받았으나 2심에서 징역 10년으로 감형된 후 백선엽 등의 도움으로 "감형한 징

+만주육사 생도시절의 박정희

역을 집행정지함"조치를 받았다. 다음 해 1월 강제 예편한 그는 정보국 문관으로 근무했다.

3개월밖에 지나지 않은 신생 정부에 큰 충격을 받은 이승만 정권은 이 사건을 계기로 강력한 반공체제를 구축했다. 마침내 1948년 12월 1일에 는 '국가보안법'을 제정하여 사회 전반에 걸쳐 좌익세력에 대한 대대적인 색출 및 처벌에 나섰다.

2
한민족 최대의 비극, 한국전쟁

　제2차 세계대전 이후, 파시즘(독,이,일)과 반파시즘(미,영,프,중,소)의 대결이 종식되자 자본주의와 공산주의의 대립과 갈등이 애꿎은 한반도에서 폭발했다. 중화인민공화국(중공)의 모택동과 소비에트 연방(소련)의 스탈린 양쪽의 지원을 받은 김일성은 은밀히 남침을 계획했었다. 이미 김일성은 1949년 3월 소련을 방문해 '조·소경제문화협정'을 체결했고, 소련과 중국은 1950년 2월 '우호동맹 및 상호원조조약'을 체결함으로써 북한은 소련과 중국 양 후원국으로부터 원조를 얻을 수 있는 길을 마련했다. 더구나 1950년 1월 12일 워싱턴의 〈전국신문기자 클럽(National Press Club)〉에서 당시 애치슨(D. Acheson) 국무장관이 극동에서의 미국 방어선은 한반도와 대만을 배제하는 이른바 '애치슨 라인'을 공표하는 바람에 김일성의 침남(侵南) 계획은 보다 명확해졌다.

　마침내 1950년 6월 25일 새벽 4시 30분, 소련제 탱크를 앞세우고 남한으로 쳐들어왔다. 우리는 이 '한국전쟁'을 일명 '6.25전쟁', 북한은 '조국해방전쟁', 중국은 '항미원조전쟁(抗米援朝)', 영어로는 'the korean war'라고 부른다.

　1950년 6월 26일 밤 10시 30분경, 이승만 대통령은 도쿄에 있는 미국 극동군 사령관 맥아더에게 전화를 걸어 도움을 청한 뒤, 라디오를 통해 정부를 믿고 동요하지 말라고 연설을 했다. 그러나 정작 그는 방송 진행 중에 각료들과 함께 특별열차를 타고 대전으로 피신 중이었다.

이전부터 38선 부근에서는 남북간에 소규모 충돌이 잦았기 때문에 국민들은 크게 우려하지 않았으나, 인민군이 미아리고개까지 쳐들어오자 황급히 대피하기 시작했다. 6월 28일 새벽, 일부 북한 전차부대는 이미 서울 시내에 침입했으며, 한강 인도교가 예정보다 일찍 폭파되는 바람에 시민들은 오도가도 못했다. 이후 인민군은 서울을 넘어 경상북도 이남을 제외한 모든 지역을 점령하고 말았다.

✛6.25 전쟁의 참상을 보여주는 피카소의 '한국에서의 학살(1951)'

6월 27일, 미국 대통령 해리 S. 트루먼은 해군과 공군에게 출동을 명하고, 30일에는 미육군의 한국 출동 및 한국 해안을 봉쇄하도록 했다. 그리고 UN 결의에 따라 급파된 미 제24사단 제1대대가 1개 포병대와 함께 오산 남쪽에서 처음 인민군과 교전했으나, 인민군을 이겨내지 못하고 후퇴했다. UN군이 치른 최초의 전투가 무참한 패배로 돌아가자, 미 제24사단은 다시 금강 남안에 방어선을 구축했으나 7월 15일 밤 인민군은 금강을 건너 20일 아침에는 대전 시내까지 돌입했다. 마침내 7월 7일 더글러스 맥아더 원수를 총사령관으로 하는 UN군이 조직되었고, 7월 14일에는 대한민국 국군의 '작전 지휘권'이 미군에게 넘어갔다.

대전을 점령한 북한군은 다시 진로를 3분하여 일부는 서쪽으로 호남 일대를 휩쓸고 마산에 이르렀고, 일부는 경부선을 따라 대구로 향했으며, 또 다른 일부는 동으로 포항에 육박했다.

- 낙동강 방어선과 인천상륙작전과 서울수복

8월이 되자 북한군은 대구까지 밀고 내려왔다. 그러나 8월 3일에 UN 군은 마산-왜관-영덕을 잇는 낙동강 방어선을 치고, 강렬한 저항을 하여 전투는 교착상태에 빠졌다. 8월 7일 UN군은 마산지구에서 북한군에게 강력한 반격을 가하고 국군의 채병덕 소장이 전사한 하동지구를 탈환했다. 이는 UN군이 가한 최초의 본격적 반격이었다.

밀고 당기는 전투 끝에 이미 사기가 저하되어 전투력이 떨어진 인민군은 훈련도 되지 않은 신병들을 보충병력으로 편성한 상태였다. 서남지역에서는 마산의 미 제2사단과 제25사단이 북한군의 계속되는 야습을 막아 격퇴시켰으며, 동부전선에는 한국군 제2군단이 9월 10일 최강을 자랑하던 북한군 제15사단과 1개 포병연대를 영천지구에 몰아 포위하고 4,800여 명의 북한군을 섬멸한 후 단번에 북진함으로써 인민군의 기세를 꺾어놓았다. 그러자 9월 12일 미8군 사령관이던 워커(Walker) 중장은 한국전선 최대의 위기는 지나갔다는 담화를 발표했다.

연합군 해군은 개전 직후 제해권을 장악했으나, 지상군의 거듭된 후퇴로 별다른 활약을 하지 못하다가, 낙동강 전선에서 육군의 반격이 개시되자 맥아더 UN군 총사령관의 명에 의해 '인천상륙작전'을 실행했다. 미 해군 소장 도일(Doyle)이 지휘한 상륙작전에는 한국 15척, 미국 226척, 영국 12척, 캐나다 3척, 오스트레일리아 2척, 뉴질랜드 2척, 프랑스 1척 등 총 261척의 전함이 동원되었다. 9월 13일부터 이틀 동안 함포 사격을 가한 후, 9월 15일 새벽 인천에 상륙했고, 서울을 향해 진격했다.

마침내 9월 28일 중앙청 첨탑에 다시 태극기가 게양되어 서울 탈환이 이루어졌다. 패주하는 인민군을 추격한 국군은 38선을 돌파하여, 10월 10일에는 원산을, 10월 19일에는 평양을 점령했다. 10월 26일에는 서부는 청천강 북부와 압록강의 초산에 이르렀고, 중부는 장진호까지 진격했으며, 동부는 압록강의 혜산진까지 진격했다. 또한 11월에는 두만강 일대까지 진격했다. 그런데 특이하게도 콧대 높은 맥아더는 이런 와중에서도 밤에는 도쿄로 건너가 자고 다음 날 아침에 다시 한국으로 향하는 오만함을 보여 빈축을 사기도 했다.

- 중공군의 개입

인민군이 거의 섬멸 상태에 이르자, 중공은 아무런 통고도 없이 한국 전선에 병력을 투입하기 시작했다. 중공군(명목상 '인민지원군')은 4개군 50만의 병력으로 고원지대를 타고 몰려 내려왔다. 11월 24일, 맥아더 장군이 직접 지휘에 나서 총공격을 시도했으나 실패하고, 11월 29일까지 서부전선의 UN군은 청천강 이남으로 후퇴했으며, 12월 1일부터는 동부전선에서도 후퇴가 시작되었다. 중공군 100만 명이 북한에 투입되었으며, 새로운 전쟁이 시작된 것이다.

12월 4일, 맥아더 장군의 발표 직후, UN군은 평양에서 완전히 철수했고, 12월 23일 워커 중장이 일선 시찰 중 자동차 사고로 사망하여, 후임으로 릿지웨이 중장이 미8군 사령관에 취임했다. 맥아더는 성탄절 전야에 핵무기 사용을 주장했으나 중국으로의 확전(擴戰)을 반대한 해리 S. 트루먼 대통령의 명령에 공개적으로 반기를 들다가 1951년 4월 11일 해임되었다.

- '장진호 전투'와 흥남철수작전

예상치 못한 중공군의 개입으로 전세가 불리해지자 한국군과 UN군은 38선 이북에서 대대적인 철수를 계획했다. 1950년 12월 4일 국군이 평양에서 철수했고, 12월 6일 북한군은 평양을 되찾았다. 12월 9일부터는 UN군이 원산에서 철수했고, 12월 14일부터 24일 사이에 '흥남철수작전'이 전개되었다.

흥남철수작전을 통해 대한민국 제1군단과 미국 제10군단의 장병 10만 명과 차량 1만7천 대, 피난민 10만 명과 35만t의 군수품이 안전하게 동해상으로 철수하는 데 성공했다. 마지막까지 남았던 '메러디스 빅토리호'의 레너드 라루 선장은 결단을 내려 피난민 1만4천여 명을 태운 뒤 철수에 성공함으로써, 가장 많은 인명을 구조한 배로 2004년 기네스북에 오르기도 했다. 이 절박한 피난 중에도 배에서 5명의 새로운 생명이 태어났고, 선원들은 아이

✦메러디스 빅토리호(Meredith Victory)'의 레너드 라루(Leonard Larue) 선장, 그리고 배에 오르는 피난민들

들에게 '김치 1~5'라는 이름을 붙여 주었다.

당시 UN군의 작전 암호명은 '크리스마스 카고(Christmas Cargo)'로 알려져 있으며, 철수작전이 성공적으로 완료되었기 때문에 '크리스마스의 기적(Miracle of Christmas)'이라고도 불린다.

> ❀ '장진호 전투'의 숨은 공신 '투시 롤'
> '투시 롤(Tootsie Roll)'은 제2차 세계대전 당시 미국의 전투식량으로도 지급되었으며, 간식 이외에 군수물자 역할을 톡톡히 하기도 했다. 가령 추운 겨울 적의 총탄에 연료통이 구멍이 나면 임시로 '투시 롤'을 입으로 녹여 구멍을 틀어막았다. 그러면 금세 얼어 용접 못지않았다고 한다.

제2차 세계대전이 끝나고 5년 뒤인 1950년 '한국전쟁'이 터졌다. 3년에 걸친 이 전쟁에서 특히 '장진호(長津湖) 전투'는 미국 해병대 창설 이후 가장 치열했던 전투로 기록되어 있다. 이 전투는 1950년 11월 27일부터 12월 11일까지 함경남도 개마고원의 장진호 부근에서 미 해병대와 육군이 중공군 7개 사단 12만 병력의 포위를 뚫고 흥남으로 철수한 작전이었다.

이 장진호 전투에서 있었던 일화 중 하나가 바로 '투시 롤' 때문에 생겨났다. 중공군에 포위된 채 고전을 면치 못하던 미 해병대 제1사단 박격포 부대의 통신병이 탄약 보급부대에 "당장 초콜릿 사탕을 지원해주기 바란다"고 긴급 무전을 쳤다. 후방 지원부대의 통신병은 무전 내용을 그대로 보급대에 전달했다. 그래서 수송기들이 수백 상자의 초콜릿 사탕을 싣고 장진호 주변을 포위한 중공군의 대공 사격을 피해 낙하산으로 사탕을 투하했다. 박격포탄을 학수고대하던 부대원들이 황급히 달려가 보급품 상자를 열어보고는 깜짝 놀라지 않을 수 없었다.

박격포 부대 통신병이 무전으로 요청한 것은 분명히 초콜릿 사탕, 그것도 분명히 '투시 롤'이라는 초콜릿 사탕을 요구했다. 그런데 '투시 롤'은 당시 박격포탄의 속어였다. 중공군에 포위된 상태에서 도청을 피하기 위해 해병대 속어를 써서 60mm 박격포탄을 요청한 것인데, 진짜 초콜릿 사탕 수백 상자를 투하한 것이다.

후방의 통신병이 신참이라서 '투시 롤'이 박격포탄의 암호라는 것을 몰랐기 때문에 생긴 일이었다. 하지만 제1사단 해병대원들은 이 초콜릿 사탕이 박격포탄보다 더 유용하게 쓰이리라고는 꿈에도 생각지 못했다. 영하 25도 이하의 강추위 속에서 전투식량이 얼어붙어 먹지 못했을 때 '투시 롤'은 입에 넣어 녹여 먹을 수 있었고 칼로리도 충분히 보충해주었기 때문이다. 그래서 지금도 해마다 열리는 장진호 전투 참전용사들의 기념식에는 <투시 롤 인더스트리>에서 기증한 '투시 롤'이 제공되고 있다고 한다.

소련군과 일본의 참전

소련군은 공식적으로는 한국전에 참전하지 않은 것으로 알려져 있으나, 실제로는 공군을 주력으로 한 7만여 명이 참전한 것으로 밝혀졌 다. 참전 사실을 숨기기 위해 소련 공군기는 중공기처럼 도색을 바꾸고, 조종사들의 교신에도 러시아어가 아닌 중국어를 쓰도록 강요받았다.

격추된 비행기 잔해가 미군 손에 들어가 참전 사실이 밝혀지는 것을 피하기 위해 작전 구역도 상당히 제한되었다. 소련 공군기들은 미국 공군 기와 여러 차례 공중전을 벌였기 때문에 미국도 소련의 참전 사실을 알 고 있었지만, 대외적으로는 비밀에 부쳤다. 소련의 참전 사실이 알려지면 미국 내에서 확전의 여론이 대두될 것을 우려한 아이젠하워 대통령의 지 시에 따른 것이라고 한다.

소련뿐만이 아니라 일본도 한국전쟁 에 직·간접적으로 참전했다. 일본을 병 참 기지로 삼은 미군은 일본 기업들에 게 군수품을 적극적으로 생산하도록 요청하여 '가와사키', '미쓰비시', '토요 타' 등의 전범 기업들이 비행기 수리, 군 용차 생산 등을 맡았다. 도쿄에서는 일 본군 정보장교 출신 200여 명이 맥아더 의 〈연합군최고사령부(GHQ; General Headquarters)〉에서 참모 역할을 맡았다. 특히 인천상륙작전 때는 한국 지형에 익숙한 장교들을 미육군 소속으로 위장 시켜 데려갔으며, 원산 상륙작전에 소해

✦한국전쟁 중 미군은 일본 가와사키 정비창에서 전투기를 수리했었다.

정과 대원들을 보냈고, 경부선을 이용한 미군 수송을 맡기도 했다. 심지어 생체실험으로 악명높은 관동군 731부대(부대장 이시이 시로 石田四朗) 출신들은 부상자용 혈액을 전쟁터에 판매해 막대한 부를 축적하고(이들이 세운 제약회사가 일본 굴지의 <녹십자>이다) 종군간호사들까지 파견했다.

정전협정

1953년 3월 5일 스탈린이 급사하자, 4월 11일에 포로교환협정이 조인되고, 휴전 경계선의 결정을 토의하게 되었다. 정전협정이 성립될 단계에 이르자, 인민군은 5월 초부터 적극적인 공세를 취해 왔다. 7월 16일부터는 국군도 총공격을 개시, 휴전을 앞두고 전략적 요충지들을 확보하려던 인민군을 격퇴시키고, 잃었던 지역의 대부분을 탈환했다. 마침내 7월 27일 오전 10시, '공동경비구역(JSA)'인 판문점에서 전쟁당사자인 유엔군 수석대표 클라크 중장과 조선인민군 수석대표 남일 대장 사이에 '정전협정(停戰協定)'이 정식 조인됨으로써, 3년 1개월에 걸쳐 치열했던 한국전쟁은 멈추었다. 남북한에서 450만 명 이상의 인명피해와 43%에 달하는 산업시설이 파괴된 이 전쟁은 불행하게도 종전이 아닌 정전협정만이 조인되었고, 한반도에는 제2의 38선인 휴전선이 설정되어 민족분단의 비운을 또다시 맞이하게 되었다.

그리고 얼마 후 10월에는 '한미방위조약'이 체결되었다. 냉전시대의 서막이 불러올 한국전쟁은 멈추었으나 남한의 이승만은 '반공'을 내세우며 독재정권을 유지했고, 북한의 김일성은 '반미'를 내세워 권력을 강화시켰다. 슬프게도 남북한 모두 애꿎은 국민들만 비참한 꼴을 당했고 정전(停戰)은 올해로 70년이나 흘러버렸다.

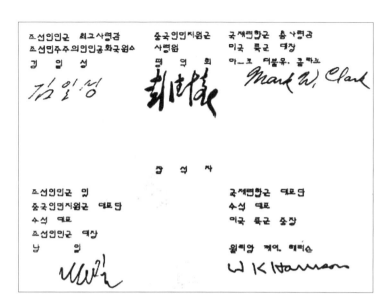

✦ 북한의 김일성, 중국 사령원 팽덕회, 유엔군 클라크 대장의 '정전협정' 사인 그리고 북한의 회
의 참석자 수석대표 남일 대장(1913년 전남 강진 출생)과 유엔군 수석대표 해리슨 중장의 '정전
협정' 사인. 정전협정의 정식명칭은 '국제연합군 총사령관을 일방으로 하고 조선인민군 최고사령
관 및 중국인민지원군 사령원을 다른 일방으로 하는 한국 군사 정전에 관한 협정(Agreement
between the Commander-in-Chief, United Nations Command, on the one hand, and
the Supreme Commander of the Korean People's Army and the Commander of the
Chinese People's volunteers, on the other hand, concerning a military armistice in
Korea)'이다. 한국군 사령관이 포함 안 되어 있으니 당사자가 아니라는 말은 아니다. 당시 한국
군은 유엔군 휘하의 군대였고 전시통제권 역시 연합군에 있었다. 또 북한과 중국은 연합군을
형성한 것이 아니며, 중국군이 정규군이 아니라 인민들의 자발적인 참전으로 포장한 것이기에
남일이 조선인민군과 중국인민지원군 대표로 사인한 것이다.

우리는 보통 '정전협정'보다는 '휴전협정'이라는 표현을 더 많이 쓰지만 두 용어는 차이가 있다.
정전(停戰)은 "전투 행위를 완전히 멈추는 것"이며, 교전 당사국들이 정치적 합의를 이룰 수 없
어 전투 행위만 정지하는 것을 뜻한다. 교전 당사국 사이에 이견이 크기 때문에 일반적으로 국
제기관이 개입하는 경우 '정전'이라는 용어를 쓴다.

반면 휴전(休戰)은 "적대 행위는 일시적으로 정지되나 전쟁은 계속되는 상태"를 의미하기 때문
에 국제법상 휴전은 여전히 전쟁상태를 의미한다. 이렇게 볼 때 한국전쟁이 중단되면서 체결된
협정은 '정전협정'이라 부르는 것이 더 타당하다.

'한국전쟁' 중 벌어진 '4대 민간인 학살사건'

- 보도연맹사건

〈국민보호선도연맹(國民保護先導聯盟; 보도연맹)〉은 1949년 6월, 남한 내 공산주의 세력 약화를 위해 과거 좌익이었다가 전향한 자들을 가입시켜 만든 단체다. 그런데 6.25 전쟁 발발 직후, 북한군에게 함락된 지역에서 일부 〈보도연맹〉 회원들이 군경과 그들의 가족에 대한 밀고 및 체포, 살해 등을 저지르자 이승만 정부는 김창룡에게 이들의 이적 행위에 대한 '처리'를 명했다.

그러자 1950년 7월 초부터 8월 말에 걸쳐 경기 수원-강원 횡성 이남 대한민국 전역에서 〈보도연맹〉 회원들이 육본 정보국 CIC, 헌병, 경찰, 해군 정보참모실, 공군정보처 소속 군인, 특히 〈서북청년단〉 등 우익청년단원들에 의해 소집, 연행, 구금된 후 집단 학살당했다. 당시 공무원들은 〈보도연맹〉 가입 실적을 올리려고 좌익이 아닌 평범한 사람들까지도 무작정 가입시켰으며, 〈보도연맹〉에 이름이 없는 일반 주민들까지 합쳐 무려 6만 명에서 20만 명이 학살당했다.

- 노근리 양민학살사건

1950년 7월 26일부터 7월 29일까지 4일간 충북 영동군 황간면 노근리에서 미군 제7기병연대는 피난민 중에 북한군이 잠입해있다는 첩보에 따라 민간인 800여 명에게 기관총 공습을 가해 300명의 무고한 양민이 학살당한 사건. 1950년 7월 23일 정오 충청북도 영동군 영동읍 주곡리 마을에 소개명령이 떨어지자 주곡리 마을 주민들은 영동읍 임계리로 피난하고, 25일 저녁 주곡리, 임계리 주민, 타 지역 주민들은 미 육군의 유도에 따라 남쪽으로 피난했다. 26일 4번 국도를 통해 황간면 서송원리 부근에 도착한 피난민은 미 육군의 지시에 따라 국도에서 경부선 철로로 행로를 변경해 피난을 계속하던 중 쌍굴다리에서 갑자기 미 공군의 폭격과 기관총 세례를 받았다.

1999년 AP통신 기사를 통해 이 사건이 한-미 양국에 공론화되자(이 사건을 조명한 최상훈, 찰스 J. 헨리, 마사 멘도자 등 AP 취재팀은 2000년 탐사 보도 부문 퓰리처상을 수상했다.), 2000년 미국과 한국 두 나라는 별개의 조사단을 편성하여 실태 파악에 나섰고, 2001년 1월 12일 한, 미 양국은 조사 결과를 동시에 발표했는데, 실망스럽게도 '우발적으로 발생한 사건'이라 결론지었다.

그러나 공식조사발표 이후에도 미 참전 용사들은 상부 명령이 있었다고 양심적 진술을 계속하자, 미국방부는 "명령이 없었음이 밝혀졌음에도 불구하고 명령이 있었다고 주장하는 이들에게는 개인적으로 책임을 묻겠다"고 밝혔다. AP통신을 통해 증언했던 참전 용사들은 압력에 못 이겨 증언내용을 번복하고 말았다.

✦미군 공습에 의한 총탄 자국들

- 거창 양민학살 사건

1951년 2월부터 한국군 11사단(화랑사단장 최덕신)이 제9연대 연대장 오익경(吳益慶) 대령, 제3대대 대대장 한동석(韓東錫) 소령의 지휘아래 산청, 함양 일대의 민간인 704명, 거창군 신원면 일대의 719명을 무차별 학살한 사건. 이는 국민의 생명을 보호해야 할 국군이 자국민을 적군으로 취급하고 우발적이 아니라 사단장 최덕신에 의해 조직적으로 학살했다는 점에서 너무도 처참한 국군의 흑역사라 할 수 있다.

당시 헌병사령관 최경록은 학살 자료를 전시특명검열관 김석원에게 보고했으나 신성모 국방부장관이 '사건 공론화'를 막고 은폐했다. 독립운동가 출신 최덕신과 신성모가 무고한 양민을 학살한 뒤 은폐하려 했고, 일본군 장교 출신 최경록과 김석원이 진실을 알리려는 해괴한 일이 벌어진 것이다.

1952년 2월 말 김석원에게서 학살 자료와 현장 사진을 전달받은 국회 조사단장 서민호(전남 고흥)는 〈부산극장〉에서 열린 임시 국회에서 이 참극을 폭로하고 진상조사를 요구하면서 사건이 드러나기 시작했다. 곧 국회 조사단이 거창 지역으로 파견되었으나 도중에 인민군 복장의 괴한들에게 습격을 받고 되돌아왔다. 당시 지역 계엄사령관인 김종원이 11사단 군인들을 빨치산으로 위장시켜 급습했는데, 이후 진상조사가 재개되고 국정 조사를 방해한 괴한들이 위장 공비라는 사실도 밝혀졌다.

결국 거창 지역 민간인 학살사건과 조사 방해 사건의 진상이 공개되었고, 내무·법무·국방 3부 장관이 사임했으며 군사재판이 열렸다. 하지만 사단장 최덕신에게 직위 해제 징계를 내리는 것으로 끝났고, 연대장 오익경 대령, 대대장

한동석 소령에게는 살인죄로 무기징역이, 그리고 계엄사령관 김종원 대령에게는 공무집행방해죄로 3년 형이 선고되었다. 하지만 1년 후 이승만 정권은 이들을 특별 사면으로 석방했고, 김종원을 경찰 간부로 특채했으며, 사건을 계속 은폐했기 때문에 희생자들의 유해들은 방치되어 있다가 1954년 4월에야 수습할 수 있었다.

이후 5.16 군사쿠데타로 집권한 박정희는 거창 민간인 학살 사건의 진상 규명과 명예회복을 주장하는 이들과 유족회 간부들을 국가보안법으로 잡아넣고, 위령비는 훼손되고 말았다.

북한도 이 '거창 사건'에 대해서만큼 조용한 까닭은 민간인 학살 사건의 주동인 11사단장이 최덕신(예편 후 1963년 서독 대사를 역임했는데 박정희의 눈 밖에 나 천도교 교령을 지내다가 1976년 2월 미국으로 이주한 후 북한을 드나들었으며 1986년 월북했다.)이었기 때문이다.

- <국민방위군> 사건

한국전쟁 중 중공군이 참전하자 1950년 12월-1951년 2월 사이에 50만 명에 달하는 <국민방위군>을 징집했다. 그런데 <국민방위군> 고위 장교들이 엄청난 국고금과 군수물자를 부정 착복함으로써 아사자, 병사자, 동사자가 약 9만여 명, 그리고 2만여 명이 넘는 동상자들이 발생한 소위 '국민방위군 사건(國民防衛軍 事件)'이 터졌다.

1951년 1월 중순 이 사건이 국회(당시 부산)에서 이철승 의원에 의해 폭로되자 사위가 주범인 부사령관 윤익헌(尹益憲; <대한청년단> 출신)이었던 신성모(申性模) 국방장관이 물러났으나 이승만 정권은 5월에 이 제도를 폐지한

✦소집된 국민방위군

뒤 진상 규명을 방해했다. 그래도 국회는 상당 금액이 이승만 지지세력('신
정동지회')으로 흘러 들어간 정황을 포착했으나 진상을 밝혀내지는 못했
다. (국회는 이들의 횡령 금액을 5,60억 정도로 보았는데, 전쟁으로 물가가 급등한 당시 20kg 쌀
값은 1만 4천원 정도였다.)

비참한 전쟁의 와중에 발생한 이 파렴치한 사건을 계기로 이승만에 대
한 신뢰는 급락했고, 부통령 이시형이 사퇴했으며, 이승만에게 비교적 호
의적이었던 한민당과 조병옥, 장택상, 유진산, 윤보선, 김성수 등이 이승만
정권에 등을 돌렸고, 군입대를 기피하는 현상이 폭증했다.

3
이승만 정권의 막바지

황당한 개헌논리 '사사오입'

6·25 전쟁이 일어나자 정부는 부산으로 피난했고, 2대 국회도 함께 부산으로 내려왔지만, 30여 명의 의원이 전쟁으로 행방불명이 되었거나 북한에 납치당한 상태였다. 그런데 초대 대통령에 오른 이승만이 임기 만료를 앞두고 인기가 쇠락하면서 정권이 흔들리고 있었다. 그래서 국회의원들이 대통령을 뽑는 간접선거로는 이승만 대통령이 재선출되기 어렵다고 보고 직접 선거를 위한 개헌을 준비했다.

1951년 11월 정부에서는 대통령 직선제와 함께 국회를 참의원과 민의원의 양원제로 하는 헌법개정안을 국회에 제출하는 한편 여당인 '자유당'을 창당했다. 개헌안을 반드시 통과시켜야 하는 여권과 대통령 중임 개헌안을 저지해야 하는 야권은 첨예한 신경전을 벌였다. 결국 1952년 1월, 민주국민당과 무소속 국회의원들은 압도적인 차이로 개헌안을 부결시켰고, 4월에는 내각제 개헌안을 국회에 제출해 이승만 정부를 압박했다.

궁지에 몰린 이승만 정부는 부산 일원에 비상계엄을 선포했고, 1952년 7월 자유당은 대통령 직선제 개헌안을 상정하여, 전원 찬성으로 통과시켰다. 이어 자유당은 1954년 11월 초대 대통령 중임 제한 철폐를 골자로 한 제2차 개헌안을 국회에 제출했고, '사사오입(四死五入)'이라는 황당한 논리로 가결시켰다.

🏵 '사사오입'사건

1954년 11월 27일 개헌 투표 결과 재적의원 203명 중 찬성 135명, 반대 60명, 기권 7명, 무효 1명이었다. 재적의원 2/3 이상 찬성이어야 가결되는데, 135.333…명에서 불과 0.333…명이 모자라 부결된 것이다. 하지만 이원철 천문학자와 최윤식 서울대 교수를 동원해 수학적으로 반올림을 적용한 최순주 부의장은 135명이라고 우겨 개헌을 통과시켰다. 하지만 개헌 정족수는 135 > = 135.333이니 136명이 맞다.

1956년 5월 제3대 정·부통령 선거를 맞아 야당인 민주당과 여당인 자유당은 첨예하게 맞섰다. 결국 이승만 박사가 대통령에, 부통령에는 야당의 장면 박사가 각각 당선되었다. 1955년 장면·조병옥 등과 민주당을 창당하고 민주당 대통령 후보가 된 신익희 박사가 유세차 전주로 가던 도중 심장마비로 사망하는 바람에 이승만 박사는 무투표 당선이나 마찬가지였다. 하지만 죽산(竹山) 조봉암(曺奉岩; 1899-1959)이 무소속으로 출마하여 전체 유효투표자 수의 30%인 216만표나 얻었다. 이를 바탕으로 그는 1957년 책임 있는 혁신정치, 수탈 없는 계획경제, 민주적 평화통일의 3대 정강을 내걸고 사회민주주의 정당인 〈진보당〉을 창당했다. 그는 위원장에 선임되었으며, 1958년 5월 국회의원 선거에 지역구 후보를 내세워 원내에 진출했다.

하지만 이승만 대통령의 위치는 불안하기 그지없었다. 1958년 자유당 정권은 반공체제 강화를 구실로 죽산(竹山) 조봉암과 진보당원 16명을 간첩 혐의로 구속하고 이듬해 조봉암을 사형시켰으며(2011년 결국 52년 만에 무죄가 선고되었다), 경향신문을 폐간하는 등 언론 탄압을 자행했다.

1959년 12월 열린 민주당 정·부통령 후보 지명대회에서 구파인 조병옥이 대통령 후보로 선출되었고, 부통령 후보로는 신파인 장면 박사가 뽑혔다. 민주당 후보 이외에는 아예 출마를 방해한 자유당에서는 이승만 대통령과 이기붕을 정부통령 후보로 내세웠다. 당시는 민심이 좋지 않아 정·부통령 선거에서 야당이 승리할 가능성은 매우 높았다. 게다가 이승만 대통령의 나이는 84세였다. 대통령 유고시에는 부통령이 그 자리를 이어받는 제도인 터라 자유당으로서는 이기붕 후보를 반드시 당선시켜야만 했다.

1960년 1월 19일, 조병옥 민주당 대통령 후보가 암 치료를 위해 미국으로 출국하자 정부는 농번기를 피한다는 이유로 제4대 대통령 선거일을 3월 15일로 앞당겨서 공고했다. 그런데 선거를 한 달 앞둔 2월 16일 조병옥 후보가 미국에서 돌연 사망했다. 이미 대통령 후보 등록이 마감된 시점이어서 민주당으로서는 다른 후보를 내세울 수도 없었다. 이승만 대통령의 4선은 사실상 결정되었으나 문제는 부통령 선거였는데, 민심은 장면에게 쏠리고 있었다.

그러자 최인규 내무부 장관은 이기붕 후보를 당선시키기 위해 대규모 인사이동을 단행하고, 전국의 시장, 군수와 경찰 간부들뿐만 아니라 이정재, 임화수 등 정치 깡패들까지 동원해 부정투표 계획을 하달했다. 결국 상상을 초월한 부정선거로 이승만과 이기붕 후보가 정·부통령에 당선되었다. 당시에는 이기붕 후보의 표가 너무 많이 나와 줄여서 발표하는 촌극도 벌어졌다. 하지만 이는 4·19혁명의 보이지 않는 불씨가 되었다.

민주주의를 향한 첫걸음, 4·19혁명

민주당은 1960년 3·15 선거가 부정선거라 당선 무효라는 성명을 발표했고, 대다수 국민들도 선거 결과를 인정하지 않아 곳곳에서 반대를 선언하는 움직임이 일기 시작했다. 선거 당일인 3월 15일, 마산에서 부정선거에 항의하는 시위가 일어나자, 경찰이 발포하여 7명이 사망하고 70여 명의 부상자가 발생하는 바람에, 3월 18일 그 책임을 지고 내무부장관 최인규(5.16 이후 발포 명령을 내린 책임자로 사형당함)와 치안국장 이강학이 사임했다.

하지만 성난 민심은 수그러들 줄 몰랐고, 4월 1일 대학이 개학을 하면서 시위는 서울 시내 주요 대학생들이 주도하게 되었다. 마침 4월 11일 마산 시위 때 행방불명되었던 고교생 김주열(金朱烈; 1944-1960. 3. 15; 전북 남원 출신)의 시체가 눈에 최루탄이 박힌 채 바다 위로 떠오르자, 시위의 불길은 더욱 거세졌고 전국으로

✦ 행방불명 27일 만에 최루탄이 눈에 박힌 채 마산 중앙부두 앞바다에 떠오른 김주열 시신.

확산되었다. 이날 저녁 경찰은 다시 시위 군중들에게 발포하여 또 2명이 숨졌다.

그러자 1960년 4월 18일, 고려대 학생들이 총궐기 선언문을 발표하고, 4월 19일 10만 명이 넘는 중고생, 대학생들이 재선거를 요구하며 대통령 관저인 경무대로 몰려갔다. 경찰은 시위대를 향해 발포했고, 시위대도 무장하여 경찰과 총격전을 벌이며 맞섰다. 이날 경찰의 발포로 전국에서 186명이 사망하고, 6천여 명의 부상자가 발생했다.

사태가 급박해지자 정부는 오후 5시 서울, 부산, 대구, 대전, 광주 등 5대 도시에 계엄을 선포했다. 4월 21일에는 전국의 소요사태에 책임을 지고 내각이 총사퇴했다. 민주당은 사태 수습 방안은 재선거뿐이라고 주장했다. 4월 24일 정부는 서울을 제외한 지역의 비상계엄을 해제했고, 이승만 대통령은 자유당 총재직을 사퇴했으며, 이기붕도 모든 공직에서 물러난다고 발표했다.

수습에 나선 계엄사령부는 4월 25일 대통령 특명으로 모든 구속학생을 석방한다고 발표했지만, 민주당은 대통령 사임과 선거 재실시를 요구

하는 성명을 발표했다. 이날 서울 시내 27개 대학 259명의 대학교수들이 전문 15개항으로 된 '시국선언문'을 발표하고 시위를 벌이자 계엄으로 위축되었던 시민들이 다시 합류했다.

4월 26일 이른 아침, 제1군사령부에서 군단장급 지휘관 회의가 열렸고, 이 대통령의 하야만이 유일한 해결책이라는 결론이 내려졌다. 전국민적 저항과 군지휘부의 무력동원 거부에 봉착한 대통령 이승만이 결국 4월 26일 하야를 발표함으로써 자유당 정권은 몰락했고, 다음날인 26일 새벽 이기붕 일가는 장남이자 이승만의 양자로 들어간 이강석이 모두 권총으로 자살하고 말았다. 그가 살던 지금의 삼성병원 옆 서대문 집은 〈4·19혁명 학생도서관〉이 되었다.

4월 27일 이승만 대통령의 사임서가 수리되었고, 허정 외무부 장관이 대통령 권한대행이 됨으로써 자유당 정권의 제1공화국은 막을 내렸다. 이승만 대통령은 〈이화장〉으로 거처를 옮겼다가, 5월 28일 영부인 프란체스카 여사와 함께 하와이로 떠났다. 그리고 1965년 7월 19일 90세를 일기로 사망했고, 장례는 국민장으로 치러졌다.

4
5·16 군사 쿠데타와 박정희 시대

5·16 군사 쿠데타

허정(許正) 과도정부 내각수반은 "혁명적 정치 개혁을 비혁명적 방법으로 달성하겠다."는 취지로 6·15 개헌을 거쳐 7월 29일 총선을 실시하고 국회를 구성했다. 민의원과 참의원의 합동회의에서는 윤보선을 대통령으로 선출하고, 민의원에서는 장면을 국무총리에 임명함으로써 제2공화국이 탄생했다.

제2공화국에서는 대통령중심제가 아닌 의원내각제가 채택되어 정치적 실권은 국무총리에게 있었고, 대통령은 국가원수로서 상징적인 존재가 되었다. 장면 내각은 사회를 안정시키고 국가안보를 튼튼히 하면서 경제적 발전을 도모하는 한편, 민족의 숙원인 평화적 통일정책을 내세웠다. 또한 국민 기본권 보장을 강화하고 지방자치제도를 시행하는 등 제1공화국과는 차별된 정책을 펼쳐 민심을 얻는 듯했다. 하지만 민주당 내의 정치적 갈등과 계속되는 반정부 시위 등으로 안정을 이루지는 못했다.

권력의 갈등은 민주당 신·구파의 정쟁을 불러왔고, 결국 구파가 분당하여 신민당을 창당함으로써 정국은 더욱 혼미해졌으며, 군인들이 쿠데타를 일으키는 빌미를 제공해주었다. 마침내 1961년 5월 16일, 국민들은 일부 군인들이 쿠데타를 일으켰다는 뉴스를 듣고 말았다. 제2군 부사령관 박정희 소장을 필두로 육사 8기생을 중심으로 한 장교 250여 명과 사병 3,500여 명이 한강을 건너 신문사와 방송국, 경찰서 등 주요기관들을 점령하고 계엄을 선포하며 국가 권력을 장악했다. 이때 김종필은 〈광명인쇄소〉에서 삐라 찍는 데 열중하고 있었다.

장면 정부가 들어선 후 개혁성 있는 최경록 중장이 참모총장이 되자 개혁 성향이 있는 박정희 소장이 육군본부 작전참모부장(G-3)으로 다시 중용되었다. 그런데 곧 육사 8기생들의 '16명 하극상 사건'이 일어났고 김종필, 석정선 등이 전부 예편했다. 이와 관련해 미 8군 사령관 카터 B. 매그루더(Magruder) 대장의 강요로 박정희는 대구 2군 부사령관으로 다시 좌천당했다.

곧이어 최경록 참모총장도 미 군수국장 팔머(Palmer) 대장에게 내정간섭 하지 말라고 발언한 것이 문제 되어 대구 2군 사령관으로 좌천당했고, 이어 장도영 2군 사령관이 참모총장이 된 후 5·16이 일어났다. 아마도 '16명 하극상 사건'과 '박 장군 좌천' 등이 박정희가 쿠데타의 결심을 굳힌 결정적인 계기 중의 하나였을 것이다. 당시 최경록 2군 사령관이 한달간 도미 시찰 중이라 박정희 부사령관의 운신 폭이 컸었다.

이들은 〈군사혁명위원회〉를 조직하여 입법, 사법, 행정의 삼권을 통합·장악하고 금융 동결, 항구와 공항 폐쇄, 정권 인수, 의회 해산, 일체의 정치활동 금지 등을 선포하고, '6개항'의 혁명공약을 내걸었다.

이틀 후인 1961년 5월 18일, 장면은 총리직에서 사퇴했고, 윤보선 대통령은 군사정변을 인정했다. 군인들은 〈군사혁명위원회〉를 〈국가재건최고회의〉로 개칭하고 3년간 군정통치에 착수했다. 국가재건최고회의 의장은 박정희 소장이 맡았다.

쿠데타를 일으킨 군인들은 당면한 사회적·경제적 문제의 해결방안으로 농어촌 고리채 정리와 부정축재자 처벌, 공업화를 통한 자립경제의 추구 등을 제시했다. 또한 국민 의식 개혁을 위해 국가재건운동본부를 만들고, 혁명재판소를 설치하여 반대세력을 탄압하는 한편 정당, 사회단체,

언론, 노동조합 등을 정리·해체했다. 특히 반혁명, 반국가 행위인 특수범죄 처벌법과 정치활동 정화법을 제정하여 여러 정치인들과 재야인사들을 용공분자로 몰아 혁명재판에 회부했으며, 3,000여 명에 대해 정치활동을 금지시켰다.

✦ 경찰 출신이자 초대 동대문시장 상인연합회 회장이었던 정치깡패 이정재의 수모(좌). 재판 당시 가운데 손짓하고 있는 유지광. 그의 왼쪽이 〈동대문시장 상인연합회〉 2대 회장이자 〈반공예술단〉 단장 임화수. 그의 오른쪽이 이정재(우).

1961년 6월 10일 군사정권은 핵심 권력기구인 〈중앙정보부(KCIA)〉를 설치하여(김종필이 특무요원 3,000천 명으로 조직) 관료 조직을 장악하고 국가기구 강화와 정치구조 재편을 통해 권력기반을 구축했다. 이로써 "양심적인 정치인에게 정권을 이양하고 군은 본연의 임무로 복귀한다."는 6개 항의 혁명 공약은 물 건너가고 말았다.

군정기의 혼란

- 화폐개혁

군사정권은 쿠데타가 성공하자마자 당시 국가의 재정적자 확대로 인한 높은 인플레이션을 수습하고 부정 축재자가 은닉하고 있는 자금과 지하자금, 그리고 장안에 소문으로 떠돌고 있던 화교자금은 물론 장농 속에 묻어둔 국민들의 현금까지도 끌어내기 위해 1962년 6월 10일 화폐개혁(10환을 1원으로)을 단행했다. 군사정권은 이 돈을 경제개발 재원으로 활용하여 경제부흥('경제개발 5개년 계획')이라는 소기의 '혁명 공약'을 달성하려고 했다.

- 황태성 사건

김성곤, 박상희(朴相熙; 1905-46; 박정희 형), 황태성(黃太成; 1906-63)은 어릴 때부터 동네 친구 사이로 일제강점기에 모두 항일·좌익활동에 투신했다. 김성곤(〈쌍용〉 창업주)은 남로당 재정부장으로 활동하다가 전향해 〈금성방직〉, 〈동양통신〉을 창업하고 기업경영에 전념했다. 어린 시절부터 박정희를 지켜봤던 김성곤은 사석에선 박정희와 가까운 사이였다. 이후 공화당 재정위원장으로 박정희의 정치자금 관리를 도맡아 했다.

경성제1고보(경기고)를 나와 연희전문 상과(연대 상대)를 중퇴한 황태성은 교사였던 조귀분을 박상희에게 소개해주었다. 둘 사이에 박영옥이 태어났고 그녀는 박정희의 중매로 1951년 2월 15일 김종필과 결혼했다. 1946년 '대구 10.1 사건' 동안 두 사람은 지도적인 역할을 했으나 김천의 〈동아일보〉 지국장

✦ 황태성과 박상희

이었던 박상희가 10월 6일 경찰의 총에 맞아 사망하자 이를 지켜 본 박정희는 황태성의 보증으로 남로당에 입당했다고 한다. 이후 황태성은 1947년 10월 월북해 이북에서 무역상 부상(副相) 등을 지냈으나 1959년에 모든 관직에서 물러났다.

박정희가 쿠데타에 성공하자 황태성은 1961년 8월 말 김일성의 남북통일협상을 지시받고 밀사로 넘어와 박정희와 김종필을 만나려 했으나 여

의치 않자. 조카사위 권상능을 시켜 대구에 사는 박상희 부인 조귀분에게 편지를 전했다. 그녀는 급상경하여 사위 김종필에게 이를 알렸고 김종필은 황태성을 〈반도호텔〉(롯데호텔)에 머물도록 하여 저울질하고 있었다. 그런데 대선에서 사상논쟁이 벌어지면서 김형욱은 박정희에게 황태성 제거를 강권했다. 결국 황태성은 1961년 10월 22일 밀사에서 간첩으로 몰려 중정에 체포되었고(국제법상 밀사는 손대지 못함), 1963년 12월 14일 끝내 인천 산골짜기에서 사형당했다(간첩이 2년 넘게 남한에 머물렀던 셈이다). 황태성이 처형되자 박정희는 "아까운 형님이었는데…"라고 슬퍼하며 눈물을 흘렸다는 증언도 있다. 그의 죽음과 동시에 북한은 박정희에 대해 적대적인 태도를 보이며 남북 관계는 싸늘해지고 말았다. 박정희는 황태성이 사형당한 지 3일 후인 1963년 12월 17일 대한민국 대통령으로 취임했다.

- 4대 의혹사건

5.16 군사 쿠데타 이후 박정희 군사정부가 정치자금 확보를 목적으로 일으킨 걸로 큰 의혹을 받은 당시 대한민국의 4가지 부정부패 사건을 말한다. 즉, 김종필의 중앙정보부가 개입해 주가를 조작하고 폭리를 취해, 일반 투자자 5,300여 명이 쪽박을 찬 '증권파동사건'. 1963년 3월 28일 미 안보회의가 케네디에게 올린 '한국 정세보고서'에는 "김종필이 한국 역사상 최대 규모의 증권 조작을 통해서 2천-3천만 달러를 벌었다"고 나와 있다. 그리고 주한미군 휴양지로 워커힐호텔을 건설하는 과정에서 공병대를 무상으로 투입해 엄청난 공사 대금을 빼돌린 '워커힐사건', 일본에서 도박 기구인 빠찡꼬를 면세로 들여온 후 값을 두 배로 올려 판매한 '파칭코사건', 쿠데타 세력이 일본에서 승용차 '블루버드'를 면세로 2천대를 수입한 후 값을 대당 13만원에서 25만원으로 두 배 올린 후 일반 택시로 분양한 '새나라자동차사건'을 말한다.

'불가침의 성역'으로 여겨진 중앙정보부가 개입된 이 사건들로 인해 군사정권은 도덕성에 큰 타격을 받았으며, 군사정권이 주장했던 '구악'에 빗대어 '신악'이라는 비판을 받았다. 이로 얻은 막대한 자금들은 대부분 민주공화당 창당 자금으로 들어갔을 것으로 추정된다.

❀ 7.6 거사 사건

전두환, 노태우(당시 육사 총동창회 3대 회장)는 '4대 의혹 사건'으로 인한 부패 척결과 육사 출신 장교의 진급의 불공정 시정을 명분으로 1963년 7월 6일 거사를 모의했다. 그래서 자신들이 실무를 담당하고 있는 중정, 방첩부대와 함께 공화당과 자민당의 합작을 반대하는 최고위원 및 공화당 요인 40여 명을 제거할 계획을 세웠다. 그리고 손영길, 노태우는 중정부장 김재춘(육사 5기)을 찾아가 부패한 인물(김종필 계열)들을 전부 퇴진시키겠다는 의향을 내비쳤다. 그리고 7월 6일 아침 경찰이 먼저 알아 비상이 걸리고, 이를 보고받은 김재춘이 즉시 박정희에게 알렸다. 결국 쿠데타 음모는 분쇄되었고 육사 11기생들은 구속이 거론되었으나 결국 선처로 끝났다. 이 때문에 김재춘은 중정 부장에서 물러나고 후임으로 김형욱(육사 8기)이 임명되었다.

제3공화국의 탄생

1962년 국가재건최고회의 〈헌법심의위〉는 대통령제, 비례대표제, 국민투표제 등을 골자로 한 제3공화국 헌법을 마련하여 국민투표를 통해 공포하고, 이어 1963년 10월 15일에 제5대 대통령선거를, 11월 26일에 제6대 국회의원 선거를 실시한다고 공고했다. 이에 따라 5·16 쿠데타 세력들은 1963년 2월 26일 중앙정보부를 중심으로 관료들과 지식인, 정치인 등을 모아 민주공화당을 창당하여 선거에 대비했다.

그해 5월 27일에는 제2차 민주공화당 전당대회가 개최되어 각본대로 박정희 최고회의 의장을 대통령 후보로 지명했으며, 박 의장은 8월 30일 대장으로 전역함과 동시에 민주공화당에 입당해 대통령 후보 지명을 수락했다. 선거전은 5·16 주체세력의 민주공화당과 야당인 민정당의 대결로 압축되었다. 구 정치인과 재야세력을 규합한 민정당에서는 윤보선 전 대통령을 후보로 내세웠다. 결국 10월 15일 선거에서 박정희 후보는 20여만 표의 차이로 윤보선 후보를 누르고 대통령에 당선되었으며, 국회의원 선거에서도 민주공화당이 압승하여 다수의 의석을 차지했다.

마침내 1963년 12월 17일 제5대 박정희 대통령의 취임으로 〈국가재건 최고회의〉는 해산되었고, 5·16 군사 쿠데타가 정당화되어 제3공화국이 출범하게 되었다. 박정희 정부는 정권의 정당성 확보 차원에서 소위 조국 근대화와 민족중흥의 실현을 주요 목표로 삼고 수출을 증대시키는 등 획기적인 고도 경제 성장 위주 정책과 중화학 공업 육성책을 추진했다. 여기에 필요한 자금은 외자도입으로 충당하고, 경제개발을 구실로 민주주의를 억압하는 소위 '개발독재'를 전개했다.

한일국교 정상화

1962년 11월 12일, 일본 외무성에서 김종필과 오히라 마사요시(大平 正芳) 일본 외상은 3시간 반 동안 담판을 벌이다가 '대일청구권자금과 경제협력자금 공약'에 합의했다. 소위 '김종필-오히라 메모'로 불리는 이 비밀합의 내용은 '일본은 일제 36년간의 지배에 대한 보상으로 '독립축하금'이란 명목으로 한국에 3억 달러를 10년에 걸쳐서 지불하고, 경제 협력의 명분으로 차관 2억 달러를 연리 3.5%, 7년 거치 20년 상환이라는 조건으로 10년간 제공한다'는 것 등이었다.

이후 1964년 6월 3일 한일국교 정상화가 추진되자 대학생들의 반대시위가 거세게 일었고 마침내 6·3 항쟁을 불러왔다. 서울에서는 고등학생까지 시위에 가담했으며, 부산과 광주 등 대

도시로 확산되자, 정부는 서울에 비상계엄을 선포하고 진압에 나섰다. 박정희 정부는 인혁당이 배후에서 한일협정 반대를 선동하여 대한민국 정부의 전복을 기도했다면서 시위 금지와 강제 진압, 언론 검열, 대학 휴교, 시위 주동자 검거에 돌입했다. 이 조치로 시위의 주동인물과 배후세력으로 지목된 학생과 정치인, 언론인 등 1,120명이 검거되고, 이명박, 이재오, 손학규, 김덕룡, 현승일, 문희상 등 348명은 내란 및 소요죄로 6개월간 복역했는데, 이들을 '6·3세대'라고 부른다.

6·3사태가 일어난 지 1년 만인 1965년 6월 22일, 대한민국 정부는 굴욕적인 '한일협정'에 조인했다. 이로 인해 한국경제의 대일의존도가 심화되었고, 강제징용과 위안부피해자 보상 문제, 독도 문제, 재일동포 지위 문제 등은 제대로 처리되지 못했다.

이후 박정희 정부는 정치적 난관을 경제로 해소하려고 애썼다. "물류 수송을 원활하게 하기 위해 고속도로를 건설하고 식량 증산에 힘쓴다." 그래서 경부고속국도를 비롯한 도로와 항만, 공항 등의 사회간접시설을 확충하는 동시에 간척사업을 진행시키고, 작물의 품종 개량으로 식량 증산을 꾀했다.

당시 사정으로 무리했던 고속도로 건설에는 야당의 반대가 있었으나, 결국 1968년 2월 경부고속도로 건설을 강행해 2년 5개월 만인 1970년 7월 7일 완공했다(공식 희생자는 '77명'이었다). 『한국현대사 산책』(강준만 지음)의 '1970년대편'에는 고속도로 개통이 전태일과 함께 '1970년대를 상징하는 두 가지 중 하나',

✦ 경부고속도로에 술을 뿌리는 박정희 대통령

즉 전태일이 1970년대 산업화의 '암(暗)'이라면 경부고속도로는 '명(明)'을 상징하는 것이라고 표현했다.

고속도로 건설에는 베트남전 파병과 서독에 광부와 간호사를 파견한 것이 큰 힘이 되었다. 1963년 12월 박정희 대통령은 독일을 방문했는데, 에르하르트 수상은 '라인강의 기적'을 예로 들며 고속도로와 제철산업, 자동차산업, 정유산업, 조선산업 등을 추진할 것과 '한일협정'을 맺을 것을 권유했었다.

인혁당 사건

1964년 8월 14일, 김형욱 중앙정보부장은 기자회견을 열고 국가변란을 기도한 남한 내 지하조직을 체포했다고 발표했다. 이 무렵은 굴욕적인 '한일협상'을 반대하는 시위가 그치지 않은 이른바 '6·3 항쟁'이 극에 달하던 때였다. 김형욱 중앙정보부장은 1964년 4월 북괴 중앙당의 지령을 받고 한일 회담 반대 학생데모를 조종하고 현 정권을 타도할 것을 결의했다고 발표했다.

하지만 이 사건은 검찰에 송치된 후 혐의가 없다는 이유로 검사 전원 일치의 공소기각 처분을 받아 모두 풀려났다. 그런데 1차 인혁당 사건이 있은 지 10년이 흐른 1974년 '2차 인혁당 사건'으로 더 잘 알려진 소위 '인민혁명당 재건위원회' 사건이 터졌다. 중앙정보부가 74년 유신반대 투쟁을 벌였던 〈민청학련(전국민주청년학생연맹)〉을 수사하면서 배후 조종세력으로 '인혁당재

〈펜타곤 페이퍼〉
1945년에서 1967년까지 인도차이나(베트남·라오스·캄보디아)에서 벌인 미국의 행적을 담은 것으로, 47권에 달하는 방대한 보고서

건위'를 지목, 이를 북한의 지령을 받은 남한내 지하조직이라고 규정한 것이다.

75년 2월 이철, 김지하 등 〈민청학련〉 관계자들은 대부분 감형 또는 형 집행정지로 석방됐지만, 결국 75년 4월 8일 대법원은 도예종 등 인혁당 재건위 관련자 8명에 대한 사형을 확정했고, 국방부는 재판이 종료된 지 24시간도 지나지 않아 기습적으로 사형을 집행했다.

그러나 관련자 혐의에 대한 증거가 확보되지 않은데다 조사과정 중 고문사실까지 밝혀져 민주화운동 탄압을 위한 유신정권의 용공 조작이라는 의혹이 제기돼 왔다.

결국 2002년 9월 의문사진상규명위원회가 이 사건을 조작이라고 발표한데 이어 그해 12월 유족들이 재심을 청구, 2007년 1월 23일 서울중앙지법에서 열린 선고공판에서 사건에 연루되어 사형이 집행된 우홍선 등 8명에게 무죄가 선고되었다. 그리고 2009년 4월 23일, 인혁당 사건 67명에 대해 235억 원을 배상하라는 판결이 내려졌으며, 검찰은 항소를 포기했다.

베트남전 참전

케네디 대통령 당시 박정희는 미국으로 가 먼저 파병을 제의했으나 중국과 소련을 자극할 우려가 있다고 여긴 미국은 거절했다. 하지만 케네디 암살로 부통령에서 대통령이 된 존슨 당시 베트남 전쟁에 대한 지지를 얻기 위해 조작한 '통킹만 사건'이 발생하자 미국 의회가 존슨 대통령에게 군사행동 권한을 부여하면서 전쟁의 양상이 급격하게 변화했다.

❀ 통킹만 사건
1964년 8월 2일 통킹만 해상에서 북베트남 해군 어뢰정 3척이 미 해군 구축함을 선제 공격하여 양국 함대가 교전한 사건이다. 이 사건을 계기로 미 의회는 대통령에게 무력행사를 자유롭게 실행할 권한을 부여하는 '통킹만 결의'를 가결했고 미국은 본격적으로 베트남 전쟁에 개입했다.

그런데 1971년에 공개된 '펜타곤(미국방부) 문서'에 따르면, 북베트남 측의 두 번째 공격이 사실은 존재하지 않았으며, 미국에서 베트남전 개입을 위해 조작한 것으로 판명되었다.

결국 베트남전쟁이 확대되자 한국군의 파병을 요청했고, 그해 9월 제1 이동외과병원 병력 130명과 태권도 교관 10명이 베트남으로 향했다. 1965년 1월 26일에는 국회의 만장일치 동의를 얻어, 1965년 2월 비둘기부대로 명명된 2,000여 명이 후방 군사원조지원단으로 파병되었다. 1965년 10월 9일에는 해병 청룡부대가, 10월 22일에는 육군 맹호부대가 베트남에 상륙하여 미국으로부터 전술책임지역을 인수받았으며, 십자성부대, 백구부대, 백마부대 등이 파병되었다. 한국군은 8년여 동안 총 34만여 명이 참전했다. 그러나 1968년 미국과 월맹 사이에 맺은 휴전협정으로 철수가 시작됨에 따라 한국군도 1971년 12월 청룡부대를 시작으로 1973년 3월까지 철수를 완료했다.

베트남 파병은 많은 외화획득으로 한국 경제발전에 크게 기여했다. 이는 1966년 3월 4일 주한미국 대사 W. G. 브라운과 한국의 이동원 외무부 장관 간에 체결한 소위 '브라운 각서(Brown Memorandum)'를 통해 한국군의 장비 현대화와 경제발전을 위한 원조를 제공받기로 합의한 결과였다. 파병 대가로 미국으로부터 받은 돈의 일부는 경부고속도로 건설에 투입되었고, 일부는 경제개발사업의 자금으로 활용되었다. 고속도로는 1968년 경인고속도로가 처음 개통된 데 이어 1970년 7월에 경부고속도로, 1970년 12월에는 전주까지 호남고속도로가, 1971년 11월에는 영동고속도로가 개통되었다.

베트남에 전투병을 파병하기 직전인 1964년 한국의 1인당 국민총생산(GNP)은 103달러였으나, 철수가 끝난 1974년에 5배가 넘는 541달러로 뛰어올랐다. 하지만 참전의 상처는 컸다. 5,000여 명의 젊은이들이 이국땅에서 목숨을 잃었고, 1만6,000여 명이 부상을 입었으며, 살아 돌아온 군인들 중에 고엽제 후유증에 시달리고 있는 사람이 2만여 명에 달했다.

🌸 월남전과 일본

'한국전쟁' 이후로 또 한번 재주는 한국이 넘고 돈은 일본이 벌었다. 물론 우리나라도 월남전을 통해 특수를 누렸고 <한진그룹>이 가장 큰 이득을 얻었다. 그러나 일본은 베트남전쟁 기간 동안 본토와 오키나와가 미군기지로서뿐만 아니라 병참기지로서 월남전 특수를 누렸다. 베트남 전쟁이 격화되자 미국은 일본에 있던 12개의 기지와 130여 곳의 시설들을 활용할 수 있었으며, 이에 따라 일본은 1965년 3억2천만 달러, 1966년 4억7천만 달러, 1967년 5억 달러, 1968년 5억9천만 달러, 1969년 6억4천만 달러, 1970년 6억6천만 달러를 벌어들였다. 일본은 패전 직후 한국전쟁 특수로 단기간에 전후 복구를 할 수 있었고, 곧 이어 찾아온 불황과 '미일안보투쟁' 등의 정치적 혼란을 베트남전쟁 특수 등을 통해 극복하고 고도의 경제성장국가로 진입할 수 있었다. 두 번의 전쟁이 일본을 살린 것이다.

장기 집권을 위한 포석, '3선 개헌'

1967년 5월 거행된 제6대 대통령 선거에서 박정희 후보는 야당의 윤보선 후보를 누르고 당선되었다. 한 달 뒤인 6월에 열린 국회의원 선거에서도 많은 잡음과 논란 끝에 민주공화당이 압승하자 여권에서 삼선개헌론이 고개를 들기 시작했다.

"조국 근대화를 이룩하고 경제를 발전시키기 위해서는 강력한 지도자가 필요하다."

민주공화당이 박정희 대통령이 3번까지 연임할 수 있도록 하는 길을 열기 위해 삼선개헌을 추진하자, 야당과 재야인사들의 강력한 반대가 일었고 심지어 민주공화당 내부에서도 김종필을 중심으로 반대의 목소리가 터져 나왔다.

이에 박정희 대통령은 1968년 '국민복지회 사건'으로 민주공화당 내 김종필 지지세력을 제거했으며 민주공화당 의원들은 본회의장에서 점거 농성을 벌이던 야당 의원들을 피해 일요일인 9월 14일 새벽 2시에 국회 제3별관에서 개헌안을 날치기 통과시켰다. 국회를 통과한 개헌안은 10월 17일 국민투표에서 65.1%의 찬성을 얻어 최종 확정되었으며, 박정희 대통령은 장기 집권이 가능해졌다.

- 동베를린 간첩단 사건

1967년 7월 8일, 중앙정보부는 '동베를린(東伯林, 동백림) 간첩단 사건'을 발표했다. 내용은 독일과 프랑스에서 활동하고 있는 유학생과 교민 등 194명이 동베를린의 북조선 대사관과 평양을 드나들며 간첩 활동을 했다는 것이었다. 여기에 연루된 인물로는 재불화가 이응로와 그의 조카 이희세, 재독 작곡가 윤이상, 시인 천상병, 황성모 교수, 천병희 교수, 임석진 교수 등이 있다. 당시 중정 요원들이 해당 인물들을 한국으로 강제 납치하여 심문했기 때문에 프랑스 및 서독 연방 정부와 외교 마찰이 일었고, 결국 1970년 광복절 특사로 모두 사면되었다.

박정희 정권은 3선 개헌을 통해 권력을 유지하려고 국회 의석을 2/3 이상 끌어올리려 부정선거를 저질렀는데, 이에 반발하는 시위가 격렬해지자 사회적 시선을 다른 곳으로 돌리려고 간첩 사건을 조작한 것이다. 이를 주도한 서독 대사 최덕신은 한국전쟁 당시 '거창 양민 학살사건'의 책임자였지만 이승만의 비호로 무사했고, 박정희 정권이 등장하면서 승승장구했다. 이 사건이 국제적 외교 문제로 비화되고 서독의 단교 위협 등 국제적인 항의에 직면하자 박정희에게 버림받은 그는 이후 반정부 성향으로 기울어지면서 친북 활동을 벌이다 월북했다.

그런데 1963년 대선 당시 야당 후보 윤보선이 '여순사건' 당시의 숙군(肅軍) 재판 기사가 실린 신문을 제시하는 등 선거 전날까지 박정희의 사상을 물고 늘어지자 박정희는 다음과 같이 말했었다.

"메카시즘의 한국적 아류인 그들(야당)은 악습의 보검(寶劍)을 구사하고 있다. 시커먼 무쇠를 메카시즘이라는 번철(燔鐵)에 달달 볶아 새빨간 빨갱이로 만들려고 한다. 자기들의 정치기반이 위협당하면 용공이니 빨갱이니 하는 상투적 술어로 상대를 학살시켰던 것이 한국판 메카시즘의 아류들이 저질러 온 행적이었다."

- 김신조 사건

1968년 1월 21일 북한의 무장공비 31명이 대통령 관저인 청와대를 기습하려 했던 사건이 일어났다. 청와대 뒤쪽 경복고등학교까지 진입한 공비들은 김신조만 생포되고 모두 사살됐는데, 이를 '1·21사태' 혹은 '김신조 사건'이라고 한다. 이 사건 이후, 박정희 정부는 남북한 간의 군사적 긴장 관계를 이유로 국가안보 우선주의를 선언하고 향토예비군을 창설했다.

그로부터 이틀 뒤에는 미국의 첩보 수집함 '푸에블로호'가 원산 부근에서 북한에 나포되는 사건이 일어났고, 가을에는 1·21사태 이후의 대남공작 실패를 만회하고 남한에서의 민중봉기를 유도하려는 거점을 마련하려고 120명의 북한 무장공비를 동해안 울진·삼척지구에 침투시켰는데, 이들을 퇴치하기 위한 군경 합동작전이 2개월이나 계속되는 등 국내외 정세가 불안했다. 당시 평창군 산간마을에서는 10세의 이승복(李承福) 어린이가 "나는 공산당이 싫어요."라는 절규와 함께 처참한 죽음을 당했다는 보도가 신문을 도배했는데, 과연 그 소리를 누가 들었는지는 아무도 모른다.

❀

1970년 4월 8일. 높은 곳에 지어야 청와대에서 잘 보인다고 청천동 산꼭대기에 지은 '와우아파트' 한 동이 준공한 지 4개월밖에 안 되어 폭삭 주저앉았다. 입주 예정 30가구 중 먼저 입주한 15가구 주민 41명이 중경상을 입고 33명이 깔려 죽었는데, 당시 서울시장 김현옥(별명이 불도저)의 '불도저식 행정과 부실공사' 탓이었다.

'와우아파트'는 경험 없는 업체가 계약을 따내 커미션만 챙기고 시공은 무허가 업체에 맡기는 등 설계와 시공, 감리까지 부실과 총체적 부패 그 자체였다. 붕괴 사건이 일어난 다음 날 서울에서 아시아개발은행(ADB) 총회가 열리기 때문에 '한국의 발전상을 알린다'는 생각으로 1969년 12월, 불과 착공 6개월 만에 완공시킨 '와우아파트'의 붕괴사고는 국제적 망신을 샀다.

노동운동과 전태일

우리나라에서 노동운동이 일기 시작한 것은 1975년에 가발제조·수출업체인 〈YH무역〉 여공들의 작업거부와 폐업에 대한 항거로 기록되지만, 실은 이보다 5년 앞서 1970년 11월 청계천 피복공장의 재단사 전태일의 죽음에서 비롯되었다.

대구에서 가난한 노동자의 맏아들로 태어난 전태일(1948~1970)은 1954년 서울로 올라와 각종 행상으로 생계를 이어가다가, 1965년에 서울 청계천 평화시장의 피복점 조로 들어갔다. 14시간 일을 하고 받은 돈은 차 한 잔 값에 지나지 않는 50원이 고작이었다.

이듬해 그는 직장을 옮겨 재봉사로 일하며 나이 어린 여공들이 적은 월급과 열악한 작업 환경, 과중한 노동에 시달리는 것을 보며 노동운동에 관심을 갖기 시작했다. 스무

✦아들의 영정을 붙잡고 오열하는
어머니 이소선 여사

살 되던 해인 1968년 근로기준법에 대한 서적을 구입해 읽고, 최소한의 근로 조건조차 지켜지지 않는 현실에 분노를 느낀 그는 다음 해 6월 평화시장 최초의 노동운동 조직인 〈바보회〉를 창립했다. 그는 평화시장 노동자들에게 근로기준법이 무엇인가를 알리고 부당한 근로조건을 바로잡기 위해 근로실태를 조사했다. 하지만 조사는 성공을 거두지 못하고, 평

화시장에서 일도 할 수 없게 되었다.

한동안 공사장에서 막노동을 하다가 1970년 9월 평화시장으로 돌아온 전태일은 재단사로 일하며 〈삼동친목회〉를 조직했다. 전태일은 2년 전 불발로 끝난 노동실태조사 설문을 다시 실시해 90여 명의 서명을 받아 노동청에 진정서를 제출했다. 이 내용이 언론에 보도되어 주목을 받자 〈삼동친목회〉는 본격적으로 노동환경 등을 골자로 한 노동조합 결성을 주장하며 사업주 대표들과 대화를 했으나 정부의 방임과 약속 위반으로 실효를 거두지 못했다.

이에 분노를 느낀 전태일과 〈삼동친목회〉 회원들은 11월 13일 평화시장 앞에서 노동환경 개선을 요구하는 시위를 벌이고 근로기준법 화형식을 하기로 했다. 그러나 경찰과 사업주의 방해로 플래카드를 빼앗기고 시위는 힘없이 무너졌다. 그러자 전태일은 "근로기준법을 지켜라! 우리는 기계가 아니다!"라고 외치며 스스로 몸에 휘발유를 끼얹고 불을 붙였다. 불길이 활활 타오르는 채 평화시장 앞을 달리며 그는 마지막 한마디를 외치고 숨을 거두었다.

"내 죽음을 헛되이 하지 말라!"

전태일의 죽음은 사회적으로 커다란 반향을 일으켰다. 기독교계에서는 한국교회가 열악한 환경에서 착취당하는 노동자들을 외면했다며 자성의 목소리를 높였으며, 이 사건을 계기로 1970년 11월 27일 〈청계피복노동조합〉이 결성되었다. 이를 계기로 고도성장의 그늘에 가려 부당한 대우를 받던 노동자들이 눈을 뜨게 되었고, 직장마다 노동조합이 결성되었다.

전태일 열사의 죽음은 한국 노동운동의 출발점이라 할 수 있다. 그의 짧은 생애는 평전으로 출간되었고 후일 영화로도 만들어졌다.

제4공화국과 7·4남북공동성명

1971년 4월 27일, 야당에서는 40대 기수론을 내세운 김영삼과 김대중 후보가 각축을 벌인 끝에 김대중 후보가 지명되어 박정희 현 대통령과 대결했으나 95만표 차로 패배하고 말았다. 김대중은 4월 유세 중 다음과 같이 말했다. "전라도가 받은 차별은 약 1300여년 전부터이다. 서울 남산에서 돌을 던져 차가 맞으면 경상도 사람 차요, 사람이 맞으면 전라도에서 올라온 식모와 구두닦이다." 이를 반영하듯 선거는 영호남의 심각한 갈등 속에서 이루어졌으며, 시골은 여당, 도시는 야당을 지지하는 현상이 심했다. 이어 5월에 실시된 국회의원 선거에서도 여당이 승리했으나, 관권선거라는 비난을 면치 못했다.

양대 선거가 끝난 후 전국은 반정부시위로 하루도 잠잠할 날이 없었다. 박정희 대통령은 3선에 성공했지만, 학생들의 시위와 재야인사들의 반발에 부딪쳐 위기에 처하게 되자 강압적인 철권정치로 치달았다. 1970년 신년사에서 장밋빛 비전을 제시한 박정희는 3월 '정인숙 사건(총리 정일권이 요정 접대부 정인숙을 임신시키고 살해한 사건)'을 비롯한 지도층의 부패와 부도덕성의 만연으로 체면을 구겼는데, 시인 김지하의 시 『오적(五賊)』이 이를 웅변해주었다. 11월에는 청계피복노조의 '전태일 분신사건'이, 이듬해 7월에는 경기도 광주에서 분양문제로 파출소 방화사건이 일어났고, 8월에는 신진자동차 노조의 농성이, 9월에는 파월 노동자들이 대한항공의 임금체불에 항의하는 집단행동이 발생했다.

지배층에서도 마찬가지였다. 권력층의 압력에 항의해 젊은 법관들이 집단 사표를 제출한 '사법파동'이 일어났고, 국회에서는 오치성 내무장관의 해임결의안을 통과시킨 '항명파동'이 있었다.

✿ 10.2 항명파동
김종필이 2인자로 부상하는 것을 막으려 심어놓은 '4인방(김성곤. 길재호. 김진만.

488

백남억)'이 3선개헌을 주도하면서 오히려 힘이 세지자 박정희는 1971년 6월 내각 개
편을 단행하여 육사 8기 동기인 김종필과 오치성을 각각 국무총리와 내무부 장관
으로 임명했다. 그러자 1971년 10월 2일, 당시 여당인 민주공화당 내 '4인방'이 규합
하여 내무부장관 오치성의 해임을 주장하면서 대통령 박정희에게 반기를 든 사건이
다. 해임 건의안은 국회에서 통과되었으나 이들은 모두 중앙정보부로 끌려가서 고문
을 받은 후 정치생명이 끝나버렸다.

1971년 12월, 박정희 대통령은 자꾸만 확대되는 사회혼란과 학생운동
을 저지하기 위해 국가비상사태를 선언하고 시위와 집회를 사전 차단하
는 등 통제를 강화했는데, 이것이 유신체제의 첫걸음이었다.

"이후락 중앙정보부장이 1972년 5월 2일부터 5월 5일까지 평양을 방
문하여 김영주 조직지도부장과 회담을 진행했으며…"

1970년 광복절 기념식에서 '8·15 선언'을 통해 남북한 간 선의의 경쟁
을 천명하고, 1971년 이산가족찾기 적십자 예비회담에서 이후락 중앙정
보부장과 북측의 김영주 지도부장의 양자회담을 이끌어냈다. 이 회담으
로 남북조절위원회가 탄생했지만, 북한이 일방적으로 대화를 중단한 상
태였다. 1972년 7월 4일 오전 10시, 서울과 평양에서 동시에 '남북공동성
명'이 발표되었다. 모두 7개항으로 된 성명의 내용은 한국과 북한이 조국
의 평화적 통일을 하루빨리 가져와야 한다는 공통된 염원을 안고 허심
탄회하게 의견을 교환하기로 했다.

7·4 남북공동성명은 하루아침에 합
의를 본 사항은 아니었다. 닉슨 미국
대통령의 대외정책의 변화 등으로 국
내외적으로 불안이 가중되자 박정희
대통령은 북한과의 관계 개선에 나서
는 전략을 내놓은 것이다. 7·4 남북공
동성명을 계기로 박정희 대통령은 남

✦ 평양에서의 이후락과 김일성

북 대화를 유지하고 미국과 소련이 주도권을 잡고 있는 국제정세의 변화에 능동적으로 대처하기 위해서는 체제가 튼튼해야 한다면서 1972년 10월 17일 전국에 비상계엄을 선포하고, 유신헌법안을 발표했다.

유신헌법의 탄생

1971년 4월 27일에 있을 3선개헌법에 따른 제7대 대통령 선거 이틀 전 〈장충단공원〉 유세에서 박정희는 다음과 같이 말했다. "여러분들에게 '나를 한 번 더 뽑아 주십시오' 하는 이야기도 이것이 마지막입니다."라고 했다. 3선에 성공한 박정희는 대선 다음 해인 1972년 10월 17일 이른바 '10월 유신'을 선포하며 국회를 해산하고 정치활동 일체를 중단시켜버린다. 결국 이 말이 사실로 드러난 것이다. 나를 뽑아달라는 이야기를 할 필요가 없이 〈통일주체국민회의〉에서 간접선거로 자신이 대통령이 되었으니까 말이다.

유신헌법은 김정렴 비서실장, 이후락 중정부장, 홍성철, 유혁인, 김성진 비서관 그리고 헌법학자 한태연, 갈봉근 교수, 김기춘(별명 '법미꾸라지') 검사가 박정희가 총에 맞아 죽은 궁정동 밀실에서 총리 김종필도 모르게 은밀히 작업(소위 '풍년사업')한 결과물이다. 국민 기본권의 약화와 대통령의 장기집권체제의 제도적 확립을 위한 유신헌법안은 1972년 10월 17일 선포되고 11월 21일 국민투표를 거쳐 확정되었다. 박정희 대통령은 유신헌법에 의해 그해 12월 23일 통일주체국민회의가 뽑는 간접선거로 임기 6년의 대통령에 다시 당선되었다.

✦ 한태연과 갈봉근. 유신헌법 작업 덕분에 이들은 〈유신정우회(유정회)〉 국회의원이 되었고, 어용교수의 표본이 되었다. 당시 반체제 지식인들은 유신헌법을 두 사람 성을 따 '한갈이 헌법'이라고 조롱을 퍼부었다.

일본의 메이지 유신(明治維新)에서 따온 이름 '유신헌법'. 하지만 유신의 전 과정에 깊숙이 간여했던 비서실장 김정렴은 중국 역사와 한학에 조예가 깊은 박종홍과 그의 제자였던 임방현 두 특별보좌관이 〈시경〉과 〈서경〉의 고사를 빌려 10·17 조치를 '10월 유신'이라 부를 것을 건의했다고 한다. 이 불행한 헌법의 실행으로 한국의 민주주의는 크게 후퇴했다. 체제를 비판하거나 반대하는 이는 긴급조치법으로 엄하게 다스렸다. 긴급조치권은 대통령이 행사할 수 있는 법으로 대통령은 국회의 해산과 국회의원의 3분의 1(〈유정회〉)을 임명하는 권력도 가졌다.

당시 한국의 야당은 계급적 기반에서 집권 여당과 차별성을 갖고 있는 것이 아니라 단지 권력의 배분 과정에서 배제된 정치세력의 집합체였다. 이런 역사적 뿌리와 이념적 동질성 때문에 낮에는 야당, 밤에는 여당인 '사꾸라'가 만발할 수 있었고, 야당의 당수였던 유진산은 '왕사꾸라'로 불리곤 했다. 유신 전야의 신민당은 진산파와 반진산파가 서로 따로따로 전당대회를 치를 만큼 분열되어 있어 대중들의 기대에 걸맞게 박정희 정권을 견제하거나 수권세력으로서의 면모를 보여주지 못했다.

한편 미국은 닉슨 독트린을 통해 아시아에서 한 발을 빼기 시작했기에 아시아의 동맹국들이 반공독재체제를 묵인해 줄 수밖에 없었다. 필리핀의 독재자 마르코스는 박정희보다 3주 앞선 9월 21일, 공산주의자와 파괴분자들 때문에 국가가 위기에 처했다며 비상계엄령을 선포하고 헌정을 중단시켰다. 마르코스의 독재체제 강화를 묵인했던 것처럼 미국은 박정희의 독재체제 강화를 묵인해 주었다. 마르코스와 박정희의 시기 선택은 그들로서는 적절했지만, 미국의 외교당국 입장에서 볼 때는 교활한 것이었다. 닉슨은 민주당의 조지 S. 맥거번과 붙은 두 번째 대통령 선거로, 일반 시민들은 월드시리즈로 아시아의 변방에서 벌어지는 일에 관심을 두지 않을 때였기 때문이다.

2인자 제거의 본보기, 윤필용 사건

1973년 4월 28일 당대의 세도가로 위세를 떨치던 수도경비사령관 윤필용 소장이 횡령 등의 혐의로 징역 15년형을 선고받았다고 보도가 신문의 일면을 장식했다. 이는 박정희가 결코 2인자를 허락하지 않고, 자신의 퇴임이나 후계 체제를 논하는 것 자체가 최고의 불경죄임을 보여주는 사건이었다.

✦ 맨오른쪽이 윤필용, 그의 왼쪽이 손영길

김종필 동기 윤필용은 육사 8기 중 처음으로 별을 달고 소장으로 진급한 뒤 1970년 1월 수도경비사령관에 임명되었다. 이때부터 중앙정보부장 이후락, 청와대 경호실장 박종규, 보안사령관 김재규, 수경사령관 윤필용 4인이 박정희 체제를 힘으로 떠받치고 있었다. 박정희는 이 네 측근의 경쟁과 견제를 통해 권력을 관리했다.

육사 2기 김재규가 8기 윤필용보다 한참 선배였지만, 김재규(1926년생)와 윤필용이 한 살 차이라서 서로 팽팽한 신경전을 벌였다. 그러던 중 윤필용은 수경사 내 보안부대가 자신의 전화를 도청하고 있음을 감지하고 헌병대를 동원해 도청 테이프를 압수했다. 이로 인해 김재규는 보안사령관에서 해임되어 3군단장으로 나갔다. 이 사건을 계기로 군부 내에서 윤필용의 위상은 더욱 높아졌다. 김재규가 물러난 뒤 박정희는 국방부 장관, 육군참모총장 등 군 인사를 윤필용과 상의했다고 한다. 김종필도 이후락도 정일권도 아닌 윤필용이 진짜 2인자였던 셈이다.

그러나 유신을 전후한 시기에 중앙정보부장 이후락의 역할이 증대되었다. 이후락이 평양에 가 김일성을 만나고 7·4 남북공동성명을 이끌어 내자 그의 대중적 인기는 크게 치솟았다. 윤필용은 처음에 이후락을 견제했으나 그에 대한 박정희의 신임이 두터운 것을 알고 그와 손을 잡았다. 이후락의 울산농고 후배인 수경사 참모장 손영길 준장은 1957년 박정희의 전속 부관이 된 이래 총애를 받아왔다. 그는 중앙정보부장과 수경사령관이 불편한 사이여서는 안 된다고 보고 둘 사이의 화해를 주선했었다.

이때 박정희는 이후락과 윤필용이 가까워지는 것을 달갑게 여기지 않았다. 경호실장 박종규도 마찬가지였다. 그는 김형욱이 물러난 중정부장 자리를 노렸지만, 김계원을 잠시 거쳐 이후락에게로 갔다. 중정부장을 맡은 이후락은 펄펄 날았고, 윤필용은 세를 키워 차기를 노릴 수도 있는 형편이었다. 이때 김재규의 뒤를 이어 보안사령관을 맡은 강창성은 이후락-윤필용의 구도에 맞서 박종규와 손을 잡았다. 마침 윤필용이 이후락과 작당하여 박정희가 노쇠했으니 물러나게 하고 다음은 '형님(이후락)'이 해야 한다는 말을 했다고 서울신문 사장 신범식이 박정희에게 고자질해버렸다. 당시 연대장으로 있던 노태우도 가까이 지내던 윤필용이 박정희의 건강이 나빠 오래 못 산다느니, 여색을 밝힌다느니 하는 말을 많이 했다는 이야기를 전두환에게 말했고, 이 말을 전해들은 박종규는 전두환이 박정희에게 직접 이 이야기를 할 자리를 마련해주었다. 그리하여 박정희는 강창성을 시켜 윤필용을 조사하도록 하고 결국 감옥에 처넣어버렸다.

육군본부 보통군법회의에 회부된 윤필용(1927-2010)은 쿠데타 모의 혐의는 입증되지 못했지만 업무상 횡령, 특정범죄가중처벌법 위반, 군무이탈 등 8개 죄목이 적용되어 징역 15년형과 벌금·추징금 약 2,600만 원을 선고받았다. 수도경비사령부 참모장 손영길 준장을 포함한 장군 3명과 장교 10명에게도 징역형이 내려져 그와 가까운 장교 30여 명이 무더기로 군복을 벗었다. 소위 '윤필용 사건'은 박종규가 이후락을 제거하기 위해 일으킨 것으로 보이는데, 그는 수감된 지 2년 뒤인 1975년 석방되었다.

1980년 하나회가 주축이 된 신군부가 집권하자 전두환의 도움으로 한국도로공사

사장, 한국담배인삼공사 이사장 등을 지냈다. 2010년 7월 24일 사망 직후 아들인 미주제강 회장 윤해관이 재심을 청구했고 보안사의 고문으로 사건이 조작되었다는 취지로 무죄 판결을 받았다.

윤필용 사건 이후 큼직한 사건들이 연이어 일어나면서 그 여파로 박정희 주변의 권력구도가 크게 변했다. 윤필용은 감옥으로 갔고, 중앙정보부장 자리에서 물러났던 김형욱은 윤필용이 잡혀가자 미국으로 망명해 버렸다. 이후락은 윤필용 사건으로 흔들린 입지를 만회하기 위해 김대중 납치사건에 적극 나섰다가 교체되었고, 강창성은 토사구팽 당했다. 김대중 납치사건은 재일동포 사회에 박정희 증오 정서가 폭발하도록 하여 재일교포 문세광이 '박정희 저격 미수사건'을 낳았고, 경호실장 박종규는 이 책임을 지고 사임했다. 그 후임자가 된 자가 차지철이고 중정부장은 신직수를 거쳐 김재규가 차지했다. 박정희의 죽음을 가져온 구도는 박정희 자신만이 알고 있을 윤필용 사건에서부터 비롯된 것이나 다름없었다.

김대중 납치 사건과 민청학련 사건

1971년 5월 25일에 치러지는 제8대 국회의원 선거 지원유세에 나섰던 5월 24일, 광주로 가던 김대중이 탄 차량과 14톤 대형 트럭이 암살로 추정되는 충돌 사고가 발생했다. 1972년 10월 11일, 김대중은 교통사고로 다친 고관절 치료를 위해 일본 〈게이오 대학병원〉에서 치료 중이었으나 10월 유신이 선포되자 귀국을 포기하고 일본에 망명하여 반(反) 박정희 운동을 벌이고 있었다. 그러다 1973년 8월 8일 김대중이 도쿄 〈그랜드팰리스〉 호텔 2210호실에서 양일동 민주통일당 대표와 만나 대화를 나누고 나오던 중 한국의 중정 요원들에 의해 납치되어 '용금호'에 실려 바다에 수장될 위기에 처했었다. 그때 일본의 해상자위대 함정이 추격해

왔다. 그러자 사건이 발각될 것을 우려한 괴한들은 계획을 변경하여 5일 만인 8월 13일 김대중을 서울 동교동 자택 근처에 풀어주었다.

✛ 김대중 납치에 이용된 '용금호'와 납치된 후 풀려나 인터뷰하는 김대중

김대중 납치사건이 김대중을 선천적으로 싫어한 박정희의 지시를 이후락이 실행한 것인지, 아니면 윤필용 사건으로 궁지에 몰린 이후락이 중정 부장에서 밀려날지 몰라 박정희의 신임을 회복하기 위해 단독으로 저지른 것인지 문제(이 가능성이 농후하다)와, 이 사건의 원래 계획이 김대중 살해인지 단순 납치인지 여부는 밝혀진 것이 없다. 하지만 이는 히틀러가 유대인을 학살했다는 말에 지시 증거가 없어도 누구나 수긍하는 것과 마찬가지의 사건이다. 더구나 박정희가 진실로 김대중 납치사건과 무관하다면 납치범들을 처벌해야 했지만 어느 누구도 처벌받지 않았다. 아무튼 소위 '김대중 피랍귀국사건'이 일어나자 김대중 납치사건의 여파는 심각했다. 1973년 8월 28일 이북은 김일성의 동생인 남북조절위원회 평양측 공동위원장 김영주의 명의로 김대중 납치사건의 주범인 서울측 공동위원장 이후락과는 더 이상 대화를 할 수 없다며 남북대화 중단을 선언했다.

10월 2일에는 유신 선포 1년 만에 처음으로 서울대 문리대생들이 유신반대 시위를 벌였다. 반 유신체제의 국내여론이 들끓었고, 서울대생들의 유신반대 데모가 번져 반독재·반체제운동이 전국적으로 확대되었다. 학생들이 동맹휴학을 하고 유인물을 만들어 배포하는 등 유신반대를 계속하자 지식인 및 종교계에서도 시국선언문을 채택하고 개헌서명운동이 비밀리에 계속되었다.

1973년 가을 정부는 긴급조치 1호를 선포하고 시위자들을 체포하는 등 유신체제 반대운동을 차단하려고 애썼다. 마침내 1974년 4월 3일 긴급조치 4호가 선포되었다. 이른바 '민청학련(전국민주청년학생총연맹)사건'이 터진 것이다. 4월 3일, 서울의 주요. 대학생들이 '민청학련' 명의로 유신철폐 시위를 벌이자, 4월 25일 중앙정보부는 정부 전복에 무게를 둔 발표로 불안을 조성했다.

"민청학련 주동자들이 노동자·농민에 의한 정부를 세울 것을 목표로 '4단계 혁명'을 계획했으며, 배후에는 조총련과 인혁당 및 일본공산당이 있다."

민청학련 사건은 수사의 규모도 엄청났다. 학생 및 정치인, 재야인사 1,024명이 조사를 받았고 그 가운데 180명이 군법회의에 회부되었으며, 인혁당 23명 중 8명이 형장의 이슬로 사라졌다. 더구나 인혁당계 8명은 1975년 대법원의 상고 기각 판결이 나온 지 18시간만인 다음날 새벽 4시에 전격적으로 사형이 집행돼 세상을 떠들썩하게 했다.

민청학련 관련자에 대한 첫 공판은 1974년 6월 5일에 시작되어 이철, 김지하 등에게 사형선고가 내려지고, 주모자급은 무기징역, 나머지 피의자들도 15~20년의 중형에 처해졌다. 그러나 이철, 김지하는 무기징역형으로 감형되었고, 1975년 2월 15일 대통령특별조치에 의하여 인혁당 관련자 등 일부를 제외한 다른 피의자들은 형집행정지로 석방되었다.

박정희 암살 미수사건

1974년 8월 15일 광복절 기념식장에서 영부인 육영수 여사가 재일 교포 문세광의 총을 맞고 숨졌다. 이날은 착공 3년 4개월여 만에 서울 지하철 1호선이 개통되는 날이었다. 서울 지하철 1호선이 일본 긴자선 (1927년), 중국 베이징 지하철 1호선(1969년), 북한 평양 지하철도 천리마선 (1973년)에 이어 아시아에서 4번째로 개통되었다. 박정희 대통령과 부인 육 영수씨는 〈국립극장〉에서 열리는 29주년 광복절 기념식을 마치고 기쁜 마음으로 청량리역에서 열리는 지하철 개통식에 참석할 예정이었다.

박정희 암살 미수범 재일교포 문세광은 드 골 암살 기도를 그린 〈자칼의 날〉이라는 소 설을 탐독했는데, 그 소설에서도 암살범 자 칼은 드골이 참석하 는 해방기념일을 거사 일로 잡았다. 그해 3·1 절 기념식에서 행사에 참석한 외국 대사의

✦쓰러지는 육영수 여사. 로스앤젤레스(LA) 타임스 도쿄특파원 샘 제임슨 은 문세광의 왼쪽 후방에 있던 경호원이 문세광을 향해 발사했으나 빗나가 육영수 여사를 맞혔다고 주장했다.

부인들의 핸드백까지 물품보관소에 맡기도록 하자 〈대사부인회〉에서 육 영수에게 엄중 항의하는 바람에 경호과장이 정직 처분을 받은 적이 있었 다. 그래서 이날 행사장은 외국인에 대한 경호가 느슨해졌고 문세광이 일본대사관 직원 행세를 하면서 무사통과할 수 있었다.

김대중 납치사건 이후 한국이 납치국가로 낙인찍히면서 당시 재일동포 청년들은 깊은 모멸감과 좌절감에 시달려야 했다고 한다. 이에 문세광은

박정희 1인독재를 타도하는 것이 한국 혁명에 가장 중요한 일이라면서 자신은 "죽음이냐 승리냐의 혁명전쟁에 나선다"고 유서에 썼다.

박정희 몰락의 조짐들

- 박동선의 '코리아 게이트' 사건

1976년 닉슨의 '워터게이트 사건'을 빗댄 소위 '코리아게이트 사건'이 일어났다. 해당 사건의 로비스트 이름을 따 '박동선 사건'이라고도 부르며, 박보희 등 통일교 신도들도 미국 내 정치공작 활동에 이용된 것으로 밝혀졌다. 이로써 박정희의 대한민국 제4공화국과 지미 카터 미 행정부 사이의 관계가 악화되었다. 미국 1976년 10월 24일자 「워싱턴 포스트」는 "한국 정부가 박동선을 내세워 금품을 살포, 미국의 전·현직 의원들에게 한국 정부를 위한 의회 활동을 돕도록 했다"고 보도했는데, 이 사건이 터진 후 CIA, FBI, NSA와 국무부, 미국 법무부 등이 총동원되어 코리아게이트 관련자들을 수사하기 시작했으며, 하원의 〈국제관계위원회〉 산하 〈국제기구소위원회(위원장 도널드 M. 프레이저 (Donald M. Fraser)의 이름을 딴 〈프레이저 위원회〉)〉가 꾸려졌다.

결국 1977년 6월, 김형욱 전 중앙정보부장이 미 하원 프레이저 청문회에 출석하여 박정희 정권을 고발했다. 박정희에게 토사구팽당한 김형욱은 1973년 이후 미국으로 망명해있던 상황이었고, '코리아게이트'가 터지자 미국 내에서 한국의 불법 로비현황과 박정희 정권의 인권 범죄들을 증언했다. 「뉴욕 타임스」와의 1977년 6월 5일 인터

✦〈국제기구소위원회〉에서 증언하고 있는 김형욱과 박동선

뷰와 프레이저 청문회 출석, 그리고 박정희 정권의 치부를 정리한 『회고록』(김대중 휘하에 있다가 박근혜 정권으로 갈아탄 김경재의 가명 박사월이라는 이름으로 출간되었다) 등은 이러한 시도의 일환이었다. 박정희는 이러한 "배신행위"에 몇 번이나 미국에 사람을 보내서 한국과 정권의 치부가 폭로되지 않도록 입막음하려 했으며, 결국 김형욱은 1979년 10월 중앙정보부 해외담당 차장을 만나기 위해서 프랑스 파리로 떠난 뒤 행방불명되었다. 미 의회와 국무부는 당연히 사건을 조사하기 위해 핵심 인물인 박동선 로비스트와 김동조 전 외교부장관의 송환을 한국 정부에 요구했으나, 한국 정부는 이를 거부하자 주한미군 철수 등 외교적 압박을 가했다. 특히 1977년 6월 뉴욕 타임스가 "CIA가 도청을 통해 박정희가 박동선에게 미국 내 로비 활동을 지시한 정황이 포착됐다"는 보도를 내자, 미 정보기관의 청와대 도청 의혹까지 불거지며 한미관계는 악화됐다. 한미 양국은 박동선의 송환 여부를 놓고 줄다리기 끝에 박동선이 미국으로부터 '전적인 사면권'을 받는 조건으로 송환에 응한다. 1978년 2월 박동선은 미국 상하원 윤리위원회에 출석해 "32명의 미 의원에게 85만 달러라는 거액의 자금을 제공했다"는 사실을 밝혔다.

결국 1978년 10월 31일 미국 의회에 '프레이저 보고서(Fraser Report; Investigation of Korea-American Relations)'가 제출되어 사실로 확인되었다. 한미 양국은 1978년 12월 31일 합의 공동성명을 발표했다. 미 법원은 박동선에 대한 기소를 철회했으며, 박동선에게 돈을 받은 현직 의원 1명이 유죄 판결을 받고 7명이 의회 차원에서 징계를 받는 것으로 '코리아 게이트'는 마무리됐다.

- YH무역 사건

1975년에 시작된 국내 최대 가발업체 〈YH무역〉 여성 근로자들의 투쟁은 바로 전태일의 노동운동정신을 이어받은 것이었다. '수출만이 살길'이라며 수출을 독려하는 정부와 이에 동조해 근로자들을 채찍질하는 고용주에 맞서 1975년 3월 건조반원 200여 명이 작업을 거부한 것이 발단이었다.

건조반의 작업 거부는 공임단가를 비롯한 제반문제를 담당하는 감독의 독단적인 인사이동이 계기가 되었다. 〈YH무역〉의 노동운동에 불을 지핀 것은 건조반이었지만 성공을 거두지는 못했다. 〈가톨릭노동청년회〉 북부지구에서 도왔으나 명확한 지침이 없고, 대등한 노사교섭력을 갖지 못해 한때의 스트라이크로 끝나고 말았다.

"동맹 파업은 국기를 뒤흔드는 행위이다!"

단체로 파업을 하는 행동이 국가와 사회를 혼란시키는 죄가 될 수 있다는 경찰의 협박을 받으면서도, 근로자들은 노동조합의 필요성을 절감하게 되었고, 김경숙, 박금순, 이옥자, 전정숙 등이 〈YH노조〉 결성에 발 벗고 나섰다가 해고되었다. 이러한 아픔을 딛고 1975년 5월 24일 〈전국섬유노조〉 산하 〈YH무역〉 지부 결성대회가 열렸다. 회사 측은 어용노조를 결성하려고 시도했지만, 노조 설립 신고 한 달 후인 6월 30일 신고필증이 나왔다. 그해 1975년 12월, 근로자들은 회사 창립 이후 처음 50%

의 상여금을 받았다. 〈YH노조〉의 첫 결실이었다. 그러나 〈YH무역〉 노동자들의 투쟁은 시작에 불과했다.

1970년대 후반에 접어들어 유류파동으로 세계 경제구조가 재편됨에 따라 우리나라도 중화학공업 육성정책이 진행되었다. 따라서 수출에 의존했던 가발 제조는 사양산업이 되었고, 〈YH무역〉 여성노동자들은 회사 측의 휴폐업 조치와 맞서 싸워야 했다.

1979년 8월, 회사가 일방적으로 폐업조치

를 내리자 조합원을 중심으로 한 여공 170여 명은 폐업 철회를 요구하며 신민당사에서 농성에 돌입했다. 그들이 신민당사에 들어간 것은 문동환 신부, 시인 고은, 이문영 교수 등이 김영삼 신민당 총재를 만나 사전에 논의한 데 따른 것이었다.

"조업 정상화가 아니면 죽음이다!"

여공들은 목숨을 걸고 40시간 동안 신민당사에서 농성을 벌였으나 경찰의 과도한 진압으로 23분 만에 막을 내리고 말았다. 진압 과정에서 신민당 국회의원 및 당원 30여 명, 취재기자 12명, 노동자 수십 명이 부상 당했으며 노조상임집행위원 김경숙이 옥상에서 떨어져 숨을 거두었다.

하지만 YH무역 여공 농성 시위는 유신체제몰락의 촉매제 역할을 하면서 곧이어 벌어진 김영삼 신민당 총재의 국회 제명과 '부마사태(釜馬事態)'와 맞물려 '10·26 박정희 대통령 시해사건'이라는 엄청난 파장을 불러일으킨다.

❀ 김형욱과 장용호

<YH무역>은 사건 이후 40억이 넘는 은행 부채 때문에 결국 폐업 수순을 밟았고, 자금을 빼돌린 <YH무역> 사장 장용호는 미국에 부동산 3채를 소유하며 부유하게 살고 있었다. 그런데 유신반대를 내세우며 미국으로 도피했던 김형욱과 유신정권 붕괴의 단초가 된 <YH무역>의 장용호 사장은 미국 조지아주의 땅을 공동소유 했었다. 김형욱의 큰 며느리 김경옥씨는 "시아버지가 시누이 신혜씨를 장용호씨의 아들과 혼인시키기 위해 혼담이 오고 갈 정도로 장씨와 절친한 사이였다"고 밝히기도 했다.

장씨는 1962년 <대한무역진흥공사> 코트라 뉴욕무역관 부관장으로 부임했다가 가발 사업에 뛰어들어 큰돈을 벌었으며 1969년 제8대 뉴욕한인회장을 지내기도 했다. 당시 미국 재무부에서 '공산 국가의 머리칼로 만든 가발은 수입을 중지한다.'라는 발표를 하자 중국산이 쇠퇴하여 한국의 가발 시장이 급성장했고 우리나라 수출량의 10%를 차지했다. 이때 가발공장을 세운 <YH무역>은 창업 4년 만에 10명에서 4천 명의 직원을 두며 수출 천만 달러를 달성했고, '철탑산업훈장'도 수상했다. 하지만 여성 숙련공의 월급은 15,028원으로 평균 월급 36,000원의 절반도 받지 못했다. 월

2회만 쉴 정도로 철야 근무를 하며 심각한 노동착취를 당했음에도 퇴직금과 야근
수당은 전혀 받지 못했다.

미국 뉴저지 〈잉글우드의 공동묘지〉
에서 발견된 김형욱 명의의 묘비. 그
의 보디가드 역할을 하다가 2002년
9월 사망한 장남 김정한의 묘비가
뒤에 있다.

- 부마민주항쟁

1978년 8월 〈YH무역〉 여성 노동자들의 신민당사 점거 농성으로 집
권 공화당은 야당인 신민당의 김영삼 총재를 국회에서 제명했는데, 이는
야당 국회의원 전원의 의원직 사퇴로 이어졌다. 같은 해 9월, 전국에서
대학생들의 시위가 일어났고, 김영삼은 발언이 문제가 되어 국회의원직
제명처분을 받고 자택 연금이 이뤄졌다.

김영삼 총재 제명 사건은 국민들의 반발을 불러 그의 고향인 경남을
시작으로 전국적으로 확산되었다. 10월 16일 부산에서 5만여 명의 인파
가 시위를 벌이며 김영삼 총재 제명 철회와 유신 철폐 등의 구호를 외쳤
다. 10월 18일 부산에 비상계엄이 선포되었으나, 시위는 계속되었고 마산
에서도 시위가 발생했다. 유신정부는 반정부 데모를 막기 위해서 계엄령
을 발동하는 것 외에는 별다른 묘수가 없었다.

더구나 1978년 12월 12일에 실시된 대한민국 국회의원 선거에서 금권
과 관권이 크게 영향을 미친 불법선거였음에도 집권 공화당은 야당인 신
민당에 지지율에서 패배했다. 그 후 민주화 시위가 활발해지면서 당시 민
주인사들에 대한 연행과 투옥 등 탄압이 심해졌다.

〈YH무역〉 노조의 신민당사 농성 사건과 함께 유신체제를 아래로부터
붕괴시킨 결정적인 사건인 부마민주항쟁은 1979년 10월 16일부터 10월
20일까지 대한민국의 부산과 마산에서 유신체제에 맞서 일어난 항쟁이

다. 10월 16일 부산대학교 학생들이 '유신철폐'를 외치며 시위를 시작했고, 17일부터는 시민들도 참여했으며, 18일과 19일에는 마산 지역으로까지 확산됐다.

"탱크로 밀어 수백만 명을 죽이면 조용해진다."

당시 경호실장이었던 차지철은 끔찍한 주장을 했지만, 시위 현장을 지켜본 중앙정보부장 김재규는 그가 못마땅했다. 박정희 유신정권은 10월 18일 0시를 기해 부산에 계엄령을 선포하고 66명을 군사재판에 회부했으며, 10월 20일 정오 마산 및 창원 일원에 위수령을 선포하고 군을 출동시킨 후 민간인 59명을 군사재판에 회부하는 등의 강경책을 펼쳤다. 하지만 시위는 수그러들지 않고 오히려 전국적으로 확산되었다. 부마민중 항쟁은 이후 5.18 광주민주화운동과 6월 항쟁으로 이어진다.

10·26 시해사건

1979년 10월 26일 저녁 7시 45분. 청와대 부근 궁정동에서 요란한 총성이 울려 퍼졌다. 오전에 예산 삽교천 방조제 준공식에 참석했다가 돌아온 박정희 대통령은 궁정동 안가에서 경호실장 차지철, 비서실장 김계원, 중앙정보부장 김재규와 함께 연회를 가졌다. 이 자리에서 김재규 중앙정보부장이 차지철이 부마항쟁을 탱크로 밀어버리자며 강경론을 토하자, 잠깐 자리를 비운 김재규는 권총을 챙겨 올라와 차지철 경호실장에게 핀잔을 준 뒤, 이어 박정희 대통령에게 꾸짖듯 언성을 높였다.

"각하, 이런 버러지 같은 놈을 데리고 정치를 하시니 되겠습니까?"

그러더니 갑자기 권총을 꺼내 들고는 차지철을 쏘았다. 총알은 차지철의 팔에 맞았다. 그리고 호통을 치던 박정희에게 총부리를 돌려 박정희 대통령의 가슴을 쏘았고 술시중을 들던 22살의 여대생 심재순의 품에 안겨 쓰러졌다. 이때 총을 맞은 차지철이 화장실로 도망치자 김재규가 쫓아가 쏜 총을 맞고 쓰러졌고, 김재규는 박정희 대통령에게 다가가 확인 사살을 했다. 그러자 연회장 대기실에서 있던 정승화 육군참모총장은 육군본부로 가서 헌병감 김진기에게 김재규를 체포하라고 명령을 내렸다. 당시 술상에는 양주 '시바스 리갈'이 널브러져 있었으며, 병풍 뒤에서는 가수 심수봉이 떨고 있었다.

❀

사건이 터지고 김재규는 중앙정보부로 가려다가 다른 건물에 초대해 놓은 정승화 육군참모총장의 제안에 따라 육군본부로 이동했다. 문제는 김재규가 박정희의 시신을 챙기지 않은 것이다. 김재규가 황급히 떠난 뒤 김계원 비서실장은 박정희의 시신을 챙겨 가까운 삼청동 입구의 <국군 서울지구 병원>으로 이송해 당직 군의관에게 사망 여부를 확인하라고 지시했다. 이 병원은 <보안사령부> 영내에 있어 전두환은 당직사관을 통해 박정희의 사망 사실을 알았고, 육군본부로 이동한 김재규를 체포할 수 있었다. 10·26 당시 박정희 암살이라는 정보를 진 사람이 전두환이었고, 1980년 비극은 이렇게 시작되었다. 당시 김재규가 박정희의 시신을 챙겨 이동했더라면, 김재규가 육군본부가 아니라 중앙정보부로 이동했더라면, 80년 광주학살과 같은 비극을 피할 수 있었을지도 모른다.

10월 27일 오전 0시 40분경 김진기가 김재규를 체포하자, 정승화 총장은 보안사령관 전두환 소장을 불러 철저히 진상을 조사하라고 지시했다. 얼마 후 열린 군사재판에서 김재규는 이렇게 진술했다.

"나는 야수의 심정으로 유신의 심장을 쏘았다. 나는 민주 회복을 위해 그리한 것이었고, 이 땅의 자유민주주의를 위해 그리한 것이었다. 아무 뜻도 없다."

김재규는 민주화에 대한 열망으로 대통령을 살해했다고 주장했다. 그는 법정진술에서 10·26일 시해 사건의 목적을 5가지로 요약해 말했다.

- 자유민주주의 회복
- 국민들의 희생 예방
- 대한민국 적화 방지

- 혈맹의 우방인 미국과의 관계 개선으로 국방, 외교, 경제의 국익 도모
- 독재국가로서의 이미지를 씻고 국제사회에서의 국가와 국민의 명예 회복

김재규가 시해사건을 일으킨 동기에 대해서는 치밀한 계획설, 우발적 살해설, 차지철과의 권력다툼설이 있었다. 하지만 반정부운동이 반미운동으로 변하는 것을 원치 않은 카터 정부, 핵 개발 운운하는 박정희의 탈(脫) 아메리카 성향, 카터의 인권 우선정책에 따른 군사원조 중단 언급 등을 이유로 미국과의 연계설이 새삼 주목받고 있다.

아무튼 김재규는 내란목적살인이라는 죄목으로 1980년 5월 24일 서울구치소에서 교수형을 당했다. 이로써 제4공화국의 유신체제는 무너지고 전두환, 노태우 등 신군부가 정권을 장악하게 되었다.

5
신군부의 등장과 제5공화국

12·12 하극상과 신군부의 등장

박정희 대통령이 김재규에게 시해되자 정부는 10월 27일 새벽 4시를 기해 제주도를 제외한 전국에 비상계엄을 선포하고, 최규하 국무총리가 대통령 권한을 대행했다. 이에 따라 야간 통행금지가 밤 10시부터 이튿날 새벽 4시까지로 확대되었으며, 언론 및 출판의 사전검열과 옥내외집회 불허 등의 포고 1호가 발령되었다.

보안사령부를 중심으로 한 〈합동수사본부〉가 김재규를 수사 중이던 1979년 12월 6일, 〈통일주체국민회의〉 대의원대회는 최규하 대통령 권한대행을 제10대 대통령으로 선출했다. 최규하 대통령이 선출되자 국민들의 기대는 컸다. 유신헌법에 의한 선출이었지만 군인이 아닌 민간인이 대통령이 되었기 때문에 과거의 독재체제가 완화될 것이라는 기대가 있었다. 하지만 사람들은 당시를 '서울의 봄'이라고 여겼겠지만, 곧 발생할 12·12 사태를 예측하지는 못한 한낱 꿈이었을 뿐이었다.

박정희의 죽음과 함께 계엄사령관에 오른 정승화 장군(김재규 추천으로 1978년 대장 진급)이 주도한 군 지휘관회의에서 다수 지휘관들은 박정희 정권에 의한 군의 정치화에 따른 폐해를 실감한 만큼 군은 정치적 중립을 지키기로 결의했다. 그런데 11월 1일 일본 신문 『마이니치(每日)』에 전두환 보안사령관이 군의 최고 실권자라는 언론 발표도 나오자, 정승화는 전두환의 정치적 야심을 아는 만큼 12월 9일 그를 한직인 동해경비사령관으로 전출시키자고 노재현 국방장관에게 건의했으나 유보당했다. 그러자 전두환의 촉수인 하나회 출신들이 정보를 입수하고 전두환이 지방으로 쫓겨 가기 전에 거사를 결심했다. 전두환은 김재규와 궁정동에 같이 있었던 정승화도 공범으로 몰아 이 기회에 구세력을 몰아내려고 했다

문제는 대통령권한대행이었던 최규하였다. 전두환은 정승화가 박정희 시해 현장에 있었지만 김재규를 육군본부로 유인해 사태를 수습하는데 결정적인 기여를 했다고 이미 수사결과를 발표했다. 그럼에도 불구하고 박정희 시해 관련조사를 위해 체포해야 한다고 주장했지만, 최규하가 체포 명령을 수차례 거부했다. 그러자 1979년 12월 12일, 서울 한남동에 위치한 정승화 육군참모총장 공관에서 영남 출신 장교들로 이루어진 '하나회'가 지휘계통을 무시하고 계엄사령관인 정승화 육군 참모총장을 박 대통령 시해사건의 공범으로 연행했다(작전명 '생일집 잔치').

그리고 신군부는 노재현 국방부장관(육사 3기), 정승화 총장(육사 5기), 장태완 수도경비사령관(육사 9기), 정병주 특전사령관(육사 9기) 등을 체포·구금한 뒤 국방부, 육군본부, 수도경비사령부 등 주요 군사시설을 점령하여 실권을 장악했다. 이 과정에서 총격전이 발생하여 다수의 사상자가 발생했으며, 정병주 특전사령관의 비서실장 김오랑 소령이 사살당했다.

전권을 장악한 '하나회' 중심의 군부는 이듬해 1월 장성들의 대대적인 물갈이를 단행했다. 12·12 사태에 대해 비판적인 장성들을 축출하거나 보직을 변경했는데, 이는 신군부가 정권 장악을 시도하고 있다는 증거였다. 그러나 당시만 해도 주한 미군사령관 존 위컴은 박정희 정부 시대와 비슷한 군부 체제를 형성하려는 12·12 군사반란을 인정하지 않았다.

✛앞줄 왼쪽부터 이상규(준장,2기갑여단장) 최세창(준장,3공수여단장) 박희도(준장,1공수여단장) 노태우(소장,9사단장) 전두환(소장,보안사령관) 차규헌(중장,수도군단장) 유학성(중장,군수차관보) 황영시(중장,1군단장) 김윤호(소장,보병학교장) 정호용(소장,50사단장) 김기택(준장,수경사참모장) 가운데 줄 왼쪽부터 박준병(소장,20사단장) 이필섭(대령,9사단연대장) 권정달(대령,보안사정보처장) 고명승(대령,경호실작전참모) 정도영(대령,보안사보안처장) 장기오(준장,5공수여단장) 우국일(준장,보안사참모장) 최예섭(준장,보안사기조실장) 조홍(대령,수경사헌병단장) 송응섭(대령,30사단연대장) 장세동(대령,30경비단장) 김택수(중령,30사단연대장) 뒷줄 왼쪽부터 남웅종(준장,보안사대공처장) 김호영(중령,16전차대대장) 신윤희(중령,수경사헌병부단장) 최석립(중령,33헌병대장) 심재국(대령,직책미상) 허삼수(대령,보안사인사처장) 김진영(대령,33경비단장) 허화평(대령,보안사비서실장) 이상연(대령,보안사감찰실장) 이차군(대령,보안사군수처장) 백운택(준장,71방위사단장)

    1980년 5월, 대학생들은 "계엄 철폐! 유신세력 척결!"을 외치며 민주화에 대한 열망으로 시위를 시작했고, 곧 전국적으로 확산되었다. 5월 중순에 접어들면서 시위는 더욱 격렬해졌고, 5월 15일에는 서울역 광장에 10만 명의 학생이 모여 시위를 벌였다. 4·19 혁명 이후 가장 많은 시위대가 참여했다. 이튿날에는 서울 시내 24개 대학 학생대표들이 가두시위를 일시 중단하고, 새로운 전략을 모색하는 가운데 광주에서는 3만여 명의 학생과 시민이 도청 앞에서 횃불시위를 하며 정부의 답변을 촉구하는 한편 각자의 업무에 전념할 것을 결의했다.

    마침내 신군부는 5월 17일 밤 비상계엄을 전국으로 확대했으며, 국회해산, 정치활동 금지, 파업 금지, 언론 검열 등을 포고하고 대학에 휴교령을 내렸다. 전날 이화여대에서 열려 17일까지 계속된 전국대학총학생회장단 모임에 참석한 학생들이 연행되었고, 김대중을 비롯한 재야인사와 김종필 등 정치인들이 체포되었다. 야당 총재인 김영삼은 가택에 연금되었으며, 대학 학생회의 간부들에 대한 검거령이 내려졌다. 광주에서도 시위를 주도한 사람들이 속속 연행되었다.

전두환에 대한 미국의 태도

당시 주목되는 것은 미국의 반응이었다. 보도에 따르면, 미국은 전두환 소장에 의한 '역(逆) 쿠데타'에 불만을 표명했으나 그것은 일개 소장이 주한 미군의 허락 없이 휴전선에 있는 부대를 동원했다는 것에 있지 않았다. 미국의 박정희 제거 시나리오에 혼선을 빚도록 만든 데 있었다. 다만 미국은 전 소장이 미국의 아시아·한반도 정책에 순응한다면 그를 박 대통령처럼 제거하지는 않을 셈이었다. 전두환 밑에서 한국 군부가 일체화하면 한국 정치 상황의 지속적인 안정을 바라는 미국으로서는 전화위복이 되기 때문이었다. 그래서 1979년 12월 15일 글라이스틴 대사가 곧바로 전두환 보안사령관과 회담한 것도 미국이 가장 중요시하는 것, 즉 전두환이 반미인가 친미인가를 확인하기 위해서였다.

또 하나의 문제는 원전이었다. 이는 10.26 박정희 시해와도 연관되어 있었는데, "프랑스의 〈프라마톰(Framatome)〉과의 9, 10호기 원전 수주 경쟁에서 탈락한 미국 최대 원전기술사 〈웨스팅하우스(WH)〉와 미국 최대 건설사 〈벡텔(Bechtel)〉의 연합에 의해 죽었다"는 말이 나돌았었다. 10·26 한달 전 주미 대사 글라이스틴은 박정권이 미국의 의도에 근거없는 의심을 갖고 있다고 지적하고, 한국이 미국의 핵우산을 벗어나서는 안 된다고 말했다. 이는 박정희에 대한 워싱턴의 불신감을 드러낸 것이었다. 그래도

10·26 이후 약 1년, 9, 10호기의 발주는 한국 군부의 동향에도 불구하고 당초 계약대로 삼성이 추천한 〈프라마톰〉(현재의 〈아레바〉)이 수주했고, 1980년 11월 7일 〈한국전력〉과 정식 계약을 맺었다.

그러나 〈WH〉와 〈벡텔〉은 레이건 정권 탄생으로 그 지지를 받는 전두환 정권에 의해 다시 한국 시장을 독점할 가능성이 높아졌다. 그것은 전두환이 대통령에 취임한 직후 처음 만난 외국인이 다름 아닌 〈WH〉 회장 R. E. 커비(Robert E. Kirby)였기 때문이다. 커비는 서울에서 '전두환 지지'를 내외에 표명함과 동시에 한국의 핵개발 계획에 기술제휴를 포함한 협력을 약속했다. 그리고 그는 자신의 방한 후에도 두 번씩이나 〈WH〉의 대리인이라 불리는 전 주한대사 W. 슈나이더를 파견하여 전두환과 강력한 통로를 모색하기에 이르렀다.

핵확산 방지를 최우선으로 하는 카터의 정책에 따라 농축우라늄과 재처리기술의 수출이 막혀 캐나다와 프랑스의 한국 진출을 허용한 〈WH〉로서는 가비 회장 자신이 이사회의 유력 멤버이면서 자기 회사가 스폰서인 조지타운대학의 〈CSIS〉가 지원한 레이건 정권 등장은 한국에서의 입지를 공고히 할 기회였다. 또한 레이건 정권 각료로 부사장인 와인버거를 국방장관으로 보내고, 경제 정책입안에서 최고 조언자인 슐츠(George P. Shultz)가 부회장(나중에 회장을 거쳐 국무장관이 됨)인 〈벡텔〉과 한국 시장에서의 공동전선도 기대할 수 있었다.

사실 이전에 방미한 전두환을 뉴욕에서 맞이한 데이비드 록펠러(David Rockefeller)의 〈체이스맨해튼은행〉이 〈WH〉의 주거래은행인 것으로부터 이를 이해할 수 있다. 레이건 대통령의 영원한 개인 후원자인 〈벡텔〉의 회장 벡텔 주니어가 록펠러 회장과 개인적으로 친하고, 양가 모두 전통적인 공화당 지지자로 알려진 것도 간과해서는 안 된다. 특히 〈체이스맨해튼은행〉은 〈뱅크오브아메리카(BOA)〉, 일본의 〈삼화은행(三和銀行)〉과 함께 원자력 발전소 건설을 발표한 〈한국전력공사〉에게 2억 달러의 대형융자를 결정한 것도 결코 이와 무관하지는 않다. 간단히 말하면, 파는 쪽인 원전 메이커를 미국의 금융자본이 뒷받침하고, 사는 쪽인 〈한국전력공사〉에게 국제금융단이 조직되어 융자하며 한국 정부에는 차관을 주는 그림이다.

전두환 대통령이 방미했을 때인 1981년 2월 2일 발표된 '한·미 공동성명' 속에는 미국이 한국에 핵연료의 공급과 기술, 시설의 협력을 한다는 약속 사항이 들어있다. 이 공동성명에 의해 카터 정권 밑에서 금지되고 있었던
〈WH〉와 〈벡텔〉의 한국의 핵개발에 대한 전면 협력이 보증된 것이다.

그리고 전두환이 방미했을 때 뉴욕에서 가진 리셉션을 〈UPI통신〉이 촬영했는데, 전두환을 중심으로 커비 회장과 록펠러 회장이 나란히 서 있었다. 이 장면은 그간의 경과를 고스란히 드러내주고 있다. 미국 정부와 미국의 군산복합체는 자신들의 이익을 위해 전두환 정권을 철저히 이용하려 했고 전두환 역시 그에 부응했던 것이다.

5·18 광주민주화운동

5·18광주민주화운동은 1980년 5월 18일부터 5월 27일까지 광주 시민과 전라남도민이 중심이 되어, 조속한 민주정부 수립, 전두환 보안사 령관을 비롯한 신군부 세력의 퇴진 및 계엄령 철폐 등을 요구하며 전개

한 항쟁이다.

1980년 5월 18일 아침, 광주에서는 계엄령에도 불구하고 시위가 계속되었다. 전남대 학생 200여 명은 교내로 들어가려다가 계엄군과 맞닥뜨리자 투석전을 벌였다. 학생들이 부상을 당하자 흥분한 시민들이 시위에 합세했고, 계엄군의 강경 진압으로 많은 희생자가 발생했다. 5월 19일, 광주의 시위대가 수천 명으로 불어나자 계엄군은 착검한 소총과 곤봉으로 강경 진압을 하고 관공서와 공공건물을 폐쇄했다. 그러나 시위대는 계속 늘어나 20일에는 3만여 명이 연좌농성을 벌였으며, 그날 밤에는 20만 명에 달하는 시민들이 시청 건물을 장악했다. 파출소와 방송국은 불길에 휩싸였고, 통신은 계엄군에게 장악당해 광주는 연락두절이 되었다.

도청을 지키던 계엄군은 마침내 발포를 시작했으며, 5월 21일 오후에는 계엄군의 총격으로 54명이 사망했다. 30만 명으로 불어난 시위군중은 경찰서를 습격하여 무장을 하고 계엄군과 총격전을 벌여 마침내 도청을 점거했다. 계엄사령부는 이날 처음으로 광주 소요사태에 대한 내용을 발표했다.

"서울을 이탈한 시위 주동학생 및 깡패들이 대거 광주로 내려가 유언비어를 퍼뜨려 발생한 사태로, 현재까지 민간인 1명, 군경 5명이 사망했다."

시위대는 5월 22일부터 '5·18사태수습대책위원회'를 결성하여 계엄군 측과 협상을 벌이는 한편 무기와 차량을 회수하기 시작했다. 26일 새벽 계엄군이 시내로 재진입하여 무력진압을 개시하자, 도청의 잔여 시민군은 투항했고, 빌딩에 배치되었던 일부는 끝까지 싸우다 전원 사살되었다.

광주 5·18 민주화항쟁은 이렇게 막을 내렸다. 5년이 흐른 1985년 6월 7일, 정부는 광주 소요사태의 사망자가 총 191명, 중상 122명, 경상 730명, 총 피해액이 260억 원이라고 발표했다.

광주 시민은 신군부 세력이 집권 시나리오에 따라 실행한 5·17 비상계엄 전국 확대 조치로 발생한 헌정 파괴, 민주화 역행에 항거했으며, 신군부는 공수부대를 투입하여 폭력적으로 진압하도록 하여 수많은 시민이 희생되었다.

이후 무장한 시민군과 계엄군 사이에 지속적인 교전이 벌어져 다수의 사상자가 발생했다. 언론 통제로 묻힐 뻔했던 이 참상은 독일 제1공영방송 ARD의 위르겐 힌츠페터 기자에 의해 세계에 처음으로 알려졌다.

✿ 푸른눈의 목격자, 위르겐 힌츠 페터

독일 제1공영방송 ARD의 위르겐 힌츠페터(Jürgen Hinzpeter; 1937~2016) 기자는 광주의 참상을 담은 필름을 큰 금속캔 속에 포장한 뒤 과자더미 속에 숨겨 일본으로 반출했다. 그 후 독일 함부르크의 뉴스센터에 전달된 이 필름은 독일에서 수차례 방송되었고, 외국의 다른 언론들도 이 영상을 받아 보도함으로써 5·18 광주 민주화운동이 전 세계에 알려지게 되었다. 그래서 그는 일명 '푸른 눈의 목격자'로도 불린다.

힌츠페터가 함부르크의 뉴스 센터로 보낸 필름은 그 해 9월 '기로에 선 한국'이란 제목의 다큐멘터리로 제작 방송되었다. 이 다큐멘터리는 언론 통제하의 5공화국 시절 대한민국 내에서는 비밀리에 상영된 적이 있었다. 그 후 힌츠페터가 광주에서 찍은 영상은 2003년 5월 18일 KBS 1TV <일요스페셜> '80년 5월, 푸른 눈의 목격자' 편에서 처음 공개됐다.

✦ 힌츠페터와 김사복

5공 말기인 1986년 11월 광화문 사거리에서 시위 취재 도중 사복경찰에게 구타당해 목과 척추에 중상을 입기도 했던 그는 1995년 은퇴한 이후 독일 북부의 라체부르크에서 지내다가 2016년 1월 25일 79세의 일기로 독일에서 삶을 마감했다. 그는 2016년 5월 16일, 생전 그가 바라던 대로 광주 북구 망월동 묘지에 안장되었다. 당시 택시기사 김사복의 이야기를 담은 영화 송강호 주연의 『택시운전사』(2017)에 그의 활동이 소개되었다.

광주 민주화운동을 강제로 진압한 신군부는 5월 31일 통치권을 확립하기 위하여 <국가보위비상대책위원회(약칭 국보위, 위원장 최규하 대통령)>를 설치하고, 상임위원회(위원장 전두환 보안사령관 및 중앙정보부장 서리)가 전권을 장악했다. 〈국보위상임위원회〉는 안보체제 강화, 경제난국 타개, 정치 발전 내용의 충실, 사회악 일소를 통한 국가 기강 확립 등 총 4가지 조항을 공표했다. 이에 따라 구(舊)정치인에 대한 정치활동 규제, 언론계와 공직자숙청, 삼청교육대 발족 등을 실시했다.

삼청교육대와 언론탄압

삼청교육대는 전두환 보안사령관이 내각을 조종·통제하기 위해 설치한 〈국가보위비상대책위원회〉에서 1980년 8월 4일 사회악 일소 특별조치 및 계엄포고령 제19호에 의한 '삼청 5호계획'에 따라 설치된 군대식 기관이다.

사회악 일소 특별조치는 당시 전국을 휩쓸고 있던 양은이파, 서방파, OB파 등 3대 폭력 조직과 깡패 등을 제거하여 민심을 얻으려는 정권 차원의 조치였다. 하지만 해당 조치에 의해 연행된 대상자에는 불량배가 아닌 학생과 일반인도 상당수 포함되어 있었다. 모두 3만8천 명이 군사시설에서 교화 교육을 받았는데, 사망자가 생기는 등 인권유린이라는 논란이 일었다. 그리고 1980년 6월 17일 정치인, 교수, 목사, 언론인, 학생 등 329명이 부정축재, 국기문란, 시위 주도, 배후조종 등의 혐의로 지명수배되었으며, 유신세력의 핵심인사들도 모든 공직에서 사퇴했다. 2급 이상 고급공무원 232명이 숙청되었고, 7월에는 금융기관 임직원과 농수협, 교육공무원의 숙청이 단행되었다.

삼청교육대로 끌려간 자들 중 특이한 인물로 강창성을 꼽을 수 있다. 그는 군 내에 사조직인 '하나회'의 존재를 알고 이를 제거하려다 박정희의 거부로 실패했다. 이에 앙심을 품은 전두환은 권력을 잡자 그를 삼청교육대로 보낸 것이다. 몸무게가 70kg에서 40kg로 줄어드는 수모를 겪은 그는 후에 정치에 입문해 민주당에 가입했다.

언론에 대한 규제도 심해져 7월 31일에 〈창작과 비평〉 등 172개 정기간행물의 등록이 취소되었고, 유언비어 보도 혐의로 일본 〈아사히신문〉과 〈지지통신〉, 〈산케이신문〉의 서울지국을 폐쇄했다. 이처럼 혹독한 조치로 말미암아 8월 13일에는 가택연금 상태에 있던 김영삼 신민당총재가 정계 은퇴를 선언하기에 이르렀다.

✽

1995년에는 「5·18 민주화운동 등에 관한 특별법」이 제정되어 희생자에 대한 보상 및 희생자 묘역 성역화가 이뤄졌고, 1997년에 5·18 민주화운동일을 국가기념일로 제정해 1997년부터 정부가 주관하는 기념행사가 열렸다. 그리고 5·18광주민주화 운동을 모티브로 하여 만들어진 영화로 「꽃잎」, 「화려한 휴가」, 「26년」, 「택시운전사」 등이 있으며, 2011년 5월에는 민주화운동 관련 기록물이 유네스코 세계기록유산으로 등재되었다.

탄생해서는 안 될 제5공화국의 탄생

1980년 8월 16일 최규하 대통령이 하야를 발표함으로써, 정부의 모든 권한은 신군부의 손으로 넘어갔다. 1979년 10월 26일 박정희 대통령 사망 후 헌법에 따라 국무총리 최규하가 대통령의 권한을 대행했으나, 1979년 12월 12일에 전두환, 노태우를 중심으로 하는 신군부 세력이 병력을 동원하여 군사권을 차지했고, 1980년 5월 17일 24시를 기해 비상계엄 전국 확대 조치로 정권을 장악했으며, 김대중에게 내란음모죄를 적용하여 사형을 구형했다.

1980년 8월 5일 대장으로 진급한 전두환 〈국보위〉 상임위원장은 8월 22일 예편하고, 닷새 후인 8월 27일 대통령 후보에 단독 출마하여, 9월 1일 〈통일주체국민회의〉에서 실시된 간선제에 따라 제11대 대통령으로 선출되었다.

전두환 대통령이 취임한 후, 10월 23일에 개정헌법이 확정되었고, 10월 27일에는 국회, 정당, 〈통일주체국민회의〉가 해산되었으며, 〈국보위〉를 개편한 〈국가보위입법회의〉가 '정당관계법·정치활동규제관계법'을 제정함으로써 제5공화국의 출범을 위한 여러 가지 법과 제도가 마련되었다. 새 헌법은 〈통일주체국민회의〉와 비슷한 대통령선거인단이 간접선거로 대통령을 선출하며, 임기는 7년 단임으로 한다는 것이 골자였다.

1980년 10월 27일에는 '10·27 법난'이 일어났다. 합동수사단이 불교계를 정화한다는 이유로 전국의 사찰과 암자 5,000여 곳에 군인과 경찰 3만여 명을 투입하여 불교계 인사 153명을 강제로 연행했다. 연행된 승려 중 일부는 삼청교육대로 끌려가기도 했다.

언론 통폐합과 '당근' 정책들

전두환 정부가 들어서면서 가장 먼저 칼을 들이댄 것은 언론이었다. 신문과 방송이 너무 많아 부작용이 끊이질 않는다는 이유로 타의에 의한 언론 통폐합이 단행된 것이다. 1980년 11월 14일 〈한국신문협회〉와 〈한국방송협회〉는 각각 임시총회를 열고 '건전언론 육성과 창달에 관한 결의문'을 채택했다. 전국의 신문·방송·통신사의 통폐합, 언론계의 전반적인 구조개편을 한다는 내용이었다. 양대 협회의 총회에 의한 결의라고 하지만 사실은 보안사령부에 의한 강제 재편성이었다.

이 조치로 신문은 중앙의 종합지 6개, 경제지 2개, 영자지 2개, 지방지 10개, 통신과 방송은 각각 1개사와 2개사만 남게 되었다. 통폐합 조치의 대상이 된 언론사들은 11월 17일 자진 폐간을 했고, 1,000여 명이 넘는 해직자가 발생했다.

1981년 1월 민주정의당이 신군부 세력에 의해 창당되자 전두환 대통령도 입당, 초대 총재가 되었다. 그는 국민들의 여망인 대통령 직선제를 도입하는 대신, 기존의 대통령 선출 기관인 〈통일주체국민회의〉를 폐지하고 새롭게 '대통령선거인단' 제도를 마련했다. 이는 명목상으로는 대통령 선거인단을 통해 대통령을 선출하는 미국의 방식을 따르자는 것이었지만, 실제로는 제1야당도 안기부의 지원을 받는 관제 야당이라 선거 자체가 이미 당선인이 결정되어 있었던 것이나 마찬가지였다. 그리하여 2월에는 개정된 이 헌법에 따라 장충동체육관에서 치러진 대통령 선거에서 민한당의 유치송(7.7% 득표)를 누르고 제12대 대통령에 당선되었다.

취임 후 전두환 대통령은 5·16 혁명에 관련된 사항을 삭제하는 등 박정희 정권을 전면 부정했다. 제3공화국과 제4공화국을 부정과 부패로 얼룩진 정부로 규정하고, 제5공화국의 강령으로 정의사회 구현과 복지사회 건설을 내세웠고, 재임기간 동안 물가 안정, 범죄 소탕, 경제 성장에 주력하겠다고 밝혔다.

1980년 12월 1일에는 우리나라 최초로 TV 컬러 방송이 시작되었고, 1981년에는 교육방송이 개국했다. 1981년 12월 삼성 라이온즈 등 6개 구단이 프로야구단이 창단되어 역사적인 프로야구 시대가 열렸다. 이와 함께 영화 및 드라마의 검열도 완화되었고, 중고생들의 교복을 자율화하고 두발도 기르게 했으나 오래지 않아 교복은 부활되었다.

국민의 기본권을 억압한다는 비판을 받아 온 야간통행금지가 시행 37년 만에 폐지된 것은 1981년 바덴바덴에서 결정된 서울올림픽 개최가 결정적인 이유였다. '86아시안게임'과 '88서울올림픽'을 앞두고, 통금을 유지한 채 국제적인 행사를 치를 수는 없기 때문이었다. 통금이 해제되면서 버스와 지하철은 자정 이후까지 연장이 운행되었고, 택시도 밤새 운행하게 되었으며, 철야영업을 하는 가게들도 속속 등장했다. 범죄율이 높아질 것이라는 우려도 있었으나 큰 혼란은 없었다.

❀ **이철희, 장영자 사건**
1982년 발생한 이철희, 장영자 어음 사기 사건은 사채시장의 큰손이었던 장영자 씨
가 대기업에 돈을 빌려주는 대신 어음을 발행하게 하여 7,000억 원이 넘는 피해를
준 사건이었다. 당시 대기업이었던 공영토건과 일신제강 등이 무너졌고, 장씨 부부
는 차명거래가 보편화되었던 금융시장의 맹점을 이용해 새 어음으로 돌려막는 수
법을 사용했다. 특히 육군방첩부대장 준장 출신 이철희는 전두환 대통령의 먼 친척
이었기 때문에 정치적 파장도 컸다. 이때 시장 큰손들의 매물이 쏟아지면서 종합 주
가지수가 폭락했으며, 사채거래가 끊기고 금융기관에서 빠져나간 돈은 부동산으로
몰려들어 강남 아파트들이 갑자기 폭등하는 사태가 벌어졌다.

김영삼의 단식투쟁과 김대중 석방

1983년 6월 김영삼 신민당 총재가 민주화를 요구하며 단식투쟁을
벌이자 군사 정부의 정국은 더욱 경색되고 냉랭해졌다. 1983년 5·18광주
민주화운동 3주년을 맞아 김영삼은 민주회복, 정치복원 등 민주화를 위
한 전제조건 5개항을 내걸고 단식에 들어갔다. 5월 18일부터 5월 25일까
지 단식으로 심신이 쇠약해지자 서울대학교 병원에 입원했다.

5월 27일 민정당 사무총장 권익현이 김영삼의 병상을 찾아와 단식을
중단해줄 것을 촉구하는 전두환의 의사를 전달하였으나 김영삼은 거절
했다. 측근들의 신속한 대응으로 김영삼의 단식투쟁이 외신에 알려졌고,
김영삼은 가택연금이 해제되었다.

정부는 권위주의적 철권통치를 자행하면서도 정치 규제자들을 단계적
으로 해금하기 시작했다. 결국 그의 단식은 민주화 투쟁에 불을 붙여 결
국 직선제 개헌을 이뤄낸다고 할 수 있다.

전두환은 김대중에 대한 사형을 집행할 기세였지만, 국제 사회는 김대
중에 대한 구명을 촉구하면서 압박했다. 당시 김대중은 이미 '동아시아의

만델라', '민주화운동의 거두'로 알려져 있었다.

"나는 먼저 죽지만 먼저 죽은 나를 생각해서 이 땅에서 다시는 정치보복이 없도록 바란다."

사형을 언도받고 이 같은 최후진술을 한 사실이 알려지면서 국제적으로 김대중에 대한 동정 여론이 확산되었다. 로널드 레이건 미국 대통령 역시 김대중의 사형을 막기 위해 와인버거 국방장관과 그레그 전(前) CIA 한국지부장을 파견해 김대중을 구명할 것을 전두환에게 요구했다. 독일에서는 빌리 브란트 전 총리가 김대중 구명운동에 나섰으며 교황 요한 바오로 2세도 두 차례 서한을 보내 김대중을 선처해달라고 촉구했다. 이런 국제적인 압력에 전두환은 결국 김대중을 사형에서 무기징역으로 감형할 수밖에 없었고, 얼마 후 다시 20년형으로 감형했다.

미국의 계속된 압박에 전두환은 김대중을 미국에 보내기로 결정했다. 김대중은 미국에 갈 이유가 없다면서 거부했지만, 미국으로 가기만 한다면 더이상 주변 사람들을 탄압하지 않겠다는 제안에 마음을 돌렸고, 1982년 12월 형집행정지로 석방되어 미국으로 건너갔다.

아웅산 폭파 사건

1983년 10월 9일 한글날 휴일을 즐기던 국민들에게 충격적인 소식이 날아들었다. 버마(현 미얀마)를 방문 중인 전두환 대통령 수행원들이 랑군에 있는 독립운동가 아웅산의 묘역에 참배하러 갔다가, 미리 설치해둔 폭탄이 터져 서석준 부총리, 이범석 외무부 장관, 김동휘 상공부 장관, 서상철 동력자원부 장관, 함병춘 청와대 비서실장 등 장관급 5명과 김재익 청와대 경제수석, 심상우 민정당 총재비서실장, 이중현 〈동아일보〉 기자 등 사망 21명, 부상 46명에 달하는 대참사가 빚어진 것이다. 전두환 대통령은 행사 참가를 위해 이동 중이었기에 무사할 수 있었다고 한다.

버마 정부는 북한 국적의 범인 3명 가운데 신기철을 사살하고, 진씨와 강민철을 체포한 뒤 북한과 국교를 단절했다. 군 내부에서 북한에 무력으로 보복해야 한다는 의견이 나왔으나 전두환 대통령은 승인하지 않았다. 10월 13일 서울서 거행된 국민장에 일본의 친한파 아베 신타로(安倍晋太郎; 아베 신조의 아버지) 외상이 참석했는데, 그가 청와대에서 전두환을 만났을 때 전두환 본인이 소장과 장교들의 '폭주' 가능성을 이야기했다고 한다. 또 미국은 조문 사절로 국무부장관 아닌 국방부장관 와인버거와 위컴 육군참모총장(전 주한미군사령관)을 보냈는데, 이는 미국이 한국 군부 소장파들의 불온한 움직임을 사전에 파악하고 그것을 지적하기 위해서였다.

그런데 북한은 용의자가 애초 서울에서 왔다고 자백했다가 돌연 북의 공작원으로 변경된 점, 법적·물적 증거가 없는 점, 세밀한 사전 점검에 철통같은 경비망을 뚫고서 폭발물 반입이 불가한 점, 전두환만 화를 면한 점, 사건 이후 경비책임자인 장세동을 경질 안 시킨 점 등을 들어 이를 남한의 자작극이라고 항변했다. 하지만 북한은 사건 발발 2시간 후 오진우 무력부장이 생질인 오극렬 참모총장에게 "전군에 방공호에서 생활할 준비를 하고, 인민의 이동을 금지하며, 남쪽으로의 선박 이동을 금지하라"는 지령을 내렸었다.

10월 13일 서울 여의도광장에서 희생자 장례식을 치르고, 20일에는 대통령 특별담화를 통해 전두환은 보복하지 않겠다는 뜻을 대내외에 밝혔다. 그러나 이 사건으로 남북 모두 피해를 입었다. 남한은 1986년 6월 "한국의 1980년대 외교의 최대 목표는 소련, 중국과의 관계 개선이다"라고 표명했듯이, 소위 '비동맹국가'와 소련·중국 등 공산권 국가를 향한 북방외교전략이 국민들 사이에 고조된 '공산주의 위협론' 앞에서 좌절되었다. 한편 북한은 사회당이 들어선 서방 국가들과의 외교관계 수립이 좌절되고, 문호개방을 통한 서방의 경제원조도 중단되었으며, 88올림픽에 대항마로 1986년 '제8회 비동맹수뇌회의'의 평양 유치로 남북수교국의 수를 역전시키려는 계획도 무산되고 말았다.

결국 이 사건으로 인해 한반도는 어느 때보다도 긴장이 고조되고 있었다.

이산가족찾기와 남북이산가족 상봉

1983년 6월부터 11월에 이르는 6개월 동안 전국을 울음바다로 만든 KBS 이산가족찾기 생방송이 실시됐다. 이때 1만여 명의 이산가족이 상봉했다.

1984년 8월 말에서 9월 초까지 서울, 경기도 일대에 큰 수해가 나 23만 명의 이재민이 발생하자, 북한 측은 9월 8일 대남 수재 물자로 쌀 5만석과 시멘트, 의약품을 제공하겠다고 제의했다. 남한 측은 이를 수락하고 답례로 카세트, 라디오, 담요 등을 보냈다. 이를 계기로 재개된 남북대화는 1985년 들어 남북적십자회담·경제회담·국회 회담 예비접촉·체육회담 등 4갈래로 활발히 전개되었다. 특히 12년 만에 재개되어 1985년 5월 27일부터 30일까지 서울에서

✦북한이 수재 물자로 보낸 쌀.
이산가족 상봉 기사(경향신문, 1985년 9월 20일자)

열린 남북적십자 제8차 본회담에서는 "광복절 40주년을 전후하여 이산 가족 고향방문단과 예술공연단의 교환방문을 추진하기로" 합의해 온 국 민의 가슴을 설레게 했다.

이후 3차례에 걸친 실무 대표 접촉 끝에

- 방문단 규모 : 151명(단장 1, 고향방문단 50, 예술공연단 50, 기자 30, 지원인원 20명)
- 방문지역 : 서울과 평양
- 방문기간 : 9월 20~23일(3박 4일)
- 교환방법 : 동시교환
- 공연회수 : 2회
- 공연내용 : 정치성격 배제, 전통민족가무 중심 등의 구체적 문제에 합의함으로써 남북한
  고향방문이 실현되었다.

이에 9월 20일 김상협 대한적십자사 총재가 인솔하는 우리 측 방문단 151명과 손성필 북한적십자회 위원장이 이끄는 북한 측 방문단 151명이 판문점을 거쳐 평양과 서울을 각각 방문, 우리 측 고향방문단 50명 중 35명이 41명의 북쪽 가족들과 상봉하고 북한 측 고향방문단 30명이 51 명의 남쪽 가족 및 친척들과 만났으며, 21일과 22일에는 평양대극장과 서울의 중앙국립극장에서 예술공연을 가진 뒤 23일 판문점을 통과, 각 자 자기 측 지역으로 돌아갔다.

남북한 고향방문단은 민족통일에 대한 국민의 열망을 폭발시켜 전 국 민을 흥분의 도가니로 몰아넣었으나, 국민들의 기대와는 달리 일회성에 그친데다 체제간의 장벽, 인간의 이질화 등 분단 40년의 세월이 파놓은 깊은 골만을 확인시켜주었기에 분단으로 인한 민족적 통한을 실감했을 뿐이었다.

김근태, 이을호 고문사건

1983년 〈민주화운동청년연합(민청련)〉 초대 의장(상임위 부의장은 이해찬과 이을호)이 된 김근태는 이른바 깃발 사건이라 불리는 1985년 서울대 민추위 사건으로 구속된다. 이때 같이 구속된 이을호 부의장은 전주고 시절부터 천재라 불린 인물이다. 그는 헤겔 철학에 해박한 뛰어난 이론가로 김근태의 이론적 스승으로 불렸으며 NL-PDR 이론을 정립한 인물이었는데, 9월 2일 남영동에 끌려갔다. 이전부터 '퍼제션 신드롬(Possession Syndrome)'이라는 희귀한 정신 질환을 앓고 있었던 그는 이근안의 고문으로 심신이 더 피폐해졌으나 그를 꾀병이라고 〈국립정신병원〉에 강제로 감금했다. 결국 그는 평생 심각한 고문 후유증에 시달리다 2022년(67세)에 세상을 떠났다.

+김근태 이을호 이근안
(위에서부터)

당시 구속되었다가 풀려나는 도중 김근태는 이을호보다 이틀 늦은 9월 4일 남영동 대공분실로 끌려가 '고문기술자' 이근안과 김수현 등 경찰관 5명에게 22일 동안 고문을 당했다. 이후 12월 19일 김근태는 첫 공판에서 우리나라 법정 사상 최초로 모두 진술 제도를 활용해 당시 남영동 대공분실의 고문사실을 폭로하며 사회에 큰 충격을 주었다. 그는 전기고문, 물고문 후유증으로 발병한 파킨슨병과 뇌정맥혈전증 등으로 건강에 큰 손상을 입었고, 고문으로 생긴 트라우마 때문에 병원에도 제대로 가지 못했다. 이 정도로 고문 범죄를 저지른 이근안은 1988년 12월 퇴직했고, 이후 여러차례

공소가 제기되어 그를 공개 수배했으나 10년 10개월 동안 집 근처 창고 뒤에 은신하고 있다가 자수하고 1999년 11월에 구속·기소되어 2000년 9월, 대법원에서 징역 7년과 자격 정지 7년이 확정되었다. 훗날 목사가 된 그는 "고문도 예술이다"라는 망언을 날린 바 있다.

인천 5·3 운동, 그리고 성고문사건과 남영동 고문사건

1986년 상반기 신민당의 개헌 100만 명 서명운동이 전국적인 차원에서 지지를 넓혀나가고 있었다. 이에 전두환 정권은 신민당에 화해 제스처를 취하면서 4월 30일 '전두환·이민우 회담'을 마련했다. 당시 양자 간의 협상이 결렬되기는 했지만, 전두환은 개헌 논의 허용을 발표하고 이에 이민우는 과격 좌익 학생운동의 결별 의사로 화답했다. 그러자 5월 1일 문익환 의장 아래 계훈제, 이소선(전태일 열사의 어머니), 김재준 목사, 강희남 목사, 김승훈 신부, 함세웅 신부, 문정현 신부, 이돈명 변호사, 송건호, 이창복, 장기표, 이부영, 임채정, 박계동 등이 참여한 〈민주통일민중운동연합(민통련)〉은 신민당의 타협성과 보수성을 비판한 뒤 '개헌추진위원회' 경기인천지부 결성대회에 참석하기로 했다. 여기에 재야, 노동, 학생단체가 광범위하게 참여하여 신민당을 기회주의 세력으로 규정하고 개헌투쟁의 주체에서 신민당은 제외되어야 한다고 주장하기도 했다. 마침내 1986년 5월 3일, 당시 인천시민회관 앞 광장(현 시민공원역 일대)에서 신한민주당의 개헌추진위원회 인천시지부 결성대회가 열렸는데, 재야와 시민 학생들은 이를 저지하고 거리로 나섰다. 이에 경찰은 73개 중대 1만여 명의 병력을 동원하여 진압에 나섰고, 이에 대항하는 시위는 격화되었다. 이날 시위와 관련하여 총 319명이 연행되어 129명이 구속되었으며, 37명이 수배 당했다.

　연행된 사람들은 엄청난 구타와 고문을 당했고 개중에는 억울하게 잡혀온 사람들도 많았다. 이들의 진술을 통해 당시 시위를 주도했던 〈서울노동운동연합(서노련)〉(김문수, 유시민, 심상정)과 〈인천지역사회운동연합(인사련)〉을 포함해서 서울, 인천 지역 운동권 지도부 60여 명이 지명수배를 받고 잠적하면서 기존의 수도권 지역 운동권은 거의 몰락하고 만다.

　이 과정에서 6월 4일 부천 경찰서 성고문 사건이 발생했다. 서울대생 권인숙이 자신을 체포해 성고문을 한 부천 경찰서 경장 문귀동을 강제 추행 혐의로 고소한 것이다(고(故) 조영래 변호사가 변론을 맡았다). 그러나 검찰은 "혁명을 위해 성까지 도구화했다"라며 오히려 피해자 권인숙을 몰아붙였다. 검찰은 피해자인 권인숙에게 공·사문서 위조 혐의로 징역형을 선고하고, 가해자 문귀동에게는 기소 유예라는 솜방망이 처분을 했다. 이후 1987년 '6월 항쟁'으로 민주화 분위기가 사회 전반에 확산된 후 상황은 바뀌어, 문귀동은 결국 1989년 징역 5년형을 언도받았다.

'6월 항쟁'의 기폭제, 박종철과 이한열의 죽음

"탁하고 쳤더니 억하고 쓰러져 죽었다!"

1987년 1월 14일 자정 무렵 서울대학교 언어학과 재학 중인 박종철이 하숙집에서 치안본부 대공분실 수사관 6명에게 연행되어 악명 높은 남영동에서 고문을 받다가 사망하는 사건이 일어났다. 경찰은 1985년 10월 서울대학교 '민주화추진위원회 사건'으로 수배된 박종운(나중에 한나라당에 입당했고 극우매체 〈미디어펜〉 논설위원이 되었다)의 소재를 추궁했고 박종철은 모른다고 했다. 그러자 조한경의 지시로 다른 4명이 강제로 물고문을 가해 박종철은 숨을 거뒀다.

하지만 당시 영등포교도소 보안계장이었던 안유(〈서울지방교정청장〉 역임)가 수감 중이던 동아일보 해직 기자 이부영에게 물고문에 의한 사망 사실을 귀띔해주었고, 이 사건이 축소·조작되었다는 사실을 안 이부영의 쪽지를 교도관 한재동을 통해 천주교 〈정의구현사제단〉에 전달하여 외부에 알려지게 된다. 또 박종철이 물고문에 의해 죽었다는 것을 확인한 검안의 중대 의대 교수 오연상은 대공분실이 아닌 병원에서 숨졌다고 조작하여 은폐하려는 경찰의 음모를 알아채고 중앙대학교병원 측에 시체를 들어가지 못하도록 요청했다. 결국 박종철의 시신은 경찰병원에서 사망 판정을 받았다. 이후 경찰은 이후 오연상을 계속 감시했으나 화장실에서 잠입하고 있던 동아일보 기자 윤상삼을 졸지에 만나 박종철이 고문으로 죽었음을 알렸다. 이후 고려대 법의학과 교수인 부검의 황적준도 '경부압박에 의한 질식사'라는 부검 결과를 발표함으로써 오연상의 검안을 확증해주었다.

이런 사실이 신문을 통해 알려지자 천주교 〈정의구현전국사제단〉의 김승훈 신부는 진상규명에 적극 나섰고, 최환 공안부 부장검사가 박종철 시신의 부검을 지시하여 이 사건의 은폐를 막았다.(나중에 신한국당 국회의원을 지낸 안상수 당시 검사는 실무자였다)

✦ 2021년 6월, 강압적 조사와 인권탄압을 자행한 남영동 〈대공분실〉이 민주화운동을 기리는 〈민주인권기념관〉으로 재정비해 2023년 6월 다시 문 열 예정이다. 이 건물은 대한민국 대표 건축가로 꼽히는 김수근의 작품이다. 외관상으로도 보기 좋을 뿐만 아니라 고문당하는 사람에게 빛이 적게 가도록 5층 창문을 작게 설계했으며, 고문자/피고문자끼리 마주치지 않도록 방문을 교차 배치함으로써 가히 실용적으로 악랄하면서도 예술적으로 아름답도록 설계한 건물이다.

박종철 고문 사망 사건은 정국에 엄청난 파장을 몰고 왔다. 학생들의 시위는 끊이지 않았고 일반인들도 호응하여 거리로 나서자 전두환 정권은 최대의 위기를 맞게 됐다. 시위가 계속되는 가운데 4월 13일, 정부는 '5공 헌법에 의한 대권 이양'을 골자로 하는 '4·13 호헌조치'를 발표하고, 개헌 요구를 전면 부정했다.

그러자 야권이 재결합하고, 학계, 종교계 등에서도 이에 반대하는 시국선언과 농성이 잇달았다. 이후 5월 27일 각계를 망라한 각종 단체가 총결집된 〈민주화추진 국민운동본부〉가 결성되어 군사통치 종식과 민주정부 수립을 슬로건으로 대정권투쟁에 돌입했다. 〈국민운동본부〉는 6·10민주화장정대회를 개최, 6월 항쟁의 대막이 올랐다.

"호헌 철폐! 독재 타도!", "민주헌법 쟁취하자!"

시민들은 우렁차게 구호를 외치며 거리로 뛰쳐나왔다. 6월 10일에 시작된 투쟁은 15일까지 명동성당 농성 투쟁, 18일 최루탄 추방대회, 26일 민주헌법 쟁취 대행진에 이르기까지 전국적으로 500여만 명이 참가했다.

6월 민주항쟁을 더욱 거세게 만든 장본인은 연세대생 이한열 이었다. 그는 1987년 6월 9일 연세대에서 열린 '6·10대회 출정 을 위한 연세인 결의대회'를 마 치고 시위를 벌이던 중 전투경 찰이 쏜 최루탄에 머리를 맞고

✦ 박종철과 이한열

쓰러져 한 달 동안 사경을 헤매다가 7월 5일에 사망했다.

박종철과 이한열 사망 사건으로 정국은 더욱 혼란에 빠졌고, 전두환 정권은 국민의 민주화 요구를 받아들이지 않을 수 없게 되었다. 결국 차 기 대통령 선거에 민주정의당 대통령 후보로 물망에 오른 노태우가 직선 제와 5년 단임제 개헌을 골자로 하는 '6·29 선언'을 발표했다. '6·29 선언' 은 권위주의적인 전두환 정권과는 차별화 전략을 시도한 것으로, 국회에 서는 헌법 개정에 대한 논의가 일기 시작했다. 결국 대통령을 직선으로 선출하고, 5년 단임으로 한다는 개헌안을 1987년 10월 의결했고 국민투 표에 의해 확정되었다.

6월 항쟁은 전두환 정권의 권위주의적 권력유지를 민주세력과 시민의 역량으로 저지시켰다는 점에서 의의가 크다. 그러나 직선제 외에는 별다 른 성과를 거두지 못했다는 점에서 한계를 지닌다. 영화 『1987』에서는 배 우 여진구가 박종철을, 강동원이 이한열을 연기했다

6
노태우의 제6공화국

제13대 대통령 선거와 총선

1987년 12월 16일 제13대 대통령 선거가 실시되었다. 1972년 이후 16년 만의 국민 직접선거였다. 선거에서 김대중과 김영삼의 야권이 단일 후보를 내지 못했기 때문에 노태우(1932-2021) 후보가 3분의 1이 조금 넘는 득표로 제13대 대통령에 당선되었다. 이듬해인 1988년 4월 13대 총선이 실시되었는데, 여소야대 정국이 되어 정부는 정책 운영에 많은 어려움을 겪었다.

❀ 대한항공 858편 폭파 사건

1987년 11월 29일. 중동 건설현장에 나갔던 근로자들과 대한항공 승무원 등 115명을 태우고 이라크 바그다드를 출발하여 서울로 돌아오던 대한항공 보잉707기가 미얀마 안다만 해역 상공에서 홀연히 사라지는 사건이 발생했다. 국가안전기획부는 김정일의 지령을 받은 북한공작원에 의해 벌어진 폭파라고 결론 짓고 범인 김현희를 대선 하루 전에 서울로 압송해 왔다. 그 후로도 이 사건에 대한 진상조사가 계속되었으나 더이상 밝혀진 것은 없었다. 김현희는 사형 선고를 받았으나, 사면복권된 후 결혼을 하는 등 현재는 자유롭게 살고 있다.

1988년 국회가 열리자 제5공화국의 인사와 사건에 대한 청문회가 열렸다. 이때 '청문회 스타'로 등장한 인물이 바로 김대중에 이어 19대 대통령이 되는 초선 의원 노무현(부산 동구 통일민주당)이다. 전두환 전 대통령은 광주민주화운동과 5공 비리문제로 책임 추궁을 당하고, 1988년 11월 23일 대국민사과를 한 뒤 전 재산 헌납을 발표했다. 〈국가원로자문회의〉 의장직을 사퇴한 전두환 대통령은 설악산 백담사에서 부인 이순자와 함께 은둔생활을 하다가 1990년 12월 30일 서울로 돌아왔다.

노태우 정부의 제6공화국 1기는 민간인의 직접 선거로 선출된 대통령이라는 점에서 의미가 있지만, 그 역시 군인 출신이고 전두환 정권과 행동을 함께 했다는 면에서 독재정권의 연장으로 평가된다. 하지만 6월 민주항쟁의 홍역을 겪은 때문인지 노태우 대통령은 민주화를 추구하는 정치를 하려고 애썼다. 국회와 정당의 활동이 활발해졌고 정치적 억압도 줄어들었다. 5·16 군사정변 이후 중단되었던 지방자치제도도 부분적으로 부활되어 오늘날 지방자치제의 밑거름이 되었다.

'86아시안 게임'과 '88올림픽'

1981년 9월 30일 서독의 바덴바덴에서 열린 IOC 총회에서 서울이 일본의 나고야를 52:27로 누르고 1988년 제24회 하계 올림픽대회 개최지로 결정되었다. 이어 11월 27일 인도 뉴델리에서 열린 아시아경기연맹(AGF) 총회에서 서울이 1986년 제10회 아시아경기대회 개최지로 결정되었다. 한국이 2년의 간격을 두고 두 차례의 국제경기를 주최하게 된 것이다. 이

두 올림픽 때문에 정부는 김포공항에서 잠실에 이르는 '88올림픽대로'를 건설하고, 한강 남북을 연결하는 올림픽대교를 놓았다.

　1988년 9월 17일 서울 잠실운동장에서 마침내 제24회 하계올림픽 개막이 선언되었다. 미·소 대립으로 1980년 모스크바 올림픽과 1984년 LA 올림픽이 동·서 양 진영으로 갈라져 개최했던 것과 달리 서울올림픽에서는 양 진영이 모두 159개국이 참가해 소련이 1위를 차지했고, 한국은 동독, 미국에 이어 4위를 차지했다. '88서울올림픽'을 계기로 우리나라는 동유럽 국가들과 수교하는 통로가 마련되었다.

전두환과 신군부 세력은 1979년부터 이어진 '2차 석유파동' 및 중화학공업 과잉 중복투자로 인한 경제위기 때문에 민심수습책의 일환으로 올림픽을 염두에 둔다. 그런데 88올림픽의 성사는 당시 전경련회장 정주영과 외국어에 능통했던 당시 <세계사격연맹> 부회장 박종규가 주역이었다. 그는 1980년 5.17 때 체포당했다가 1973년 전두환을 경호실 차장보로 발탁해준 덕분에 사실상 복권된 상태였다. 박종규는 안면이 있는 소련의 콘스탄틴 안드리아노프(1910-1988) IOC 위원을 통해 유고, 루마니아의 표를 확보했으며, 전두환의 방미 직전 1981년 1월 뉴욕으로 건너가 미국의 줄리안 루스벨트 IOC 위원을 통해 유럽 선진국을 공략하고, 또 남미 전역에 로비를 벌여 표를 확보했다. 그 뒤 파리로 건너가 아프리카 표 얻기에 전념했으며, 태국 IOC 위원인 드위 공군사령관을 통해 아시아 로비를 전개했다. 더구나 레이건 정권은 1981년 2월 전두환 방미 때 한국을 안정화시키기 위해 이미 서울올림픽을 지지하기로 했다고 하며, 8월에는 주일 소련대사관의 고르부프 참사관도 서울 결정을 예언하기도 했고, 9월 11일 일본 스즈키 수상도 레이건 정권으로부터 사전 통보를 받고 서울 유치를 밝혔다고 한다. 하지만 박종규는 1985년에 올림픽을 3년 앞두고 숨졌고, 전두환은 서울올림픽의 개막식에 참석조차 할 수 없었다.

7·7선언

　1988년 올림픽이 개최되기 직전, 노태우 대통령은 '민족자존과 통일 번영을 위한 대통령 특별선언'을 발표했다. '7·7선언'으로 불리는 대통

령 특별선언은 남과 북의 대립관계를 동반관계로 발전시켜 평화통일을
실현하기 위한 6개 조항을 천명했다.

- 남북 동포 간의 상호 교류 및 해외 동포의 남북 자유 왕래
- 이산가족들 간의 생사·주소 확인, 서신 왕래 및 상호 방문 적극 주선
- 남북 교역 문호 개방, 남북 간 교역을 민족 내부 거래로 간주
- 비군사적 물자에 대한 우리 우방들의 교역 불반대
- 남북간 소모적인 경쟁 지양하고 국제 사회에서 협력
- 북한과 미일 관계 개선을 협조하고 우리는 공산권과의 관계 개선 추진

이 선언 이후 대북 비난 방송을 중단하고 교육당국자 회담 제안 및 경
제교류가 있었다. 또한 대한민국은 1989년 2월 1일 동구권 최초로 헝가
리와 수교를 맺었으며, 1990년 9월 30일에는 소련과 정식 수교가 성사되
었다.

1991년 9월 남북한 유엔 동시가입 이후 양측의 긴장관계가 어느 정도
해소되자 1992년 8월 24일에는 중국과 정식외교 관계를 수립했으며, 노
태우 대통령은 9월 28일 중국을 방문해 장택민(姜澤民) 국가주석과 정상
회담을 갖기도 했다. 이어 몽골과 베트남과도 외교관계를 수립했다. 이러
한 일련의 외교는 6·25전쟁 이후 공산권 국가들과는 적대적 관계를 유지
했던 기존의 정책과는 크게 다르다고 할 수 있다.

문익환, 임수경의 평양 방문

1989년은 북한 방문 러시 현상이 일어난 해였다. 노태우는 신년사
에서 "새해는 우리 민족사의 소망인 민주번영과 통일을 이루느냐의 여부
를 결정할 분수령이 될 것"이라고 밝혔고 김일성은 '남북정치협상회의'를
제안했다. 북한 노동당 서기 허담이 현대그룹 회장 정주영을 초청하자 그

는 1월 23일 방북했다. 조선일보는 "이 작은 변화에 대해 너무 큰 기대나 환상을 가져서는 안 될 것"이라면서도 민족경제공동체의 첫 걸음이 되기를 기대한다고 환영의 뜻을 표했다.

하지만 '다른 방북'은 그렇지 않았다. 1988년 서경원 국회의원이 밀입북하는 등 정부 허가를 받지 않은 방북이 줄을 잇자 이른바 '공안정국'이 조성되었다. 이듬해인 1989년 3월 18일에는 소설가 황석영이 일본에서 중국 베이징을 거쳐 평양을 방문했다. 그는 김일성 주석과 면담을 하고 독일과 미국으로 건너가 생활했고, 1993년 6월 귀국해 수감되었다가 1998년에 사면되었다.

1989년 3월 25일에는 〈전국민족민주운동연합〉 상임고문 문익환 목사가 북한의 〈조국평화통일위원회〉의 초청으로 평양을 방문한 사건이 일어났다. 문 목사는 평양을 방문해 북한의 김일성과 2차례, 〈조국평화통일위원회〉 위원장 허담과 통일문제를 중심으로 회담을 가졌다. 회담이 끝난 후 문 목사는 내외신기자 회견을 열어 '자주, 평화, 민족대단결의 3원칙에 기초한 통일문제 해결' '정치·군사 회담을 진전시켜 정치적·군사적 대결상태 해소와 동시에 다방면 교류 및 접촉 실현' '연방제 방식의 통일' '팀스피리트 훈련 반대' 등 '자주적 평화통일과 관련된 원칙적 문제 9개항'에 대한 합의성명을 발표했다. 귀국한 문 목사는 지령수수, 잠입, 탈출 혐의가 적용되어 징역 7년을 선고받았다.

그로부터 3개월 뒤인 6월 30일, 한국외국어대학교 4학년생인 임수경(19대 총선에서 민주통합당 비례대표)이 당시 서독 보쿰의 〈로테(Rote ; '붉은'이라는 뜻) 여행사〉 대표 이영준의 주선으로 '평양세계청년학생축전'에 〈전국대학생대표자협의회(전대협; 의장 임종석)〉 대표로 방북했다가, 46일 뒤 문규현 신부와 함께 판문점을 통해 입국하는 사건이

✦ 김일성 주석을 만난 임수경

일어났다.

같은 해 6월 5일 한국천주교 전주교구 소속 문규현 신부가 북한을 방문하여 한 성당에서 미사를 집전했었다. 7월 27일 임수경은 문규현 신부와 함께 미군정전위원회에 판문점을 통한 귀환을 요구했으나 거부되었고, 8월 1일까지 6일간 단식투쟁을 벌인 후 결국 8월 15일 분단 이래 최초로 판문점을 통과했다.

임수경은 국가보안법 위반 혐의로 같은 해 12월 18일 징역 5년, 자격정지 5년을 선고받고 복역하던 중 1992년 특별가석방되었으며, 1999년 복권되었다. 문규현 신부도 징역 5년, 자격정지 5년을 선고받고 복역하던 중 1992년 12월 가석방되었다.

3당 연합 민주자유당

1990년 1월 22일 노태우 정권은 여소야대 정국의 어려움을 겪고 부동산 가격 폭등 등으로 공신력이 나락으로 떨어져 '물태우'라는 말까지 듣자, 여당인 민주정의당(노태우)은 이를 타개하고자 제2야당 통일민주당(김영삼), 제3야당 신민주공화당(김종필)이 합당해 통합민주자유당(민자당)을 출범시켰다. 이로써 정치권은 1988년 총선 결과 만들어진 여소야대 국면에서 218석의 거대 여당인 민자당과 제1야당인 평화민주당의 대립 구도로 재편됐다. 3당 합당은 1955년 이래 일본을 통치한 자유민주당(문민정부의 출범 참조)을 모델로 한 '보수 대연합'이었다. 노태우는 이를 통해 영구 집권의 기반을 마련하고자 했다. 그러나 30년 넘게 군사 독재 정부와 대립각을 세우다 3당 합당을 결행한 김영삼은 '야합'이라는 비난을 감수하고 차기 대통령 선거를 겨냥한 행보였다.

하지만 '3당 합당'으로 지역정치 구도가 순식간에 호남 vs 비(非)호남으로 단순화되면서 정치적으로 호남지역이 상당 기간 고립되는 결과를 낳았으며, 의회정치는 실종되고, 각종 개혁입법이 좌절됐다. 결국 정권과 의회의 균형이 무너지면서 다시 권위주의적 정책이 등장했고, 국가보안법 등의 악법이 되살아났으며, 12·15 대타협에서 합의했던 지방자치단체도 무기한 연기됐다.

더구나 노 정권은 무소불위한 폭력을 앞세워 반대 정치세력에 대한 대대적인 거세 작업에 들어갔다. 그 예가 바로 '보안사사찰사건', '범죄와의 전쟁선포', '사노맹사건' 등이다. 또 무노동무임금, 노동법 개정을 시도했고 공공시설에 대한 습격과 방화 시 무기 사용, 전국 경찰서에 M16과 실탄 지급, 불법 시위에 대한 공권력 투입 등 강경한 조치를 단행했으며, 학내에서 벌어지는 학원자주화투쟁에 적극 개입해 정치투쟁에 나서는 학생운동권들의 싹을 잘라버리려고 했다. 따라서 시국사범도 대량 발생했다. 이러한 탄압의 국면에서 강경대 타살 사건은 필연적으로 발생할 수밖에 없었다.

남북고위급회담

제6공화국은 남북 사이의 화해와 협력 모색, 새로운 남북 관계정립으로 이른바 북방 정책을 추진하여 큰 성과를 올렸다. 1989년 2월 8일 시작된 남북고위급 예비회담을 거쳐 1990년 9월 4일에 남북총리를 단장으로 하는 제1차 남북고위급회담이 서울에서 개최되었으며, 1992년 10월까지 8차에 걸친 회담이 서울과 평양을 오가며 개최되었다.

김일성 정권은 후계체제 구축을 위해, 그리고 노태우 정권은 취약한 정당성을 보완하기 위해 적대적 대립과 긴장의 남북관계에 대한 변화가 요구되었다. 하지만 '남한조선노동당 간첩사건'으로 1992년 12월로 예정되었던 제9차 고위급회담이 무산되고 1993년 초에 '팀스피리트 훈련'계획 등을 핑계로 북한 측은 모든 남북대화를 전면 거부했다. 이후 남북대화에서 고위급회담 형식은 특사파견과 정상회담의 형태로 변화했다.

✦ 1990년 5월 '제1차 남북총리회담'에서 강영훈 총리, 노태우 대통령, 연형묵 총리

남북고위급회담은 분단 46년 만에 남북한 당국자가 한반도문제를 공식적으로 논의했다는 점에 의의를 부여할 수 있다. 또한 1970년대 이후 남한정부를 인정하지 않았던 북한의 입장 변화와 함께 한반도 통일에 대해 국내외적으로 관심을 높여주었다. 남북관계의 개선은 1991년 〈국제연합〉에 남북한이 동시에 가입한 사실에서도 알 수 있다.

제6공화국은 법적, 제도적 장치와 절차 면에서는 나름대로의 민주성을 지니고 있었다. 하지만 궁극적으로 쿠데타를 주도한 세력이었고, 불법비자금 등의 문제를 안고 있기도 했다.

전국교직원노동조합의 탄생

1989년 5월 28일 '민족 민주 인간화 교육'을 기치로 내걸고 〈전국교직원노동조합(전교조)〉이 결성되었다. 교원들의 모임은 과거 1960년 〈대한교원조합연합회〉가 일시적으로 조직되었으나 5·16군사 쿠데타로 없어졌다.

박정희의 유신체제에서 학교 교육이 정치권력에 의해 통제되는 등 교육의 본질이 흐려지자, 1980년대에 교사들이 소모임을 만들고 사회운동조직과 연계하여 활동하는 양상이 나타나기 시작했다. 1981년 9월 부산지역 민주인사들이 이적 표현물을 학습했다는 이유로 정부 전복집단으로 규정되어 총 22명이 구속된 '부림사건'과 1982년 군산제일고 전·현직 교사들이 4·19 기념행사 후, 김지하(1941-2022)의 시 「오적(五賊)」('5적'은 재벌, 국회의원, 고급공무원, 장성, 장·차관)을 낭송한 혐의로 기소된 '오송회(五松會) 사건'이 이에 속한다.

1986년 5월 10일 교육민주화선언을 발표한 교사들은 6·29선언 직후인 1987년 9월 27일에는 〈민주교육추진전국교사협의회(전교협)〉를 창립했고, 이를 발전시킨 〈전교조〉가 탄생했다. 정부는 전교조를 불법단체로 규정, 결성을 무효화하고 관련 교사들을 구속, 파면, 해임 조치했다. 1993년 1월 수많은 교사가 구속, 파면, 해직되었다.

이후 해직교사 복직을 위한 투쟁을 벌이던 〈전교조〉는 1993년 교육부가 제시한 '선탈퇴 후복직' 방침을 받아들여, 1994년 3월 1,329명이 재임용되었다. 1999년 국민의 정부 시절 교원의 노동조합 설립 및 운영 등에 관한 법률이 제정되어 전교조가 합법화되었고, 2000년 6월 처음으로 교육부와 단체협상을 벌이는 조직이 되었다.

〈전교조〉의 탄생과 함께 1987년 6월 26일 교수들의 단체인 〈민주화를 위한 전국교수협의회〉가 결성되었다. 이들은 지속적으로 사회민주화, 학원민주화를 위한 투쟁을 전개했다.

7
김영삼 대통령의 문민정부

1992년 12월 18일 제14대 대통령 선거가 실시되었다. 후보는 7명이었지만 김영삼(1929-2015), 김대중(1924-2009), 정주영(1915-2001) 후보가 각축을 벌인 끝에 김영삼 자유민주당 후보가 9,977,332표를 얻어 당선이 확정되었다.

✿

일설에 따르면 1985년 대한체육회장 정주영은 자신이 공들여 유치한 '88올림픽'을 앞두고 전두환이 장차 대선 후보 포석으로 노태우로 교체하자 무척 서운했다고 한다. 더구나 현대중공업을 대우에 빼앗긴 그는 노태우 대통령 시절 '업종 전문화'를 강제하자 이를 거부하는 바람에 세무조사를 받아 1,300억원을 맞았으나 소송을 걸어 결국 1,200억원을 돌려받았다. 분을 못 이긴 그는 노태우 정권에게 총 300억원의 정치자금을 댔다고 폭로했고, 이때부터 대통령 출마를 결심했다고 한다.

김영삼 정부는 1993년 2월 25일에 출범했는데 30여 년 만에 탄생한 민간인 최초의 정부였기에 '문민정부'로 불리게 되었다. 문민정부는 3당 합당의 결과물이었다. 1990년 1월 22일, 노태우의 민주정의당, 김영삼의 통일민주당, 김종필의 신민주공화당의 합당으로 출범한 것이 민주자유당이다. 김종필을 비롯한 신민주공화당은 김영삼과의 갈등으로 탈당했다.

김영삼 대통령은 '깨끗한 정부' '튼튼한 경제' '건강한 사회' '통일된 조국 건설'을 국정 지표로 삼고, 취임 직후인 1993년 5월 13일 역사바로세우기 관련 특별담화를 발표했다. 또한 개혁과 부패 일신을 부르짖고 군부의 사조직인 하나회를 해체한다고 천명했다.

금융실명제 실시

1993년 8월 12일 김영삼 대통령은 '금융실명거래 및 비밀보장에 관한 긴급명령'을 발표하고 대거 은행 인출 사태를 막기 위해 은행이 모두 문을 닫은 시각인 20시에 발동했다. 이로써 모든 금융거래는 실명을 통해야 한다는 '금융실명제(金融實名制, Real-Name Financial System)'를 도입하게 되었다. 금융실명제의 목적은 지하경제의 차단과 투기성 자금의 흐름 파악, 금융자산소득의 파악으로 종합소득세 과세, 빈부의 격차 해소 등에 있었다. 금융실명제는 긴급명령 형식의 금융실명제를 보완하기 위해 1997년 마침내 '금융실명거래 및 비밀보장에 관한 법률'이 제정되었다.

지하경제를 파해칠 수 있었고, 정경유착 등 각종 부정부패를 막는 데 큰 도움이 될 이 제도가 아쉽게도 발표되기 전에 재벌 총수들과 일부 부유층, 그리고 고위층들은 나름 정보를 얻어 빠져나갔다는 말이 많았다. 정보를 흘린 장본인은 '삼성 장학생'이라고 알려진 재무부 세제심의관이자 〈금융실명제 도입 실무단〉 부단장이었던 김진표(현 국회의장)라는 설이 파다했다.

그러나 금융실명제 발표로 크게 인기를 얻은 김영삼 대통령은 IMF 사태와 아들 김현철의 비리가 터지면서 인기를 잃게 되었는데, 이 비리가 명확히 밝혀진 것은 아이러니칼하게도 금융실명제 때문이었다.

금융실명제는 원래 전두환 정부가 1982년 '이철희, 장영자 금융 사기 사건'이 발생하자 김재익 경제수석비서 주도로 금융실명제의 도입을 계획했으나 시행하지 못했으며, 노태우 정부에서도 금융실명제 준비단을 설치해 추진하려 했으나 1989년 말부터 경제 상황이 악화되자 재계의 반발로 결국 실패하고 말았었다.

하나회 해체

1963년 박정희의 배후 속에 전두환, 노태우, 권익현, 정호용 등 육사 11기(1951년 경남 진해에 설립되어 1952년 1월에 정식 입학한 육사 정규 4년제 1기)의 주도로 만든 사조직이다. 육사 11기가 1955년 소위를 달고 소대장을 할 무렵 동기들 사이에 '학구파'와 '운동부'가 라이벌 모임이 생겼는데, 수석 졸업자 김성진, 강재륜 등 학구파들은 육사 교수 생활을 하며 〈청죽회(靑竹會)〉(서울과 이북 출신)를 만들었고, 운동부들은 〈하나회〉(경북·경남 출신)를 만들었다고 한다.

특히 '국가도, 우정도, 충성도 하나'라는 뜻의 〈하나회〉의 가입의식은 비밀리에 치러졌고, '배신 방지조항'까지 만들어 조직폭력배와 다름없었다. 이들은 후에 신군부 세력의 중심이었으며 12·12 사태와 5·17 비상계엄 확대 조치를 주도했고, 제5공화국 기간 동안 무소불위의 권력을 휘둘렀다.

〈하나회〉는 전두환과 노태우의 내분으로 세력이 약화되고 김영삼이 대통령이 된 문민정부 들어선 이후 동력을 잃고 사실상 해체되었다. 1993년 3월 8일, 취임 11일 만에 김영삼은 〈하나회〉 숙청작업에 돌입했다. 이때까지 군 수뇌부는 물론 청와대 비서진 중 단 한 명도 김영삼의 의도를 눈치채지 못했다. 김영삼은 김동진 육군참모총장(경복고), 김희상 국방비서관(경복고) 등 차남 김현철의 경복고 라인과, 절친인 김윤도 변호사가 이끄는 조직 그리고 제1야전군사령부 기무부대장 출신 예비역 중령 A씨를 비롯한 예편 장교 그룹 등 철저히 비선 조직들과 일을 의논했다.

당시 〈하나회〉 숙청 당시 군부에서 "고려시대 무신정변이 왜 일어났는 줄 아는가?"라며 반발하는 발언이 나오자 김영삼은 "개가 짖어도 기차는 달릴 수밖에 없다."라고 말했다.

역사 바로 세우기

역사 바로 세우기 기치를 내건 문민정부는 12·12 사태를 쿠데타로 규정하고, 5·18 광주 민주화운동의 무차별적 진압에 대한 법적인 심판을 내렸다. 1995년 7월 검찰은 12·12 사태에 대해 '성공한 쿠데타는 처벌할 수 없다'며 기소유예 처분을 내린 바 있었다. 또 5·18 광주항쟁 시 민학살에 대해서는 '공소권 없음' 결정을 내려 전부 역사 속으로 묻히는 듯했다.

그러나 10월 19일 전두환, 노태우 전 대통령의 비자금 사건이 폭로되자 1996년 정부는 두 전직 대통령을 전격적으로 구속 수감하고, 두 사건에 대한 특별법을 제정해 두 사람을 법정에 세웠다. 재판 결과, 전두환 전 대통령은 1996년 12월 16일 서울고등법원에서 무기징역과 추징금 2,205억 원을 선고받았으며, 1997년 4월 17일에 대법원에서 확정되었으나, 1997년 12월 22일 대통령 특별사면에 의해 풀려났다. 노태우 전 대통령은 징역 15년, 추징금 2,688억 원의 형을 선고받고 복역하다가 1997년 12월에 사면되었다.

역사바로세우기 정책은 1995년 '광복 50주년'을 맞이해 중앙청사 이후 국립중앙박물관으로 사용하던 옛 조선총독부 건물 철거로 이어졌다.

✦ 폭파되는 옛 조선총독부 청사. 그동안 중앙청청사로 사용되어왔다.

당시 주돈식 문화체육부장관은 구 조선총독부 건물 중앙돔 첨탑 분리에 앞서, 해방 50년 만에 이뤄지는 일제 상징 제거를 호국 영령들에게 고하는 고유문(告由文)을 낭독했다. "우리 민족의 언어와 역사를 말살하고 겨레의 생존까지 박탈했던 식민 정책의 본산 조선총독부 건물을 철거해 암울했던 과거를 청산하고 민족의 정기를 바로 세워 통일과 밝은 미래를 지향하는 정궁 복원 작업과 새 문화 거리 건설을 오늘부터 시작함을 엄숙히 고합니다".

이후 커다란 기중기가 조선총독부 건물 첨탑 윗부분을 들어올리자 5만 여 명의 시민들은 일제히 환호했고, 수백 발의 폭죽이 하늘로 솟구쳤다. 이후 철거 작업은 1996년 11월 전체 건물을 폭파하는 공법으로 모두 마무리됐다.

1995년 3월 1일 우리 정부가 구 조선총독부 건물 철거를 공식 선포하자 일본 정부는 이전 비용을 모두 부담하고 자신들이 통째로 이 건물을 매입하겠다는 제안을 하기도 했으며, 철거 전에 이 건물을 마지막으로 보려는 일본인 관광객들로 북새통을 이루기도 했다.

철거된 첨탑과 철거 과정에서 발생한 일부 부재들은 일제 잔재이자 우리 민족의 치욕의 역사를 전시는 하되, 홀대하는 방식을 택했기 때문에 〈독립기념관〉 야외에 조성된 '조선총독부 철거 부재 전시 공원'에 '방치'되었다. 조선총독부 건물의 상징으로 여겨졌던 첨탑이 지하 5m에 매장돼 관람객들이 위에서 내려다볼 수 있도록 전시된 것도 그 같은 맥락이다.

지방자치제 실시

1948년 정부수립 이후 헌법과 지방자치법에 의해 지방자치제가 법제화되었지만 정치적·사회적 불안정과 한국전쟁의 발발 등으로 지방자치제의 실시는 차일피일 미루어지고 있었다. 그러나 지방자치를 누차 미루어오던 이승만 정부가 한국전쟁 와중에 피난 수도 부산에서 1952년 2월 6일 시·읍·면 의원선거를 4월 25일 실시하겠다고 공표했다. 1949년에 제정·공포된 지방자치제의 실시를 뚜렷한 명분 없이 미룬 것이 대중적 기반이 없는 이승만의 정치적 입지 때문이었다면, 한국전쟁 중 지방자치제를 강행하게 된 것 또한 이승만의 정치적 필요성 때문이었다. 민중의 지지가 낮았던 이승만은 같은 단정세력인 한민당에 의해 집권연장을 위한 재선이 위협을 받자 대통령 직선제 개헌을 추진하기 위해 각급 지방의회를 '민의의 대변자'로 활용하려는 정치적 의도에서 갑자기 시·읍·면의회 의원 선거를 실시한다고 공표했던 것이다.

하지만 1958년 이승만은 정치적 목적으로 지방자치단체장을 임명제로 전환했었고, 1960년 4.19혁명으로 민주당 정부가 들어서면서 단체장 직선제가 부활되었으나 1961년 5.16쿠데타로 들어선 군사정권에 의해 지방의회는 해산되었고, 지방자치제가 중단되었다.

이후 노태우 정권 때 기초의원에 국한해 지방자치제도가 실시되었으며, 1990년 지방자치법 개정으로 1991년 지방의회를 구성하고 1992년 6월까지 기초 및 광역자치단체장을 선출하기로 합의했다. 그후 문민정부에서는 기초의원에 국한되었던 지방자치제도가 1995년 6월 27일 전국에서 전면 시행되어 광역단체장을 주민들이 직접 선거로 선출했다. 지방자치제는 나라 일의 권한과 책임을 중앙과 지방으로 분산시킴으로써 국민의 자율능력을 높여준다는 평가가 있는가 하면, 지역이기주의를 가져왔다는 비판도 있다. 지역주민이 아닌 중앙에 의존하는 구조이며, 지방 공무원에 의한 관권선거 및 부정선거가 우려되고, 특정 지역이 모든 권한과 혜택을 독점할 우려가 있었기 때문이다.

IMF위기

1996년 우리나라가 〈국제협력개발기구(OECD)〉에 아시아에서는 일본에 이어 2번째로 가입, 시장개방정책을 추진하면서 서방 선진국들과 어깨를 나란히 하는 수준에 올랐다. 이때 우리나라 1인당 국민소득은 1만 달러를 넘었다.

하지만 김영삼 대통령은 취임 후 '신경제 100일 계획' '신경제 5개년 계획' 등을 내걸었음에도 불구하고 OECD 가입 1년 뒤인 1997년에는 국제경제가 나빠져 아시아 경제가 나락으로 떨어졌고, 결국 1월 23일 한보철강을 필두로 대우, 진로, 기아, 해태가 무너져 외화가 부족해지자 〈국제통화기금(IMF; International Monetary Fund)〉의 지원을 받는 등 국내 경제가 위기를 맞았다.

당시 외채는 1,500억 달러가 넘는데 외환보유액은 40억 달러에도 못미쳤지만 정부는 이를 숨기고 "경제의 기초가 좋아 위기가 아니다"라고 강조하다가 1997년 11월 21일 김영삼은 대국민 사과를 하면서 결국 구제금융 신청 사실을 국민들에게 공개했다.

한국 IMF 위기의 가장 중요한 결과 중 하나는 경제의 급격한 위축이었다. 위기는 불확실성 고조와 정부의 경제 운용 능력에 대한 신뢰 부족으로 기업과 소비자들이 지출과 투자를 줄이면서 경제 성장의 급격한 하락으로 이어졌다. 경기 위축은 실업률 상승을 동반해 경기 침체를 더욱 악화시킴으로써 정리 해고, 명예퇴직이 확산돼 많은 국민이 일자리에서 쫓겨났다. 이와 달리 국내 부유층과 외국 자본은 외환 위기를 활용해 주식과 부동산 등을 헐값에 사들여 큰돈을 벌었다. 외환 위기를 거치면서 양극화가 심해지고, 한국은 상위 20%가

부의 80%를 소유하는 사회로 재편됐다.

한국의 IMF 사태는 또한 중대한 정치적 결과를 가져왔다. 정부의 경제 정책의 실패는 정부에 대한 대중의 신뢰를 잃게 했다. 이러한 자신감의 상실은 다음 선거에서 여당이 패배하고 경제 개혁 권한을 가진 새 정부로 대체되면서 정치 지형에 반영되었다. 결국 김대중 대통령의 '국민의 정부'가 들어섰고, 이때 전개된 전 국민 금모으기 운동과 외국 자본의 유치, 부실기업 정리 등으로 간신히 위기를 극복해낼 수 있었다.

제1차 북핵위기

문민정부 시대에 '1차 북핵 위기'가 일어났다. 1994년 5월 18일 북한은 영변에 있는 5MW 원자로의 가동을 중단하고 폐연료봉 추출을 시도했다. 이에 〈국제원자력기구(IAEA)〉가 6월 6일 이사회를 열어 대북 제재 결의안을 채택하자 북한은 6월 13일 〈IAEA〉를 공식 탈퇴했다.

미국 행정부는 6월 15일 대북제재 결의안 초안을 발표하고 북한 핵시설을 폭격하기 위한 실질적인 준비에 들어갔으나 6월 15~18일 지미 카터 전 미국 대통령이 특사로 북한을 방문해 김일성 주석과 극적인 타결을 이뤄 파국을 막았다.

김영삼 대통령은 북한의 핵확산금지조약 탈퇴 선언(1993년)에도 불구하고 남북정상회담에 대한 의지를 보여 1994년 7월 25일 평양에서 1차 회담을 개최하기로 합의를 보았다. 하지만 7월 8일 김일성 주석이 돌연 사망함으로써 아쉽게 무산되고 말았다.

김일성이 사망한 후 북한은 1998년 9월 〈최고인민회의〉에서 헌법을 개정하여 김정일을 국방위원장으로 추대하고 김정일 정권을 정식으로 출범시켰다.

8
김대중 대통령과 국민의 정부

1997년 12월 18일 거행된 제15대 대통령 선거에는 새정치국민회의의 김대중 후보를 비롯해 모두 7명의 후보가 나섰으나 국민들의 관심은 김대중, 이회창(한나라당) 이인제(국민신당) 권영길(국민승리 21) 후보에게 쏠렸다. 결국 국민들은 새정치국민회의와 자유민주연합이 단일로 내세운 김대중 후보를 선택했다.

세칭 'DJP(김대중, 김종필 박태준의 연대)'로 불리는 '연합전선(호남, 충청, 영남의 지역연합과 민주화 세력과 산업화 세력의 연합)'이 실효를 거둔 것이다. '인동초(忍冬草)'라는 별명의 김대중은 박정희 때부터 테러를 당하고 일본에서 납치사건을 겪었으며, 전두환 때는 사형선고까지 받았고, 대선에서 모두 3번이나 낙선했으나 김영삼의 노태우와의 합당을 반면교사로 삼았는지 결국 'DJP'을 통해 대통령에 당선되었다.

제6공화국의 3번째 정부는 1998년 2월 25일 김대중 대통령의 취임과 함께 '국민의 정부'라는 이름으로 불리게 되었다. 국민의 정부는 외환위기 극복과 '햇볕정책'을 천명했다. 아울러 국정 전반

의 개혁과 경제난의 극복, 국민 화합 실현 등을 국가적 과제로 제시했다. 또한 북한의 무력도발 불허, 흡수통일 배제, 적극적인 화해·협력 추구하는 포용 정책을 표방하고 북한과 일본의 관계 개선에 치중했다.

특히 1998년 10월 7일-10일, 김대중 대통령이 일본에 방문해서, 10월 8일 오부치 총리대신(小渕惠三; 1937-2000)과 양국 간에 맺은 선언인 '한일 파트너십 선언(김대중. 오부치 선언)'은 한일 외교 사상 처음으로 일본의 과거사 반성과 사죄를 공식 합의 문서로 명확히 하고, 한일 협력의 방향을 포괄적으로 제시했다는 점에서 한·일 관계의 새로운 이정표로 꼽힌다. 오부치 게이조 총리대신은 금세기의 한·일 양국관계를 돌이켜 보고 일본이 과거한때 식민지 지배로 인하여 한국민에게 다대한 손해와 고통을 안겨주었다는 역사적 사실을 겸허히 받아들이면서 이에 대하여 통절한 반성과 마음으로부터의 사죄한다고 말했다. 이에 김대중 대통령은 "미래를 열어나가기 위해선 과거사 문제를 잘 해결해야 한다"고 답해 한일 파트너십 공동선언의 든든한 배경이 됐었다.

김대중 대통령은 IMF체제의 위기상황을 극복하기 위해 민주적 시장경제를 발전시키려는 대대적인 개혁을 단행했고, 기업 지배구조를 개혁하기 위한 노사정위원회가 구성되었다. 특히 국민들 사이에서는 '금모으기' 운동이 벌어져 1998년 1월 5일부터는 'KBS 금 모으기 캠페인'이

✦1998년 10월 8일, 김대중 대통령이 오부치 일본 총리와 정상회담에 앞서 악수를 하고 있다.

시작되었고 이전의 헌납이 아닌 보상의 체계로 운동의 성격도 바뀌었다. 이전의 금 보유량은 10여 톤 정도였는데 무려 그 20배가 넘는 227톤의

금이 모인 것이다. 하지만 모은 금의 양보다 국민들이 자발적으로 위기를 극복하려는 자세가 IMF의 한국에 대한 초고금리 정책의 철회를 이끌어내는 등 국제적인 신용도를 얻는 데 큰 도움이 되었다. 더구나 이 위기를 국제 금융자본의 음모로 단정한 중국의 학자는 '금모으기 운동'에 대해 국민의 노력으로 그들의 횡포를 저지하는 데 성공한 사례로 보았다.

하지만 경제면에서는 신용카드 사업을 활성화하기 위해 무규제정책을 펴는 바람에 카드대란을 야기했다는 비판을 받기도 했다.

남북공동선언문

'국민의 정부'의 가장 큰 업적은 남북 관계의 개선에서 찾을 수 있다. 조국의 평화적 통일을 염원하는 온 겨레의 숭고한 뜻에 따라 대한민국 김대중 대통령과 조선민주주의인민 공화국 김정일 국방위원장은 2000년 6월 13일부터 6월 15일까지 평양에서 역사적인 상봉을 이루고 정상회담을 가졌다. 2002년 6월 15일 '남북 공동선언문'이 평양을 방문 중인 김대중 대통령과 북한 김정일 국방위원장의 이름으로 평양과 서울에서 동시에 발표되었다.

❀ **남북 공동 선언문**

남북 정상들은 분단 역사상 처음으로 열린 이번 상봉과 회담이 서로 이해를 증진시키고 남북관계를 발전시키며 평화통일을 실현하는 데 중대한 의의를 가진다고 평가하고 다음과 같이 선언한다.

남과 북은 나라의 통일문제를 그 주인인 우리 민족끼리 서로 힘을 합쳐 자주적으로 해결해 나가기로 했다.

남과 북은 나라의 통일을 위한 남측의 연합제안과 북측의 낮은 단계의 연방제안이 서로 공통성이 있다고 인정하고 앞으로 이 방향에서 통일을 지향시켜 나가기로 했다. 남과 북은 올해 8·15에 즈음하여 흩어진 가족, 친척방문단을 교환하며 비전향 장기수 문제를 해결하는 등 인도적 문제를 조속히 풀어 나가기로 했다.

남과 북은 경제협력을 통하여 민족경제를 균형적으로 발전시키고 사회·문화·체육·보건·환경 등 제반 분야의 협력과 교류를 활성화하여 서로의 신뢰를 다져 나가기로 했다.

남과 북은 이상과 같은 합의사항을 조속히 실천에 옮기기 위하여 이른 시일 안에 당국 사이의 대화를 개최하기로 했다. 김대중 대통령은 김정일 국방위원장이 서울을 방문하도록 정중히 초청했으며, 김정일 국방위원장은 앞으로 적절한 시기에 서울을 방문하기로 했다.

2000년 6월 15일
대한민국 대통령 김대중
조선민주주의인민공화국 국방위원장 김정일

한국 최초 노벨평화상 수상

남북 정상의 공동선언은 국내는 물론 세계를 깜짝 놀라게 했다. 북한에 고향을 두고 온 사람들은 금방 통일이라도 되는 듯 기쁨을 감추지 못했다. 냉전 체제를 벗어나지 못했던 남북간에 평화가 오고 곧 통일이 될 것처럼 모두들 반겼다. 김대중 대통령은 이 같은 공로로 2000년 한국인 최초로 노벨평화상을 수상했다. 햇볕정책을 통해 남북간의 관계를 진전시키고, 한국의 인권에 헌신했다는 것이다. 하지만 보수 진영들 일부는 김대중이 〈노르웨이 노벨위원회〉에 로비를 한 결과이며, 북한에 돈을 퍼주고 김정일을 만나 남북정상회담을 해서 노벨평화상을 탔다며 수상을 깎아내렸다.

그런데 다른 노벨상은 스웨덴의 수도 스톡홀름에서 수여되지만, 평화상만은 〈노르웨이 노벨위원회〉가 오슬로에서 수여한다. 김대중 대통령은

2000년 12월 10일 노르웨이 오슬로 시청에서 열린 시상식에 참석하여 노벨평화상 수상증서 및 금메달을 받고 하를 5세 노르웨이 국왕, 군나 베르게 〈노벨위원회〉 위원장을 비롯한 1,300여 명의 내외 귀빈 앞에서 수상 연설을 했다.

그러나 2년 후인 2002년 6월 29일 서해 북방한계선에서 제2연평해전이 벌어져 6·15 선언과 '노벨평화상' 모두가 빛이 바랬다. 북한의 SO-1급 초계정 등산곶 684호가 북방한계선을 침범, 한국의 참수리급 고속정 357호와 교전이 벌어진 것이다. 함포와 기관포를 주고받는 치열한 전투로 한국은 6명 전사, 18명 부상, 고속정 357호 침몰이라는 피해를 입었다. 북한은 약 30여 명의 사망자를 내고 등산곶 684호는 반파되었다.

이에 앞서 제1연평해전은 1999년 6월 15일에 일어났다. 1999년 6월 7일부터 6월 15일까지 북한 경비정이 NLL을 10km 이상 넘어오자 한국의 참수리급 고속정이 북한의 선체 뒷부분을 부딪쳐 막는, 일명 '밀어내기 작전'으로 대응, 북한 경비정이 반파 상태로 퇴각한 적이 있었다.

금강산 관광개발사업

"현대그룹 정주영 회장이 소를 트럭 50대에 싣고 판문점을 넘어 북한으로 간다!"

1998년 6월 16일, 현대그룹 정주영 회장이 '통일소'라고 이름붙인 소 500마리를 판문점을 통해 북한에 전달하고, 2차로 1998년 10월 27일에는 소 501마리를 가져갔다. 이런 일로 현대는 북한으로부터 금강산 관광사업에 관한 합의를 얻어 1998년 11월 18일에 첫 금강산 관광을 위한 배가 속초에서 출발했다. 또 1999년 2월에는 현대아산을 설립, 대북사업을 본격화했다.

금강산 관광개발사업은 1990년대 들어 북한 핵 문제로 부진했다가, 1998년 출범한 김대중 정부의 대북 포용정책에 힘입어 마침내 결실을 보게 되었다. 하지만 이명박 정부 시절 북한의 관계가 나빠지고 북한의 핵 실험이 강행되면서 중단된 상태이다. 더구나 2007년 12월 5일 시작된 개성관광도 지금은 중단 상태다.

2002 한·일 월드컵

2002년 6월 역사적인 서울 월드컵 축구경기가 서울 상암경기장에서 막이 올랐다. 일본과 공동 개최이긴 하지만 서울에서 월드컵이 열린다는 것이 국민들로서는 가슴 뿌듯했다. 1966년 '영국 월드컵'에서 8강의 기적을 일궈낸 북한을 염두에 둔 듯 '어게인 1966'이라는 플래카드를 흔든 한국은 결국 히딩크 감독을 영입하고 자국 개최의 이점을 살려 4강 신화라는 기적을 이루었다. 이때 '붉은 악마'라는 국민적 응원단이 만들어지기도 했다.

✦ 한일 공동 개최로 확정되자 침울한 일본 축협 부회장 무라타 다다오(村田忠男)와 정몽준 한국 유치위원장. '한·일월드컵' 공식 엠블럼

'88올림픽'의 유치와 성공적 개최로 덕을 보았던 군사 정권에 강박관념을 보인 김영삼은 올림픽 유치의 주역 정주영의 아들이 축구협회장 정몽준(1994년 5월 13일 FIFA 부회장 당선)이기 때문에 정몽준에게 월드컵 유치를 특별히 주문했다(실무자는 오지철 국제체육국장). 물론 대통령 자신도 FIFA에 표를 가진 정상들과 주한대사들에게 표를 부탁하고, 심지어 메이어 영국 총리, 장쩌민 중국 국가주석, 옐친 러시아 대통령, 시라크 프랑스 대통령 넬슨 만델라 남아공 대통령에게까지 협조를 부탁했다. 하지만 한일 양국의 단독 개최 확률은 반반이어서 결국 김영삼 대통령의 권유로 한국은 공동 개최에 찬성했고, 한국은 월드컵 공식 명칭(Korea/Japan)과 개막식과 개막전을, 일본은 결승전과 폐막식을 가져가기로 합의하자 FIFA는 1996년 5월 31일 "2002 월드컵은 한국과 일본이 공동 개최한다"라고 선언했다.